Publications
of the Project on Comparative Legal Cultures
of the Faculty of Law of Loránd Eötvös University
in Budapest
(H-1364 Budapest V, Egyetem-tér 1-3)

PHILOSOPHIAE IURIS

redigit

Csaba Varga

CSABA VARGA

LAW AND PHILOSOPHY

Selected Papers in Legal Theory

CSABA VARGA

LAW AND PHILOSOPHY

Selected Papers in Legal Theory

Budapest

1994

ISBN: 963-462-848-6

ISSN: 1218-0610

For the realisation of the tasks defined in and thanks to the finance granted by the TEMPUS "Bridges" Maastricht Joint European Project No. 0426/1990-93

Hozott anyagról sokszorosítva
9321044 **AKAPRINT** Nyomdaipari Kft. Budapest. F. v.: dr. Héczey Lászlóné

Contents

LAW AS EXPERIENCE 315

LAW AS HISTORY 425

Table of Contents

FOREWORD

The present volume contains a selection of theoretical articles written during the past nearly quarter of a century, which have not yet been published elsewhere in a book form by their author.

The first articles date from the dawn of my professional career. Barely a decade after the crushing of the 1956 revolution, I found myself confronted with the dilemma of intellectual existence versus non-existence. Struggling for survival, I was desperate at the time to find an independent and appropriate form of expression for an independent message, all under the compulsory and exclusive umbrella of Marxist rhetoric. Perhaps it had a symbolic significance as well that at the time the building of the Academy's Institute for Legal Studies was situated in the heart of the city, between the blue river of yore and the business quarter bordered by the *kiskörút* boulevard, or in other words between the Danube, which has seen many a mass murder and suicide, and the infamous Markó utca prison, which was a venue for countless executions. In those years, even the choice of subject by a researcher counted as a manifestation of his or her moral stance in our Central and Eastern European region. It was thus for want of a better choice that I finally decided to address the issue of the preamble, which I found to be largely unexplored, and which at the same time promised the researcher the thrill of an excursion to the boundary between normative enacting and non-normative objectivation.

Not long after I reached this decision, I found myself turning toward another problem, which I had first tackled during my university years but was subsequently compelled to bottle up. This was the problem of the relationship between the law, linguistic expression and the realm of logic, and the peculiarities of the non-affirmative and non-descriptive linguistic manifestations. In my doctoral thesis, I made an attempt to define the instrumental nature of the logic of "ought"-sentences, and to highlight the peculiar role of cognition as an activity not covered although postulated by normative enacting. This thesis turned out to be indefensible amidst the political pressures of the day, and therefore in the last minute I was compelled to take up Henry Lévy-Bruhl's sociological concept of law instead. At the time, the debates over the status of logic in law were dominated by the French and Belgian schools, which approached the issue from the viewpoints of formalism versus anti-formalism, respectively. However reassuring was the fatherly support extended to me by Chaïm Perelman, this issue again proved to be impossible to take up. For the local mandarins of academic scholarship immediately recoiled at the idea, driven by the fear that my attempt to even raise that question would eventually evolve into a tacit epistemological criticism of Lenin's theory of reflection. Even my mere interest in the issue they considered a potential rejection of the prevailing dogma. For them, human thinking and linguistic expression were construable only and exclusively in their conceptual objectivation, as reconstructed by the logic of declarative-descriptive sentences. My endeavours were branded as a deviation from the principles of Marxism, and eventually I was barred from proceeding with my research.

To bypass this ban, and again for want of a better choice, I turned toward the issue of codification. Having made that decision, I spent long years studying the problem. I can account for my perseverance with two reasons. On the one hand, I was determined to reveal the specious nature of those Moscow-inspired arguments which emphasised the historicism of Marxism. After all, by that time historicism and open-ended analysis had been reduced in our region from an issue of identification to the mere hammering in of certain witty slogans by Karl Marx or, for those more enlightened in Budapest, by Thomas Mann. On the other hand, I was intrigued by the methodological question of how it is possible to denominate an object whose conceptual expression is already a function of historical answers in a situation where our investigations focus on the historical methods of expressing and solving a given set of problems. At the time, I still agreed with Max Weber that rationalisation was the gauge of development. Consequently, I still identified the development of the law with the gaining of ground of formal rationalisation.

However, my monographic research revealed that once the law is objectivated by enactment, it has but a limited power to determine the scope of practical law. A telling example of this was provided by the centennial posteriority of the *Code civil*. I defined as the "Biblical function" of textual law the variable practice in history under which a canonised text is once utilised as if it had the potential in itself to determine certain subsequent developments and consequences, while at other times it is referred to only in order to justify certain variable argumentation. This, in spite of the fact that theoreticians should in each case be aware that the sole purpose here has always been to legitimise a certain specific actualisation of the given canonised text. From this, I drew the conclusion that the law, seen as it is practised, can be construed only within the confines of the social challenge and the individual answer.

The claim for philosophical explication prompted me to enter into the theoretical clarification of the problem. My other aim was to incorporate in the still compulsory conceptual framework of Marxism the concept of law characteristic of western social scholarship (and primarily the macro-sociologies. My intention was based on the understanding that continental statutory positivism had already fallen into crisis, while the questions of legal realism had remained unanswered in Europe. On top of all these, there was the Trojan horse I had found in the use of the conceptual and methodological framework of George Lukács's posthumous social ontology, which at the time was perhaps the most comprehensive and stimulating (i.e., controversial) trend of domestic Marxism.

This excursion served a dual lesson. Having reinterpreted from an ontological point of view Hans Kelsen's methodological approach, I came to the conclusion that the principle of validity plays a kind of filtering, selective and at the same time sanctifying role in building up the law, and that the same applies to the role of the principle of legality in the law's practical operation. The law reproduces itself by considering and regularly enforcing these principles. It opens up its system to admit new decisions, and once these decisions assume legal force, it closes the system again. Consequently -- at least as far as the cultures of the European continent are concerned -- the positivism of the juristic concept of law is not merely a manifestation of false consciousness or uncovered desire, but instead, the ontological element of the law's actual operation. The belief in our ability to define certain social processes with the use of norms, in itself functions as a filter which eventually results in the "legal" functioning of the law according to its given rules. The German reviewer of the English-language version of my book on Lukács considered this argument a manifestation of proto-autopoietism, notwithstanding that at the time even the term itself was totally unknown to me.

The complexity of the law's internal world -- the separation of law-making and law-application and the competition between the lawmakers' enacting and the other relevant factors in an effort to provide a definition for the law -- was interpreted as realistic by the prevailing legal positivism of the previous period. However, all this was reduced to an ideological construction as soon as positivism was degraded into nothing but false consciousness. And yet, the studies referred to above have suggested to me that at issue here was a sequence of ontologically separated fields. This is why I launched my next round of investigations from the viewpoint of anthropology (based on Leopold Pospísil's critical interpretation). Due to its comparative background, this approach proved appropriate for drawing general conclusions. One such conclusion was that the law is per force an aggregate of rules, principles and patterns. Consequently, whenever we talk about law, what we normally have in mind is the sum total (framework and temporary result) of the rules and regulations laid down by the lawmakers, principles revealed by the judges, and the patterns established by acts of society. Individual legal cultures differ from each other in the proportions of these three factors, i.e., in the standing priority of one or the other of these factors over the others.

The internal dynamism of the law suggested that the concept of law itself cannot be considered the signal of a closed, discrete entity markedly separated from the other elements of reality. Instead, it is a kind of condensation, which comes about lastingly and characteristically in the social continuum. In other words and on the final analysis, it is a heterogeneous phenomenon, whose concept is also relative. The real-life question concerning the existence, force and message of the law may be dramatic, but on the theoretical level this can only rarely be expressed through the alternatives of "law" and "non-law." What we call "the law" always exists in some way and to an extent -- in this sense or in that sense, more or less -- and there is always a procedure of "becoming a law" or "becoming a non-law" happening on the sidelines.

To me, the concept of autopoiesis became a guiding principle in the second half of the eighties. I am indebted to my friends Eugene Kamenka, Neil MacCormick and Werner Krawietz for having invited me to their respective intellectual workshops in Canberra, Edinburgh and Münster. I had the opportunity to contrast the conclusions of the debates I had had there with a different cultural tradition in Tokyo. I also owe thanks to the American Council of Learned Societies for enabling me to widen my perspective further at the Yale Law School and its library in New Haven.

I had concluded my investigation of Kelsen's judicial application of norms -- in the course of which I was one of the early scholars to interpret the judicial process as an autopoietic self-creation -- prior to my arrival in Canberra. During my stay there, I put the finishing touches to my polemical essay on the judicial reproduction of the law, and upon return home but before leaving again for the States, finalised my monograph on the nature of the process of the judicial establishment of facts. The point of interest in that experiment was the sham-dualism that occurred already in my study on Lukács, and even in the preceding investigations into the field of codification: while the way the questions were put had an epistemological appearance, the theoretical answers proved to be ontological. Specifically, in all forms of human practice -- including the cognitive process and the application of law -- it identified homing guidance, self-reference and self-feedback (self-justification and self-conclusion), thereby proving it is the process itself that ontologically determines the frameworks for the given practice. All these in turn prove that in our social existence we rely on our prevailing practices, and that these practices have the power to create criteria.

The sociological, cultural-anthropological and ontological investigations have held out the promise of a more comprehensive historical determination. The nature of the law as a dual vehicle was already established in the study of the codification process, and the dual objective and strategy of our legislative efforts have their roots in that. More specifically, this realisation has led to the conclusion that although in our continental culture the law is identified through its textual enactment, only and exclusively our social environment and value-selecting conventions have the power to lend it meaning. Consequently, we must not rely exclusively on the enactment in either the preservation or the reform of the law. The law's product is social in each of its elements. And this has brought me back to the proposition of my first master, Michel Villey, who, when discussing the classical Romans, looked at the law more as a spring-board toward the discovery of socially just answers, and considered the prevalence of the norm-centred approach the adventure of tempting voluntarism.

LAW AS PRACTICE

[1]

Quelques questions méthodologiques de la formation des concepts en sciences juridiques

par Csaba VARGA

Institut des Sciences juridiques et politiques de l'Académie des Sciences de Hongrie

1. *Introduction.*

La méthodologie de la formation des concepts en sciences juridiques présente nombre de traits qui coïncident ou qui sont identiques avec ceux de la méthodologie des recherches en sciences juridiques. En effet, la formation des concepts est au fond au service de la cognition et de la recherche : l'on sait que les concepts constituent en partie une des bases et des prémisses des processus de cognition et en partie le résultat et la sommation synthétiques des processus en question.

La méthode qui peut ou qui doit être appliquée à un objectif donné, notamment la méthodologie du processus dont il s'agit, est déterminée par la nature et les qualités objectives de l'objet de la recherche. Ainsi la connexité entre les qualités concrètes de l'objet et la méthodologie a pour résultat qu'en ce qui suit — lorsque nous essayons de tracer, dans le cadre d'une conception formée au moins comme une hypothèse de travail, les contours d'un problème spécifique mais extrêmement important — nous devons commencer notre discours par l'analyse des caractéristiques de l'objet en question.

Ce problème qui se présente d'une façon implicite ou explicite dans le rejet d'une manière de voir donnée ou bien dans des efforts visant la conciliation des différentes approches, d'une façon indirecte ou directe, mais en tout cas nécessairement, peut être formulée, de prime abord, en nous approchant seulement du concret et par conséquent dans une forme très rude et grossière, comme il suit ; sur le terrain de la formation des concepts et en considérant l'aspect méthodologique de cette formation, quelle est la conséquence du fait que la réalité susceptible d'entrer en ligne de compte dans les recherches en sciences juridiques se présente comme une réalité double ?

Or, dans une forme sous-entendue cette question comporte aussi une affirmation que nous devons expliquer, même brièvement pour éviter tout malentendu en la matière.

2. *La particularité de l'objet des sciences juridiques.*

L'objet spécifique des sciences juridiques est d'une part le système du droit comme un ensemble de normes juridiques et d'autres expressions ainsi que d'institutions formées par ces dernières s'organisant dans un système plus ou moins fermé, fixées dans des textes normatifs où elles doivent être retrouvées ; d'autre part l'objet dont nous parlons est la réalité sociale comprenant à la fois les événements s'accomplissant dans la société et les autres données sociologiques ensemble avec les tendances et les exigences objectives de son développement, constituant le terrain pour la naissance, la réalisation et la modification du système du droit et en même temps un élément déterminant ces dernières. Bien que le système du droit — comme il résulte aussi de ses fonctions qui constituent sa raison d'être — soit propre à exercer une influence sur la réalité sociale, néanmoins, en dernière analyse et au fond, c'est la réalité sociale qui le détermine aussi bien dans sa formation que dans sa réalisation et dans ses changements. De cette façon le système du droit fait son apparition aussi dans sa capacité d'agir et de rétro-agir comme une réalité reflétée, d'ordre secondaire et résultant d'une duplication spécifique, c'est-à-dire comme la superstructure d'une base donnée portant des traits spécifiques.

Quand à la définition du statut ontologique du système, en ce qui concerne la norme juridique constituant l'unité de base de celui-ci, une importance fondamentale revient au fait qu'en l'espèce il s'agit d'une objectivation reflétant d'une façon particulière la réalité sociale objective dont elle se détache [1], d'une objectivation qui dans les processus sociaux figure à la fois comme cause et comme effet [2]. Et bien que la norme juridique — comme

1. Voir PESCHKA Vilmos, *Sein und Sollen in der modernen Rechtsphilosophie Acta Juridica Academiae Scientiarum Hungaricae*, XI (1969) 1-2, pp. 22 à 34.

2. Cf. PESCHKA Vilmos, « Célszerüség a munkafolyamatban és a jogi normában » (Le caractère téléologique du procès de travail et de la norme juridique), *Allam- és Jogtudomány*, XI (1968) 2, p. 245.

toutes les objectivations ayant la qualité de *Sollen*—soit caractérisée, quant à son contenu, par le fait que, dans cette objectivation, « nous imaginons comme existant quelque chose qui pour le moment n'est pas encore réel »[1], la norme juridique, cette « construction artificielle humaine »[2], est elle-même une réalité sociale, le système du droit en vigueur comme l'ensemble des règles juridiques normatives est lui-même un produit social[3], une expression des rapports sociaux qui possèdent non seulement l'attribut de l'existence mais aussi celui de la réalité[4].

Donc les normes juridiques, bien qu'elles ne décrivent pas la réalité font partie de cette dernière, vu qu'elles acquièrent une existence réelle par leur fixation dans les textes des lois ou des décisions judiciaires[5]. Or, de cette sorte, même si nous soulignons que, « entre l'élément normatif et l'élément de la réalité il n'y a aucune contradiction, parce que la normativité repose précisément sur la pratique sociale effective » et que « les mêmes rapports sociaux qui donnent naissance aux normes juridiques définissent, avec une généralité sociale, aussi les attitudes humaines effectives »[6], nous devons d'autre part signaler que cette identité dialectique largement conçue du *Sein* et du *Sollen* en conséquence notamment de l'objectivation du *Sollen* se présentant sur le plan ontologique, comprend aussi la diversité donc aussi la possibilité d'une contradiction dialectique du *Sein* et du *Sollen*. En effet, s'il est vrai que « le *Sein*, conçu en sens général et large, se présente comme *Sollen* devant l'homme », que donc le *Sein* lui-même figure comme *Sollen*[7], alors nous devons accepter comme vrai aussi que ce *Sollen*, en tant qu'objectivation du *Sein*, en tant qu'une forme, une conséquence objectivisées du réfléchissement et du doublement du *Sein*, se présente également comme *Sein*. Aussi bien le *Sollen* juridique que le *Sein* juridique trouvant son expression dans le processus de la réalisation et dans l'état déjà réalisé du *Sollen*, constituent le théâtre des processus de mouvement juridique et

1. Hegel (G.W.F.), *Phänomenologie des Geistes*, Jubileumsausgabe, 3. Auflage, Suttgart, 1951, p. 463.

2. Quant à l'usage de l'expression « künstliche menschliche Konstruktion », voir Klaus Georg, *Einführung in die formale Logik*, Berlin, 1958, p. 72.

3. Cf. Szabó Imre, *A szocialista jog* (Le droit socialiste), Budapest, 1963, p. 337 et Peschka Vilmos, *Jogforrás és jogalkotás* (La source et la création du droit), Budapest, 1965, p. 400.

4. En ce qui concerne la séparation de ces deux attributs et la distinction faite entre la réalité, d'une part, et de droit conçu comme un système *de lege lata* et, en tant que tel, comme une partie de la conscience sociale, d'autre part, voir Knapp Viktor, *Filosofické problémy socialistickeho pravo* (Problèmes philosophiques du droit socialiste), Praha, 1967, chap. III.

5. Voir entre autres Peczenik Aleksander, « Doctrinal Study of Law and Science », *Osterreichische Zeitschrift für öffentliches Recht*, XVII (1967) 1-2, p. 129.

6. Kulcsár Kálmán, *A szociológiai gondolkodás fejlődéseó* (Le développement de la pensée sociologique), Budapest, 1966, p. 464.

7. Peschka Vilmos, « A Sein és Sollen problémája a modern jogelméletben » (Le problème de « Sein » et de « Sollen » dans la théorie de droit contemporain), *Állam- és Jog- tudomány*, XI (1968) 3, p. 432.

en même temps les composants organiques de la réalité sociale qui en est le facteur déterminant, ils constituent donc des éléments qui se trouvent les uns avec les autres, ou bien avec la réalité sociale dans un rapport dialectique de diversité et d'identité également.

En conséquence la séparation de ces phénomènes connexes ne vise pas le détachement des connexités ontologiques et fonctionnelles mais la distinction de certains côtés et pôles de ces phénomènes, à savoir la distinction relative qui est à faire entre le système plus ou moins fermé des normes et des autres phrases exprimées en forme de langue, fixées par écrit d'une manière généralement formalisée, donc le « *law in books* » selon Pound, d'une part, et toutes les « autres » réalités sociales comprenant aussi le « *law in action* », d'autre part[1]; cette distinction est justifiée comme nous allons le voir du point de vue de la théorie et de la pratique également.

3. *La particularité de la méthodologie des sciences juridiques.*

Comme c'est souvent expliqué ou formulé en connexité avec l'affirmation de l'existence de différents « niveaux » ou « plans » ontologiques du droit, « la multiplicité méthodologique de la science juridique est dictée par la complexité nommée parfois ontologique du droit »[2].

Or, aux fins d'une analyse par la science juridique le système du droit et la réalité sociale qui en est la base ainsi que le terrain de sa réalisation, apparaissent d'une part comme des sujets de connaissance organiquement liés l'un à l'autre puisque, comme nous allons le voir, l'analyse du système du droit ne peut aboutir en elle-même à des résultats atteignant la valeur propre aux sciences sociales, tandis qu'une analyse de la réalité sociale qui néglige le système des exigences formulées en droit positif devrait être qualifiée au point de vue de la science du droit comme un non-sens ; d'autre part cependant cet enchevêtrement est loin d'avoir pour résultat la fusion de ces deux sujets de connaissance ou de leur analyse dans une unité non-différenciée.

En conformité avec les différentes tendances de recherches en sciences juridiques[3] notre littérature souligne donc l'exigence de la multiplicité des

1. Quant à l'usage de ces notions voir Pound Roscoe, *Jurisprudence*, Vol. IV, Saint Paul, 1959, p. 14 et à la lumière d'exemples Vol. III, p. 362 et s.

2. Cf. par exemple Opałek Kazimierz, The Complexity of Law and of the Methods ot its Study, Extrait de « *Scientia* » (Revue Internationale de Synthèse Scientifique, Milan, CIV (1969) mai-juin, p. 3.

3. Selon un essai de classification, tenant compte aussi des considérations relevant de la théorie de sciences, le résultat des recherches en sciences juridiques peut s'exprimer dans les types de constatations ayant trait : A) à l'élaboration de l'appareil et du système conceptuels du système du droit ; B) à l'interprétation et à l'application du droit ; C) à la réalisation du droit sur le plan des phénomènes psychiques et sociaux ; D) aux problèmes de caractère *de lege ferenda* ; et, enfin E) à l'évaluation extra-systématologique du droit. Voir Wroblewski Jerzy, Legal Norm as the Object of Legal Sciences, *Archivum iuridicum Cracoviense*, II (1969), pp. 20-21.

approches, tandis que nous ne rencontrons pas l'unanimité pour décider quelles sont les méthodes concrètes dont l'application doit être considérée comme une approche propre à la science du droit [1]. En même temps on rencontre souvent une opinion qui semble indiquer que dans le domaine des sciences juridiques on doit compter avec deux méthodes fondamentales typiques ou bien avec deux groupes de telles méthodes. « Les méthodes des sciences de l'Etat et du droit sont déterminées par la circonstance — nous pouvons le lire dans une thèse formulée en Hongrie [2] — que les phénomènes juridiques ont un contenu social, qu'ils sont socialement déterminés, mais qu'ils sont exprimés dans une forme particulière ». Il semble qu'à une telle manière de voir mettant en relief le rôle du sujet de la connaissance répond aussi « la conception réaliste d'un double niveau au sens de laquelle dans les sciences juridiques nous devons nous occuper du droit d'une part sur le niveau des significations et d'autre part sur le niveau des phénomènes, de la pratique, des attitudes » [3].

L'examen des travaux de recherches en sciences juridiques permet en réalité de conclure à une telle dualité se présentant en dernière analyse. En effet, certaines approches visent en premier lieu à découvrir les lois intrinsèques régissant le système du droit en tant que système des concepts et des expressions, donc comme un système des acceptions, d'interpréter des parties distinctes de ce système, et enfin, de mettre en comparaison des groupes de normes analogues des différents systèmes de droit ; nous considérons ces tendances de recherches, dont les résultats sont exprimés dans des constatations de *lege lata* et seulement par exception dans des constatations *de lege ferenda* reposant sur des postulats logiques, comme des approches positivistes ou dogmatiques. Par contre, d'autres approches visent en premier lieu la découverte des liens de causalité ou des liens fonctionnels unissant le système du droit et la réalité sociale, donc la dé-

1. Selon certaines manières de voir, par exemple, la méthodologie des sciences juridiques se compose des méthodes logique, comparative et sociologique ainsi que de celles de l'établissement de modèles et d'expériments sociaux (Kasimirtchouk P. V., *Pravo i methodue ego isutchenia*) Le droit et les méthodes de son étude, (Moscou, 1965). D'autres mentionnent parmi les méthodes primaires les approches philosophiques (ontologique, gnoséologique, axiologique et logique) ainsi que les approches causales-explicatives (sociologique et psychologique) et les approches dogmatiques-normatives (Lukic Radomir D., « Metodi isutchavania prava » (Les méthodes de l'étude du droit), *Anamo Pravnog Fakulteta u Beogradu*, XIII (1965) 1-2, p. 46). Une troisième conception, également très répandue, en dehors du-plan linguistique-logique, considéré comme fondamental, tient compte comme des plans méthodologiques de l'analyse, des plans psychologique, sociologique et axiologique (Opalek Kazimierz : « The Peculiarities of the Study of Law and the Question of Integration », *Archivum Iuridicum Cracoviense*, I (1968) p. 12). etc.

2. « A magyar állam- és jogtudományok és a társadalmi gyakorlat » (Les sciences politiques et juridiques en Hongrie et la pratique sociale), *Állam- és Jogtudomány*, VII (1964) 1, p. 12.

3. Opalek, *The Complexity of Law...*, *op. cit.*, p. 13.

couverte du mécanisme de l'influence et de l'effet exercés d'une part par la réalité sociale et d'autre part par le système du droit, et en partie aussi la découverte d'une réalité sociale concrète se trouvant en connexité avec une réglementation entreprise ou à entreprendre dans le cadre du système du droit ; nous considérons ces tendances de recherches, dont les résultats sont exprimés dans des constatations sociologiques de faits ou dans des constatations *de lege ferenda* reposant sur une évaluation sociale, comme des approches sociologiques.

En ce qui concerne la première méthode ou le premier groupe des méthodes, il faut avant tout faire distinction entre le positivisme juridique au sens étroit du terme en tant qu'une conception théorique formée concernant le droit, et le positivisme juridique pris dans un sens large en tant qu'une manière d'approcher le droit. En effet, l'approche positiviste, comme tendance de recherche, comme une technique spécifique appliquée lors de l'analyse du droit, considérée en elle-même, ne constitue pas une caractéristique particulière d'une idéologie ou d'une conception juridique donnée, mais l'interprétation et l'élaboration *de lege lata* plutôt formelles du droit comprenant l'analyse de sa structure notionnelle et logique également, dont l'accomplissement, sous le titre d'une dogmatique juridique ou sous n'importe quel autre titre se révèle désirable et nécessaire dans toutes les sciences du droit, pourvu qu'elles entrent en ligne de compte seulement comme une analyse partielle [1]. L'approche positiviste vise la cognition du *Sollen* juridique, de la construction de la forme juridique, de la structure du « *law in books* », du système du droit comme un ensemble des textes ayant des significations déterminées, de sorte que nous pouvons considérer entièrement bien fondée et justifiée la constatation que la théorie du droit ne s'arrête pas devant l'analyse de cette forme comme telle [2], étant donné que la dogmatique juridique n'est qu'un échelon élémentaire bien qu'indispensable de la cognition des phénomènes juridiques [3]. En même temps cependant au point de vue du service et de la sauvegarde de la légalité formellement interprétée, comme aussi de la cognition de l'aspect spécifiquement juridique du phénomène du droit, l'approche positiviste peut devenir d'une importance fondamentale, voire déterminante ; ainsi devons nous considérer comme équitable aussi l'opinion selon laquelle « dans l'ensemble des sciences la dogmatique juridique ne peut prendre qu'une place très modeste ; toutefois dans une communauté civilisée moderne elle doit être qualifiée d'absolument essentielle » [4].

1. Cf. KRYSTUFEK Zdenek, *Historické základy právniho pozitivismu* (Les fondements historiques du positivisme juridique), Prague, 1967, pp. 130 à 132.
2. Voir, entre autres, SZABO Imre, *Szocialista jogelmélet-népi demokratikus jog* (Théorie socialiste du droit — droit des démocraties populaires), Budapest, 1967, p. 94.
3. Tout en reconnaissant son indispensabilité, le caractère primaire de l'approche dogmatique est jugé anti-scientifique parmi d'autres par EHRLICH Stanislaw, « Kilka uwag w sprawie metodologii nauk prawnych » (Considérations sur la méthodologie des sciences juridiques), *Panstwo i Prawo*, XIX (1964) 11, pp. 642 et s.
4. CASTBERG Frede, *Problems of Legal Philosophy*, 2nd ed., Oslo, London, 1957, p. 7.

A l'encontre du sujet de l'analyse dogmatique l'objet de l'approche sociologique n'est pas le « *law in books* », mais le « *law in action* » : les méthodes sociologiques favorisent la découverte des lois intrinsèques du droit se manifestant sur le plan des « phénomènes » et des faits ». Ce sont seulement les recherches de ce type qui peuvent assurer réellement le caractère de sciences sociales des recherches juridiques, et c'est seulement cette circonstance qui peut dans une certaine mesure expliquer des tendances presque séculaires, se présentant dans quelques Etats encore de nos jours, lesquelles sous le signe de certains postulats relevant de la théorie des sciences ou simplement de la modernisation, visent la liquidation de la science dogmatique du droit et son intégration dans une théorie sociologique d'ensemble. En effet, la méthode sociologique n'est pas seulement un procédé spécifique ou une technique de recherche, mais elle constitue une méthode fondamentale pour s'approcher du droit dans le cadre d'une science sociale, qui cependant, en elle-même, ne peut pas justifier que l'approche sociologique devienne exclusive.

Notre manière de voir selon laquelle l'approche dogmatique et l'approche sociologique constituent deux tendances ou méthodes fondamentales des recherches juridiques ne signifie pas seulement que ces approches jouent un rôle important, voire un rôle d'importance décisive dans les recherches juridiques, mais elle signifie aussi que ces approches se présentent comme des types d'approche, comme des méthodes comprenant des techniques, des procédés et des modes concrets d'analyse, comme des méthodes comprises dans un sens global.

En considérant la chose dans cette connexité nous pouvons affirmer que la méthode comparative, par exemple, se forme comme une méthode complexe, composée des éléments des approches dogmatique et sociologique, à la suite d'une application conjointe de ces éléments dans un but spécifique. En effet, le droit comparé signifie en partie la mise en parallèle de certaines parties des différents systèmes de droit, en tant que systèmes *de lege lata*, notamment la mise en parallèle des textes, des normes et d'autres expressions y relatifs ainsi qu'en partie et en particulier la mise en parallèle de la réalité sociale, du processus et de l'état de la réalisation des systèmes de droit en question et la découverte des rapports de causalité qui les régissent [1]. Ainsi les recherches de droit comparé — bien qu'à l'époque du règne de la manière de voir positiviste l'application des méthodes positivistes fût au premier plan des recherches en droit comparé également — doivent être centrées actuellement au delà de l'élaboration des aspects dogmatiques des différents systèmes de droit, avant tout sur la détermination et sur les liens sociaux directs de ces systèmes de droit et sur l'élément social de leur contenu [2] ; dans ce sens il semble donc que la thèse qui veut que « l'appli-

1. Cf. par exemple Hall Jerome, *Comparative Law and Social Theory*, Baton Rouge, 1963, pp. 59-65, 68 et 81.

2. Voir Zzabo Imre, Az összehasonlitô jogtudomány (La science comparative du droit), in *Kritikai tanulmányok a moderh polgári jogelméletról* (Etudes critiques sur

cation de la méthode comparative soit pénétrée d'une manière de voir fortement analogue à celle de la sociologie juridique »[1] reflète correctement l'exigence fondamentale concernant la matière.

En ce qui concerne les fondements méthodologiques la situation est sous un certain aspect similaire à celle de l'évaluation. En effet, nous ne pouvons nullement considérer l'évaluation comme une méthode qui est, même partiellement, caractéristique de l'approche positiviste ; en même temps cependant l'analyse dogmatique révèle un certain côté qui s'exprime dans la formulation des jugements de valeur. L'examen du système du droit en tant qu'un système de différentes expressions comprend en effet, au delà de la délimitation des significations, aussi la constatation de la validité, du manque de contradictions, etc. projetée sur des normes distinctes ou sur des groupes de normes. Or, dans le cadre d'un système donné la constatation de la validité se révèle comme une évaluation systématologiquement relativisée, ou bien — en particulier dans le cas de contradiction entre des normes ou dans le cas où le système du droit ne contient aucune définition formelle des critères de la validité — comme une évaluation reposant sur les principes traditionnels du droit et de son application et en dernière analyse sur la présomption de la rationalité du législateur[2]. Cette évaluation prend dans les analyses dogmatiques souvent la forme de constatation *de lege ferenda* reposant sur de postulats logiques, et avant tout sur la présomption mentionnée de la rationalité du législateur. Faisant abstraction de cette forme de manifestation plutôt exceptionnelle, l'évaluation adhère en général aux recherches sociologiques. Dans ce domaine l'évaluation vise l'appréciation utilitaire du rôle, de l'importance, du bien-fondé ou de la nécessité d'une norme donnée[3], ou plus précisément une appréciation instrumentalement relativisée renvoyant au caractère désirable de la création d'une norme[4]. Dans les recherches sociologiques ces évaluations apparaissent en général sous la forme de constatations *de lege ferenda* et, comme telles, souvent comme des règles téléologiques. Dans cette connexité une importance décisive revient au fait que dans le domaine des valeurs il ne s'agit plus d'un monde isolé mais d'une réalité sociale régie par la loi de la causalité, du moment que les valeurs signifient au fond des expressions spécifiques des rapports sociaux[5]. Or, cette circonstance

la théorie bourgeoise du droit contemporain), Budapest, 1963, en particulier pp. 62 et s. ; RODIÈRE René, *Introduction au droit comparé*, Barcelone, 1967, p. 11 etc.

1. BRUTAU José Puig, « Realism in Comparative Law », *American Journal of Comparative Law* (1954), 1, p. 49.

2. Voir en particulier NOWAK Leszek, *Próba metodologicznej charakterystyki prawoznawstwa* (Etude sur le caractère méthodologique de la science du droit), Poznan, 1968, chap. V.

3. Voir par exemple GRZYBOWSKI Stefan, *Wypowiedz normatywna oraz jej struktura formalna* (Enonciation normative et sa structure formelle), Krakow, 1961, chap. VIII.

4. Voir par exemple : WROBLEWSKI, *Legal Norm ..., op. cit.*, p. 20-21 et 26.

5. Cf. PÉTERI Zoltan, « Die Kategorie des Wertes und das sozialistische Recht », *Wissenschaftliche Zeitschrift der Friedrich-Schiller-Universität Jena* (Gesellschafts- und

semble rappeler le fait que l'analyse des connexités sociales, l'approche des phénomènes juridiques dans un esprit réellement sociologique renferme non seulement la mise au jour des liens fonctionnels de causalité mais aussi l'évaluation des phénomènes se trouvant les uns et les autres dans une telle connexité[1].

La mise en relief des approches dogmatique et sociologique comme des méthodes de base typiques et générales des sciences juridiques, nous conduit nécessairement à la conclusion que le pluralisme méthodologique existant au sujet des techniques, des modes et des procédés concrets de la recherche doit être au fond réduit à un dualisme, répondant au double caractère de l'objet de recherche. Dans le processus de cognition cependant ce dualisme signifie non pas une contradiction mais bien un parallélisme se manifestant aussi dans l'unité complexe du processus de recherche, étant donné que l'application des différentes méthodes scientifiques est réunie dans une unité de principe par une conception complexe, par une manière de voir dialectique du droit[2]. Ces deux méthodes se présentent ainsi comme renvoyées l'une à l'autre, puisque « l'analyse sociologique sans une attention constante portée aux aspects logiques demeure stérile de même que l'analyse logique dépourvue d'observations empiriques sur le terrain de la société »[3].

4. *La particularité de la formation des concepts en sciences juridiques. Quelques problèmes.*

Après nos observations préliminaires destinées à jeter des fondements de la position du problème et formulées en ce qui précède jusqu'ici sous une forme seulement générale, nous voudrions esquisser quelques problèmes concrets touchant les concepts principaux de la théorie et de la science du droit. Ces problèmes peuvent se présenter concernant des thèmes relativement assez éloignés mais néanmoins aptes à développer le problème de base déjà signalé; ils comprennent une question méthodologiquement similaire et ainsi permettent de délimiter une conception qui sera développée plus amplement dans ce qui suit, mais qui peut servir pour le moment d'une hypothèse de travail.

Sprachwissenschaftliche Reihe), XV (1966), 3, p. 428; DROBNITZKI O. G., *A szellemi értékek világa* (Le monde des valeurs spirituelles), traduit de russe, Budapest, 1970, chap. V, paragraphe 2 et en particulier p. 234 et s. etc.

1. Cf. SZABÓ Imre, *Szocialista jogelmélet ..., op. cit.*, p. 51 ; du même auteur : « Gegenstand der marxistisch-leninistischen Rechtstheorie, in *Aktuelle Probleme der marxistisch-leninistischen Staats- und Rechts-theorie*, Budapest, 1968, p. 28, et aussi VARGA, Csaba, « Osszehasonlitó jog és társadalomelmélet » (Droit comparé et théorie sociale) *Allam- és Jogtudomány*, IX (1966), 4, p. 733.

2. Cf. KASIMIRTCHOUK, *Pravo ..., op. cit.*, p. 44.

3. BRUSIIN otto, « Legal Theory — Some Considerations », *Archiv für Rechts- und Sozialphilosophie* (1957), 4, p. 467.

4.1. *Le concept du droit.*

L'on sait que les escarmouches et les débats théoriques passionnés des siècles passés sont devenus des bases et des stimulants de nombre de déclarations pessimistes, voire entièrement agnostiques, en ce qui concerne la définition du concept du droit. Il semble, par exemple, que l'on puisse paraphraser, après 150 ans, la constatation bien connue et quelque peu ironique de Kant, selon lequel « ceux parmi nous qui ont appris que l'humilité ont déjà renoncé à l'essai de définir le droit »[1]. Récemment même dans la théorie socialiste a été développée une opinion selon laquelle il n'existe et on ne peut attendre aucun accord concernant la question de savoir quels sont les critères concrets auxquels devrait s'adapter la définition de l'extension et de la compréhension conceptuelles du terme « droit »[2]. Nombre de controverses semblables touchant des questions soulevées dans les sciences juridiques doivent être considérées en effet comme illusoires, vu qu'en formulant la question de la manière dont il s'agit, la solution dépend au fond des facteurs conventionnels, d'un accord linguistique[3].

La définition des critères qui trouvent leur expression dans le concept du droit soulève en théorie surtout deux questions controversées, dont la solution dépend avant tout du choix entre les approches positiviste ou sociologique ou de la préférence donnée à l'une de ces dernières[4]. Il s'agit tout d'abord de connaître l'importance qu'on doit attribuer au fait qu'une norme garantie par la force coercitive de l'Etat est créée ou non par un organe (étatique) qualifiée à cet effet par la constitution et dans une forme prévue aussi par la constitution. Deuxièmement il s'agit de l'importance qu'on doit attribuer à la circonstance de connaître si dans la réalité sociale une norme juridique se fait valoir ou non avec ou sans une application de la force coercitive par l'Etat.

L'on sait que certaines approches forment le concept du droit, en dehors d'autres facteurs de contenu, eu égard au système des exigences formelles du droit positif et qu'ainsi elles font entrer dans le cercle notionnel du droit tous les actes régulièrement émis dans la forme requise par un organe compétent, et ceci indépendamment du fait de savoir si, dans la réalité sociale, tels actes se font valoir ou non. D'autres approches par contre regardant le droit uniquement du côté de la réalité sociale et font abstraction du système des exigences formelles du droit potitif et ainsi ces approches font entrer

1. Radin Max, « A Restatement of Hohfeld », *Harvard Law Review* LI (1938), p. 1145.

2. Voir Gregorowicz Jan, *Definicje w prawie i w nauce prawa* (Définition dans le droit et dans la science du droit), Lôdz, 1962, chap. III.

3. Cf. par exemple Peczenik Aleksander, *Wartosc naukowa dogmatyki prawa* (a valeur scientifique de la dogmatique juridique), Cracovie, 1966, chap. IV, paragraphe 12.

4. Quant à la position de la question et un compte rendu analytique des essais socialistes d'une solution, voir Varga Csaba, « Quelques problèmes de la définition du droit dans la théorie socialiste du droit», *Archives de Philosophie du Droit* XII (1967), pp. 189 et s.

dans le cercle notionnel du droit tous les actes qui se font valoir d'une façon considérée comme caractéristique du droit, donc tous les actes qui devant la société se présentent comme droit, notamment comme droit garanti dans une généralité donnée par la contrainte de l'Etat, et ceci indépendamment du fait de savoir si ces actes sont le résultat d'une création régulière ou seulement de l'application du droit. Dans la littérature juridique nous ne rencontrons que rarement de positions formulées avec une précision similaire ; en même temps cependant c'est un fait que certaines approches — éventuellement au moyen de la définition de conditions strictement délimitées — mettant en relief plutôt, d'une façon primaire ou exclusive, soit le critère de la régularité [1], soit celui de la mise en œuvre [2] et soulignent ainsi l'importance essentielle de leur définition.

Quant au problème qui nous préoccupe dans le cadre présent, peu importe la mesure ou l'étendue dans laquelle s'écartent l'une de l'autre des extensions des concepts du droit conçus en général, ou relatifs à une société donnée, exprimant le résultat obtenu par une approche positiviste ou sociologique. C'est un fait qu'en rapport avec le caractère de la formation sociale ou des particularités d'une période donnée de l'évolution, existent d'une part dans une mesure plus ou moins grande, plus ou moins fréquemment ou bien comme des phénomènes exceptionnels des normes régulièrement créées qui ne se font pas valoir, et d'autre part des normes qui se font valoir bien qu'elles aient été créées par un organe incompétent ou d'une manière irrégulière. Comme nous avons essayé aussi de le faire figurer sur le dessin ci-inclus [1], l'extension et la compréhension des concepts du droit et des différentes définitions y afférentes s'écartent les unes des autres en principe.

Conformément à notre conclusion les concepts conçus dans un sens ou dogmatique ou sociologique constituent des objets de connaissance distincts qui ne sont identiques ni du point de vue de la théorie ni du point de vue de la pratique ; nous devons donc définir et examiner séparément la valeur de vérité de chacune de ces définitions. Cette complexité nécessaire du droit qui suppose au moins une dualité, ne résulte donc pas d'un problème tout simplement sémantique [3] ; la diversité de la signification du mot « droit »

1. Voir par exemple Haney Gerhard et Wagner Ingo, *Grund- lagen der Theorie des sozialistischen Staates und Rechts*, Teil II, Leipzig, 1965, p. 26. Ces auteurs, en définissant formellement le critère de la régularité, en font un élément constitutif de leur définition. Les conceptions socialistes y relatives sont résumées par Szabó, *A szocialista jog, op. cit.*, pp. 219 et s., pp. 230 et s. ainsi que par Polejav P. T., « K voprosou o poniatii socialistitcheskogo prava » (Sur la question du concept du droit socialiste), dans *Pravo i commounisme* (Droit et communisme), Moscou, 1965, pp. 19-26.

2. Voir par exemple Kulcsar Kálmán, *A jogszociológia problémái* (les problèmes de la sociologie du droit), Budapest, 1960, pp. 195-196 ; 216-220 et 261-262 ; Peschka Vilmos, *Jogforrás ..., op. cit.*, pp. 126 et s., pp. 426 et s. ; Mikolenko J.-F., « Pravo i formu ego proiavlenia » (Le droit et les formes de son apparition), *Sovietskoie gosoudarstvo i pravo* (1965), 7, pp. 52-53.

3. Selon une approche caractéristiquement américaine « la seule manière intelligente de s'occuper d'un mot de plusieurs acceptions comme le « droit » doit comporter la

— méritant certainement une analyse à part — ne constitue en effet qu'une expression particulière d'un problème plus profond, se trouvant en connexité avec le statut ontologique du droit, avec ses signes spécifiques essentiels et avec les formes de son apparition.

Fig.[1]

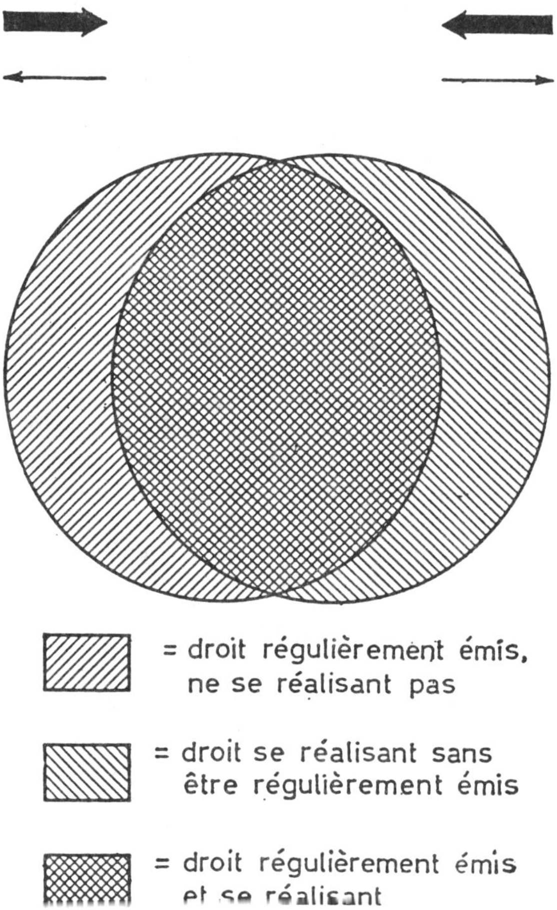

Pour qu'un système de normes puisse exister comme droit, non seulement comme le produit d'une objectivation particulière révélant un caractère du Sollen mais que, en s'acquittant de sa fonction constituant sa raison

reconnaissance du fait que la définition elle-même doit être multiple ». WILLIAMS G., The Controversy concerning the Word « Law », in *Philosophy, Politics and Society*, éd. by P. Laslett, 1956, p. 155 ; cité par STONE Julius, « Meaning and Role of Definition of Law », *Archiv für Rechts- und Sozialphilosophie*, 1963, Beiheft, Nr. 39, Neueu Folge Nr. 2, p. 11.

d'être, il puisse devenir un élément véritable et une partie vivante du *Sein* et qu'il puisse influer sur les processus du mouvement se déroulant dans la sphère de ce dernier, — du point de vue du problème que nous analysons il est nécessaire que le système de normes dont il s'agit obtienne la qualité de validité juridique et qu'en cette qualité il se fasse aussi valoir dans la réalité sociale [1]. Il semble donc que la création régulière et la mise en œuvre constituent deux conditions *sine qua non* du devenir droit, de l'existence en tant que droit, conditions qui, comme telles, sont parallèles, bien que la force coercitive et déterminante des faits de la réalité sociale soit loin de respecter toujours le spécifique de la juridicité se manifestant d'une façon formelle. En même temps cependant les choses sont caractérisées par un mouvement continu, par la perpétuité des changements produisant des transitions, des transformations du devenir autre ainsi que par l'entrelacement des processus pour maintenir en supprimant (*Aufhebung*), formant sans cesse de nouveaux caractères et relations, par des éléments donc qui se présentent en même temps comme éléments d'une dialectique matérialiste [2]. Or, ces éléments apparaissent nécessairement aussi comme des signes du phénomène juridique : certains phénomènes sociaux, au cours de leur formulation ou en conséquence de leur application en masse comme droit, montrent le processus du devenir droit de ce qui est non-droit, tandis que d'autres phénomènes sociaux, au cours de leur formulation comme non-droit ou en conséquence du manque de leur application comme droit présentent le processus du devenir non-droit. L'avance vers la juridicité et l'éloignement de la juridicité constituent donc des caractères objectifs de certains phénomènes sociaux exprimant la tendance du développement, puis, sur un certain niveau du développement et après un certain temps, des caractères qui passent l'un dans l'autre. Cependant dans ces processus sans arrêt il semble possible de fixer avec plus ou moins d'exactitude certains points ou, d'une manière ou d'une autre, le non-droit est devenu déjà droit et le droit non-droit ; la fixation de ces points est une tâche des définitions dont nous avons déjà parlé. Comme il résulte de ce qui précède les différentes définitions peuvent saisir ces points en présentant des critères divergents. En effet le point fixé par la définition du concept dogmatique du droit n'offre socialement aucune base suffisante aux fins du devenir droit, tandis que le point fixé par la définition du concept sociologique du droit se révèle insuffisant du point de vue de l'apparition formelle spécifique.

Ce n'est pas seulement de l'intérêt de la théorie qu'il semble nécessaire de faire des concepts indépendants de certains phénomènes qui ne peuvent

1. La subsistance conjointe de ces critères est reconnue même par la tendance méthodologiquement la plus homogène et jusqu'au bout conséquemment formelle du normativisme, c'est-à-dire par la théorie pure du droit. Voir KELSEN Hans, *Reine Rechtslehre*, 2. Aufl., Wien, 1960, p. 219.

2. Cf. LENIN W. J., « Zur Kritik der hegelschen 'Wissenschaft der Logik' », in W. J. LENIN, *Aus dem philosophischen Nachlass*, Berlin, 1954, pp. 144-145.

être considérés comme droit que dans un certain sens résultant d'une certaine qualité qu'ils possèdent. Comme nous avons dit, en la matière il s'agit de concepts dont l'extension comprend un cercle d'objets en partie différents. Les phénomènes qui sont englobés par le concept dogmatique du droit, répondent au postulat de la légalité et aux considérations officielles de ceux qui appliquent le droit, pendant que les phénomènes englobés par le concept sociologique du droit répondent à la réalité de cette légalité et aux considérations pratiques de ceux auxquels le droit est appliqué. La sphère des phénomènes qui ne peuvent être qualifiés droit que dans un certain sens ou en conséquence d'une certaine qualité qu'ils possèdent, ne peut aucunement être considérée comme invariable. Les lignes de délimitation ne présentent en effet pas de rigidité mais une image remuante, se changeant sans cesse dans le temps et dans l'espace. Comme nous essayons de le faire figurer sur le dessin ci-inclus [2], les phénomènes en question sont caractérisés non seulement par leur formation perpétuelle mesurée par rapport à la juridicité, mais aussi par le fait que concernant certains de leurs traits déterminés ils sont dans une connexité fonctionnelle l'un avec l'autre. En effet, dans le mouvement circulatoire de la création et de l'application du droit, le droit qui prend corps dans la création du droit, à savoir le droit dans un sens dogmatique, d'une part, et le droit qui prend corps dans l'application du droit, à savoir le droit dans un sens sociologique, d'autre part, en conséquence du fait de la création régulière, de même que du fait de la mise en œuvre, interprétées comme des qualités spécifiques, prennent place aux pôles opposés d'une connexité dialectique, comme des participants à un processus de mouvement juridique porteurs également d'une fonction acquise spécifique, renfermant en soi aussi l'élément du *feed-back*.

Finalement, on doit répondre aussi à la question de savoir dans quelle mesure et de quelle façon nous considérons possible, à la lumière de notre présente conception, de former et de définir un concept scientifique général du droit. Le caractère scientifique « général » répond — il nous semble — à la saisie et à l'élaboration synthétique de l'objet de la connaissance. Le droit en tant qu'une objectivation ayant le caractère du *Sollen*, comme nous l'avons dit, ne répond à sa fonction que dans le cas où il se fait valoir dans la réalité sociale après être régulièrement émis. Ce qui signifie d'autre part que le droit — en abandonnant l'état transitoire d'être et en même temps ne pas être droit — parvient à une existence relativement ferme, complète et parfaite, même dans son caractère essentiellement temporaire et variable, lorsqu'il se présente comme une unité du droit prise à la fois dans un sens dogmatique et sociologique. L'exigence de la synthèse méthodologique demande du reste également une solution semblable : la synthèse des méthodes dogmatique et sociologique comme des approches fondamentales ne peut être réalisée qu'en reconnaissant parallèlement les postulats qui découlent de ces méthodes et en faisant de ces postulats des éléments d'une conception unie. Ainsi, sur le plan du concept réfléchissant la généralité essentielle ne peut apparaître qu'une norme ou un système de normes qui en unissant les signes essentiels des formes fondamentales de la manifestation et de la réalisation porte en soi à la fois le spécifique formel et la réalité substantielle de la réalisation de la fonction.

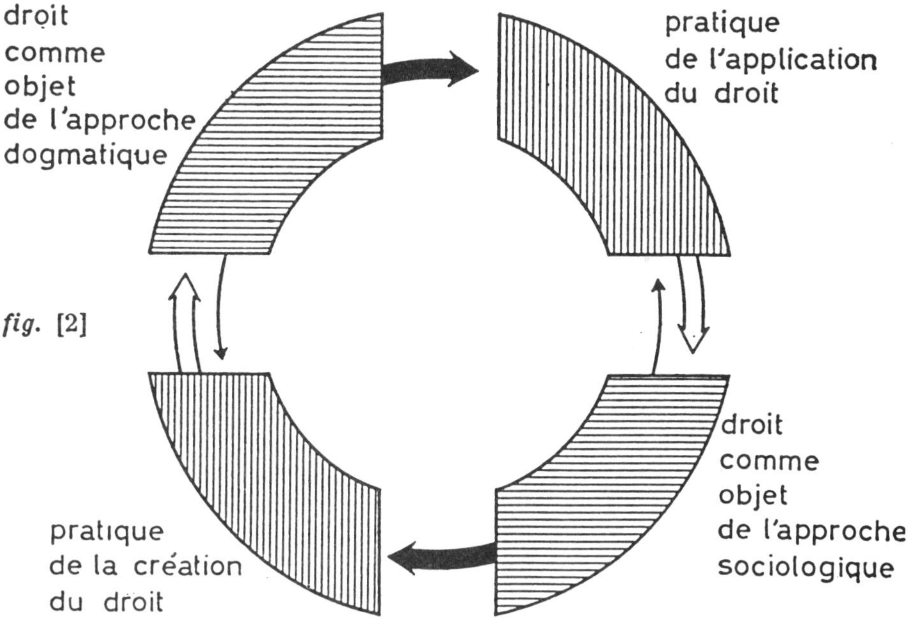

fig. [2]

4.2. *Le concept dogmatique du contenu du droit.*

Selon une opinion généralement acceptée dans la littérature juridique, la dogmatique juridique ne prend jamais appui sur les facteurs sociaux inhérents à la norme, ni sur les facteurs s'attachant à la fonction de la réglementation juridique, mais uniquement sur le texte de la norme [1]. Selon cette manière de voir le droit *de lege lata* obtenu comme résultat d'une analyse dogmatique reste identique avec le droit qui est exprimé dans le texte de la norme. Or, à cette théorie de l'interprétation qui peut être considérée comme statique, puisque, en se centrant ou se limitant à des directives linguistiques et systématologiques, elle tend à conserver le maximum de la stabilité du système du droit, on peut opposer la théorie de l'interprétation dite dynamique, laquelle, en acceptant des directives téléologiques, vise avant tout de contribuer efficacement à la réalisation des buts sociaux du système du droit [2]. La récente littérature méthodologique de l'approche dogmatique

1. Voir par exemple Krystufek, *Historické Základy ..., op. cit.*, pp. 131-132.
2. Wroblewski Jerzy, *Zagadnienia teorii wykladni prawa ludowego* (Les lignes fondamentales d'une théorie de l'interprétation du droit populaire), Warszawa, 1959, pp. 151-193 ainsi que du même auteur : « The Relativity of Juridical Concepts », *Osterreichische Zeitschrift für öffentliches Recht* (1960), 2, p. 278 et s.

adapte cette dernière manière de voir en soulignant que l'étude dogmatique « renferme à la fois des généralisations reposant sur des analogies, des généralisations inductives et des généralisations reposant sur le principe de la justice également », ce qui cependant renvoie déjà à l'élaboration des aspects *de lege ferenda* du droit, parce que le produit de l'analyse dogmatique se présente ainsi nécessairement comme un « système de correctifs » du droit [1]. Or, dans ces conditions, pendant que le résultat des recherches *de lege lata* est exprimé forcément dans la forme des propositions vraies ou fausses, susceptibles d'être aussi logiquement justifiées, les recherches dogmatiques *de lege ferenda* ne possèdent ce caractère qu'en partie, puisque « les expressions relativisées par les normes peuvent être des propositions seulement si dans l'expression respective la norme en question n'est pas interprétée et ne renferme pas de termes d'évaluation » [2].

En même temps cependant le droit *de lege lata* apparaît parfois dans le texte juridique d'une façon qui est insuffisante pour la théorie ; en effet l'idée « matérielle » du législateur subit souvent, en devenant une idée « technique », des modifications inévitables dans le processus de la formation de l'expression formelle du droit. Etant donné qu'ainsi une contradiction n'est aucunement exclue, entre les deux idées, l'analyse dogmatique doit reconstruire le contenu de la norme non seulement sur la base des éléments compris dans le texte, mais aussi sur celle des éléments se trouvant en dehors du texte ; ainsi cependant la recherche aboutit nécessairement à former distinctement des concepts forme et matériel l'un à côté de l'autre. Ce fait à son tour a pour résultat un dualisme des méthodes et des concepts même à l'intérieur de l'approche dogmatique, bien que ce soit l'idée « technique », le texte formellement fixé, qui en principe serve de base à l'application du droit [3]. En cette connexité est digne d'une attention particulière le fait que dans ce cadre aucune de ces idées n'est capable de remplacer ou d'enrichir l'autre, parce que, s'agissant de concepts entièrement séparés, « chacune de ces catégories accomplit son propre devoir et chacune d'elles, séparée, devrait être l'instrument servant à la connaissance du contenu du droit en vigueur » [4].

Quant à cette forme de manifestation du dualisme, nous en voyons la spécificité dans le fait que les deux côtés ci-dessus mentionnés de ce dualisme des méthodes et de la formation des concepts se présentent dans le cadre d'une seule approche, de l'approche dogmatique dans le sens strict du terme, puisqu'en principe l'idée matérielle n'est mise au jour au moyen des directives téléologiques et la mise au jour elle-même est accomplie non pas en vue

1. Peczenik, *Doctrinal Study of Law ...*, *op. cit.*, pp. 138 et 140.
2. Wroblewsky, *Normativity ...*, *op. cit.*, p. 65.
3. Ritterman Stefan, « Méthode de la formation des notions dans la systématique du droit positif, notamment du droit civil », *Archivum Iuridicum Cracoviense*, I (1968) en particulier illustré par des exemples présentés et analysés, pp. 113-117.
4. Ritterman, « Méthode ... », *op. cit.*, p. 118.

d'un développement successif du droit *de lege lata*, mais dans l'intérêt d'une compréhension plus profonde, plus exacte et plus complète de ce droit. Une contradiction éventuelle entre les deux côtés ne peut être aplanie qu'au moyen du redressement de « l'erreur » commise lors de l'élaboration technique de l'idée matérielle, donc par la transformation adéquate de l'idée technique, ce qui cependant ne signifie pas une synthèse, parce que le résultat en est la suppression de la distinction des deux côtés, l'anéantissement des signes divergents de l'idée matérielle du législateur et de l'idée technique se manifestant dans le produit du législateur, en conséquence de quoi les signes restants deviennent identiques. Ces notions n'offrent donc aucune possibilité d'une synthèse conceptuelle ; leur destin est en effet, de rester, en conformité de l'acte du législateur, soit irréconciliables, soit indistinguibles.

4.3. *Le concept de la normativité juridique.*

La normativité constitue une spécificité du droit, comme par ailleurs de toute objectivation sociale ayant le caractère du *Sollen*. En conséquence, la normativité apparaît comme un signe nécessaire et comme un élément effectif du droit. En même temps cependant, si nous essayons de définir le sens ou l'essence de la normativité, nous nous trouvons en face de problèmes dans leurs principaux traits semblables ceux qui se sont déjà posés lors de la définition du droit.

En cette matière le problème se présente dans la forme suivante : pour les recherches dogmatiques, donc en même temps, d'une façon déterminée par l'exigence formelle de la légalité, aussi pour ceux qui appliquent le droit, toutes les normes et autres expressions se révèlent à un moment donné comme valables par conséquent normatives, qui ont été formulées dans des textes promulgués d'une manière conforme aux conditions prévues par le système du droit. Ainsi, en considérant la chose dans un aspect positiviste, la normativité ne signifie rien d'autre que la norme ou l'expression en question possédant un caractère normatif fait partie et élément constitutif d'un système du droit valable, donc normatif. Bref, la normativité signifie une position à l'intérieur d'un système [1]. De cette normativité de principe, considérée du point de vue formel du système des exigences formelles du droit positif, doit être distingué le fonctionnement effectif de la normativité, sa « réalisation », la mise en œuvre pratique des normes considérées positivement valables. Comme c'est signalé aussi par l'application générale par exemple en pays anglo-saxons des expressions telles que « to be *in force* » et « to *enforce* », ou bien en pays allemands des expressions telles que « *geltend* sein » et « zur *Geltung* kommen » à la lumière d'une approche différenciée, aussi bien ces expressions que le concept de la normativité font apparition

1. Cf. VARGA Csaba, « The Preamble : A Question of Jurisprudence », *Acta Juridica Academiae Scientiarum Hungaricae*, XIII (1971) 1-2, chapitre III, et concernant quelques problèmes essentiels ultérieurs voir en particulier la note 30.

d'une façon redoublée. Ainsi de la normativité de principe, considérée dans un sens positiviste, on peut distinguer la normativité considérée dans un sens sociologique qui signifie la réalisation pratique de la normativité de principe, donc le fonctionnement social actuel des normes et d'autres expressions dans leur qualité d'être parties d'un système du droit [1].

La subsistance des faits servant de base à cette dualité conceptuelle aboutit aux résultats déjà connus. Concernant certaines normes il existe une normativité dogmatique qui ne conduit jamais à une normativité sociologique et, inversement, il existe une normativité sociologique concernant certaines normes qui n'a pas été précédée du tout d'une normativité dogmatique quelconque. Tout ceci cependant n'affecte pas le fait général s'exprimant aussi comme une exigence, a savoir que la normativité dogmatique et la normativité sociologique s'attachent l'une à l'autre dans la plupart des cas à la fois génétiquement et fonctionnellement et qu'elles doivent s'attacher forcément, parce que le caractère spécifiquement juridique de la normativité sociologique ne peut être assuré que par un facteur purement formel renvoyant au poids du contenu, à savoir par la normativité dogmatique. Or, par cela une réponse est donnée aussi à la question relative à la possibilité d'une synthèse, puisqu'un concept général, renfermant en réalité l'essence de la normativité doit contenir tous les différents traits essentiels, mis à jour par l'analyse, dans leur caractère fonctionnellement coordonné et en reflétant aussi leur rôle et leur poids effectifs.

4.4. *Le concept des lacunes en droit.*

Le droit embrasse une partie considérable des rapports sociaux, toutefois sans pouvoir jamais aspirer à l'intégralité. Dans un sens très général du terme nous nommons lacune en droit une situation dans laquelle le droit ne donne pas de réponse à une question, encore qu'il la devrait contenir. Or pour décider sur la présence réelle d'une telle situation, la théorie peut donner deux réponses différentes, suivant qu'elle s'approche du problème du côté des exigences apparaissant aussi dans la réglementation juridique ou seulement du côté des exigences se manifestant dans la réalité sociale.

En conséquence, certains auteurs formulent le concept de la lacune en considération du système des exigences formelles du droit ou, plus précisément, de la volonté du législateur visant la réglementation et exprimée d'une manière normative, eu égard aussi à l'obligation de décider incombant à celui qui applique le droit, tandis que d'autres considèrent comme décisif

1. Cf. notamment : Peschka, *Jogforrá ...*, *op. cit.*, pp. 137 et s. ; 390 et s. Concernant l'usage en cette œuvre du concept de la validité et en particulier la distinction sous-entendue des côtés dogmatique et sociologique, voir Varga Csaba, A « Jogforrás és jogalkotás » problematikájához (A propos des problèmes soulevés par la monographie « La source et la création du droit »), *Jogtudományi Közlöny*, XXII (1970) 9, paragraphe 2.1, pp. 503-504.

un critère se trouvant en dehors du droit et définissent le concept de la lacune en partant du cercle des rapports sociaux nécessitant une réglementation, et n'attribuent au critère mentionné, reposant sur des postulats du droit positif, une certaine importance que concernant la possibilité légale de ce que la lacune soit comblée par celui qui applique le droit [1]. Les concepts de la lacune résultant de ces deux sortes d'approches ne coïncident pas ; selon les expériences pratiques — comme résultat de différentes considérations relevant de la politique juridique — c'est en général la seconde qui est plus ample, renfermant une partie considérable — mais pas nécessairement l'ensemble de la première.

Eu égard à ce qui précéde, le problème se présente dans le fait que ces deux définitions peuvent être simultanément vraies et justifiées, puisque nonobstant l'identité nominale de leur objet il s'agit de *definienda* différents considérés de divers points de vue. Or, pour éviter tout semblant d'apriorisme, cette circonstance impose de prime abord à la théorie des lacunes en droit le devoir de définir ses concepts de base en partant à la fois du spectre positiviste des dispositions du système du droit dont il s'agit et du spectre sociologique des exigences sociales formées à l'égard du droit, ou de rendre au moins consciente la possibilité d'une divergence des deux concepts [2].

Entre ces deux concepts de la lacune en droit certaines connexités existent évidemment ; il semble qu'en dernière analyse on puisse imaginer même leur synthèse, ce qui cependant se révèle pratiquement très problématique. En effet, la contradiction entre la volonté et l'œuvre du législateur pourrait guère être pratiquement englobée dans une unité avec la contradiction existant entre l'œuvre du législateur et l'exigence se manifestant dans la réalité sociale, notamment dans une unité assurant un rôle suffisamment réel aux deux côtés, au moins sur un niveau raisonnable de l'abstraction. C'est vrai qu'il semble possible de former un concept de la lacune échafaudée sur la contradiction qui existe d'une part entre l'œuvre et, d'autre part, entre la volonté du législateur et l'exigence se manifestant dans la réalité sociale ; une telle construction cependant, vu que l'apparition du problème de la lacune en droit, en tant que problème, s'entrelace en pratique dans tous les cas avec l'apparition de l'exigence d'une réglementation, aurait pour résultat non pas une synthèse — puisque les deux composants

1. Voir à la conception précédante par exemple Szabó Imre, *A jogszabályok értelmezése* (L'interprétation des normes juridiques), Budapest, 1960, pp. 352 à 373 et à la dernière par exemple Peschka Vilmos, Gondolatok a joghézagról és a jogi analogiáról (Réflexions sur la lacune en droit et l'analogie juridique), *Jogtudományi Közlöny*, XXI (1966) 3, pp. 129 à 141. Il est à remarquer que dans la théorie continentale se fait valoir en général une conception qui peut être ramenée aussi à ces deux approches opposées rappelant la dualité en question. Voir par exemple *Le problème des lacunes en droit*, Etudes publiées par Ch. Perelman, Bruxelles, 1968, en particulier pp. 145-146 et 171-173.

2. Cf. Varga Csaba, « Kodifikáció — joghézag — analógia » (Codification — lacune en droit — analogie), *Állam- és Jogtudomány*, XII (1969) 3, pp. 572-573.

de celle-ci étaient loin d'avoir le même poids et les mêmes possibilités — mais bien une primauté exclusive assurée en dernière analyse à l'approche dogmatique, primauté qui au fond dépouillerait entièrement l'approche sociologique de sa fonction particulière et de son rôle spécifique.

La reconnaissance ou la négation de la qualité de critère de la volonté du législateur ne rendent pas le concept de la lacune tout simplement plus riche, plus substantiel ou plus profond, mais dans la pratique elles forment, voire elles constituent, en fin de compte, le concept de la lacune. Comme un trait qui est commun avec les exemples invoqués, renfermant la possibilité d'une synthèse, nous pouvons rappeler que toute réponse conduisant à l'exclusion catégorique d'un des composants indique le caractère fondamentalement erroné de la manière dont la question a été posée ; concernant le concept de la lacune cependant le manque d'une exclusion catégorique de l'un par l'autre ne peut en aucune façon avoir pour résultat d'englober dans une unité réciproque des concepts qui se font valoir l'un à côté de l'autre, parce que la reconnaissance du concept dogmatique renferme pratiquement — comme nous l'avons dit — aussi le choix du concept sociologique, donc synthétique, par contre le concept sociologique se présentant comme un concept plus pauvre ne représente que soi-même, comme un élément du concept dogmatique élargi dans son application pratique [1].

5. *La particularité de la formation des concepts en sciences juridiques. Quelques conclusions.*

Les problèmes concrets mentionnés, qui ne constituent qu'une fraction minime des formes d'apparition caractéristiques de notre problème fondamental ainsi que les voies possibles de leur solution indiquent la présence de connexions d'ordre plus général. Nous pourrions les résumer brièvement de la sorte que c'est la nature de la réalité juridique qui détermine la nature des recherches, donc aussi celle de la formation des concepts juridiques, de

1. Une synthèse raisonnable, satisfaisant aussi à des considérations d'ordre pratique, ne pourrait avoir lieu qu'au cas, où on pouvait dire que (dans un sens) la contradiction entre la volonté et l'œuvre du législateur crée (même en l'absence d'une exigence sociale) une lacune en droit et que, en même temps (dans un autre sens) aussi la contradiction entre l'œuvre du législateur et lxexigence sociale créée (même en l'absence de la volonté du législateur) une lacune en droit. Du reste, un raisonnement qui en mettant en parallèle la présence de la volonté visant une réglementation et l'absence d'une réglementation effective concluerait à l'existence d'une lacune en droit même à défaut d'une exigence sociale visant la réglementation en question serait une attitude, si non alogique, en tout cas doctrinaire. Pour ce motif, l'existence d'une exigence sociale se présente pour toutes les deux approches comme une prémisse naturel lement donnée et, comme telle, pratiquement commune, de la sorte que la controverse véritable et la diversité des concepts résultant des approches différentes consiste au fond seulement dans l'acceptation ou dans le rejet de la volonté du législateur en tant qu'un critère ultérieur supplémentaire.

la sorte qu'à la double réalité du droit répond en général une double formation de concepts.

Cette dualité de la formation des concepts qui se manifeste sur le plan de l'analyse, exprime la nature objective de phénomènes et d'objets de la cognition qui ne peuvent être même accidentellement identiques que d'une façon nominale, mais qui dans la réalité différent les uns des autres en principe — plutôt actuellement que potentiellement — dans nombre de leurs caractères et par conséquence dans leur extension également.

Quant aux concepts élaborés lors de l'analyse scientifique du droit, la recherche ne peut s'arrêter, en général, devant la démonstration de la dualité. En ce qui concerne cette dualité — comme nous nous efforçons de démontrer aussi à l'aide d'un tableau synoptique comprenant des exemples antérieurement esquissés [3], elle exprime seulement les conceptions qui sont propres à l'analyse, ainsi que ses résultats qui sont impossibles à négliger même s'ils sont partiaux et d'une importance limitée. En effet, les différents côtés de l'analyse sont en eux-mêmes impropres à saisir la totalité du sujet et les connexités de base unissant ses différents composants, à cause de quoi le processus de cognition se manifestant aussi dans la formation de concepts doit aboutir à la création d'une synthèse, laquelle maintient en supprimant le caractère et la validité spécifiques des éléments cachés dans des différents modes de l'approche, et englobe ces éléments dans une unité dialectique.

Par contre, il peut arriver aussi qu'il soit impossible qu'une synthèse puisse prendre naissance. Ce n'est qu'une des formes de cette situation, lorsque la synthèse se révélerait *a priori* inimaginable ou dépourvue de sens. Dans ce cas la dualité se produit non seulement en conséquence de la différence entre les approches, objectivement déterminées par le sujet, mais dans le cadre d'un mode donné de l'approche, dans l'intérêt d'une distinction catégorique à faire entre certains phénomènes imaginés comme unis, distinction qui ne fait que refléter la dualité effective du sujet. Or, il peut arriver également que pour un motif de principe ou pratique la synthèse ne pourrait se réaliser que dans la forme d'une pseudo-synthèse. Lors de l'analyse des exemples nous avons essayé de découvrir la cause de ces situations ; nous aimerions donc passer maintenant à un autre problème qui se présente en connexité avec ce qui précède.

Même si dans un sens symbolique seulement, il semble intéressant de rapporter aux concepts en sciences juridiques la constatation suivant laquelle « les représentations conceptuelles, non seulement symbolisant le réel, mais encore en permettant de le manipuler, le constituent »[1]. Ce qui pour nous est important dans cette idée, c'est qu'elle indique nettement que dans l'action pratique, dans les processus sociaux régis par la loi de la

1. Parain-Vial J., « Note sur l'épistémologie des concepts juridiques », *Archives de Philosophie du Droit*, IV (1959) p. 132.

causalité, la formation des concepts et leur application à des phénomènes comme leur qualification soient loin de jouer un rôle passif, toujours déterminé et jamais instrumentalement déterminant, parce que les concepts, en tant que produits spécifiques du processus d'objectivation se déroulant dans le processus de cognition, acquièrent une existence active, devenant indépendante en présence de certaines conditions et qu'ainsi les concepts deviennent capables d'exercer une rétroaction agissant sur les processus de mouvements sociaux également.

fig. [3]

4.1. /droit/

4.3. /normativité/

concept dogmatique	= A
concept sociologique	= B
concept synthétique	= A + B

4.2. / idée matérielle et idée technique du droit/

idée matérielle	= A
idée technique	= B
correction de l'idée technique	= A≡B
manque de correction de l'idée technique	= A⇐⇒B

4.4. /lacune en droit/

concept dogmatique	= X←→Z
concept sociologique	= Y←→Z
concept dogmatique dans la pratique	= /X + Y/←→Z
concept synthétique ?	= /X + Y/←→Z ?

Eu égard aussi à cette circonstance il semble très important que les concepts qu'on a formés soient d'une part réels et d'autre part liés suffisamment à des signes linguistiques donnés. En ce qui concerne le caractère réel d'un concept, il arrive souvent que la mise au jour du contenu conceptuel ne conduise qu'à des manipulations avec des mots, à des procédés nominaux seulement. Dans ces cas on peut toujours constater plus tard qu'il ne s'agissait pas d'un concept réel ou que le procédé appliqué était fautif. Dans la pratique on rencontre de tels problèmes le plus souvent lorsqu'il résulte que la définition d'un concept ou de la réalité prétendue cachée derrière le concept ne peut être qualifiée au maximum que d'une définition dite lexicale, reflétant l'usage historique d'un mot, ou d'une définition dite arbitraire avec un contenu quelconque qui, destiné à introduire l'usage d'une expression en principe nouvelle, représente une décision de terminologie [1]. En ce qui concerne par contre la liaison adéquate d'un concept à un signe linguistique donné, le problème peut se poser en conséquence au fait que la signification s'attache au signe en principe avec une prétention à l'exclusivité, de la sorte qu'en constatant plusieurs significations d'un signe donné, on doit parler au fond de plusieurs signes [2].

Or, dans les cas où la création d'une synthèse entre les composants d'une dualité comportant une antinomie semble se heurter à des obstacles insurmontables, il peut arriver facilement que l'échec de la création de la synthèse en question survienne pour le motif qu'un concept non-réel figure comme (au moins) un membre de l'antinomie et qu'ainsi cette dernière se révèle aussi une pseudo-antinomie. Par contre, lorsque les concepts s'excluant réciproquement se montrent réels et en tout cas lorsque la création d'une synthèse paraît être *a priori* exclue, il s'agit au fond de deux concepts indépendants qui ne sont que mis en rapport l'un à l'autre, englobés mais pas du tout unis par une dualité antinomique, concepts auxquels reviennent des signes linguistiques distincts. Ainsi donc dans tous les cas où l'on observe l'opposition de concepts exprimés par le même signe linguistique qui ne présentent aucune possibilité de synthèse, on doit constater la présence d'une polysémie ou d'une homonymie [3].

6. *La formation des concepts en sciences juridiques et la réalité. Conclusions finales.*

La reconnaissance de la différenciation ne conduit en elle-même ni à la relativisation subjective de la réalité juridique, ni à celle de la formation des concepts en sciences juridiques. Le droit a précisément pour fonction sociale de favoriser la naissance d'une corrélation désirable et adéquate entre la réalité et le droit, à savoir que le droit reflète réellement les exigences objectives du développement de la réalité sociale et que la réalité sociale se forme ainsi, à son tour effectivement en conformité avec le système des exigences formelles du droit. La reconnaissance de la différentiation signifie donc la reconnaissance de l'hétérogénéité, plutôt actuelle que purement potentielle, de la réalité et du droit ; cette hétérogénéité et cette dualité ne sont pas simplement des résultats des manières de voir et

1. Pour la première, voir Stone, *Meaning and Role...*, *op. cit.*, p. 13 et pour la seconde Ajdukiewicz Kazimierz, «Three Concepts of Definition», *Logique et Analyse*, I (1958) 3-4, pp. 116 et s. Il est à remarquer que certains auteurs (comme par exemple Kantorowicz Hermann, *The Definition of Law*, ed. by A. H. Campbell, Cambridge 1958, p. 2) considèrent toute définition comme une proposition postulant à un signe donné une signification donnée.

2. Cf. par exemple Antal László, *A formális nyelvi elemezés* (L'analyse formelle de la langue), Budapest, 1964, pp. 199-200.

3. Cf. Karoly Sándor, *Altalános és magyar jelentéstan* (Sémantique générale et sémantique de la langue hongroise), Budapest, 1970, pp. 78 et s.

des approches divergentes, lesquelles ne font que les mettre au jour en les condensant dans des notions ; par ailleurs cette dualité est déjà depuis longtemps reflétée comme un fait par le langage des sciences juridiques, par le langage des juristes et par le langage commun également.

La négation éventuelle de ces deux pôles et de la possibilité d'une dualité qui en résulte en matière de la formation des concepts, peut devenir l'origine de nombre de controverses qui du point de vue de la conception ci-dessus esquissée n'ont aucun sens, mais qui sous le masque d'une identité nominale peuvent avoir trait à des sujets différents. Or, certaines considérations méthodologiques de ce genre peuvent être également retrouvées dans les différentes tendances de la pensée juridique. « La voie à suivre — a écrit un auteur à propos d'un problème concret [1] — n'est pas celle de déjouer la dualité en choisissant l'un de ses composants, mais celle de la vaincre, en indiquant qu'à la lumière d'une interprétation précise il ne s'agit pas d'une expression des manières de voir opposées et irréconciliables, puisque la dualité symbolise les différents éléments actuels du phénomène juridique ».

La science du droit forme donc, comme résultat des approches dogmatiques et sociologiques, des concepts plus ou moins indépendants qui sont dans un rapport déterminé les uns avec les autres. Ces notions cependant n'existent pas pour eux-mêmes, puisque « les rapports des notions (= leurs transitions = leurs antinomies) = voilà le contenu principal de la logique, où ces notions (et leurs changements, transitions, antinomies) sont présentées comme les réfléchissements du monde objectif ». De cette sorte — se continue et ordre d'idées — du moment que « c'est la dialectique des choses qui crée la dialectique des idées et pas inversement » [2], ces concepts, comme concepts partiels, s'organisent en des composants d'une unité organique et deviennent les éléments d'une synthèse. En effet, ces concepts et leurs définitions, d'une manière déterminée par la structure de la réalité et par la dialectique pénétrant le mouvement des choses, se complètent mutuellement ; ils deviennent vrais non les uns contre les autres, mais parallèlement et en s'appuyant mutuellement dans le cadre d'une unité synthétiques, parce qu'au cas de chacun des deux concepts de différent type, il s'agit de concepts qui, bien qu'également scientifiques, ont d'une sphère de validité limitée. Ce fait indique que des résultats vraiment scientifiques et exempts de partialité ne peuvent être obtenus par les approches scientifiques résumées sous les termes de méthodes dogmatique et sociologique que conjointement : de concert, ce qui, en connexité avec la nécessité d'une étude complexe du droit, explique dûment à la fois l'utilité des recherches méthodologiques spécialisées et l'importance méthodologique des études approfondies de la théorie et de la pratique du droit positif.

1. Ross Alf, *Towards a Realistic Jurisprudence : A Criticism of the Dualism in Law*, Copenhague, 1946, p. 13.
2. Lenin, *Zur Kritik ...*, *op. cit.*, p. 116.

7. *Annexe. Des bases d'une classification possible des définitions en sciences juridiques.*

La mise à jour du contenu conceptuel, la délimitation des concepts et leur distinction d'autres concepts s'accomplissent en général au moyen de leur définition vue d'une analyse des concepts aboutissant à une définition. Les définitions en sciences juridiques portent ainsi l'empreinte des traits méthodologiques fondamentaux que nous venons de constater concernant la formation des concepts en sciences juridiques.

Les connexités méthodologiques existant entre la formation et la définition des concepts rendent ainsi possible que, sur la base de l'analyse et de la classification des concepts qui sont propres aux sciences juridiques, on forme certaines conclusions au sujet des définitions dont on fait usage dans ces sciences. La base primaire d'une classification des définitions devrait consister dans les objets et les méthodes de définition qui ont été élaborés par la littérature de philosophie et de logique, en tenant compte des exigences d'une classification de validité générale. Etant donné cependant que, d'une part, une classification ainsi entreprise concernant les détails n'a pas abouti jusqu'ici à un résultat définitif ou satisfaisant, et ceci ni dans la littérature de logique formelle, ni dans celle de logique dialectique [1], et que, d'autre part, une classification de ce genre ne pourrait guère devenir apte à faire distinction entre les diverses espèces spécifiques des définitions typiquement employées en sciences juridiques, nous estimons qu'il convient mieux que les diverses espèces de ces définitions soient classifiées sur la base des divers objets spécifiques de définition, connexes avec les aspects méthodologiques de la formation des concepts en sciences juridiques.

Conformément à ce qui précède, ce que nous essayons de faire figurer aussi sur le tableau synoptique ci-joint [4], on peut distinguer à notre avis les types de base suivants des définitions qui caractérisent les sciences juridiques :

A. — la définition *de lege lata*, considérée du point de vue du système des exigences du droit positif, renferme les éléments conceptuels d'une institution du droit positif. La définition *de lege lata* est toujours à considérer comme une définition dogmatique. Suivant que la définition reflète le système des exigences d'un système du droit donné ou, comme résultat d'une comparaison, le système des exigences de plusieurs systèmes de droit, on peut parler d'une définition *a*) nationale ou *b*) comparative. En outre,

1. Quant aux préoccupations et incertitudes touchant le caractère relatif aux critères et aux résultats de la classification des définitions, notamment le choix de la forme de base et des divers types (à côté des définitions nominale et réelle) des définitions, voir entre autres Ajdukiewicz, « Three Concepts... », *op. cit.*, pp. 115 et s. ; Scarpelli Umberto, « La définition en droit », *Logique et Analyse*, I (1958) 3-4, pp. 127 et s. ; Tamas György, *A tudományos meghatározás* (La définition scientifique), Budapest, 1961, pp. 16 et s., pp. 52 et s.

suivant que la définition reflète le système des exigences de systèmes de droit en question, projeté sur une date ou sur une période donnée, on peut parler d'une définition *a*) actuelle ou *b*) historique. La compréhension et l'extension des définitions comparatives et des définitions historiques peuvent se révéler soit identiques avec la compréhension et l'extension des définitions nationales et des définitions actuelles, soit plus larges que ces dernières. La valeur de vérité de toutes ces définitions dépend seulement et uniquement de l'adéquation des éléments conceptuels de la définition avec le système des exigences, actuel ou historique, de système(s) de droit en question;

B. — la définition sociologique, considérée du point de vue de la réalité sociale, renferme les éléments conceptuels de l'apparition et de la mise en œuvre dans la réalité sociale d'une institution du droit positif. Suivant les cadres dans lesquels la définition en question reflète l'apparition et la mise en œuvre dans la réalité sociale de l'institution du droit positif, on peut parler d'une définition *a*) actuelle ou *b*) historique également. La valeur de vérité de toutes ces définitions dépend seulement et uniquement de l'adéquation des éléments conceptuels de la définition avec la réalité sociale:

fig. [4]

GENRES TYPIQUES DES DÉFINITIONS EN SCIENCES JURIDIQUES

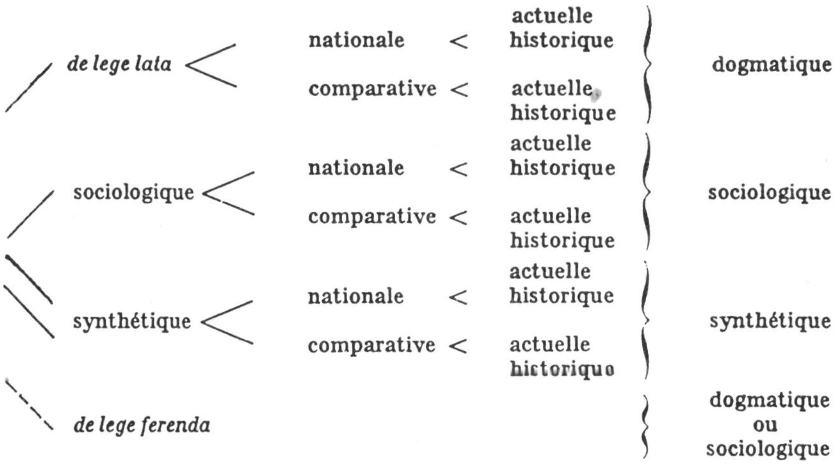

C. — la définition synthétique, considérée du point de vue d'une synthèse des approches dogmatique et sociologique, renferme les éléments conceptuels d'une institution du droit positif, faisant simultanément apparition à la fois dans le système des exigences du droit positif et dans la réalité sociale. La compréhension et l'extension des définitions synthétiques peuvent se révéler soit identiques avec la compréhension et l'extension des définitions dogmatiques et sociologiques, soit plus étroites que ces dernières. Suivant les cadres dans lesquels la définition en question reflète le concept synthétique de l'institution juridique en question, on peut parler d'une définition *a*) nationale ou *b*) comparative et d'une définition *a*) actuelle ou *b*) historique également. La valeur de vérité de toutes ces définitions dépend seulement et uniquement de l'adéquation simultanée des éléments conceptuels de la définition avec le système des exigences du droit positif et avec la réalité sociale ;

D. — la définition *de lege ferenda*, considérée du point de vue d'une évaluation sociale donnée, renferme les éléments conceptuels d'une institution juridique dont on propose l'introduction au système des exigences du droit positif. Cette définition est à considérer comme une définition sociologique conçue en sens large, sauf le cas où l'évaluation sociale repose sur un postulat logique rapporté au système des exigences du droit positif ; en ce cas on peut parler d'une définition dogmatique conçue en sens plus large. Une définition *de lege lata*, sociologique ou synthétique, actuelle ou historique, reposant sur de système(s) de droit donné(s), projetée sur autre(s) système(s) de droit ou projetée sur le (s) même (s) système (s) mais à une autre date ou période, peut aussi adparaître comme une définition *de lege ferenda*. La valeur de vérité de toutes ces définitions dépend seulement et uniquement de l'adéquation des éléments conceptuels de la définition avec l'évaluation sociale.

Ces types de définition, nous le répétons, ne comprennent que les variantes qui se présentent le plus fréquemment dans les sciences juridiques et qui forment donc une particularité caractéristique des analyses propres aux sciences juridiques ; nous ne sommes par ailleurs pas étendus sur la question des définitions moins spécifiques, par exemple lexicales et arbitraires. En même temps cependant, concernant n'importe quelle des définitions analysées, nous pouvons en principe distinguer, d'une part, les définitions destinées à mettre au jour l'essence ou le contenu conceptuels et, d'autre part, les définitions visant une simple délimitation des autres espèces de phénomènes. Ces deux formes de définition renvoient, indépendamment de l'objet de la définition, non seulement aux buts divergents de la définition, mais aussi à la formation divergente de leur contenu et ainsi à la spécificité divergente des valeurs de vérité en question. En effet, la forme première des définitions ne peut être vrai qu'au cas où y figurent tous les éléments essentiels formant le contenu du concept, par contre la seconde ne peut l'être qu'au cas, où son contenu est apte à former d'une manière satisfaisant aux critères de Boece le genre prochain et la différence spécifique également.

[2]

Csaba Varga
(Budapest)

Geltung des Rechts – Wirksamkeit des Rechts

1. Vor einem Jahrzehnt, als sich in den sozialistischen Ländern die rechtssoziologischen Forschungen gerade erst herausbildeten, entstand im Bereich der rechtlichen Begriffe eine eigentümliche Lage. Die traditionellen, theoretischen Forschungsmethoden gingen von den Postulaten des positiven Rechts aus und schufen ihre Begriffe durch die abstrahierende Verallgemeinerung derselben. Für die soziologischen Untersuchungen dagegen war die gesellschaftliche Realisierung der Erfordernisse jene Grundlage, von der sie zu ihren Begriffen gelangen konnten. Das Ergebnis dessen war eine eigenartige Verdoppelung. Derselbe rechtliche Begriff (des Rechts, der rechtlichen Normativität, der Gesetzeslücke) gewann je nach der gewählten Methode der Analyse unterschiedlichen Inhalt und Extension; sogar die Untersuchungen und Diskussionen wurden voneinander unabhängig, parallel geführt.

Die erwähnte Verdoppelung ist m. E. die Folge des Nebeneinanders von Gesetztheit und gesellschaftlicher Faktizität des Rechts. Im Prinzip soll man nämlich bei jedem Rechtsbegriff zwischen positivistischen und soziologischen Teil-Begriffen unterscheiden.[1] Dies erinnert zunächst an die Trennung, die die bürgerliche Soziologie im ersten Jahrzehnt unseres Jahrhunderts in ein "law in books" und ein "law in action" bzw. des "lebenden Rechts" vornahm.[2] Das bedeutende, vorwärtsbringende Moment liegt jedoch nicht in dieser Unterscheidung an sich, sondern in der Zusammenfassung dieser Teil-Begriffe unter einen gemeinsamen Begriff, also im gleichzeitigen Anspruch auf Unterscheidung und Einheit.

2. Imre Szabó, der sich in seinem bedeutenden Werk eine den Normativismus überwindende sozialtheoretische Begründung des Rechts zum Ziel gesetzt hatte[3], wandte sich in einer seiner jüngsten Abhandlungen dem Fragenkomplex der Effektivität des Rechts zu. Er sagt, die Geltung des Rechts sei ein juristisches, die Effektivität aber ein metajuristisches Element, also nichts anderes, als die erfolgreiche Mitwirkung des Rechts im Hervor-

rufen und/oder in der Aufrechterhaltung einer gesellschaftlich erwünschten Situation.[4] Das Verhältnis zwischen Geltung und Effektivität sieht er genau in ihrer gegenseitigen Bedingtheit sowie in ihrer wechselseitigen Verwirklichung: "Um dem Recht seine Effektivität zu sichern, ist nicht allein das gesellschaftliche Ziel im allgemeinen zu verwirklichen, sondern das Ziel des Rechts, die Rechtsnorm. Auf diesem Wege verwirklicht sich das gesellschaftliche Ziel." Also: "... keines von ihnen ist an und für sich genügend, ... nur die beiden Seiten zusammen ergeben die wirkliche Effektivität des Rechts."[5] Damit wird auch hier der Anspruch auf eine Synthese betont.

3. Doch handelt es sich hier um zwei grundverschiedene Synthese-Ansprüche. Die Unterscheidung zwischen positivistischer und soziologistischer Seite rechtlicher Begriffe und die Zusammenfassung ihrer gemeinsamen inhaltlichen Elemente sind Fragen der Beschreibung der gesellschaftlichen Wirklichkeit. Die Formulierung jener Ansprüche jedoch, wonach einmal die Rechtsetzung den Vorrang habe, zum anderen hingegen die gesellschaftliche Wirksamkeit des Rechts durch nichts anderes als über ihre spezifisch juristische Geltung zu verwirklichen sei, sind schon Ausdruck einer rechtspolitischen und/oder positivrechtlichen Forderung. Diese Forderungen (Gesetzlichkeits- u. a. Postulate) sind in der gesellschaftlichen Entwicklung nicht im vorhinein gegeben; sie lassen sich auch nicht als selbstverständlich auffassen. Mit anderen Formen der gesellschaftlichen Vermittlung zusammen kommen auch sie im Prozeß der gesellschaftlichen Gesamtbewegung zustande und werden durch ihn - in einer historisch-konkret bestimmten Weise - ununterbrochen formiert. Um das Grundproblem, nämlich die tatsächliche Natur dieser Verdoppelung klären zu können, möchte ich mich der Ontologie von Lukács zuwenden.

4. Lukács macht den Versuch, die Gesellschaft - die von Marx und Engels als Totalität gesellschaftlicher Verhältnisse beschrieben wurde - als einen aus verschiedenen Teilkomplexen bestehenden Komplex zu charakterisieren, wobei sowohl die Teilkomplexe miteinander, wie der Gesamtkomplex mit seinen Teilen in ununterbrochenen Wechselbeziehungen stehen. Daraus entfaltet sich der Reproduktionsprozeß des jeweiligen Gesamtkomplexes,

und zwar so, daß auch die Teilkomplexe sich als - freilich nur relativ - selbständige reproduzieren, wobei jedoch in allen diesen Prozessen die Reproduktion des jeweiligen Ganzen das übergreifende Moment bildet.[6]

Die relative Selbständigkeit dieser Komplexe bringt - mit der historischen Differenzierung zugleich - die Funktion der Vermittlung zwischen ihnen zustande. Die einzelnen Teilkomplexe und ihre Beziehungen zum Gesamtkomplex entwickeln sich zu jeweils auf höherer Stufe zusammengesetzten Systemen mit größerer relativer Autonomie. So entstanden z. B. auf einer bestimmten Entwicklungsstufe die Sprache und das Recht, deren ausschließliche Aufgabe darin besteht, zwischen anderen Komplexen zu vermitteln.

Was das Recht betrifft,[7] so entsteht es auf einer gewissen Entwicklungsstufe, aus der Spannung eines inneren sozialen Widerspruchs. Um seine vermittelnde Funktion erfüllen zu können, muß sich das Recht in eine seiner spezifischen Eigentümlichkeiten entfaltenden Form verkörpern; dazu zählen: Rechtsgleichheit, Rechtssicherheit, Voraussehbarkeit und Kalkulierbarkeit des Resultats bei der Lösung eines gesellschaftlichen Konflikts. Das geschriebene Recht wird als ein schon vorab festgesetztes Entscheidungsmodell formuliert. Andererseits wieder ist das Recht im gesellschaftlichen Gesamtprozeß nicht die Schlußdeterminante, sondern eine vermittelnde Teil-Determinante.

Heutzutage ist es schon eine sozusagen rechtssoziologische Binsenwahrheit, daß "... das menschliche Verhalten in gesellschaftlichem Ausmaß ... größtenteils von jenen Faktoren geleitet wird, die die Entstehung der Rechtsnormen verursachen."[8] Bei dem von mir aufgeworfenen Problem handelt es sich aber um teilweise etwas anderes.

Die gesellschaftliche Gesamtbewegung bringt einerseits die rechtliche Vergegenständlichung, die rechtlichen Erscheinungen hervor, sie bestimmt andrerseits stets in konkreter Weise die Richtung und den Rahmen ihrer Geltung. Dadurch relativiert der gesellschaftliche Gesamtprozeß nicht bloß die praktische Geltung der rechtlichen Normenstrukturen, sondern auch die Geltung der ihre Verwirklichung bestimmenden bzw. abwägenden Faktoren (rechtspolitische Postulate, z. B. der Gesetzlichkeit u. a. m.) in der Gesellschaft.

Vom Gesichtspunkt der Ontologie des gesellschaftlichen Seins ist dies natürlich das einzig mögliche und adäquate Herangehen, das nicht aus den Ergebnissen der praktischen Setzungen der einzelnen Menschen deduziert, sondern den tatsächlichen Platz dieser Setzungen im gesellschaftlichen Gesamtprozeß untersucht und damit zugleich erforscht, welches Funktionieren welcher Komplexe dem gerade Sosein der Gesellschaft entspricht. Die ontologische Betrachtungsweise, die die Sphäre des Rechts der gesellschaftlichen Totalität unterstellt, inspirierte Lukács zu schreiben: "Das Funktionieren des positiven Rechts beruht auf der Methode: ein Knäuel von Widersprüchen so zu regulieren, daß daraus ein einheitliches System entsteht, das fähig ist, das widerspruchsvolle gesellschaftliche Geschehen mit der Tendenz zum Optimalen zu regeln ..., um innerhalb einer sich langsam oder rascher ändernden Klassenherschaft die für die entsprechende Gesellschaft jeweils günstigsten Entscheidungen herbeizuführen."[9]

Bei Lukács ist es ein grundsätzliches methodologisches Erfordernis, den ontologischen und den gnoseologischen Aspekt voneinander scharf zu trennen. Dementsprechend werden weder die einzelnen Normenstrukturen, noch ihre Formierung zu einem in sich selbst zusammenhängenden System die Erkenntnis des objektiven gesellschaftlichen Prozesses reproduzieren, sondern die praktischen und technischen Überlegungen und die Mittel zu seiner Beeinflussung.[10] Der Systemcharakter des Rechts, seine Widerspruchslosigkeit, die logische Notwendigkeit der Anwendung des Rechts, die analoge Natur der Ausfüllung seiner Lücken usw. sind nichts anderes als eine Begleiterscheinung der formellen Rationalisierung der bürgerlichen Staatlichkeit, die bloß verbirgt, daß der "... Konflikt der Klasseninteressen zum letzthin bestimmenden Moment wird, dem die logische Subsumtion nur als Erscheinungsform aufgelagert ist."[11] Dementsprechend sollen die sogenannte juristische Weltanschauung, die dem Recht axiomatisch die Rolle des gesellschaftlich Bestimmenden zuweist, sowie die professionelle Ideologie der Spezialisten für Recht

- 142 -

nicht - oder zumindest nicht nur - unter dem Gesichtspunkt ihrer gnoseologischen Deformation, sondern auch unter dem Gesichtspunkt ihrer wirklichen Funktion in einer bestehenden Rechtsordnung untersucht werden.[12]

Eine ähnliche methodologische Notwendigkeit ist es, auch innerhalb der Sphäre des Rechts zwischen dem seinhaften Verlauf rechtlicher Prozesse und ihrer von den Postulaten des Rechts selbst ausgehenden Beurteilung zu unterscheiden. Dies bedeutet einerseits: die Trennung von Rechtsetzung und Rechtsanwendung ist relativ, beide sind vielfach und unmittelbar verflochten; andrerseits heißt dies: das geltende System des positiven Rechts und der ökonomisch-sozialen Tatsachen sind im Alltagsleben miteinander verschlungen.[13] Dabei sind aber weder die relative Einheit der Rechtsetzung und Rechtsanwendung noch die Verwobenheit von positivem Recht und gesellschaftlicher Realität Fragen einer wertindifferenten Beschreibung; denn das Recht ist ein Produkt innerer sozialer Widersprüche. Soweit die Notwendigkeit besteht, daß die rechtliche Vergegenständlichung zustande kommt, ist es auf der Ebene des gesellschaftlichen Gesamtprozesses genauso notwendig, daß sie von der gesellschaftlichen Gesamtbewegung immer konkret bestimmt wird. In diesem Prozeß steht aber zugleich dem gesellschaftlichen Gesamtkomplex keine isolierte Normenstruktur gegenüber, sondern das Rechtssystem in seiner Spezifik, mit seiner weitreichenden relativen Selbständigkeit, mit einem Heer von Juristen, die diese Selbständigkeit mit ihren traditionellen Arbeitsmethoden und mit ihrer professionellen Ideologie unterstützen. Es spielt sich also ein Kampf zwischen Widersprüchen im Verlaufe der Entscheidungstätigkeit der Juristen ab, und zwar sowohl zwischen rechtlicher und gesellschaftlicher Bestimmung wie zwischen der Ausarbeitung und Annahme einer gesellschaftlich konkret bestimmten Entscheidung. Man könnte sagen: dieser Kampf ist das Leben des Rechts. Das Recht muß und kann "... gerade in dieser Verdoppelung entgegengesetzter Forderungen, gerade in dieser dialektischen Widersprüchlichkeit praktisch verwirklicht werden ..."[14]

Zu unserer ursprünglichen Fragestellung zurückkehrend, können wir folgendes sagen: der rechtliche Seinkomplex ist eine

- 143 -

Kategorie der gesellschaftlichen Vermittlung (Regelung), innerhalb der jene Postulate eine weiter vermittelnde Rolle spielen, entsprechend denen sich die Vermittlung durch die Realisierung der rechtlichen Normen vollziehen muß. Die tatsächliche Vermittlung spielt sich aber notwendigerweise in einer äußerst verflochtenen Wechselwirkung zwischen verschiedenen Komplexen (rechtlichen und nichtrechtlichen) und dem gesellschaftlichen Gesamtkomplex ab. Die Geltung des Rechts ist daher nur eine rechtliche Vorbedingung seiner Wirksamkeit. Sie ist eine rechtspolitische Forderung, ein gesetztes Ideal. Unterwirft man diese rechtlichen Postulate einer ontologischen Analyse, gelangt man zu der weiteren Folgerung, daß sich die Wirksamkeit des Rechts - in einer gesellschaftlich stets konkret vorausgesetzten Weise - auch als ein Resultat solcher Prozesse realisiert, die sich außerhalb der gesetzten rechtlichen Postulate und Normenstrukturen abspielen, diesen sogar formell entgegenwirken können. Die mit der Geltung des Rechts eng verbundene Realisierung der Wirksamkeit des Rechts ist letztlich der gesellschaftlichen Gesamtbewegung untergeordnet.

Anmerkungen

1 Cs. Varga Quelques questions méthodologiques de la formation des concepts en sciences juridiques, Archives de Philosophie du Droit XVIII, Paris 1973, S. 215-241, bes. 223 f.

2 R. Pound, Law in Books and Law in Action, American Law Review, XLIV/1910; E. Ehrlich, Grundlegung der Soziologie des Rechts, München/Leipzig 1913.

3 I. Szabó, Les fondements de la théorie du Droit, Budapest 1973.

4 I. Szabó, A jog hatékonyságáról (Über die Wirksamkeit des Rechts), Allam- és Jogtudomány, XIX, 3/1976, S. 357 ff. (Bestimmung 361).

5 Ebenda, S. 359

6 G. Lukács, A társadalmi lét ontológiájáról (Zur Ontologie des gesellschaftlichen Seins), II, Budapest 1976, S. 140, zitiert nach: Original-Manuskript, Archiv und Bibliothek Lukács, Budapest, S. 6.

7 Zur rechtstheoretischen Interpretation der aus dem Werk "Zur Ontologie des gesellschaftlichen Seins" gezogenen Lehren siehe: Cs. Varga, La question de la rationalité formelle en droit, Essai d'interprétation de l'ontologie de l'être social de Lukács, Archives de Philosophie du Droit, XXII, Paris 1977, (in Druck); Cs. Varga, Chose juridique et réification en droit, Contribution à la théorie marxiste sur la base de l'Ontologie de Lucács, Archives de Philosophie du Droit, XXIII, Paris 1978, (in Druck).

8 K. Kulcsár, A jog nevelő szerepe a szocialista tár sadalomban (Die erzieherische Rolle des Rechts in der sozialistischen Gesellschaft), Budapest 1961, S. 76/77.

9 G. Lukács, a.a.O., S. 225/226, Original-Manuskript, S. 131/132.

10 Ebenda, S. 217 bzw. S. 120.

11 Ebenda, S. 220 bzw. S. 124.

12 Wie letzten Endes auch der Warenfetischismus das adäquate Bewußtsein einer in sich verkehrten Welt ist, sind die juristische Weltanschauung und die Ideologie auch nichts anderes als das adäquate Bewußtsein einer in sich verkehrten

Objektivierung. Genau von diesem Standpunkt aus scheint es sehr lehrreich, daß die ideologie-kritische Widerlegung der juristischen Weltanschauung durch Marx und Engels mit dem Entlarven der auf das Konservieren des bürgerlichen Rechts abzielenden Tendenz dieser Weltanschauung zusammenfällt.

13 G. Lukács, a.a.O., S. 216 bzw. S. 118.

14 G. Lukács, ebenda, S. 200 bzw. S. 94.

[3]

TIDSKRIFT FÖR RÄTTSSOCIOLOGI VOL 3 1986 NR 3-4

Macrosociological Theories of Law: A Survey and Appraisal

Csaba Varga
Senior Research Fellow, Institute for Legal and Administrative Sciences of the Hungarian Academy of Sciences, P.O. Box 25, H-1250 Budapest

Macrosociological theories of law – the concept represents a part of the law, incorporate knowledge of the past one hundred and fifty years, which cannot be neglected. It represents a portion of knowledge which, in its formative era, with renewed efforts stormed the many times fortified gates of legal thinking from the outside, even if not in the hope of admittance, at least in the hope of a meeting that may then result in the establishment of contacts. However, due to the initiative of both sides, it has now become so deeply embedded in legal thinking that both sociology and legal science do battle to keep it within their own respective domain.

Therefore, for reasons of both history and multi-direction attachment, it is difficult to give an unambiguous definition of exactly what field of knowledge is actually covered by the macrosociological theories of law. It is possibly enough to say that in the 19th century the interest in facts (in the wake of positivism) also increasingly gained ground in social science thinking, and laid the foundations of the sociological discipline. The systematic analysis of inter-relationships between social facts soon led to comprehensive theoretical explanations in which the law was also given a distinguished place.[1] Before going any further, I feel three points about macrosociological theories of law should be taken into account.

First, the macrosociological theories of law *did not necessarily emerge because of legal prompting*. Most of the outstanding achievements were embodied in works whose original viewpoint and main direction were not aimed at mapping out the social contexture of law and legal phenomenon. A few examples: Karl Marx's theory grew out of the analysis of the elements and socio-political environment of economy; Emile Durkheim sought the conceptual grasping of social fact; Max Weber evolved his theory in the hope to solve the riddle of bourgeois economic development; and Talcott Parsons started his research in the interest of defining the inter-relationship between social structure and social action. Therefore, it is a most characteristic view, also foreshadowing the framework of the future of legal thinking, that "the study of law can no longer be regarded as the exclusive preserve of legal professionals".[2] It has to be added, however, that it did not happen for the first time in the history of legal science. For one thousand and five hundred years, *theology* had had a similar role in determining the place of law in social totality, defining the conditions of its validity and legitimacy, and circumscribing its role and raison d'être. However, similarity is not restricted to the fact that both have tried to approach the domain and values of law from outside the law. We can also demonstrate a functional relationship between the teleology-based ideas of natural law, on the one hand, and sociology and law, on the other. This will be discussed in greater detail below. At the moment, I merely want to point out that the disciplines which are not primarily directed at the legal specificity but which research law *in unity with and as one of the components of social existence* (an element of the superstructure corresponding to the economic basis of society, Marx, a factor of social integration, Durkheim, a means of practicing power and, primarily, of economic rationalization, Weber, or a specific sub-system of society, Parsons) can be of considerable assistance in the exploration of the system of social relationships conditioning law.

Second, these theories *were not necessarily created on the basis of a generalization of microsociological analysis.* As do philosophical and other social pictures, macrosociological analysis can also be assumed to be influenced by historico-philosophical presumptions which play a role in the composition of a picture as a whole, that is, in the formulation of any primitive idea into a system. In other words, in the elaboration of its basic message. The posing of a question of this type has a special role to play in the attempts to reconstruct Marx's social theory. Namely, does it follow with logical rigour from the concrete economic analyses to be found in *A Contribution to the Critique of Political Economy* and in *Capital* what is known as Marx's theses? Or did possibly eschatological ideas, as well as normative presumptions from Hegel's philosophy of history, help organize the issues of concrete economic analyses into a definite system of social theory?[3] As to Weber, literature is even more reserved. Although, hardly anybody did more to make the significance of bureaucratic phenomenon and rationalization understood, that deed is only partially attributed to the thinker's oeuvre and course of life, the stimulative force being seen in the Prussian enchantment to strict order and the Wilhelmian attitude which hardly flirted with democracy.[4] Does it mean that the objectivity of social science research can be questioned? Until a more convincing answer is found, I have to answer a definite "yes".[5] However, for me the genuine question is this: if the macro-sociological theory of law is not necessarily a synthesis of microsociological analyses, then what makes it a sociological theory at all? Well, my answer may be rather weak, nevertheless not much more can be said except that it is its approach, the *desire to gain a comprehensive picture* of the structure and factors of social movement *by starting out from the inter-relationships of the social environment.*

Third, the concept of the macrosociological theory of law *cannot be limited to the sociology of law as a professional branch of sociology.* Not only because, historically speaking, the sociology of law is basically the product of the social conditions at the end of the past century: the shattering of the values thought to be eternal, evolved during the free competition period of societies development, the detachment of ideas and reality, and last but not least, the increasingly evident non-viability of the positivist approach pre-serving the traditional juristic world concept.[6] But first and foremost because, the macrosociological theory of law can also develop independently of any professional sociology (from economic, philosophical or even legal investigation) if its *approach or result* makes it that.[7]

In an effort to find an answer to the basic question of what the macrosociological theories of law have meant and what they do mean for legal thinking, I intend to discuss two problems. First, I review how the macrosociological approach has enriched traditional legal thinking (I). That enrichment substantiates the role the macro-sociological theories of law have played and can play in extending beyond the jurisitic world concept and, which is the only alternative in the development of legal thinking, in its integration into social science thinking (II).

168 TIDSKRIFT FÖR RÄTTSSOCIOLOGI VOL 3 1986 NR 3-4

I. Issues of the Macrosociological Theories of Law

The *traditional juristic approach* regards the law as a phenomenon that is able to stand by itself and be sufficient by itself. The formation of law is seen as valid if enacted by an authoritative state body; the functioning of law implies that the authoritative state body applies it by observing the corresponding regulations. The effect of the law is simply of no interest to the juristic world concept. The traditional approach is governed by a single viewpoint: conformity to the enactment of law, i.e. mere legality.

Regarding its essential points, this approach implies the same as the doctrine of legal positivism. However, whereas legal positivism took shape as a theory,[8] the juristic world concept was the *outcome of a given legal set-up*: a necessary accident, an *ideological complement.* Although Marx and Engels criticized it as the "juridical illusion" of the bourgeoisie at the level of a critique of ideology,[9] it was nevertheless the only approach and the only adequate world concept in which the domain of the law could be interpreted in accordance with the requirements set for the practicing of the legal profession.[10] For the juristic world concept projects as real what the law envisages ought to be realized regarding both its own formation and functioning. Therefore, its ideological criticism is justified, nevertheless that leaves untouched the roots of its necessary establishment as ideology. It does not affect the practical necessity that as long as the law requires *formal rule-conformism* on behalf of the jurist, the ideology of the practicing of the jurist's profession, which *presents this system of rules and its observance as a goal sufficient in/by itself,* also remains untouched.[11]

Well, the juristic world concept as an ideology, calling for a given activity and convinced of its correctness, obviously has to be separated from its interpretation as a theory. Because, *everything that has its place as defined by practical requirements in the juristic world concept as an ideology, turns to be a fallacy which disturbs cognition if it is interpreted as a theory.* The fallacies involved in the separation of "within the law" and "outside the law",[12] originate in the juristic world concept and almost logically follow from each other.

According to the first assumption, law is something that can be materially grasped and circumscribed: it can be reduced to the external formulation and objectification of a norm prescribing-/prohibiting/permitting a certain course of conduct – *the fallacy of something-likeness.* The second concerns the practical effect of the law interpreted in this way. It attributes the effect exclusively to the norm, as its only and logically necessary determinant. It excludes the interplay of any other factor, the determination of the result by concrete conditions, and in this way, it fails to acknowledge the dynamism of the relationship between the norm and social practice – *the fallacy of state-likeness.*

The third assumption calculates the possibility of change in the relationship between norm and effect. According to its starting point, however, the legal process consists of one single factor, consequently any deviation is an internal affair of the legal sphere. Therefore, legal science can only have the task to assess realizations according to the law and according to social practice – *the fallacy of fact-likeness.* The fourth assumption – the basic one, which is the theoretical framework and justification of the former ones - suggests that there is a specific, self-governed domaine, whose functioning is determined by its own rules, is therefore calculable and foreseeable and, as such, analyzable in itself – *the fallacy of distinction.*

When now I attempt to present some issues of the macrosociological theories of law that have brought about changes in approach, I have to make it clear that the mere questioning of the independence of the sphere "legal" by far does not mean the denial of the *peculiarity of the law*, or the indefinability of what is meant by "*distinctively legal*".[13] It merely means that the special sphere of the law cannot be deduced from itself, or interpreted by itself; *at any one time, it has to be analyzed as a component of its social environment*, therefore, the *basic regularities of its development and functioning need to be evolved from the examination of the social entity as a whole.*

The macrosociological theories of law are so multidimensional and composed of so many threads, that I have to confine myself to indicating only some specific dilemmas and lessons.

(A) *Law and positive law* are categories that cannot be made equal. According to a witty formulation, the boundaries of the law have to be drawn "infinitely" *beyond* its formal sources, but at the same time *within* the "entirety" of human relations.[14] The law is what is officially enacted (*positive law*) or recognized (*customary law*) as the law; and at the same time, also what is officially carried out in the name of the law (*judicial and administrative practice*). Obviously, the advance in approach does not lie in the simple fact that the concept of law is extended, i.e. that in addition to the law as declared (*law in the books*), the law as practiced (*law in action*) also asserts itself as the law.[15] Rather, it lies in the fact that *the emphasis has been shifted from the "designated" vehicles of normativity to its actual functioning*, in other words, *from the subject of mediation to the process of mediation itself.* Semantically it sounds as a paradox, however, as a gesture of change, the statement of Karl Llewellyn is justified: "'Law' without effect approaches zero in its meaning".[16]

The shift in emphasis took place in the most spectacular way in the American realist movement. However, theoretically it was rather founded in the ethnological, anthropological and sociological experiments, started in the last third of the past century, which had sought normativity in the social reality itself, i.e. in social relations, the regularities of human commerce. The research of legal development and of primitive law was so challenging that, in addition to speculative theories, from the turn of the century it has led to the establishment of solid sociological principles. To mention only some of them: *in addition to* the positive law, Leo Petrazycki explores the intuitive law;[17] in the norms of folkways, William Graham Sumner identifies the source which *fosters* the law;[18] Eugen Ehrlich points out that the intuitive law is basically *identical* with the norms of folkways, in so far as *living law* is the law proper, and the abstract *state-enacted law* and the *jurist's law* serving to resolve concrete conflicts only provide its framework with artificial guarantees.[19] And all that was but the beginning. To differentiate it from the moral, Petrazycki conludes that every legal relationship consists of mutually interdependent and complementary systems of rights and duties. That is the *imperative-attributive* basic structure characterizing every law, according to which the same activity generates a feeling of duty in somebody and a feeling of right in somebody else. That realization of *reciprocity* will serve as the core of Bronslaw Malinowski's famous definition of law – with the addition that "a body of binding obligations regarded as right by one party and acknowledged as duty by the other, kept in force by the specific mechanism of reciprocity and publicity inherent in the structure of... society."[20] Further syntheses are also based on the critical development of this.[21]

Investigation starting out of the norm-structure as the vehicle of normativity is replaced by the analysis of functions which (a) refer to the legal as their basis (*judicial and administrative practice*), (b) attribute themselves to the effect of legal practice (*civic law-abiding*), or (c) otherwise perform social functions which resemble the former one (*primitive law, customary law*). Both the extension of the concept and the enrichment of approach are certainly unavoidable. They are obviously tempting as well. Nevertheless, all this will only amount to a theoretically founded answer if one also clarifies what has happened to normativity. On the basis of literature available so far, it would seem that reductionist thinking, the *ad regressum* argument, is the only feasible road. Nevertheless, I think that to rely upon it is at least doubtful.

Formal validity, for example – which qualifies the product of any contents of some formally defined state authorities following a formally defined procedure as the law – is known to have been an outcome of European development during the past century.[22] In former stages of development, as well as in other cultures, the *validity of contents* specified by the traditional and the practiced (e.g. by the quality of the "old good" in Europe during the Middel Ages) was dominant. The relative nature of this development and its character as a mere shift in emphasis are illustrated by the fact that legal development has always been characterized by *duality*: written and unwritten, official and unofficial law, as well as the changing ratio of their role.[23] A recent attempt claims to have found the source of specially legal normativity in the reinstitutionalization of custom.[24] It is a thought-provoking, nevertheless uncertain answer among others, because it establishes a chronological order and causal connection between custom and law, seeing the law's primitive form and predecessor in custom, and because its speculative nature only puts off the question. Others look for actual specificity, and try to circumscribe the legal by the structure consisting of secondary norms grounding (i.e. granting certainty and authority to, and legitimatizing) the primary norm.[25]

In the final analysis, all these explanations – the ethnological-anthropological generalizations and the theories looking for specificity in the mechanism of the formation of a legal system – somehow motivate around *authority*: they identify what makes the norms (or their practice) distinctively legal and having authority. However, the search for authority naturally leads one to choose an extremist alternative. Accordingly, either the existence of legal phenomenon has to be tied to the presence of the *state*,[26] or it has to be pointed out that any conceivable circumscription of authority is so uncertain that it can only lead to a blurring of the boundaries of the legal,[27] to its dissolution in *pan-jurism* which tends to perceive something legal in everything and anything. Obviously, any of these extremist alternatives would be a non-historical choice. Adherence to a theory of the legal system which lies in recognition by the state would eliminate the bulk of legal development from legal history, and it would fail to provide an explanation for validity in Rome prior to the imperial period, in European development in the Middle Ages and even in most of the modern times, in the four-thousand years of

172 TIDSKRIFT FÖR RÄTTSSOCIOLOGI VOL 3 1986 NR 3-4

development of Chinese law, or in the traditional system of the Afro-Asiatic regions.

Without attempting to give a definite answer here and now, I agree with the view of Leopold Pospísil: if we wish to draw the conceptual boundaries of a theory of law in space and time, instead of "firm lines" we can at most denote some "zones of transition".[28] It goes without saying that this is a basic methodological problem of every concept-formation. Obviously, the more we link the concept of law to *modern* law, the richer its content becomes, but the less operational it is: it can be applied to the past only through extrapolation so that it gives a distorted picture. On the other hand, the more universal we make law, the more operational it becomes for the purposes of comparative historical investigation, but the less it explains since it also has to relate as much about history.[29] Therefore, in addition to giving a possibly substantial answer to the underlying question, a theory of law also is a methodological choice, a result of linguistic *convention*, what concept we apply.

(B) Under any circumstances, the *relationship between the law and the state* is a watershed. It implies a dual question: (a) in what way and with what certainty can it be stated that the *law is linked to the state*? (b) in what way and with what certainty can it be stated that the alleged unity of the state also involves a *unity of the law and order*? An answer to the first question infers the interpretation of the nature of the basic systems of regulations of the *ancient societies* prior to the appearance of the state, of the *primitive societies* not organized into a state formation, of the *large organizations* beside the state (within the state and outside the state), as well as – only as a purely ideological presupposition of some philosophies of history – of the *communistic societies* following the withering away of the state.

An answer to the second question infers the clarification of what the *unity of the state* lies in? In the organization manifest in the harmonious functioning of power, or in the ultimate – objective – unity of the practicing of power? Furthermore: is the *legal system*, as a system living in social practice ("the functional system of society's legal phenomena"), organized into a really harmoniously functioning one, or is it only the final result of its functioning which makes it conceivable as a system? And similarly: does the unity of the legal system, interpreted in any of these ways, necessarily imply the unity of the system of law as a system of norms ("a system of norms evolved according to determined socio-historical particularities"),[30] or can the eventual unity of the legal system also merge from the co-existence (confrontation, competition) of several systems of law?

Well, the root of the problem in this case also lies in the certainty of the trend and achievements of bourgeois development of the last centuries: they were asserted by flashing them back to the early past. Therefore, the task of the sociological approach covers a certain kind of social historical reconstruction. Namely, to evolve its concepts from their actual development, to formulate their laws from their functional interrelations, and to study the supporting ideologies and their coverage of reality on the basis of the role they are playing.

Accordingly, the first conclusion is that the *modern* structure, serving for us as a natural base of comparison, is historically *particular*. Or, *the linking of the law and the state together, and the recognition of a single system of law within the state are the product of the past few centuries leading to modern statehood in the Western sense*. Consequently, from the point of view of the critique of ideology, the *monist ideology* absolutizing this development is merely the redrafting of the late absolutistic ideas within the range of Jacobinist thoughts.[31] From a sociological point of view, what is of prime interest here is that ideology is not simply the synonym of false consciousness, because the monist concept expressed a real historical necessity. *The road to ruling political activity as a state activity led through the monopolization of the basic functions of the law* – to settle conflicts (administration of justice) and, then, to enact the law (law-making) – *as part of the centralization efforts of the state: to use the law as a means of state politics, in the interest of consciously planning and influencing social relationships*. The second conclusion follows from the first one: since it is only a particular trend of development, one can only speak of approaching to or withdrawing from the goal set as ideal, but certainly we cannot regard either the complete étatisation of the law, or a complete lack of this as an absolute and self-evident value, or standard of value.

(a) Concerning the *relationship between the law and the state*, the novelty of the sociological approach does not simply lie in the terminological extension of the boundaries of law. The really novel and lasting moment of the sociological approach lies in the analogous investigation of the non-state systems of regulations – primitive law, canon law, and systems of norms of large organizations – within the state law. Although I regard the concept of "private legal systems"[32] as excessive and it is hardly probable that theory will ever accept the internal norms of the clubs, associations, companies, institutions, trade unions and monopolies as law, nevertheless, *the analogous analysis of their functioning with the law* can certainly bring about new realizations, as well as likely alternatives for the future law.

(b) Concerning the possibility of co-existence of *several systems of law within a single legal system* sociological analysis forces open doors. Because, *any system of law is by itself a contradictory unit, developing through tensions and conflicts, and reproducing itself through its own contradictions.*[33] That contradiction also emerges in the structure of the legal system itself, if several systems of law – due to historical reaons – form a "mere... co-existence of laws" (pluralism), or – due to disturbances of modernization and adaptation – form "laws that are correlated and realize a dynamic unity with one another " (doubling).[34] Historical jurisprudence has already explored the co-existence of customary laws with the state law in Ancient Times and the Middle Ages, the internal complexity of the classical Roman law, the parallel administration of justice by common law and equity in Britain, as well as the continued existence of the old beside the new even amidst revolutionary development. Comparative jurisprudence has already analyzed the plurality of the mixed legal systems (mainly in colonial societies), as well as their external artificial doubling. Finally, legal theory has already studied the legal, quasi-legal or illegal qualities of these phenomena.[35] Under such conditions, the task of the sociological approach lies in the clarification of *how these systems, in their co-existence and competition full of conflicts, can serve the ultimate function of law: the integration of society.* Last but not least, the co-existence of the systems of norms also reveals that the possibilities of political integration are limited, and no identical legal rationality corresponds to political rationality. Namely, *legal rationality can also appear in a series of partial rationalities competing with each other.*[36]

(C) The sociological approach sees much more in the law than official enactment, a mere product of the state. For it, *the law is a social process,* which (a) cannot be reduced to a speculative operation defined by a logical conclusion, and (b) cannot be isolated from its conditioning and shaping social environment. This is reflected in one of the basic statements of legal sociology, formulated by Ehrlich as a research program in the preface to his classical work: "At the present as well as at any other time, the center of gravity of legal development lies not in legislation, nor in juristic science, nor in judicial decisions, but in society itself."[37] The social nature of law is carried by social conditions; men shape social conditions; consequently, these relationships themselves are also reflected in human activity.

In the struggle against feudalism, those opposed to the despotism of the owners of power raised the banner of the law into the mist of the supra-personal. However, as soon as they themselves started practicing the law, they had to realize that the norms fixed in the books were identical with life itself only in the honeymoon period of wedlock. After that, there again necessarily appears on the stage the demiurges of the process, making and also suffering it: man. "Our government is not a government of laws" – as the sobering statement goes[38] - "but one of laws through men". That is theoretically expressed by several schools of legal sociology according to which it is procedure,[39] or at least justifiability[40] that conveys the legal character; what is more, *eventus judicii*, the possibility of verdict is presented as a criterium of distinction from the non-legal, as a specific feature of the law.[41]

Therefore, the oeuvre of the law does not lie in itself, and it cannot be perceived in itself. It is a formation which *automatically points beyond itself: to the eventuality of becoming a social process.* (Only this way it is accomplished by being transformed into a social category: as shaper of social existence, into its constituting element.)

(a) *For the juristic world concept, the law* does not mean more *in its process* than the law as enacted. It is merely a *logical derivative*, (which can only be of one issue if it strictly follows its own rule). This means the following: in the case of a given fact and a given law, the same conclusion should be reached by any judge, or by all the officials of any judiciary - irrespective of the age and culture they live in, the origin and party affiliation they have, as well as the social and economic environment in which they pass their judgement. This world concept is expressed for example, through the formal conception of comparative law, which attributes identical content to the identical conceptual expression of a norm - disregarding the huge possible differences of its social environment, as well as its political and legal reality. This is a *geometrico* approach that has been around since the *Age of Enlightenment.*[42]

The sociological approach offers a completely different picture of law. According to it, the full personality participates in the law, and the law is also the imprint of the whole history and culture of a nation. The *norms* are only signs which *by themselves mean nothing: they become alive only in the living practice of society.* "The life of the law has not been logic: it has been experience. The felt necessities of the time, the prevalent moral and political theories, institutions of public policy, avowed or unconscious, even the prejudices which judges share with their fellowmen, have had a good deal more to do than a logical syllogism in determining the rules by which men should be governed. The law embodies the story of a nation's development through many centuries, and it cannot be dealt with if it contained only the axioms and corollaries of a book of mathematics."[43] This formulation spoke against the fallacy of logic (i.e. the certainty of logic and the degradation of the administration of justice to a mechanical function),[44] it did not seek to limit the *control function* of logic. A still valid lesson involved is that legal process has to be analyzed as one which takes place in a real social and human environment, in which *the organizational framework of decision-making,*[45] as well as the human factor that cannot be calculated in a formal-axiomatic way also have an influential role at decisive points.[46]

Therefore, *logic* appears as a special means of *organization, standardization and control.* Its role is manifested in how *social problems are filtered through normative concepts and structures, and transformed into legal problems,* and how *the decisions concerning legal problems are justified by referring to such concepts and norm-structures.* Sociology interprets all this as *programmed decision,* which realizes its own rationality through conformity to the programme elaborated in the course of the official norm-creation. And it refers any question related to the concrete evaluation of the concrete problem to the sphere of the interpretation of the law, attributing the emerging questions to the clauses in the programme qualified as known.[47] (The same idea has been formulated in the ontological reconstruction of law. Accordingly, law is a specific complex of mediation which has its *own system of fulfilment* - only this enables it to fulfil its function of mediation. Transformation takes place by *first rephrasing the social conflicts as conflicts within the law, and then* – operating with valid legal enactments and finding a logically justifiable solution – refining them into sham-conflicts.[48]

(b) If the processes, presented as purely logical by the official ideology of the law, one by one turn out to be social regarding all their essential specifications, then it provides further convincing proof of the extent of participation of social environment in the life of the law. For example: 1) Every decision is an *alternative,* thereby representing a socially conditioned choice between several possibilities. 2) The law is a practical means, objectified through its linguistic expression, therefore its actual existence is sensibly influenced by the *social conventions* concerning its meaning and application. 3) The maintaining and shaping role of the social practice is especially strongly manifested in the case of the legal profession, as a separate stratum, whose duty following from the social distribution of work is to provide for making the law a social process as well as for its continuous reproduction. 4) The legal profession may actually have a determining role in social systems where it has its *own power base*, or where the legal system asserts itself as a *procedurally independent sub-system* within the political one.[49]

The participation of social environment in the life of the law at both micro and macro levels, regarding both the legal profession and all those the law is addressed to, is determining to the extent that *the law, isolated from them and reduced to its bare norm-structure, almost becomes a simply meaningless abstraction.* A few examples to illustrate the role of environment: without a simultaneous transformation of society, the official law could not have become living law in South-East-Europe, Galicia or Serbia at the turn of the century;[50] the reception of the law ordered in the interest of modernization could but lead to the doubling of the law in Turkey a few decades ago, or in Ethiopia hardly a decade ago;[51] at the same time, the formation of the law if it does not adher to the traditional non-legal norm-systems, can be ineffective, as it has been in the case of Japan.[52]

A known example of the role of the legal profession in the formation of law can be seen both in Ancient Rome and during the Middle Ages in Europe. Here the opinion of a jurisconsult or a specialist contributed to the innovations made in law. The field of activity of the jurisconsult and of the professor of law merged into the practicing lawyer. They in their turn contributed to a procedural approach to law (as well as to the conception of law) not as a general norm, but as norm set to individual cases as in Britain in modern times.[53] Similarly, an indication of the role of social environment in law can be gleaned by examining the hesitancy of individuals within business to take risk. Thus interests are forwarded through litigation and the advancement of contractual law.[54]

(D) The unambiguous lesson to be drawn from the argumentation above is that law in all its aspects is a social phenomenon. Even the features which seem to be specifically legal are socially conditioned, and can only be interpreted in their social context. In the final analysis - one cannot speak of a clear-cut distinction between such spheres as "inside the law"/"outside the law". One cannot draw boundaries for something "distinctively legal". Furthermore, it has also become clear that the conceptual extent of the law is wider than what seems to be suggested by its official enactment and ideology. It only becomes an absolute function of the state when the intention of the political sphere to fully integrate society is crowned with total success. At the same time, according to its real existence, the law is a social process which is something more and else than a simple logical consequence of its official enactment: in its practice, it is determined by its social and human environment, in its existence, it is linked to the existence of society, and in shaping the legal profession , it has a decisive role. All these realizations also have an impact on the conceptual grasping of law. The sociological approach implies that *law is a complex dynamic unity of different aspects and elements of reality* – therefore, it cannot be reduced to any of its components. In other words, the existence of law opens up through the movements of aspects and components that strengthen and cross each other; law is a functional unity that reproduces itself in the course of continuous easing and reproduction of tensions and conflicts.

It is by far not a new realization in legal thinking that the concept of law should reflect the complexity of legal phenomenon.[55] Nevertheless, most analyses of law fail because researchers only take account of methodological problems dealing with different levels of law.[56] Methodologically, according to a macrosociological approach, law must be conceptualized as an intertwined unity of at least four components, none of which can be disregarded in the search for knowledge of the legal complex. These four components are 1) the *norm-structure*, 2) the *formation of consciousness* directly conditioning and resulting from the norm-structure, 3) the *social reality* carried and issued by the norm-structure, and 4) the *legal profession* responsible for establishing, as well as continuously reproducing the trappings surrounding law.

The law conceived of as a complex is obviously a wider phenomenon than the total sum of the officially proclaimed and/or actually considered rules of decision. Within the legal complex, it is naturally necessary to distinguish the rules and to judge the functioning of the whole complex on the basis of these rules.[57] However, the law as a functioning unit cannot be deduced from any of its individual components, nor can it be interpreted. Or, the law conceived of as a complex presupposes a *dual approach*, which asserts itself also in reality. For the *functioning of the law can and must be evaluated on the basis of how far the officially proclaimed and actually considered rules of decision coincide with or deviate from each other.* At the same time, it has to be understood that this is a legal/juristic evaluation: *an internal affair of the legal complex. It becomes socially relevant only in so far as the actual functioning leaves the system of fulfilling the law unsatisfied.* In other words, the difference between the officially enforced and the actually considered rules of decision becomes so dominant – *that it already questions the "distinctively legal" character of the complex.*[58]

(E) The sociological approach is emphatically interested in the components, possible role and actual limits of the law conceived of as a specific technique of social influence. Naturally, its method is not to project firm theses onto the law, which are drawn from a closed world concept,[59] instead comparative historical investigations and case studies provide the starting point.

(a) In the broadest sense, *the maintenance of public order, the resolving of conflicts and the shaping of social conditions* are the three basic functions of law. The historic changes are mostly reflected by the shifts in the proportions and emphases of these functions. Namely, in the first periods of legal development, the function of law to shape social conditions was only a by-product – the existence of law centred around the resolving of conflicts. The former function came to the foreground only when law became a direct means of politics. It was only then, in the course of Western development in the modern times, that *law-making and law-application* became formally separated and hierarchically arranged – with law-making taking the lead and pushing back law-application into an almost mechanical reflex role. The sociological approach, differentiating between manifest and latent functions, perceived that this shift in emphasis will continue because it realizes that in the process of law-application there is a continuous reshaping of the law and thus treats law application as a surviving latent function.[60]

(b) In the exploration of the system of relationships of the law, the most promising directions of research have been defined by the studies placing law in *the total system of social influence.* The characterization of law as *social engineering* serves to emphasize the role of law in shaping society, to see law as conscious planning.[61] To explain this aspect of law, a sociological theory of law within a system of *social control* has been developed. There are different criteria used to define law as a sub-system of a system of social control. Regarding the functioning of a system of social control, law is the most effective device and other aspects of social control are seen as subordinate to law;[62] whereas regarding its organization, law represents an organization form which may be called *governmental.*[63] Irrespective of its merits, this approach studies the law, through interactions, as already within a system of means of social influence. The theory which conceives of law as *a mechanism of social integration* builds on the key role of law in those interactions. Integration may mean the oiling of the machinery of social intercourse,[64] the co-ordination of social functions,[65] as well as the harmonization of the self-regulating sub-systems of social co-operation.[66] In this approach, the interaction of means is completed with the interaction of functions. Finally, integration is approached from a political point of view when law is considered *a sub-system within the political system.* In addition to an attempt at a synthesis between the instrumental and the functional interactions, this approach also reckons with the relative autonomy of the legal complex. The conception of law as a political sub-system implies that it is considered *not only a means* of policy but *also a result.*[67]

(c) In the description of social influence of law, sociology necessarily looks farther ahead than the traditional juristic world concept. The latter is satisfied with presenting conducts qualified as obligatory, permissible or prohibited to be a goal by itself. At the same time, sociology arrives at the surprising conclusion that law can serve the fulfilment of the *most different functions*. In that variety of roles,[68] the legally qualified conduct can only play the role of an instrument. Notwithstanding that the relationship between the social task to be fulfilled and the legal means may be so complex that *the goal itself to be realized with the help of the instrument has only an instrumental role.* This happens in cases when the main social motive of a regulation is only an additional effect in legal procedure.[69]

At the same time, this plurality of roles, which seems to be unlimited in theory, in fact covers very limited social possibilities. I do not simply have in mind the dangers of social planning and intervention increased to cosmic dimensions by F.A. Hayek.[70] Instead, I bear in mind the fact that it is merely *a wishful thinking or fiction to presume* – and mainly to consistently realize – *central foresight in the real practice of social planning and intervention.* The same applies to the idea of presuming "the good legislator" (which presumes the practical interpretation of legal rules).[71] Practice at any time, however, merely indicates *the objective presence of a system having but loose inter-connections and weak organization.* This is also indicated by the viewpoint according to which "the rather incoherent practice – co-ordinated only by its linkage to the status quo – of the continuous changing of the details can be observed, which recoils from a comprehensive, structural transformation of the law, since nobody can foresee the consequences."[72] Therefore, what takes place is an objective system-effect, in which even the best enactment becomes degraded into a function of the total motion of the system (including its inertia as well).[73] (It is another question that sociology here realizes something that has already been established by ontological reconstruction. Accordingly, social existence comes into being through teleological projections putting casual lines in motion. These, following their own laws, go beyond the original projections.)[74]

Regarding the social functions, a traditional differentiation in sociology mentions *instrumental* and *symbolic* functions.[75] Symbolic is obviously the opposite of the instrumental – but one must remember that the symbolic itself can also be instrumental, merely within a different aspect, for example, as an ideological function. In addition to the functioning of law in its entirety also as ideology, [76] it has to be realized that *merely symbolic legal enactments also play a role in social change*: they can enhance the sense of legitimacy in a given direction, thereby providing means for implementation, while making the opposite direction more defenseless and vulnerable.[77] Therefore, regarding the classification of regulations, I would rather suggest one, which in the first place differentiates between (1) *real* and (2) *substitute* forms. The latter can be (2.1) *voluntarist* and (2.2) *alibi* regulation. The voluntarist one is characterized by the fact that although it attempts to play a real role of shaping, it is unable to fulfil such a role due to violation of the natural limits of regulation. Whereas the alibi regulation in advance abandons the fulfilment of any intended role of shaping. The giving up of this can manifest itself in (2.2.1) *sham-regulation*, or in the fact that (2.2.2) *the regulation itself is instituted as a substitute activity*. It is a sham-regulation if the form involved is false, as this is unsuitable to legally influence behaviour. It can be unsuitable, because (2.2.2.1) it contains no rule of conduct, only political-ideological *declarations*, or (2.2.2.2) it contains rules of conduct which *by themselves are not justifiable*, or enforceable. On the other hand, one can speak of substitute activity manifesting itself through regulation, if instead of a concrete measure implemented in the given area, legal regulation is provided as a substitute for the necessary reform.[78]

The utilization of legal means as a surrogate has a varied past. From the point of view of sociology, the manifestations of prime interest are not the ones which conceal political compromises and serve ambiguous regulation (as it can best be observed in the preambles of constitutions),[79] but the ones which involve almost conscious tendencies of making different alibi regulations the main content of law-making. This happens at times when – due to belated development – state policy comes under extreme pressure, which then leads to an excessive use of the law, and the direction of organic changes to inorganic, (forced courses) partly strengthens the voluntary features and partly allows for the temptation of alibi regulation. Although, the consequences manifest themselves only in the long term, they do so without mercy. This involves a loss of the general prestige of the law which is believed to be balanced by regulations following each other at an accelerated pace, but being increasingly ineffective in their enforceability.[80]

(d) All this obviously raises the question of the *social limits of law*. It was clear already to Max Weber that the technological values of Western legal developoment – *rationalization* and *formalization* – can also turn into their opposite if their adequate measure was upset. The adequate measure is all the more important, because other investigations have revealed that rationality by itself shows ambivalent features. Although, it implements a rational arrangement in a given direction, at the same time, it *increases the irrationality of the non-rationalized* in any other direction. In addition, rationalization – implemented in one direction – by itself is ambivalent, in so far as *it homogenizes its object* in accordance with the given (mainly economic) calculation. And each and every homogenization is also a distortion.[81] Over-regulation and over-formalization can only lead to *sham-rationality, which in its final outcome is expressed in the impossibility of even the existing rationality, resulting from the anarchic functioning of the system.* Therefore, the law – both as a means of social influence and as an institutional system implementing that influence with its own apparatus – has to explore all the stimulative factors and hindering limits, which determine the success (framework and conditions) of its activity. This obviously extends beyond the problem of rationality in the tehnological sense. It is the problem of the *parallelisms, tensions and conflicts of the rationalities of different (economic, political, etc.) content*, and only a social science approach can successfully explore its components.[82]

(F) The questions raised above gradually lead to the investigation of *the law as an alternative means*. In the spirit of "dubito ergo sum" (I am doubtful, therefore I am), law already questions itself – but only in order to reassert itself through its position in the social history of legal development. At the same time, the raising of this question leads us the farthest away from the juristic world concept, because it puts not only the social inter-relationships of law, but also its historical bases in another light.

Therefore, it has to be taken as a natural outcome that the sociological approach questions the traditional theory of legal evolution. A few examples to this effect: The comparative historical anthropological investigations have revealed that *custom* cannot be considered the logical anticedent of *law*,[83] due to the historical character of their relationship. In other words, they can also exist side by side, fulfilling qualitatively different tasks.[84] Also it has turned out that *tradition* - that was for Weber the petrification of past to be exceeded, the very opposite to *rationality* – may carry historically verified and traditionalized rationality. Considering this quality and due to its rationality, it is worthy of preserving.[85] Or, as a round-off of debates on the driving force and mechanism of legal development, it has been proved that the inertia, inherent in the traditionalization of the distinctively legal – i.e. the largely general and almost limitless transplantation, borrowing or re-interpretation of *time-honoured regulations and institutionalized solutions* – can sometimes play a unique role.[86] Finally, the Marxian typification based on the underlying *socio-economic formation* turns out to be applicable - from outside, (within a certain totality concept) to the law as well. At the same time, however, it has no extra distinct characteristic of law. Moreover, the underlying socio-economic formation fails to answer the question of differing legal cultures as well as of the basic inter-relationships between the forms of social organization, for example, the ones between the two products of bureaucratic organization spanning from feudal absolutism to socialism in practice, the *modern statehood* and the *modern formal law*.[87]

If there is anything common in all these results, then it lies in the final analysis that they reflect the reappraisal of the *differing*, the *different*, the *past*. They reflect the realization of values that may lead to a satisfactory explanation of the phases of legal development,[88] and at the same time, provide models, references or alternatives to the renewal of our legal culture and set-up.

From a legal point of view, alternativity has two meanings. (a) One concerns the ways that are feasible and available simultaneously with the existing law. In the case of a conflict of interests, the choice of *litigation is merely a strategic alternative to a variety of other modes of pressing interests*. It is a specifically formalized and secured procedure whose precondition is that the *power factors* involved in the affair *are disregarded as to the benefit of the normatively relevant issues*.[89] There immediately emerges the question of who should be included as the third party resolving the conflict: the neutral *judge* with fixed proceedings, the outsider *mediator* with free proceedings, or the *administrator* with free proceedings, but using his power, too.[90] Or the resolving of the conflict should be left to the interested parties themselves – to the limited, but voluntary application of legal means in their continuous and mutually interdependent relationship, i.e., basically, to their inter-solidarity (as it is largely customary in business life)?[91] At the same time, it is by far not always the party involved in the dispute who can freely decide on the alternative. This decision can be dependent on belonging to a group, or the continued existence of traditions to the extent that in certain cases it can be stated with considerable probability in advance: the law will be automatically pushed into the periphery.[92]

(b) The other meaning of alternativity concerns the *historical typifying* of law, the *possibilities of replacing and exceeding* its given form. I have in mind endeavours to convey the basic trends of legal development on the basis of a macrosociological theory. At the same time, these endeavours do not seek to describe the stages of development: they merely intend to characterize certain trends which they regard as determining. Thus they set up ideal types, which are also common in that they apply a treble division, and the middle type represents the present. Accordingly, the present is the product of having exceeded the past, which at the same time requires to be exceeded now. A few examples: the typification relying on the conceptual differentiation by Ferdinand Tönnies, envisages the three trends of legal development in the *bureaucratic-administrative* past, in the (*Gesellschaft*-type) present conveying *individualist* values, and in the (*Gemeinschaft*-type) future which again places *communal* values in the forefront.[93] Another typification is based on the legal potentials of social control. It views the main trends in the *bureaucratic law* acting as a *regulatory* power, in the *legal order* asserting the specifically leal values as *autonomous* values, and finally in the development of the *customary order of mutual social interactions*.[94] A third typification starts out from the technological orientations of legal means, and it defines the alternatives of development as the possibilities of the *repressive*, the *autonomous* and the *socially responsive* law.[95] Finally, the fourth typification, which rather indicates the directions of renewal of the existing legal set-up, differentiates among the *technocratic*, the *legalist* and the *communal* possibilities of choice.[96] Well, at least in some of their elements, all these types obviously exist side by side in each and every legal system, and have a role in this or that particular area. At the same time, it is equally obvious that the legal arrangements of different periods are characterized by the domination of one of the types.

The most striking in all these attempts is the fact that the arrangements of the past are described as structures asserting an outside regulatory wish of a purely power nature. And each of them specified the present to be exceeded by the features of the modern formal law. And concerning the future, each of them sets the goal of loosening the formal characteristics of law, building on the potentialities of an integral communal attitude, and giving priority to the democratic forms and the non-lawyer's professional considerations as opposed to the purely hierarchic normative structures. This implies a criticism primarily directed against the hardly limited continued domination of the *bureaucratic social organization*, which has once developed modern statehood and modern formal law.

At the same time, it is far from being certain that a radical change is expedient or feasible at all. The need of search for alternative forms has in a more modest way been expressed in the literature. For example, when it assessed the ancient – in certain civilizations, still existing – forms of *conflict-resolution without pre-determined and pre-fixed rules of decision* as the possibilities of the future;[97] when it tried to *withdraw certain types of cases from formal legal regulation*;[98] when it attempted at *bringing closer legal language to the questions to be solved*, so as to be able to better grasp the substance of the case through "socially adequate" legal concepts;[99] or when it suggested a renewal of legal procedure in a way that formal justification of the decision by reference to legal rules would no longer be enough: a *justification of* (economic, political, etc.) *contents* is required before a formal justification of the considered decision could be done.[100]

II. The Role of the Macrosociological Theories in the Social Science Foundation of Legal Thinking

The common feature of the different theoretical approaches surveyed above has been that they have presented law in unity with social environment as embedded in the process of social existence. They have possibly expressed also the fact that the exceeding of juristic world concept requires more than mere intention: it also presupposes an enrichment and change in approach. Past experiences have proved that, for example, the mere assertion of the social character of law does not lead to such an exceeding. In this respect, one can often meet with two characteristic manifestations. One (a) is the pronouncement that Marxism from the very beginning *automatically* covers the sociological approach, therefore the demand of a radical exceeding cannot even emerge.[101] The other (b) is the pronouncement that although there is a need for the sociological approach, its utilization is only conceivable within – and *subordinated to* – the traditionally legal one.[102] In their actual formulation, these are the internal dilemmas of Marxist legal thinking; however, the lessons involved are of universal significance.

The reasoning according to which (a) *Marxism from the very beginning, automatically covers the sociological approach*, can be proved both philologically and theoretically. However, the question is not what sort of inner potential Marxism has, but what it provides in concrete form here and now. This is a simple question of fact, but only a weak answer can be given to it. For example, that the first ontological reconstruction of the methodological thought of Marxism only came almost 85 years after Marx's death, and now, another good 15 years later, there is only a single area where it passed almost completely unnoticed - and it is philosophy. Although, György Lukács was serious not only about his own ontological breakthrough, but with it and through it, also about a general renaissance of Marxism. He was serious about "the elaboration of sciences of a universal nature on Marxist bases", which "today is only a task, and not some sort of already existing and accomplished result", is a *topical* "scientific obligation" which "can make fruitful the life of whole generations".[103] Well, obviously no standard work on the social theory foundation of Marxist legal thinking, that could be compared to Lukács Ontology, has yet appeared – there have only been partial attempts. And as a theoretical heritage, there is only what is called the *socialist normativism* which is the product of wishful thinking imbued with ideological-political postulates. In the unconditional respect for what may ideologically exist at the time and in the complete disregard for law and specifically legal values, socialist normativism went as far as to debate whether – without concretizing it as the law of capitalism, socialism, or of some other formation - law in general as a common concept of the kind (genus proximum) can prove to be an intelligible concept at all.[104]

And as to the second reasoning according to which (b) *the sociological approach can only have a subordinate place in legal science*, the anxiety felt over the specifically legal approach is in itself justified. Because, the lesson of the past is well-known: in the spirit of the neo-Kantian methodological purity, normativism has emptied itself – by acknowledging only the values and eliminating the facts from the sphere of its investigation – in the same way as legal sociology has almost sterilized itself by attempting to banish normative qualities from the sphere of its atttention.[105] Therefore, the signalling of the danger is fully justified. However, this in return does not justify the theory of law becoming a servant of the considerations of legal policy, accepting its postulates as an unquestionable starting point, and in this way becoming purely ideological - as was the case with socialist normativism. And a theory of law translates such postulates into linguistic convention, if it accepts as legal only what has the stamp of *state recognition*, or – which is synonymous with this – if it fails to investigate sociologically the actual sources of the law, or the role that the different manifestations of the semi-legal and quasi-legal play in the sphere of the legal. Such a theory of law knows the sociological approach only as an analysis of the *antecedents and resultants of official law-making*. An implied condition of all this is that law-making is regarded as the exclusive source of the law, and in this capacity, as sacred. It needs legal sociology, though not as a method of cognition, but only as a practical aid to promote the success of the "realization" of the legislator's "will".

What, in the light of the neo-Kantian methodological purity, was only conceivable as the "synoptical" projection of fact and norm on each other,[106] (or as the analysis of the "normative model" and its "actual accomplishment" viewed "in their mutual inter-connection",)[107] is now the natural starting point of any legal sociological investigation. At the same time, in the relationship between fact and norm the decisive factor is not simply that "the phenomenon itself is defined by – it does not exist apart from – values to be realized."[108] A manifestation of this type should rather be interpreted as the struggle of legal sociology for its own preservation as sociology of *law*, for safeguarding its "distinctively legal" – and, alongside it, normative – character. For in the relationship between fact and norm, the decisive is not the mere fact of dualism, and even less so the naming of the predominant side in that relationship; rather it is the recognition of the *unbreakable mutual interdependence of social facts, on the one hand, and social norms and values, on the other*. It is the recognition that *in view of all their significant features, norms and values are social categories*: they only exist in a form concretely conditioned, and made sensible and interpretable socially.[109]

At this point, legal sociology provides a promotive stimulus when it defines its subject in that "it is mainly the ideological criticism of the existing legal systems."[110] Nevertheless, in my opinion, one cannot speak here of simply "gaining a perspective", or jockeying for position "outside" the system of legal norms – i.e. of a purely "external" relationship in whose framework the subject of investigation is : how the motives of an ideological (= class) character infiltrate into legal reasoning, turning what – in the formal regulation – was an entity free of contradictions into contradictory social content.[111] At least in the course of macrosociological analysis, it is necessary to return to the Marxian concept of ideology,[112] and *the law itself – a form of consciousness present as a medium of social activity – has to be subjected to ideological criticism.* This means that, *placing the qualifications given of itself by the law into a social context*, an answer has to be sought to the question of (1) *how these qualifications are transformed into ideal and standard*; and (2) *how they are transformed into a social force having an institutionalized effect, into a component of a formal significance of the operation of the social total complex.*

In this way, the requirements set against the macrosociological theories are contradictory. On the one hand, the greatest possible *openness in approach* is desirable, and on the other, a *sensitive guarding of the specificality of law.* And in the same way: no macrosociological theory may set the claim that other theories should hold more of or regard as different their *historico-philosophical presuppositions* (escathological motives, ideological-political preconceptions) as "grand hypothesis".[113] At the same time, it can be assumed that not only the macrosociological theories of law of the past had presuppositions behind them, but as a matter of fact, it is simply necessary to have such presuppositions to help channel thinking: to seek its place in the extremely complex and flexible system of our knowledge, belief and activity. Therefore, it is a desire worthy of respect that the ultimate synthesis of legal sociology – compared to the deductively "applied" conclusions of some social theories – should consistently be based on proven theses and empirically verified partial results.[114] Nevertheless, permit me to express the view that this is only an *ideal*, which can only be approached at most, and even that approaching - and in our own interest - can only be done with *moderation.*

To give an example: the desire formulated in contemporary

writings of American legal sociology in view of ensuring a consistent separation of science and policy, infatuated with the technocratic idea,[115] does not and cannot mean a valuative difference of any theory. And there is an old dilemma behind the glaze of novelty, formulated (almost 80 years ago) as a question of reversing the direction of the line of thinking of Felix Somló, a Hungarian philosopher and sociologist of law: *the fuller immanent perfection the sociological theory achieves, the more exposed and instrumental it becomes in the hands of any policy, if it is not supported by the foundation of a theory of values, which sees more in social intervention than simple technique, and therefore it also obstructs the possible basis, trend and goal of its utilization.*[116] And with that I have arrived back at the mutual interdependence of fact and value.

From the point of view of the social science foundation of legal thinking, I see the role of the macrosociological theories of law in their novel approach rather than in the maturity of their achievements so far. However, I am of the view that this is not insignificant for the present; and it is everything for the future that the desirable result really comes about.

Notes

1. See, regarding the classical development, e.g., Gurvitch, Georges, *Sociology of Law*, London, Routledge & Kegan Paul 1947, ch. 1, and regarding modern developments and trends, Podgórecki, Adam and Whelan, Christopher J. (ed.), *Sociological Approaches to Law*, London: Croom Helm 1981.
2. Hunt, Alan, *The Sociological Movement in Law*, London: Macmillan 1978, p.1.
3. Cf., e.g., Popper, K.R, *The Open Society and its Enemies*, II, London: Routledge & Kegan Paul 1945, especially ch. 21; Tucker, Robert C., *Philosophy and Myth in Karl Marx*, London: Cambridge University Press 1962; Kolakowski, Leszek, *Main Currents of Marxism*, I, Oxford: Clarendon Press 1978, especially ch. XVI para. 2.
4. Cf., e.g., Bendix, Reinhard, *Max Weber, An Intellectual Portrait*, London: Methuen 1966, especially ch. XV; Aron, Raymond, *Les étapes de la pensée sociologique*, Paris: Gallimard 1967, ch. on Weber, especially para. 6; and the sharp leftist statements, such as Walton, Paul, "Max Weber's Sociology of Law: A Critique", in: *The Sociology of Law*, ed. Pat Carlen, Sociological Review Monograph 23, 1976, following Lukács, György, *Die Zerstörung der Vernunft* (1954), ch. VI, para. 3.
5. E.g., "Proceedings of the Symposium on Scientific Objectivity", *Danish Yearbook of Philosophy* 14 (1977), Copenhagen: Munksgaard 1978.

6. In its first definite formulation cf. Kulcsár, Kálmán, *A jogszociológia problémái* (The Problems of Legal Sociology), Budapest: Közgazdasági és Jogi Kiadó 1960, ch. I.
7. I am aware of the questionable nature of such a statement, nevertheless I risk the opinion that, e.g., Unger, Roberto Mangabeira, *Law in Modern Society*, New York: The Free Press 1976, and even the achievements embodied in works, such as – on the side of law – Allott, Antony, *The Limits of Law*, London: Butterworths 1980, or – on the side of philosophy – Lukács, György, *A társadalmi lét ontológiájáról* (Zur Ontologie des gesellschaftlichen Seins) I-III, Budapest: Magvető 1976 (in some of its parts and contexts, in the first place) in the developments by vol. II, ch. II [Die Reproduktion] should in the final analysis be qualified as macrosociological theories of law.
8. Regarding its social conditions, cf. especially Krystufek, Zdenék, *Historické základay právniho pozitivismu* (Les fondements historiques du positivisme juridique), Praha: Academia 1967.
9. Marx, Karl and Engels, Frederick, "The German Ideology" (1844), in their *Collected Works*, Moscow: Progress 1975, p. 91. Cf. also Engels, Friedrich, "Juristen-Sozialismus", *Die Neue Zeit*, 2 (1887) cf. Marx, Karl and Engels, Friedrick: *Werke*, 21, Berlin: Dietz 1979, p. 491.
10. I have to note here that although Engels has not realized its necessity as an ideology, he did recognize clearly the *ontological relationship between the dominating position of the official ideology of the legal profession*. "But once the state has become an independent power *vis-a-vis* society, it produces forthwith a further ideology. It is indeed among professional politicians, theorists of public law and jurists of private law that the connection with economic facts gets lost for fair. Since in each particular case the economic facts must assume the form of juristic motives in order to receive legal sanction; and since, in so doing, consideration of course has to be given to the whole legal system already in operation, the juristic form is, in consequence, made everything and the economic content nothing. Public law and private law are treated as independent spheres, each having its own independent historical development, each being capable of and needing a systematic presentation by the consistent elimination of all inner contradictions." Engels, Frederick: "Ludwig Feuerbach and the End of Classical German Philosophy" (1886), in Marx, Karl and Engels, Frederick: *Selected Works*, Moscow: Progress 1968, p. 617.
11. Cf. Varga, Csaba, "Towards a sociological concept of law – an analysis of Lukács's ontology", *International Journal of the Sociology of Law*, 9 (1981) 2, p. 173 or, in a more detailed manner, Varga, Csaba, *The Place of Law in Lukács's World Concept*, Budapest: Akadémiai Kiadó 1985, ch. V. para. 4.
12. Cf. Varga, Csaba, "Domaine "externe" et domaine "interne" en droit", *Revue interdisciplinaire d'Etudes juridiques*, (1985) No. 14.
13. Selznick, Philip, "The sociology of law", in: *International Encyclopedia of the Social Sciences*, 9 (ed.) David L. Sills, New York, etc.: Macmillan and the Free Press 1968, p. 51 ff.
14. Carbonnier, Jean, *Flexible droit*, Paris: Librairie Générale de Droit et de Jurisprudence 1976, ch. I, para. 8.
15. For the first use of the concepts, cf. Pound, Roscoe, "Law in books

and law in action", *American Law Review*, XLIV (1910).
16. Llewellyn, Karl N., "Some realism about realism", (1931), in; *The Sociology of Law*, ed. Rita James Simon, San Francisco: Chandler 1968, pp. 42-43.
17. Petrazicky, Leo, *Teoriia Prava i gosudarstva v svjazi s teoriej nravstvennosti*, (Theory of State and Law in Connection with the Theory of Morality), I-II, St. Peterburg: Markusheva 1907.
18. Sumner, William Graham, *Folkways*, New Haven: Yale University Press 1906.
19. Ehrlich, Eugen, *Grundlegung der Soziologie des Rechts*, Munich and Leipzig: Duncker und Humblot 1913.
20. Malinowski, Bronislaw, *Crime and Custom in Savage Society*, (1926), London, Routledge 1961, p. 58.
21. In the comparative theory of Leopold Pospísil (*Anthropology of Law – A Comparative Theory*, New York, etc.: Harper and Row 1971, ch.3.), for example, authority, the intention of universal application, obligation (the right-obligation cluster), and sanction are the components of the legal character.
22. In a sociological interpretation and context, cf. Luhmann, Niklas, "Positivität des Rechts als Voraussetzung einer modernen Gesellschaft", in: *Die Funktion des Rechts in der modernen Gesellschaft*, ed. Rüdiger Lautmann, Werner Maihofer, Helmut Schelsky, Jahrbuch für Rechtssoziologie und Rechtstheorie 1, Bielefeld: Bertelsmann 1970, para. III.
23. This duality is formulated as a question of norm-objectification by Varga, Csaba, *Codification as a Socio-Historical Phenomenon*, Budapest: Akadémiai Kiadó, forthcoming.
24. Bohannan, Paul: "Law and Legal Institutions", in: *International Encyclopedia of the Social Sciences* 9, p.75.
25. Hart, H.L.A.,*The Concept of Law*, Oxford: Clarendon Press 1961. ch. V, para. 3, and in a sociological re-interpretation, Selznick, p. 52.
26. Naturally, by itself, this is also an *ad regressum* reasoning. Because, in this case, it should be pointed out: since when and following the establishment of what conditions can one speak of state. Only after an answer to this, one could turn to the question proper: what reasons account for the failure to qualify as legal the system of regulation which does not have a state – in the sense of the definition above – behind it, but which fully fulfils the basic function of resolving conflicts, as well as making regulation in its own environment.
27. Hoebel's late defintion, e.g., spoke about "the legitimate use of physical coercion by a socially authorized agent". It stated: "A social norm is legal if its neglect or infraction is regularly met, in threat or in fact, by the application of physical force by an individual or group possessing the socially recognized privilege of so acting." Hoebel, E. Adamson, *The Law of Primitive Man – A Study in Comparative Legal Dynamics*, Cambridge (Mass.): Harvard University Press 1954, pp. 26 and 28.
28. Pospísil, ch. 3 and 5, as well as, in a critical re-assessment, Varga, Csaba, "Antropológiai jogelmélet? Leopold Pospísil és a jogfejlődés összehasonlító tanulmányozása" (Anthropological Jurisprudence? Leopold Pospisil and the Comparative Study of Legal Development), *Állam- és Jogtudomány*, XXVIII (1986) 1.
29. Of course, the dilemma emerges in the course of the reconstruction of

the Marxian methodological concept as well. Recently, e.g., in connection with the concept of *social class*, Daniel Deák, *Redisztribució és szocializmus* (Redistribution and Socialism), Budapest: Institute of the Social Sciences of the Central Committee of the Hungarian Socialist Workers' Party 1982, attempted to clarify how the concept emerging from Marx's analyses is related to the definition given by Lenin. The author comes to the conclusion that the Marxian concept of social class is only operational within the classical capitalism as a community of commodity producers based on market regulation; its application to other systems involves artificial extrapolation.

30. As to the differentiation between "system of law" and "legal system", cf. Kulcsár, Kálmán, "Historical Development of the Law-Applying Functions", in *Droit hongrois – droit comparé* (Hungarian Law – Comparative Law), ed. Zoltán Péteri, Budapest: Akadémiai Kiadó 1970, p. 53.
31. Cf. especially Gurvitch, Georges, *Expérience juridique et philosophie pluraliste du droit*, Paris: Pédone 1935.
32. Evan, William M., "Public and Private Legal Systems", in *Law and Sociology*, ed. William M. Evan, New York: The Free Press of Glencoe 1962.
33. Cf., on the side of the sociology of law, Lévy-Bruhl, Henri, "Tensions et conflicts au sein d'un même système juridique", *Cahiers Internationaux de Sociologie*, XXX (1961), and on the side of the theory and logic of law, Perelman, Chaïm (ed), *Les antinomie en droit*, Bruxelles: Bruylant 1965.
34. Eörsi, Gyula, *Comparative Civil (Private) Law*, Budapest: Akadémiai Kiadó 1979, section 268, p. 463.
35. Cf., e.g., Pólay, Elemér, *Differentzierung der Gesellschaftsnormen im antiken Rom*, Budapest: Akadémiai Kiadó 1964; Gilissen, J. (ed.) *Le pluralisme juridique*, Bruxelles: Université Libre 1971; and Hooker, M.B., *Legal Pluralism - An Introduction to Colonial and Neo-Colonial Laws*, Oxford: Clarendon Press 1975.
36. As to the possible conflicts of diverging kinds of rationalization characteristic of different social spheres, cf. Kulcsár, Kálmán, "Social Planning and Legal Regulation", *Acta Juridica Academiae Scientiarum Hungaricae*, XIX (1977) 3-4, para. 1-2.
37. Ehrlich, note 19, transl. W.L. Moll, *Fundamental Principles of the Sociology of Law*, Cambridge (Mass.): Harvard University Press 1936, p. XIV.
38. Llewel'lyn, p. 38.
39. Horváth, Barna, *Rechtssoziologie*, Berlin-Grunewald: Verlag für Staatswissenschaften und Geschichte 1934.
40. Kantorowicz, Hermann, *The Definition of Law*, ed. A.H. Campbell, Cambridge: Cambridge University Press 1958, p. 78 ff.
41. Carbonnier, Jean, *Sociologie juridique*, Paris: Presses Universitaires de France 1978, ch. 2, part I, para. 2.
42. Regarding its problematic nature, cf. Villey, Michel, "Histoire de la logique juridique", *Annales de la Faculté de Droit et des Sciences économiques de Toulouse*, XV (1967) 1, and Perelman, Chaïm, "Désaccord et racionalité des décisions", in his *Droit, morale et philosophie*, Paris: Librairie Générale de Droit et de Jurisprudence 1968.

43. Holmes, O.W., *The Common Law*, Boston: Little, Brown 1881, p. 1.
44. "The fallacy to which I refer is the notion that the only force at work in the development of the law is logic." Holmes, O.W., "The Path of the Law", in *The Sociology of Law*, ed. Simon, p. 25.
45. Cf., e.g., Kulcsár, Kálmán, "Situation in the Law-Application Process", *Acta Juridica Academiae Scientiarum Hungaricae*, XII (1970) 1-2.
46. A corresponding development in the systems of legal logic is the gaining ground of the so-called *anti-formalist trends*. As to the basis of the formalist and anti-formalist trends, as well as the socio-historical limitations of their way of raising the question, cf. Varga, Csaba, "Law and its Approach as a System", *Acta Juridica Academiae Scientiarum Hungaricae*, XXI (1979) 3-4, or reprinted in *Informatica e Diritto*, VII (1981) 2-3, para. 3. As to the logical reconstruction of legal reasoning taking into consideration the human-social factor as well, cf. Varga, Csaba, "On the Socially Determined Nature of Legal Reasoning", *Logique et Analyse* (1973), No. 61-62, or reprinted in *Etudes de logique juridique* V, ed. Chaïm Perelman, Bruxelles: Bruylant 1973, para. 3.
47. Luhmann, para. VI. In fact, Luhmann does not address the subject; he gives a sociological description of the *operational model corresponding to the European ideal of legality*. According to his formulation, *only the programmes have rationality of their own*; the rationality of the decisions programmed lies exclusively in their *conformity* to the former. At the same time, the whole of his description is based on the category of *normative expectations*. Its essence is that the possibly contradictory facts of practice do not change at all the content of the expectation (Luhmann, para. I). In this case, reduction to the already known in the process of interpretation has the same role as refining to a sham-conflict in the ontological explanation. Namely, that in the spirit of the ideology and formal requirement of legal security, the normative character (or, at least, the normative appearance) of the expectation should be maintained under any and every condition; also in the case, if *concealed* in the interpretation, possibly a *transformation into cognitive*, i.e. a change in the programme takes palce in the course of adjudication.
48. Cf. Varga, Csaba, "Towards a Sociological Concept of Law - An Analysis of Lukács's Ontology", p. 173.
49. The sources of these theses are rather divergent. For my own survey, a prime source was Lukács, *A társadalmi lét ontológiájáról* (Zur Ontologie des gesellschaftlichen Seins), especially vol. II, ch. II, and Mayhew, Leon, "The Legal System", in *International Encyklopedia of the Social Sciences* 9, p. 62.
50. As a background literature, see Stjernquist, Per, "Political Use of Legal Forms", in *Scripta Minora*, Skrifter utgivna av Kungl. Humanistiska Vetenskapssamfundet i Lund, 1968-1969/1.
51. As a backgrund literature, cf. Sauser-Hall, Georges, "La réception des droits européen en Turqui", *Recueil de Travaux publié par la Faculté de l'Université de Genève*, 1938, and Vanderlinden, Jacques, *Introduction au droit de l'Éthiopie moderne*, Paris: Librairie Générale de Droit et de Jurisprudence 1971.
52. Cf., as the most striking example, Awaji, Takehisa, "Les japonais et le droit", *Revue internationaSle de Droit comparé*, XXVIII (1976) 2, or, from the viewpoint of sociology, Chica, Masaji, "The Unofficial Jural

Postulates Underlying Attitudes Towards Law", *Zeitschrift für Rechtssoziologie*, III (1982) 1.
53. Cf., first of all, Weber, Max, *Rechtssoziologie*, ed. Johannes Winckelmann, Neuwied: Luchterhand 1960.
54. Cf., e.g., Macaulay, Stewart, "Non-Contractual Relations in Business: A Preliminary Study", *American Sociological Review*, XXVII (1963) 1.
55. According to the famous definition by Roscoe Pound (*Jurisprudence* I, St. Paul: West 1959, ch. 6), e.g., the law is a complex compounded of social control, rules of the positivist law and the process of decision.
56. K. Opalek ("The Complexity of Law and the Methodology of its Study", *"Scientia": Revue internationale de Synthèse scientifique*, LXIII [1969] May-June), e.g., mentions the level of phenomenon and meaning, whereas Jerzy Wróblewski ("The Theory of Law - Multilevel, Empirical or Sociological?" *Poznan Studies in the Philosophy of the Sciences and the Humanities*, V (1979) 1-4, para. 20) speaks of logical-linguistic, sociological, psychical and axiological levels.
57. Criticism of the legal sociological trends often claims that the overdominance of factuality leads to value indifference: normativity gets dissolved in everyday practice. The same has recently been said about the American movement of realism by Robert S. Summers (*Instrumentalism and American Legal Theory*, Ithaca: Cornell University Press 1982).
58. I have attempted to make such distinction in several of my earlier works as well, cf. Varga, Csaba, "Towards the Ontological Foundation of Law: Some Theses on the Basis of Lukács's Ontology", *Rivista internazionale di filosofia del Diritto*, LX (1983) I, para. 6 and 7; Varga, Csaba, "A jog mint felépitmény" (Law as Superstructure), *Magyar Filozófiai Szemle*, XXX (1986) 1-2, part IV.
59. As a charcteristic example to this effect, cf. Kelsen, Hans, "The Law as a Specific Social Technique", in his *What is Justice? Collected Essays*, Berkeley and Los Angeles: University of California Press 1960.
60. E.g., Kulcsár, Kálmán, "A jogalkalmazás funkcionális elemzésének problémái" (The Problems of a Functional Analysis of the Application of Law), *Àllam- és Jogtudomány*, XII (1969) 4, p. 610.
61. Pound, Roscoe, *An Introduction to the Philosophy of Law* (1922), New Haven and London: Yale University Press 1954, p. 47.
62. Pound, Roscoe, *Social Control Through Law*, New Haven: Yale University Press 1942.
63. Black, Donald, "The Boundaries of Legal Sociology", in *The Social Organization of Law*, ed. Donald Black and Maureen Mileski, New York and London: Seminar Press 1973, p. 50 ff.
64. Parsons, Talcott, "The Law and Social Control", in *Law and Sociology*, p. 58.
65. Bredemeier, Harry C., "Law as an Integrative Mechanism", in *Law and Sociology*.
66. Sajó, András, *Társadalmi szabályozottság és jogi szabályozás* (Social Regulatedness and Legal Regulation), Budapest: Akadémiai Kiadó 1978, p. 36 ff.
67. E.g., Shapiro, Martin, "Political Jurisprudence", *Kentucky Law Journal*, LII (1964), and Kulcsár, Kálmán, "A politikai és a jogi rendszer" (The Political and the Legal System), in his *Társadalom*,

politike, jog (Society, Politics, Law), Budapest: Gondolat 1974.

68. E.g., Nader, Laura, "The Anthropological Study of Law", *American Anthropologist*, LVII (1965) 1.
69. In the mirror of example, cf. Diamond, Stanley, "The Rule of Law Versus the Order of Custom", in *The Rule of Law*, ed. Robert Paul Wolff, New York: Simon and Schuster 1971, para II.
70. In the first place, cf. Hayek, F.A., *The Road to Serfdom* (1944), London and Henley: Routledge and Kegan Paul 1979, and, as embedded in a broader social theoretical frame, Hayek, F.A., *Law, Legislation and Liberty*, London: Routledge and Kegan Paul 1982.
71. Bobbio, Norbert, "Le bon législateur", in *Le raisonnement juridique*, ed. Hubert Hubien, Bruxelles: Bruylant 1971.
72. Luhmann, pp. 187-188.
73. E.g., Sajó, András, "Preliminaries to a Theory of Law-Observance", *Acta Juridica Academiae Scientiarum Hungaricae*, XIX (1977) 3-4.
74. Lukács: *A társadalmi lét ontológiájáról* (Zur Ontologie des gesellschaftlichen Seins) III, p. 195 ff.
75. Gusfield, J.R., *Symbolic Crusade – Status Politics and the American Temperance Movement*, Urbana, 1966, as quoted by Hunt.
76. Cf., e.g., Peschka, Vilmos, "A jog mint ideológia" (Law as Ideology), *Àllam- és Jogtudomány*, XXIV (1981) 4.
77. E.g., Selznick, p. 57.
78. It has to be noted that Peter Noll ("Symbolische Gesetzgebung", *Zeitschrift für Schweizerisches Recht*, C [1. Halbband] [1981] 4), has also discussed the question, studying some of the occurances which I have described as sham-regulation.
79. E.g., in the mirror of the preambles of non-socialist constitutions, Varga, Csaba, "A prambulumok problémája és a jogalkotási gyakorlat" (The Problem of Preambles and the Practice of Law-Making), *Àllam- és Jogtudomány*, XIII (1970) 2, part II, ch. A.
80. Cf., e.g., Kulcsár, Kálmán, "Politics and Law-Making in Central-East-Europe", in *Legal Theory - Comparative Law: Studies in Honour of Professor Imre Szabó*, ed. Zoltán Péteri, Budapest: Akadémiai Kiadó 1984, part II, para. 1 and 4.
81. Zaccaria, Giuseppe, "Razionalità, formalismo, diritto: riflissioni su Max Weber", *Sociologia del Diritto*, VIII (1981) 1.
82. Regarding basic experiences in comparative analysis, cf. Allott (and as to its theoretical reconsiderations, Varga Csaba, "A jog és korlátai: Allott a hatékony jogi cselekvés hatásairól" [Law and its Barriers: Allott on the Limits of Efficacious Legal Action], *Àllam- és Jogtudomány*, XXVIII [1985] 2), whereas mainly in the mirror of Hungarian case studies, Kulcsár, Kálmán, *Gazdaság, társadalom, jog* (Economy, Society, Law), Budapest: Közgazdasági és Jogi Kiadó 1982.
83. As it is postulated, e.g., by the theory of double institutionalization (cf. note 24).
84. Diamond, especially pp. 117-126.
85. Munoz, Louis J., "The Rationality of Tradition", *Archiv für Rechts- und Sozialphilosophie*, LXVII (1981) 2.
86. Watson, Alan, *Legal Transplants – An Approach to Comparative Law*, Edinburgh: Scottish Academic Press 1974, and Watson, Alan, *Society and Legal Change*, Edinburgh: Scottish Academic Press 1977.
87. E.g., Varga, Csaba, "Moderne Staatlichkeit und modernes formales

Recht", *Acta Juridica Academiae Scientiarum Hungaricae*, XXVI (1984) 1-2, and Varga, Csaba, "Logic of Law and Judicial Activity – A Gap between Ideals, Reality and Future Perspectives", in *Legal Development and Comparative Law*, ed. Zoltán Péteri and Vanda Lamm, Budapest: Akadémiai Kiadó 1982.

88. The typification of the systems of law is based on the traditions of their cultural values by Léontin-Jean Constantinesco ("Die Kulturkreise als Grundlage der Rechtskreise", *Zeitschrift für Rechtsvergleichung*, XXII [1981] 3), and it was characterized by the degree of complexity demonstrable in the social relations and functions by Richard D. Schwartz and James S. Miller ("Legal Evolution and Social Complexity", *The American Journal of Sociology*, LXX [1964]).
89. "... one of the functions of formal legal procedure is to compel the parties to legal disputes to mold their concrete conflicts into issues subject to normative settlement. In so doing, the parties are forced to isolate normative issues and eliminate extraneous power factors. Power factors come to be defined as being outside of the scope of inquiry...". Mayhew, p. 63.
90. Eckhoff, Torstein, "The Mediator, the Judge and the Administrator in Conflict-Resolution", *Acta Sociologica*, X (1966) 1-2.
91. Macaulay; Kurczewski, J. and Frieske, K., "Some Problems of the Legal Regulation of the Activities of Economic Institutions", *Law and Society Review*, XI (1977); Falk-Moore, S., *Law as Process*, London: Routledge and Kegan Paul 1978.
92. The group may mean a specific activity, denomination, ethnic unit, etc. Regarding its appearance on a mass scale influencing almost the whole of society, in a case showing extremist example concerning the success of modernization and the integration of traditions into the forms of modernization, cf. Kawashima, Takeyoshi, "Dispute Resolution in Contemporary Japan", in *Law in Japan*, ed. Arthur T. von Mehren, Harvard: Cambridge University Press 1963.
93. Kamenka, Eugene and Tay, Alice Erh-Soon, "Beyond Bourgeois Individualism – The Contemporary Crisis in Law and Legal Ideology", in *Feudalism, Capitalism and Beyond*, ed. E. Kamenka and R. Neale, London: Edward Arnold 1975; Kamenka, Eugene and Tay, Alice Erh-Soon, "Social Traditions, Legal Traditions", in *Law and Social Control*, ed. E. Kamenka and A.E.-S. Tay, London: Edward Arnold 1980.
94. Unger, ch. 2 and 3.
95. Nonet, Philippe and Seznick, Philip, *Law and Society in Transition – Towards Responsive Law*, New York: Harper and Row 1978, ch. II-IV.
96. Galanter, Marc, "Legality and its Discontents – A Preliminary Assessment of Current Theories of Legalization and Delegalization", in *Alternative Rechtsformen und Alternativen zum Recht*, ed. Erhard Blankenburg, Ekkehard Klausa and Hubert Rottleuthner, Jahrbuch für Rechtssoziologie und Rechtstheorie VI, Opladen: Westdeutscher Verlag 1980.
97. E.g., Dekkers, René, "Justice bantou", *Revue Roumaine des Sciences sociales: Série de Sciences juridiques*, XII (1968) 1; David, René, "Deux conceptions de l'ordre social", in *Ius Privatum Gentium: Festschrift für Max Rheinstein* I, Tübingen: Mohr 1969.
98. The transfer of certain state tasks (e.g. social security) to the competency of trade unions, the so-called social courts, and other

delegalization and decriminalization experiences (often resulting only in the doubling of both rules and institutions) have a significant socialist literature; however, no comprehensive sociological assessment has yet been made. Regarding Western attempts, with a critical edge, cf. Abel, Richard L., "Delegalization – A Critical Review of Its Ideology, Manifestations and Social Consequences", in *Alternative Rechtsformen und Alternativen zum Recht.*

99. Luhmann, Niklas, *Rechtssystem und Rechtsdogmatik*, Stuttgart: Kohlhammer 1974.
100. E.g., Wasserstrom, Richard A., *The Judicial Decision – Toward a Theory of Legal Justification*, Stanford: Stanford University Press 1961, ch. 7; and Bolding, Per Olof, "Reliance on Authorities or Open Debate? Two Models of Legal Argumentation", in *Scandinavian Studies in Law* 13, Stockholm: Almqvist & Wiksell 1969.
101. E.g., the majority of the Marxist reports at the conference of the Research Committee of the Sociology of Law of the International Sociological Association at Balatonszéplak, Hungary 1976: *Sociology of Law and Legal Sciences*, ed. Kálmán Kulcsár, Budapest: Institute of Sociology of the Hungarian Academy of Sciences 1977, part 1.
102. E.g., *Symposium international sur la méthodologie des sciences juridiques*, ed. Radomir D. Lukic, Belgrade: Académie Serbe des Sciences et des Arts (Classes des Sciences sociales) 1973, especially p. 356.
103. Lukács, Georg, "Postscriptum 1957 zu: Mein Weg zur Marx", in his *Schriften zur Ideologie und Politik*, Neuwied und Berlin: Luchterhand 1967.
104. E.g., Szabó, Imre, *Jogelmélet* (Legal Theory), Budapest: Közgazdasági és Jogi Kiadó 1977, para. 1.
105. Cf., e.g., Nonet, Philippe, "For Jurisprudential Sociology", in *The Sociology of Law – A Social-Structural Perspective*, ed. William M Evan, New York: The Free Press 1980, p. 58.
106. Horváth, Barna, *A jogemélet vázlata* (An Outline of Legal Theory), Szeged 1937, p. VIII.
107. Horváth, Barna, *Jogemélet és társadalomelmélet* (Legal Theory and Social Theory), Szeged 1935, p. 7.
108. E.g., Selznick, Philip, "Sociology and Natural Law", in *The Social Organization of Law*, p. 26.
109. An appropriate characterization is given by Kálmán Kulcsár (*A jogszociológia alapjai* [The Foundations of Legal Sociology], Budapest: Közgazdasági és Jogi Kiadó 1976, p. 336, note 1), when he writes as follows: "the essence of the sociological approach in the Marxist science of law is that *instead of a manifestation pro or contra, in addition to or beyond the positivist law, it 'sociologically' views the positive law itself as a form*, i.e. in its social content, substance, context and function."
110. König, René, "Das Recht im Zusammenhang der sozialen Normensysteme", in *Studien und Materialen zur Rechtssoziologie*, ed. Ernst E. Hirsch and Manfred Rehbinder, Kölner Zeitschrift für Soziologie und Sozialpsychologie, Sonderheft Nr. 11, Opladen: Westdeutscher Verlag 1967, section III.
111. Ibid.
112. As to the Marxian concept of ideology, see Marx, Karl, "Preface to 'A Contribution to the Critique of Political Economy'" (1859), in

Marx, Karl and Engels, Frederick, *Selected Works*, p. 182, and as to its ontological interpretation, Lukács, *A társadalmi lét ontológiájáról* (Zur Ontologie des gesellschaftlichen Seins) III, p. 10 ff. These concepts are reviewed and re-interpreted in a jurisprudential and political context by Varga, Csaba, "La séparation des pouvoirs – idéologie et utopie dans la pensée politique", *Acta Juridica Academiae Scientiarum Hungaricae*, XXVII (1985) 1-2, pp. 246 f.

113. Carbonnier, *Flexible droit*, p. 5.
114. Podgórecki, Adam, "Towards a General Theory in the Sociology of Law", in his *Law and Society*, London: Routledge and Kegan Paul 1974.
115. Black, Donald, "The Boundaries of Legal Sociology", in *The Social Organization of Law*, especially para. I, III and IV.
116. Cf., Varga, Csaba, "Somló Bódog jegyzetei Arisztotelész állambölcseletéről (Felix Somlós Posthumous Commentaries on Aristotle's Political Philosophy), *Magyar Filozófiai Szemle*, XXV (1981) 6, pp. 816-817.

[4]

Reflections on law and on its inner morality (*)

by CSABA VARGA (**)

1. *Law and morals as two systems of norms, and the inner morality of law.*

The relationship between law and morals has two aspects.

One concerns the relationship between *law and morals as two systems of norms.* The questions involved are: to what extent does the legal cover the moral? to what extent do morals lag behind law? They are ancient, almost eternal dilemmas formulated by every comprehensive system of philosophy since a separation between law and morals has been taken. These are mainly questions of the contents of law and morals. The other aspect concerns law alone. It regards law only as a meanes and as a social technique. It is aimed at clarifying whether law does or does not run counter to itself as a value bearer when it prohibits, permits or ordre the manifestation of a given course of conduct in a given way. For in this case law and morals are not confronted to one another as separate systems of norms. There is a hidden presumption involved in this aspect, namely the *postulation of the moral integrity and rationality of the legislator as a creator of means* and, alongside it, the postulation of the aspectation that law does not have an ulterior motive, nor does it lay a trap: it only expresses in a technically suitable form the intention that was to be realized originally or, in other words, the adressee may consider law with acquiescence in its authority while preserving his own moral integrity.

(*) Revised version of the text delivered as lecture at the Istituto di Filosofia del Diritto dell'Università di Roma on December 18, 1984.

(**) Senior Research Fellow, Institute for Legal and Administrative Sciences of the Hungarian Academy of Sciences.

Contrary to the question of the relationship between the contents of law and morals, the question of the inner morality of law is a recent one. It is connected with the gaining ground of the means of law as a technique of social influence and, thereby of its growing autonomy. No wonder that the first explicit formulation of it was born in the homeland of « social engineering », the United States, a quarter of a century ago, in the course of Fuller's contradictory theoretical experiment that started to generate debates still going on (1). However such conceptual inconsideration it involved, it was a direct hit ot describe that relationship as « the inner morality of law ».

2. *Law as a value bearer and as a mere external indicator.*

Let us assume that the thousand of years of the development of law show, in a simplified form, the following picture: in order to curb attitudes damaging the life of community, a system of punishment is being institutionalized which threatens them with specific advantages and, indeed, inflicts them. On the pattern of punishment (i.e. of inflicting disadvantages touching on the person in his physical, moral or economic entity, who dispalys those undesirable attitudes), a comprehensive system of influencing is being established in which the displaying of certain attitudes is linked to negative legal consequences (disadvantages), while other attitudes are stimulated by envisaging positive legal consequencese (advantages); and the law keeps silence when attitudes are indifferent from this point of view. Hence, due partly to these roots of law in the concept of punishment and also to the fact that law can only survive in the long turn if it is supported by other formations of consciousness prevailing in society (e.g. value judgements, and other types of norms playing an important role in the organization of community life, i.e. ideological formations which link positive value judgement to attitudes stimulated by positive legal consequences and negative value judgement to attitudes discouraged by negative legal consequences) the idea develops and gets reproduced according to which the violation of any legal norm necessarily involves also the damage of value,

(1) Lon L. FULLER, *The Morality of Law,* New Haven and London, Yale University Press, 1964.

i.e. it involves more than the simple risk to face the imposition of sanctions.

At the same time the state which provides for law (and, therefore, with increasing exclusiveness, performs the establishment and realization of the law as a task of its own) is compelled to cause damage to those subjected to it not only in cases when they violate the norms it has established. Because when the state organizes society into a comprehensive entity indeed, it becomes necessary to continuously ensure adequate financial cover for work to be organized by the state (e.g. public works and defence tasks). Consequently the state levies takes, i.e. it sets a claim to certain activities or siphons off part of the financial results of those subjected to it. Although officially (and to a considerable extent in reality as well) taxes cover real communal needs, the person — who, as a subject to taxation, is obliged to pay (possibly greater than average) contributions — may feel his duty of contribution as a disadvantage. Nevertheless, however little empathy one has regarding the obligation to cover jointly joint needs, the subject will interpret the disadvantage involved not as a punishment (i.e. as a consequence of some sort of negative judgement), but as an accessory burden attached to his activities by a State decision.

Simultaneously we may also assume that due to a disturbance of development the state has to undertake too much or, due to some political consideration, it is going to undertake too much in order to solve its tasks with the help of law. As any other excess, this also inevitably leads to a disturbance in functioning (i.e. to an over use of means and, as a result, to a depreciation of their effectiveness) and eventually to actions which, under the pressure of accomplishment at any price, become increasingly rhapsodical and reproduce even disfunctions on an increasing scale, thereby making each other impossible. For instance, tax resources of state revenues are determined on the basis of not only economic considerations of siphoning off, but also of considerations completely alien to those (e.g. dictated by settlement organization, import policy, or simply ideology). Examples to this effect may include differentiation in the rate of taves on servicing activities by private artisans in rural and urban areas; the fixing of taxes on cars, based in cylinder capacity, in a way that cars made in countries in one power block (with relatively small cylinder capacity but big petrol consumption) are given preference compared to cars made in countries of another power block (with relatively big cylinder capacity but small petrol consumption); the determination of the extent of taxes on authorized enterprising on the basis of not production value or profitability but of purely ideological considerations such as the number of employees. Considerations alien to revenue interests may become so much dominant that they will be the exclusive factor intentionally eliminating the original purpose behind taxation, i.e. the ensuring of state revenues. An example to this effect is when authorities, referring to the mechanization of agriculture, make it an economic political objective to eliminate the horse-stock, and through adequately high taxes (but practically without any revenue) they have the objective realized. In this way, taxation gradually takes over the role of limitation, prohibition and even punishment of any sort.

At the same time the over-worked state we have just assumed fails to come up with real organizational results and to ensure the conditions of normal functioning and it seeks to counterbalance the failure by introducing further limitations and advocating further restrictions. However, the adressees notice the alibi-nature of the negative value judgements formulated by state authority, as well as the organizational irresponsability and moral void behind it, and calculate with the risk involved in their (more or less regular) violation as a factual component of their given scope of activity. This happens for instance if environmental protection long remains the voice of a few scribes crying in the wilderness and when the crisis comes and it cannot be solved with a stroke of the pen, prohibition takes over the main role temporarily. This happens if the development of public transport and the modern methods of transportation and infrastructure in general lag behind the requirements (if, therefore, the delivery of goods to the shops is only possibile during daytime and without the use of containers, and loading is only possible through parking on the pavement), then the traffic authorities (not involved in the problem of inadequate development) regularly impose fines. And although there are formal regulations stipulating that the fines imposed on polluting the environment cannot be built into the price of the products and the fines imposed on disregarding the traffic laws have to be paid by the driver concerned, they fail to change the practice. For at least temporarily, in the given situation production units can only work with technologies polluting the environnement, and they can only pay the subsequent fine from their financial resources: the sales returns and/or state subsidies. Equally, state transport companies can only retain their staff if in addition to adequate wages they recompensate their drivers, fined for parking on the pavement, in some form (e.g. by garanting them premium or bonus). The provoking conclusion of all this is that in this way the violation of norms becomes a sort of indispensable component of normal course of business. Accordingly, punishment also looses its negative value content: as an extra cost almost regularly attached to a given activity, it becomes an almost integral part of economic calculations.

This sketchy outline of development is by and large characteristic of the western model of law ([2]). And in our century there is hardly any state which is an exception regarding its extreme use ([3]).

However, if all these are possibilities which, under given conditions, may (or necessarily are to) become reality, then it is topical to reconsider the observation of Hart and to assess the justification and consequences of that observation. Let me quote it in full: « A punishment for a crime, such as a fine, is not the same as a tax on a course of conduct, though both involve directions to officials to inflict the same money loss. What differentiates these ideas is that

---

([2]) Regarding the main features, this characterization corresponds to the picture outlined by Hans KELSEN, *The law as a specific social technique*, 1941, in *What is Justice? Justice, Law, and Politics in the Mirror of Science: Collected Essays by Hans Kelsen,* Berkeley and Los Angeles, University of California Press, 1960. As to the idea of the necessary interrelationship of the systems of regulation with each other and with other formations of consciousness, I have drawn it from György LUKÁCS, *A társadalmi lét ontológiájáról* (Zur Ontologie des Gesellschaftliches Seins), I-III, Budapest, Magevtö 1976, cf. Csaba VARGA, *The Place of Law in Lukács' World Concept,* Budapest, Akadémiai Kiadó, 1985.

([3]) If not the same examples, but belated development on a forced path, the extremes of undertaking by the state based on political considerations, as well as the related disturbances of law and its increasing loss of prestige are the subject of several recent studies by Kálmán KULCSÁR, *A mai magyar társadalom* (Contemporary Hungarian Society), Budapest, Kossuth, 1980; *Társadalmi változások és modernizáció Magyarországon* (Social changes and modernization in Hungary), in *Társadalomkutatás,* I, 1983, 1; *A politika és a jogalkotás Közép-Kelet-Európában (Politics and law-making in Central-East-Europe,* in *Magyar Tudomány,* XXVIII, 1983, 2; *A közigazgatás fejlesztésének társadalmi politikai összefüggései* (The social and political interrelationships of the development of public administration), in *Állam és Igazgatás,* XXXIII, 1983, 11.

the first involves, as the second does not, an offence or breach of duty in the form of a violation of a rule set up to guide the conduct of ordinary citizens. It is true that this generally clear distinction may in certain circumstances be blurred. Taxes may be imposed not for revenue purposes but to discourage the activities taxed, though the law gives no express indications that these are to be abandoned as it does when it ' makes them criminal '. Conversely the fines payable for some criminal offence may, because of the depreciation of money, become so small that they are cheerfully paid. They are then perhaps felt to be ' mere taxes ', and ' offences ' are frequent, precisely because in these circumstances the sense is lost that the rule is, like the bulk of the criminal law, meant to be taken seriously as a standard of behaviour » (4).

And this is only now that I am arrived at the point, notably the necessity of choice indicated in the title. Because the development of things along these lines is either as it should be or not. And the dividing line lies in our basic attitude to law: whether we take it a mere external indicator or as a value bearer. If law is taken as no more than a *by itself indifferent component of the external conditions of our activity*, then the convergence of the consequences of both the observation and violation of rules is all right as is everything in this world conceived as incidental. It is a mere indicator of what I have to count with if I engage in certain activity. It is as value-neutral to me (although it has to be taken into consideration) as is the railway guide in the famous example of Lukács (5). Otherwise, if law is taken as a *value bearer and therefore it requires identification with or respect for at least an other value,* than the « punishment » for the observation of rules and the establishment of the « violation » of rules in unavoidable situations twist the means from their natural medium, cause value disturbances and deprive legislator from even the remnants of his moral prestige of any sort.

(4) H.L.A. Hart, *The Concept of Law,* Oxford, Clarendon Press, 1961, p. 39.

(5) « ... the law and its calculable consequences are of no greater (if also of no smaller) importance than any other external fact of life with which it is necessary to reckon when deciding upon any definite course of action. The risk of breaking the law should not be regarded any differently than the risk of missing a train connection when on an important journey ». Georg Lukács, *History and Class Consciousness: Studies in Marxist Dialectics*, 1924, Cambridge, Mass., The MIT Press, 1971, p. 263.

3. *The inner and external moral credit of legislator.*

The kind of the attitude of the addressee to law can be characterized by whether the legislator has a moral credit in his eye, and if he does, what sort he has.

If the adressee not only finds a moral motive in the legislator's activity and in its result, but is also able to identify himself with it, then we can speak of the *external moral credit of the legislator.* It is *external* because the addressee does not only recognize it but it exercises a considerable effect on his activity. This presupposes a correspondence of law and morals as two systems of norms, as well as an identical moral attitude (at least in the given field) of the legislator and the addressee.

If no such identity exists, notwithstanding the addressee finds a moral motive in the legislator's activity and in its result, then we can speak of the *inner moral credit of the legislator.* It is *inner* because due to the differences in values the moral motive does not have a direct effect on the addressee. Nevertheless, the moral stand of the legislator enables him to count with the legislator's morality as one which is not his own, but which notwithstanding exists. Or, in other words, over and above the textual form of the law's requirements, the addressee can trust a morally motivated underlying attitude and consistency.

Finally, there is a third possibility, too. This is when the addressee can attribute neither external nor inner moral credit to the legislator, when the legislator's activity is incalculable to the extent that the addressee is unable to postulate either the embeddedness of the legislator's activity in a consistent system of values or his selection of means corresponding to such values. In this case, the addressee has the only alternative of developing an attitude that takes into consideration law only as an indicidental and merely external indicator which has the exclusive relevance him in its factuality, i.e. which he has to observe only as an objective component of the outer conditions of his activity.

External moral credit is obviously an ideal which is worth trying to attain and which the legislator has to aspire for. In case his own enactments correspond to the moral values of the majority of the population, this correspondence can immensely increase the effectiveness of his enactments and extend the social base of law and order. However, even a partial correspondence of the legal and the moral can only be the temporary result of serious efforts. *It cannot be postulated normatively* as something existing from the very beginning; its existence cannot be declared by referring either to the social components of legislation or to its functioning in safeguarding interests. According to historical evidence, the legislator (or his theoretician) can sometime set such a claim ([6]), however, such an attempt can at most have a ideological value. As Hart puts it: « Standards of conduct cannot be endowed with, or deprived of, moral status by human *fiat*, though the daily use of such concepts as enactment and repeal shows that the same is not true of law » ([7]). It does not mean that external moral credit is unattainable from the outset (although, as an ideal, it can only be approached at the most), but it does mean that the concrete degree and quality of its attainment *can at most only be described a posteriori*. Naturally, historic conditions may favour or obstruct such efforts. It is self-evident that from this point of view the complexity of society and the homogeneity of the interests in work in it are the most important factors. Thus, exceptional historical examples are provided by the organization of considerable homogeneous small groups into state (e.g. into commercial city states). An example to this effect, concerning taxes: « At Hamburgh, every inhabitant is obliged to pay to the state one-fourth per cent of all that he possesses, ... Every man assesses himself, and, in the presence of the magistrate, puts annually into the public coffer a certain sum of money, which he declares upon oath to be one-fourth per cent of all that he possesses, but without declaring what it amounts to, or being liable to any examination upon that subject. This tax is generally supposed to be paid with great fidelity. In a small republic, where the people have entire confidence in their magistrates, are convinced of the necessity of the tax for the support of the state, and believe that it will be faithfully applied to that purpose, such conscientious and voluntary payment may sometimes be expected » ([8]).

([6]) As only one example, see *Obshtshaya theoriya sovietskovo prava* (General Theory of Soviet Law), ed. S.N. Bratus and I.S. Samoschenko, Moscow, Izdatielstvo « Yuriditsheskaya Literatura », 1966, pp. 108 f.

([7]) HART, *op. cit.*, p. 171.

([8]) Adam SMITH, *An Inquiry into the Nature and Causes of the Wealth of Nations*, Edinburgh, Adam and Charles Black, 1899, p. 383 (book V, chap. II, art. II).

It logically follows from what has been said above that if external moral credit is only an ideal, then the legislator should at least strive for attaining and ensuring his *inner* moral credit. However, regarding the theoretical foundations, all this has not been fully laid as yet, therefore I can a tmost make a few signal remarks. For instance: the merger of differing legal functions also occured in ancient and traditional comunities. However, their relaticve directness and openess following from the underlying primitive conditions ruled out tshat the merger would degenerate into a pathology of law (9). In later legal cultures with some institutional form of democracy it may have only come up as a practical question of which state body has the competence to institutionalize this or that legal function (10).

Under such conditions, the attention is exceptional indeed that Fuller devoted to the analysis of the « *inner morality of law* ». However, his concrete examples formulated as postulates — that the law should be general, promulgated, not retroactive, have clarity, be free of contradictions, not require the impossible, have constancy through time, and show congruence between official action and declared rule (11) — failed to convince his critics that what is involved is connected with the moral (12). At the same time, Fuller's proposition that all this should also be looked upon as the « principles of legality » equally lacks a convincing force for me, although his British and American critics agreed with that formulation. In my

---

(9) In the ancient kingdom of Dahomey, e.g., « a certain category of the king's women were distributed tho the local villages and those men who made the mistake of having intercourse with them were accused of rape, for which the punishment, following a summary trial, was conscription into the army ». Stanley DIAMOND, *The Rule of Law versus the Order of Custom*, in *The Rule of Law*, ed. Robert Paul Woff, New York, Simon and Schuster, 1971, p. 131.

(10) Taxation and prohibition are separated at this point under Article I, Section 8 of the U.S. Constitution, which confers the exclusive power to tax on Congress. Consequently, the difficulties of theoretical differentiation — as it is also examplified by the case of Charles C. Steward Machine Co. v. Davis, 301 U.S. 548, 1937 — only emerge as questions of competence. Cf. HART, *op. cit.*, p. 240.

(11) FULLER, *op. cit.*, chap. II.

(12) The most sharply and explicitely, Robert S. SUMMERS, *Professor Fuller on morality and law*, 1966, in *More Essays in Legal Philosopay*, ed. Robert S. Summers, Oxford, Blackwell, 1971, chap. III, section C, p. 127. As to the first critique in Hungary, cf. Csaba VARGA'S, review article in *Acta Juridica Academiae Scientiarum Hungaricae*, XII, 1970, 3-4, p. 449.

opinion, *legality* is either conceived as a formal criterium and in this case it means that the functioning of the legal system corresponds to its own enactments, or it is conceived as a characteristic of contents and in this case it necessarily involves a great number of other criteria, from social conditions to given prerequisits of legal settlement. As to my own opinion, I simply regard them as basic rules of law-making as a professional activity, which are axiomatic in the sense that, similarly to any other deontology, they can of course be violated, however, their violation inevitably involves the reduction of value and distortion of result of the activity concerned. Paradoxically, on this point Fuller's characterization is correct: the features of law he enumerates are qualities « that make law possible ». Consequently, their definition is only correct if these features are conceived of as rules (principles, conditions) of a *technological nature*. This means that their observation is not an absolute necessity. However, if one intends to perform the activity in question in a successful way, one still cannot violate them, because their disregard will lead to the failure or defectiveness of the result as realized.

At the same time, what I have discussed as the *inner moral credit of the legislator* is not something which — using Fuller's technology — « makes law possible », i.e. whose violation leads to « fail to make law ». Expurgating it from the ambiguities and contradictions inherent in Fuller's terminology, the inner moral credit for the legislator is a quality that could best be described as the *inner morality of law*.

4. *The inner morality of law.*

The most striking feature of the inner morality of law is that it is a *possible* characteristic, *surplus* quality which is not a sine qua non, which law is conceivable and possible without. However it is questionable whether law can long do without it?

Well, I have qualified the conditions outlined by Fuller as *basic rules of a technological nature* because they are required for the *proper* existence of law. Although neither their existence nor their content is postulated, defined or codified by the law, without them law as a special technique of social influence would have no meaning at all. Drawing a parallel: a price system in which prices change from case to case, are secret, and determined only after the conclusion of a business deal, and even then, they are contradictory, unverifiable and unobservable, lack a minimum of consistency and are not followed by official action, such a price system is a negation of itself, it is unable to function, and therefore it is quite senseless. In other words, the conditions outlined by Fuller are components which, complete by other components, set the scene to the arrangement and functioning of the laws (13).

Whereas, what I have described as the *inner morality of law* (i.e. the consistency of means with traditionally established practice, the correspondence of underlying law-making intentions with their transformation into legal means, i.e. the sincerity of law-making, making the law adeguate to its goals) represents a surplus, because although it is not postulated by the law and even effective legal functioning is conceivable without it, notwithstanding if it disappears from law, if the legislator regularly disregards it, then law grows « the thing that has gone dead »: then law is no longer a « living organism », it « is no longer lived; it is merely applied as a reference for legal adjudication » (14).

All this leads to the following conclusions: in principle, the legislator is free in deciding on what legal consequence he attaches to what course of conduct (15) and in point of principle it is also definitely desirable that legal concepts be freed from moral overtones (16). Nevertheless, the legal complex cannot be torn out of its

(13) As to the comparison, see J. Rawls, *Two concepts of rules*, in *Philosophical Review*, LXIV, 1955, section IV.

(14) The quotation applies to law the thought-provoking essay by George Steiner, *The hollow miracle*, in his *Languages and Silence*, Harmondsworth, Penguin, 1967, pp. 136 and 137: « It makes noise. It even communicates, but it creates no sense of communion ... the language no longer sharpens thought but blurs it. Instead of charging every expression with the greatest available energy and directness, it loosens and disperses the intensity of feeling... In short, the language is no longer lived; it is merely spoken ». The subject of Steiner's essay is the German language which, due to social insincerity culminating in the regime of national socialism, as well as to the socially conventionalized lie as expressed and, at the same time, concealed by the means of language, is getting disintegrated from inside: it is no longer a medium and mediator of values, although it continues to function as a mean of communicating mere words.

(15) « In any system legal or not, rules may for excellent practical reasons attach identical consequences to any one of a set of very different facts ». H.L.A. Hart, *Definition and Theory in Jurisprudence*, Oxford, Clarendon Press, 1953, p. 11.

(16) I have in mind the seemingly cruel, nevertheless generous stand

social context, nor can it steadily and considerably conflict with other complexes (values, norms, ideologies) it develops, asserts and reproduces itself in living interrelationship with (17), because otherwise it is subject to danger that 1) the practice of displaying attitudes mostly observing the law in average cases is weakened (18); 2) the reified functioning of (which to some extent is unavoidable), and the consequently reified approach to (which to some extent is necessary) law are strengthened and make law alienated (19); and, as a result of all these, 3) it blurs the social objectives law intends to serve and, especially in hard cases, makes the application of means rootless and floating (20).

As I have deduced a professionally rather neglected theoretical problem from certain features of practice, in conclusion I have to note that practice reflects these features only with a high degree of spreading. In societies where democracy is consolidated, it is less likely that prohibition and taxation become means of legal techni-

---

taken by Oliver Wendell HOLMES, *Moral predilections - he wrote in connection with the theoretical differentiation of prohibition and taxation,* in *The Common Law,* London, MacMillan, 1882, p. 148 — must not be allowed to influence our minds in settling legal distinctions ». He thought that it was necessary to wash the idea of duty in « cynical acid », because it had become confused with moral duty (*The path of the law*, 1897, in his *Collected Legal Papers,* New York, Harcourt and Brace, 1920, p. 173.

(17) LUKÁCS emphasized it as a most striking example of necessary interaction between the complexes constituting social totality. Cf. Note 2.

(18) Following John AUSTIN'S, *Lectures on Jurisprudence or the Philosophy of Positive Law*, London, Murray, 1861, the tradition developed in Common Law thinking sees the basis and conditions of law in « a general habit of obedience » (HART, *op. cit.*, in note 4, p. 23). Starting out of a methodologically different assumption, the same idea was formulated in Civil Law thinking by Hans KELSEN: « Jurisprudence regards a legal norm as valid only if it belongs to a legal order that is by and large efficacious; that is, if the individuals whose conduct is regulated by the legal order in the main actually do conduct themselves as they should according to the legal order ». (*The pure theory of law and analytical jurisprudence,* 1941, in his *What is Justice?*, p. 268).

(19) Regarding the components of the road from objectification through reification to alienation, as well as the necessary origination of a *certain degree* of reification in the set-up of modern formal law, see Csaba VARGA, *Chose juridique et réification en droit*, in *Archives de Philosophie du Droit*, 25, Paris, Sirey, 1980, chap. II and III.

(20) In the context of the interrelationship between the « core of certainty » and « penumbra of uncertainty » of the linguistic meaning, cf. H.L.A. HART, *Positivism and the separation of law and morals*, in *Harward Law Review*, 71, 1958, 4, chtap. III, further HART, *op. cit.*, in note 4, chap. VII, in particular pp. 125-127.

que turned into and replaced by each other. It is so because according to established constitutional practice taxation presupposes a higher level of formal procedure involving more guarantees than the administrative decree of a prohibition. At the same time prohibition without sound motivation cannot spread either, because the envigased punishment should also be justified socially. As a result, a certain balance is being established: all means are applied in their respective place and in their socially justifiable scope, to their socially justifiable extent. At the same time, however, where no such check and balance function, where the accumulated tasks of and the excessive undertaking by the state lead to sham regulations representing substitute actions (21) as well as to an increasingly disorganized value-indifferent alternation of the means, taxation mostly also appears as a simple measure taken by administration, and increasing state intervention gradually decreases the necessity of and the demand of the social justification of prohibitions and punishments, in such societies there almost necessarily emerges a certain indifference as to whether to formulate a limitation either as prohibition or as taxation.

A pathological situation only becomes more pathological, if the pathology of contents is accompanied by the pathology of means. Or, to put in another way, it brings the promise of a real solution closer, if the adequateness of means also provides for the utilization of the strength of social publicity as well as for the direct mobilization of society. This explains my conviction that even if only of a secondary significance,it is a continuously renewing topical question of law wath I have here termed as the inner morality of law.

(21) As to the types and social components of regulation substituting for substantial measures, cf. Csaba VARGA, *Macrosociological Theories of Law: From the « Lawyer's World Concept » to a Social Science Conception of Law*, IVR 11th World Congress, Helsinki, 1983, Working Group VI Session 4 opening speech forthcoming in *Rechtstheorie Beiheft*, Proceedings II, chap. II, section E.c.

[5]

THE LAW AND ITS LIMITS[1]

In our century, there is an increase in the indications pointing to the kinds of dysfunction which result from the *increasing control and influence*, indeed, omnipotence, of the state, as well as to the dangers of a state that generates and reproduces itself in more and more increased dimensions. Pondering about the social factors that are in play in the development of administrative action, the words of Roscoe Pound sounded once like an exclamation: "Even if quite unintended, the majority are moving in the line of administrative absolutism which is a phase of the rising absolutism throughout the world. Ideas of the disappearance of law, of a society in which there will be no law, or only one law, namely, that there are no laws but only administrative orders; doctrines that there are no such things as rights and that laws are only threats of exercise of state force, rules and principles being nothing but superstition or pious wish; [...] and finally a theory that law is whatever is done officially and so whatever is done officially is law and beyond criticism by lawyers — such is the setting in which the proposals of the majority must be seen."[2] I would only add the words of a sociologist addressed to Marxists with a rather critical tone, claiming that if Marx came amidst us, he would surely study *The State* instead of *The Capital*.

Indeed, in spite of the apparently well-founded development of contemporary social scholarship, till now we have considered to a rather limited extent only to what degree the modern *technological arsenal* at the disposition of the human kind directly resulted in developments which are ordinarily looked upon as purely social products. Namely, to what extent did the mass production of books, facilitated by the invention of printing, mould the tactics, as well as the outcome of the political struggles, of the Reformation? To what extent did the spreading of trashy, cheap paperback editions, through radiating both dissatisfaction and revolutionary agitation amongst the people, prepare to and assist in the breakthrough provoked by the French Revolution? To what extent did the appearance of bulldozers, as well as of new chemicals (faceless human makes in themselves), facilitate to transform murder, both individual and of a mass size, into a quasi-industrial enterprise that could be undertaken in almost quasi-industrial proportions, analysed in terms of cost and benefit, as a political action? Or, quite recently, to what extent has the increasing availability of drafting, processing and spreading over messages by the means of type-writing, computerised word-processing, fast printing and mass-copying, as well as through telecommunication, stimulated the bureaucratic machinery to provoke new actions by initiating new courses through administrative measures and resorting to the law as a panacea for achieving social reforms?

*

In our age, law is both over-used and over-relied upon, as if it were driven by the bewildered passion of gambling. In an apparently uncurbable manner, economic, financial, moreover, cultural efforts try in an ever growing mass to assert themselves through the instrumentality of

[1] A comment on Antony Allott *The Limits of Law* (London: Butterworths 1980) 322 p. For its theoretical contexture, cf. Csaba Varga 'Macrosociological Theories of Law: A Survey and Appraisal' *Tidskrift för Raetssociologi* [Lund], III (1986) 3-4, pp. 165-198 and *A jog és korlátai* Antony Allott a hatékony jogi cselekvés határairól [Law and its limits: Antony Allott on the barriers of an efficient legal action] (Budapest: Magyar Tudományos Akadémia Szociológiai Intézete 1985) 34 p. [Elmaradottság és modernizáció: Műhelytanulmányok (Underdevelopment and Modernization: Working Papers)].

[2] Roscoe Pound 'For the "Minority Report"' *American Bar Association Journal*, XXVII (1941), pp. 664 et seq. at 678, commenting on the *Report of the United States Attorney General's Committee on Administrative Procedure* (Washington 1941).

law. At the same time, one of the consequences is that the law's prestige is tapering away and the ethos of the law's distinctiveness becomes increasingly difficult to recognise. It seems as if a sort of legal magic were given a rebirth. Both politicians and the public at large look upon the legal instrumentality expecting laws to finally untie the knot ever more difficult to untie.

As is known, however, the knot cannot simply be cut. It can only be disentangled. And the job can only be done by disentangling of the threads that have since long been entangled in an increasingly chaotic manner.

Where does this *passion to regulate* come from? It seems to be a phenomenon cropping up in every civilisation, in every age. But it can be found exclusively there and then (as the hypertrophy of the memory of past successful interferences) where and when, for some reason, a strong bureaucratic machinery, designed for being activated with considerable uniformity, has previously been established. However, any such hypertrophy could ever be partial and temporary at the most. Unless backed by specific reasons under pathologically shaped conditions, it is finally bound to fall into its own trap and perish. Therefore, as compared to the past, a new situation came about by the development of the *modern state*. For a bureaucratic machinery was established with the claim for omnipotence that, by an almost boundless coverage, realised an increasingly more complete control and interference.

For the modern state, a bureaucratic machinery is set into motion under the auspices of *formal rationalisation* as one of its potentials. And as one of its actions, rationalisation proceeds on by transforming all human objectives into legal provisions by prescribing, prohibiting or permitting externally observable human behaviours. As one of the consequences, human ambition striving for implementing ideas gets replaced by merely norm-conform behaviour.

Formal rationalisation was originally built into state action in order that the kind of interference, control and influence it had had to exert were finally centralised. However, the state machinery that proved to be successful in control slowly extended its way elsewhere and became step by step omnipresent. Thereby a vacuum was brought about around itself. Eventually, it even absorbed other scopes of action increasingly. Finally, its success made its presence the natural component of societal environment. Moreover, as a result of the acceptance of self-asserting conditions and inertia, it even developed our attachment to conceiving and realising social intentions and desires for change through state machinery activating its law.

In the following, let's take an example to see impacts in both broad contexture and spin off consequences. In a society with one-party rule encompassing the entirety of social life, law will necessarily diminish with its prestige and distinctiveness getting lost. Still, just because the law is kept on to be unchangedly recorded in universal abstractness and in an unpersonal form, frequently also purely political actions are clad in a legal form. In consequence, a paradoxical situation may be brought about: as to its ultimate impact, the *hypertrophy of politics* annihilates the law. Still, all that will unchangedly appear in a form of the *apparent hypertrophy of the law*. It is just these hypertrophic appendages that are mostly sensed by both the public at large and the students of law. These appendages may have a variety of forms, ranging from over-reliance upon the law and its handling as a surrogate agent, through the cynical incorporation of the drafter's own doubts into his own enactments issued and the institutionalisation of planning for social reforms through the mere enactment of laws as an independent branch, self-sustaining and self-fed-back, of the new industry of change, to the tendency of final instrumentalisation reducing legal practice, too, to a merely subservient means.

What finally matters is that all this is not any longer a matter of pure fears and phantasm; all that has persisted to be true. Still, disentangling the knot must be started at a point where the knot is being tied, and not where the knot has already been completed. For especially during the closing period of the kind of enlightened absolutism which was imposed upon the Central & Eastern European region in the name of "actually existing socialism", legal scholarship was forced into a position of defence from the beginning, trying to explain — for that matter: in vain — that the law is not a panacea, not the exclusive agent of social reform, consequently, it is not its initiating and closing force either. As if all the roles (originated from the law's instrumental existence that the law has happened to fulfil so far) have been equally feasible to materialise. Albeit we should have known that actually all this what our "socialist" professional experience was was the result of law forced into cripto-roles on the bordering line of abuse.

The stand of legal scholars is defensive also because their discipline, poor in results empirically verifiable and unsuitable for strict formulations, can only diagnose the pathology of practice, with a high degree of probability by the way. Legal sociology is only able to predict which extremities exhaust the threshold of malaise, without being able to formulate notwithstanding either the conditions of normal functioning or its features and characters at the least. For even the latter can mostly only be approached through the method of exclusion. It risks to appear as trivial evidence taken from everyday experience.

For that reason, one has to be rather careful by formulating only sketchy indication and exemplification through characterisation. In fact, scholarly knowledge collected so far seems to indicate that in primitive societies, in classical antiquity, moreover, all times up to the modern age, law was connected to *rites*. The law's connection to rites was not a result of underdevelopment but an issue of the law's distinctiveness. It is the law's social prestige that got expression in this way. Birth; becoming an adult; marriage; death; transactions of a decisive (or exceptional) character in life; criminal actions risking of the upsetting of community life — these are the events crying for law as an agent of societal life, which sets up the framework of and the conditions for the decisive switches in community existence. What else may the law be? First and foremost, it is a strictly *community affair*. Ever since the struggle in ancient times for recording the law and making it accessible to any, up to the revolutionary changes in our century, the total social process, including mass movements in history, wanted to transform law into the prime factor of society. And as if all these efforts were crowned by success. As if only *enactments* (together with the authority and legitimation their legal quality extended to them) could provide the *seal of finiteness*. Notwithstanding, in fact it was primarily a *symbolic gesture*. And its conclusion in the jurisdiction of the State (for once enacted as a law, the whole state machinery can be mobilised for guaranteeing its enforcement as a last reserve) could only count as an ephemeral addition as compared to the strength of the total social process and the pressure exercised by mass movements and community publicity. Or, what is common of all this is that *legal* reform is — and can only be — but one of the components of an overall *social* reform. It just adds to a genuine total motion. It is here that its organic unity with these processes originates from; moreover, that it cannot be disrupted from and become independent of the other components of the same motion. For it proceeds on on its own way as its sanctioning power and/ or as the means shaping its form. In this way, the question of the *limits* of law is not even raised, for law has no independent role to play. Its destiny is linked to the totality of the social processes concerned, and any (relative) autonomy of the law can only develop within the frame of its instrumental role.

How far is it from this if somewhere a system of norms, reflecting an alien (i.e., European) intellect and instrumental skill, recorded in books as breaking down the complexity of social reality into a definite series of sharp conceptual classifications, is imposed from above onto the law and order of another community, for which this law and order is inherited and preserved as the immemorial custom of the community? How far is it from this if somewhere a French-typed Civil Code system of laws is replaced by a legal arrangement reflecting Common Law tradition, experimental mentality and inductive construction, built upon a different level of abstraction and which presupposes different sources and skills? Or, formulating otherwise, is the construction of law is something like the engine of a car (which is reliable in case of the make being changed, too) only provided that we fix the points that are relevant from the point of view of the vehicle's body and the engine connection?

Well, of course, points of connection (territorial and/or personal sphere of application, etc.) can be defined also in law. However, this does not change the fact that society is not a mechanism utilising the energy of some added or in-built engine for driving or braking; moreover, in freely developing societies, it has no driver either to put it at the disposition of some outer will as its mechanism. For instance, a legal code formulated with no regard to local traditions and roots can appear as a work of art by itself. But if it fails to adjust to the real motion of society by offering a managing and manageable form to its actual processes, the social corpus will throw it out sooner or later, as exemplified by a number of attempts at transplantation, otherwise professionally correct. And, then, we have not yet mentioned pieces of legislation aiming at social reforms, mobilising people for the practical implementation of some betterment program, reducing society to the best of mere instruments, which, even if prepared by scholars, can at most provoke superficial external conformism, hardly sufficient even for own survival.

Taking into account background values and considerations, the conclusion that differentiates between the uses of law *as a model* and *as a programme*[3] is undoubtedly attractive. Accordingly, the law aimed at offering a model can be seen as a series of legally guaranteed schemes to give a shape to social actions by providing them with advantageous statuses and, thereby, channelling them in given categories. In contrast, the law aimed at offering a programme is nothing else than the definition of the exclusive road that can be accepted from a legal point of view. That is, instead of negative limitation defining what has to be avoided in society (and offering patterns only in cases when the meeting of some further, special privileges is meant), the programme is intolerantly positive: it prescribes what is patterned for and forbids what is not (by putting thereby an end to social spontaneity).

Notwithstanding, it is questionable whether or not topical problems we had to face with in the past period of "actually existing socialism" in Hungary and elsewhere in the region could be traced back to this alternative, and whether or not the condemnation of them was adequate to provide a solution for them. Let's take an example from England.[4] Immigration, mixing of populations, aversions by the mastering populace, then, tensions of racial hatred — what is the solution here? It seems obvious to any observer that the tasks to be carried out include the arrangement of citizenship, determination of immigration policy, setting up quotas perhaps, then, introduction of economic and financial stimulation, as well as socialisation to the new situation. But each of the above can only be efficient if inserted into a complex social program, spanning over several years or decades. Only one of the components of this — perhaps necessary but certainly not sufficient in itself — can be the one of enacting a new law, which provides prevailing tendencies of the process with a form or standardises the form already practised.

For obvious reasons, established practices cannot be reversed in a way that pressure groups make a law simply enacted so that manifestations of racial hatred will in the future be sanctioned. By themselves, human enactments are unable to mobilise society to properly co-operate. They are not calibrated to substitute to genuine measures providing for meaningful solutions. Moreover, the control such enactments can set up is not even sufficient for supervising their own implementation or establishing the agency that can effectively enforce them. Therefore it may easily happen that, for instance, a burden of initiating procedure or presenting proof is established, namely a burden that can end in eventually intimidating those who would have had to be protected by the law against those who actually violated it. Considering the law's being obviously doomed to failure from the very beginning, the whole endeavour may finally appear

[3] Allott, chapter 6.
[4] Cf. Allott, pp. 224-232.

as a factor encouraging or legitimising counter-forces, repudiating the original aims, moreover, as a kind of mischievous winking in the eye of the unsuspecting citizen.

Therefore I believe that the programme is faulty, albeit not for the reason of its being a programme, but because it is not backed socially. That is, by reducing genuine social solutions to mere law-enactments, the claim of the efforts to find reforming answers gets stuck on the plane of mere appearances.

Even radical revolutionary forces can assert themselves only provided that they are backed by a spontaneous mass from within the actual social total process. This holds true even if a genuine wave of revolution leads to enacting programs. For anything can turn to become a program: rights, religious doctrines of salvation, projections of any image of a communistic future onto the present. However, codification of any of them can only gain a legal meaning if they advance (or sanction) a social program which is already socially asserted and effective.

This is the reason why I assume that in so far as it is socially backed, a programmatic law can also be quite adequate a legal manifestation. However, the smaller its social support is and the more dispersed and antagonistic the forces in play in society are, the greater the pressure will be that it is conferred onto the law. In consequence, the more the dilemma of formulating it either as a model or as a programme will come into the foreground. As known, the law can have a chance to exert influence in terms of its mere enactment only in cases when it gives priority to socially desirable and supported alternatives, letting the road open for the game of all social forces in play, including also the option of avoiding resorting to law, moreover, of even rejecting it.

Legal instrumentalism is another aspect of the law's limitation. It appears in a pure form when there are no genuine social forces behind changes that may seem to be otherwise desirable as assessed in the light of the state of social conditions. Perhaps the objective is not attractive enough and there is no considerable determination behind it either. Or, the objective can be the issue of mere voluntarism manifested as a narrow elite approach. If it is insisted upon long and through, then, on the final analysis, only law as a regulatory form destined to bring into operation the monopolised use of compulsion will be relied upon. In response to such an insistence, eventually an *industry of changes* (described already in sociology) can develop for providing a raison d'être for the existence and an excuse for the faulty operation of the machinery of state in question. That is, a series of so-called reforming acts, never thought over and through carefully and never taken seriously, still reiterated regularly again and again (trusting, maybe, in natural human forgetting, in the inexhaustibility of social credit and in the sufficiency of occasionally filling it up by merely ideological, propagandistic lip-services), will be the surrogate agent of *social* reforms openly, too. Thus, in order to provide an excuse from the very start, kinds of sham-reform can incorporate, as they were, the authors' own doubts in their applicability into their textual wording. This is a genuine surrogate action to and an attempt at avoiding the responsibility to be borne for the failure of any actual change.

Theory is obviously not in a position to set up value standards for the desirable functions of law, preferences as to the forms of regulation and ideal types for the possible ways of how to institutionalise law. For if it were, it would from the outset be biased by preconceptions. Eventually, it would even close the path of their own investigation. At the same time, we have to acknowledge from the beginning that — independently of how much we want our description to be objective — the limiting points of practice indicate also theoretical boundaries. Consequently, law is able and has to operate between the extreme points of subservient institutionalisation of processes already taking place in society, on the one hand, and their idealisation far from reflecting and even influencing actual processes a bit, on the other. Within these limiting points, the law's actual impact is dependent primarily upon social components and factors of correlation beyond the reach of law. Accordingly, the dilemma of the use of law either as a model or as a programme can only be raised in a meaningful way in the context of the concrete situation. This, however, inevitably leads to a paradoxical conclusion, namely that *limits of law* are indeed identical with the *limits of the recipient medium*. In other words and in a plainly paradoxical formulation, law has nothing but limits, whose dissolution in any direction and on any degree, etc. can only be guaranteed by the social environment limiting it. We can see that this formulation is nothing but a practical restatement of the totality approach.

In this respect, totality approach means that legal questions are without exception confronted with social facticity. Within totality, law is conceived to be an instrumental phenomenon from the very start. Its establishment and application as an instrument notwithstanding, it displays and asserts also its own mediatory values. Values of meditation reflect the level of socialisation reached by the time.

I believe that one of the most universal values we can find on the domain of law (being the most comprehensive one determining the issue whether or not legal phenomenon as such is socially meaningful a category), is the law's own prestige. Legal prestige presupposes relative separation, autonomy, particularity, social dignity. Furthermore, it presupposes social presence, efficacity, role-fulfilment. Actually, all these are required for the law to develop, to survive day to day pushes by social processes, asserting itself as the factor moulding those processes, feeding back into those processes, whilst undergoing transformation due to those processes.

Thereby the point is reached where legal limits cross the ontological problem of legal existence. For legal phenomena can only gain a social meaning via those forms of regulation, control and interference, that have real chances to assert themselves as in-built elements of social processes. No need to say that exceptionally there are ideological and political considerations which can justify to resort to legal instruments at times when conditions of success are missing or the law concerned is not even aimed at exerting genuine influence. The case is the one of sham-reforms, which is introduced by mere law-enactment or a kind of enforcement with merely symbolic a purport. No matter what social or political considerations may stand behind such practices, on the long run they will inevitably ruin the law's foundational values and undermine also its chances to play a genuine role in the future. For that reason, legal limits cannot simply be traced back to the question of legal technique. They are one of the most conspicuous factors of strengthening or annihilating the civilisation value of legal phenomenon as well.

LAW AS TECHNIQUE

[6]

R.I.E.J., 1985.14

DOMAINE "EXTERNE" ET DOMAINE "INTERNE" EN DROIT

par
Csaba VARGA
Maître de recherches
Institut des Sciences Juridiques et Administratives de l'Académie des Sciences de Hongrie.

1. LE "JURIDIQUE" ET LE "NON-JURIDIQUE".

Toutes les fois que se pose la question de l'approche spécifiquement juridique, c'est-à-dire, l'approche différenciée de la sociologie générale, par exemple, le problème se présente de savoir comment délimiter les deux sphères l'une de l'autre. La théorie s'exprime par paires de termes mis en relation : ainsi, les notions du "juridique" et du "social", les notions corrélatives "au sein du droit" et "en dehors du droit", ou tout simplement exprimées comme "domaine externe" et "domaine interne" au droit. C'est un trait caractéristique à ces paires de termes qu'elles n'offrent pas une définition pertinente en elle-même de l'une ou de l'autre de ces sphères ; et pour la plupart elles ne déterminent pas non plus le critère de leur délimitation. Le domaine "juridique" constitue le point de départ toujours accepté de façon indiscutable et en tant que précondition normative, qui prend pour base la manière de voir partagée par la profession juridique en tous temps.

Selon celle-ci le domaine "juridique" est formé du système de règles, d'institutions et de pratiques que la profession considère comme constitutives de la formation et du fonctionnement du droit. Il en découle que les frontières du juridique sont délimitées de manière assez fermes dans l'opinion professionnelle ; tout ce qui déborde ces frontières est automatiquement rapporté au "social", l'autre terme de la dichotomie.

Bien évidemment, la portée de cette conception est très grande ; nul doute qu'elle remplit un rôle important dans la pratique juridique. Sa valeur théorique n'en est pas moins douteuse.

Afin d'éclairer cette question, nous partirons de la constatation qu'aucun des doublets que nous avons évoqués ne prétend revêtir la signification d'une classification scientifique. Ils ne cherchent ni à distinguer en mérite, ni à énumérer de façon exhaustive les groupes de phénomènes respectifs. De manière logique, tous pourront être ramenés à une classification dichotomique ; selon la structure A et non-A, en l'occurrence : "juridique" et "non-juridique". Une telle classification n'a d'autre objet que de faire ressortir, parmi les éléments constitutifs d'un ensemble, ceux qui sont communs, même sous un aspect purement pratique, en raison du fait qu'ils possèdent certaines particularités. On observera cependant que ces notions partielles, distinguées par la classification, s'excluent : ce qui constitue A ne pourra pas être non-A, et inversement ce qui est non-A ne peut être A (1).

Lorsque nous donnons un contenu concret aux paires de termes : "juridique" et "social", "au sein du droit" et "en dehors du droit", "domaine externe" et "domaine interne" et lorsque nous entreprenons de les interpréter dans un contexte théorique, la vérité se révèle qu'il ne s'agit pas de l'exclusion mutuelle des notions - c'est-à-dire d'une classification -, mais de leur mutuelle subordination. Il apparaît, en réalité, que ces notions sont dotées d'une généralité différente et se recouvrent partiellement. Aussi paradoxal que cela puisse paraître, ce que nous avons désigné comme non-A ne pourra plus constituer la négation de A suite à une telle substitution et interprétation.

---

(1) En ce sens, cf. G. KLAUS, Einführung in die formale Logik, 2e ed., Berlin, 1959, chapitre V, §8, point b.

Il sera plus simple alors de s'exprimer comme suit : B a une plus grande extension que A ; en découle que tous les rapports A = B sont valables, alors que la réciproque n'est pas vraie : tous les rapports B ne sont pas égaux à A.

Se pose dès lors la question : contestons-nous la séparation entre "domaine juridique" et "domaine non-juridique"? Refusons-nous la possibilité même d'une telle classification et, en dernier ressort, la possibilité même d'avancer une définition du droit ? Certes pas. Comme cela apparaîtra dans la suite, nous nous efforcerons de mettre seulement en lumière la problématique de toute classification théorique qui oppose la nature sociale prise en général, d'une part, et l'approche traditionnelle du droit par les juristes, d'autre part. Notre raisonnement se développera en deux étapes.

Tout d'abord, il faut préciser que les notions ainsi conçues sont caractérisées par leur subordination et non leur juxtaposition. Leur relation soulève dès lors inévitablement le problème philosophico-logique de la relation entre le tout et la partie. C'est précisément cette relation qui sera désignée dans la suite comme le piège de la distinction, Fallacy of distinction. On peut rappeler, à cet égard, l'explication dialectique de Hegel : "la totalité c'est l'indépendant et les parties ne constituent que des composants de cette unité ; mais les parties également font l'indépendant et leur unité reflétée ne fait qu'un composant ; et chacun en son indépendance constitue entièrement le relatif de l'autre" (2). Il s'en suit que ce qui était appelé "juridique" ne constitue qu'un composant du "social". Bien qu'il possède une "indépendance directe", c'est un composant qui n'existe pas en dehors du "social", c'est-à-dire sans la "totalité" dont il est "le relatif". Il devient de

(2) G.W.F. HEGEL, Die Wissenschaft der Logik, Partie 2, art. I, chapitre III, point A.
(3) Ibid.

plus en plus manifeste que le domaine "juridique" constitue en tous aspects et attributs un domaine "social", si nous voulons bien convenir que la dialectique du tout et de la partie ne constitue pas seulement un chapitre de la logique hégélienne. Il s'agit en fait de considérations fondamentales sur les connexités de l'être qui fondent toute une ontologie. Comme on le sait, Hegel a considéré la réalité en tant que totalité des complexes. Opérant le dépassement critique de cette position, Marx, Hartmann et plus tard - suivant leurs traces - Lukacs ont élaboré une ontologie au terme de laquelle ce n'est plus l'indépendance des parties qui exerce le rôle décisif, mais leur interdépendance et leur connexité. La position de Lukacs est particulièrement éclairante à cet égard (4).

Par ailleurs, c'est également un défaut fondamental des paires de termes "juridique" et "social" qu'ils considèrent le droit comme une chose statique, identique à elle-même et sans changement. Or c'est pourtant un acquis unanimement reconnu des positions philosophiques qui viennent d'être rappelées que de considérer la continuité du changement - par opposition au caractère éphémère des états - comme le mode d'existence fondamentale du monde réel (5). De sorte qu'aucune chose ou formation n'existe en dehors de son processus de changement irréversible (6).

Deux exemples extrêmes montreront l'incertitude et l'imprécision engendrées par la dichotomie des aspects spécifiquement "juridiques" et "sociologiques".

(4) G. LUKACS, A társadalmi lét ontológiájáról, (vers l'ontologie de l'être social), Budapest, 1976, en particulier vol. I, en particulier chapitre II, point 1.

(5) N. HARTMANN, Ziele und Wege der Kategorialanalyse, in Zeitschrift für philosophische Forschung, 2/1948, chapitre III.

(6) G. LUKACS, op.cit., vol. III, p. 172.

Lors de la discussion concernant le statut de la sociologie juridique, la thèse a été avancée selon laquelle il n'y avait aucune raison scientifique de distinguer, en droit, un domaine "interne" et un domaine "externe", de sorte qu'on ne pouvait non plus distinguer sociologie juridique et science juridique (7).

A l'inverse, un autre auteur a tenté de décrire l'interaction entre les processus de création et d'application internes au droit et les processus d'influence que celui-ci exerce sur le milieu, ainsi que l'action en retour de ce dernier sur le juridique (8).

Du coup apparaît à la fois la vérité et l'insuffisance de ces deux positions. En ce qui concerne la première, il apparaît que sociologie du droit et science juridique ne pourront évidemment pas être séparés de façon radicale. Tout mode de pensée ad infinitum peut se transformer en démonstration ad absurdum : la sociologie juridique serait privée de son objet principal, le droit, tandis que la science juridique, de son côté, flotterait en l'air, privée du soutien du milieu social.

Mais l'autre position extrême n'est est pas moins absurde - celle qui soutient la fusion intégrale sans différenciation. Même si nous concédions que le droit ne dispose pas d'une ontologie distincte de celle de l'être social (9), il n'en est pas moins évident que, pour les besoins de l'analyse, nous devons mettre en oeuvre des approches distinctes et des points de vue différents. Là réside la vérité de cette thèse : elle met en lumière la diversité des aspects "externe" et "in-

---

(7) G. TARELLO, La sociologia nella giurisprudenza, in Sociologia del Diritto, I, 1974, pp. 40-51.
(8) Gy. EORSI, Jogelméleti torzó (Une torse en théorie du droit), in Allam- és Jogtudomány, XXIII, 1980, pp. 353-380.
(9) V. PESCHKA, Lehet-e a jognak ontológiája ? (Est-ce que le droit pourra avoir une ontologie ?), in Allam- és Jogtudomány, XXIII, 1980, 3.

terne" à propos des définitions des concepts fondamentaux et des réponses fournies aux questions relatives au fonctionnement du droit ; elle souligne leur effet décisif sur le type de résultat obtenu ; elle fait apparaître le non-sens d'une confrontation directe de ces deux points de vue.

Pourtant cela ne signifie pas qu'il existerait une sorte de domaine "interne", lequel, en tant que formation ou chose - piège du caractère des choses, fallacy of something-likeness - ou en tant que complexe en action - piège du caractère des états, fallacy of state-likeness - pourrait être séparé d'une façon conséquente et univoque du domaine "externe". Cela ne signifie pas non plus que les deux aspects pourront se développer selon deux axes parallèles sans jamais se rencontrer - piège du caractère des faits - fallacy of fact-likeness.

2. DOMAINE "EXTERNE" ET DOMAINE "INTERNE" EN TANT QUE GROUPES DE PHÉNOMÈNES.

Si nous envisageons la séparation du domaine "externe" et du domaine "interne" en tant que groupes de phénomènes, même la manière de poser la question repose sur une fausse présupposition. Notre conception philosophique d'ensemble en atteste : rien n'existe de spécifiquement distinct qui - interprété comme objectivation ou processus - soit détaché du processus social global. Certes, lorsque la philosophie interroge la structure de la réalite et le mouvement qui l'anime, de même lorsque la sociologie dégage les facteurs qui y opèrent, ainsi que leurs mécanismes d'action, elles partagent la totalité sociale en parties distinctes, complexes ou sous-systèmes, et établissent en même temps l'autonomie relative de ces parties. Cette autonomie relative ne signifie cependant pas le caractère particulariste de cette formation, de cette chose ou de ce processus ; elle signifie simplement que certaines connexités et certains facteurs exercent un rôle prééminent qui dès lors conférent une certaine prépondérance fonctionnelle à une certaine particularité.

Sur cette base, nous pouvons interpréter le droit soit en sa qualité objective, soit comme un processus.

Si nous concevons le droit comme donnée objective, le domaine "interne" se ramène au système des normes juridiques : l'objectivation juridique conçue comme une chose pure, comme une forme dépourvue d'une existence réelle. Car la norme juridique acquiert une existence sociale actuelle pour nous, en tant que composant du processus social total, seulement par la signification qu'elle revêt et cette signification - comme en atteste la sémantique (10) - est toujours concrète, étant la résultante du contexte social de l'époque.

De cette façon, même l'approche la plus analytique du droit, qui apparemment évacue l'enracinement social du droit en le concevant exclusivement comme "texte", finit par présenter ce droit comme l'épiphénomène de la pratique sociale dès le moment où elle soutient que : "le droit c'est l'interprétation des textes" (11). Dès lors, il est correct de soutenir que même ce droit conçu comme chose détachée de la pratique interprétative de la société (c'est-à-dire de la somme des actualisations sociales concrètes qui s'y développent) est dépourvu d'un être propre.

Le droit ne peut être considéré que comme un processus en progression permanente. Il n'est pas une forme d'objectivation identique à elle-même et sans changement, réduite aux éléments matériels des signes formant le texte.

---

(10) Par exemple A. SCHAFF, Wstep do semantyki, Varsovie, 1960, en particulier Partie II, chapitres III et IV.

(11) A. BECK, Law is Text, in Memoria del X Congreso Mundial Ordinario de Filosofia del Derecho y Filisofia Social, vol. VI, Mexico, 1982, p. 201.

Le droit est un continu historique, formé de la succession ininterrompue de ses états (12).

Nous pouvons arriver au même résultat en interprétant le droit en tant que processus. Il s'agit cette fois de la fiction, dont les termes sont empruntés à la cybernétique, selon laquelle le droit serait cette "black box" nourrie d'un côté par des "inputs" : l'objectif de transformation de certains desiderata sociaux en rapports juridiques, et produisant de l'autre des "outputs" : les solutions correspondantes. Toute cette représentation, largement dominante dans la théorie des systèmes, est pourtant fictive et illusoire. Ainsi, ni la création, ni l'application de l'objectivation juridique, ne peuvent être décrites comme des processus "internes" au droit ; la formation et le fonctionnement du droit se situent précisément au pointd'intersection des domaines "externe" et "interne" du droit.

En d'autres termes : aucun processus juridique ou élément de ce processus ne présente de domaine "interne" ou "externe" séparable l'un de l'autre. Aussi, si nous voulions caractériser le processus juridique à l'aide des catégories d'impulsions ("inputs") et d'effets ("outputs"), nous serions contraints de décomposer ce processus en un trop grand nombre d'unités élémentaires.

De plus, contrairement à ce qu'une représentation simplifiée pourrait donner à penser - représentation qui identifie "l'input" comme appartenant au social et "l'output" comme relevant du juridique - nous serions obligés de caractériser chacun

(12) Dans le contexte de l'ontologie de Lukács, cf. Cs. VARGA, The Place of Law in Georg Lukács' World Concept, Budapest, sous presse, chapitre III, points 3-4 ; ou bien, sous forme de résumé, Cs. VARGUA, La place du droit dans la conception du monde de George Lukács, in Acta Juridica Academiae Scientiarum Hungaricae, XXIV, 1982, 3-4.
Voir encore pour une introduction au problème Cs. VARGA, La question de la rationalité formelle en droit - Essai d'interprétation de l'Ontologie de l'être social de Lukács, in Archives de Philosophie du Droit, tome 23, Paris, 1978, en particulier chapitre III ; ou encore Cs. VARGA, The Concept of Law in Lukács' Ontology, in Rechtstheorie, X, 1979, 3.

des éléments du processus juridique à la fois comme "input" et "output". De sorte que se dissout le domaine "interne", tandis que sa représentation comme "black box" perd sa valeur explicative.

On arrive encore au même résultat si on comprend le domaine "interne" comme une catégorie qui unifie la signification du droit comme chose et comme processus. Dans ce cas, il apparaît que sous le terme de processus on n'entend généralement pas le mouvement réel du système mais les cadres formels et les principes de fonctionnement officiel de ce système. Un seul exemple pour illustrer cette position : "le domaine interne du droit est une sphère pourvue d'un fonctionnement autonome qui produit et qui enregistre des impulsions. Ce domaine interne constitue un sous-complexe qui, par sa structure et sa méthode spécifiquement juridiques, forme un système ouvert dans la théorie des systèmes" (13). Certes on pourrait accepter une telle caractéristique limitée si on poursuit une définition du droit dans le cadre de la théorie des systèmes ou si on tend seulement à décrire le type idéal du droit formel moderne. En revanche, cette approche s'avère doublement insatisfaite si on recherche à représenter les caractères réels du droit. D'abord parce que cette définition relève d'une conception du monde périmée selon laquelle les choses pouvaient exister en elles-mêmes sans être affectées par le mouvement autrement que de façon extérieure et superficielle, voire accessoire.

Ensuite, une telle définition tend à accréditer l'idée que le droit pourrait posséder un fonctionnement spécifique "tel qu'en lui-même", indépendant de l'espace et du temps, af-

(13) EORSI, op. cit., p. 355.

franchi de son milieu social d'appartenance (14).

Mais alors, on ne pourra éluder la question suivante : s'il est vrai que le juridique est à ce point fonction du milieu social concret, qu'entend-on encore par ce terme "juridique" et quels sont les critères d'un fonctionnement conforme à ce "juridique" ? Même exprimée en des termes aussi tranchés, la question n'est cependant pas nouvelle. Il y a soixante-dix ans que Kelsen - réagissant à l'ouvrage de Eugen Ehrlich : "Grundlegung der Soziologie des Rechts"(1913) - traitait, de façon critique, le dilemme de l'approche sociologique des phénomènes normatifs. Selon Kelsen, l'approche normative du droit désigne elle-même l'objet des recherches de la sociologie juridique car la sociologie ne pourrait aborder la norme qu'en sa

---

(14) Une telle conception peut posséder plusieurs racines et composants. Sa source théorique est ramenée au formalisme de la rationalité cartésienne par Ch. PERELMAN, Droit, morale et philosophie, Paris, 1968, pp. 103 et sv. Cependant, ses attaches sociales peuvent se rattacher aux tendances centralisatrices de la direction étatique, et, plus précisément, aux conceptions de nature conservatrice et volontariste se cachant derrière celles-ci. On peut rappeler à cet égard que la théorie d'interprétation dite statique par opposition à la théorie dite dynamique (par exemple J. WROBLEWSKI, Zagadnienie teorii wykladni prawa ludowego, Varsovie, 1959, chapitre VIII, point 2) est devenue prédominante en premier lieu aux établissements de l'absolutisme féodal et du capitalisme classique possédant des codifications toute nouvelle, et également dans la phase dite de la dictature du prolétariat des socialismes existants. Selon la théorie statique il existe une signification de la norme juridique qui est authentique, pertinente en elle-même, identique avec elle-même et sans changement, et que l'interprétation est appelée à se révéler dans la volonté du législateur (par exemple I. SZABO, A jogszabályok értelmezése, Interprétation des règles de droit, Budapest, 1960, en particulier chapitre III). Cette conception présuppose une théorie sémantique de la signification selon laquelle elle peut être identifiée comme indépendante de n'importe quelle communication sociale, comme donnée a priori, identique avec elle-même et sans changements, excluant donc mobilité, flexibilité et indétermination et apparaissant donc entièrement objective. (Voir par exemple L. ANTAL, Sign, Meaning, Context, in Lingua, X, 1961, 2).

qualité de fait social (15). Mais cette thèse de la subordination de l'objet et du rôle de la sociologie juridique à l'auto-qualification du droit, de même que l'impératif d'alignement de ses constructions conceptuelles sur les notions normatives du droit - cette thèse et cet impératif impliquent qu'on adopte une position normativiste qui parte des normes et s'appuie exclusivement sur celles-ci.

S'il est exact que l'auto-qualification du droit constitue l'axe de référence de la vie réelle du droit et fournit la possibilité de son interprétation contextuelle, il n'en reste pas moins que cette auto-qualification ne présente de signification sociale que dans la mesure où la pratique sociale la reconnaît.

Il est bien établi que le système juridique contient des normes qui peuvent répondre à deux objectifs différents. Soit le droit règle son propre fonctionnement, soit il réglemente le fonctionnement de la société. On a déjà relevé que, en tant qu'expression linguistique, le système des normes n'acquérait de signification sociale actuelle qu'au travers de la pratique interprétative concrète. Comme, par ailleurs, une telle interprétation s'opère toujours dans un milieu social donné, il en découle que même la reconstruction conceptuelle et logique du système juridique est solidement déterminée. A cela s'ajoute encore que l'interprétation s'appuie aussi sur des présuppositions et principes interprétatifs admis tacitement, si du moins elle entend rencontrer les exigences de la rationalité juridique, sociale, etc... (16).

---

(15) H. KELSEN, Eine Grundlegung der Rechtssoziologie, in Archiv für Sozialwissenschaft und Sozialpolitik, XXXIX, 1915, en particulier pp. 875-876 et aussi H. ROTTLEUTHNER, Rechtstheorie und Rechtssoziologie, Freiburg et Munich, 1981, Partie B, chapitre I, point 1.

(16) L. NOVAK, De la rationalité du législateur comme élément de l'interprétation juridique, in Études de logique juridique, ed. Ch. Perelman, vol. III, Bruxelles, 1969.

Ainsi, contrairement aux apparences, la dogmatique juridique - science de la classification et de la systématisation des matériaux juridiques - n'est pas purement formelle ; bien au contraire, elle apparaît comme une science socialement engagée et déterminée jusque dans ses hypothèses fondamentales.

Nous avons évoqué plus haut le piège de la distinction et l'erreur de croire qu'il existerait des activités juridiques au sein desquelles un donné purement "juridique" se laisserait distinguer d'un donné purement "social". Il apparaît, à l'analyse, qu'une même imbrication affecte l'auto-qualification du droit, tant au niveau des simples concepts que des questions les plus fondamentales. Ainsi la question de savoir si un ordre juridique constitue nécessairement un ordre efficace dans l'ensemble ou si cette qualité ne peut être établie qu'au terme d'un examen de la réalité (17), ou encore la question de savoir si un droit révolutionnaire s'impose par la force des armes plutôt que par sa prétention à établir une nouvelle légitimité (18) - ces questions et les concepts qu'elles utilisent ne s'avèrent actuelles et pertinentes que de leur insertion dans le contexte social. C'est la reconnaissance de leur impact en tant que faits sociaux qui leur confère leur véritable signification.

C'est donc d'emblée que s'engage l'interaction entre domaine normatif et domaine sociologique. Et c'est précisément pour expliquer la pratique de cette reconnaissance sociale que

---

(17) Sur la notion de l'efficacité - et précisément en connexion avec le sens de la validité conformément aux postulats propres du système juridique - voir H. KELSEN, General Theory of Law and State, Cambridge (Mass.), 1949, pp. 117-119.

(18) Le parallélisme du caractère illégitime du droit dit "révolutionnaire" et de sa prétention de légitimité pouvait être retrouvé chez E. KANT, Die Metaphysik der Sitten, Das Staatsrecht, 48. Voir dans un contexte plus élargi Ph. I. ANDRÉ-VINCENT, Les révolutions et le droit, Paris, 1974, chapitres III-IV.

la théorie a formulé le concept d'"auditoire" - concept qui exprime bien la dépendance de l'interprétation à l'égard des évolutions de la pratique sociale (19).

S'il en est bien ainsi, comment établir les critères du caractère et du fonctionnement juridique ? Sans tenter ici une définition, on dira que les critères du juridique doivent refléter cette coïncidence entre les domaines normatif et sociologique.

D'une part, ils doivent partir des positions établies par le droit positif, c'est-à-dire de ses catégories normatives et de son auto-qualification ; d'autre part, ils doivent rendre compte de la signification concrète que revêtent ces positions dans leur reconnaissance sociale pratique. On constatera alors que le droit n'est, en définitive, pas autre chose qu'un processus continu résultant de la réalisation pratique de sa création officielle. S'en dégage, au cours de certaines étapes, à tout le moins du développement des cultures juridiques, une permanence considérable du droit. Mais en même temps ce droit est changeant, puisqu'il repose sur la pratique sociale. Dès lors la réponse kelsénienne s'avère partiale et limitée. Et cette critique à l'égard de Kelsen pourrait encore être développée à l'aide des analyses fonctionnalistes récentes de l'ethnologie et de la sociologie juridiques qui ont pu formuler aujourd'hui des critères du fonctionnement des systèmes de droit, indépendamment de ses notions normatives, lorsqu'elles ont eu à rendre compte des formes quasi-juridiques ou alternatives au juridique des systèmes qui ont précédé l'apparition du

---

(19) La notion empruntée à la Rhétorique d'Aristote (ligne 1357) a été réélaborée par Ch. PERELMAN, Logique juridique - Nouvelle rhétorique, Paris, 1976, en particulier 52 et 60 et aussi par A. AARNIO - R. ALEXY, A. PECZENIK, The Foundations of Legal Reasoning, in Rechtstheorie, XII, 1981, 4, pp. 443-444. Le réexamen critique de la notion de l'audience selon Aarnio est fait par A. PECZENIK, The Basis of Legal Justification, Lund, 1983, chapitre 5, art. 2, point 7.

droit (20), ou qui lui succèdent (21).

3. DOMAINE "EXTERNE" ET DOMAINE "INTERNE" EN TANT QUE POINTS DE RÉFÉRENCES.

Je viens d'exprimer un certain scepticisme à l'endroit de la distinction des domaines "externe" et "interne" en tant que groupes de phénomènes. Si j'introduis maintenant cette distinction en tant que points de référence, en tant que points de vue différents, il faut que je m'explique sur le contenu de cette nouvelle distinction et que je dise ce qu'on peut en attendre.

On l'a vu : nulle part on ne trouve dans la réalité quelque chose qui pourrait passer pour un domaine "interne". Il se fait pourtant que, dans les analyses de science juridique, nous devons tenter une description du type idéal de ce domaine interne ; nous devons faire comme si un tel complexe pouvait en effet exister. Cette description doit reconstruire et éclairer la réalité telle qu'elle est prescrite et planifiée par le droit ; elle devra, pour ce faire, se fonder exclusivement sur

(20) Par exemple S. DIAMOND, The Rule of Law Versus the Order of Custom, in The Rule of Law, ed. P. Wolff, New York, 1971, et aussi L. POSPISIL, Anthropology of Law - A Comparative Theory. New York, 1971. Une telle approche fonctionnelle du caractère juridique n'est cependant pas exempte de critique, voir par exemple K. KULCSAR, A jogi népszokások kutatása és a jogszociológia (La recherche des coutumes populaires et la sociologie juridique), in E. TARKANY-SZUCS, Jogi népszokások, Budapest, 1981, pp. 833 et sv. où sa prise de position semble être bien sceptique à l'égard d'un tel élargissement du cadre du concept du juridique. Je suis cependant d'avis qu'une telle position ne pourra pas être négligée par aucun exposé entreprenant l'élaboration non seulement historique. L'exemple le plus éloquent à ce propos est peut-être R. DAVID, Les grands systèmes de droit contemporains - Droit Comparé, Paris, 1964, qui sûrement ne pourra être accusé de préjugés et de partialité non-juridique. Voir encore, avec la prétention d'une sorte d'éclaircissement conceptuel, Cs. VARGA, From Legal Customs to Legal Folkways, in Acta Juridica Academia e Scientiarum Hungaricae, XXV, 1983, 3-4.

(21) Par exemple, Alternative Rechtsformen und Alternativen zum Recht, ed. Erhard Blankenburg, Ekkehard Klausa et Hubert Rottleuthner, in Jahrbuch für Rechtssoziologie und Rechtstheorie, vol. 6, Opladen, 1980.

les prescriptions juridiques explicites et même emprunter sa terminologie spécifique. Même si cette tâche ne peut être entièrement menée à bien, de ce point de vue interne, la science juridique, si elle veut traiter son sujet, doit, dans un premier temps, reconstruire l'ordre prévu ou impliqué par la réglementation. Cela veut dire que la science juridique doit classifier, systématiser, harmoniser en un ensemble cohérent le "système d'accomplissement", Erfüllungssystem selon la terminologie de l'ontologie de Georges Lukacs, qui fait du droit un instrument médiateur (22).

Quelques exemples éclaireront la nature de cette tâche. L'exercice de la souveraineté du peuple doit être décrit dans les termes de l'évolution de la représentation de la volonté populaire indépendante dans un pays où la Constitution ne dit mot des engagements de politique extérieure, ou du régime prévalant des partis reconnus, ou encore du rôle prépondérant exercé par un de ceux-ci. De même, si je veux décrire l'ordre visé par la réglementation juridique, je devrai expliquer la succession du crime et de la peine dans les termes des principes légaux. Ainsi aussi, si je veux décrire ce que la pratique qualifie d'"abus de droit", je devrai m'en tenir aux dispositions légales. C'est encore en termes juridiques que je devrai traiter les questions des éléments constitutifs d'un système juridique, de la validité, de l'efficacité, des lacunes.

Une telle description n'est évidemment pas celle de la réalité, c'est la reconstruction du droit en tant que système médiateur dans la réalité ou, plus précisément, c'est la reconstruction des principes de fonctionnement officiellement déclarés du droit.

---

(22) Cf. Cs. VARGA, Towards a Sociological Concept of Law - An Analysis of Lukács Ontology, in International Journal of the Sociology of Law, IX, 1981, 2, chapitre IV, point 5.

Cette description, insuffisante en elle-même, doit être complétée par l'analyse de la *réalisation effective* du phénomène ou du processus réglementé. Un phénomène ou un processus en effet qui n'existe que dans un texte normatif ou dans une interprétation dogmatique n'existe que dans sa possibilité et non selon la réalité ; il n'est que , *der Möglichkeit nach* comme disait Marx (23). Revenons à nos exemples évoqués plus haut. La réalité de la *souveraineté du peuple* doit être décrite en fonction, et dans le contexte, des relations internationales, des prises de décision informelles des partis et de la position prépondérante éventuelle de l'un de ceux-ci. De même, la *succession du crime et de la peine* ne saurait être décrite sans faire intervenir l'évaluation de la non-dénonciation d'un certain pourcentage des infractions, ainsi que l'existence d'un pouvoir discrétionnaire de la police et du procureur dans l'exercice des poursuites. On ne saurait non plus rendre compte de l'application de la théorie des *abus de droit* indépendamment des abus qui se manifestent dans cette pratique elle-même. La notion de *droit* ne saurait être explicitée sans tenir compte des textes qui sont appliqués dans la pratique judiciaire sans pour autant bénéficier du sceau "juridique" de la validité et de l'efficacité, mais n'en exercent pas moins des fonctions équivalentes. Enfin, le concept de lacune doit, pour être explicité, être replacé dans les contextes où son émergence n'est due qu'à un besoin très particulier ou à l'insatisfaction que susciterait une solution strictement conforme au droit en vigueur. Autant d'analyses qui sont le fait de la sociologie juridique. Ce qui amènera Kelsen à écrire : "Il est entièrement indifférent, d'un point de vue sociologique, de savoir si les normes qui déterminent la conduite sociale appartiennent au droit, à l'usage ou aux moeurs. D'un point de vue purement so-

(23) K. MARX, *Einleitung zur Kritik der Politische Ökonomie*, 1857-58, in K. MARX et F. ENGELS, *Werke*, tome 13, Berlin, 1875, p. 623.

ciologique, aucune différence essentielle ne se marque entre ces normes ou, plus précisément, entre les faits et images psychiques constituant le contenu de ces normes" (24).

Indubitablement, les deux points de vue se complètent. Derrière une question unique : "Qu'est-ce que le droit ?", s'articulent en réalité deux questions différentes : "Qu'est-ce que le droit, selon ses principes officiels ?" et "Qu'est-ce que le droit selon sa pratique sanctionnée en tant que droit ?"

Bien évidemment, des réponses sont apportées à ces deux questions. Aussi bien ne pourra-t-on réfuter l'une sur la base de l'autre (25). Mais cela signifie-t-il que les deux points de vue et leurs réponses respectives poursuivent des voies parallèles sans jamais se rencontrer explicitement ? Devra-t-on simplement se contenter de poser la question de la prépondérance de l'un sur l'autre, mettre en relief, par exemple, que "l'aspect interne ne peut prédominer que *intra muros*, tandis que dans la question de la totalité du domaine externe *et* interne du droit, c'est l'aspect externe, déterminant en dernier ressort, qui excerce le rôle dominant" (26)?

Je suis d'avis que bien que ces points de vue, et leurs réponses, se complètent mutuellement, ils n'en constituent pas moins (de même que leur addition) des réponses partielles. Ils ne constituent pas des réponses théoriques suffisantes car ils *réduisent* le phénomène, socialement complexe, du droit à ses simples aspects factuels. Le point de vue normatif réduit le droit au pur acte d'édiction juridique, *Setzung* ; le point de vue sociologique n'a d'égard que pour la *pratique* directe.

---

(24) H. KELSEN, *Eine Grundlegung der Rechtssoziologie*, *op. cit.*, p. 876.
(25) EORSI, *op. cit.*, p. 358.
(26) *Ibid.*

De sorte qu'on ne parvient pas à rendre compte, de cette façon, du caractère historique et axiologique du droit ; de même échappe à l'analyse son insertion dans le système social des rapports et conditions qui font du droit, à son tour, un phénomène *sociétaire* (27). Ces résultats partiels ne sont donc que les éléments d'une réponse que je qualifierais de *synthétique* (28) et qui relèverait de la *science juridique*.

Sans doute une telle réponse repose-t-elle sur ces approches partielles, mais son caractère synthétique lui vient précisément de ce qu'elle leur fait subir un *traitement comparatif, historique et évolutif relevant des sciences sociales*. Elle fait donc apparaître le caractère historiquement situé de la manière même d'articuler ces deux questions partielles. La ré-ponse synthétique est ainsi en mesure de montrer et d'évaluer, dans son contexte socio-historique, l'interaction passée, pré-sente et future de la construction sociale normative et de ses alternatives possibles.

4. CONCLUSION.

De ce qui précède on déduira que le droit constitue une totalité partielle *au sein de tout social*. Il est l'unité des processus normatifs homogènes et de ses agents. Son étude peut s'opérer de manière relativement autonome si du moins le but de l'analyse est de mettre en lumière ses connexions conceptuelles et la systémacité de ses processus. En revanche, si le but de son étude est la prise en considération des effets sociaux que sa mise en oeuvre engendre, si donc on entend insérer l'étude

(27) J'applique la notion au sens d' A. ETZIONI, *The Active Society - A Theory of Societal and Political Processes*, Londres et New York, 1968, en particulier pp. 47-48.

(28) Dans une première composition, voir Cs. VARGA, *Quelques questions méthodologiques de la formation des concepts en sciences juridiques*, in *Archives de Philosophie du Droit*, tome XVIII, Paris, 1973.

du système juridique au sein d'une théorie sociale d'ensemble, il faudra distinguer puis faire interagir ce qui existe par le fait et ce qui existe par le droit, il faudra donc réinsérer cette dialectique du juridique et du social dans la totalité sociale interprétée historiquement afin d'aboutir à une synthèse du passé et du présent, de l'être (Sein) et du devoir-être (Sollen) (29).

(29) Pour un élargissement de cette problématique, cf. Cs. VARGA, Macrosociological Theories of Law - From the "Lawyer's World Concept" to a Social Science Conception of Law, Contribution introductive au Groupe de Travail VI/4 du 11ème Congrès Mondial de Philosophie du Droit et de Philosophie Sociale tenu à Helsinki au mois d'août 1983.

[7]

DIE MINISTERIELLE BEGRÜNDUNG IN RECHTSPHILOSOPHISCHER SICHT

Von Csaba Varga, Budapest

Es ist ein ständiges Problem der Gesetzgebung, wie der Widerspruch, der sich zwischen der auf bewußten Wertauswahlen beruhenden gesellschaftlichen Regelung und dem ausschließlich in Normenstrukturen realisierten Ausdruck spannt, aufgehoben werden soll. Es gehört zu den formellen Eigenheiten des Rechts, daß es sich — im Interesse der eindeutigen Standardisierung der als Instrumentverhalten qualifizierten gesellschaftlichen Verhalten und der Ausschließung der Streitbarmachung überhaupt — in normativen Normenstrukturen ausdrückt. Je mehr sich aber diese formelle Eigenart geschichtlich entfaltet, desto unvermeidlicher wird es, daß der Gesetzgeber diese Rahmen — zwar informell — zwecks Erschließung des in den Normenstrukturen verborgenen Inhalts durchbricht. In seinen primitiven Vorformen tauscht dieses Bedürfnis in zahlreichen altertümlichen und mittelalterlichen Rechtsschöpfungen auf, das seinerzeit durch den Anspruch auf die Legitimierung des Herrschers und seines Werkes diktiert wurde. Diese Notwendigkeit meldete sich — gleichfalls in primitiver Form — auch in zahlreichen Beispielen der Rechtsschöpfung der Neuzeit, das aber bereits in steigendem Maß durch die Eigenart der Durchführung mittels der sich entfaltenden Staatsorganisation und der Bürokratie bedingt ist. Später, bei dem bürgerlichen Parlamentarismus, dessen Grundlage die organisatorische und politische Expansion der Arbeitsteilung in der Rechtsschöpfung war, instituierte sich die informelle Durchbrechung der Formalität des Rechts. Diese Institutioniertheit wurde dann in der sozialistischen Rechtsschöpfung — entsprechend ihren prinzipiellen Ansprüchen — Träger der Bewußtheit und des Demokratismus der rechtlichen Beeinflussung der Gesellschaft.

Dank ihrer bürgerlichen Vergangenheit übernahm dann die Mehrzahl der sozialistischen Länder dieses geschichtlich traditionell gewordene Instrument der Aufhebung der Formalität des Rechts, d. h. die institutionell gewordene Form der auf Gesetzesmaterialien gründenden ministeriellen Begründung. Es wurde infolge eines erfreulichen Trägheitsmoments einfach adaptiert, ohne vorher seine frühere Funktion geklärt, das notwendigerweise eingetretene Aufhören dieser Funktion erkannt und die unter den Bedingungen der sozialistischen Umstellung erwünschte neue Funktion beschrieben zu haben. Dieser Umstand zog eine große Unebenmäßigkeit der Praxis und das Vorrücken der individuell gefärbten verschiedenen subjektiven Präferenzen nach sich. Die

Gestaltung der Institution der ministeriellen Begründung ist aber aus dem Gesichtspunkt der Steigerung der verantwortlichen Bewußtheit der sozialistischen Rechtsschöpfung, und innerhalb dessen der gesellschaftlichen Bewußtmachung der den Rechtsschöpfer leitenden Wertauswahl gar nicht indifferent. Die erste Fassung dieser Abhandlung wurde als Gutachten im Auftrag der Kodifikationssektion des ungarischen Justizministeriums verfertigt. Das Ziel war zu versuchen, im Interesse der Herausforderung einer begründeten und ständigen künftigen Praxis, die prinzipielle und geschichtliche Grundlage der bestehenden Systeme der ministeriellen Begründung, ihre Funktion, ihre institutionelle und verfahrensmäßige Lösung zu umreißen, und in Kenntnis derselben jene möglichen Funktionen, technische Komponenten und Inhalte zu entwerfen, die nach Beurteilung des Verfassers zur Ausnützung der in der Institution der ministeriellen Begründung verborgenen Möglichkeiten wünschenswert erscheinen. Der gegenwärtige Beitrag ist eine abgekürzte und umgearbeitete Version der ursprünglichen Fassung, von dem vor allem der vergleichende Überblick und die die konkreten Züge und die Zukunft der Institution betreffenden rechtspolitischen Überlegungen weggelassen wurden, um auf die Momente von prinzipieller und theoretischer Wichtigkeit konzentrieren zu können.

I. Die prinzipiellen und geschichtlichen Grundlagen der Herausforderung der ministeriellen Begründungen

Die ministerielle Begründung ist in allgemeinster Fassung *ein beim Gesetzgeber eingereichtes, den Textentwurf der Gesetzvorlage begleitendes Dokument, das im Vortrag des Verfassers der Vorlage* (bei einem Regierungsantrag im Vortrage des später für die Durchführung verantwortlichen Fachministers) *die gesellschaftlichen Gründe, die allgemeinen und besonderen rechtlichen Gründe, die allgemeinen und besonderen rechtlichen Motive, die zu erwartenden wirtschaftlichen Auswirkungen der Gesetzvorlage darlegt.* Schon aus dieser skizzenhaften Definition stechen zwei Bedeutungssphären der ministeriellen Begründungen ins Auge. Demgemäß ist die ministerielle Begründung nichts anderes als 1. *die Ergänzung des in Normenstrukturen ausgedrückten Textes der Rechtsnorm durch einen in nicht Normenstrukturen ausgedrückten Text* zur Unterstützung der Rechtsnorm und zur politischen und rechtlichen Überzeugung über deren Notwendigkeit, wobei 2. diese Ergänzung in dem Prozeß der Rechtschaffung *einen bestimmten Platz, im Verfahren eine bestimmte Rolle und eine gebundene Form hat.* Diese zwei Bedeutungssphären stehen miteinander begrifflich und auch geschichtlich im Verhältnis des Allgemeinen zum Besonderen.

Die Bestrebung, daß die Annahme des in Form von Verhaltensregeln festgesetzten Rechts durch verschiedene prinzipielle und praktische (politische, ideologische, fachliche) Überlegungen und eine die

Überzeugung zum Ziele habende Argumentation unterstützt wird ist im wesentlichen gleichen Alters mit dem geschriebenen Recht, das heißt damit, daß das Recht in Objektivationsformen: geschriebene Normenstrukturen reduziert erscheint. Demgegenüber ist ihr Erscheinen in bestimmter Form, ihre verfahrensmäßige Bedeutung ein verhältnismäßig späteres Produkt der Rechtsentwicklung, der einen gegebenen Zustand der Wirtschafts- und Klassenverhältnisse der Gesellschaft, den Einbruch der gesellschaftlichen Arbeitsteilung in die politische, staatliche und juristische Tätigkeit, die formelle rechtliche Regelung des Mechanismus der Rechtsschaffung selbst voraussetzt. Dessen (A) prinzipielle und (B) geschichtliche Grundlagen müssen getrennt erörtert werden.

(A) Das Recht in seiner entwickelten, in einer Reihe von Normenstrukturen objektivierten Form betrachtet ist bloß ein künstlich abgegrenztes Segment eines außerordentlich komplizierten, mit der Gesamtheit der gesellschaftlichen Praxis in Beziehung stehenden erkennenden-zielsetzenden-regelnden Verfahrens. Etwas das weder den Beweggrund, noch den Sinn seiner Existenz in sich selbst trägt[1]. Ein bloßes *Instrument*, das sich *von den naturwüchsigen kausalen, wertenden und teleologischen Verbindungen der menschlichen-gesellschaftlichen Praxis künstlich losmacht*, um das, was an sich, von dem Gesamtvorgang der gesellschaftlichen Beeinflussung aus betrachtet, bloß *ein Mittel ist, zum selbständigen Ziel zu machen*. Aus dieser Betrachtungsweise ist das Recht nichts anderes, als *die Auffassung eines gegebenen Verhaltens als selbständig gewordenes Ziel*, und zwar aufgrund nicht eingestandener Zusammenhänge (in bezug auf das Verhältnis zwischen Verhalten und seiner gesellschaftlichen Wirkung), und im Interesse nicht eingestandener Ziele (in bezug auf die erwünschte gesellschaftliche Wirkung)[2].

Der Ausdruck des Rechts in derartigen reinen und dem Schein nach selbständig gewordenen Normenstrukturen ist das Produkt der altertümlichen Rechtsentwicklung. Im großen und ganzen hat es seinen Ursprung dort, wo das Recht geschriebenes Recht wurde, das in der Entwicklung des Rechts als Instrument die je dagewesene größte Wendung bedeutete. In seiner reinsten Form ging das in den Reichen des altertümlichen Ostens vor sich, als sich die auf dem zur Tradition gewordenen gewohnheitsmäßigen Verhalten und dessen Erzwingung gründende uralte Normativität als ungenügend erwies. In den zu Reichen angewachsenen Staatsformationen des Altertums trafen sich nämlich einerseits verschiedene Volksstämme und gewohnheitsrechtliche Traditionen, deren Vereinheitlichung, wenigstens bis zu einem gewissen Grad, unvermeidlich war, andererseits setzten ihr wirtschaftlicher Aufschwung die dahinter stehende militärische Organisation, die staatlichen öffentlichen Arbeiten und Finanzen, samt dem zu deren Be-

---

[1] *Vilmos Peschka*, Grundprobleme der modernen Rechtsphilosophie, Budapest 1976, 1. Kap. und 4. Kap.

[2] *Csaba Varga*, The Preamble: A Question of Jurisprudence, Acta Juridica Academiae Scientiarum Hungaricae, XIII (1971) 1 - 2, S. 114 - 119.

lebung ins Lebens gerufenen Beamtenapparat teils die Reform des bestehenden Gewohnheitsrechts, teils neue Regelungen voraus, mit einer derartigen, sich über das ganze Reich ausstrahlenden Wirksamkeit, der die für das Gewohnheitsrecht charakteristische, organische Entwicklung in ihrer Spontaneität nicht mehr entsprechen konnte. Zu dieser Zeit erschienen zur Befriedigung verschiedener konkreter Bedürfnisse (Gewohnheitsformung, neue Regelung, die Sammlung seitens des Herrschers gefällter Urteile aus dialektischen Gründen oder zwecks Vereinheitlichung, die eine Selbsteinschränkung ergebende Festlegung der Prinzipien der Rechtspflege usw.) jene aus geschriebenen Normenstrukturen bestehenden Rechtsquellentexte, die zwar mit kasuistischer Konkretheit und Aufeinanderfolge, jedoch in der heutigen Struktur der Rechtsnormen ihre ordnende Rolle erfüllten[3].

In der marxistischen Wissenschaft unserer Zeit ist allgemein bekannt, daß das gesellschaftliche Dasein in seiner Totalität gleichzeitig ein *Ergebnis,* aber auch eine *Quelle* der gesellschaftlichen Vorgänge ist. Das jeweilige gesellschaftliche Sein ist, mit seinen wirtschaftlichen, politischen, ideologischen usw. Determinanten, mit seinem institutionellen Organisationssystem, mit deren Bewegungstendenzen, dringlichen und bewußtheitlichen Gegebenheiten, einerseits *Ausdruck* eines geschichtlich-gesellschaftlich bedingten Zustandes, andererseits ist es aber gleichzeitig auch sein *Regulator,* der seine künftige Bewegungsrichtung bis zu einem gewissen Grad vorausbestimmt, bzw. den Einfluß der Determinanten in gegebene Rahmen zwängt. In seinem jeweiligen Inhalt und seiner konkreten Form ist auch das Recht selbst ein geschichtlich determiniertes Gebilde. Andererseits wirken dieselben gesellschaftlichen Verhältnisse, die auf das Recht eine Wirkung haben, auch auf das jeweilige Verhalten und bestimmen derart letzten Endes auch die effektive praktische Durchsetzung des Rechts[4].

Auf der Ebene der totalen Bestimmtheit der Gesellschaft ist deshalb die Selbständigkeit oder Gesondertheit des Rechts ein äußerlicher Schein. In seiner „Zur Ontologie des gesellschaftlichen Seins" drückte Lukács diesen Zusammenhang in folgender Gedankenreihe aus: in der Gesellschaft (und besonders in den entwickelten, stark differenzierten Formen der Gesellschaft), die er als einen aus Teilkomplexen bestehenden Gesamtkomplex auffaßte, so die Teilkomplexe verschiedene, relativ selbständig gewordene Betätigungssphären, institutionelle Funktionen, Tätigkeitsarten und Tätigkeitsverhältnisse usw. in sich fassen, bildet — „die Reproduktion des jeweiligen Ganzen (worunter die gesellschaftliche Totalität, der Gesamtkomplex zu verstehen ist — Verf.) das übergreifende Moment in diesem vielfältigen System von Wechselwirkun-

[3] *Csaba Varga,* Kodifikációs előformák az ókori jogfejlődésben (Kodifikations-Vorformen in der altertümlichen Rechtsentwicklung), Állam- és Jogtudomány, XVII (1974) 1, S. 83 ff.

[4] *Kálmán Kulcsár,* A jog nevelő szerepe a szocialista társadalomban (Die erzieherische Rolle des Rechts in der sozialistischen Gesellschaft), Budapest 1961, S. 76 f.

gen"[5]. Das Ganze wirkt dem Teil gegenüber unbedingt determinierend — so aber, daß die fortdauernde Reproduktion des Ganzen, in ununterbrochener Wechselwirkung zwischen dem Ganzen und der Teile, die Reproduktion der Teilkomplexe in ihrer verhältnismäßigen Selbständigkeit voraussetzt und in sich faßt. Gerade die Wechselwirkung zwischen diesen Komplexen ergibt die Notwendigkeit derartiger Komplexe, deren alleinige Aufgabe die *Vermittlung* ist. Es ist scheinbar eine paradoxe Situation — es folgt jedoch aus dem Wesen der Vermittlung —, daß diese vermittelnden Teilkomplexe *ihre Rolle innerhalb des Gesamtvorganges* — getrennt von den durch die vermittelten Komplexe — *um so leichter erfüllen können, je größer ihre relative Autonomie ist*[6]. Demzufolge ist die verhältnismäßige Gesondertheit des Rechts kein Produkt der selbstverheerenden Bewegung eines seiner Flasche entwichenen Geistes: sie entspringt eben seinem Wesen, seinem vermittelnden Daseinskomplexcharakter.

Die Eigenartigkeit des Rechts ergibt sich also aus der Notwendigkeit *seiner Funktionierung als verhältnismäßig autonomer vermittelnder Komplex.* Dies erblickten wir vorhin in der Projizierung des Rechts als formalisierend objektivierte Normenstruktur und in der dem entsprechenden, diese formelle Anwendung anstrebenden geschichtlichen Kraftanstrengung[7]. In dieser technizisiert-formalisierten Gestalt ist das Recht nicht nur ein *künstliches Gebilde,* sondern durch sein Kategoriesystem auf die Wirklichkeit gebaute, ideologisch postulierte *sekundäre Wirklichkeit.* Einerseits *definiert es Verhalten, enthält aber die damit zusammenhängenden kausalen Wirkungen* und die *mit dem fraglichen Verhalten zusammenhängenden zielsetzenden Thesen nicht mehr* in ausdrücklicher Form, — andererseits läßt es den Definierungen des Verhaltens dadurch praktische Bedeutung zukommen, daß es diese mit den verschiedensten *künstlichen Qualifikationen des Verbots, der Zulassung oder Verpflichtung verbindet.* Diese Qualifizierungen bilden, zusammen mit den qualifizierten Verhaltensdefinitionen solange eine ideologische Scheinwirklichkeit, bis sie sich, in gesellschaftliche Tatsachen geworden, in der gesellschaftlichen Praxis realiseren.

Was folgt daraus?

Vor allem die Tatsache, daß das Recht funktionell geeignet ist seine Vermittlerrolle zu versehen. Dadurch daß es *ausschließlich auf das*

[5] *György Lukács,* A társadalmi lét ontológiajáról, II. Bd., Budapest 1976, S. 140 (bzw. Zur Ontologie des gesellschaftlichen Seins, letztes Manuskript in Maschinenschrift mit autographen Korrekturen [Lukács-Archiv und Bibliothek, Budapest]).

[6] *Lukács,* S. 225 - 228.

[7] Im Zusammenhang mit dem Experiment, das Recht als ein vollständiges und lückenloses formelles System aufzufassen und gelten zu lassen siehe *Csaba Varga,* Rationality and the Objectification of Law, Rivista Internazionale di Filosofia del Diritto, LVI (1979) 4, S. 695 ff., und *ders.,* Law and Its Approach as a System, Acta Juridica Academiae Scientiarium Hungaricae, XXI (1979) 3 - 4, S. 301 ff.

Instrumentverhalten konzentriert, ermöglicht es klar und eindeutig die Standardisierung der gesellschaftlichen Praxis; dadurch, daß es die Voraussehbarkeit der zu erwartenden Folgen sichert, motiviert es das künftige Verhalten; schließlich schaffte es zur Abwägung der Rechtmäßigkeit des Verhaltens eine sichere Grundlage, da es die formelle Beurteilung aufgrund der äußeren Kennzeichen des Verhaltens ermöglicht. Gleichzeitig hat aber die Konzentrierung auf das Instrumentverhalten eine innere Selbstverteidigungsfunktion. In den komplexen Zusammenhängen der gesellschaftlichen Praxis entspricht nämlich den mehr oder minder als allgemeine Werte geltenden Zielen nicht eine Art ausschließliches Instrumentverhalten; zwischen den Zielen und den diesen (mit minderer oder größerer Wirksamkeit) verwirklichenden Verhalten gibt es keine unmittelbare und enge Entsprechung, Äquivalenz. Eine Regelung durch das Mittel der Normenstruktur, in dem es Instrumentverhalten zu selbständigen Zielen erklärt, liefert das Endresultat eines langen Wertungsvorganges (welcher letztere aber aus abweichenden Gesichtspunkten betrachtet jeder Zeit fraglich gemacht werden kann). *Es konzentriert deshalb auf das Instrumentverhalten, weil es autoritativ ist:* es deckt eine von sämtlichen vorangegangenen Beweggründen oder Überlegungen unabhängig gemachte behördliche Entscheidung. Die Norm fordert den Adressaten nicht zur neuen Durchlenkung der den Normenschöpfer geschichtlich leitenden Überlegungen auf, sondern zum *Verhalten,* zu *Handeln* in einer seitens des Normenschöpfers als wünschenswert erachteten Weise.

Aus dem vorangegangenen folgt zweitens auch, daß das Recht eine *verzerrte, einseitige, in ihren künstlich herausgerissenen Beziehungen bestehende* Widerspiegelung der Wahrheit ist. Wie darauf Lukács aufmerksam machte, die rechtliche Widerspiegelung „nicht eine Erkenntnis des objektiven Ansichseins des gesellschaftlichen Prozesses selbst reproduziert": „die Feststellung der Tatsachen, ihr einordnen in ein System ist nicht in der gesellschaftlichen Realität selbst verankert, sondern bloß in dem Willen der jeweils herrschenden Klasse, die gesellschaftliche Praxis ihren Intentionen gemäß zuordnen"[8].

Aus dem Gesichtspunkt der Ontologie des gesellschaftlichen Seins war das eine entscheidende Folgerung, da das Lukács-Werk unter anderen gerade die Demonstration dessen zum Ziele hatte, daß unter gegebenen Bedingungen auch die „bewußtseinshaftigen Reproduktionen" (Glauben und Irrglauben, die verschiedensten ideologischen Formen usw.) seinhaftigen Charakter und Bedeutung: „seinhaftige Funktion" haben. Das ist aber gleichbedeutend damit, daß *das Prinzip der primär erkenntnistheoretischen Annäherung bei zahlreichen Formen der Widerspiegelung vorweg unrichtig ist.* Es handelt sich hier um bewußtseinhaftige Reproduktionen des Seins, die nicht auf seine erkennende Abbildung, sondern auf seine Abänderung, auf eine *praktische* Wirkung auf das Sein abzielen. *Die Adäquation der praktischen Widerspiegelung*

[8] *Lukács,* S. 217 und 218.

hängt also vor allem von ihrer funktionellen Wirksamkeit, von ihrer seinhaftigen Funktion, das heißt *von ihrem ontischen Status ab.*

Der eigenartige Antlitz des künstlichen Charakters des Rechts — womit sich Lukács weiter nicht befaßte — hat in seiner spezifischen Objektivationsform seinen Ursprung: darin nämlich, daß es seine Aufgabe durch Normenstrukturen — mit Hilfe der Auswahl von Instrumentverhalten und deren Qualifizierung in gegebenen rechtlichen Konstruktionen derselben — versieht. Nun, stellen wir uns einen Mathematiker vor, der auf die Reize der Außenwelt bloß in Zahlrenreihen und Formeln reagiert. Stellen wir uns einen Strategen vor, dessen ausschließliche Reaktion in Truppenbewegungsbefehlen besteht. Oder vergegenwärtigen wir uns einen Monarchen, dessen einzige Ausdrucksform ist, seine Untertanen zu blinden Mitteln seines eigenen Willens zu machen. Es ist möglich, daß alle diese Äußerungen adäquat sind, aber wir können uns davon kaum in direkter Weise überzeugen. Die für den Mathematiker, Strategen und Tyrannen *par excellence* charakteristischen Äußerungen sind zweifellos Reaktionen auf die Wirklichkeit, aber nicht in sich. Sie sind bis zum Äußersten entblößte Endfolgerungen eines erkennenden, das Moment der Entscheidung in sich fassenden Vorgangs, dessen Daseinssinn gerade in der mannigfachen wechselseitigen Verbindung mit der Wirklichkeit besteht.

Diese Äußerungen sind in *sich nicht überzeugend*, da das Fehlen ihrer natürlichen (kausalen, wertenden, zielsetzenden) Umgebung ihnen den Schein der Eventualität verleiht. *Zum Gegenstand eines gedanklichen Diskurses* und Bestätigung *können sie nur in Einheit mit diesen Zusammenhängen werden.* Auch hinsichtlich des geschaffenen Rechts ist jede intellektuelle Tätigkeit nur dann vorstellbar, wenn wir der in den rechtlichen Normenstrukturen vorhandenen Instrumentverhalten-Auswahlen und der im Hintergrund ihrer Qualifikation stehenden kausalen, wertenden und teleologischen Inhalte bewußt werden.

Aus seiner bloßen Instrumenthaftigkeit herausgehoben kann das Recht nur dann zum gesellschaftlich bewußten Instrument der gesellschaftlichen Beeinflussung werden, wenn es in das Netz der kausalen und wertenden Zusammenhänge rückversetzt wird, aus dem es zwecks Vergegenwärtigung als Instrument herausgerissen wurde. Das rechtliche Instrument als Ding für sich kann nur im Zuge dieser intellektuellen Rekonstruktion behoben werden, daß dann — dadurch daß wir die Bewußtheit des Normenschöpfers zum Ding für uns machen — auch das Recht *zum Ding für uns* wird.

Im allgemeinsten Sinne aufgefaßt ist dies die prinzipielle Grundlage der Herausformung der in der ministeriellen Begründung steckenden Funktion. Deshalb kann behauptet werden, daß seit das geschriebene Recht mit seiner in Normenstrukturen zum Ausdruck kommenden Objektiviertheit herausgeformt wurde, die Rückversetzung der Normenstrukturen in ihre natürliche sprachliche und intellektuelle Zusammenhänge eine Vorbedingung jeder mit dem Recht zusammenhängenden bewußten intellektuellen Tätigkeit ist.

(B) Die moderne, *auf bürokratischem Weg vorbereitete Gesetzgebung ist ein Produkt des feudalen Absolutismus.* Die allmählich immer umfassender und intensiver werdende militärische, finanzielle, wirtschaftliche usw. Tätigkeit des Staates bringt zur Erfüllung der qualitativ angewachsenen und veränderten Aufgaben eine neue Organisation zustande, die nicht auf priesterlicher Würde, auch nicht auf Vorrechte des Adels, sondern *auf fachkenntnisbedingten Beamtenkarrieren* beruht. Dieser bürokratische Apparat ist im Interesse dessen, daß seine Tätigkeit durch uniformisierte Kanäle läuft, einerseits Beanspruch̲er, andererseits *Hersteller* der neuen umfassenden rechtlichen Regelung. Der Absolutismus *erstrebt also eine als Aktionsprogramm aufgefaßte, umfassende und vorwärtsblickende rechtliche Regelung,* an deren Vorbereitung Philosophen, Juristen, Wirtschafts- und Finanzfachleute teilnehmen[9].

Es darf aber nicht außer acht gelassen werden, daß diese Systeme *aufgeklärte Despotismen waren,* sie enteigneten die im bürokratischen Apparat vorhandenen Fachkenntnisse für sich, gewährten aber zu deren Entfaltung keinen genügenden Spielraum. Sie benutzten diesen Apparat auch nicht als Gegengewicht und konfrontierten ihn mit keinem anderen Willen, — *er war doch nur die „Verlängerung des Kopfes" des Monarchen,* der gemäß der Logik des Systems nicht als Wille galt.

Unter solchen Umständen konnte die die Gesetzgebung und Vorbereitung betreffende Arbeitsteilung bloß eine *Scheinarbeitsteilung* sein, *da* keine miteinander mehr oder minder koordinierte Teile einander gegenüber standen, sondern *nur das Ganze und dessen Omnipotenz galten,* wo das Ganze ausschließlicher Schaffer, nach Belieben Nützer, ja auch potenzieller Vernichter der durch ihm ins Leben gerufenen Teile gewesen ist.

Der durch den revolutionären Sieg und die liberale Staatseinrichtung der Bourgeoisie ins Leben gerufene *moderne Parlamentarismus brachte* dagegen *eine echte Arbeitsteilung zustande.*

Im Laufe der Gesetzgebung kommt tatsächlich eine Arbeitsteilung zustande, deren zwei Pole die beiden, auch verfassungsrechtlich und politisch einander gegenübergestellten, oder zumindest miteinander wetteifernden Staatsgewalte sind, und zwar: Die Exekutivgewalt und der hinterstehende bürokratische Sachverständigenapparat einerseits, und die Gesetzgebungsgewalt andererseits. Die Arbeit der Gesetzvorbereitung wird durch einen Regierungsapparat vorgenommen, der einen meritorisch fertiggestellten Textentwurf einreicht, der nur angenommen zu werden braucht (Bill-System). Am anderen Pol steht die Gesetz-

[9] *Csaba Varga,* Kodifikációs tendenciák a felvilágosult abszolutizmus korában (Kodifikationstendenzen im Zeitalter des aufgeklärten Absolutismus), Jogtudományi Közlöny, XXXI (1976) 2, S. 70 ff., besonders S. 73 ff.

geber-Körperschaft und fällt jene politisch-rechtliche Entscheidung, die den formell jeden normativen Wert entbehrenden Text zu geltender Rechtsquelle transformiert.

„Da die beiden Häuser ausschließlich über den fertigen Text debattieren, trennt sich in unserem heutigen Verfahren die Kodifikationstätigkeit von der Gesetzgebungstätigkeit. Ebenso trennen sich infolge des Verbotes der Begründung der Stimmen die Beratung und die Entscheidung[10]." Deshalb wird es unumgänglich notwendig, daß *die vorbereitende, fachmäßig kompetente Regierungskörperschaft die annehmende, formelle Entscheidung fällende politische Körperschaft zu beeinflussen trachtet, dessen Mittel die Überzeugung und das Medium die Gesetzvorlage begleitende ministerielle Begründung ist.*

Bedenken wir nun: in den europäischen parlamentarischen Ländern wird in der zweiten Hälfte des XIX. Jahrhunderts im Rahmen des Regierungsapparates eine separate Sektion[11] zur Ausarbeitung der Regierungsgesetzvorlagen aufgestellt. Die bürokratische Vorbereitung tritt dermaßen in den Vordergrund, daß John Stuart Mill bereits in den 1860er Jahren für notwendig hält, die „doing the work" und „causing it to be done" zu trennen[12]. In einem derartigen Medium muß die ministerielle Begründung instituiert werden, *die eine — Überzeugung, Neuüberlegung und gleichzeitig Selbstrechtfertigung enthaltende — Erklärung der Regierung* war, adressiert an das über die Gesetzvorlage verhandelnde und über deren Schicksal formell entscheidende Parlament, um darzulegen, aus welchen Gründen, von welchen Zielen geleitet, welche rechtstechnischen Überlegungen in Betracht ziehend die die gegebenen Verhalten als Instrumentverhalten definierende und dieselben in der gegebenen Weise qualifizierende Normenstrukturen sie konstruiert hat.

Zusammengefaßt: in dem der Herrschaft des Bürgertums vorangegangenen paternalistischen oder despotischen monarchistischen Absolutismus war die bürokratische Vorbereitung des Gesetzgebungsvorganges bloß eine Scheinarbeitsteilung, weil der politisch entscheidende Faktor, der Monarch auf sämtlichen Ebenen und sämtlichen Phasen der Gesetzgebung anwesend war und mitredete. Eine echte Arbeitsteilung kam erst zustande, als — im Zeichen der Trennung der Staatsgewalt — die die Gesetzvorlage *vorbereitende* Regierungsbürokratie und das das Gesetz *schaffende* Parlament getrennt wurden. *Die ministerielle Begründung kam in dieser Arbeitsteilung als Instrument der Vermittlung von einem Pol zum anderen zustande.* Zu diesem grundlegend wichti-

[10] *István Ereky,* A közigazgatási jog kutfői (Quellen des Verwaltungsrechts), in: István Ereky. Jogtörténelmi és közigazgatási jogi tanulmányok (Studien über Rechtsgeschichte und Verwaltungsrecht), II. Bd., Eperjes 1918, S. 349.

[11] In Ungarn ab 1. Mai 1895 als Sektion Nr. IV. des Ministeriums für Justizwesen, die Kodifikationsabteilung.

[12] *John Stuart Mill,* Autobiography, S. 264. Zitiert von *Robert Luce,* Legislative Procedure, Cambridge (Mass.) 1922, S. 564.

gen Grund gesellten sich auch andere ergänzende Bedingungen, die deren Antlitz weiter gefärbt haben mögen: (a) die Regierung hätte *die Gesamtheit des Parlaments* darüber zu überzeugen, daß die Vorlage wohlbegründet, aktuell und zur Erreichung des gesetzten Zieles geeignet ist; (b) mit Hinsicht auf das Mehrparteiensystem der liberalen Regime mußte die regierende Mehrheit innerhalb des Parlaments die Oppositionen auch extra überzeugen; (c) die ministerielle Begründung *diente als Grundlage* und Rahmen von *Parlamentsdebatten,* die das Schicksal der Gesetzvorlage meritorisch entschieden und die prinzipiellen, sowie Teillösungen gleicherart berührten; schließlich (d) es muß bemerkt werden, daß der liberale Parlamentarismus nicht auf die Volksvertretung aufgebaut war, sondern überwiegend die Vertretung der herrschenden gesellschaftlichen Schichten gewesen ist. Darin spielten *die Juristen* in einem ihr Zahlenverhältnis weit übersteigendem Maße eine Rolle, *denen nie ministerielle Begründung, deren politische und rechtliche Teile gleicherart, ein vertrautes Spielfeld zu Argumentierungen und Debatten war.*

II. Die möglichen und erwünschten Funktionen der ministeriellen Begründung im sozialistischen Recht

Wie an einer anderen Stelle die konkreten Formen in vergleichender Art analysierend, demonstriert wurden, verbreitete sich die ministerielle Begründung nicht nur in einer großen Zahl der kapitalistischen Systeme, sondern — die Sowjetunion und die Deutsche Demokratische Republik ausgenommen— ist sie auch in den europäischen sozialistischen Ländern eine allgemeien anerkannte Institution[13]. Es ist aber anzunehmen, daß es sich hier *nicht um eine neue* Institution handelt, die durch die sozialistische Entwicklung selbst erarbeitet worden war, um den eigenen Bedürfnissen entsprechen zu können. In ihrer Aufrechterhaltung und Anpassung an die neuen Bedingungen des Sozialismus hatte auch der Umstand, daß sie als *Errungenschaft der Zivilisation gewertet wurde,* ja sogar solche Zufallsfaktoren, wie das Beharrungsvermögen Wort mitzureden.

Der sozialistische Typ der ministeriellen Begründung ist nicht einheitlich. In seiner inhaltlichen Funktion zeigen sich starke Unebenmäßigkeiten, innerhalb deren formelle Verfahrensbedingungen, die Erfüllung aus früheren Zeiten geerbte Verfahrensbedingungen mit sozialistischem Inhalt und die unmittelbare politische Schattierung der gesetzlichen Regelung vorkommen. Andererseits hat die ministerielle Begründung im Sozialismus gemeinsam etwas eigenartig Neues an sich: *es fehlt ihr* jene grundlegend entscheidende Funktion, die die ministerielle Begründung im bürgerlichen Parlamentarismus je und überhaupt zu-

[13] *Csaba Varga,* A törvényhozás és felelős tudatossága (Die Gesetzgebung und ihre verantwortliche Bewußtheit), Állam- és Jogtudomány, XX (1977) 3, 2. Kap.

stande brachte. Die Institution der ministeriellen Begründung verdankt doch ihr Sein dem Umstand, daß in der Periode der bürgerlichen Umstellung in Europa das Prinzip der Gewaltentrennung, im Interesse der Abrechnung mit der Willkür des feudalen Absolutismus, ernst genommen wurde, demzufolge verschob sich in der Gesetzgebung der auf diese Weise zustandegekommenen liberalen Parlamentarismen mit Mehrparteisystem die meritorische Vorbereitung und die zum Gesetz Erhebung zu verfassungsrechtlich und politisch entgegengesetzten Polen.

Im System des Sozialismus herrscht die politische Einheit — nicht notwendigerweise wegen des Einparteisystems, grundlegend aber aus der allgemeinen führenden Rolle der marxistisch-leninistischen Partei folgend — eine überwiegende, oft völlig *politische Einheit* zwischen der Vorbereitung und der Annahme des Gesetzes. Die sozialistische Staatstheorie weist das Prinzip der Trennung der Staatsgewalten zurück, da sie die Staatsgewalt als grundlegend einheitlich postuliert. Innerhalb dieser Einheit ist die Unterscheidung der Gesetzgebungs-, Exekutiv- und Justizgewalt nichts anderes, als eine die grundlegenden staatlichen Funktionen im Rahmen von relativ selbständig gewordenen Organsystemen instituierende *Arbeitsteilung.* Die neueren sozialistischen Verfassungen legen auch kategorisch die jede staatliche Funktion durchdringende führende Rolle der Partei fest. Im Zuge des auch die Vorbereitung seitens der Regierung in sich fassenden Gesetzgebungsprozesse wird die herauszuformende Regelung, bereits vor der Vorlegung zur formellen Entscheidung durch eine Reihe von informellen Entscheidungen inhaltlich und formell umschränkt, deren alle letzten Endes identisch determiniert sind, sie repräsentieren nämlich die politische Einheit der in der Gesellschaft zur Geltung kommenden Staatsgewalt. Die Realität jener Funktion also, die im liberalen Parlamentarismus durch das einander gegenübergestellte Institutionssystem des politischen *check and balance* durch die Verschiebung der Gesetzvorbereitung und der Annahme des Gesetzes auf die politisch entgegengesetzten Pole ausgebaut wurde, ist im Gesellschaftssystem des Sozialismus nicht gegeben.

Hinsichtlich der eigenen möglichen und erwünschten Funktionen verhält es sich folgendermaßen:

1. Als prinzipielle Grundlage kann festgestellt werden, daß in unserer Zivilisation die Eigenartigkeit des Rechts nach wie vor unvermeidlich erfordert seine *in gesetzten Normenstrukturen objektivierte* Erscheinung. Hinsichtlich der Reinheit dieser Normenstrukturen müssen wir der Taktik von Bentham zustimmen[14], im Bewußtsein dessen, daß

[14] „Es ist geziemend sich an den Ausdruck eines klaren, einfachen Willens zu halten, ohne irgendwelche Beweggründe, Meinungen oder Gefühle, die von diesem Willen abweichen, beizumischen. Die Beweggründe eines Gesetzes anzugeben ist eine völlig verschiedene Arbeit, das mit dem Gesetz selbst nicht zusammengemischt werden darf. Wenn es nötig erscheint die Bevölkerung diesbezüglich zu unterrichten, kann das durch eine Einleitung oder einem Vorwort geschehen, oder in einer Erklärung, die den Text des Gesetzes

die Mischung der für das Recht *par excellence* charakteristischen Objektivationsformen mit sonstigen Formen oder die Auflösung derselben in diesen, trotz der eventuell erhofften partikularen Vorteils, unumgänglich die Zerrüttung der Eigenartigkeit des Rechts nach sich zieht, das die Verringerung oder Vernichtung der Wirksamkeit des Rechts, als abgesonderten Instruments der gesellschaftlichen Regelung zur Folge hat.

2. Dieses Grundprinzip spricht aber nur gegen die Verschmelzung der beiden verschiedenartigen Ausdrücke — nämlich der erkennenden-wertenden-zielsetzenden überzeugenden Tätigkeit und deren in beschreibenden sprachlichen Strukturen erscheinenden Objektivationsformen, beziehungsweise der regelnden-vorschreibenden Tätigkeit und deren zu Normenstrukturen transformierten sprachlichen Objektivationsformen — und bedeutet bei weitem nicht, daß *die theoretische Unterstützung der Normenstrukturen mit Nicht-Normenstrukturen,* das heißt die Reproduktion oder Rekonstruktion eines zu Normenstrukturen transformierten Argumentationsvorganges in seiner ursprünglichen Form nicht erwünscht wäre. In der Politiktheorie gilt das Axiom: „Der Befehl ist kein jede Begründung entbehrendes fiat, keine blinde Kraft, die auf keine Vernunft folgern ließe, und auch kein absoluter Anfang, da die durch ihn geschaffene Ordnung in eine bereits bestehende Ordnung eingefügt werden muß[15]."

3. Zu der prinzipiellen Notwendigkeit der Unterstützung der Normenstrukturen durch Nicht-Normenstrukturen, und — besonders in der sozialistischen Gesellschaft — zum politischen Anspruch auf die gesellschaftliche Bewußtmachung des Rechts gesellt sich ein drittes Element, das bereits bei der Herausformung des Systems der ministeriellen Begründungen eine gewisse Rolle gespielt haben mag. Dieses Element ist gemäß einer französischen Bearbeitung aus dem vorigen Jahrhundert jene dem Schein nach rein praktische Funktion der ministeriellen Begründung, daß die beiden Häuser des Parlaments „von den Unbequemlichkeiten des vorschnellen, nicht in genügendem Maß ausgearbeiteten Vorlagen" verschont werden[16].

Der tiefer liegende sekundäre Inhalt dieser Überlegung ist aber in dem Moment der Rationalisierung der in Normenstrukturen ausgedrückten Regelung zu erblicken, und zwar in zwei Richtungen. Der

begleitet. Aber ein befehlendes Gesetz soll nichts anderes beinhalten, als den Ausdruck des klaren Willens des Gesetzgebers. Dieser enthält nämlich die Regel des Verhaltens, und kann nie einfach und klar genug, und in genügendem Maß über den Einwendungen stehend sein." *Jeremy Bentham,* An Essay on Political Tactics, etc., in: Jeremy Bentham, The works ..., hrsg. John Bowring, II. Bd., Edinburgh 1843, S. 356.

[15] *Julien Freund,* L'essence du politique, Paris 1965, S. 269.

[16] In Frankreich muß z. B. der Begründungspflicht formell nachgekommen werden, im Notfall nimmt aber der Vorsitzende des Parlaments eine in einigen Zeilen abgefaßte Begründung hinweg. *Eugène Pierre,* De la procédure parlementaire, Paris 1887, S. 62.

Vorbereiter der Gesetzgebung, wenn er die in Normenstrukturen ausgedrückte Entscheidungsvorlage begründen muß, ist einerseits gezwungen, dieselbe wiederholt durchzudenken, da er ja nicht bloß von den effektiven gesellschaftlichen Vorgängen abstrahierte Normenstrukturen unterbreitet, sondern *seine Wahl* durch die Aufdeckung der in diesen Normenstrukturen steckenden kausalen und bewertenden Zusammenhänge *auch für andere rationell dokumentieren muß*. Dessen Wirkung meldet sich auch im weiteren Leben der Normenstrukturen, in dem sie *einer solchen Interpretation der Normenstrukturen widersteht*, die den im Zuge der Rationalisierung dargelegten Argumenten und praktischen Überlegungen *dermaßen widersprechen würde, daß einen derartigen offenen Konflikt das Rechtssystem nicht mehr dulden könnte.*

Insofern ist also die ministerielle Begründung eine Institution der Rationalisierung der Gesetzgebung, die vor allem den *Gesetzgeber* moralisch-politisch bindet, seine Wahl vor der Öffentlichkeit der Adressierten zu rationalisieren; die Bindung des *Gesetzes* selbst liegt darin, daß es einer Rechtsanwendung, die den ursprünglichen Bedingungen offen widerspricht, hemmend im Wege steht. Diese letztere Wirkung *kann* auf dem Gebiete der behördlichen Rechtsanwendung und auf dem der Justizverwaltung gleicherart geltend werden.

4. Die ministerielle Begründung ist (a) vor allem *ein grundlegender Motivenbericht des das Gesetz vorbereitenden und später für dessen Durchführung verantwortlichen Regierungsapparates zwecks Überzeugung* der Gesamtheit und einzelnen Mitglieder der über die Vorlage Entscheidungsbefugnis ausübenden *Körperschaft der Staatsgewalt;* (b) im Zusammenhang mit dem Volksvertretungscharakter der Staatsgewaltsorgane spricht sie auch gleichzeitig zur *Gesamtheit der Gesellschaft* als dem späteren Adressaten der unterbreiteten Gesetzvorlage, gegenüber der sie die Aufgabe hat, die Möglichkeit der auf Überzeugung gründenden freiwilligen Gesetzbefolgung Grundlage zu schaffen; (c) notwendigerweise muß sie auch *zu den späteren Anwendern des Gesetzes,* zu den für dessen Vollstreckung verantwortlichen Funktionären der Verwaltung und der Justizpflege sprechen; (d) und spricht sie auch *zu sich selbst,* indem sie sich selbst auffordert sich selbst Rechenschaft zu erstatten, das heißt, die in der Regelung verkörperte Rationalität neu zu durchdenken.

5. Es ist evident, daß die verschiedenen Adressaten bezüglich der Begründung bei weitem nicht dieselben Ansprüche erheben. Einerseits beanspruchen alle Adressaten eine die in Normenstrukturen realisierte Regelung in ihrer vollen Tiefe und in allen Zusammenhängen aufdeckende komplexe gesellschaftlich-politische und rechtliche Begründung, sie werden aber davon in verschiedenem Ausmaß und verschiedener Tiefe Gebrauch machen. Damit sie diesem komplexen Anspruch entsprechen kann, scheint es auch in der ungarischen Praxis optimale Lösung zu sein, daß die ministerielle Begründung traditionsmäßig in zwei Teile gegliedert ist, nämlich in einen *allgemeinen Teil* und einen

kategorisch detaillierten *besonderen Teil,* und zwar so, daß in der Darlegung des Hintergrunds, der Beweggründe, der äußeren und inneren Zusammenhänge der gesellschaftlich-politische und der rechtliche Moment immer *in einer aufeinander bezogenen Einheit* aufscheint, wobei es selbstverständlich ist, daß im allgemeinen Teil die gesellschaftliche politische Seite, im besonderen Teil die rechtliche Seite Betonung bekommt.

Die Darlegung der gesellschaftlich-politischen Zusammenhänge kann prinzipiell nur im Interesse der Begründung der fraglichen Regelung geschehen: — aus unserer ersten These folgend ist eine Rechtfertigung dessen, daß die ministerielle Begründung neue Normenstrukturen, oder Normenstrukturen mit modifizierter Bedeutung enthält, kaum möglich. Durch die Erschließung der in den sozialistischen Ländern, den allgemeinen rechtspolitischen Überlegungen entsprechend[17], in Normenstrukturen „aufgehobenen" echten gesellschaftlichen usw. Zusammenhänge läßt die ministerielle Begründung die Normenstrukturen in ihrer inneren Rationalität sehen. *Sie kann aber keine Ergänzung, kein Ersatz* der Regelung, *oder — falls die Regelung über etwas zielbewußt schweigt — kein Inspirator irgendeiner offiziellen oder halboffiziellen Lösungsart oder Lösungsform sein*[18].

6. Schließlich muß — im Interesse der Betonung das nicht Rechtsquellen-, sondern Gesetzesmaterialencharakter *(travaux préparatoires, legislative materials)* der ministeriellen Begründung — auch jenen rechtspolitischen Erfordernis Bedeutung beigemessen werden, daß *sie von der offiziellen Veröffentlichung der in Rede stehenden Rechtsquelle getrennt veröffentlicht werden soll* (in den sekundären Publikationsformen, usw.). Dies sehen wir an einer Reihe von Beispielen in den westeuropäischen Ländern, und dies ist der Fall — mit Ausnahme Rumäniens — auch in der Praxis der sozialistischen Länder.

III. Die ministerielle Begründung und ihr Wert in der Auslegung der Rechtsnormen

In Schweden, wo die Repräsentanten der Rechtspflege in der Ausarbeitung der Gesetzvorlagen eine entscheidende Rolle spielen, trifft sich die Wirkung der Gerichte auf dem Gesetzgeber notwendigerweise mit der Rückwirkung desselben auf die Gerichte. Es entsteht die Situation, daß nicht nur die Gesetzvorlagen, sondern auch deren Vorbereitungsmaterial, die *Begründung der Vorlagen, mit Rücksicht auf ihre künftige Rechtsanwendungstätigkeit herausgeformt werden.* Auf diese Weise können die Vorbereitungskommissionen „für natürlich erachten,

[17] Vgl. *Imre Szabó,* A jogszabályok értelmezése (Die Auslegung der Rechtsnormen), Budapest 1960, S. 219, Fn. 84; *Jon Deleanu,* Preambulul si exunerea de motive — ca precedes ale technicii legislative, Studia Universitatis Babes-Bolyai: Iurisprudentia, XXI (1976), S. 17, Fn. 20 - 21.

[18] *Varga,* The Preamble, S. 126.

daß es in ihrer Macht steht auch die Mitglieder der Gerichte anzusprechen"[19], was die Art der Zusammenstellung der in Rede stehenden Dokumente im vorhinein schon beeinflußt, werden diese doch „im vollen Bewußtsein dessen verfertigt, daß die Gerichte und Juristen diese Dokumente zwecks Anwendung derselben studieren werden"[20].

Nun ist für uns im Moment folgendes Problem von Interesse: die ministeriellen Begründungen — einerlei ob sie unter Beachtung der späteren Berücksichtigung seitens der Gerichte, oder bloß an den Gesetzgeber adressiert abgefaßt werden — werden in mit der Rechtsanwendung zusammenhängenden Zweifelsfällen die Aufmerksamkeit der Rechtsanwender früher oder später zwangsläufig erwecken, die zur Lösung ihrer Probleme irgendeinen Leitfaden haben möchten.

Bezüglich der durch rechtliche Objektivationen getragenen oder sich auf diese beziehenden Informationen kann einerseits zwischen Informationen mit *normativer* und mit *nicht normativer Kraft,* andererseits solchen mit Norminhalt und mit *wertendem Inhalt* unterschieden werden. Nun ist aber (a) der typische Inhalt der Rechtsnormentexte die *normative Norminformation,* da sie aus mit Normativität ausgestatteten Normenstrukturen besteht; (b) der typische Text der Einleitungen der Rechtsnormen (Präambeln) ist hingegen die *normativ wertende Information,* da sie aus Nicht-Normenstrukturen besteht, die aber normativ sind; (c) die *nicht-normative Normformation* ist der typische Inhalt der rechtsdogmatischen Texte, da sie Träger von nicht-normativen Normenstrukturen ist; und zum Abschluß (d) *nicht-normativ wertende Information* ist der typische Inhalt der ministeriellen Begründungen, da sie nicht aus Normenstrukturen bestehen, und auch nicht normativ sind[21].

Schon durch diese Einstufung selbst liegt die Folgerung an der Hand, daß *die ministerielle Begründung weder ihrer Form noch ihrem Inhalt nach geeignet ist als aktiver Faktor in der Beeinflussung der Gesellschaft durch das Instrument des Rechts mitzuwirken.* Diese Folgerung, so kategorisch, erweist sich doch nicht standhaltig.

Jener, keine Normenstrukturen tragende über keine Normativität verfügende Inhalt, der der ministeriellen Begründung typischerweise eigen ist, kann in der Wirklichkeit den *praktischen* Verlauf der Rechtsanwendung *vielfach und wirksam beeinflussen.* Die Ansichten von Marx, Engels und Gramsci über die menschliche Praxis als grundlegende Kategorie des gesellschaftlichen Seins durchdenkend war es Lukács, der zur Folgerung gelangte, daß die Praxis eine grundlegende, mit den Kennzeichen der Seinhaftigkeit ausgestattete gesellschaftsontologische Bedeutung hat. Die Praxis und die durch sie zustandegebrachten künstlichen menschlichen Konstruktionen und Objektiva-

---

[19] *Folke Schmidt,* Construction of Statutes, in: Scandinavian Studies in Law, I. Bd., Stockholm 1957, S. 169.

[20] *Stig Strömholm,* Legislative Material and Construction of Statutes, in: Scandinavian Studies in Law, X. Bd., Stockholm 1966, S. 192.

[21] *Varga,* The Preamble, S. 110 ff.

tionsformen sind gesellschaftsontologische Kategorien, die *in der gesellschaftlichen Dialektik ihrer jeweiligen seinhaftigen Funktionierung* und nicht *aufgrund* ihrer erkenntnistheoretischen Richtigkeit, *Adäquatheit* usw. zu beurteilen sind. Die gesellschaftliche Praxis und ihre Objektivationsformen bilden einen Komplex, dessen entsprechende Funktionierung letzten Endes auf der erkenntnistheoretisch adäquaten Erkenntnis der Wirklichkeit gründet, — als gesellschaftliche Kategorie ist aber das übergewichtige Moment nicht der erkenntnistheoretischen, sondern der *ontischen Züge* entscheidend[22].

Wie bekannt *muß das Recht,* als eine zwischen anderen Seinkomplexen vermittelnde Kategorie, im Interesse der Wirksamkeit der Vermittlung von den anderen Komplexen getrennt werden und *über eine verhältnismäßige Autonomie und selbständige Bewegungsphäre verfügen.* Dies hat eine *erkenntnistheoretische Entstellung zur Folge,* da doch das, was das Recht widerspiegelt, nicht unmittelbar und nicht theoretisch gespiegelt wird, sondern geleitet durch praktisch-zielmäßigen Überlegungen, durchfiltert durch seine instrumenthaften inneren Gegebenheiten, Bedürfnisse und Möglichkeiten. Es mag diese Form erkenntnistheoretisch entstellt anmuten, *wenn aber* sie die zwischen dem Rechtskomplex und den durch ihn vermittelten Komplexen bzw. die zwischen diesen und dem gesellschaftlichen Gesamtkomplex *bestehenden wechselseitig bestimmenden Vorgänge* (innerhalb deren der gesellschaftliche Gesamtvorgang letztbestimmend ist) *befriedigt,* dann ist sie *funktionell.*

Das Recht ist eine grundlegend praktische Kategorie — nicht nur in seiner von den gesellschaftlichen Verhältnissen trennenden Objektivation, sondern auch in seiner diese auf die gesellschaftlichen Verhältnisse rückprojizierenden Realisation. Der grundlegende innere Widerspruch des Rechts ist, daß es *in seiner Objektivationsform* (im Interesse der Lieferung eines objektiv und formell unanfechtbaren Wertmessers zur Ermessung der gesellschaftlichen Verhalten) *formelle Standardisiertheit,* das heißt eine fixe, geschriebene, formell statische Ausdrucksform *anstrebt, die wird aber* (im Interesse der dem jeweiligen gesellschaftlichen Geradesosein entsprechenden Funktionierung) *durch die Praxis manipuliert.* Die Rechtsrealisierungsvorgänge sind vorweg doppelt determiniert: sie werden einerseits durch die geschichtlich normativ kategorisierten *Normenstrukturen,* andererseits durch die im Zuge der jeweiligen Realisierung dieser Normenstrukturen aktuell wirkenden *unmittelbaren gesellschaftlichen* Faktoren beeinflußt[23].

Prinzipiell kann also gesagt werden: *es gibt ausschließlich nur manipuliertes Recht.* Das Recht *kann nur dann* eine mit sich selbst identische

[22] *Lukács,* II. Bd., 2. Kap., S. 135 ff.

[23] Weitere Zusammenhänge siehe: *Csaba Varga,* Quelques questions méthodologiques de la formation des concepts en sciences juridiques, Archives de Philosophie du Droit, XVIII (1973), S. 224 ff., und *ders.,* On the Socially Determined Nature of Legal Reasoning, Logique et Analyse, 61 - 62 (1973), S. 21 ff.

vermittelnde Kategorie bleiben, wenn es in seiner Ausübung in seinem zur seinhaftigen Funktionierung notwendigen Maß in einer dementsprechenden Art laufend manipuliert wird. Trotz seiner relativen Identität mit sich selbst ist das Recht — aus einer entsprechenden Entfernung betrachtet — ein sich fortdauernd bewegendes Kontinuum, innerhalb dessen das Maß und die Art seiner inneren Bewegung, seiner Manipuliertheit von den wechselseitigen Verhältnissen des Rechtskomplexes mit den durch ihn vermittelten sonstigen Komplexen abhängig ist, in denen der letzte Bestimmungsfaktor der gesellschaftliche Gesamtvorgang ist.

Das Recht wird also im Interesse seiner seinhaftigen Funktionierung praktisch manipuliert, wobei das Maß und die Art, die Richtung und der Inhalt dieser Manipulierung von geschichtlich konkret bestimmten politischen, rechtlichen usw. Bedingungen abhängt. Nichtsdestoweniger ist das Recht eine die formelle Rationalität anstrebende Struktur, deshalb wird der Anspruch geschichtlich geltend, daß auch seine *praktische Manipulation* — soweit es möglich ist — *formell rationalisiert wird.* Nun, das ist der Punkt, wo die *Rolle der ministeriellen Begründung* in den Vordergrund tritt. Es ist wahr, daß es sich hier nicht um einen normativen Text, auch nicht um einen Text mit Normeninhalt handelt, es ist aber dennoch ein Text, der *mit der gesetzlichen Regelung verbunden ist,* und, dank seiner offiziellen Herkunft, irgendwie auch *offiziell gefärbt ist.* Anbetracht ihrer inhaltlichen Zusammengesetztheit besitzt sie große Chancen die Quelle der manipulierenden Auslegung zu sein.

Bezüglich der gesellschaftlichen Bedingtheit dieser Erscheinung ist die im Laufe des XIX. und XX. Jahrhunderts eingetretene Wendung äußerst aufschlußreich. Dank der Adäquatheit der rechtlichen Einrichtung der Bürgerschaft entsprach dem Kapitalismus der freien Konkurrenz des XIX. Jahrhunderts eine geschichtliche, das Recht bei seiner Entstehung in gegebenem Zustand versteifende Auslegung, die als theoretische Basis die Harmonie mit dem geschichtlichen Willen des Gesetzgebers verkündende *Willens*theorie akzeptierte und sich deshalb im Zuge der Auslegung dem Vorbereitungsmaterial (so auch der ministeriellen Begründung) gerne zuwandte. Als dies aber den Bedürfnissen der monopolistischen Umstellung nicht mehr entsprach und die Wege einer Auflockerung gesucht wurden, war die Erforschung der jeweiligen wirtschaftlichen usw. *Interessen* jene theoretische Stütze, die *zur* leidenschaftlichen *Abweisung* der Vorbereitungsmateriale *führte.* Im Gegensatz zu ihren Vorgängern glorifizierten sie also die geschichtlichen Quellen nicht, sondern wiesen darauf hin, daß die Festlegung des Sinns einer Gesetzstelle aufgrund der Begründung ein Mißbrauch ist[24]; daß dies so weit getrieben wurde, daß bereits als angenommen galt was das Parlament im Laufe der Debatte über den Gesetzantrag nicht beanstandet hatte[25]; ja es war gerade der erste Präsident des *Cour de Cassation,*

---

[24] *Ferdinand Regelsberger,* Pandekten, I. Bd., Leipzig 1893, S. 150 - 151.

der an der Jahrhundertfeier des *Code civil* erklärte: „Die Aufgabe des Richters ist nicht hartnäckig zu forschen, was der Gedanke des Verfassers des Kodexes vor hundert Jahren gewesen ist. Er muß sich viel mehr darum bemühen, was es sein würde, wenn er den Artikel heute hätte abfassen müssen[26]."

Die Bestrebung sich von den geschichtlichen Bindungen des Rechts loszumachen setzt also die Befreiungsabsicht von den übermäßig gewordenen Mißbräuchen in der Verwendung der ministeriellen Begründung bei der Auslegung der Gesetze voraus. „Letzten Endes würde — klingt die *mea culpa* — die Auslegung der Gesetze an Gewißheit und Ansehen gewinnen, wenn sie von den Vorbereitungsmaterialen unabhängig gemacht werden könnte[27]."

Nun, eben zu dessen Verwirklichung wurde im englischen Recht ein Versuch unternommen. Zwar spricht die die Prinzipien der Gesetzauslegung festlegende Entscheidung aus dem XVI. Jahrhundert[28] noch von einem durch das *common law* nicht remedierten Problem und von der richtlichen Inachtnahme der seitens des Parlaments diesbezüglich erlassenen Lösung, die Rechtsentwicklung des XIX. Jahrhunderts verschließt sich aber steif davor und nimmt derweise Stellung, daß die „Parlamentsdebatten" und die „Referate der Kommissionen" vor dem Gericht „unannehmbar und als Beweise bezüglich der Absicht des Gesetzgebers völlig wertlos sind"[29]. Das Verbot ist derart kategorisch, daß es dem Richter sogar zugesprochen wird zu erklären, die fragliche Lösung konnte nicht die Absicht der Gesetzgebung gewesen sein, — obwohl aus dem zur Verfügung stehenden Vorbereitungsmaterial eindeutig hervorging, daß der Gesetzgeber eben daran gedacht hatte[30].

Trotzdem werden die Vorbereitungsmateriale latent verwendet, was in der Rechtsanwendungsideologie selbst Unaufrichtigkeiten verursacht. Darauf spielt Lord MacMillans Äußerung ab: „zumindest können diese nicht vor dem Gericht angerufen werden"[31].

Laut eines allgemeinen Prinzips des englischen Rechts muß *jedes geschriebene Dokument aufgrund seines Wortlauts* ausgelegt werden[32].

---

[25] *Joseph Kohler*, Lehrbuch des bürgerlichen Rechts, I. Bd., Berlin 1904, S. 100 - 101.

[26] *Ballott-Beauprès*, Behauptung zitiert von *Henri Capitant*, Les travaux préparatoires et l'interprétation des lois, in: Recueil d'études sur les sources du droit en l'honneur de François Gény, Paris o. J., S. 206.

[27] *Capitant*, S. 214.

[28] Heydon's Case (1584), 3 Co. Rep. 7 a.

[29] *Craies* on Statute Law (1907), 7. Aufl., hrsg. S. G. G. Edgar, London 1971, S. 129. Der das am ausgeprägtesten festhaltende Rechtsfall in England war Salked v. Johnson, 2 Exch., S. 256.

[30] Murphy v. N. Irel and Transport Board (1937) N. I. Vgl. *Julius Stone*, The Province and Function of Law, Sydney 1950, S. 200.

[31] *Lord MacMillan*, Law and Other Things, 1937, S. 164, zitiert von *Stone*, S. 200, Fn. 292.

Der entscheidende Beweggrund der gegen die richterliche Verwendung der Vorbereitungsmateriale bestehenden Folie ist in der traditionellen Konkurrenz zwischen den Gerichten und dem Parlament zu suchen. Es handelt sich vermutlich darum, daß sich *das Gericht von dem Gezetzgeber losmacht, damit es,* nur auf die Normenstrukturen des Gesetzgebers gestützt, *das Gesetz je freier interpretieren kann*[33].

Nun, bezüglich der prinzipiell bestätigten Möglichkeiten in der Rolle der ministeriellen Begründungen und deren Aufhebung in der Praxis beweisen die semantischen Forschungen, daß *die Bedeutung der geschriebenen Texte, von dem Verfasser unabhängig wird; es wird durch die sprachliche Objektivation getragen.* Die sprachliche Bedeutung ist in erster Linie traditionell und kontextuell bedingt: die sprachlichen Zeichen gewinnen, entsprechend den jeweiligen sprachgebräuchlichen Konventionen, bei ihrer Anwendung ein *traditionelles Bedeutungsfeld,* dem durch den sprachlichen Kontext eingeengt und beschränkt, eine konkrete Bedeutung verliehen wird[34]. Demzufolge ist es falsch, die Bedeutung eines geschriebenen Textes durch die Absicht des Kodifikators ermitteln zu wollen[35]. In dem Moment jedoch, als die „traditionelle" und „kontextuelle" Definition die Bedeutung nicht entsprechend konkret, eindeutig und klar umschreibt, müssen offensichtlich Aushilfsstützen gesucht werden. Wir müssen auch vor Augen halten, worauf Lukács aufmerksam macht: *die Sprache* als vermittelnde Kategorie *kann nicht auch durch die stärkste sprachliche Einengung solche Bedeutung* haben, die mit dem konkreten Individuellen identisch ist: — die sprachliche Bedeutung verfügt höchstens über eine *einreihende Allgemeinheit*[36].

Unsere Folgerung ist deshalb zweifach. *Einerseits muß die Bedeutung der Normenstruktur (mit den allgemeinen und professionellen sprachgebräuchlichen Konventionen zusammen) durch die Normenstruktur selbst bestimmt werden.* Die Normativität der durch den Gesetzgeber erlassenen Normenstrukturen bedeutet auch sonst nichts anderes, als daß es von deren Adressaten gerade ein den darin enthaltenen Instruktionen entsprechendes, und kein anderes Verhalten fordert. Andererseits aber, *wenn der* in den Normenstrukturen enthaltene *Ausdruck* aus dem Gesichtspunkt der praktischen Anwendung *nicht genügend ein-*

[32] „Es ist eine Grundregel im englischen Recht, daß die Dokumente entsprechend den Absichten der Parteien, wie das im fraglichen Dokument zum Ausdruck kam, oder wie aus dessen Terminologie gefolgert werden kann, auszulegen sind — und diese Regel bezieht sich sowohl auf die Gesetzgebungsakte, als auch auf jeden beliebigen Vertrag oder Abkommen." *Sir Douglas Hogg,* am 25. Oktober 1925, vor dem International Court of Justice. Siehe Publication de la Cour, Séries C, No. 10, 1925.

[33] *Henri Lévy-Ulmann,* Cours de Droit civil comparé, 1930 - 1931, Manuskript, zitiert von *Capitant,* S. 215, Fn. 6.

[34] Vgl. *A. H. Gardinger,* Theorie of Speech and Language, 2. Aufl., 1951, S. 35.

[35] In der Literatur heißt diese Erscheinung *intentionalist fallacy.* Siehe z. B. *W. K. Wimsatt / M. C. Beardslay,* The Verbal Icon, 1958.

[36] *Lukács,* II. Bd., 2. Kap., 2 §., besonders S. 198.

deutig ist, sucht der praktische Rechtsanwender zwecks Wahl zwischen den gegebenen Deutungsmöglichkeiten, auch aus sonstigen Quellen Unterstützung. Sollte er es gegebenenfalls „in dem Willen“ oder „in der Absicht“ des Gesetzgebers entdeckt haben, so ist das eine *verbale* Praxis, birgt aber gleichzeitig einen *realen* Kern. Denn dies ist in den meisten Fällen „fiktiv oder rituell, und verdeckt bloß jene unvermeidlichen schöpferischen Wahlen, die im Falle jedweder Schwierigkeiten der Auslegung getroffen werden müssen“[37].

Wenn die Audierung der ministeriellen Begründung nutzvoll ist, so „kann die Absicht prinzipiell von Belang sein, *nicht* aber deshalb, weil es als solche den Richter bindet, oder weil es bei der Feststellung der Bedeutung der Worte Beweiskraft hat, sondern deshalb, weil es des Richters Pflicht ist, jede mögliche Mittel zur Feststellung der genauen Bedeutung des für ihn zweifelhaft anmutenden Wortlautes zu ergreifen“[38]. In diese — richtige — Lösungsrichtung weist auch die schwedische Literatur hin. Die dort herrschende Lage charakterisierend, faßt sie die Vorbereitungsmateriale als „sekundäre Rechtsquellen“[39], „sekundäre Direktiven“[40], als die Wahrscheinlichkeit der Billigung seitens des Obersten Gerichts steigernde, eben deshalb beachtenswerte, gebundene Argumente[41] auf. Ihre theoretische Auffassung tritt nicht mit dem Anspruch auf, irgendeine Scheinnormativität zu konstruieren. Der Richter sucht ja bei der Studierung der Vorbereitungsmateriale auch sonst nicht auf die dogmatische Frage Antwort: „Was ist das Recht?“, sondern möchte, zur Entscheidung gezwungen, nach *weiteren Anhaltspunkten* forschend, die Frage beantworten: „Wo finde ich weitere Direktiven[42]?“

Auch im Falle ihrer eventuellen *Instituierung wird die ministerielle Begründung durch diese praktische Bedeutung nicht mit Normativität ausgestattet*[43]. In der Literatur wurde es schon längst geklärt, daß es auch nicht als authentische Auslegung betrachtet werden kann[44]. Daraus folgt es, daß die ministerielle Begründung weder in gesellschaftlich-politischer, noch in juristischer Hinsicht die *Gesetzauslegung — rechtlich versteifen kann*. Sie kann nicht mit dem Anspruch auftreten, eine Auslegung auszuschließen, die, sei es aus ihren Argumenten folgend, sei es wegen ihrer konkreten Bedeutungsfeststellung, eine direkte oder in-

[37] *Julius Stone*, Legal System and Lawyers' Reasoning, London 1964, S. 35.

[38] *Stone*, Legal System and Lawyers' Reasoning, S. 392.

[39] *Strömholm*, S. 211.

[40] *Schmidt*, S. 166.

[41] *Alexander Peczenik*, The Structure of a Legal System, RECHTSTHEORIE, VI (1975) 1, S. 8.

[42] *Schmidt*, S. 158.

[43] In Schweden kommt es trotzdem häufig vor, daß die Festlegung und Umschreibung der gezielten Bedeutung der im Gesetztext angewendeten Begriffe oder die Unterstützung der Grenzfälle mit Beispielen die Vorbereitungsmateriale enthalten — in der Annahme, daß diese durch die Gerichte später doch in acht genommen werden. *Strömholm*, S. 200.

[44] *Szabó*, S. 217.

direkte Widerlegung dessen wäre, was in der ministeriellen Begründung enthalten ist.

Ihren Auslegungswert betrachtet ist die ministerielle Begründung nichts anderes, als *eine mögliche Quelle* der sogenannten geschichtlichen Methode der *Gesetzauslegung,* die, *gestützt auf ihren eigenen inhaltlichen Wert,* mehr oder minder *relevant* und *überzeugend* sein mag, — ist aber keinesfalls ein Faktor, der über ein Monopol verfügen würde zur Festlegung der Bedeutung der Gesetze, oder die in der Argumentation zur Festlegung der Bedeutung der Gesetze in acht zu nehmenden sonstigen Gesichtspunkte ausschließen (oder — rechtlich — sich unterstellen) würde.

Es kann selbstredend vorkommen, daß der die Vorbereitung der Gesetze vornehmende Regierungsapparat Anstrengungen macht, die die behördlichen Gesetzauslegung vollziehenden Verwaltungs- oder Gerichtsbarkeitsorgans zu einem größeren *Konformismus* zu den *geschichtlichen* Beweggründen, Überlegungen und Zielsetzungen der ministeriellen Begründung *zu zwingen.* Die Beurteilung derartiger Vorgänge ist aber prinzipiellen Charakters und übersteigt die Rahmen unserer Abhandlung. Die Beurteilung ihrer konkreten Formen gehört in den Bereich der Rechtspolitik, ihre Beschreibung kann die Aufgabe der den Wirkungsmechanismus der verschiedenen Komponenten innerhalb Organisationsrahmen getroffenen Entscheidungen behandelnden Soziologie bilden.

[8]

Acta Juridica Academiae Scientiarum Hungaricae, Tomus 13 (1—2), pp. 101—128 (1971)

The Preamble: A Question of Jurisprudence

Cs. Varga

Institute for Legal and Administrative Sciences
Hungarian Academy of Sciences

I. The notion of the preamble. — II. Content and functions of the preambles. — III. Normativity of the preamble content. — IV. The problem of the justifiability of preamble-drafting in the light of socialist legal policy.

The introductory forms of legislative acts developed *parallel* with the committing to writing of the legal provisions in an early phase of the evolution of law, although the earliest collection of laws, i.e. the code of Bilalama, king of Esnunna, compiled about the year 2260 before our era, as is known so far, had no preamble.[1] One of the most outstanding collections in the Antiquity, and of greatest influence, was the Code of Hammurabi of about 1694 B. C. This code had a prologue and ended with an epilogue. This prologue was "a religious introduction in the form of an encomium, written in the language of poetry", and by demonstrating the vocation, greatness and activities of the ruler it was written with the purpose to provide the framework for the promulgation of these provisions of law.[2] The earliest written treaty which has remained for us was that concluded by Ramses II and Prince Cheta in the 13th century before the present era. This too had a preamble,[3] and so also the Code of Manu was compiled in the 3rd century B. C. with an introductory section in its first chapter. It is this introduction in which the sanctity of the caste-system and its supernatural origin transmitted by the divine personality of Manu were laid down.[4]

The preamble as a *legal form*, as *one* of the methods of shaping the legislative considerations or will into a normative form has been living its peculiar, often apparently autonomous life for over three centuries and a half, in the course of which it sometimes contributed to the enforcement of revolutionary law, sometimes it became a usual element of legislative technique. In certain cases the preamble is destined to throw a light on the social factors of

[1] Driver, G. R.—Miles, J. C.: *The Babylonian laws.* Vol. I. Oxford, Clarendon Press, 1952. p. 6.
[2] Driver—Miles: op. cit., pp. 36 and 41.
[3] You, P.: *Le préambule des traités internationaux.* Fribourg, Librairie de l'Université, 1941. p. 1.
[4] *The laws of Manu.* Translated by G. Bühler. Oxford, Clarendon Press, 1886. p. 1.

a legal regulation, or to disclose the considerations guiding the legislator. In other instances it contains fundamental regulations of a political programme bearing upon the whole life of society. Moreover, in exceptional cases the preamble is the vehicle of the analysis of a from political and legal aspects interesting problem on a monographic level and standards.[5] At the same time the problem of the introductions to statutory regulations often appears as a marginal, insignificant, negligible phenomenon in jurisprudence. In fact, the preambles come into the limelight of interest on rare occasions only, usually merely the specific, mostly exceptional settlement of problems in a constitutional charter or a treaty of fundamental importance draws attention to the potential significance of the preambles. Consequently, scientific literature dealing with the introductions to legislative acts is in the first place of a casual nature. However, the universality of the application of various introductory forms, the theoretical and practical problems concerning their policy-making and actual effects justify, in my opinion, a comprehensive analysis in a paper of the range of problems implied in the preambles on a monographic level. In point of fact, in the light of the set of problems of the introductions it may be demonstrated that phenomena considered of secondary importance may become the subjects of investigations touching on and raising scientific and important theoretical basic problems.

The present study discusses the general theoretical questions of the preambles. Within the available space it is not intended to deal separately either with the historical evolution of the form of preambles, or the present practice of preamble-writing, the introductions to constitutions, in particular because the present author has already analyzed these questions to an adequate depth in one of his earlier papers.[6] Thus, in the present study of a summarizing nature in the first place the common traits will be emphasized, the more, so because it is held that as regards the preambles introducing normative acts of various types, the question is one of the various forms of manifestation and application displaying *identical* essential features of a given technical solution of legislation.

I. The Notion of the Preamble

According to the most general formulations the preamble is "an introductory part substantiated by political and factual data" heading a statute and "containing the reasons which have made necessary the adoption of the legal rule; it points at the end to the achievement of which the legal rule is directed,

[5] See e.g. 5 Geo. III, c. 26, where the preamble covers more than eighty printed pages. See Craies, W. F.: *A treatise on statute law.* 4th ed. London, Sweet and Maxwell, 1936. p. 182.

[6] Varga, Cs.: *A preambulumok problémája és a jogalkotási gyakorlat* (The problem of preambles and the legislative practice). Állam- és Jogtudomány, 2/1970. pp. 249—307.

hence in other words the introductory part is for the purpose of the operative part of the legal rule of a declaratory-motivating character".[7] Such and similar definitions which emphasize in general the structural position of the preambles handling them as distinct from statutory provisions, their often solemn and elevated tone, and the particular content features resulting from their function of introducing the legal rule,[8] usually correctly describe the traits characteristic of the majority of introductions to legislative acts. However, in view of the numerous marginal cases encountered in legislative practice these definitions will fail when it comes to perform the function of a realistic formation of a *differentia specifica* in a clear-cut and accurate manner.

As a matter of fact, when the problem is approached, it appears that the fact should be taken as a point of departure that although in the course of historical evolution certain widespread and generally respected technical rules of the shaping the legal will, serving certain practical interests and derived from practical experience, have evolved, still in principle it is within the discretion of the legislator to observe or not to observe these rules, and so for want of an adequate legal limitation in the last resort he may *in an autonomous manner* equally decide on the formal and substantive elements of the rule he is about to create,[9] a circumstance which eventually results in an extreme variety and heterogeneity of legislative practice.

In fact, the statutory regulation may appear arranged in sections or articles or in an informal structure. In the non-arranged structure of the statutes often norm contents and non-operative ones will alternate, moreover, it may even occur that in the operative section of an act divided into sections and provided with an independent preamble, the norms mingle with a variety of non-operative, argumentative contents.[10] There are writers who believe

[7] Илин, И. К.—Миронов, Н. В.: *О форме и стиле правовых актов* (On the form and style of legal acts). Sovetskoe gosudarstvo i pravo, 12/1960. p. 69.

[8] In socialist literature e.g. Kovács, I.: *New elements in the evolution of socialist constitution*. Budapest, Akadémiai Kiadó, 1968. p. 161; *Pravni Leksikon*. Belgrade, Savremena Administracija, 1964. p. 701; in bourgeois literature Lord Thring: *Practical legislation*. London, Murray, 1902. p. 92; Craies: op. cit., p. 41; Ruttiens, R.: *La technique législative*. Bruxelles, Bruylant, 1945. p. 11; Basu, D. B.: *Commentary on the Constitution of India*. 4th ed. Vol. I. Calcutta, Sarkar, 1961. p. 54; and in literature on international law Rousseau, Ch.: *Droit international public approfondi*. Paris, Dalloz, 1961. pp. 29—30.

[9] As a rare example of *limitations imposed by statute law* the decree of August 10/11, 1792 of the National Assembly of Belgium, then declared independent, may be mentioned according to which "L'assemblée décrète qu'à partir de ce jour tout ses décrets seront imprimés et publiés sans préambule".

[10] See e.g. the Constitution of the German Democratic Republic of 1968: §§ 6(1), 8(2) and 9(1), or rather §§ 1 and 2 of the Charter of the United Nations Organization defining the purposes and principles which depart from the preamble content to such a slight degree that as expressed by Zeineddine, delegate of Syria, in the San Francisco Conference, "it was very difficult and practically impossible to draw a sharp and clear cut distinction". UNCIO, Doc. 1006 (English) I/6, June 15, 1945. *Documents*, Vol. VI, pp. 16—17. Quoted by Herczegh, G.: *General principles of law and the international legal order*. Budapest Akadémiai Kiadó, 1969. p. 52.

that a preamble may be discovered also when, owing to the informal structure of the act, no structural separation can be discerned.[11] Others couple the existence of a preamble in the first place with the self-contained content as related to the operative part.[12] Yugoslav students of constitutional law consider what is called Introductory Part following upon the introduction proper of the 1963 Constitution a preamble, merely because it is this part which contains the general principles and the objectives of the constitution.[13]

Hence, the general definitions of preambles essentially imply the general characteristics of the introductions to legislative acts of mass occurrence, or of the *ideal type* of preamble, and apply composite criteria. On the other hand, the attempts at a definition which take into consideration even non-typical marginal cases, in the last resort bear testimony to the existence of opposite methods of approach. As a matter of fact, according to the *formal* approach any text must be considered a preamble which in a distinct form precedes the operative part of the statute, whereas according to the *content* approach only texts performing the content functions of an introduction may qualify as preambles. When these possible approaches are conceived *as nominal definitions*, it may be said that in principle *all may be equally justified*, as all satisfy the etymological sense of the "preamble" to an equal degree. However, an unconditional acceptance of the formal definition may bring about that any formula void of a concrete, definable content, not applicable at all to a given regulation or only in an extremely abstract and indirect way, will have to be qualified as a preamble. On the other hand, the exclusive recognition of the content definition may involve that the place of the preamble content should be looked for in the first section of an articulate statute, in the first sentence of an act of a non-arranged structure, or for that matter in a part of this sentence.

Hence, the analysis will lead to the conclusion that the nominal approaches are one-sided, and even in their one-sidedness are likely to produce extremely vague definitions. On the other hand, the general composite definitions do not provide an unequivocal reply to marginal cases, and, are too narrow as regards the content features and requirements displayed by them. Therefore on the ground of a historical and comparative study of legislative practice in my view a definition can be accepted only at least from a *pragmatical* point of view as satisfactory, which equally covers the historically evolved introductory forms in its scope, restates their general and *truly* common elements, and at

[11] You: op. cit., p. 1.

[12] E.g. Beér, J.: *Népköztársasági alkotmányunk normatív jellegéhez.* (To the normative character of the constitution of our people's republic). Az Állam- és Jogtudományi Intézet Értesítője, 2—3/1960. p. 125.

[13] See e.g. Lukić, R.: *La souveraineté des républiques fédérées d'après l'Avant-projet de Constitution.* Le Nouveau Droit Yougoslave, 1—3/1963. p. 30 and Djordjevic, J.: *The relationship between political theory and the constitution.* The New Yugoslav Law, 1—3/1964. p. 10.

the same time, apart from an analysis of the content of introductions considered ideal, exemplary, or desirable, appears to be appropriate for an actual determination of the phenomena coming within its scope and for meeting disputable marginal cases. Accordingly, *the preamble is the part of the text of a given legislative act which placed at the head of it, in the structure of it formally separated from all following parts* (carrying a direct norm content, or not) *comprises* (preceding the first book, part, chapter, section, or article embodying the systematic division of it) *a content directly and in a concrete manner relating to the regulation provided by the whole or a part of it.*

As is clear from what has been set forth above, the definition here proposed virtually includes two *sine qua non* conditions. In conformity with the *formal* criterion only a part of the text of a statute can qualify as a preamble being structurally and formally separate and placed at the head of the statute. This condition, first, by virtue of the definition bars from the notional sphere of the preamble the introductory sentences of formally or structurally undivided legislative acts, and, secondly, eliminates the potentiality of what is called a *dual preamble*, i.e. a preamble which the qualification of the part titled "Introductory Part – Basic Principles" of the 1963 Yugoslav Constitution as a preamble would presuppose. Although the bulk of introductions in comparison to the parts of the wording following them are characterized by a looser style, less rigid wordings, often an argumentative tone displaying solemn, mobilising, propaganda, or rhetorical effects, these traits cannot be considered the indispensable conditions of the various introductory forms, in the same way as it is not a notional, and therefore indispensable condition of the preamble that it *in reality* performs the specific, closely delimited functions of an introduction. The *content* criterion specified by the definition contains a minimum requirement only, viz. that the content of the preamble should in a direct and concrete form concern the regulation provided by the whole of the act, or a part of it. This condition does not impose limitations on the autonomous norm content or the wealth of the content elements of the introductions to legal rules;[14] on the other hand, it excludes from the notional sphere of the preambles the *stereotyped* sanctioning royal introductory formulae pointing to

[14] On the ground of what has been set forth earlier, the preamble is understood to be a formal category which may assume an almost optional content. On the other hand, in my view a *declaration* constitutes a *content category* appearing as a distinct, self-contained unit, and in this sense it embodies a different quality separate from the preamble. This accounts for the fact why a declaration may equally appear as the sole content of an act (as e.g. the Declaration of Independence of the United States of July 4, 1776, the Déclaration des droits de l'homme et du citoyen of August 26, 1789) or as an autonomous "operative" part (as e.g. in the first Soviet Constitution of July 6, 1923 as the "Declaration of the Rights of the Working and Exploited People") or before the "operative" part, in the form of a preamble. If therefore the declaration is carried by a preamble form, it will nevertheless preserve its qualitative independence. However, it will at the same time constitute a constituent of the notional sphere and extent of the *preamble* as *formal category*, and in this respect appear as a specific variant of the preamble.

the source of authenticity, the general or special statutory authorization usual in a number of states, the often *formal* references to an order of a hierarchically higher agency, or the introductory words containing a *stylistic* turn and not used by way of exception according to which the legislative organ in the operative part provides for the following and promulgates the decision implied in them.

II. Content and Functions of the Preambles

From the definition of the content and functions of the preambles the following two direct conclusions may be derived, viz. partly the introductions to the legislative acts may be the vehicles of extremely varied and manifold, almost *optionally* abundant contents and functions as desired by the legislator, partly the preambles do *not* have any *specific*, closely delimited, uni- or multi-directional content or functional features which would in each case and inevitably, by constituting their indispensable notional element, be characteristic of them. As has already been made clear, in my view, it is not a *sine qua non* condition that the introductory content should be functionally of a secondary nature compared to the parts following it. For want of an adequate provision in principle the legislator defines the content to be given to a particular legal form of his own free will, and thus, though exceptionally, cases may occur, when the preamble content together with the parts of the text following it, usually considered the operative parts, appears, as regards its content and function, an *equivalent* "operative" part. This will be the case when the legislator in the form of an introduction provides an autonomous settlement possibly of a scope independent of the other parts of the act, or a regulation of norm content. Although in many instances the justifiability or desirability of this form may be open to argument, still its preamble character cannot be disputed.

However, the policy-making freedom of legislative activity limited by superior norms only will in the course of turning this freedom to good account and defined by the social context of this activity undergo appreciable restrictions as regards both the development of the content and the establishment of the form of the legal rule. On the plane of the legal form this socially determined character will be present in part in the evolving of directives of legislative technique based on social experiences and in the practicability of following these directives, in part in the general purposefulness of the legislative activity directed to an effective settlement. So the policy-making, in reality often only *apparent* freedom affecting the legal forms, among them the forms of introduction, does not produce in practice an optional, vast and chaotic wealth, and in this manner permits the classification of the principal types of preambles shaped in the course of legal evolution and the development of legislative technique, and a scientific analysis of the fundamental content elements and functions of the preambles on the plane of the general.

An earlier classification, in connection with the analysis of the typical preamble contents drew lines among the historical parts, the dogmatic parts, and the analytical parts studying the effects of the regulation in relation to its objective.[15] A classification known in the Hungarian legal literature starts from other considerations. Accordingly, a preamble may include valuations relating to the objective, functional or historical significance of the legal rule, general principles expressly guiding the interpretation of the legal rule, and rules of conduct providing a settlement.[16] Logically, and viewed from a predetermined point of view, these classifications appropriately and justifiably group the preamble contents of the most frequent occurrence. However, the picture displayed by them is extremely schematic, slipshod, so that it does not reflect the diversity of the forms of preamble differentiated in an adequate degree. The attempt at classification seen in the course of an analysis of the present day Hungarian legislative practice was aimed at describing the principal types of introduction in a complex manner, by applying composite criteria, however, at the same time failed to provide a coherent basis of classification.[17] However, I think that the nature of the material brought under classification does not even allow of this attempt. As a matter of fact the recognition was taken as a starting-point that (A) the usually short so-called *simple* preambles by indicating (a) the subject, (b) the purpose and/or (c) the reason are vehicles of a *homogeneous* content, and accordingly their proper, only real, although by far not always completed function is mostly by a narrowed-down display of the motivation, often concentrating on, or restricted to, certain partial motives or elements, to inform the persons concerned of a few considerations observed by the legislator. On the other hand (B), the usually longer, so-called *composite* preambles are carriers of a *heterogeneous* content, and in the majority of cases the topical character of the content of these preambles and the tendency of the information they carry will cease to be of primordial importance. What is of importance on this point is the practical end, the immediate effect the legislator had in mind to bring about transmitted by the basic function of information, i.e. the *concrete function* assisted by the medium of information the composite introduction built up of a variety of content elements was destined to perform. As regards such concrete functions going beyond the fact of information and transmitted by it, the preambles may be distinguished according as they afford (a) a general policy-making motivation, (b) a mobilising or propaganda content, (c) a solemn declaration, or (d) a normative settlement. In

[15] See ROUSSET, G.: *Science nouvelle des lois.* Quoted by ROUTTIENS: op. cit., p. 11.
[16] KOVÁCS: op. cit., p. 162.
[17] See VARGA: op. cit., pp. 259—261.

the majority of instances the relations among the concrete functions characteristic of the composite preambles are not contradictory or mutually exclusive, but not of an hierarchical order in a clear-cut form, but often of a *competing* nature, which as to the particular concrete solutions is mostly manifest in a relative, more or less strong gradation of the non-primordial functions. However, the relation among the concrete functions will for the introductions to constitutions often appear in a different manner. As a matter of fact, for practical purposes the preambles to constitutions come under the heading of solemn introductions, and their occasional motivating, propaganda and/or directly normative content is often discernible in an emphatic and pointed form so that compared to these functions solemnity will find an expression as a *primus inter pares*.

Hence the functions characteristic of the preambles are often overlapping, and an accurate assessment of the relations among them will occasionally appear even as artificial. However, in each case their common trait is *information*, which may be termed even as their *basic* function. This means, that, as a rule, information compared to the principal functions plays a role of an *instrumental* character, i.e. it appears as an instrumentel function, except the case of preambles of simple content where information appears as a basic and also as a principal function. Nevertheless it is obvious too that a basic function of information is not only a feature of introductions to legal rules, inasmuch as information is necessarily and exclusively the vehicle of the *normative* function of legal rules, i.e. legal texts of norm content.

However, owing to their character, legal texts of norm content comprise rules of conduct, direct directives of conduct only, and consequently in a generalization of principles the tenet will prove true according to which "le Droit n'est que la superstructure composée des voies et moyens d'exécution des buts inexprimés".[18] On the other hand it may be stated of the preambles more or less that in their majority and on considering their frequent and typical instances of occurrence they contain *value judgements delimiting* a notion expressing *an objective*. This again points at the two in their character divergent trends of the basic function of information described earlier as common of all functions.[19] In point of fact the function of the operative sections of a legislative act is to define obligatory, permissive, or prohibited conduct when the respective specified conditions prevail, as well as to hold out the relevant sanctions. However, in general the operative sections of a legislative act do not provide

[18] DAVID, A.: *La cybernétique et le droit*. Annales de la Faculté de Droit et de Sciences Economiques de Toulouse, tome XV. 1/1967. p. 160.

[19] Socially the value judgement and the norm-carrying tenet are in a genetic relationship to each other. However, at the same time in point of principle they constitute separate categories. For their differences and independence see KALINOWSKI, G.: *Introduction à la logique juridique*. Paris, Librairie générale de Droit et de Jurisprudence, 1965. pp. 59—60 and MAKAI, M.: *Az erkölcsi tudat dialektikájáról* (On the dialectics of moral consciousness). Budapest, Kossuth, 1966. Chapter II, section 2.

direct or explicit information as regards the reason and/or purpose of the regulation.[20] Although an analysis of the normative provisions mostly permit a *practical* conclusion as to the value judgements in their background, or underlying them and defining their *raison d'être,* nonetheless this conclusion is in part logically by no means unequivocal, in part the normative utterance itself will defy any attempt at proving it, there being *no uni-directional direct and exclusive correspondence between the value judgements and the norms.* The ends and means are by themselves never in a mutually equivalent manner defining and interchangeable relation to one another.[21] Therefore in cases which are practically exceptional when an investigation of the norm content will fail to provide a ground for a conjectural establishment of the finality of regulation within the limits of probability even when for political considerations or such of the policy of law, or even simply for guaranteeing the success of enforcement this would be required, it would be essential that the legislator simultaneously with the regulation formulates its finality and by this partly justifies his own decision for society, partly furthers its conscious and expedient enforcement.[22] A norm content shaped in an appropriate manner will carry itself, and provide an adequate legal foundation for enforcement. However, the legislator, in order to provide an effective regulation, possibly has in mind a conscious, voluntary submission to the norm. Therefore, to promote this, he often informs the persons concerned of the considerations by which he is led, the reasons of his activity and its direction to a definite end.

So the legislative appraisal of the social facts appearing in the context of a statutory regulation will with the exception of the pure types of introduc-

[20] MAKAI says likewise in his convincing exposition that "the essence of the notion of target is the anticipation of the material result of activity", on the other hand "in the norm . . . abstracted from this material result the generalized content of a human conduct shaping the activity is reflected" (op. cit., p. 109). Thus, in the norm "the measured itself changes into the measure" (op. cit., p. 137), "in it exclusively the definition of the means becomes independent. The norm sets the instrumental activity as a target before man" (op. cit., p. 153).

[21] Fundamentally this explains why legal regulation is effected through its being shaped in a legal form of the norms reflecting instrumental activity found suitable by the legislator, and not through value judgements. However, at the same time it is not an exceptional phenomenon that under the impact of political or other factors the instrumental activity indicated in the legal norm in the course of an otherwise legitimate application lends itself to bringing about a result departing from the target set by the legislator, occasionally even conflicting with it. In Japan the *Hakai-katsudo-boshi* law was enacted on July 21, 1952 expressly with the intention to sanction communist party activity. On the other hand it was used exclusively for curbing the extreme rightist groups (see NODA, Y.: *Introduction au droit japonais.* Paris, Dalloz, 1966. p. 226). This means that *often an instrumental activity expressed by a norm shaped in the proper manner will show an ambivalent aspect compared to the target,* and so the desired trend of its application cannot be guaranteed, unless by taking into consideration *extra-norm* factors and the determination of the trend of interpretation of the norm following from a given policy.

[22] Running counter to the provision of the Hungarian Constitution of 1949, a Law-Decree No. 8 of 1965 authorized the government to issue a regulation affecting local councils, and as laid down in the preamble it was done with a view that the practicability of the ideas serving continued development might become evaluable already before a statutory regulation.

tions to legislative acts containing the naming of the object only (A/a), or such carrying a norm content only (B/d), constitute the most general and at the same time most frequent content of the preambles, and also determine the character and trend of the informative basic function which is a feature of the preambles. This fact means that *the specifically characteristic principal functions of the introductions to statutory regulations appear as surplus functions, equally through the media of the basic function of evaluation-information*, as variants of this basic function serving a variety of pragmatic ends, based on, and assisted by it.

III. Normativity of the Preamble Content

The foregoing discussion was based on a logical separation of the value judgements and norms presented by the evaluating and normative utterances. However, the value judgements which underlie the norms expressed in a legal form and define their finality do not by far constitute the general content only of the preambles to be considered typical. And owing to the functional role of the preambles direct evaluation may be discovered among others in the motivations of legislative acts and other preparatory material of legislation. Although these texts, at least in part, often have a uniform or similar content, notwithstanding the apparent complete identity of their basic functions, are widely different as to their role and their consequential import. As a matter of fact, the motivations of legislative acts and other preparatory materials are of *no* normative character, consequently their value is in many respects close to what an author in connection with the definition of the value exceeding the concrete case, of a legal conclusion implied by a judicial decision in legal systems not recognizing the principle of *stare decisis*, called as compared to the normative value of the legal norms an interpretative value,[23] inasmuch as the operation and application of these materials are in the first place enhanced only by their intrinsic value and the persuasive power they carry. On the other hand, *the evaluating statements implied by the introductions to legal rules appear in a legal form, as parts of legislative acts*, hence as an evaluation expressed in a normative manner, i.e. *as normative evaluation-information*.

In literature dealing with the problem of preambles often the formulation of requirement of legislative technicality is encountered that introductions to legislative acts should contain no norms, moreover in conformity with Anglo-Saxon legal doctrine and according to a large number of judicial opinions the introduction can never constitute the "operative" part of a statutory regula-

[23] Colesanti: *Giurisprudenza*. In: *Novissimo digesto italiano*. Vol. VII. 1961. pp. 1101—1104. Quoted by Cappelletti, M.—Merryman, J. H.—Perillo, J. M.: *The Italian legal system*. Stanford, University Press, 1967. pp. 272—273.

tion.[24] But if the preamble nevertheless carries a norm content, the "operative" character of this content will practically be recognized almost unanimously. Thus only a single author is known who from the very outset rejects the normativity of an introduction irrespective of its content components on the ground that this content appears in the legal form of a preamble. According to this opinion "in the practice of constitution-making two types of preambles may be distinguished, viz. simple and qualified preambles. The constitution lays no special stress on the legal value of the simple preamble. Thus it may be argued whether such a preamble has a legal significance at all. A preamble of this type is that of the constitutions of France of 1946 and 1958. There are constitutions which qualify the preamble. It is explicitly laid down in the particular detailed provisions of such constitutions that the preamble belongs to the text of the constitution, that it constitutes part of it. When such practice is pursued, preambles also become sources of law. Accordingly, the preamble on the one part will have the effect of a norm in questions not specially brought under regulation in the constitution, and on the other it will have to be considered in interpreting the legal sources ranking lower than the constitution. As for the non-qualified preamble, since it is outside the norm-system of the constitution, even the restrictions connected with the interpretation are arguable."[25] Hence, as regards the normativity of the introduction to a legislative act, the conclusion here quoted makes a distinction not by its content, but according to another, with respect to it *external* norm of undoubted legal character qualifies the content of the introduction as legal, or not. In the last resort in this conception a view is reflected according to which the "qualification" of the system of legal norms, its special provision is required in order that the content system of the preamble, as a system considered *outside* the system of positive law, might become part, or an element of positive law, and so assume the normativity characteristics of this law. This of course amounts to a serious diminishing of the legal character of the preamble, since in principle an adequate provision may turn any text, political or other, into an organic part of a legal system. I think, however, that this approach of the issue would be justified only and exclusively when a norm higher in hierarchical order precluded the normativity of the preamble, directly or by prohibiting the use of an introduction to legal rules. As a matter of fact, in general *when the legislative act otherwise conforms with the conditions formulated by positive law, from the day of its entry into force the whole wording of the act will gain normativity and potentially the preamble will also become of normative significance to the extent the other parts of the act have become such.* In this connection the statutory provision on the norma-

[24] For a summary of the Anglo-Saxon doctrinal and judicial standpoints and some of the features of actual practice, see VARGA: op. cit., pp. 268—269.

[25] TOLDI, F.: *Alapvető állampolgári kötelességek és szabályozásuk rendszere* (Fundamental civic duties and the system of their regulation). Állam és Igazgatás, 3/1963. p. 187.

tivity of the introduction content[26] will in principle always be tautological, although the requirement of security and unfavourable field experiences may in certain cases justify this. As a matter of fact provisions of this type theoretically have no greater value, or more to impart, than a norm which lays down the obligation of an observance of, or respect for, some given norms contained in that or any other legal rule, i.e. the normativity of an otherwise valid norm.[27]

Hence the summary statement according to which "a statute must be read as a whole and a Preamble is as much part of the statute as its enacting part"[28] will lead to the conclusion that *the value judgement content of an introduction to a statute will find an expression as a normative evaluation-information, and* consequently *its possible norm content as normative norm-information.*[29] Thus both within the sphere of legislative acts and beyond this sphere a distinction may be made among different values and types of information or utterances. For a notional delimitation the principal traits of this distinction are illustrated in a table. However, the effect of the normativity of the information included in the preamble[30] and its practical realization depend on preconditions of content, on the constituents of the introduction content, on the character and nature of these constituents. As a matter of fact *the normativity*

[26] As a rule such apparently "*qualifying*" *provisions* occur only in constitutions; see e.g. § 171 of the Czechoslovak Constitution of 1948, or § 156 of the Turkish Constitution of 1961. It should be noted that also cases occur when the "qualification" is included in the preamble itself (Syria, 1950, and Yugoslavia, 1963). However, in such cases the problem-stating and the total of differentiation by "qualification" will become even more meaningless.

[27] According to B. GROSSCHMID (*Magánjogi előadások: Jogszabálytan* (Lectures on private law: Theory of legal rules). Budapest, Athenaeum, 1905. p. 84.) the normative provisions establishing the normativity of normative provisions are meaningless also because on the ground of the question *quis custodiet custodes* these may logically be carried *ad infinitum*. On the other hand the explicit repealing of the preamble may in some cases become justified. After the fall of fascism the text of the *Carta del lavoro* (1927) inserted before the *Codice civile* (1942) as an introduction was repealed explicitly. In Germany the *Militärregierungsgesetz No. 1* prohibited the recourse, in the course of the application of law, to normative utterances containing interpretations or objectives and included in the preamble or other parts of any statute enacted after January 30, 1933 and remaining in force. (See MAUNZ, TH.: *Deutsches Staatsrecht*. 10. Ausgabe. München—Berlin, Beck, 1961. p. 41.).

[28] BASU: op. cit., p. 54.

[29] On the pattern of the category pairs normative evaluation-information and norm-information a line may be drawn between *non-normative evaluation-information and norm-information*, when evaluations found, e.g. in preparatory materials to statutory regulation, in departmental motivations or in other sources will be included in the former category, and analyses or comments on statutory provisions in literature or in the press will come under the latter category.

[30] It should be noted that according to some opinions (e.g. AMSELEK, P.: *Méthode phénoménologique et théorie du droit*. Paris, Librairie générale de Droit et de Jurisprudence, 1964. pp. 75—76) it is not the utterance couched in words that is normative, but its purport, or more accurately, its modelling, model-shaping meaning. However, the establishment of this meaning presupposes a *creative* activity, it takes place as the result of norm-interpretation, as in fact a socially "true" meaning will always depend on a number of concrete factors. Hence the normativity of the meaning conceived in this way will necessarily be of a *derived* character, and is potentially subject to temporal changes, in juxtaposition to the normativity of the *utterance* couched in words as *information carrier*, which is of a *primary* nature, and as such during the validity of the normativity does not display

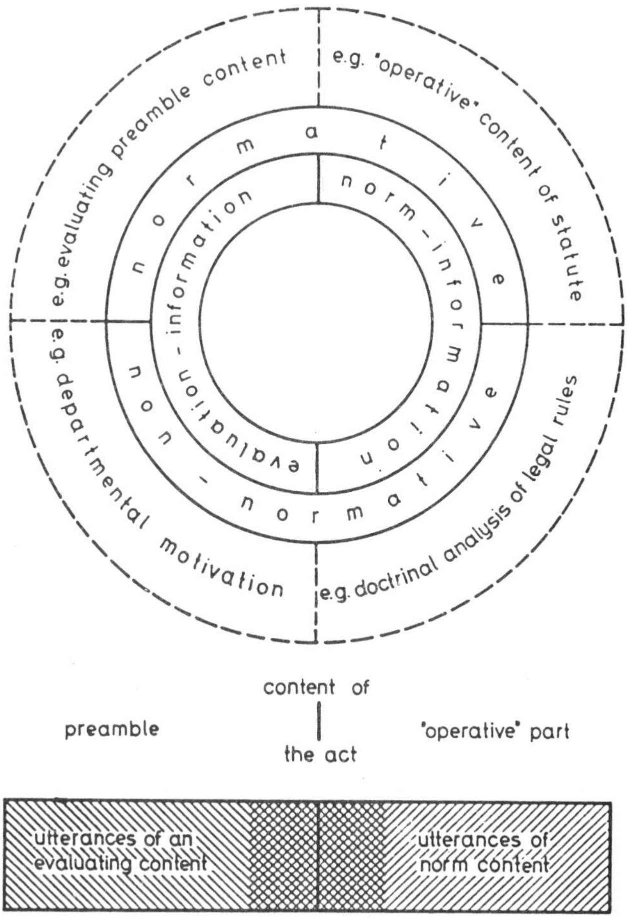

Fig. 1. Relation of the normative and non-normative norm- and evaluation-information and their appearance in the content of legislative acts

---

temporal changes dependent on the determinants of the social meaning. In conformity with our opinion, at least from a doctrinal position, *normativity is carried by* the worded utterance as information carrier, i.e. *the text* of the act *or its legal form, and this transmits normativity of the content* or the meaning of the worded utterance. In this manner the sense of this doctrinal normativity finds expression in a hypothetical declaration of the legislator of the type "I decree in a manner binding those concerned that . . .". As a matter of fact the notion of normativity is attached to that of the *binding character*, and this notion will obtain a significance only in connection with the definition of norms. This is why the normative evaluation-information will appear in the guise of a specific formation in which the binding nature will refer to certain legislative evaluations. In the guise of this formation also the even more specific, logically deformed so-called *government recommendations* will appear as formations almost skirting the boundary of a *contradictio in adiecto*. These recommendations contain a binding utterance that their maker considers certain conducts neither binding, nor explicitly permitted, but simply advisable, expedient, reasonable, desirable, etc. For the doctrinal and sociological aspects of normativity see VARGA, Cs.: *A jogtudományi fogalomképzés néhány módszertani kérdése* (Some methodological problems of the formation of notions in jurisprudence). Állam- és Jogtudomány, 3/1970. Section 4.3.

of the preamble content will become significant and practical insofar as and to the extent permitted in fact by the content of the introduction.[31]

As is known a regulation provided by a legal norm will be put into reality by obligatory, permissive, or prohibitive utterances, i.e. in a way according to which the legislator under certain conditions qualifies a given conduct as obligatory or prohibited, guarantees a right to adopt or not to adopt this conduct, or provides equal facilities for adopting and not adopting such conduct. Practically but an extremely insignificant part of the introductions to legislative acts carry such a content.[32] The legal force of these introductions is beyond doubt, *they may become the direct bases and sources of rights and duties*, and accordingly they may be enforced directly, provided that they have been shaped in an *appropriate* manner and that their implementation does *not* presuppose further legislation of an executive character. However, often the practical significance of these preambles of a direct norm content is relatively small. This is the case partly because even when the conditions earlier referred to have been satisfied, the provisions of these preambles usually appear as *leges generales*, the actual enforcement of which is often wholly precluded by the subsequent parts of the act introduced by the given preamble as *leges speciales*,[33] partly because the introductions to statutes, carrying a norm content, in their majority contain an *incomplete* regulation which does not permit of a direct enforcement.[34] However, it is not the function of the majority of introductions to legislative acts, qualifiable as such of norm content

[31] In the French discussion on the normativity of the preamble to constitutions a similar position was taken by WALINE, M.: Note sous l'*arrêt Dehaene* (Conseil d'Etat, 7th July, 1950) and BURDEAU, G.: *Les libertés publiques*. Paris, Librairie générale de Droit et de Jurisprudence, 1961, p. 60. In literature in international law "hat nach herrschender Ansicht die Präambel innerhalb der Grenzen ihrer Funktion den gleichen Wert wie die übrigen Teile des Vertrages". DISCHLER, L.: *Präambel*. In: *Wörterbuch des Völkerrechts*. Vol. II. Berlin, De Gruyter, 1961. p. 791. Similarly GOODRICH, L. M.—HAMBRO, E.: *Charter of the United Nations*. 2nd ed. London, Stevens, 1949, p. 89.

[32] However, the lack of a norm content is by far not characteristic only and exclusively of the introductory part of the statutes. A. S. PIGOLKIN specially draws attention "to cases when an article or any other part of a normative act is void of a legal norm", as a matter of fact "only the articles of a normative act contain a legal norm or a certain part of it where a declaration of will providing for an action to be performed in a certain manner, in the form of obligation, prohibition or permission finds an expression, or conditions in the case of fulfilment of which this declaration of will has to materialize, or just the consequences of a non-observance of these declarations find an expression". *Нормы советского социалистического права и их структура*. In: *Вопросы общей теории советского права* (Norms of the Soviet socialist law and their structure. In: Questions of the general theory of Soviet law). Moscow, Gosyurizdat, 1960. pp. 188 and 189.

[33] See e.g. YOU: op. cit., pp. 16—17.

[34] "A défaut d'une règle de conduite un acte est indifférent au point de vue de la loi. A défaut d'une règle d'organisation un acte de caractère conventionnel est impossible." ZIEMBINSKI, Z.: *Les lacunes de la loi dans le système juridique polonais contemporain et les méthodes utilisées pour les combler*. In: *Le problème des lacunes en droit*. Publié par Ch. Perelman. Bruxelles, Bruylant, 1968. p. 133. BURDEAU: op. cit., p. 60 quotes a French example according to which in the face of the direct enforceability of the equal sacrifice theory of taxation the declaration of the right to work will hardly prove sufficient by itself for the realization of this right.

to afford a regulation by themselves, but *to contribute* with elements of the regulation, or a partial motive of it, to the regulation contained in the legal act as a whole. Although according to a certain more general formulation e.g. "the recording of the achievements at the same time means a rule of conduct, an obligation to adopt certain conduct",[35] by unfolding the symbolic element concealed in such and similar expressions and by anticipating the decisive elements of our subsequent conclusions it may be said that *the normativity of a valuation expressed in the wording of a statute, mostly in the preamble will in all cases and exclusively appear in a transmitted form, in respect of the interpretation of the norm connected with the valuation in question*, however, in an effective manner. Or more precisely, *the normativity of the evaluation-information may be translated into reality in a legally relevant manner, in conjunction with legal consequences only insofar as the legal system contains a norm to which the evaluation-information may be related objectively*. Beyond this the practical significance of the normativity of the evaluation contained in the preamble, i.e. *the normative significance of the preamble is obviously proportionate to its content value, to the extent to which the evaluation is adequate to the guidance of the interpretation of the relevant legislative act, or the actual formation of the processes taking place in the minds of the persons affected by it*. Often the evaluation given by the legislator in a normative form becomes the clue to an understanding of the statute, and thus to its interpretation and application. In other non-exceptional cases, when the preamble is extremely laconic, or on the contrary carries a content appearing as tautological in the context of the legal system or occasionally the concrete statute, the evaluation may be considered one of little significance.

Among the introductions to legislative acts the preambles of constitutions occupy usually a particular place. In respect of these preambles too the realization and enforcement of the normativity of the evaluation content within a *legal* framework will be possible only through the agency of other parts of the system and the shaping of the interpretation of the norms by means of this content. Therefore, when the political and moral significance of the pre-

[35] Szabó, I.: *A szocialista alkotmány helye a jogrendszerben* (Place of the socialist constitution in the legal system). In: *A szocialista alkotmányok fejlődése* (Evolution of the socialist constitutions). Budapest, Közgazdasági és Jogi Könyvkiadó, 1966. p. 26. The functional identity of the value judgement and the norm is emphasized even more in connection with the preamble to the Yugoslav Constitution of 1963 by Djordjevic, J.: *La fédération socialiste et les républiques*. Le Nouveau Droit Yougoslave, 1—3/1963. p. 9. and in connection with a phrase of the introduction to the Czechoslovak Constitution of 1948 in a particularly exaggerated form by Knapp, V.: *A tulajdon a népi demokráciában* (Property in the people's democracy). Budapest, Jogi Kiadó, 1954. pp. 132—133. Finally it should be noted that there are writers who formulate this apparent identity in a categorical form, as a theoretical tenet not permitting exceptions by stating that any statement forming the subject of the declaration of the sovereign will in the last resort constitutes a legal norm. See e.g. Петров, Н.: *К вопросу о нормативности правовых актов* (To the question of the normativity of legal acts). Sovetskoe gosudarstvo i pravo, 9/1963. pp. 125—126.

ambles to constitutions is emphasized, it should also be pointed out that although these contents reflect a normative evaluation by the constitution-maker, by themselves they cannot appear as the source of rights and duties, and *in the formal sense their violation appears to be logically impossible.* Consequently the recording of achievements, exposition of given social principles or political targets of an evaluating character do *not* imply and entail a *formal* obligation directed to uphold, implement or augment these in a *direct* way. This is the case because evaluation is not a norm category, the value judgement and the norm are not fungible in respect of each other in a logically equivalent manner, consequently the transformation of evaluation into a norm will in all events presuppose a creative activity in the strict sense, but often the normative evaluation may have a significance equally bearing on the creation and application of law and directly influencing the norm.

Even if the value judgement (and the notion of the objective finding an expression in it as the ideal anticipation of the material result of the activity) and the norm (the instrumental activity shaped in it into a self-contained objective) are not, as has already been made clear, in a direct relationship of correspondence with respect to one another, the *value judgement* obviously presents genetic relations to the norm, and by inserting a composite process of cognition of a creative nature this permits of a dialectic transition from the value judgement to the norm.[36] As a matter of fact, as is known, evaluation genetically, epistemologically and logically leads through a conditional causal judgement to the norm through a judgement concentrating social experiences and presupposing a cognitive-evaluating activity which points at the causal interrelation of the material result reflected by the target concept of the value judgement and the instrumental activity shaping the material result and appearing as a distinct target in the norm, i.e. which proves the aptitude of the instrumental activity for the translation of the target into reality. Hence it is by no means the only principal function of law-making as well as of any other truly organizing activity to define the values to be safeguarded, to anticipate mentally the results to be achieved, i.e. to formulate targets, but also to select the conducts which for the realization of these targets may come into consideration, to classify them according to their aptitude, and on the ground of a conditional causal judgement expressing the result of this classification to bring in relief the conduct most appropriate in its decision, which it then formulates as an instrumental activity transformed into a target in a norm shaped in a certain form and with a certain technique. Accordingly, *the fundamental and for the most part creative stages of law-making are those necessarily preceding law-making proper in the course of which from the mass of possible*

[36] A Marxist analysis of the process is given by MAKAI: op. cit. Chapter II, sections 1—2, pp. 76—162.

targets and activities the selection takes place of the desired targets and appropriate activities preferred by the law-maker and also their definition implying a functional linking up of a given target and a given activity, and by this the qualification of the activity in question as instrumental activity as a distinct target.[37] Hence the transformation of valuation into a norm presupposes the selection of the instrumental activity in an authoritative manner and its normative expression and determination as a target in itself. It may be accepted as confirmed that the normativity of an evaluation-information in a legally relevant manner can in all cases prevail only through the transmission of the interpretation of a norm-information in a way that this normativity defines the piloting of the norm towards a target also expressly, and so within the framework created by the concrete norm content guides and influences its interpretation and application. This process, e.g. the judicial establishment of the meaning to be attributed to an apparently ambiguous norm, or one of a contradictory content, or for a skeleton regulation, discretionary powers, in general a wider scope of decision making, of the desirability of the selection of variants out of many, in like way appears in the form of an activity of creative nature. However, doctrinally, evaluation after all does discharge a norm-function, because it does *not* cross the boundary of interpretation, and so will *not* bring about a change, viz. norm formation or modification, in the legal system, and in a system rejecting the lawful potentiality of law-making by the judiciary and the principle of *stare decisis* it cannot even do so.[38]

[37] The combination of the target and the instrumental activity appearing to be expedient and desirable for its achievement in a normative form is realized also in the case of so-called *government recommendations* appearing in the guise of sources of law. Still, apart from utterances imposing an effort towards, or promotion of, something, though implying a content with dispositions in a broader sense, nevertheless establishing an obligation i.e. a norm, and consequently being outside the notional sphere of recommendations, this combination does not produce a norm-information, but only the expression of a governmental desire laid down in a normative form. *Beyond the fact of a qualification of the recommended conduct as desirable* in my opinion *no definite legal consequence can be drawn from the recommendations*, since one of the notional criteria of such recommendations is that they are void of any categoric or imperative element found even in permissive, moreover dispositive rules. Accordingly, in my view contrary to opinions according to which the persons affected by governmental recommendations cannot obstruct the enforcement of these recommendations, moreover they are bound to promote their realization (e.g. ÁDÁM, A.: *Az állami ajánlásokról.* [On government recommendations]. Jogtudományi Közlöny, 1—2/1966. p. 62.), *recommendations have no legal effect at all* since by themselves recommendations cannot serve as a basis of any duty and, at least in a doctrinal sense, of any rights. As a matter of fact dogmatically the appearance in a normative form merely indicates the normativity of the content transmitted by the form, i.e. its legal character. However, this appearance cannot produce the functioning of utterances not containing norms as norms. The issuing of recommending acts appealing to conviction in the first place is a vehicle of the characteristics of the *political* forms of realization of government functions, consequently a furthering of these functions, or the government's repercussions will also appear in a moral-political form.

[38] In the course of this analysis we treat the notions of normative evaluation-information and norm-information, their normativity and enforcement from the aspect of a legal system precluding judicial law-making, from a positivist angle suiting a doctrinal analysis, and consequently with due regard to the requirements of *legality*. Naturally in

Although what has been set forth above has helped to prove that evaluation by itself and in a direct way cannot perform norm-functions, the specific possibility of the establishment of the unlawfulness (unconstitutionality) of the content of a concrete regulation afforded by a normative act on the ground of a valuation comprised in a normative act of a higher hierarchical order cannot be considered precluded from the very outset and on principle. As a matter of fact the circumstance that for the purpose of legal regulation the combination of a given target with a certain instrumental activity is always normative, and presupposes legislative decision, does not necessarily preclude the simultaneous possible establishment of the fact that *in certain exceptional cases*, borne out by the uniform testimony of social experiences and clear-cut views taken by generally accepted doctrines, *the exclusive interrelation of a given end and a definite instrumental activity* in a manner precluding any other form of activity from this relation *finds expression as evidence, even in its manifest conditionality* on a social scale *in an apodictic causal judgement. Thus the combination of the target and means by a normative decision will* in the light of this social evidence *manifest itself in the last resort as a formal operation. Hence in such a case, i.e. when a concrete regulation of lower order runs counter to a normative evaluation of higher order in a way that this regulation manifestly frustrates the realization of the instrumental activity expressed in the apodictic causal judgement* reflected by the evaluation and *following in an evident form from the imperatively established basic target notion, we may by its content establish the unlawfulness* (unconstitutionality) *of the regulation in question*, still, we repeat, not because it violates a norm, but merely *because it completely precludes the translation into reality of the target set in a categorical form in the normative act of a higher hierarchical order. In this manner the interpretation of the norm(s) parallel to this target notion of higher order*, or coinciding with it, or subordinate to, or influenced by it in any possible manner *will at the same time be frustrated.* Although in my view practically this possibility manifests itself rather *in principle* only, and appears to confirm the conception once

---

a system recognizing judge-made law the normativity of evaluation may appear also in another form, and so for practical purposes the transformation of a normative evaluation-information into a source of law in the sociological sense, i.e. its performing a *de facto* norm function, cannot be considered precluded. However, such systems necessarily entrust the law-applying authorities with the definition of the instrumental activity destined to achieve the target expressed in the legal text or elsewhere. To that extent *the practical reduction of the norm content* of the legal system *to legal value judgements has been made possible.* A sociological interpretation of the legal systems displaying these special features is given by KULCSÁR, K.: *A jogszociológia problémái* (Problems of the sociology of law). Budapest, Közgazdasági és Jogi Könyvkiadó, 1960. pp. 210—220, and PESCHKA, V.: *Jogforrás és jogalkotás* (The source of law and law-making). Budapest, Akadémiai Kiadó, 1965. pp. 126—153, for a few items of the differences between the sociological and doctrinal notions of law and their approach, see VARGA, Cs.: *Quelques problèmes de la définition du droit dans la théorie socialiste du droit.* Archives de Philosophie du Droit, vol. XII. Paris, Sirey, 1967. pp. 194. et seq. and VARGA: *A jogtudományi fogalomképzés . . .* ((Some methodological problems . . .) Sections 4.1 et seq.

again that a value judgement cannot by itself perform a norm function still to a certain extent it gives an explanation of the earlier quoted opinion which drew conclusions as to the norm content of various evaluating statements. As a matter of fact a normative evaluation-information will, projected to the normative norm-information partly by influencing the trend of the interpretation of norms, partly in certain cases by in principle furnishing a legal ground for establishing the incompability of the content of the given norm (or group of norms) with the legal system, in a wide sense of the term of a sociological tint, actually perform an organizing, regulating function, and in this way, symbolically expressed, it may be said that a normative evaluation will for practice manifest itself as a *quasi*-norm.

When in this way the underlying principle of the normativity of preambles appears to be elucidated to an appreciable degree, some of the occasionally arising doubts as regards the practical enforceability of this normativity cannot be dispelled altogether. These *doubts* or problems draw from a number of sources. In the first place it should be remembered that the introductions to legislative acts are often vehicles of an extremely general, almost undefined content, which will hardly permit of drawing logically imperative and clear-cut conclusions, so that applied to these the wisecrack of the American writer that "you can find in a text whatever you bring, if you will stand between it and the mirror of your imagination"[39] will often appear to be truly characteristic. It appears to be somewhat connected with this problem that in several instances apparently it is not even the objective of the preambles to reflect utterances implying normativity: the content of the introduction to statutes, its political nature, fact-finding or argumentative character e.g. suggest as if the introduction were destined only and exclusively for the social and political establishment and justification of the regulation included in the respective normative act. Finally it is the evaluation utterances which form the typical content of the preambles, and whose normativity can never prevail directly, without transmissions. For that matter any partial provision aimed at the realization of an instrumental value, as a *lex specialis* may restrict the full display of this normativity. Nevertheless the introductions to legislative acts carrying a norm content are usually formulated with evaluating statements, with norms in conjunction with value judgements. This method of drafting, as indicated by practical experience, by itself restricts the *actual* performance of the norm function by the introductions,[40] an effect which beyond the reasons

[39] TWAIN, M.: *A fable.* In: *The mysterious stranger and other stories.* New York—London, Harper, 1922. p. 284.

[40] »La confusion des règles qui ne souffrent pas de garanties juridiques et des règles garanties par le droit, affaiblit aussi la force juridique de ces dernières, même s'il est evident qu'un effet inverse peut se produire aussi.« SZABÓ, I.: *Les constitutions socialistes et les droits des citoyens.* Revue roumaine des sciences sociales. Série de sciences juridiques, 1/1968. p. 135.

given on p. 114 can appreciably be enhanced by the fact that apart from a few exceptions the norms contained in the preambles are void of legal sanctions.[41]

A common source of these features is the circumstance that *in a certain sense the preambles constitute a point of transition between the spheres legal and non-legal.* As a matter of fact their content is constituted of general utterances which it would be difficult and even impractical to formulate as concrete legal rules,[42] so that these contents will often remain *dependent on others,* consequently *in most cases by themselves void of the attribute of juridicity.*[43] This intermediate position may safely be termed as a compromise. In fact the legislator formulates these utterances in a legal form, vests them with normativity, but at the same time he does not permit them to operate as norms, i.e. in a specifically legal manner. This compromise between the legal and non-legal otten takes on the form of a *political compromise.* This is the case mostly in an emergency when the political power relations or certain political considerations by preventing the orderly regulation with legal guarantees only permit a *quasi-regulation* in the preamble in its norm-containing form, or rather in the form of value judgements, thus leaving doubts as to the reality of the regulation and the statutory safeguards of its enforceability, i.e. *when the formal requirement of a regulation appearing in a political guise has been satisfied, but the reality and actual enforcement of this regulation is governed only and exclusively on the further tendencies* in political activity and *in political power relations, because this form and content of regulation apparently or in reality opens a path to competing practical standpoints and interpretations.*[44] However, these con-

[41] The Hungarian Act I of 1946 e.g. gives a catalogue of the fundamental human rights in its preamble, however, its observance had to be guaranteed by a separate sanctioning act, Act X of 1946.

[42] These features are extremely characteristic of the general principles and various clauses often formulated in codes whose basic function is to guarantee a certain degree of flexibility in the enforcement of the provisions of the code. See STELMACHOWSKI, A.: *Klauzule generalne w Kodeksie cywilnym* (General clauses in the Civil Code). Panstwo i Prawo, 1/1965. pp. 5—20, and in the above sense in particular VARGA, Cs.: A „Jogforrás és jogalkotás" problematikájához (To the problem of the work "The source of law and lawmaking"). Jogtudományi Közlöny, 9/1970. Section 3.1.

[43] The essence of *juridicity* in the basic function of the legal norm is implied in the fact that in the assessment of the conformity of the conduct pattern reflected by the norm and the actual conduct the legal norm will serve as a model, i.e. a binding means of judgement. See AMSELEK: op. cit., pp. 275—278.

[44] The political background of the regulation in the form of preamble clearly stands out in the whole history of French constitution-making (for a summary of the discussions on the normativity of the preambles to French constitutions and their enforcement, see VARGA: *A preambulumok problémája* . . . [The problem of preambles . . .] pp. 271—275), and so also in the "fertilization" of the preamble to the Fundamental Law of the German Federal Republic of 1949 for political reasons (see e.g. MAUNZ: op. cit., pp. 41 et seq., quoted by VARGA: op. cit., pp. 269—270). An expressive analysis of the paradoxical relation between the binding character and politics related to the French situation, but with a claim to universality may be read in the work of STASZKÓW, M.: *Quelques remarques sur les "droits économiques et sociaux"*. In: *Essai sur les droits de l'homme en Europe.* Torino, Giappichelli, 1961. p. 48: »Mais, s'il suffit de faire passer une règle de texte de la constitution dans celui du préambule pour lui ôter son efficacité juridique, au contraire il ne suffit pas du tout d'inscrire dans le texte même de la constitution un principe qui se trouverait dans le préambule pour lui faire acquérir la force obligatoire".

tingencies basically point out the problematic character of the practice of preamble-drafting from a pragmatic point of view, certain obstructive factors of the normative significance of introductions and the practical enforceability of their normativity, and not infrequently, their politically conditioned quality, still they do not affect the view adopted in relation to the underlying principles of the normativity of introductions to statutes. Accordingly in accordance with the general conclusions drawn here *a preamble constitutes the part of a normative act sharing in its normativity, consequently insofar as and to the extent it is applicable, i.e. carrying a content definable and having a meaning permitting of drawing legal conclusions, it has to be applied as the vehicle of normative utterances, in a manner conforming to its evaluating or norm content.*

IV. The Problem of the Justifiability of Preamble-Drafting in the Light of Socialist Legal Policy

In the course of the analysis of the notion, content and functions of preambles, of their normativity, the introductions to statutory regulations have been conceived as facts, as the products of legislation forming the subject-matter of scientific investigation, which owe their existence to the legally autonomous decision of the legislator, and consequently the problem of the justification and the expediency of the application of preamble as a legal form, as a solution of legislative technicality, of the requirements of legal policy attaching to making use of preambles, and not in the last resort of the value of the practice of preamble-drafting has not been dealt with. However, at the same time it is extremely difficult to give a policy-making, clear-cut, and in an exact form demonstrable scientific reply to these questions, as the character and the direction of this reply are to a great extent determined by given ideas of *legal policy*, reflected also by the technicality of law-making and interwoven by more or fewer subjective elements. As a matter of fact, the making of legal norms constitutes the basic and indispensable pre-condition of a regulation of social relations by effective legal means. On the other hand, preamble-drafting will mostly appear as a secondary, occasionally unimportant problem compared to norm-making, inasmuch as *the introductions to legislative acts usually have no exclusive functions which only they could perform and which at the same time would be indispensable for a legal regulation.* This is indicated before all by the fact that in a large number of developed legal systems there are no preambles resorted to at all, although the interests of society attaching to legislation, and transmitted by it to the technique of legislation are unchanged in this respect. It is by no means a rare occurrence that in a given legal system the practice of preamble-making is in certain periods and in a manner not justified by particular objective historical features missing altogether, and even as far as the socialist legal systems are concerned the practice of intro-

Table 1

Frequency of the occurrence of preambles on the ground of normative acts promulgated in the Hungarian official gazette

Year	No. of acts promulgated (rounded off data)	Percentage of acts with a preamble		
		short	long	total
1953	200	9	12	21
1954	325	17	8	25
1955	330	11	9	20
1956	300	13	12	25
1957	410	13	8	21
1958	370	7	6	13
1959	350	10	5	15
1960	310	8	3	11
1961	270	7	4	11
1962	300	3	3	6
1963	170	4	4	8
1964	250	3	4	7
1965	240	5	—	5
1966	190	15	5	20
1967	360	15	3	18
1968	380	12	3	15
1969	380	16	4	20

Table 2

Frequency of the occurrence of preambles on the ground of normative acts promulgated in the officia gazettes of the European socialist countries in 1964

Country	Official gazette	No. of acts promulgated (rounded off data)	Percentage of acts with a preamble		
			short	long	total
Rumania	Buletinul Oficial		—	—	—
Poland	Dziennik Ustaw	320	1	—	1
Yugoslavia	Sluzbeni List	750	—	1	1
Hungary	Magyar Közlöny	250	3	4	7
Czechoslovakia	Sbirka Zákonu	210	6	6	12
Bulgaria	Drzhaven Vestnik	360	10	5	15
German Democratic Republic	Gesetzblatt der DDR	570	5	14	19
USSR	Vedomosti Verkhovnogo Soveta	10	—	25	25
German Democratic. Republic (detailed)	Gesetzblatt der DDR				
	Teil I	20	—	25	25
	Teil II	410	6	13	19
	Teil III	140	8	6	14

duction-drafting shows a strongly fluctuating character. Without denying in the least the subjective target-oriented nature of the application of introductions to statutes, their objective function, or occasionally accurately demonstrable historically conditioned character, it may be said as a general proposition that *beyond the ideas of legal policy shaping their practice the development of preamble-making often depends on the usages of legislative technique, its scientifically hardly justifiable stabilization or repercussion, individual tastes and personal predilections.*[45]

As regards the evaluation of the practice of preamble-making, literature is, as a rule, satisfied with the resolute establishment of the directive of legislative technicality that the application of introductions to legislative acts cannot become a general practice, a trait characterizing legislative practice as a whole, but must qualify as an *exceptional* expedient of legal technicality. Certain writers adopting this practical requirement conceive the demand for an exceptional character into a notional element of the preamble by defining it as the introductory motivation of "at least in the estimation of the legislator significant rules of law".[46] Others base their view explicitly on legal policy considerations and set forth that "we consider the extra-constitutional application of the preamble justified in very exceptional cases only . . ., because this practice obscures the exceptionally solemn peculiarity of the preamble and impairs its force".[47]

The emphasis on the demand of the exceptional character as a legal policy consideration may be deemed as correct. However, the underlying principle and the reasonable motivation of this demand cannot be formulated unless in conjunction with the content and functions of the introductions in question. As a matter of fact, according to this author's view which generalizes the common elements of these introductions, *in the course of drafting a normative act recourse to a preamble will be justified only when this preamble is qualified for the performance of a function objectivity called for equally by the character of the social conditions brought under regulation, and the concrete method, content and formal solutions of this regulation.*

Accordingly of the *simple* preambles defining the subject of regulation, its purpose and/or reason, the application of those often only verbatim re-

[45] Within the sphere of *stabilization* hardly substantiated with soundness but *reinforced by the force of routine, of a given technique of legislation,* by way of example the Hungarian legislative practice may be mentioned. Hungarian legislation bears testimony to the use of preambles to a by far higher degree than would in fact be justified or even useful. Recent legislation of the German Democratic Republic often has recourse to solemn preambles to which considerable importance is attributed. E.g. the Act supplementing and amending the Labour Code (Gesetzblatt der DDR, Teil I. 15/1965) in an almost unique manner sets aside the earlier preamble and replaces it by a *new,* considerably longer introduction including a many-sided evaluation content of about 250 lines. On the other hand, the fact that the first socialist constitutions made on the pattern of the Soviet Constitution of 1936 in its structure reflecting Stalins concepts, viz. the Mongolian of 1940, the Yugoslav and Albanian of 1946, the Polish and Bulgarian of 1947, the Rumanian and Korean of 1948 have equally been enacted without an introduction, reminds of the role of the *personal factor* and at the same time of the established routine.

[46] Kovács: op. cit., p. 161.

[47] Beér: op. cit., p. 124. Note 15.

peating the title of the legislative act for the definition of the subject or purpose of regulation, defining these more or less tautologically, or formulating a statement obviously following from them, can *not* be considered as justified from the very outset. These preambles have no substantive purport, they are void of a content of significance, and so owing to their redundant character they are incapable of performing the basic function of normative information. However, on the other hand, these types of introductions are extremely widespread among others in modern Hungarian legislative practice. These form the vast majority of preambles in Hungarian legislation, and since they do not have a definable function, and owing to their frequency and often almost stereotyped character they fail to contribute to the stylistic beauty or richness of the wording of legal norms; a need to retain or widely apply them appears to be extremely questionable.[48]

On the other hand, as regards preambles which as regards their content are susceptible of performing the basic function of normative information, and by this means the presentation of a general, policy-making motivation, the producing of a mobilizing or propaganda effect, the emphasis or enhancement of solemnity, or the autonomous regulation of a sphere of problems, the justifiability of the application of introductions to legislative acts will in all cases depend on the concrete circumstances, the social demand for the performance of the functions here outlined and on the given considerations of legal policy. In point of principle in general only the element of its *exceptional* character should be pointed out, i.e. the moment that *in the course of statutory regulation the normative definition of the subject, purpose and/or reason of regulation in the form of a preamble does not in general appear to be necessary*, and that the formulation of a general motivation containing a declaration of principles in the introduction, or the inclusion of a *solemn* preamble preceding the act is justified only in statutes really significant, owing to the comprehensive nature of the regulation, its extent and depth, or its political weight or social aspects, whereas the display of a mobilizing or propaganda effect transmitted or promoted by the preamble will be needed only when in the light of available experiences, in view of the predictable negative or positive effects of the regulation on society such a preamble is in fact wanted. However, *the emphasis of an exceptional character* as a requirement of legal policy *is historically conditioned*. As a matter of fact this in general *presupposes stabilized social conditions* and consequently a stabilized legal system. It follows that for *revolutionary legislation* determined by the exclusively expedient and specific

[48] In aesthetics in general, and its projections wide apart from one another, such as industrial design or stylistics, it is a generally accepted basic tenet that the notion of beauty is conditioned by the notion of function, i.e. non-functional, in point of fact unnecessary solutions cannot serve the beauty of any creation.

content and formal features of this legislation,[49] the general application of the preambles, or the inclusion of the less rigid propaganda and solemn expression and the evaluating content for the most part characteristic of the introductions in other parts of the statutory regulations may become justified within a by far wider sphere and to a greater extent. The reason is that in revolutionary legislation the overwhelming majority of the acts carry a primordially social-political significance, the political weight and character of these acts come to the fore in a more direct and emphatic manner.[50] On the other hand, a quantitative analysis of the practice of preamble-making will, notwithstanding the fluctuating picture it presents, lead to the conclusion that as compared to the situation of a decade or a decade and half ago during the latter years the application of introductions to statutes presents in its essential traits a *similar* picture. In the degree of a recourse to this technique Hungarian legislation unfortunately appears indeed to *return* to the earlier practice of socialist legislation, although neither concrete conditions, nor sound reasonable or well-founded considerations of legal policy or legislative technicality justify this practice in an appropriate manner.[51] Thus the explanation for this peculiar trait may be discovered rather in the role of given *secondary* factors, in the revival and repercussions of a usage in legal technique, the shaping and application of a subjective legislative idea, and in the effect of concomitant predilections, an effect where a certain allowance has been made for the tendency to liquidate the earlier alienation of the legal form and legal parlance, although

[49] For the features of revolutionary law-making viewed from the angle of legislative technique see VARGA, Cs.: [Lenin and the Revolutionary Legislation.] In: *В. И. Ленин о социалистическом государстве и праве* (V. I. Lenin on the socialist state and law). Moscow, Nauka, 1969. pp. 271 et seq.

[50] In the draft decree e.g. written by Lenin on the dissolution of the Constituent Assembly a political evaluation and motivation of seventy lines precedes the provision having the terseness of a simple sentence: "The Constituent Assembly shall be dissolved". ЛЕНИН, В. И.: *Сочинения* (Works). Vol. 26. Moscow, Gosizdatelstvo Polititcheskoi Literatury, 1949. pp. 394—395. This view is equally confirmed in different ways by the practice of the 19th century Hungarian reform era and bourgeois revolution including the operative basic provision in the preamble and by that of the Hungarian Republic of Councils of 1919 reinforcing the earlier tendencies in legislative technique (see VARGA: *A preambulumok problémája*... [The problem of preambles...] pp. 255 et seq.). To a certain extent this explains the Hungarian practice of the fifties of an excessive recourse to preamble-making too, when due to the given or presumed state of class struggle the direct political function of legal acts was manifest to a higher degree and in a sharper form. Only this explains why in Decree No. 254.860/1951 of the Minister of Food on the return of beer barrels and beer crates owned by state breweries, and in Law-Decree No. 23 of 1951 on supplementing the membership of the local councils a preamble of 24 respectively 26 lines long precedes the operative parts, in both cases exceeding the latter in length.

[51] In this connection it might be of interest to quote the remark of the renowned American author according to whom in cases of a proliferation of preamble-making "it is evident that the legislator intends not only to impose on the citizen obligations to act or forbear in certain ways, but to give direction to his thinking as well — something that makes good sense within a managerial or inspirational context, but that can give rise to some disquietude as part of an order declaring legal rights and duties". FULLER, L. L.: *Anatomy of the law*. New York, etc. Praeger, 1968. p. 91.

the problem of the social character of the legal form presents at most connections of a rather indirect nature with the use of introductory forms.

No doubt an investigation which would try to demonstrate the extent to which, and how the introductions to statutory regulations perform their functions, and to what extent and how they exercise an effect, would make valuable contributions to the problem of the justifiability of the types of preambles specified above. As a matter of fact, as regards the personality of the judge, etc., often this effect will presumably be more or less insignificant, inasmuch as preambles seldom are vehicles of valuable information capable of guiding or shaping law-applying activity, i.e. information which incidentally would not be obvious from the context of the statute, or possibly known from any other authoritative source before. For the citizen the problem arises in another form. A large part of the introductions to legislative acts, in particular those aimed at mobilizing and propaganda effects, are addressed explicitly to the citizens. However, *the knowledge of the citizens is based usually not on normative information.* At least two thirds of the citizens acquinted with statutory provisions obtain their information from dailies and other sources of mass communication rather than from the official gazette.[52] However, these sources, as a rule, do not inform of the content of the preambles, and use means of their *own* to prove the reasonable character of the given regulation, or to exert a mobilizing or propaganda effect. In view of this circumstance and of the established method of publishing government motivations in the official Hungarian collections of statutes and government decrees the question may be asked, whether *the publication of the motivation of statutes in the official gazette could take over* partially at least *the practical part of an argumentative function of the preambles* directed at a definition of the subject of regulation, its objective and/or reason, further the providing of a general policy-making motivation, or the exertion of a mobilizing or propaganda effect.[53]

As regards preambles of a direct norm content a situation usually differing from those reviewed earlier will be encountered. A material regulation in the introduction to the legislative act will almost invariably appear as the result of a political compromise, and so in view of the political medium of

[52] According to a representative Hungarian survey 25.4 per cent of the persons questioned have read a statute in the official gazette, whereas 51.3 per cent have acquired their knowledge of the law from the press or other sources and 23.3 per cent have never read a statute at all. Kulcsár, K.: *A jogismeret vizsgálata* (Inquiries into the knowledge of the law). Budapest, Institute for Legal and Administrative Sciences of the Hungarian Academy of Sciences, 1967. Table 2/A.

[53] The expedient here indicated would in a manner departing from the normative information included in the preamble produce a non-normative information. However, this by itself does not speak against the expedient, because when the legislator wants to express the content characteristic of a preamble pronouncedly in a normative form, he can do so, as is shown by the practice so wide-spread in the United States, "dans le corps même de la loi". See Tunc, A.—Tunc, S.: *Le droit des États-Unis d'Amérique*. Paris, Dalloz, 1955. p. 254. Note 3.

legislation its justification cannot be denied on the ground of legislative technicality, although as has already been made clear, an expedient of this type will equally imply the risk of *use* and *abuse*, actual application and denial of it. Similarly the formulation of the basic provision in a preamble mostly takes place in a peculiar manner, justified by historical or political conditions. On the other hand, when the norm content of an introduction to a legislative act is *not* justified by social or political factors, on considerations of legal policy it may be argued whether there is a case of recourse to inadequate structural technicalities, or the abuse of a legal form.

In the foregoing discussion it has been pointed out that in the light of legal policy the making use of preambles is desirable in exceptional, properly justified cases only. Well, constitutions in all cases appear as exceptional legal and political instruments at the same time of fundamental importance, so that the justification of their introduction by a preamble seems to be obvious. On the other hand, *the incorporation* of the ideological foundations of the political, government and legal activity, of the objectives set to society and the political programme of the phase of evolution ahead *in the introduction for reasons of legal policy should not be effected with a claim to change the preamble into a direct ground of an organic evolution of the constitution not calling for a formal amendment,*[54] *or in the process of law enforcement, of rights and obligations.* As a matter of fact the function of the political programme formulated in the preamble is to lay down in a normative form the ideological framework of the implementation of the constitution and its progress towards a goal, and by this means to provide a legislative programme.

Hence the problem of the justifiability of preamble-making has been traced back to the problem of the functions of the preamble through the policy-making requirement of its exceptional character. The combination of these two aspects of the application and effects of introductions to statutes is related to one of the primordially basic and general principles of legislative technique which in view of the determining part of social factors and the functional subordination of legislative technique conceives the desirability and usefulness of the technical solutions, the forms of expression and the content reflected by them in a relation of the *social claim actually present* and the *aptitude for a sound realization of functions.*

[54] As regards the Yugoslav Constitution of 1963, the intention of the agencies responsible for drafting the constitution expressed in the *Explanatory Memorandum to the preliminary draft of the Yugoslav constitution* (The New Yugoslav Law, 3—4/1962. p. 36) according to which the "essential, basic constitutional principles, which are legally elaborated in the Constitution . . . set the course to improve and develop it without formal changes in the Constitution itself being made", in my view encounters constitutional difficulties. On the one part the general content of the "Basic Principles" cannot provide a basis for an amendment of the detailed provisions forming as *lex specialis* the "operative" part of the constitution, and on the other, the evaluating content can in the name of content legality preclude at most the enforcement of the hierarchically lower norm content, yet cannot bring about a formal or informal modification of the actual norm content.

[9]

Presumption and Fiction: Means of Legal Technique

BY CSABA VARGA AND JÓZSEF SZÁJER, BUDAPEST

Legal technique is a complex phenomenon, consisting of a set of various skills, methods, ways and procedures, organized into a functioning unity. It is an instrumental phenomenon, established in order to make the law's functioning possible in a way it is considered socially desirable, by properly shaping its norms and their practical implementation. It is the medium to filter – by transforming considerations outside the law into components inside the law as in-built elements of that law – all impetuses, theoretical or practical, cognitive, evaluational or volitional, which may exert an influence on its development (Varga and Szájer). Or, legal technique is the carrier of the distinctively juristic genius. It features all the characteristics that make legal system an artificial system, conventionalized through formalized human practice. It is the reason why presumption and fiction are usually described as par excellence means of legal technique, representative of its inventiveness. Their artificial instrumentality gets emphasized to such a degree that even their distinction is most often minimized. Therefore, their common characterization from the point of view of their artificiality risks achieving but their misrepresentation. As it will be argued upon in the present paper, presumption and fiction are heterogeneous phenomena between each other.

Technical aspects of human practice, its notional constructions and ideological expressions may be bound to a common name even in the case they are only genetically somehow related to, but both structurally and functionally differing from, each other. The want of commonness may be concealed by their theoretical characterization with one feature, characteristic of only one of their particular historical manifestations, notwithstanding, universalized as the feature characteristic of the phenomenon itself. As it will be argued upon in the present paper, both as to their differing historical manifestations and fields of realization, presumption and fiction are by and large heterogeneous phenomena in themselves as well.

I.

PRESUMPTION: In its original meaning, "die 'Annahme im voraus', die *Annahme* der Wahrheit einer Tatsache, Vermutung" (Heumann-Seckel, p. 454) or, with a logical reconstruction, "Wahrscheinlichkeitsfolgerung" (Unger 1868, p. 579), "l'argumentatio probabilis 'posita in communi omnium intellectu' /Quint., Inst. Or. 5, 10, 18/" (Andrioli, p. 765) or, in most general terms, "voraussetzen – ohne vollkommenen Beweis" (Bierling, p. 301), "substituer à la constation d'un fait une donnée déduite d'éléments qui ne touchent qu'indirectement ce fait" (Russo, p. 103), "une *anticipation* sur ce qui n'est pas prouvé" (Lalande, p. 802). In its specially legal meaning, it is a technique of constructing the facts that constitute a legal case, by the force of which the proof of normatively selected and defined facts shall be sufficient for a qualification otherwise not justified. As a construction of law and a specific way of expressing its norms, it is widespread from the age of classical Roman law. It may also be normatively defined. According to the French *Code civil*, e.g., "[l]es présomptions sont des conséquences que la loi ou le magistrat tire d'un fait connu à un fait inconnu" (Art. 1349).

A distinction between the cognitive and the normative usage of presumption ("die von gewissen *Personen* gehegte Vermutung" and "die von der *Rechtsordnung* befohlene Vermutung" by Heumann-Seckel, p. 454) was made by the Digest, early interpolated in the Middle Ages. A further distinction within its normative usage was made by specialists of civil and canon law. "Dispositio legis, aliquid praesumentis et super praesumpt o tamquam sibi comparto statuentis. Juris, quia a lege introducta est, et de jure, quia super tali praesumptione lex inducit firmum ius et habet eam pro veritate." (Alciatus, De Praesumptionibus, cf. Kunicki, p. 18).

1. *In the judicial process of establishing the facts: praesumptio homini vel facti.* It is termed mostly without determiner: 'presumption'; or with expressedly disqualifying determiner: 'gemeine Vermutung' (Unger 1868, p. 580), 'présomption simple' (Lalande, p. 802); sometimes with determiner: 'einfache richterliche oder faktische Vermutung' (Bierling, p. 301). It is a "[r]aisonnement par lequel on pose, en matière de fait, une conclusion probable, quoique incertaine" (Lalande, p. 802). It has cognitive character, substituting a definite degree of circumstancial evidence for positive proof. "Présumer ... c'est poser d'avance comme vrai dans tous les cas ce qui est peut-être vrai d'une manière générale, mais qui, en chaque cas particulier, n'est que probable ou même, parfois simplement possible" (Dabin 1935, p. 235), or, more precisely, "on reconnaît comme démontré un fait, qui selon les règles de l'expérience a existé, car un autre fait avait existé, d'après des preuves conclusives" (Wróblewski, p. 66). Consequently, though it may be established and disposed of normatively (e.g. the *Code civil* provides in Art. 1353: "Les présomptions qui ne sont point établies par la loi, sont abandonnées aux lumières et à la prudence du magistrat, qui ne doit admettre que des présomptions graves, précises et concordantes ..."), still it will be a cognitive process through inductive reasoning. Or, the specificity of this cognitive process is defined by 'intimate conviction' substituting for 'proof' as stated by the *Cour de cassation:* "cette preuve étant indirecte et acquise par voie d'induction, il suffit qu'elle soit de nature à rassurer la conscience du juge et à lui dicter sa décision (Cass., 23 avril 1914, p. 192, 1ère colonne)" (Foriers, p. 10).

2. *In the normative definition of the facts to be established in order that, in the absence of proof to the contrary, a case is constituted: praesumptio juris tantum.* "Inconclusive or rebuttable to be drawn from given facts, and which are conclusive until disproved by evidence to the contrary" (Jowitt, p. 1398). "La présomption légale est celle qui est attachée par une loi spéciale à certains faits ... La présomption légale dispense de toute prueve celui au profit duquel elle existe" (Code civil, Art. 1350 and 1352). It is in respect of 'gesetzliche Vermutung' (Unger 1868, p. 580) or 'Rechtsvermutung' (Bierling, p. 304) that it is emphasized: "La présomption est un impératif légal" (Kunicki, p. 187), "è una norma giuridica" (Donatuti, p. 421); or, in other words: „Chaque présomption est une construction de la langue juridique et le résultat d'une décision législative qui lie les prémisses et les conclusions des présomptions" (Wróblewski, p. 51). At the same time, according to some authors, the analysis of judicial practice will show that "présomption d'origine jurisprudentielle" is the prime

factor of presumptive jurisprudence, making use of both *praesumptiones juris tantum* and *praesumptiones juris et de jure* (Perelman, p. 61).

3. *In the normative definition of the facts to be established in order that, by the wording and force of the law, a case is constituted: praesumptio juris et de jure.* Rarely also termed as 'violent' (Blackstone, vol. III, p. 372), "irrebutable or conclusive presumptions are absolute inferences established by law" (Jowitt, p. 1398). It is a quite artificial legal construction conceivable and interpretable within a normative context only. "La structure de cette *praesumptio* est simple – elle précise les conditions dans lesquelles on doit reconnaître certaines conséquences juridiques. Elle correspond à la forme élémentaire de la norme juridique" (Wróblewski, p. 69).

4. Having in mind a possible theoretical reconstruction, approaches to and understandings of presumption in the legal domain divide into two main tendencies:
a) those *directed by epistemological considerations* and
aa) based on the bare probability of the presuming facts establishing a logically necessary link to the presumed facts. As presumption is epistemologically considered here, this linkage is a *sine qua non* of avoiding false identification. "Encore faut-il, pour que rationellement la présomption se justifie, qu'elle prenne appui sur des vraisemblances. La loi ne peut présumer, même sous réserve de preuve contraire, que ce qui est normal, ou, sinon, la présomption dégénère en fiction" (Dabin 1953, p. 227). For "the presumption establishes an inference that experience and common sense justify; it is based on the fact of social life" (Fuller, p. 43);
ab) identifying presumption as a specific technique of evidence allotting the burden of proof. At earlier times, induction and inference as components of the manipulation of facts were emphasized. Prime role was played in it by the *Code civil* disposing of "Des présomptions qui ne sont point établies par la loi" (Section III, § 2) and advancing as most general definition that "[l]es présomptions sont des conséquences que la loi ou le magistrat tire d'un fait connou à un fait inconnu" (Art. 1349). Several authors arrive at similar conclusions. For Unger, "[e]in Gesetz, welches eine Rechtsvermutung aufstellt, schreibt dem Richter vor, eine Behauptung nicht bloß für wahrscheinlich, sondern für wahr (gewiß) anzunehmen, sobald eine bestimmte andere Behauptung erwiesen (gewiß) ist" (1868, p. 580). For Dabin, "un certain fait est tenu pour vrai en dehors de toute vérification équivalente à preuve" (1935, p. 238). This opinion has turned into a rather general stand. Even modern logical reconstruction is influenced by it to the effect that, for theoretical explanation of legal presumption in general, it sometimes refers to the historical antecedents of enacting a presuming norm (e.g. to "preuves difficiles", to the regulatory wish to "placer d'une façon spéciale le fardeau de la preuve", or to the ensuing circumstance that "la norme de présomption détermine la direction de la décision") (Wróblewski, p. 56).
b) *those seeing in presumption a purely technical-legal instrument only shaped by considerations of practical expediency*
ba) in a rather simplifying way, accepting the law's technical features and regarding them as added outwardly to (and also in duplication of) the law's organic components. E.g., "Courts are sometimes bound to accept certain well-established legal presumptions and artificial facts-in-law instead of real and ascertainable facts" (Vino-

gradoff, p. 94), as if facts in law, able to ascertain, could be bare facts without their transcription in the law, i.e. without their transformation into and homogenization within its conceptual system,

bb) and developing, at the same time, a theory of modern formal law consequentially to the end. "Von der logischen Seite fördern [die Präsumptionen] leichte und rasche Anwendbarkeit, indem faßliche und anschauliche Merkmale an die Stelle des schwer zu ergründenen Wesens treten" (Trendelenburg, p. 173). This is an early formulation of the ideal and criterion of modern formal law, according to which "'[f]ormal' aber ist ein Recht insoweit, als aussschließlich eindeutige generelle Tatbestandsmerkmale materiell-rechtlich und prozessual beachtet werden." Within this formalism, as it's known, "können die rechtlich relevanten Merkmale sinnlich anschaulichen Charakter besitzen. Das Haften an diesen äußerlichen Merkmalen . . . bedeutet die strengste Art des Rechtsformalismus. Oder die rechtlich relevanten Merkmale werden durch logische Sinndeutung erschlossen und danach feste Rechtsbegriffe in Gestalt streng abstrakter Regeln gebildet und angewendet" (Weber, p. 102). If facts constituting a legal case are to be defined exclusively by the law, then presumption will be nothing else but a particular way of constructing a legal norm. "Ist die gesetzliche Vermutung bloß eine besondere Form der gesetzlichen Festsetzung des Tatbestandes" in which, at least in point of principle, one can construe "einen doppelten Tatbestand": the "ursprünglichen" one which is presumed by the legal norm and the "anderen praktischen Tatbestand" through which the legal norm presumes. In case of *praesumptio juris tantum*, presuming facts are weakened in so far as "nur die Ausnahme zugunsten des idealen Tatbestandes ist fallengelassen", but in case of *praesumptio juris et de jure* they are "gleichkräftig" (if not completely overlapping each other) (Plósz, p. 15, the definition on p. 21).

ON "PRESUMPTION". – In general, literary treatments of presumption survey the usage in law of *praesumptiones homini vel facti* as well. However, most of authors agree that legal presumptions are practically considered and imbued with technical elements to such an extent that they form a separate group and need a separate analysis.

1. *Function.* – For the sake of conceptual simplicity, authors in general approach to legal presumption as if it were the usage of ordinary presumption in a special domain. What is law doing? It is said to order by selecting and defining facts to which, if ascertained in a judicial process, legal consequences will be attached. In order to impute legal consequences, selection of facts may be needed whose ascertainment can meet difficulties. This is the field of presumptions. "Positive proof is always required, where from the nature of the case it appears it might possibly have been had. But, next to *positive* proof", as Blackstone explains, viewing the matter from the point of judicial cognition and subsequent decision (p. 371), "*circumstancial* evidence of the doctrine of presumptions must take place: for when the fact itself cannot be demonstratively evidenced, that which comes nearest to the proof of the fact is the proof of such circumstances which either *necessarily*, or usually, attend such facts; and those are called presumptions, which are only to be relied upon till the contrary be actually proved. *Stabitur praesumptioni donec probetur in contrarium.*" That means that presumption is a normative (and, in this sense, arbitrary) intervention into inductive reasoning, as it "attaches to any given possibility a degree of certainty to which it normally has no right. It knowingly gives an insufficient proof the value of a sufficient one" (Tour-

toulon, p. 398). Until presuming practice preserves its cognitive character, it will also touch upon reality by breaking down its complexity to indices making up its elementary structure(s). "Through the use of presumptions the law confers upon facts a clarity of outline lacking in nature. The presumption introduces into an entangled mass of interrelated events a certain tractable simplicity" (Fuller, p. 108). For it "facilite le cours de la preuve, en déformant délibérément des réalités insaisissables pour les ramener à des cadres fermes" (Dekkers, p. 25). Or, "Rechtsvermutungen sind anerkannte Rechtssätze, die die freie Beweiswürdigung einschränken: Der Richter hat eine im Streitfall erhebliche Tatsache auch dann für gegeben zu halten, wenn ihm nicht diese Tatsache selbst bewiesen wird, sondern ein anderer, meist einfacherer und leichter beweisbarer Sachverhalt, mit dem jene rechtserhebliche Tatsache nach allgemeiner Lebenserfahrung verbunden zu sein pflegt" (Kaser, p. 231).

All this characterization holds true *if* presumption is a free judicial means of abridging and simplifying the proof of the case. Yet once the act of presuming becomes normative by its inclusion in the formal prescription of a law, presuming facts transform into facts that, as selected and defined by law, constitute a case in the law. That is, presuming facts transforms into facts on an equal footing with the facts that might have been judicially presumed should the facts of the case had not been ascertained but presumed by the judge of the instance.

2. *Presumption and fiction.* – In the field of normative regulation, where the specific technique sublates all cognitive component as mere antecedent, epistemological consideration, or speculation about probabilities, is misleading and necessarily misses the point. Or, what does happen if legal presumption attaches the establishment of the facts that constitute a case to the ascertainment of such facts that are not probable to produce the facts constituting a case? What does happen if a legal presumption does not comply with Fuller's three requirements of "escaping the charge of 'fiction'": "(1) be based on an inference justified by common experience, (2) be freely rebuttable, (3) be phrased in realistic terms" (p. 45)?

I consider fiction an operation with the extension of at least two concepts. Fiction rearranges the extension of concepts which would otherwise have differing contents by declaring them to be at least partially overlapping each other.

With presumption, the question of conceptual identity will not even be raised, for presumption does not operate with concepts at all. It does only settle in a procedural way that the proof of which facts shall be sufficient for the official realization that the facts constituting a legal case are established.

3. *Irrelevancy of epistemological foundation in respect of the normative field.* Having in mind the fundamental structural difference between fiction and presumption, epistemological consideration is to miss the point even if we realize that connections of probability may have had their role to play both in the genesis and formation of presumptive practice. Still, such an epistemological background may have at most been but a by chance historical motive, for the only thing that in a normative relationship matters is the normative qualification of facts (normative presumption being one possibility of it, albeit most technical and instrumentally subordinated to further norms which make normative qualification complete) and, with reference to such a

qualification, the normative imputation of normatively determined consequences to normatively selected and defined facts. And in normative imputation, as it's known, practical considerations and their justifiable formulation within the normative context are the prime factors and any theoretical consideration can only assert itself through and with mediation of them.

Consequently, classifications of legal presumption based on epistemological considerations – e.g. the one having in view "la relation normative institutée par la norme de la présomption" and differentiating 'relations anti-empirique, non-empirique et para-empirique', or the one distinguishing 'présomption de fait et de droit' or, in another aspect, 'présomptions formelle et matérielle' (Wróblewski, p. 59, 46 and 49–50, and 52–55) – are not reasonable within a normative context. For they seem to conceal that for and within the law a fact can only exist insofar as it is relevant. It can only be relevant insofar as it leads to a legal consequence. And it can do so exclusively in virtue and with the mediation of a legal prescription normatively attaching a given consequence to a selected fact.

4. *The technique of presumption.* – Doctrinal studies of law make a distinction between 'prozessualische Präsumption' and 'materielle Präsumption' (Burckhard, p. 166–193), 'présomption au sens strict' and 'présomption au sens large' (Gény, p. 264–270 and 334–341) or 'présomption-preuve' and 'présomption-concept' (Dabin 1935, p. 240–241), meaning by the first the presumption in which facts presume those facts that constitute a case, which could be established by other means as well (e.g. paternity), in contrast to the second in which presuming fact is the one to which a legal consequence is imputed (e.g. 'présomption irréfragable de rejet' in case of the silence of administration for four months in France, cf. Rivero, p. 102–103). Indeed, from the point of view of the statutory construction of the set(s) of the facts to be ascertained in order that the facts constituting a legal case be established, there is a difference between them. However, both are common in their fundamental structrue of determining the "gesetzliche Tatsache" by the selection and definition of the facts the proof of which shall be considered sufficient (with the admission or exclusion of a counterproof) for the official realization of its establishment, in contrast to the direct formulation of the facts constituting a legal case, which leaves to the free judicial weighing of proofs to assess what are the reasons for and against its official establishment.

It is to be noted too that admission of counterproof and its exclusion are two extremes only in theory. In the practice of regulation, there is a variety of the possibilities of limitation ranging from the restriction of evidence (at *praesumptio juris tantum*) to the admission of counterproof as an exception (at *praesumptio juris et de jure*) (Plósz, p. 15).

Or, presumption is not the exclusively conceivable means of realizing its original target. It is a kind of legal technique substitutable by others. For instance, legal definition of the statuses of filiation is equally manageable through a search of 'fatherhood' to be proved positively, with the help of a construction of 'paternity' to be presumed, or by formulating a general rule about the conditions of imputing related rights and duties and making exceptions to it.

II.

FICTION. Phenomon and term known from imperial Roman culture onward. Widespread in legal cultures in which conceptualization and formalization have strongly developed. "D'une façon générale, ce qui est feint ou fabriqué par l'esprit" (Lalande, p. 355). Or, philosophically speaking, "an assumed fact notoriously false, upon which one reasons as if it were true" (Bentham 1759, cf. Olivier, p. 32), or "feigning or assuming, 'that something which obviously *was*, was *not*; or that something which obviously was *not, was*' (Austin, p. 629). That is, "jede *bewußte*, zweckmäßige, aber *falsche Annahme*" (Vaihinger, p. 130), "une ideale modificazione e correzione della realtà concreta" (Colacino, p. 270). Its concept being a function of its differing use characteristic of systems of Roman Law, Common Law, and Civil Law, neither its definition nor its theoretical conception forms a historical continuum. They rather reflect its prime application and typical manifestation.

1. *In the linguistic formation of legal norms.* It is termed mostly without determiner: 'fiction'. From 19th century onward, frequently with distinguisher: 'Gesetzesfiktion' (Esser, p. 29; Meurer 1976, p. 24), 'legislative fiction' (Olivier, p. 95), 'gesetzliche Fiktion' (Bülow, p. 3), 'statutory fiction' (Fuller, p. 90). Sometimes, with a qualified distinguisher: 'legitimate legal fiction' (Frank, p. 348). Moreover, it may be termed with an adjective questioning the appropriateness of its own terming, e.g. 'sogenannte juristische Fiktion' (Stammler, p. 328 et seq.). It gets defined as "'bloß normative' Gleichsetzung" (Eser, p. 29), "employed, ordered or permitted by a legislator in statutory enactments" (Olivier, p. 95). Its core is seen in "der Anknüpfung einer Rechtsfolge an einen Rechtssatz, die ein anderer Rechtssatz auslöst" (Meurer 1976, p. 284–285), i.e. in "einer abrevierenden Ausdrucksweise. Das Gesetz will für einen Fall dasselbe anordnen wie für einen anderen" (Kelsen 1919, p. 640). Or, from the point of view of linguistic formulation, there is a fiction "chaque fois qu'une réalité naturelle subit de la part du juriste constructeur du droit, dénégation ou dénaturation consciente" (Dabin 1935, p. 321), when they "bezeichnen eigentlich etwas mit einem Worte, das in der Alltagssprache oder in der Sprache des Rechts gewöhnlicherweise zur Bezeichnung eines ganz anderen Begriffes gebräuchlich ist" (Moór 1927–28, p. 166).

2. *In the judicial application of legal norms.* In Roman sources (Heumann-Seckel, p. 216, No. 2) and in English-American literature, it is termed mostly without determiner: 'fiction', or with the qualifying one: 'the typical legal fiction' (Fuller, p. 5), suggesting its representativeness. Occasionally termed with distinguisher: 'historical fiction' (Fuller, p. 56), 'judicial fiction' (Olivier, p. 115), 'fiction jurisprudentielle' (Foriers, p. 23), 'particular' and 'procedural' fiction (Pound, p. 450) or, having in view a logico-functional reconstruction, as 'Begründungsfiktion' (Meurer 1973). Confusion may arise from the fact that Civil Law approaches, too, sometimes speak of fictions in general, although they mean this very special usage of it (e.g. Pugliatti). Dekkers sees in it "un procédé technique qui consiste à placer par la pensée un fait, une chose ou une personne dans une catégorie sciemment impropre pour la faire bénéficier, par voie de conséquence de telle solution pratique, propre à cette catégorie" (p. 86) and, Capitant, "[p]rocédé de technique juridique consistant à supposer un fait ou une situation

différente de la réalité pour en déduire des conséquences juridiques" (p. 253). As to its definition, "fictio est in re certa eius quod possibile contra veritatem pro veritate a iure facta assumptio" (Bartolus, No. 21 ad D. 41. 3. 15 pr, cf. Olivier, p. 16). Common Law approach stresses its character implying the latent innovation of the law: "a wilful falsehood, having for its object the stealing of legislative power, by and for hands which could not, or durst not, openly claim it" (Bentham, vol. I, p. 243), taking the form of "any assumption which conceals, or affects to conceal, the fact that a rule of law has undergone alteration, its letter remaining unchanged, its operation being modified" (Maine, p. 26), in brief, "procedural pretense by means of which rules of law are changed" (Fuller, p. 5), "utilisé par le juge lorsqu'il désire créer une assimilation évidemment inexacte mais nécessaire pour obtenir un résultat souhaité" (Foriers, p. 23), for "[w]hen ... the pressure of newly asserted interests compels change, those who administer the law seeks to make the change as slight as possible" (Pound, p. 461). As to their logical structure, they are "verweisende normative Individualsätze, die durch die unmögliche Annahme, der gegebene Sachverhalt sei einem anderen ungleichen Sachverhalt gleich, die Rechtsfolgen an den gegebenen Sachverhalt knüpfen, die der angenommene Sachverhalt hat" (Meurer 1973, p. 74). In any of these definitions, the core gets reduced to "la fausse qualification des faits" (Perelman, p. 146).

3. *In the doctrinal processing of legal norms.* In most of the cases, it is termed as 'dogmatic fiction', sometimes as 'theoretische' (Unger 1871, p. 9, n. 12; Meurer) and occasionally as 'rechtswissenschaftliche' (Stammler, p. 332). As "ein Mittel der Darstellung" (Hölder, p. 223), it is "developed in legal science, i.e. in the explanation or systematising of the positive law" (Olivier, p. 87). "[F]ictions worked out after the event by justice thinking in order to give or appear to give a notional explanation of existing precepts ... represent first attempts of a legal system at classification and generalization" (Pound, p. 450 and 462). Its relationship to valid law is of *de lege data*, and not *de lege ferenda.* And not because of the subject, or of the nature of theoretical operation itself: "sie bewirken nichts, sie erklären nur mittels Vergleichung und erleichtern hierdurch die Darstellung und Auffassung des geltenden Rechts" (Unger, ibid.). For no question of subsuming facts by adjudicating or imputing them is raised here. Norms are doctrinally arranged with simplifying their relationship, by building in their system artificial links and common denominators for making their conceptual breakdown and/or reduction possible.

4 *In the theoretical reconstruction of legal norms.* Lalande writes of 'representative fiction', serving as theoretical model: "Hypothèse utile pour représenter la loi ou le mécanisme d'un phénomène, mais dont on se sert sans en affirmer la réalité objective" (p. 355). This is the usual object of philosophical definitions: "Fiktionen (wissenschaftliche) heißen Annahmen, die wir zu heuristischen Zwecken machen" (Eisler, p. 369). Following this pattern, several theories of law characterize legal norms as mere fiction. "[I]n a sense, all legal rules, principles, precepts, concepts, standards – all generalized statements of law – are fictions. In their application to any precise state of facts they must be taken with a lively sense of their unexpressed qualifications of their purely 'operational' character. Used without awareness of their artificial character they become harmful dogmas" (Frank, p. 179). Some theories emphasize the fictitious charac-

ter of legal concepts as means defined by the regulatory need and wish, quite independently of any epistemological consideration in view of reality. "Aus diesem Gesichtspunkte müßte aber jede Rechtsnorm als eine Fiktion erscheinen, da durch die allgemeinen Begriffe des Rechts immer eine Mehrzahl niemals ganz gleichartiger konkreter Fälle notwendigerweise der gleichen rechtlichen Beurteilung unterworfen wird" (Moór 1927–28, p. 180); or in another formulation, "Rechtsbegriffe und -kategorien wiederum Fiktionen sind, abstrakte, analogische usw. Fiktionen, d.h. bewußt zweckmäßige Abweichungen von der Wirklichkeit, des eigentlichen Gegenstandes des Rechts" (Baumhoer, p. 22). Other theories explain legal constructions as fictions having an instrumental function, most known of them being the conceptual construction of right ("The word right is the name of fictitous entity: one of those objects, the existence of which is feigned for the purpose of discourse, by a fiction so necessary, that without it human discourse could not be carried on. A man is said to have it, to hold it, to possess it, to acquire it, to lose it. It is thus spoken of as if it were a portion of matter such as a man may take into his hand, keep it for a time and let it go again." Bentham, vol. III, p. 217) and corporation (cf. Moór 1931, for Civil Law theories and Bolgár, for Common Law doctrine). Finally, there are some schools of thought, e.g. Hans Vaihinger's *Philosophie des Als Ob* (1911), Karl Olivecrona's *Law as Fact* (1939) and Alf Ross's *Tû-tû* (1951), that point to the internal contradiction implied by the fact that law is an artificial conceptual expression, on the one hand, notwithstanding, it is made to function in practice, on the other, as if it were a real property, or abstraction, of actual events taking place in human practice Or, "Die Verhältnisse sollen sich nach dem Recht richten, als ob das Recht etwas Tatsächliches, wirklich Gegebens wäre" (Strauch, p. 17).

5. In the final analysis, approaches to and understandings of fiction in the legal domain divide into two main tendencies:
a) those which hold that fictions in law are *genuine fictions*,
aa) characterized by "a complete consciousness of its falsity" (Fuller, p. 9–10) in an epistemological sense. This is the first concept of legal fiction, made by jurisprudents of the Roman republican period (e.g. Gaius) and glossators of the modern age (e.g. Bartolus), formulating the criteria of assumptio, contra veritatem, pro veritate and in re recta (cf. Olivier, p. 8–14 and 67–69). This very conception was later on extended as a matter of course to all kinds of fictions to be found in a legal context, considering them "a false assertion ... which, though acknowledged to be false, is at the same time argued from, and acted upon, as if true" (Bentham, vol. IX, p. 77), "a false factual assumption ... contained in a legal "rule" (Olivier, p. 4), or simply "a false identification, or a false analogy" (Peschka, p. 53);
ab) specific only in that they contradict earlier law, and not reality: "anstatt des Widerspruches gegen die Realität, welche im Begriffe der Fiktion liegt, besteht bei ihnen nur ein Widerspruch gegen das bisherige durch die betreffende Neuerung abgeänderte Recht" (Hölder, p. 223) or, in an apparently more sophisticated version, excluding fictions from legislative enactments as from the original, sovereign factors of creating and shaping "juridical reality", "une qualification des faits toujours contraire à la réalité juridique" (Perelman, p. 62);
ac) specific only in that they are "a contrast between two different (i.e. 'natural'

and 'legal' – Cs. V. and J. Sz.) classification of facts", instead of one "between rules and facts" (Campbell, p. 360 and 369);
b) those which hold that so-called fictions in law are, per definitionem, by far *not fictions at all*, because
ba) their actual result makes them, "comme synonyme de phénomène juridique" genuine reality: "il n'y a de fiction nulle part . . . C'est bien là une réalité juridique au sens large du mot, puisqu'il y a un effet de droit parfaitement réel qui se produit" (Saleilles, p. 612–613);
bb) they are, by their very structure, "eine Bezeichnungsform, ein Werkzeug juristischer Terminologie", i.e. "eine Rechtsregel besonderen *Ausdrucks*" (Demelius, p. 79 and 92); "eine abgekürzte Form der Fassung der anzuwendenden Rechtsgrundsätze, eine *Verweisung*" (Jhering, p. 289 and also Stammler, p. 331), or, simply, the result of the discrepancy between notions which, for the sake of regulation, have to have the same meaning in given respects and, in order to achieve this, also provide a definition normatively equalizing them: "erhebliche Abweichungen von der gewohnten Ausdrucksweise" (Moór 1927–28, p. 166);
bc) in want of "Aussagen" in law, there are no "'eigentliche', 'echte' Rechtsfiktionen" (Esser, p. 26) either, only "Bestimmungssätze" and, for their formulation in an economical and widely comprehensible way, "nur sprachliche Metaphern, Redewendungen, terminologische Bequemlichkeiten" (Somló, p. 526 and 527);
bd) both in thinking and also in professional communication, all kinds of linguistic expression, including norms and concepts as well, "are but psychological pulleys, psychical levers, mental bridges or ladders, means of orientation, modes of reflection, 'As-Ifs', convenient hypostatisations, provisional formulations, sign-posts, guides" (Frank, p. 179–180).

ON "FICTION". – The word seems to have been first used, and maybe also invented, by Quintilianus (Inst. Or. 6, 3, 61) (cf. Ernout and Meillet, p. 362).
1. *History and understandings: from origins to legislative fiction.* – As it is generally assumed, fiction-patterned thinking is rooted in the ancient practice of "Menschenopfer", later gradually substituted to by "Tieropfer" and then further simplified to becoming a mere "Symbol" (Demelius, p. 8). Others suppose a direct development line between Roman "Symbol" (manifesting itself in the ritual formalities of *mancipatio*), on the one hand, and "offene Fiktion", on the other, through the mediation of "verdeckende Fiktion" (in the ancient Greek law, e.g., debtors were qualified to be Persian in order to gain a status of more strength while execution) (Pringsheim). But service to God, if interpretable from a legal point of view at all, and also symbolic acts qualify rather conclusive presumption. For, in the case of sacrifice, reduced performance will be held to be good enough for proving human subordination and fulfilling. In the case of symbols, ceremony will be established as wholly formalized procedure in order to take over the burden of material proof. However, as stated by the contemporary commentator of Maine's *The Ancient Law*, this derivation is simply "not justifiable. Everywhere, where any kind of some definite legal system has been established and it has acquired sacred authority, the articulation of new needs makes place to extending interpretation also in the development phase ruled by custom, provided that custom has transformed into a close system. The rules of the system get extended as a

matter of course to cover new cases as well" (Pulszky, p. 361). This aspect of early laws "is not only a cause in part of the extreme formalism of the strict law, but it also operates as one of the agents in producing the first solvent of formalism, namely, fictions" (Pound, p. 461).

Jhering, classifying "die *künstlichen Mittel*, deren sie sich für die Zwecke der juristischen Ökonomie bedient hat", specifies "die Konstruktionshandlungen, die Scheingeschäfte und die Fiktionen" (p. 260–261). There is indeed a logical sequence in this line of instrumental development, albeit the first two items are either legal lies (in Frank's sense, p. 348) or presumptions. And legal lie has nothing to do with legitimate legal fiction (in Frank's terminology, p. 348): the deliberate falsity of an assumption of fact in a norm or normative imputation does not turn it by itself and for this very reason into a legal fiction. Notwithstanding, the search of a development logic continues to challenge minds. Surveying "the agencies by which Law is brought into harmony with society", Maine specifies "Legal Fictions, Equity, and Legislation" (p. 25). They are common to him in that "[t]hey all . . . involve law-making" (p. 30) and distinguished in that legislation is considered "open law-making" (Stein, p. 94).

Still, by the very idea of claiming the more while performing the less, i.e. of functional economization in the development of rites of sacrifice becoming symbol, and also in the invention of ceremonies for the formal proof of actual change, some elements which were instrumental in the construction of the early forms of genuinely legal fiction had already developed. Such an element was the fictitious assumption of a second reality in order to achieve, by legal lie, another qualification within the classification system of the law. Here is the dividing line where fiction in the law starts to be a genuine legal fiction. Paradoxically, here is the line, too, where it ends to be fiction at all. Be it a case of Roman *responsa prudentium* or English Case law, in judicial law-application both manipulated establishment of the facts that constitute a case and extending interpretation of legal rules (as two possibilities of establishing judicial fiction) are the aspects of the same act, differing only in where they are approached to from. "The two kinds of operation (i.e. interpretation of norms and qualification of facts – Cs. V. and J. Sz.) make up an indivisible unity in the act of law-application. For socially the *punctum saliens* of the whole process is the qualification of the facts. This is where and when projection onto one another, i.e. mediation, takes place. This is where and when the debated case gets a new quality: subsumed under the norm-structure applied as a decisional pattern" (Varga 1981, p. 466). These double roots of the first known appearance of legal fiction, that of judicial fiction (prevailing in ancient law, Roman law, Common Law and partly also in Civil Law development), explains why historically (with the living memory of symbolic acts and of the judicial manipulation of the establishment of the facts that constitute a legal case) the epistemological approach to and conception of legal fictions are wholly justified. At the same time, however, judicial fictions will be characterized as having the same basic structure as legislative fictions have by a theoretical reconstruction that proceeds from the analysis of legislative fiction and conceptualizes it by comparing the precept which has been extended and the one which it has been extended to through the normative interpretation of those precepts.

The function of judicial fiction can already be detected at the law of ancient Mesopotamia, although fiction was scarcely known there. "On peut y voir . . . l'indice d'un timide effort vers la construction logique du droit . . . Le raisonnement analogique qui conduit les rédacteurs de formulaires à appuyer leurs innovations sur des hypothèses irréelles, correspond à un souci de justifier rationellement ces créations" (Boyer, p. 99). "[L]a continuité dans l'évolution" is emphasized as the main function (Dekkers, p. 234). "Der *Zweck* der Fiktion besteht in der Erleichterung der Schwierigkeiten, die mit der Aufnahme und Bearbeitung neuer, mehr oder weniger einschneidender Rechtssätze verbunden sind, in der Ermöglichung, die traditionelle Lehre formell ganz in ihrer alten Gestalt zu belassen, ohne doch dem Neuen praktisch seine volle Wirksamkeit dadurch irgendwie zu verkümmern" (Jhering, p. 387). Or, having in mind its indirect effect as well, "durch (diese organische Erweiterung des Rechts) wird zugleich der innere Zusammenhang des Neuen mit dem Alten gesichert und so die systematische Einheit des gesammten Rechts erhalten" (Savigny, p. 295). With the fictitious assumption of the existence of a "general immemorial custom . . . from time to time declared in the courts of justice" and of the fiction's "proper operation being to prevent a mischief, or remedy an inconvenience, *that might result from the general rule of law*" (Blackstone, vol. I, p. 73; vol. III, p. 43 with its author's italics), the same was said of judicial fictions in English law. At the same time, however, Blackstone saw "awkward shifts, subtile refinements, and strange reasoning" in this judicial way of legal development and he condemned also the idea of an Original Contract used as a fictitious foundation-stone of social theories at his age. As he concluded, "while we may applaud the end, we cannot admire the means" (vol. II, p. 360). It is to be noted that although Bentham, too, argued against "the pestilential breath of Fiction [which] poisons the sense of every instrument it comes near" and he stated proudly that "the season of Fiction is now over" (vol. I, p. 235 and 269), he did so only in this convention. In another context he realized as a matter of course that fiction "may give support to useful rule or institution, as well as to a pernicious one", and he formulated as a received opinion that "[t]he virtues of a useful institution will not be destroyed by any lie or lies that may have accompanied the establishment of it" (vol. VII, p. 287).

2. *Classification.* – It is usual, mainly in German literature, to classify fictions into two groups, "praktische", and "dogmatische" (Jhering) or "theoretische" (Unger 1871, p. 9, note 12), or "juristische" and "rechtswissenschaftliche" (Stammler, p. 332). The dividing line is well drawn between fictions in and on the law which are relevant or irrelevant from a juristic point of view. Esser also differentiaties legislative and judicial fictions by enumerating "ökonomische", "historische", "dogmatische" and "definitorische" ones.

Though the usage of fiction is technical in legislative fiction and ideological in judicial one, this functional difference is counterbalanced by structural similarity. For judicial fiction aiming at extending a legal norm in action is completed through manipulating either the facts (by the false establishment of the facts that constitute a legal case) or the norms (by the false establishment of the relevant norm in a way that it shall cover the facts of the case). It will be distinguished (and only relatively) from judicial arbitrariness by virtue of its special purpose in the first case. It displays the same feature as legislative fiction does (except to the subject and way of its formulation) in the second case.

Finally, there is a dilemma of transparency of functions. As Demelius (p. 86) and Gény (vol. III, p. 377) observe, historical and dogmatic functions are mostly fulfilled by the same fictions: "la finzione svogle *sempre* necessariamente une funzione *e* storica *e* dogmatica" (Todescan, p. 458). This is a case of the dialectical interplay of basic functions in the sense that "many [of fictions] that once have served a historical purpose have been retained for their descriptive power" (Fuller, p. 8) (and vice versa as well). However, transparency of functions does not involve structural community between judicial fiction as a declaratory (normative) operation within the law and dogmatic fiction as an explanatory (theoretical) operation on and outside the law.

3. *Law as fiction.* – In connection with fictions used for the theoretical reconstruction of legal norms, the problem of conceiving law as fiction is formulated usually on three levels. First, there are specific legal concepts which are fictitious in their character. For instance, both the existence and extension of legal rights and duties are bound to rules. Moreover, although they are defined by rules, their true existence and extension will only be manifest in the rules' being referred to and also imputed to in actual practice. Secondly, in legal language potentially every concept is specific, i.e. fictitious in character. One cannot define previously what is to remain in its ordinary meaning and to what extent; the law's practical meaning can be reconstructed posteriorly at the most. Moreover, the motive of all this is beyond language; it is to be found in the politico-sociological context of the enactment and enforcement of rules. Thirdly, legal language and its practical usage are fictitious in their character.

As a matter of fact, there is a basic incongruence between true or false conceptual description and striving for practical influence by the projection of norms, setting consequentiality as the only aim of its conceptual system and doing even this exclusively for reasons of efficiency. And this is why Jones is mistaken in supposing that "when in course of time the concept has come to be regarded as normal in relation to the facts, the fiction has become a reality" (p. 185). For the "normalization" of its relation to the facts can render its given state more justified at most, still it cannot make it congruent. Anyway, linguistic expression, terminological choice and conceptual shaping of the law are a direct function of its norms. And the projection of norms is a direct function of practical considerations, subordinating epistemological ones to those which are purely purposeful. This is so in the case both when legal meaning departs from ordinary one (in what? in which direction? to what extent?) and when legal meaning coincides with ordinary one (even if momentarily or partly). For no coincidence is motivated by the lack of "*a*normalization" when norm-projection is taking place: they only coincide because (and to the extent that) coincidence has normatively been disposed of for practical reasons, by the way. Or, legal concepts are pragmatic concerning their fundamental definition. They are further and further removed from the point where they can be *in merito* examined epistemologically. Nevertheless, elements and interconnections of reality are reflected in their development. But the content and the extent of the concept developing from these are not ultimately determined by the copying of reality, but purely by practical considerations and the regulation techniques available. "Such an estrangement from reality is not an autotelic process. Its real purpose is to provide a suitable means for the optimum operation of the legal complex. But this makes legal 'reflection' specific and heterogeneous, and this is also expressed to a smaller or greater degree in the handling of juridical concepts as mere means. As Lukács put it: 'an epistemological objective identity or convergence can in no way provide the decisive motive for choice or rejection; this motive consists in an actual applicability in concrete present circumstances, from the standpoint of a resultant in the struggle between concrete social interests.'" (Varga 1985, p. 133–134, quoting Lukács, p. 128)

To sum up, are legal concepts by definition fictitious from the very start? Kelsen warns us: "Die Fiktion liegt nicht im Wesen eines Begriffes, der aus andern als realen Tatsachen abgezogen ist, sondern in dem falschen Urteile, daß dieser Begriff eine reale Tatsache beinhalte, daß etwas zur Welt des Seins gehöre, was tatsächlich nicht ist. Das Verwerfliche an diesem geistigen Vorgange ist eben der logische Widerspruch, der darin enthalten ist, daß etwas, was in Wirklichkeit nicht ist, als wirklich ausgegeben wird, ist der methodische Fehler, daß in einem Begriff, der nicht aus der Welt des Seins abstrahiert wurde, ein Seiendes gesucht wird." And the same is said of juristic construction which "erfolgt aus ganz bestimmten der normativen Betrachtung entspringenden Denkvorgängen *innerhalb des Abstrahierenden selbst.* So ist der Begriff der Zurechnung z.B. keine Abstraktion von Tatsachen, die außerhalb des Zurechnenden oder in dessen unmittelbarem Empfindungs- oder Willensleben gegeben sind, sondern dieser Begriff entsteht durch die abstrahierende Zusammenfassung einzelner spezifischer Gedankenvorgänge (Urteile) des Abstrahierenden selbst, durch die er gewisse wahrgenommene Tatbestände der Außenwelt mit bestimmten Personen verknüpft" (1911, p. 180 and 181). Consequently, legal concept is not a fiction for Kelsen. Legislative fiction is not a true fiction to him, either. However, if legislative fiction is still considered a fiction in a limited, figurative sense, its properties can be generalized as being the ones of legal concept, too. And the same can be said of legal construction as well. It is not a fiction by definition. Only mistaken practice or its ideology can turn it into a fiction. Or, there are no strictly fictitious phenomena outside of legal lies and myths (Frank's terms, p. 348), in addition to theoretical fictions, including representative ones, embodying ideal types.

4. *Presumption and fiction.* – In all its appearances, usages and understandings, 'fiction' is nothing else than the attribution of certain contents (features, etc.) to given concepts. Apparently, fictions and presumptions are bordering phenomena, moreover inseparable from each other in many cases. However, in contrast to fiction, presumption is only conceivable as defined in a legal norm disposing of the facts the proof of which shall be considered sufficient or conclusive enough to construct the facts that constitute a legal case. Having in mind the connection between facts actually proven and legal facts thereby considered proven, epistemological approaches emphasize that fiction is "assumptio contra veritatem in re certa" while presumption is "assumptio pro veritate in re dubio" (Olivier, p. 73); that fiction is "eine absichtliche, eine bewußte Erfindung" while presumption is "eine Vermutung" (Vaihinger, p. 48). The constitutive character of legal fiction is stressed by the differentiation which attributes "validità deontologica" ("equazione si pone trail vero e il falso") to fiction while "validità ontologica" ("equazione fra il vero e il verosimile") to presumption (Todescan, p. 8–9). The same conclusions are condensed in Demelius' definition stating that "Die Fiktion ist eine Rechtsregel besonderen *Ausdrucks*, die Präsumption ist eine Rechts-

regel besonderen *Inhalts*" (p. 92). The irrelevancy of epistemological approach to fiction is well put by Meurer who characterizes analogy by "Obersatz . . . durch Induktion gewonnen" and fiction by logically "willkürlich" operation taking place in it (1973, p. 26). This feature points to the basically practical nature of fiction, the fact that it has even been "une strumento essenzialmente operativo, non l'ogetto di un'astratta speculazione" (Todescan, p. 22).

LITERATURE

Virgilio Andrioli, "Presunzioni", in: *Novissimo Digesto Italiano*, dir. Antonio Azara, Ernesto Eula, vol. 13, Torino, Editrice Torinese, 1968, p. 765–772.

John Austin, *Lectures on Jurisprudence, Or Philosophy of Positive Law*, 4th ed. Campbell, London, Murray, 1873.

Bartolus de Saxoferrato, *Commentaria*, Venice, 1596.

Karl Baumhoer, *Die Fiktion im Straf- und Prozeßrecht*, Berlin-Grunewald, 1930 (Archiv für Rechts- und Wirtschaftsphilosophie, Beiheft No. 24).

Jeremy Bentham, *Theory of Legislation* (1759), ed. Ogden, London, 1931.

Jeremy Bentham, *Works*, ed. Bowring, vol. I–XI, Edinburgh, Tait, 1843.

Ernst Rudolf Bierling, "Rechtsvermutungen", in: *Encyclopädie der Rechtswissenschaft*, hrsg. Franz Holtzendorff, 3. Aufl., Bd. III, Leipzig, Duncker & Humblot, 1881, p. 301–307.

William Blackstone, *Commentaries on Laws of England*, 6th ed., London, Print Strahan-Cadell-Prince, 1774.

Vera Bolgár, "The Fiction of Corporative Fiction, From Pope Innocent IV to the Pinto Case", in: *Festschrift für Imre Zajtay*, hrsg. Ronald H. Graveson, Karl Kreuzer, André Tunc, Konrad Zweigert, Tübingen, Mohr, 1982, p. 67–96.

Georges Boyer, "Sur quelques emplois de la fiction dans l'ancien droit oriental", in: *Revue Internationale des Droits de l'Antiquité*, 3ème série, 1 (1954), p. 73–100.

H. Burckhard, *Die civilistischen Präsumptionen*, Weimar, 1868.

Bülow, "Zivilprozessualische Fiktionen und Wahrheiten", in: *Archiv für die civilistische Praxis*, 62 (1879), p. 1–96.

Kenneth Campbell, "Fuller on Legal Fictions", in: *Law and Philosophy*, 3 (1983), p. 339–370.

Henri Capitant (réd.), *Vocabulaire juridique*, Paris, Presses Universitaires de France, 1936.

Vicenzo Colacino, "Fictio iuris", in: *Novissimo Digesto Italiano*, vol. 7, dir. Antonio Azara, Ernesto Eula, Torino, Editrice Torinese, 1968, p. 269–271.

Jean Dabin, *La technique de l'élaboration du droit positif, Spécialement du droit privé*, Bruxelles – Paris, Bruylant – Sirey, 1935.

Jean Dabin, *Théorie générale du droit*, 2ème éd., Bruxelles, Bruylant, 1953.

René Dekkers, *La fiction juridique, Etude du droit romain et de droit comparé*, Paris, Sirey, 1935.

Gustav Demelius, *Die Rechtsfiktion in ihrer geschichtlichen und dogmatischen Bedeutung. Eine juristische Untersuchung*, Weimar, Böhlau, 1858.

Guido Donatuti, "Le praesumptions iuris in diritto romano", in: Guido Donatuti, *Studi in diritto romano*, ed. Robero Reggi, vol. 1, Milano, Giuffrè, 1976, p. 421–486.

Rudolf Eisler, *Wörterbuch der juristischen Begriffe*, 3. Aufl., Bd. I, Berlin, Mittler, 1910.

A. Ernout and A. Meillet, *Dictionnaire étymologique de la langue latine, Histoire des mots*, Paris, Klincksieck, 1939.

Josef Esser, *Wert und Bedeutung der Rechtsfiktionen, Kritisches zur Technik der Gesetzgebung und zur bisherigen Dogmatik des Privatrechts*, Frankfurt am Main, Klostermann, 1940.

P. Foriers, "Présomptions et fictions", in: *Les présomptions et les fictions en droit*, p. 7–101.

Jerome Frank, *Law and the Modern Mind* (1930), New York, Doubleday, 1963.

Lon L. Fuller, *Legal Fictions*, Stanford, University Press, 1967.

François Gény, *Science et technique en droit prive positive, Nouvelle contribution à la critique de la méthode juridique*, tome 3, Paris, Sirey, 1921.

Emil Seckel, *H. G. Heumanns Handlexikon zu den Quellen des römischen Rechts*, 9. Aufl., Jena, Fischer, 1907.

Eduard Hölder, "Die Einheit der Correalobligation und die Bedeutung juristischer Fiktionen", in: *Archiv für die civilistische Praxis*, 69 (1886), p. 203–240.

Rudolf von Jhering, *Geist des Römischen Rechts auf den verschiedenen Stufen seiner Entwicklung*, 3. Teil 1. Abt., Leipzig, Breitkopf und Härtel, 1865.

J. Walter Jones, *Historical Introduction to the Theory of Law*, 2nd ed., Oxford, Clarendon Press, 1964.

Earl Jowitt, *A Dictionary of English Law*, ed. Clifford Walsh, vol. 2, London, Sweet and Maxwell, 1959.

Max Kaser, "Beweislast und Vermutung im römischen Formularprozess", in: *Zeitschrift der Savigny-Stiftung für Rechtsgeschichte/Romanistische Abteilung*, 71 (1954), p. 221–241.

Hans Kelsen, *Hauptprobleme der Staatsrechtslehre, entwickelt aus der Lehre von den Rechtssätzen*, Tübingen, Mohr 1911.

Hans Kelsen, "Zur These der juristischen Fiktionen", in: *Annalen der Philosophie*, 1 (1919), p. 630–658.

Aleksander Kunicki, *Domniemania w prawie przeczowym*, Warszawa, Wyd. Prawnicze, 1969.

André Lalande, *Vocabulaire technique et critique de la philosophie*, 5ème éd., Paris, Presses Universitaires de France, 1947.

Les présomptions et les fictions en droit, publ. Ch. Perelman, P. Foriers, Bruxelles, Brulylant, 1974.

Georg Lukács, *The Ontology of Social Being, Marx's Basic Ontological Principles*, transl. D. Fernbach, London, Merlin, 1978.

Henry Summer Maine, *The Ancient Law, Its Connection with the Early History of Society and its Relations to Modern Ideas* (1861), 3rd ed., London, Murray, 1890.

Dieter Meurer, *Fiktion und Strafurteil, Untersuchungen einer Denk- und Sprachform in der Rechtsanwendung*, Berlin – New York, Gruyter, 1973.

Dieter Meurer, "Fiktion als Gegenstand der Gesetzgebungslehre", in: *Studien zu einer Theorie der Gesetzgebung*, hrsg. Jürgen Rödig, Berlin – Heidelberg – New York, Springer, 1976, p. 281–296.

Julius Moór, "Das Logische im Recht", in: *Revue Internationale de la Théorie du Droit*, 2 (1927–28), p. 157–203.

Gyula (Julius) Moór, *A jogi személyek elmélete* (*Theory of Legal Persons*), Budapest, Akadémia, 1931.

Pierre J. J. Olivier, *Legal Fictions in Practice and Legal Science*, Rotterdam, University Press, 1975.

Ch. Perelman, *Logique juridique, Nouvelle rhétorique*, Paris, Dalloz, 1976.

Vilmos Peschka, "A fikció a jogban és a jogelméletben" (Fiction in Law and in Legal Science), in: *Állam- és Jogtudomány*, 9 (1966), p. 40–82.

Alexander Plósz, "Die Natur der gesetzlichen Vermutungen", in: *Festschrift für Adolf Wach*, Bd. II, Leipzig, Meiner, 1913, p. 3–40.

Roscoe Pound, *Jurisprudence*, vol. III, St. Paul, West, 1959.

Fritz Pringsheim, "Symbol und Fiktion in antiken Rechten", in: Fritz Pringsheim, *Gesammelte Abhandlungen*, Bd. II, Heidelberg, Winter, 1961, p. 382–400.

Salvatore Pugliatti, "Finzione", in: *Enciclopedia del diritto*, vol. XVII, Milano, Giuffrè, 1968, p. 658–673.

Ágost Pulszky, "Jegyzetek Maine: A jog őskora c. műhöz" (Notes to Maine's *The Ancient Law*), in: Henry Summer Maine, *A jog őskora*, transl. Á Pulszky, Budapest Akadémia, 1857, p. 327–443.

Jean Rivero, "Fictions et présomptions en droit public français", in: *Les présomptions et les fictions en droit*, p. 101–113.

François Russo, *Réalité juridique et réalité sociale, Etude sur les rapports entre le droit et la sociologie et sur le rôle du droit dans la vie sociale*, Paris, Sirey, 1942.

Raymond Saleilles, *De la personnalité juridique, Histoire et théories*, 2ème éd., Paris, Rousseau, 1922.

Carl Friedrich von Savigny, *System des heutigen römischen Rechts*, Bd. 1, Berlin, Veit und Compf, 1840.

Felix Somló, *Juristische Grundlehre*, Leipzig, Meiner, 1917.

Rudolf Stammler, *Theorie der Rechtswissenschaft*, Halle, Waisenhaus, 1911.

Peter Stein, *Legal Evolution, The Story of an Idea*, Cambridge (etc.), University Press, 1980.

Walter Strauch, *Die Philosophie des "Als-Ob" und die hauptsächlichsten Probleme der Rechtswissenschaft*, München, Rösl, 1923.

Franco Todescan, *Diritto e realtà, Storia e teorie della fictio iuris*, Padova, Università, 1979.

Adolf Trendelenburg, *Naturrecht auf dem Grunde der Ethik*, 2. Aufl., Leipzig, Hirzel, 1868.

Pierre de Tourtoulon, *Philosophy in the Development of Law*, transl. M. McC. Read. New York, Kelley, 1922 (New Yersey, Rothman Reprints, 1969).

Joseph Unger, *System des österreichischen allgemeinen Privatrechts*, 3. Aufl., Bd. II, Leipzig, Breitkopf und Härtel, 1868.

Joseph Unger, "Die Verträge zu gunsten Dritter", in: *Jahrbücher für die Dogmatik des heutigen römischen und deutschen Privatrechts*, 10 (1871), p. 1–109.

Hans Vaihinger, *Die Philosophie des Als Ob, System der theoretischen, praktischen und religiösen Fiktionen der Menschheit auf Grund eines idealistischen Positivismus*, Berlin, Reutner und Reichard, 1911.

Csaba Varga, "Law-Application and its Theoretical Conception", in: *Archiv für Rechts- und Sozialphilophie*, 67 (1981), p. 462–479.

Csaba Varga, *The Place of Law in Lukács' World Concept*, Budapest, Akadémiai Kiadó, 1985.

Csaba Varga and József Szájer, "Legal Technique", in: Rechtskultur – Denkkultur (Ergebnisse des österreichisch-ungarischen Symposiums der Internationalen Vereinigung für Rechts- und Sozialphilosophie 1987), hrsg. von Erhard Mock/Csaba Varga, Stuttgart, Steiner 1988 (Archiv für Rechts- und Sozialphilosophie, Beiheft), forthcoming.

Paul Vinogradoff, *Common-Sense in Law* (1913), London, Butterworth, 1931.

Max Weber, *Rechtssoziologie*, hrsg. Johannes Winckelmann, Neuwied, Luchterhand, 1960.

Jerzy Wróblewski, "Structure et fonctions des présomptions juridiques", in: *Les présomptions et les fictions en droit*, p. 43–71.

[10]

LEGAL TECHNIQUE

Csaba Varga and József Szájer

I. Legal Technique

The *term* 'legal technique' has first appeared in the vocabulary of legislation theory, Savigny's 'Vom Beruf unserer Zeit für Gesetzgebung und Rechtswissenschaft' (1814) being probably the very first one in our age to distinguish between the 'technische Element' and the 'politische Element' of legislation (p. 12). The further elaboration of the term and of the underlying concept was connected with the emerging ideology of modern formal law. The theoetical foundations of 'juristische Technik' were laid down by scholars in Germany (particularly by Jhering) in the late 19th century. By legal technique they meant the whole set of professional skills, methods, and means of the elaboration, adaptation, and modification of law. In the present century French scholars (particularly Gény) had the eminent role in contributing to a theory of 'la technique juridique'.

The *meaning* of the term has remained rather ambiguous. "La notion reste imprécise, non seulement chez auteurs qui l'utilisent en passant, mais même parfois chez ceux qui ont entrepris d'en faire la théorie" (Dabin 1935, p. 2). In most of legal dictionaries and encyclopaedias, not even the notion can be found. By some, the term itself is considered unfit. "Le vocable de technique doit être reserve à certains procédés de métier, mais ... le droit n'est pas une pure pratique" (Hauriou, pp. 61–62). Or, "pour désigner cette tâche, l'expression 'technique' est mal choisie" (Dabin 1953, pp. 234–235).

1. In the *large sense*, legal technique is a complex phenomenon, composed of all the methods, procedures, ways, skills, and means that make the functioning of law possible. It has a wide domain to assert itself. Gény attributes to it "une telle place qu'elle absorbe à elle seule, ou peu s'en faut, *tout le domaine du droit*" (Duguit, p. 105).

As to its history, Savigny is "le premier qui semble avoir décrit d'une façon claire le rôle de la technique juridique" (Angelesco, p. 5). Savigny's distinction between conscious technicalities in elaboration of a legal system and spontaneous designing of the law derives from his concept of *Volksgeist* (p. 12). For the elaboration of a legal system "ist auf jeden Fall ganz technisch und fällt als Solche den Juristen anheim", all this "(g)eschäft zur juristischen Technik gehört" (Savigny, cf. Hug, p. 8).

Jhering's conception is rooted in the formulation made by Savigny. As to this author, 'juristische Technik' is a legal methodology. He makes a distinction between *matter* and *form* of law, with legal technique having the latter as its object. The form of law is expected to be adequate to its matter, i.e. to the inclinations of evolving popular feeling. Legal technique as methodology has two sides, theoretical and practical.

> Die gesamte Tätigkeit der juristischen Technik läßt sich auf zwei Hauptrichtungen oder Hauptzwecke zurückführen ... 1. die möglichste Erleichterung der subjektiven Beherrschung des Rechts – das Mittel dazu ist die quantitative und qualitative Vereinfachung des Rechts – 2. die mögliche Erleichterung der Operation der Anwendung desselben (Praktikabilität des Rechts). (Jhering, p. 340)

According to Dabin, for Jhering,

> l'idée de practicabilité ... n'est nullement pour suggérer que le souci de cette practicabilité devrait paralyser tout effort vers l'idéal theorique, qui est la règle conforme au bien public selon les possibilités du milieu. (1953, p. 233)

The operations characteristic of legal technique are the following ones: 'juristische Analyse', 'logische Konzentration', and 'juristische Konstruktion' (Jhering, pp. 358–384). All the three are to serve the optimum practicability of law.

Gény's concept of legal technique has the ambition to cover the whole field of law. Its philosophical foundations are provided with by postulating a distinction between 'le donné' and 'le construit', the object of legal technique being 'la construction légale': "la technique représente, dans ensemble du droit positif, la ferme opposée à la matière, et cette forme reste essentiellement une construction largement artificielle du donné" (III, p. 23). What 'le donné' is, at any given time, is expected to be adequate to the previously given 'donné de l'ordre juridique'. Consequently, "un ensemble de procédés ou de moyens pratiques apparaît nécessaire, qui représente la part spécifique de l'art ou du métier dans le Droit et qu'on peut appeller sa technique" (1904, p. 991). The elementary means of this technique are formalism and publicity, legal categories and legal construction, fiction, presumption, and legal language.

Dabin reconsiders some of Gény's points. His concept is socially more sensitive, and it covers both the *technique of positive law* and *law conceived of as a social technique*, by realising that "en même temps, que le droit a une technique ... il est une technique" (1935, p. 7). For him, technique and law are to be considered in a wider socio-philosophical context. He finds it too narrow that the appreciation of differing kinds of activities be reduced to their practicability. He proposes a distinction between two types of techniques instead: on the one hand, the *social or political technique* "qui fournit la matière des règles", on the other hand the *legal technique* proper which is "proprement réglementaire mettant la matière en forme de règle positive" (1935, p. 36). For, while the former one is

> de nature sociale et politique, – de nature *sociale*, parce que le droit a pour matière et vise à ordonner les rapports sociaux entre les Etats; de nature *politique*, parce que cette ordonnance doit avoir lieu sous l'inspiration et dans le cadre de la politique, interne et internationale ... (p. 234),

the latter one, "la technique juridique proprement dite(,) ... ne concerne que la mise en forme praticable" (p. 235). Russo also finds it "indispensible de distinguer deux sens du mot technique: l'un qualifiant le caractère du moyen employé" (p.

61). At the same time, Dabin enlarges the concept. According to him, "tout, dans la règle juridique, quelle qu'en soit la source, y compris la coutume, est construction et en ce ses œuvre de technique" (1935, p. 234).

For contemporary authors, legal technique is an expression of social experiences as well. According to a Hungarian definition, e.g. "the technical elements of law represent definite social contents crystallised into methods of technical solutions" (Kulcsár, p. 186).

2. In *legal practice*, legal technique is identified with all kinds of practical activity which aims at adapting legal norms to actual social needs. In this sense, legal technique is nothing else but socially oriented practical operation with legal norms. This sort of functional approach concentrates mostly upon the technical features of law-application. E.g., Ehrlich spoke about "die juristische Technik, die Gesetz auf Fälle anwendbar machen will, für die es keine Vorschrift enthält" (1903, p. 19). Or, legal technique is conceived of as a praxis ensuring the realisation of the positive law as unfinished in its enacted form. "Die Rechtstechnik hat wie jede Technik auch der Unvollkommenheit und Unvollständigkeit des Materials abzuhelfen" (Kohler, p. 89). Consequently, the motive power of legal technique is not pure logic; it is social interests (Lebensinteressen).

> Die Beziehungen zwischen einzelnen Sätzen und dem Leben durchaus nicht durch feste Logik gegeben sind ... Die Rechtstechnik hat sich also nach der Richtung des Interessenschutzes in der Interessenabwägung zu gestalten. (ibid)

Or, in another formulation, "(m)it der wirklichen Logik hat die juristische Logik nichts gemein als den Namen. Sie ist überhaupt keine Logik, sondern eine Technik" (1918, p. 299).

It is to say that legal technique is to be defined as "l'art de concilier les intérêts avec des mesures plus exactement adaptées au but", its task being "d'adapter le droit aux circonstances imprévues de la vie" (Demogue, p. 39). It involves a function to

> agrandir la sphère d'application des règles édictées par le législateur pour un cas particulier ..., puis en utilisant les principes ansi découverts pour la solution des cas nouveaux que fait naître la pratique. (Cuq, p. 717)

Or, it may also be said that its function is simply "la plus complète réalisation du droit" (Micesco, cf. Angelesco, p. 3).

3. In *legal science*, legal technique is defined as logical operation with legal norms in order to achieve the elaboration of a coherent system of legal notions and of legal doctrine. This version of the concept was formulated in respect to the doctrinal study of law. "Das Recht ... ist einer selbständigen wissenschaftlichen Bearbeitung fähig. Die Vollführung dieser Aufgabe ist Sache der technischen Jurisprudenz" (Stammler 1914, p. 155). The object of such an operation is positive law; its user is jurisprudence, although it may also be a help for legislation. Legal technique is made use of in order to make law a conceptual unity, consistent and coherent, by

reestablishing it in its notional context and framework. Holtzendorff separates 'Rechtsphilosophie' from 'Wissenschaft der Technik des Rechts', the latter destined to the systematic elaboration of the notions of law (p. 16). For "die Begrifflichkeit des Systems und das logische Ideal des rechtswissenschaftlichen Positivismus" has a primordial role in 19th century German jurisprudence to play; without them not even the doctrinal preparation for codifying the *Bürgerliches Gesetzbuch* would have been conceivable (Hug, p. 10).

For Stammler, legal technique is a skill to shape law as a formal expression: it is "die Art und Weise, in der rechtliches Wollen nach Außen hin auftritt" (1911, p. 563). On the other hand, to give the law a shape is made by and for and through definite social considerations. It is "the creation of logical structure that will enable the rules of the law to be so interrelated and so effectively and concisely stated that they may be more easily grasped, applied, and developed" (Paton, p. 235). As it is implied with this, law is expected to serve social interests through the systematic elaboration of the positive law. Its effects are to be realised

> dans les résultats de détermination, de concentration, de systématisation logique des règles, aboutissant à une double simplification du droit, qualitative pour le contenu des règles, quantative pour leur nombre. (Dabin 1935, p. 231)

4. A most widened concept of legal technique equalises it with *law conceived of as a special technique.* According to this view, legal technique is described as a means of influencing human behaviour. Its most extreme variant is Kelsen's identification of law with 'special legal technique'. "The specific technique of the law ... consists in the very fact that it attaches certain measures as consequences to certain conditions" (p. 244). Or, law itself regarded as a technique, legal technique is nothing else but law itself considered in its practical working. Generally speaking, "law is a social technique which consists in bringing about the desired social conduct of men through threat of coercion for contrary conduct" (p. 236). On the other hand, technique of law is an aggregate of special techniques.

> The penal technique makes conduct the condition of sanctions to the deliquent. The administrative technique stipulates that coercive measures should be taken ... without any particular conduct by the person against whom the measures are applied being laid down as a condition. The civil technique stipulates as the conditions of coercive measures both the conduct of deliquent and the decision of some party to sue. (Harris, p. 61)

II. On Legal Technique

1. *Definition and function.* As to its most significant characteristics, legal technique is a historical product, closely related to the law's level of development at any given time. It is an innermost component of the legal arrangement of a given society, characterising both its range of instruments and professional culture. Legal technique is in itself a complex phenomenon. It is an aggregate of skills, methods, ways and procedures, organised into a functional unity. It is an instrumental phenome-

non, established in order to make the law's functioning possible in a way it is considered socially desirable, by properly shaping both its norms and their practical implementation. Since proper functioning of the law presupposes formal rationalisation and logical arrangement, to a certain degree, of both legal enactments and the terms and concepts made use of in them, one of the tasks of legal technique is to make the body of laws a legal system.

Or, we can also formulate in the way that legal technique is an intermediary link between legal policy and the law. Legal policy defines what is to be done; legal technique makes the specification of how it can and should actually be done, and the law offers the instrumentality through, and with the reference to, which the whole action is operated. Since in our culture of modern formal law the law is regarded as identical with texts, i.e. with meaningful linguistic signs carrying norm-structures, legal technique is nothing more and nothing else than a technique of conceptualisation, i.e. a technique of making and operating in a conceptual way the texts that make up the law.

One can generalise by stating that at each stage of development, law is a product of legal technique. Or, as formulated in another way, legal technique is at the same time a factor and a medium of the law's dynamics. For legal technique is the medium to filter all impetuses, theoretical or practical, cognitive, evalutional or volitive, which may exert an influence on its development. In consequence, legal technique is the prime factor of the law's practical existence (i.e. of its implementation, formation, and also transformation) in the short as well as in the long run. Retrospectively, legal technique and law cannot be separated as the contribution of the former gets continuously built in the product. Prospectively, however, the game is open with alternatives to complete. At each stage, new filtering media can be added to the process of interaction from without. All factors considered, favourable traditions in and operations with the means of legal technique can 'fertilise' even 'bad' laws by intensifying their implementation and adaptation, whilst even 'good' laws can be hindered from touching upon actual practice by unfavourable ones. In sum, legal technique is the medium of processing, both practically and doctrinally, legal norms. Although its end-product, at any given time, is only justifiable in terms of logic as the theoretically exclusively relevant standard to assess it, both practical operation with and doctrinal processing of legal norms are practice-bound. Hence the problem of contradiction between the strict observance of the law's own rules and the optimum fulfilment of social expectations emerges.

It is so because

> la technique juridique elle-même peut constituer une aide ou un obstacle au développement. Cette technique juridique exerce son influence sur tous les aspects de la vie sociale; les modalités de l'organisation judiciaire, les formes de la procédure, la nature des institutions juridiques agissent sur l'organisation des entreprises, facilitent ou entravent les échanges, immobilisent les structures sociales ou en accélèrent les transformations. (Lambert, p. 179)

Or, to formulate in another way, formal enactment is so thoroughly combined with and filtered through its social contexts that something from the latter will be left irresistibly. This is why the text itself standing alone is only a dead component. As it may be phrased in the logic of juridical process,

> law is not a logical corollary of the law but something being made repeatedly at all times from, and through the instrumentality of, the law ... The law has a social existence exclusively due to its meaning which, in its turn, can manifest itself in a linguistic, as well as social, context. (Varga 1982, p. 63)

It is legal technique that creates an opportunity to resolve conflicts recurring between the need to meet social expectations in legal practice and the demand of fulfilling meanwhile the law. For any mediation through the law is nothing else but the continued realisation of a formal system of fulfilment. As Weber defines it, the task of the legal specialist is "die Feststellung, was an einem in typischer Art verlaufenden Gemeinschafts- oder Einverständnishandeln *rechtlich* geordnet, also als ein Rechtsverhältnis, zu denken seien" (p. 101), i.e. a task to be met only when unbroken adaptive manipulation is the case. It is why Lambert states: "la technique juridique est nécessairement conservatrice parce qu'elle doit opérer des transactions entre les besoins contradictoires du changement et de la sécurite" (p. 179).

2. *Legal technique and legal cultures.* The analysis of the function of legal technique contributes to the substantiation of a statement about legal culture determining, with its impact upon, the whole practical life of law. For legal culture is a function of the set of means (patterns, etc.) of legal technique characteristic of the culture in question, for a primordial role may be played by legal technique both in developing and reasserting tradition.

At the same time legal technique is bound to actual praxis. Systems of legal technique differ from each other according to place and time; subsystems of legal technique exist within any particular system of law, diverging from one another according to branches of the law. It is legal culture that is the basic unit within which legal technique can be defined in a reasonable way. Legal culture is compound by positive law, by the legal profession responsible for making it function, as well as by legal technique handled by the profession in question. Among others, flexibility, sensitivity, and responsiveness of a legal norm-system are all primarily defined by the available means of legal technique. It is why the quality of any given legal culture is to a considerable extent a function of its legal technique. General features of any particular legal technique may by and large characterise a whole legal culture. E.g., Roman law is "der Begrifflichkeit eigen und der Gedanke eines sachlichen Normensystems zunächst fremd" (Luhmann, p. 179); or, oriental laws are rather of the nature to guide orientation than that to rule behaviour.

Legal technique, characteristic of a given legal system is, at any time, the product of historical development. Such factors can be decisive in the formation of legal technique as the patterns of thought prevailing in society, the practical experiencies gained by legal profession, or the patterns received from past and/or outside world. However, one must take into account that instrumental phenomena are multifunctional. In consequence, whichever variations of procedure, or of a form, manifested in the history of civilisation are explored, it immediately becomes clear that: under different conditions, any of them can successfully serve the fulfilment of any social function that the law has ever been able to serve. It means that the formation of any legal technique is the result of a process of historical determination upon which all factors including the incidental, contingent ones as well, may have had their impact.

Legal technique may have an infinity of components and variants. At the same time, no legal technique is established for ever, as an aspect of the social phenomenon and enterprise 'law', it is in a continued formation, shaping and reshaping. As a function of the endlessly renewed needs and challenges of practice, legal technique will inevitably throw some of its elements into relief, make it an institution proper, independent or decisive, while withering away other elements, or simply tolerating them as implied alternatives, with these shifts of emphasis resulting eventually necessarily in the change of the character of legal technique, and also of legal culture, in the long run. Or, due to the circumstance that social determination is a process of getting determined through the endless series of interactions in social existence, self-reproduction gives rise to a concrete unity of identity and non-identity in social practice: in response to the challenges, elements of the system will be active (or activated) to a varying extent. In the process of self-reproduction, this will necessarily bring about shift or modification. On its turn, any shift or modification will either be levelled up to preserve and to reassert the prevailing line of development or be cumulated to change the direction through the continued accumulation of all the motions in one direction. As a matter of fact, as a product of merely legal technique with no legal institution contributing to it (moreover, even with no institution established to be able to contribute at all to it), such shifts of emphasis may provoke genuine changes in the law, and act as a source of law, in case of the re-interpretation of the political evaluation (enacted, e.g., in the preamble of the *Grundgesetz* of Bonn), of the jurisprudence of clauses (developed, e.g., with reference to the German *Bürgerliches Gesetzbuch*), or, on the pretence of constitutionality, in case of the practical revision of substantial provisions from general provisions (e.g. constitutional ones) in want of detailed regulation.

Virtually, variety of legal technique is almost unlimited, efficiency in functioning being the only standard. And one must reckon with the fact that responsiveness and sensitivity of the entire legal set-up are to a great extent a function of legal technique. In consequence, legal technique is in a position both to offer and block paths for further development. For potentialities for development of individual legal systems are by far not boundless. Practically, each individual system has its choice as taken from and suggested by the stock of those means of legal technique that are historically by and large established, stood the test in practice, and are incorporated by the system in question. Attempts at renewal are selected and tested by both expediency and tradition.

The character (suitability, universality, etc.) of the means of legal technique of a legal system can be a decisive factor in the development and historical destiny of that legal system. It is by far not indifferent to what extent means of legal technique can exercise a catalytic effect. In general, "la technique offer souvent une *grande utilité* pour le plein développement et l'exacte application du droit" (Gény IV, p. 29). In another formulation, "legal technique leaves its mark upon the life of the community, for the law operates through its concepts" (Jones, p. 266). E.g., it is due to the legal technique of ancient Rome that its legal system could develop on an uncomparable high level by realising the ideal that can be met by law at all, i.e.

> to arrange, define, systematise, etc., the socially vital conflicts in a system which can gurantee the relative optimum for the solution of the conflicts in question in line with the current level of development of the given formation (Lukács, p. 484, cf. Varga 1985, p. 131).

> C'est parce que le droit romain a découvert et merveilleusement appliqué ces instruments de précision, ou plutôt de transposition, juridique, cette façon par conséquent de transposer les faits dans le domaine du droit (Saleilles, p. 231).

In each legal system and in all instances of its development, there are alternatives offered. It is an open question to decide, with alternatives to compete, what established part will be activated, as an impetus for change, from the body of tradition, what means of legal technique will be made use of from the stock for channelling the change as a legal change through the instrumentality of the law, consequently, what formal change will eventually be brought about in the law. Of course, nothing is to occur by pure chance. It is well-defined social challenges, expectations and needs that stand behind apparent alternatives. However, by the moment that one of the alternatives gets realised, it will, by the force of its new quality having become a constituent part of the body of tradition, turn into one of the factors, and, at the same time, of the indicators, of further development. The transformation of what has *been determined* into a factor of what *is determining* is particularly striking at those changes of direction in the development of legal technique which, later on, prove to have been a watershed. We have in mind changes of direction that have been determinative of the diversification of law and of the development of the families of legal systems. As it is known, the conceptualisation of law was for the first time completed in post-republican Rome, making the law formalised to serve as a basis of inference and/or reference. As to the change by shifts of a long-running legal-historical importance, examples are provided by the famous disputes between the Sabinians and Proculians in Roman jurisprudence, and by the ones between Shamai and Hillel in Talmudian jurisprudence. The first concerned the understanding of law either in the term of the embodiment of *aequitas*, natural justice, and, hence, of a merely orientative role in resolution of social conflicts, or, quite on the contrary, its conception as a rational system of concepts and rules, as the sole normative basis and standard in settling those conflicts, and, hence, the law's reduction to a mere enactment, to an instrument freely operated by the state (Honoré, p. 39). The second had the historical task to decide whether laws are to be interpreted strictly and restrictively only, or social interests may also be considered for their interpretation. By Hillel's point prevailing, flexibility of interpretation and the ensuing alternativity of decisions were accepted, but it was a win for almost nothing in practice. For in spite of an open conflict between the diverging points, both sorts of legal techniques, proper to those antagonistic approaches remained practicable components of the Talmudian tradition (Perelman, pp. 105–106).

3. *Postulates of legal technique in the cultures of modern formal law.* The legal policy of a particular legal order is instrumental if it proves to be effective in the realisation of accepted values through the instrumentality of law. As legal technique is in its functioning wedged between legal policy and legal text as a function of legal policy, its criteria are also deduced from the ones of legal policy. That is to say, legal technique is a technique in the service of legal policy through the instrumentality of the law. The boundaries of what is meant by 'through the instrumentality of the law' is mostly defined by positive law. At the same time, this definition is supplemented by presuppositions evident in the given culture, which are only articulated by their logical reconstruction in the doctrinal study of law (Nowak), as well as by presuppositions rooted in legal culture and in the ideology of the legal profession, or deduced (as experiences) from legal practice. All these postulates and presuppositions get recurrently reasserted and re-established in the course of the self-reproduction of that culture. It is only an exception when they need to be, or are actually, positively articulated by the law or formally defined by its doctrine.

Legal technique, characteristic of the cultures of modern formal law, has at least four basic postulates closely related to each other:

a) *The principle of consequentiality.* In the cultures of modern formal law, judicial and administrative decision-making process is conceived of by the ideology of legal profession as a logical operation, in the course of which the case at hand gets subsumed under some general norm(s) taken from the aggregate of the previously enacted texts of valid law and the decision to be made gets inferred from these norms. Accordingly, legal decision is held to be simply deduced from the positive law. Notwithstanding, the logical principle of consequentiality is going to be inevitably broken in practice. Nevertheless, whatever compromise is to actually materialise in its place, the principle has, as a basis of reference, of legitimation and/or justification in the decision-making process, a definite role both in channelling legal practice and in delimiting the directions and paths of its development.

b) *The principle of coherency.* One of the specific functions of the procedures operated by the means of legal technique is to bring in harmony the law's aspiration to relative completeness, closedness, and coherence with the fulfilment of needs that break this harmony recurrently, in order to institutionalise casual fulfilment of them through the re-establishment of inner harmony, completeness, closedness, and coherence of the system, sublated at any given time over again. Of course, from the point of view of a theoretical reconstruction, systems of the law cannot be considered a closed system. Still, the legal specialist can only operate it by treating it as if it were a relatively complete and closed system; both the interpretation of the norms and the establishment of gaps among the norms are a function of such an artificial presupposition. At the same time, there is a quite pragmatic need for formal rationalisation. For an unambiguous, manageable, and predictable operation with and administration of the law is only conceivable, no matter how suffering from compromise solutions it be, when the principle of coherency prevails. And the jurist can undertake the practical elaboration and processing of the huge amount of legal texts, accumulated in time and confused in sense, only provided that the system of positive law will gradually and continually be organised into a system of interrelated concepts and norm-propositions.

c) *The principle of conceptual economy.* Conceptual economy is to prevent the breaking in too many pieces of the component parts of legal regulation. According to the principle, basic structures are to be elaborated both in legal regulation (in its formal shaping and doctrinal arrangement) and in its judicial actualisation and development. If there is but one chance, any further structure is to be built on (as related to, as a branching off of, as an exeption to, as an analogy, fiction, etc. of) such basic structures. As added to it, conceptual economy presupposes unambiguous and concise wording in the practice of regulation and well-arranged clear-cut construction (with series of references, allusions and definitions) in the law's formulation.

d) *The principle of non-redundancy.* Redundance is the lack of conceptual economy with several texts carrying the same message. Modern law is formal in so far as it is the text enacted that is regarded to carry validity. As to its normative contents, an enacted text is to determine any legal action. As to its normative form (wording), an enacted text is the only justification for any such action. As a consequence, any redundance gives room to diversification in interpretation and actualising concretisation, be it the case either of the reduplication of the text (e.g. in the preamble of an Act) or of overlapping with it (e.g. in another Act). Taking into consideration the diverging context, even the repetition of the same text risks to ground differing interpretations. In the cultures of modern formal law, the peculiar function of legal technique is to mediate between legal policy and legal text. Legal policy, legal technique and the law can equally prove to have been unadapted for meeting social needs. If this is the case, either fulfilment will be stopped or actual needs will force their way through and override eventually the law. The most frequent response to such a challenge is the various kinds of compromise solutions making use of legal technique in a way pretending to full legitimation by the law, while actually misusing this legitimation to act not in the strict observance of that law. (At the same time it is to be noted that half-way compromises happen to be more frequent than desirable or justified on principle. E.g., in consequence of the political ethos given to the practical annihilation of law in past periods when fight for power was on the agenda, even nowadays socialist law is faced to grapple with the task of making specifically legal values recognised as generally received social values.) In case of practical misuses, legal technique has the prime role to integrate all components into a still functioning unity in a way as consequential, coherent, conceptually economic, and non-redundant, as possible. However, at the same time it must be taken into consideration that legal technique can isolate partial damages of these principles, but renewed and substantial damages may eventually disorganise the system of legal technique and, thereby, query the quality of the entire legal culture that has so far kept on prevailing.

In the final conclusion, it can be established that the specific function of legal technique is to ensure that the realisation of any legally relevant material target shall be effected through the instrumentality of law, that is that the reaching of basic goals shall be complemented by realising the plus-values and plus-effects that can be gained from their distinctively legal mediation.

Alexandre *Angelesco*, La technique législative en matière de codification civile. Paris 1930.

Édouard *Cuq*, Les institutions juridiques des Romains, Envisagées dans leur rapports avec l'état social et avec les progrès de la jurisprudence, L'ancien Droit. Paris 1891.

Jean *Dabin*, La technique de l'élaboration du droit positif, Spécialement du droit privé. Bruxelles et Paris 1935.

Jean *Dabin*, Theorie générale du droit, 2e éd. Bruxelles 1935.

R. *Demogue*, Les notions fondamèntales du droit. Paris 1911.

Léon *Duguit*, Traité de droit constitutionnel, tome 1, La règle de droit – le problème de l'Etat, 3e éd. Paris 1927.

Eugen *Ehrlich*, Freie Rechtsfindung und freie Rechtswissenschaft. Leipzig 1903.

Eugen *Ehrlich*, Die juristische Logik. Tübingen 1918.

François *Gény*, Science et technique en droit privé positif, Nouvelle contribution à la critique de la méthode juridique, tome 3–4. Paris 1923–1930.

François *Gény*, "La technique législative dans la Codification civile moderne, A propos du Centenaire du Code Civil." In: Le Code Civil 1804–1904, Livre du Centenaire tome 2. Paris 1904, p. 989 sq.

James William *Harris*, Legal Philosophies. London 1980.

Maurice *Hauriou*, Précis élémentaire de droit Constitutionnel. Paris 1929.

Franz *von Holtzendorff*, Enzyklopädie der Rechtswissenschaft in systematischer Bearbeitung, 1. Bd., 7. Aufl., hrsg. Josef Kohler. München, Leipzig und Berlin 1913.

Tony *Honoré*, Gaius. Oxford 1962.

Walther *Hug*, "Gesetzesflut und Rechtssetzungslehre." In: Gesetzgebungstheorie, juristische Logik, Zivil- und Prozeßrecht, Gedächtnisschrift für Jürgen Rödig, hrsg. U. Klug, Th. Ramm (etc.) Berlin, Heidelberg und New York 1978, p. 3 sq.

Rudolf *von Jhering*, Geist des römischen Rechts auf den verschiedenen Stufen seiner Entwicklung, 2. Teil. Leipzig 1858.

J. Walter *Jones*, Historical Introduction to the Theory of Law, 2nd ed. Oxford 1965.

Hans *Kelsen*, "The Law as Specific Social Technique." In his: What is Justice? Justice, Law, and Politics in the Mirror of Science, Collected Essays. Berkeley, Los Angeles and London 1971, p. 23 sq.

Josef *Kohler*, Lehrbuch der Rechtsphilosophie, 2. Aufl. Berlin und Leipzig 1917.

Kálmán *Kulcsár*, Politikai és jogszociológia (Political and Legal Sociology), Budapest 1981.

Édouard *Lambert*, Introduction, La fonction du droit civil comparé, tome I, Paris 1903.

Niklas *Luhmann*, Rechtssoziologie, 2. Aufl. Opladen 1983.

György *Lukács*, A társadalmi lét ontológiájáról, 2. kötet, Szisztematikus fejezetek (Towards the Ontology of Social Being, vol. II, Systematic Chapters). Budapest 1976.

Istrate *Micesco*, La personnalité morale et l'indivision, comme constructions juridiques, Thèse. Paris 1907.

Leszek *Nowak*, "De la rationalité du législateur comme élément de l'interprétation juridique." In: Etudes de logique juridique, vol. III, Contributions polonaises à la théorie du droit et de l'interpretation juridique, publ. Ch. Perelman. Brussels 1969, p. 65 sq.

George Whitecross *Paton*, A Text-book of Jurisprudence, 3rd ed. by D. P. Perham, Oxford 1964.

Chaïm *Perelman*, "Désaccord et rationalité des décisions." In his: Droit, morale et philosophie. Paris 1968, p. 103 sq.

François *Russo*, Réalité juridique et réalité sociale. Etude sur les rapports entre le droit et la sociologie et sur le rôle du droit dans la vie sociale. Paris 1942.

Raymond *Saleilles*, "La réforme de la licence en droit." Revue internationale de l'Enseignement, 47 (1904), p. 320 sq.

Karl Friedrich *von Savigny*, Vom Beruf unserer Zeit für Gesetzgebung und Rechtswissenschaft (1814), 3. Aufl. Heidelberg 1840.

Rudolf *Stammler*, Theorie der Rechtswissenschaft. Halle 1911.

Rudolf *Stammler*, Wirtschaft und Recht nach der materialistischen Geschichtsauffassung. Eine sozialphilosophische Untersuchung, 3. Aufl. Leipzig 1914.

Csaba *Varga*, "Logic of Law and Judicial Activity: A Gap between Ideals, Reality and Future Perspectives." In: Legal Development and Comparative Law, ed. Zoltán Péteri and Vanda Lamm. Budapest 1982, p. 45 sq.

Csaba *Varga*, "Moderne Staatlichkeit und modernes formales Recht." Acta Juridica Academiae Scientiarum Hungaricae, 26 (1984), p. 235 sq.

Csaba *Varga*, The Place of Law in Lukács' World Concept. Budapest 1985.

Csaba *Varga* and Jószef *Szájer*, "Presumption and Fiction: Means of Legal Technique." Archiv für Rechts- und Sozialphilosophie 74, 1988, forthcoming.

Max *Weber*, Rechtssoziologie, hrsg. Johannes Winckelmann. Neuwied 1960.

LAW AS LOGIC

[11]

Acta Juridica Academiae Scientiarum Hungaricae, 26 (1—2), pp. 235—241 (1984)

VARIA

Moderne Staatlichkeit und modernes formales Recht

Das Institut für Theorie des Staates und des Rechts der Akademie der Wissenschaften der DDR veranstaltete im Oktober 1981 in Neubrandenburg eine internationale wissenschaftliche Beratung über die Staatsformen des Imperialismus. Die zahlreichen Teilnehmer aus der DDR, der Sowjetunion, aus Polen, der Tschechoslowakei, Ungarn und Bulgarien versuchten — hauptsächlich mit staatstheoretischer und politologischer Annäherung — in kleinerem Teil in allgemeinen theoretischen Abhandlungen, in größerem Teil hingegen durch Fallstudien, welche die Staatsformentwicklung und Entwicklungsproblematik der einzelnen bedeutenderen, repräsentativen Staaten überblickten, das Thema zu umreißen. Die Untersuchung und kritische Bewertung der gegenwärtigen bürgerlichen Entwicklung ist natürlich eine unverzügliche Aufgabe für die marxistische Wissenschaftlichkeit. Das gilt auch für die Staatsform; und an der Aktualität der Aufgabe der Erschließung und theoretischen Klärung ändert es auch nichts, daß es sich im Zusammenhang mit der Staatsform in der marxistischen Staatstheorie um eine grundlegende, aber der genauen Bestimmung des Inhalts und Umfangs, und sogar der konzeptionellen Ergreifung nach in der Literatur umstrittene, und in entsprechend beruhigender Tiefe bis heute nicht abgeschlossene Kategorie handelt. Die Tatsache, daß bei dieser Beratung ausschließlich von der Problematik der Entwicklung der gegenwärtigen bürgerlichen Staatsform und nur davon die Rede war, wird durch die Richtung des praktischen Interesses und zahlreiche wissenschaftliche Überlegungen entsprechend erklärt. Es spielt jedoch auch ein scheinbar zu vernachlässigendes, aber in der Organisierung der wissenschaftlichen Untersuchung doch motivierendes Moment eine Rolle, nämlich, daß in den Instituten der Akademie in Berlin und Moskau, die sich mit Fragen des Staates und des Rechts beschäftigen, sich besondere organisatorische Einheiten mit dem sozialistischen Staat, bzw. Recht einerseits, und der Theorie, Analyse der Entwicklungsproblematik des nicht-sozialistischen Staats, bzw. Rechts befassen. Die Arbeitsteilung ist auch für den Fortschritt der wissenschaftlichen Untersuchung ein allgemein bekannter Motor, so kann ein jeder Schritt in dieser Richtung verteidigt werden. Gleichzeitig kann eine solche Untersuchung der Logik der Dinge nach in Richtung und Betonung, sogar Überakzentuierung der sich sowieso absondernden, distinkten, nur für den zur Frage stehenden Forschungsbereich charakteristischen Merkmale, Züge auswirken. Wenn also die gegenseitige Beeinflussung, die Konfrontation mit den Untersuchungsangaben der anderen Bereiche, in diesem Falle der Vergleich mit der nicht-jetztzeitlichen bzw. nichtbürgerlichen Staatsformentwicklung und Entwicklungsproblematik ausbleibt, geht auch die Stellung der (hervorgehoben eventuell in keiner aufgeworfenen, weil gerade strukturellen oder in einer anderen Gemeinschaft interessanten) Fragen gemeinsamer Affinität verloren. Das gilt für jede wissenschaftliche Untersuchung, auch die gesellschaftswissenschaftliche Analyse kann ihm nicht umgehen. Umso weniger, wenn die Untersuchung einen solchen Begriff zum Gegenstand hat, der in mehrerer Hinsicht auch selbst umstritten ist. Um für die Bestätigung der oben dargestellten Gedanken ein Beispiel zu geben und von Seite der Rechtstheorie etwas zu lösen, hielt ich mein Referat unter dem obigen Titel, das ich im weiteren veröffentlichen möchte.

*

Die Untersuchung der Staatsformen des Imperialismus kann nur im Rahmen eines vielseitigen Untersuchungsprozesses in entsprechender Tiefe zum Erfolg führen. Einerseits setzt sie beruhigende

Ergebnisse in zahlreichen noch streitbaren Fragen der Staatsformlehre voraus, anderseits nimmt sie in der allgemeinen Typologie der staatlichen und rechtlichen Erscheinungen als einer der möglichen, in den theoretischen und praktischen Konsequenzen aktuellen Faktoren Platz. Die vorliegende Erläuterung versucht zur Klärung dieses letzteren beizutragen, mehr mit dem Anspruch auf das Aufwerfen des Problems, als auf seine Lösung. Ihr Ausgangspunkt ist die allgemeine Problematik der Typologie, ihre Schlußfolgerung ist hingegen nur ein Fragezeichen, das bis zur Durchführung von tieferen Untersuchungen in dieser Richtung vermutlich offen bleibt — sowohl im Hinblick auf die mögliche Beurteilung der zu den gegenwärtigen staatlichen und rechtlichen Einrichtungen führenden Entwicklungsphase von einem spezifischen Gesichtspunkt aus, als auch auf die Einschätzung der Entwicklungsperspektive dieser Einrichtungen. Nachdem sie aber den Staat und das Recht in einer historischen Einheit sehen läßt, während sie auch die Eigenartigkeit der instrumentalen Seiten derselben veranschaulicht, kann sie durch die Charakterisierung gewisser Momente der Entwicklung als eigenartiger Entwicklungsweg auch zur Analyse und zum Verständnisse der Staatsformen des Imperialismus Gesichtspunkte und Beiträge leisten.

1. Die Klassifizierung als logisches und als gesellschaftswissenschaftliches Verfahren

Ähnlich zu den anderen Operationen des Denkens ist auch die Klassifizierung ein scheinbar problemloses, mit klaren Regeln zu kennzeichnendes Verfahren. Soll es jedoch noch so leicht zu sein, über triviale Beispiele den Gang, die Struktur und das Wesen der Klassifizierung auf der Ebene der Logik vorzustellen, um so schwieriger ist es, dies im Kreis der Erscheinungen unerhört komplexen Verbindungssystems, auf eine, die Erkenntnis der Erscheinungen selbst entsprechend ausdrückende und unterstützende Weise, schöpferisch anzuwenden.

Die gesellschaftlichen Erscheinungen sind von Anfang an sehr zusammengesetzt — wir möchten nur daran erinnern, daß unter den von uns bekannten Formen des Seins gerade das gesellschaftliche Sein die größte Komplexität hat. Sie werden ferner immer komplexer im Laufe des irreversibel fortschreitenden (in der Entfaltung der Eigenarten und im direkter — weil vermittelter — Werden der Beziehungen zum Ausdruck kommenden) Prozeß, den Georg Lukács in seiner Ontologie Sozialisierung nennt.[1]

Offenbar gilt dies in erhöhten Grade für den Staat und das Recht, als für eine Totalität von Institutionen, die sich in ihrer Bewegung-Funktionierung zu einem bestimmten System organisieren, die nicht nur die sich historisch aufeinander lagernden Traditionen und die hinter diesen Stehenden Ideologien der gesellschaftlichen Objektivationen, der menschlichen Praxis, des fachlichen Wissens umfassen, sondern als institutionalisierte Formen der gesellschaftlichen Macht und der Ausübung der Gewalt gleichzeitig auch umfassenden Charakter und Bedeutung erlangen — als solch Eigenschaft, die im Prozeß der Sozialisierung historisch immer neue Gestalten annimmt, sich in der prinzipiellen Möglichkeit und in den möglichen Auswirkungen immer umfassender entfaltet und irreversibel vorwärts kommt.

2. Typologie der staatlichen und rechtlichen Erscheinungen

Der Fall des Staates und rechtes kann entsprechendes Beispiel dafür liefern, welche kaum aufzulösenden Probleme die Klassifizierung der gesellschaftlichen Gebilde aufwirft.

Wie die marxistische Literatur als grundlegende Erkenntnis betont, sind der Staat und das Recht historisch, funktionell und instrumental gleichfalls verbundene Erscheinungen. Gleichzeitig ist hinsichtlich der wesentlichen Bestimmung sowohl der Staat, als auch das Recht ab ovo ein Gebilde instrumentalen Charakters: sie haben den Sinn ihrer Existenz in der Fassung des gesellschaftlichen Komplexes und seiner Bewegung in bestimmten Rahmen, in der Organisierung, Beeinflußung und Mobilisierung dieser Rahmen. Diese Instrumentalität erscheint auch in ihrer gegenseitigen Beziehung: ihr funktionelles Aufeinanderangewiesensein schließt nicht aus, sondern setzt gerade die Entfal-

[1] LUKÁCS, Gy.: *A társadalmi lét ontológiájáról* (Zur Ontologie des gesellschaftlichen Seins), I—III. Band. Budapest, Magvető, 1976. Cf. VARGA, Cs.: Toward a Sociological Concept of Law. An Analysis of Lukács' Ontology. *International Journal of the Sociology of Law*, 9 (May 1981) 2. part, II/f. p. 164.

tung der relativen Selbständigkeit, Eigenart des instrumentalen Antlitzes voraus.

Staat und Recht tragen also instrumentale Eigenarten, dabei besitzt jedes außerhalb der funktionellen und instrumentalen Verknüpfung eigene charakterisierenden Techniken, Wirkungsweisen, Funktionsformen. Dadurch ergibt sich gleich die Frage, ob sich ihre Einheit und ihre relative Unterschiedlichkeit widerspiegelt, und wenn ja, auf welche Weise und in welchem Maße im Zuge der Schaffung ihrer Typologie?

a) Nun, unter diesen Umständen ist es beachtenswert, daß in der Typologie des Staates und Rechtes die einzige Klassifizierung, die im Hinblick auf die staatliche und rechtliche Erscheinung gemeinsam ist, beide völlig von außen, unabhängig von der eigenartigen instrumentalen Einrichtung, von der Grundlage des die jeweilige Totalität verkörpernden gesellschaftlichen Gesamtkomplexes klassifiziert. Dies drückt der Begriff des Staatstypes und des Rechtstypes aus — die fraglichen Erscheinungen jenen gesellschaftlichen Kräften nach typisierend, in derer Hand und entscheidendem Interesse die Ausübung der Macht und Gewalt geschieht. Eine solche Charakterisierung, die auf die im gesellschaftlichen Komplex gespielte gesellschaftlich-politische Rolle konzentriert, ist für die äußere Annäherung wesentlich, für den Staat oder das Recht aber bei weitem nicht spezifisch: sie bringt weder zum Charakter ihrer Beziehung, noch zu ihrem instrumentalen Antlitz näher.

Die in den Begriffen des Staatstyps und Rechtstyps zum Ausdruck kommende Typologie ist konsequent und ausreichend insofern, als sie eine, die historische Einheit des Staates und Rechts zur Geltung bringende Parallele zeigt, und der übernommenen Aufgabe, der von der Grundlage des gesellschaftlichen Komplexes geschehenden Charakterisierung beide einheitlich, dem gleichen Gesichtspunkt nach entsprechen. Die Typologie aber, die dazu berufen ist, die von außen erfolgende Charakterisierung.

b) Durch eine Charakterisierung von innen abzulösen, ist durch die Aufhebung in hegelschen Sinne der Ergebnisse der Typisierung allgemein gesellschaftswissenschaftlicher Relevanz, das Suchen nun mehr nach solchen, zur Klassifizierung geeigneten Merkmale, die für die Staats- und Rechtswissenschaft spezifisch relevante instrumentale Eigenarten aufweisen,[2] bereits in mehrerer Hinsicht problematisch. Die in den Kategorien der *Staatsform* und der *Familie des Rechts* zum Ausdruck kommende Typologie zeigt einerseits keinerlei Parallele, und trennt dadurch die historische Einheit des Staates und Rechts, andererseits verwirklicht sie keine auf gleicher oder koordinierter Grundlage geschehende Klassifizierung, und daher sind die zwei, voneinander sozusagen völlig unabhängigen Typologien nicht dazu geeignet, einander aufeinander projeziert zu ergänzen.

Diese Bemerkungen tragen natürlich bei weitem nicht zwangmäßig eine kritische Schärfe. Was die erste Bemerkung anbelangt, umfaßt die Umkehrung der äußeren Annäherung in innere auch das Moment der aufhebenden Bewahrung, und die Konzentrierung auf die instrumentalen (wir könnten auch sagen: technologischen) Belange der gesellschaftlich-politischen Funktionserfüllung kann auf diesem Niveau der Analyse die äußeren Entsprechungen usw. Vorübergehend offensichtlich in Klammern setzen. Was jedoch die zweite Bemerkung anbelangt, kann die Untersuchung vom instrumental-technologischen Gesichtspunkt aus wirklich zu solchen Typologien führen, die in ihrer theoretischen Entfaltung, Begründung und Anwendung voneinander in großem Maße unabhängig sind. Es handelt sich um einen natürlich verfechtbaren Standpunkt, aber seine Aufrechterhaltung müßte zum prinzipiellen Durchdenken seiner Konsequenzen anzuregen — nämlich zum Abzug jener Konsequenz, daß die historische Einheit des Staates und Rechts nur eine Abstraktion, d. h. Produkt einer theoretischen Verallgemeinerung sei, dessen Konkretisierung in entsprechenden Tiefe nur inhistorische Perspektive eventuell in Kreis umfangreicher, auch mehrere gesellschaftlich-wirtschaftliche Formationen überspannender Entwicklungsphasen geschehen kann.

Die Kategorie der Staatsform un der Familie des Rechts ist insofern doch einheitlich, daß die beiden — *auf ihre Art* — auf die instrumental-technologischen Eigenarten des Staates bzw. des Rechts konzentrieren, und all dies auf eine Weise erfassen, daß sie die institutionelle Erscheinung und tatsächli-

[2] Zum rechtstheoretischen Nutzen der Schlüsselbegriffe „außerhalb des Rechtes" und „innerhalb des Rechtes" s. Eörsi, Gy.: Jogelméleti torzó (Rechtstheoretischer Torso), *Állam- és Jogtudomány,* 3/1980

che praktische Tätigkeit des Staates bzw. des Rechts gleichermaßen umfassen.

Darüber hinaus zeigen sich zwischen ihnen bedeutende Unterschiede. Bei dieser Gelegenheit möchte ich nur auf einen — vielleicht entscheidenden — Unterschied hinweisen. Nämlich, wie die marxistische Literatur allgemein angenommen betont, umfaßt die Kategorie der Staatsform die (instrumental-technologischen) Eigenartigkeiten innerhalb eines gegebenen Staatstyps, die keinen abweichenden Staatstypen angehören, von ihnen geerbt werden können. Und noch mehr, die gegebene Staatsform ist auch innerhalb des entsprechenden Staatstyps nicht unbedingt kontinuierlich: die Veränderung des politischen Regimes kann sogar leicht zum brutal schnellen Wechsel der Staatsform führen. Demgegenüber bildet die Vererbung der traditionellen Momente den entscheidenden Inhalt der Kategorie der Familie des Rechts. Die sich in der Ideologie, im Ausbildungssystem, in der Kultur, in der professionellen-fachlichen Erbe und den Arbeitsmethoden, den zu erreichenden Vorbildern des juristischen Berufes, usw. verkörpernden (instrumental-technologischen) Züge zeigen sowohl im Kreis der gleichen, als auch der abweichenden Staatstypen Kontinuität; die auf dem Gebiet der Politik, oder sogar im Kreis des Staats- und Rechtstyps eintretenden Veränderungen bringen nicht unbedingt den Wechsel der Familie des Rechts mit sich.[3]

Diese Probleme verweisen zumindest darauf, daß die bisher erarbeitete doppelte Ideologie zur umfassenden, vollständigen, auch miteinander zusammenhängenden Charakterisierung der verschiedenen staatlichen und rechtlichen Einrichtungen keine befriedigende Grundlage sichert. Es ist fraglich, ob in dieser Situation die typologische Anwendung und Weiterentwicklung der begrifflichen Trennung, deren Grundlagen unter anderen gerade Marx und Engels gesetzt haben, einen neuen Aspekt, oder zumindest einen, den Entwicklungsweg erläuternden neuen Beitrag bilden kann.

3. Der moderne Staat und das moderne formale Recht: Frage der Zusammenhänge und Entwicklungsalternativen

Auch Marx und Engels haben in der Entwicklung des Staates und Rechts die, den Gang der Entwicklung entscheidend von der technologischen Seite der Einrichtung, des Aufbaus und der Funktionierung des Staates und Rechts betreffende Veränderung wahrgenommen, die in Europa zur Zeit der Entstehung der absoluten Monarchie erfolgte. Vom Gesichtspunkt ihrer eigenen Untersuchung aus war vor allem die Registrierung der sozusagen einen vollständigen Wechsel bedeutende Veränderung im Hinblick auf die Struktur, Methoden, persönliche und institutionelle Sphäre und Ausdehnung der staatlichen Organisation vorrangig interessant.[4] Aber bei der Betrachtung ihrer gesellschaftlichen Auswirkungen oder im Fall des Auftauchens der juristischen Problematik haben sie nicht versäumt, all dies mit den im Recht vor sich gegangenen ähnlichen und parallelen Veränderungen in einer Einheit unter die Lupe zu stellen.[5]

Die Entstehung der *modernen Staatlichkeit* und des *modernen formalen Rechts* und die Erkenntnis deren zusammengesetzten Verknüpfung, Folgen- und Wirkungssystems hat die Gesamtheit des gesellschaftswissenschaftlichen Denkens unserer Zeit geprägt: die Geschichtsanschauung von Max Weber, und als deren organisatorische Sphäre, die in den Mittelpunkt-Stellung des Gedanken der Rationalität, wurde zu großem Teil dadurch inspiriert und gestaltet,[6] infolgedessen ist es auch nicht bewundernswert, wenn zum Verständnis und zur Rekonstruierung des institutionellen Hintergrundes

[3] Die sozialistische Literatur versucht die Kategorie der Familie des Rechts meistens mit dem wenig überzeugenden und auch theoretisch nicht erarbeiteten Terminus der „Rechtssystem-Form" oder „Rechtssystem-Gruppe" zu ersetzen — zugegeben — darum, die Klassifizierung nach dieser Kategorie eindeutig der Typologie nach Rechtstyp unterordnen zu können. Die Existenzberechtigung der weiteren Klassifizierung innerhalb eines Rechtstyps ist unbestreitbar; all dies ändert aber an der Begründetheit und vollständigen Separiertheit der Klassifizierung nach der Familie des Rechts nicht. Es ist ja bereits logisch offenbar, daß die von unterschiedlicher Grundlage vor sich gehenden Klassifizierungen an Umfang einander gegenseitig überdecken — kreuzen — können.

[4] Z. B. MARX, K.: *Aus der Kritik der Hegelschen Rechtsphilosophie.* In: MEW 1. Berlin, Dietz, 1957. p. 234.

[5] Z. B. Brief von Friedrich Engels an K. Schmidt (London, d. 27. Oktober 1890). In: MEW 37. Berlin, Dietz, 1974. S. 491.

[6] Cf.: BENDIX, R.: *Max Weber — An Intellectual Portrait.* London, Methuen, 1966. Kap. XI—XIV.

der Geschichte der Letzten Jahrhunderte nunmehr auch die Staatswissenschaft oder die Geschichtswissenschaft als Schlüsselbegriff zur Erscheinung greift, die moderner Staat genannt wird.[7] Dafür, um welche instrumental-technologischen Formationen, staatlich-rechtliche Einrichtung von den aufgeklärten Absolutismen bis zu den Gesellschaften auf dem Wege des Sozialismus es sich handelt, und welchen weiten Weg die Erkenntnis der Präsenz, des Zusammenhanges, der Notwendigkeit derselben in der Geschichte des Marxismus zurückgelegt hat, kann vielleicht die philosophische Entwicklung von Lukács ein gutes Beispiel liefern.[8] Wir denken nämlich an den Weg, den er von der Diskussion mit dem Weberschen Begriff und der Anwendung der formalen Rationalität, diese im wesentlichen leugnend, von den unter dem Titel „Geschichte und Klassenbewußtsein" veröffentlichten Studien innerhalb eines halben Jahrhunderts bis zur Ontologie getan hat, heute als posthumus Botschaft auch seinerseits feststellen, daß das moderne formale Recht mit ontologischer Seinhaftigkeit das notwendige Korrelat, Äquivalent des modernen formalen Rechts ist.[9]

Der begriffliche Inhalt der modernen Staatlichkeit und des modernen formalen Rechts setzt sich aus zahlreichen Bestandteilen zusammen. Unter diesen heben wir nur einige, in ihrer historischen Tendenz am meisten allgemeinen, beide gemeinsam durchdringenden und bestimmenden Prinzipien hervor. Nun, gemeinsamer Kern ist *(1)* die bürokratische Organisation, die auf der Arbeit professionell ausgebildeter und karriermäßig beschäftigter Fachleute beruht. *(2)* Der Inhalt und die Formen werden gleichermaßen durch das System bestimmter und gesetzter formaler Regeln und Verfahren verschanzt. Es ergibt sich vom institutionellen Aufbau der Organisation und von der Mobilisierung nach formellen Mustern, daß *(3)* das Ergebnis, das amtliche Benehmen letzten Endes und vor allem in Konfliktsituation zugespitzt durch ein Verhalten charakterisiert wird, das eher auf den Regeln-Konformismus, als auf die Zielverwirklichung orientiert ist, *(4)* in der Sphäre einer solchen Anschauung, Arbeitsmethode, die Gesamtheit der Ausübung des Berufes durchdringenden Ideologie, in der ein auf die Art und Weise des Verfahrens konzentrierende formelle Denken und Zielverwirklichung kraftvoller zur Geltung kommt, als die Erzielung eines in jedem Augenblick und in jeder Hinsicht auch meritorisch motivierten und justifizierten Ergebnisses.

Der Begriff der modernen Staatlichkeit und des modernen formalen Rechts wird dadurch zur typologischen Kategorie, daß es sich in ihrem Falle — wie wir gesehen haben — um kein Ergebnis ohne Voraussetzungen handelt; beide sind relativ sehr späte Produkte der universellen Staats- und Rechtsentwicklung. Seine Aktualität kann er hingegen der Tatsache verdanken, daß es in den letzten Jahrzehnten immer häufigere und entschiedenere Zeichen dafür gibt, daß die mit diesem Namen bezeichnete Möglichkeit der staatlichen und rechtlichen Einrichtung auf dem heutigen Niveau der gesellschaftlichen Reproduktion und Sozialisierung bereits problematisch ist, sie ist am Endpunkt ihrer Entwicklung angelangt, und daß der Anspruch auf die Beseitigung der hervorstehenden Distinktionen immer eindeutiger in eine Richtung weist, die die Überwindung der Gesamtheit der Einrichtung, die Eröffnung einer neuen Alternative voraussetzt.

Was die allgemeine Bewertung der bisherigen Ergebnissen und der Richtung der Rechtsentwicklung anbelangt, wurden warnende Worte bereits vor anderthalb Jahrzehnten gegen jene falsche Aktualisierung formuliert, derzufolge das kontinentale Recht seinen nur logisch anzuwendenden allgemein-abstrakten Regelnsystem-Charakter von der klassischen römischen Rechtauffassung ableite. Dieser Charakter ist gerade Produkt der zum modernen formalen Recht führenden neuzeitlichen europäischen Entwicklung. Was das griechisch-römische Ideal charakterisiert hat, war eben die Anknüpfung des Rechts einem gegebenen Inhalt: die Auffassung als gerechtefallweise konkrete Lösung.[10]

[7] Z. B. MacIver, R. M.: *The Modern State*, London, Oxford University Press, 1964. oder Strayer, Joseph R.: *On the Medieval Origins of the Modern State*. Princeton, University Press, 1970.

[8] Vgl. Varga, Cs.: *Lukács's „History and Class Consciousness" and its Dramatized Conception of Law — A Contribution to the Development of Marxist Legal Thinking*. Basel, 1979. IVR World Congress Paper No. 994.

[9] Vgl. Varga, Cs.: *Rationality and the Objectification of Law*, Rivista Internazionale di Filosofia del Diritto, LVI (1979) 4 und Varga, Cs.: *The Concept of Law in Lukács's Ontology*. Rechtstheorie, 10 (1979) 3. besonders die Punkte 4—10.

[10] Villey, M.: Histoire de la logique juridique, *Annales de la Faculté de Droit et des Sciences économiques de Toulouse*, XV (1967) 1.

Was nun den Entwurf der neuen institutionellen Lösung, der neuen Einrichtung für die Abschaffung der wahrgenommenen Disfunktionen betrifft, werden seit zwei Jahrzehnten verschiedene Vorschläge formuliert. Es gibt einen solchen, der ins angelsächsische Recht ein Rechtsfertigungsverfahren auf zwei Ebenen einleiten will — bei der Entscheidung des Rechtsanwenders eine solche Begründung also, die sich einerseits auf die Entsprechung einer im voraus gesetzten Regel, andererseits auf die konkrete gesellschaftliche Nützlichkeit der fraglichen Regel stützen würde, die gerade auf den fraglichen Beschluß bezogen wurde.[11] Und es gibt einen solchen, der das Modell des Adjudikative mit dem als erwünschter betrachteten Modell der offenen Diskussion auf dem Boden des skandinawischen Rechts konfrontiert. In diesem letzteren würde die optimale Variante der Entscheidung zuerst auf Grund gewisser offener, die gesellschaftlichwirtschaftlichen Fakten und die absehbare Reaktion der Öffentlichkeit widerspiegelnden Argumentes erarbeitet, dann würde die endgültige Entscheidung im Vergleich dieser Variante mit dem gültigen Recht, der Tatsachen der Jurisprudenz, den Gesetzesmaterialien usw. entstehen.[12] Es kann leicht erkannt werden, daß der wesentliche Kern in beiden Vorschlägen gerade die Überwindung der als modernes formales Recht bekannten Konstruktion ist. Die mit par excellence juristischen Mitteln vor sich gehende, also den Charakter eines formalen Verfahrens annehmende Bestätigung wird nunmehr in beiden an sich selbst unzulänglich: in dem einen wird sie durch Justifikation der konkreten gesellschaftlichen Notwendigkeit der konkreten Entscheidung ergänzt, in dem anderen kann es überhaupt zur rechtlichen Justifikation kommen, wenn die vorgeschlagene Entscheidung in offener Diskussion, im Laufe einer konkreten gesellschaftlichwirtschaftlichen Argumentation schon gerechtfertigt wurde.

Der typologische Charakter wird noch auffallender, als die moderne Staatlichkeit und das moderne formale Recht Gegenstand einer vergleichenden entwicklungshistorischen Analyse wird, und als bestehend, aber überwunden verurteilt wird. Ein Beispiel dafür ist die Untersuchung die die Entwicklungsalternativen des Rechts überprüfend in der Reihe der möglichen Institutionalisierungen des Rechts zwischen dem Gewohnheitsrecht, dem bürokratischen regulierenden Recht und die Rechtsordnung schaffenden Recht einen Unterschied macht.[13] Und so ist die Analyse, die bereits mit dem Zweck, die zur Gegenwart führenden Wege vom Gesichtspunkt der Möglichkeiten der Überwindung aus zu bewerten, auch ausgesprochen die Umreißung einer eigenen Typologie angestrebt, wobei sie in der Staats- und Rechtsentwicklung solche Zeichen sucht, die von Seite des Mittelarsenals des Aufbaus und der Betätigung her die einzelnen Gruppen der staatlichen und der juristischen Einrichtung entsprechend umreißen. Die aus den Bestandteilen der prebürokratischen Organisation (repressives Recht), der bürokratischen Organisation (autonomes Recht) und der postbürokratischen Organisation (verantwortliches Recht) bestehende Typologie[14] läßt nicht nur große Übereinstimmung zwischen den Idealen, der Technik, usw. der mit Hilfe des Staates und des Rechts vor sich gehenden Gesellschaftsorganisation erblicken, aber liefert gleichzeitig eine solche Entwicklungstypologie, deren mittleres Glied im wesentlichen Charakteristika der als bestehend bezeichneten modernen Staatlichkeit und des modernen formalen Rechts trägt, und deren drittes Glied jene Charaterzüge aufweist, die die Verfasser etwa als Idealtyp des zu Erreichenden vorstellen.[15]

Nun, all dies, was wir im vorhinein darstellten, gewinnt dadurch gesteigerte Aktualität und auch im Hinblick auf die Einrichtung völlig neuen Inhalts des Sozialismus der Überlegung werte Bezüge dadurch, daß ähnliche Fragen als Problem der staatlichen und rechtlichen Organisationstechnik auch auf dem Boden des Sozialismus aufgeworfen werden. Die reiche Reihe der Teilfeststellungen der

[11] WASSERSTROM, R. A.: *The Judicial Decision — Toward a Theory of Legal Justification.* Stanford, University Press, 1961. Kap. 7.

[12] BOLDING, P. O.: *Reliance on Authorities or Open Debate? Two Models of Legal Argumentation.* Scandinavian Studies in Law 13 (1969).

[13] UNGER, R. M.: *Law in Modern Society — Toward a Criticism of Social Theory.* New York, The Free Press, 1977. Kap. II.

[14] NONET, P. und SELZNICK, Ph.: *Law and Society in Transition — Toward Responsive Law.* New York etc., Harper and Row, 1978.

[15] S. ausführlicher: VARGA, Cs.: Átalakulóban a jog? (Ist das Recht in Übergang?) *Állam- és Jogtudomány,* 4/1980.

politologischen Literatur und die Ergebnisse auf den Foren der Telekommunikation durchgeführten Diskussionen jetzt außer acht lassend möchte ich nur auf eine einzige maßgebende Konsequenz hinweisen — auf die, die bei der gemeinsamen wissenschaftlichen Sitzung der gesellschaftswissenschaftlichen Abteilungen der Ungarischen Akademie der Wissenschaften bei der Generalversammlung im Jahre 1980 formuliert wurde. Wie bekannt, wurde die strukturelle Umgestaltung der ungarischen Wirtschaft durch den 12. Parteitag der Ungarischen Sozialistischen Arbeiterpartei auf den Rang der nationalen Handlung erhoben. Daraus ergab sich der der ungarischen Wissenschaft würdige Auftrag, zur Vorbereitung des Wechsels durch die Zusammenfassung der Lehren der vergangenen Entwicklung beizutragen. Als eine der hervorgehobensten Feststellung der Sitzung wurde formuliert, daß das für die moderne Staatlichkeit und das moderne formale Recht charakteristische regelorientierte Verhalten im Laufe der vergangenen Zeiten stufenweise zum Verhaltensmuster der gesellschaftlichen Kräfte (Bewegungen, Institutionen, Organisationen, usw.) wurde, die für die Lenkung der gesellschaftlichen Gesamtbewegung (auch die Gesamtheit des staatlichen und Rechtsleben inbegriffen) verantwortlich sind. Die eigenartigen formalen Zeichen der spezifisch rechtlichen Tätigkeit erlangten also auch die Funktionierung der verschiedenen gesellschaftlichen Organisationen umfassende Verallgemeinerung, anstatt sie ausschließlich als Spezifika ihres eigenen Gebietes zur Geltung gekommen wären. Diese Entwicklung mit umgekehrten Wirkungssystem zeitigte offensichtlich auch Disfunktionen — in einer solchen gesellschaftlich-wirtschaftlichen Situation, als es in mehrerer Hinsicht nunmehr fraglich ist, ob die Geltung dieser Zeichen auf ihrem eigenen Gebiet noch erwünscht wäre.[16]

Was die Typologie der staatlichen und rechtlichen Einrichtungen anbelangt, bleibt auf diese Weise die Frage offen, ob wir auf diese oder ähnliche Weise zur Klassifizierung, die den Staat und das Recht einheitlich, von Seite des Arsenals und der Technik der Organisation her charakterisiert, näher kommen können. Und was den Ausweg aus den nunmehr auch Disfunktionalität zeigenden Definitionen des mit der modernen Staatlichkeit verbundenen modernen formalen Rechts betrifft, kann offenbar nur die dialektische Überwindung, die das Moment der vernichtenden Bewahrung enthält, das Ziel sein. Das heißt den Wiederaufbau und die Betägigung des Rechts in einem solchen System, das hinsichtlich jedes rechtlichen Beschlusses die Konkretisierung der eine Rolle spielenden Interessen und der Verantwortung für die Entscheidung und dadurch die Erfüllung mit Inhalt des Begriffes und der Erforderungen des Gesetzmäßigkeit mit der jeweiligen konkreten gesellschaftlichen, wirtschaftlichen und politischen Bedeutung bietet.

Cs. Varga

[16] In markantester Ausführung vgl.: Kulcsár, K.: *Gazdasági „kihívás", társadalmi „válasz"* (Wirtschaftliche „Herausforderung", gesellschaftliche „Antwort") und Bognár, J.: *Strukturális váltásunk társadalmi-gazdasági összetevői és ellentmondásai* (Gesellschaftlich-wirtschaftliche Faktoren und Widersprüche unseres strukturellen Wechsels). Beide in: Az 1970-es évtized a magyar történelemben (Das 1970-es Jahrzehnt in der ungarischen Geschichte). Budapest, Vervielfältigungswerkstatt der UAW, 1980.

[12]

HETEROGENEITY AND VALIDITY OF LAW: OUTLINES OF AN ONTOLOGICAL RECONSTRUCTION

BY CSABA VARGA

The entire question of the validity of law seems to be overemphasized in legal thinking on the continent of Europe. Legal textbooks, treaties and monographs deal with it as if it were the only starting point and the genuine touchstone of any thinking about law. Validity is regarded as the core of legal phenomena: *a sine qua non* feature displaying the very specifity of what is termed 'the distinctively legal.'[1] Eventually, validity is even – figuratively speaking – materialized by its treatment as the holder of the substance of law.

In my paper, I attempt to make on ontological reconstruction, confronting historical developments with their ideologies, and endeavour to argue that the very notion of validity is not universal: it is *a historical product, characteristic of certain legal cultures*; and that validity is not something real as an attribute of the law: it is *an analytic concept made to qualify a given system of norms as law* – a surplus-quality, i.e. a motive of legitimation, attached to the actual existence and functioning of the law as law.

Historically, at least on the basis of European development, three types of validity have evolved. (1) *Functional validity*, exemplified by primitive law, is the most primitive and at the same time the most material one: as law is admitted that does exist and operate as law. (2) *Validity by contents*, exemplified by medieval law, starts developing criteria, but is far from codifying them: as law is admitted that meets some undefined requirements, but inferred from value standards and general principles as reasserted in the practising of the law. (3) *Formal validity*, exemplified by modern formal law, is the technically most developed, fully codified one, which is therefore formalized and made procedural: as law is admitted that fulfils the criteria of formal deducibility from, or composition on, the basis of some norms, previously established in a formal way.

Between these historical types taken as clusters, the difference is indeed significant. Moreover, it suggests a kind of discontinuity among them. However, I claim that they all form a *historical continuum*, changing in emphasis, prevalence and relevancy, but not mutually excluding or exclusively superimposing on each other. They are rather gradually sublated, one of them having a dominating position, with the others supplementing or even concurring with it in the case of conflict or insufficiency. At the same time, their historical sequence indicates the development from the pre-form of the idea of validity – ever referred to only exceptionally, in the extreme cases of competition between systems of norms and the plain injustice of legal justice – to the formation of its proper concept becoming the prime ordering principle in assessing what is meant by a legal system and a law.

What am I talking about? These types of identification of the law correspond to certain conceptions and dominating features of the make-up and functioning of the law. In the case of functional validity, the law is conceived of and functions simply

1 Cf. Ph. Selznick, The Sociology of Law, in: D L. Sills, ed., *International Enyclopedia of the Social Sciences* 9, New York 1968, p. 51.

as *living practice.* In the case of validity by contents, as a *value carrier* (to be implemented into living practice). And in the case of formal validity, as *regulation power* (carrying values [to be implemented into living practice]). Many aspects of the first two types can be discerned from legal history[2]. Nevertheless, as in the case of the trichotomic typologies of legal development in general[3], here also the third type, indicating the present just reached or already to be surpassed, is the one that really matters.

Modern formal law is born with the modern state, aiming at a *formal rationalization* through *bureaucratization.* Some of its early forms can be traced back as far as post-classical Roman law or the law of the Italian city states in the Middle Ages; however, its classical form was developed during and after feudal absolutism by bourgeois development. Formal rationalization and bureaucratization cannot be separated from each other here: they are mutually conditioning each other as interrelated ends and means[4].

Modern formal law has some definite characteristics, which may seem commonplace-like truisms to the contemporary observer, although they are far from being natural concomitants or universal particulars of legal phenomena, as in their total set-up they have been issued during the last one or two centuries of development on the European continent.

First, law becomes conceptualized by being treated as *a subject of logical operation* in classification, systematization and inference. As a consequence, the law starts being regarded as a set of linguistic objectifications, and the linguistic and logical analysis of it lays the foundation of a peculiar discipline, the doctrinal study of law, approaching the *law as a system* and having *axiomatization as its ideal.*

Second, *a reduction* is being made *of what is legal (i.e. of ius) to what has been enacted (as lex).* At the same time it is the reduction of legal normativity to those norm-statements that have been issued from formally pre-defined (and, hence, identifiable) sources and formulated – articulated, titled and published, i.e. promulgated – in a formally pre-defined (and, hence, identifiable) way.

Third, it evolves the ideology of considering the law *to be complete in regulation* and *able to logically decide each and every case* brought before it for decision and, thereby, able to foreplan social action in all its details and to qualify its course as composed of exclusively either law-conforming or law-breaking human patterns. It goes without saying that this ideology is not meant in practice to be a mere facade, but the realistic programme of legal action, and the legal specialist is held responsible for implementing it – or, at least, approaching it as closely as possible, while implementing it – in practice.

Fourth, there is an institutional set-up for channelling the practical implemen-

2 See, in more details, Cs. Varga, *Anthropological Jurisprudence? Leopold Pospíšil and the Comparative Study of Legal Development*, Budapest 1985, working paper in the series "Underdevelopment and Modernization", sponsored by the Institute of Sociology of the Hungarian Academy of Sciences, and Cs. Varga, *A kodifikáció mint társadalmi-történelmi jelenség* [Codification as a Social-Historical Phenomenon], Budapest 1979, Ch. III, forthcoming also in English.

3 E.g. R. M. Unger, *Law in Modern Society: Toward a Criticism of Social Theory*, New York 1976, Ch. 2 and 3; Ph. Nonet and Ph. Selznick, *Law and Society in Transition: Toward Responsive Law*, New York 1978, Ch. II–IV.

4 For some background material, see Cs. Varga, Rationality and the Objectification of Law, in: *Rivista Internazionale di Filosofia del Diritto*, 56, 1979, and Cs. Varga, Moderne Staatlichkeit und modernes formales Rechts, in: *Acta Juridica Academiae Scientiarum Hungaricae*, 26, 1984.

tation so that this ideology can materialize as copiously as possible. On the one hand, a network of institutions is needed partly *for the professionalized mass production of rules* and partly *for the professionalized mass hearing of cases*, for deciding them with reference to the rules in question. On the other hand, there is also a need for the distribution of competences and responsibilities for making and, respectively, applying the law between separate kinds of institutions, so that both of them are in a position to function in a way separated from each other to meet the respective ideological expectations.

In their practical implementation, these ideals and endeavours have been at a more or less optimum stage of perfection during the last hundreds of years of legal development on the European continent. Their *extremes* can be observed mainly in some excpetional periods of the regimes of ancient despotism, feudal absolutism, or during a revolutionary "honeymoon", all aimed at the restriction of the administration of justice to a mere executing function, by requiring a quasi-mechanical judicial transposition into everyday practice of what had once been enacted by the almighty and omniscient legislator (e.g. Justinian, Frederick the Great, and the early years of the French Revolution)[5].

In what manner have all these characteristics turned into building elements of the *theoretical reflection* of modern formal law?

At a certain level of development, with the advance of socialization (i.e. of indirectness and mediatedness in social commerce), in a society (conceived of as a complex consisting of complexes) law (conceived of as a complex mediating among other complexes) will be a heterogeneous phenomenon sharply distinguished from any other complexes. In order to perfect this heterogeneity, the law has to evolve strict, formally delineated boundaries with pre-fixed criteria to decide what is considered *to be within* or accepted *to belong to* its system. According to its own definition, *anything that fulfils these criteria is qualified as valid.* Consequently, validity is synonimous with "to be within – by belonging to – the very sphere of the law", and has the prime function to separate any sham form of pseudo-law, which asserts itself to be *the* law or *of the* law, from what is to be regarded as the true law. At the same time, because of the chance of a concurrence among diverse phenomena (norms and actions, etc.) equally pretending to be the law and of the need for a clear-cut settlement in an undisputable manner once and for all, the criteria have to be formalized. According to the definition, any statement is valid as law – and any norm and action, etc., is accepted as embodying the law that is qualified as such by any valid law-statement, i.e. by any statement – *provided that it has been enacted by pre-fixed institutions in pre-fixed forms in the course of a prefixed procedure.* It is to be noted that not only the criteria of validity are formalized here. Also the carrier of the distinctively legal normativity – i.e. of validity – is thereby attached to a given form: a kind of linguistic objectification, i.e. a written text. In the final conclusion, *validity is the self-organizing principle and the self-qualifying result of the formation of any legal system.*

In a legal culture, in which law is considered as a heterogenous system, sharply distinguished from any other sub-systems of society, all the authoritative decisions made within the system and in the name of the law are to be *strictly inferred from*

5 Cf. Cs. Varga, Types of Codification in Codificational Development, in: *Acta Juridica Academiae Scientiarum Hungaricae*, 19, 1977, pp. 48–49, or, in a reversed sense, Cs. Varga, Utopias of Rationality in the Development of the Idea of Codification, in: *Archiv für Rechts- und Sozialphilosophie*, Beiheft Nr. 11, 1979.

within and *able to be justified by* the system in question. In order to make the operation of inference and justification as undisputable, as cohesive, and also formally as convincing as possible, an ideology and maximum realization of *logical consequence and conclusion* is needed, and thereby also the expectation to formalization and formal controllability will be met. According to its own definition, *in law any action is legal that logically derives from the valid statements of the law or is justifiable on the basis of them with the means of juristic logic.* It is to be noted that not only the criteria of legality are formalized here. Thereby the whole practical process of making the law actually function is also filtered through and represented as a more reasoning process. And, what is more, this reasoning process will be characterized by the *logical necessity* of its conclusion. For in this scheme, only a single variant of decision is admitted to be eventually arrived at and to exist; and no legal alternative can be added to it. In the final conclusion, *legality is the self-organizing principle and the self-qualifying result of the functioning of any legal system.*

From what has been said above, it seems that *validity* and *legality* are the two pillars on which – as on the two most formalized and, hence, the most recognizable and identifiable marks – the whole theoretical reconstruction of modern formal law is being built. And, what is more, all this proves to be the *adequate reflection and conceptual grasping of the theoretical building-up and practical operation of the complex set-up of modern formal law*, that characterizes what the legal system would be like if it was really composed of nothing but duly enacted norm-propositions and it could really work as a quasi-axiomatic system. At the same time, questioning by any socio-historical analysis the raison d'etre and the background of the basic concepts themselves, the whole theoretical scheme will be revealed to be pure *juristischer Begriffshimmel*, a description of an ideal type, which turns to be mere ideology once it is applied to an actual, working type of the law[6].

Namely, the theoretical picture as outlined above has some very definite shortcomings, pointing to the strength and weakness of the whole schema. Strength in developing an interior approach to the principles of the inner working of the law, logically as perfected and consequential as possible. And a weakness in their reduction to mere rules of the game, ideologically built-in elements, as revealed by the ontological reconstruction of their actual working.

First, already the system of law is more than the total sum of duly enacted norm-propositions[7], and its actual existence as a sub-system in society is only made possible by its continuously recurring *practical interpretation*, taking the shape as has been suggested by socially prevailing practice at any given time[8]. That is to say: the whole conception of the validity-ruled formation of the law is a pure theory, which can to a certain optimum depth – *govern, but not master or reflect* real practice.

6 See, in a theoretical context, Cs. Varga, Recht und Rechtsverwirklichung: „Juristisches Weltbild", Subsumption und Manipulation, in: *Archiv für Rechts- und Sozialphilosophie*, 70, 1984, especially para. 3.

7 As to its classical formulation, see R. M. Dworkin, The Model of Rules, in: *University of Chicago Law Review*, 35, 1967, and, as reconsidered, R. Dworkin, *Taking Rights Seriously*, London 1977, Ch. 2 and 3; as well as T. Eckhoff, Guiding Standards in Legal Reasoning, in: *Current Legal Problems*, London 1976.

8 See, in a theoretical context, Cs. Varga, Is Law a System of Enactments?, in: A. Peczenik et al., eds., *Theory of Legal Science*, Dordrecht 1984.

Second, the historical types of validity do not cease to survive and even concur with the new one having a dominating position. By formal validity, you can make anything valid that has been declared to be the law in an external formal way. However, the potentiality of the *participation of other types of validity* may convey to the process a kind of *dynamism*, even *dialectics*, by initiating disputing, making argumentation more responsive and, eventually, preparing for the supersession of formal validity itself. That is to say, the whole conception of the validity-ruled formation of law is a pure theory, which can be *substantiated* – backed, questioned, or even negated, as the case may be – *by considerations* regarding the *ways* and the *contents* with which the law is to function.

Third, in the actual working of the law, validity as it reasserts itself in an endless process through its hierarchical derivation from ever higher basic norms, is solely the mere *imputation*, and the hypothesized highest norm serves as the reference point to any such imputation. For a closed and static theoretical reconstruction, the idea of a strict hierarchical breakdown may be needed, though it is not practical. The whole scheme is too logical, and therefore it has *no place for a totality* (i.e. systems) *approach*. As a matter of fact, in the social practice of its actualization, validity is *not only vertically derived, but* is *also horizontally continuously fed back* – like any complex structure, which is built up, integrated, carries inner tensions and channels outer ones, through a series of built-in cross-bonds that are loosened and fastened in the direction where, in the time when, and with the strength which, there is an optimum need for doing so, in order to get its optimum functioning both in view of the maximum justifiability and maximum responsivity of its action. This horizontal feedback is the very life of the law, composed of the practice of the judiciary and administrative agencies, political challenges and popular responses as well. That is to say, the whole conception of the validity-ruled formation of law is a pure theory, unless it is *tested by social practice* and unless its issue is defined *as a system, ever reasserting itself as being de facto the law*.

Fourth, there is a gap between the ideal of logical deducibility and the reality of arriving at a decision in judicial and administrative practice[9]. Or, the need for formal subsumption is born with modern formal law, and *subsumption* – bearing in mind the potentialities and limits of any formal system being applied to real problems of real practice – goes hand in hand with *discrepancies*, resulting from the impossibility of classifying all the varieties of life situation within the pigeon-hole-like system of formal enactements and, thereby, of finding a socially satisfying solution to them. Consequently, *logic is both unable and undesirable to be the only factor in channelling the legal process*. That is to say, at most, logic has a *function of control* to the extent it can do so and, mutatis mutandis, all this holds true for the justification or falsification of any issue in a validity debate.

Fifth, in contrast to the self-sufficiency of the theoretical scheme of validity outlined above, the law is practice-bound in all its elements[10]. Moreover, this applies to all its aspects as well. As Kelsen argued against the claim to primacy of the sociology of law, law and legal science can define which of the social issues may at the same time be termed as legal and not the other way round[11]. And it was

9 Cf. Cs. Varga, Logic of Law and Judicial Activity: A Gap between Ideals, Reality and Future Perspectives, in: Z. Péteri and V. Lamm, eds., *Legal Development and Comparative Law*, Budapest 1982.

10 See, in a theoretical context, Cs. Varga, Domaine "externe" et domaine "interne" en droit, in: *Revue Interdisciplinaire d'Etudes Juridiques*, 1985, Nr. 14.

11 H. Kelsen, Eine Grundlegung der Rechtssoziologie, in: *Archiv für Sozialwissenschaft und Sozialpolitik* 39, 1915.

also Kelsen who based his theory of validity on the principle of effectiveness, requiring that the legal order concerned be on the whole efficacious[12]. But this is not equal to stating that *it is validity that sorts out legal effectiveness* and, vice versa, *it is effectiveness that sorts out legal validity?* Is it not the case of mere *synonyms jockeying a concept of existence of the sociology with an analytic concept developed by the abstract study of law?* For I conclude that the whole operation should be interpreted in the following manner: *terming what appears sociologically with some regularity in a given form as valid within a postulated juristic world concept.*

At this point, it is worth surveying the nature of the par excellence juridical concepts in general, in order to approach an understanding of the meaning and significance of the validity concept of modern formal law, as well as of the place it takes and the role it plays in a legal system.

Speaking in most general terms: what is the law doing? It qualifies. In other words, it projects its own ordering principles and terms onto the world and upon social existence, to make them socially accepted and materialized, by putting into motion the coercive apparatus of the state and also the adequate function of its bureaucracy. In order to do that, *concepts* are being made and/or applied in/by the law which, from an epistemological point of view, are arbitrary in the given situation[13]. They are not intended to describe anything, to denote properties that exist independently of them. They are to prescribe, *to qualify situations.* And all this can acquire a meaning, which will be theoretically interpretable in the context of all the qualifications, and principles of procedure, etc., defined within the system, and which will only gain real significance through their application in practice.

From the outside, approaching from the standpoint of the establishment of a legal system, these are *concepts to develop qualifications* and, thereby, to introduce artificial qualities. From the inside, seen from the standpoint of an established legal system, these are *analytic concepts* instrumental in breaking up complex situations to a series of simpler ones by reducing the former to their elementary components. Right, duty, liability, and any such concept of the law – should they be treated as concepts designating given positions in the rules of the game or as concepts breaking down complex situations to their individual elements catalogued by those rules of the game (i.e. as constructions artificially established by human intellect and, as such, applied to reality)[14], then it can be revealed: they are arbitrary by definition, inassessable from an epistemological point of view, and their inner cohesion and interconnection (i.e. their ability of becoming related to each other) is only provided by their *system-character* (i.e. their inclusion into and ordering within a system, taken in a systems-theoretical and not in a logical sense). At the same time, their significance and its proof can only be assessed by their *practicability* manifesting itself in their utilization as a means of influencing social practice.

In such a manner, the *quality* resulting from their qualification has merely an *imaginary* nature. It is a *label*, which exists only because the rules of the game have been established and are also observed in practice. Consequently, this quality does

12 H. Kelsen, *General Theory of Law and State*, New York 1961, p. 42; H. Kelsen, *What is Justice?*, Berkeley 1960, p. 224.

13 See, within the framework of an ontological explanation, Cs. Varga, *The Place of Law in Lukács' World Concept*, Budapest 1985, para. 5.3.3 and Appendix, para 2, and, as reconsidered, Cs. Varga, Concepts as Fictions in the Law, in: E. Pattaro et al., eds., *Reason in Law*, 1984 Bologna Conference proceedings, in press.

14 "Künstliche menschliche Konstruktion", as termed by G. Klaus, *Einführung in die formale Logik*, Berlin (GDR) 1958, p. 72.

not reveal itself as such; it is not carried by the thing, the phenomenon, etc., concerned as such. Instead *it is us, the players of the game, who are labelling* things, situations, positions, or human beings thereby qualified as holding such positions. That is to say, these qualities are established and vested to the phenomenon by the human act of imputation. Hence, their materiality is a function of the act whether the rules of the game referred to have become the guiding principles of actual practice, or whether the qualification in question can become a deciding factor in social practice. Since it is the act of qualification that the quality in question owes its existence to, it will be this very practical act, its social impact, acceptance, and its becoming the basis of reference of such a practice that primarily matters.

The question of whether or not the act of qualification conforms to the rules of the game, is merely of secondary importance – more or less irrelevant as far as the existence and actuality of the quality called into being by the act of qualification is concerned. This means that the eventuality of an irregular, or law-eluding act of qualification cannot touch upon or influence the existence of such a quality, provided that this eventuality has no impact on the assertion of its practical consequences. It goes without saying that from the point of view of the coherence of both the rules of the game and their practical application, it may turn out to be a decisive question – as it is a watershed from the point of view of the consequentiality of practice too – *what the result will be led to by the eventual incoherency of practice.* In this respect, three variants of decision can be made. First, *repealing* the qualification in question ("declaration of invalidity"); second, its *casual toleration* in exception (its enforcement as a decision "taken against the law, but not disputed before an appellate court"); and third, its being regarded as resulting in the *actual modification* of the rules of the game (its being integrated into the system of the rules as "judge-made law").

Thus, the difference is obvious: if attributes are attached to phenomena that actually exist or are conceived of as actually existing, the question that can be raised can be formulated in sharp terms needing an unambiguous justification or falsification. All in all, a definite "yes" or "no" answer can be expected to the question: is the phenomenon in question characterized by the given attributes or not? On the other hand, the situation is not so clear-cut with concepts made use of as a means of normative qualification. As stated earlier, my qualification is by no means true – at least, it can be inferred from a system of rules by reducing it more or less to that system as its application or, in the last analysis, it may be justified or enforced through a reference to such a reducibility. It means that it is its "consequence" from the system of rules and its "correspondence" to it that will afford the justification of the qualification in question. Or the actual existence of any system of rules becomes defined by its *meaning in its socio-legal context*; in this context *the set of the officially enacted rules is complemented* by a mass of interpretative rules, general principles, and value standards, as well as cultural preconceptions that are by far not enacted as official components of the law (although they contribute to its living body, which it is unable to function without); the application of all these is only manageable in the concrete *encounter* of more or less relevant, strong or weak *arguments*, persuading a given audience and *resulting in a decision of a compromise solution* with a given, practical selection of values; as a consequence, *there is no single "proper" decision, which would arise by the force of logical necessity from the system of rules.* Hence, the external justification of the qualification perhaps will consist of nothing more than the merely ideological declaration of its "conclusion" from, or "correspondence" to, the system in question – by diverting into debates of consistency within the legal system all doubts and also possibly by circumscribing the circle of the variants of decision more or less harmonizable with the system of rules, in order to contribute to the public discussion about the acceptability of the qualification in question.

Obviously, from a logical standpoint, the field of operation offered here is rather uncertain. Because in the final analysis, from the very start *even the premises of decision are not defined or codified,* either. As a consequence, in not too exceptional cases, when a given decision would be socially desirable or there is a power interest in declaring it as following strictly from the system of rules, the official "premises" "motivating" the decision may change as the result of, or reaction to, the decision even after the very same decision is taken. With risk of oversimplification, one can formulate the definition as follows: *should the contents of the qualification be anything as it is, it has to be accepted as the concrete actualization of the system of rules in the given social context – provided that it is authoritatively enforced in the name of the law* in such a way that, in the case of a casual or unrepeatable decision, even its mere disputing becomes suppressed, or as the rule of the day, it will be made the principle of practice to be strictly observed further on. Or, it will be left to the specialists of law and political debate as their special task to question the regularity of the practice and, thereby, ensure that a *return* to the previous practice should be achieved; or, its compatibility should be considered an *open question* conditional on a decision not yet taken; or, at least afterwards, additional or modifying *enactments* should be built into the system of rules to substantiate that the qualification questioned could be regularly deduced therefrom.

Well, all the characteristics and also the destiny of the concepts of qualification are shared by the one of *validity*, too. Its existence is derived from the law's system of rules as the rules of the game concerning the formation of a legal system; and, in the last analysis, both its realization and justification are a function of the success (manifesting itself in the long term) of the practice made with the mark of "validity" in the name of the law. It has one specific feature: it is a concept *established by the same rules of the game as referred to*[15]. In other words, the system itself for-

15 In this connection, it is to be noted that the linguistic-logical way of raising the question as it has been done by H. L. A. Hart, Self-Referring Laws, in: *Festskrift tillägnad Karl Olivecrona*, Stockholm 1964, is twofold misleading, albeit the author also treats the law as a practical system, and his critical approach to Kelsen is well founded. First, although *self-reference* in logic is meant to be within the framework of a given proposition, in law – as a matter of course – it concerns the series of all sources of the law of a certain hierarchical level (with the inner ordering of the special statuses of the *lex posterior* and *lex specialis* respectively) or, more precisely, *the* entire *system of the law as the total sum of enactments* (bearing also in mind the normative hierarchy of its different sources). For one of the functions of the formal concept of validity is just to make the law homogeneous within its basic *inner heterogeneity*, i.e. to organize all the individual enactments, as answers of a concrete topicality to diverging socio-political challenges, into elements of an in itself unified, coherent order. Hence it follows that self-reference is by far not exceptional in the law: a not insignificant part of its rules are referred to the system as such in order to settle its inner arrangement. Second, the ordering principles of the *lex posterior* and *lex specialis* exclude from the very beginning that the observance or modificcation of any stipulation of the positive law can refer to a sphere "outside" the logic (e.g. to the one of "alogic", of "social psychological facts", or of "magical ideas"). For owing to these ordering principles *there is always a legal alternative to observe and/or change any former enactment.* At most, one can find relieve in that the legislator has actually passed the limits of a reasonable enactment by disregarding the dynamic continuity of the law. For instance, there would be not much

mulates a series of rules concerning both the conditions of its own "establishment" as the rule of the game and its extension and modification as well. For this reason, in the event of a conflict, it is the rule of the game that defines who can decide, and in which manner, whether a given rule is included in the game or not. From the point of view of logic, its justification may also be an ambiguous procedure, because of the eventualities of self-referring regulation, the want of relevancy of a logical syllogism, as well as the external postulates and social correctives of its interpretation and practical application. And it is to be added that even its social intelligibility is on the whole circumscribed by the practice socially enforced as legal. (Such an extreme case is exemplified by those systems of law which are subverted and institutionalized by a *revolution*; and also by the distinction which is made in the debate for selecting the truly *proper source* of the law between sources in the senses "de lege lata" and "de lege ferenda", "positivist" and "sociological".).

It is to be hoped that what has been said above adduces arguments to draw the following conclusions. First, *in practice each and every system of rules formulates* (and the more the modern law becomes formalized and hierarchically founded by its constitution as a quasi-axiomatic basic norm, the more it is) a *number of rules with reference to itself* in order to preserve the integrity of the system, define the criteria of what is meant by a rule's "belonging" to the system, and to codify the conditions of its modification and the ways of its identification. Second, in general each kind of text-interpretation is conditioned by the cultural milieu of a society. Consequently, every notional and logical operation can only acquire a social significance, through its social acceptance. And, in addition, the validity can only be conceived at any time as *socially substantiated* validity. And third, all this places special emphasis on the claims of *modern formal law*. For it *makes an explicit demand on deciding, through its own enactments, upon its own establishment as, and the acceptance of the belonging of any laws to, a legal system.*

It is modern formal law that raises the question of the structure of the system of law, its structuratedness and individual structuring elements, with the pretension of identifying legal substance and producing criteria that are both able to delineate salient features and to serve as a sharp definition: is law valid? what does its validity consist of? what is this validity subtantiated by? in what way is the valid structure broken down and reduced to a series of partial structures, which are valid within the whole, inasmuch as they are derived from its foundation-stone? what does this derivation reside in, and how and by what is it established?

From the very start, these questions seem to have inspired Kelsen's *theory of the basic norm* and Merkl's *Stufenbautheorie (the theory of normative hierarchy).* The *plurality* (or pluralizibility) of validity, its *building up starting from the elementary facts* of practice, instead of their being derived from the above, has not even been conceived at all. Moreover, as seen earlier, this quasi-axiomatic scheme of validity, modelling the hierarchical breakdown of derivations, is indeed the reconstruction of some principles serving as basic ideals of modern formal law. Consequently, one cannot find in it the *dynamics* of validity, i.e. its endless process of

reason to stipulate for the everlastingness of an Act, as any enactment is subject to modification by the subsequent one. Consequently, the stipulation that an Act can only be modified by the vote of a qualified majority, may turn out to be a relatively more severe – because observable – restriction in practice. At the same time, one can construe logically insoluble dilemmas with ease. For instance, how to assess the clause closing an Act which stipulates for the unrepeability of the Act in question?

formation by shaping and re-shaping, preservation, sublation and alteration, leading to a ceaseless fluctuation between the core and peripheries of the law, between the "more" legal and "less" legal, tending towards or breaking away from the distinctively legal.

All in all, our concept of validity is born with the emergence of *modern formal law*, and it has been shaped so as to fit optimally to the ideals of the set-up of modern formal law as developed on the European continent. It has evolved a number of further specificities as well. Among others, it has freed conscientious law-making, undertaking *reform legislation*, from the pressure of justifying that it is in line with the "good, old" laws and only able to validate any legislation by its adherence to traditional contents. (According to its own criteria, reform legislation of French absolutism ought to have been qualified as an abuse of *legis latio*. For this reason, a number of royal orders were stipulated as if they had the aim to "restore" the old institutions by "reinstituting" them under changed conditions against "perverted" patterns.) Or, it has freed law aiming at a *substantial regulation* from the pressure of approaching life situations through the allocation of jurisdiction and the arrangement of issues from a procedural aspect (as was the case with Continental Law in the Middle Ages, which has remained so with both Common Law and partly the development of Islamic Law).

It is commonplace to state that there is a tendency of the Civil Law and Common Law cultures to gradually approach one another. English traditions in linguistic and logical analysis spread over all European (and, first of all, Nordic) thinking, whilst the heritage of *Rechtsdogmatik* and conceptual culture represented by the traditions of the German classical philosophy started to influence English and American thought-patterns. In this human commerce, the formal concept of validity has a distinguished role to play. Yet I am of the opinion that the concept of validity issuing from this commerce is no longer the same; it starts evolving new faces of a *double-bond* by introducing *dynamism, social dependency and responsiveness*, instead of the self-absorbing purity of static formalism.

[13]

LEIBNIZ UND DIE FRAGE DER RECHTLICHEN SYSTEMBILDUNG

Csaba Varga (Budapest)

1. Aktualität von Leibniz

Von dem nach dem Tod von Gottfried Wilhelm Leibniz der Menschheit zugefallenen Erbe fordern zahlreiche Wissenschaften ihren Anteil, und zahlreiche Wissenschaften zählen Leibniz zu ihren großen Meistern, ja sogar zu den Pionieren der Vergangenheit. Die Beurteilung des Lebenswerkes von Leibniz, seine Aktualität und sein Wert, bietet aber auch innerhalb der einzelnen Phasen seiner Tätigkeit historisch betrachtet ein mannigfaltiges Bild. Unter Bezugnahme auf einen sich mit Shakespeares Aktualität befassenden englischen Studienband[1] könnten die Änderungen in dieser Beurteilung im Lauf der Zeit eine Forschung berechtigt erscheinen lassen, die sich mit dem Thema „Leibniz in der wechselnden Welt" befaßt.

Die allgemeinen Gründe des geschichtlichen Rollenwechsels in einem theoretischen oder praktischen Lebenswerk sind – insbesondere in der marxistischen Wissenschaft – wohlbekannt. Bei Leibniz gibt es aber einen besonderen Umstand, eine sich in ihrer reinen Form nur in theoretischen Lebenswerken ergebende Möglichkeit, die die Gründe des Rollenwechsels in unterschiedlichem Licht erscheinen läßt: jenen Umstand nämlich, daß Leibniz ein Denker mit Januskopf gewesen ist. „Seine besten Gedanken", schreibt von ihm einer seiner späten Würdiger[2], „waren nicht solche, die ihm Popularität hätten einbringen können, und diese überlieferte er ohne Publikation seinem Schreibtisch. Was er publiziert hatte, diente der Erkämpfung der Billigung der Fürsten und der Fürstinnen. Daraus folgt, daß es zwei philosophische Systeme gibt, die als Vertreter des Leibnizschen Gedankens aufgefaßt werden können . . ." Das eine System wurde uns also ausgearbeitet überliefert, in zeitgenössischen Publikationen – das andere (ursprünglichere, in mancher Hinsicht wertvollere) ist in zerfallenen, unsystematischen Manuskripten erhalten geblieben, was auch Hegel, einen seiner Zeitgenossen zitierend, zu der maliziösen Bemerkung veranlaßte, daß es sich um nichts anderes handelt als um „desultorische Bearbeitung der Philosophie in Briefen".[3] Ein bedeutender Teil der rechtlichen Ideen von Leibniz ist der Nachwelt in letzterer Form überliefert, was einen bestimmten Rollenwechsel schon vorwegnimmt, da diese doch nur durch ausdauernde Forschungsarbeit und eine kritische Textausgabe der Wissenschaft zugänglich gemacht werden konnten. Daß sich aber das Interesse erneut zuwandte, und zwar besonders unter dem Gesichtspunkt unseres Themas (der Problematik der rechtlichen Systembildung und im besonderen des logischen Aufbaus des Rechtes), ist einer autonomen Richtung der wissenschaftlichen Entwicklung der Gegenwart zu danken. Die akut gewordene

1 A. Kettle (Hrsg.), Shakespeare in a changing world, London 1964.

2 „His best thought was not such as would win him popularity, and he left his records of it unpublished in his desk. What he published was designed to win the approbation of princes and princesses. The consequence is that there are two systems of philosophy which may be regarded as representing Leibniz." In: B. Russell, History of Western Philosophy, 2nd ed., London 1961, S. 563.

3 J. G. Buhle, Geschichte der neueren Philosophie, Bd. IV, S. 131, in: G. W. F. Hegel, Sämtl. Werke, Bd. III, Stuttgart 1959, S. 453.

Aktualität eines Problems machte ihn, als dessen klassischen Abfasser, selbst aktuell.

Um den erwähnten Rollenwechsel zu demonstrieren, kann die Feststellung interessant sein, daß die früheren Bearbeitungen[4] die rechtlich-logischen Lehren des Lebenswerkes von Leibniz völlig außer Acht ließen. Der Grundton einer anläßlich seines 200. Todestages erschienen umfassenden rechtsphilosophischen Abhandlung wurde sogar von einer solchen Behauptung bestimmt, deren Gegenteil zu beweisen – zumindest im Rahmen unseres Themas – weiter unter versucht werden soll. Es wurde nämlich hier dargelegt: „Leibniz ist der einzige unter den großen Philosophen, der in erster Linie ein Jurist gewesen ist und sein philosophisches System als Jurist aufbaute . . . Er ist vielleicht der einzige große Rechtsphilosoph, der die Rechtswissenschaft als Ausgangspunkt und gleichzeitig als Bindeglied sämtlicher Wissenschaften betrachtet . . . Diese juristische Grundauffassung Leibniz's, sowie der Umstand, daß er ein praktischer Politiker und Berufsdiplomat gewesen ist . . ., ist eine Erklärung für seine praktische Auffassung, die . . . für seine ganze wissenschaftliche Tätigkeit kennzeichnend ist. Als Rechtsphilosoph und wissenschaftlicher Politiker sondert sich Leibniz von den naturrechtlichen und vernunftsrechtlichen Verfassern eben durch seinen rechten praktischen Sinn ab."[5] Wie aber neben dem relativen Zurücktreten der Ergebnisse seiner metaphysischen, theologischen und sonstigen Tätigkeit über die mathematischen Elemente seines Lebenswerkes hinaus vor allem seine logischen Gedanken in den Vordergrund traten und als Wegbereiter der modernen Mathematik immer größere Anerkennung fanden[6], so ist auch die naturrechtliche Determiniertheit und Konzeption seiner juristischen Arbeiten nur als ein Kapitel der Geschichte der Rechtsphilosophie interessant. Aktuell und von wahrhaft elementarer Kraft ist aber der früher mitunter vernachlässigte methodische Zug seines Werkes, nämlich der Anspruch auf die grundlegend logische Betrachtung des Rechts – der Anspruch auf die deduktive Systembildung.

Gemeinsame Wurzel all dessen die mit verschiedenen interdisziplinären Ansätzen verbundene methodische Annäherung der Wissenschaften und ihre immer größer werdende Exaktheit zu sein; hierher gehört auch die mathematische Logik sowie die Herausbildung der allgemeinen Wissenschaftstheorie und Methodik – und damit gemeinsam ein immer stärkerer Anspruch auf den formalisierten Ausdruck der Wissenschaften (was eigenartigerweise in unserem Jahrhundert auch im Bereich der Rechtswissenschaften Einzug hielt). Die Parallelität zwischen den in diesem Jahrhundert sichtbar gewordenen Bestrebungen zur Axiomatisierung, zum formallogischen Ausdruck des Rechts und der Rechtswissenschaften einerseits sowie dem Leibnizschen Ideen-Bereich andererseits wurde übrigens zum ersten Mal von dem bekannten französischen Rechtsphilosophen Villey konstatiert, indem er „die im XVII. Jahrhundert, vor allem in Deutschland bekannte Klasse der *Mathematiker-*

4 Z.B. R. Werner, A bölcsészeti jogtudomány története lme (Die Geschichte der philosophischen Rechtswissenschaft), Budapest 1875, S. 70; auch Apercues, wie W. Sauer, System der Rechts- und Sozialphilosophie, 2. Aufl., Basel 1949, S. 314–318; G. Del Vecchio, Philosophie du droit, Paris 1953, S. 93 f.; A. Verdross, Abendländische Rechtsphilosophie, Wien 1958, S. 129–132.

5 F. Finkey, Leibniz jogbölcsészeti es politikai eszméi (Leibniz's rechtsphilosophische und politische Ideen), in: Leibniz halálának kétszázadik évforduloja alkalmából, Budapest 1917, S. 152 f.

6 Siehe beides: Russell, a.a.O., S. 576.

Juristen" vorstellte, „deren Hauptambition die Rekonstruktion der Gesamtheit der Rechtswissenschaft mit mathematischen Methoden gewesen ist"[7]; diese Bewertung kam dann später auch in anderen Werken vor.[8]

2. Der Gedanke der universalen mathematischen Methode

Der karthesianische Rationalismus – diese weitreichende, die Interessen des liberalen Bürgertums ausdrückende Philosophie des XVII. Jahrhunderts – wollte das begriffliche Denken auf neue Grundlagen stellen und hob zum Zweck der Ordnung, der Rigorosität der Beweisführungen und der Sicherheit der Ergebnisse die Mathematik auf ein Piedestal, betrachtete die mathematisch-geometrischen Darlegungen als den Höhepunkt der Methoden, als eine Annäherungsmöglichkeit, die geeignet ist, dem Denken ideale Klarheit und unerschütterliche Sicherheit zu verleihen. Der Grundgedanke erwies sich nicht nur als fruchtbar, sondern gleichzeitig als äußerst befruchtend. Neben Descartes – und zum Teil gleichzeitig mit ihm – gab es zahlreiche Denker, die, sich von der Erfahrung in nicht geringem Maße losmachend und mit der Mathematik verschmolzen, von einer universalen mathematischen Idee träumten und in ihren enzyklopädischen Werken versuchten, diese zu verwirklichen. Erwähnt werden sollen die Werke von: Alsted, Panacea philosophica (1610); Lobkowitz, Rationalis et realis philosophia (1642); Hobbes, Leviathan (1651); Sturm, Universalia Euclidea (1651); Weigel, Analysis Aristotelica ex Euclide restituta (1658) und Spinoza, Ethica ordine geometrico demonstrata (1677).[9]

In diesem Kreis setzte sich Leibniz zum Ziel, eine universale Sprache zu schaffen und im Interesse dessen (etwa als Vorarbeit) ein universales Charakteristikum und eine Enyklopädie zu entwickeln. Diese Werke sollten einheitlich *more geometrico* aufgebaut werden. Bereits an der elementaren Stufe seiner Forschungen, im Laufe der Entwicklung der Grundlagen der Kombinatorik, entdeckte er nämlich, daß durch die Kombination der Grundbegriffe alles möglich ist – d.h. das wahre Urteil ausgedrückt werden kann. Davon ausgehend konzipierte er dann die *Logik der Erfindung* – das heißt die Konstruktion von *Urteilsapparaten*, durch die die Abfassung sämtlicher überhaupt möglichen Urteile mechanisiert und die Arbeit der Erfindung (Findung?) sozusagen dem Apparat übertragen wird. Diese Aufgabe kam nämlich nach Auffassung von Leibniz der Bestimmung sämtlicher möglichen (d.h. zum wahren Urteil führenden) Prädikate zum gegebenen Subjekt und sämtlicher möglichen (d.h. zum wahren Urteil führenden) Subjekte zum gegebenen Prädikat gleich.[10]

Die Idee der universalen Sprache ist nun auf dem Gedanken der Kombinatorik begründet. Diese Sprache hätte sämtliche Verbindungen sämtlicher existierenden Begriffe, ihr Verhältnis zu anderen Begriffen und deren Verbindungen in sich gefaßt und formal ausgedrückt. Eine Vorbedingung dafür wäre natürlich die Ausarbei-

7 „Le XVIIéme a connu, surtout en Allemagne, une classe des *mathématiciens-juristes*, dont l'ambition fut de reconstruire l'ensemble de la science du droit sur le mode mathématique." In: M. Villey, Questions de logique juridique dans l'histoire de la philosophie du droit, in: Etudes de logique juridique, Bd. II, Bruxelles 1967, S. 7.

8 W. Röd, Geometrischer Geist und Naturrecht, München 1970, Kap. IV.

9 Vgl. G. Grua, Jurisprudence universelle et Theodicée selon Leibniz, Paris 1953, S. 25 f.

10 Die philosophischen Schriften von G. W. Leibniz, Bd. IV, Berlin 1875–1890, S. 61, in: P. Dienes, Leibniz logikai és matematikai eszméi (Leibniz's logische und mathematische Ideen), Leibniz halálának kétszázadik évfordulója alkalmából, S. 113 f.

tung des gesamten Inventars sowohl der Begriffe wie auch der Kenntnisse. Die Analyse der Begriffe und ihre Zerlegung im Komponenten mit Hilfe von Definitionen erfordert nämlich eine umfassende Analyse der Kenntnisse selbst, ihre Reduktion auf einfache und evidente Prinzipien im Zuge einer Beweisführung. Die rationalistische Idee von der universalen Sprache hatte die Behebung sämtlicher, die Begriffe und die sich in Urteilen offenbarenden Verbindungen der Begriffe berührenden Mehrdeutigkeiten und Zweifel, den Ersatz der natürlichen Sprache durch eine künstliche zum Ziel. Dabei wäre diese Sprache eine symbolische gewesen – aber nicht nur und auch nicht primär wegen ihres formalen Charakters, sondern vor allem deshalb, weil sie das echte logische Bild ihrer ihre Elemente bildenden Begriffe, ihren im System der Begriffe eingenommenen Platz und ihre Verbindungen gespiegelt und diese eindeutig und leicht überblickbar auszudrücken vermocht hätte. Und da die Gesamtheit des Werkes in einem von der Mathematik geliehenen logischen System aufgebaut worden wäre, hätte es zum formalisierten Ausdruck der Begriffsverhältnisse der Ausarbeitung eines *Calculus rationators* bedurft, der den elementaren Kombinationen der mathematischen Zeichen – der Addition und der Multiplikation – entsprechende elementare Begriffskombinationen beinhaltet hätte und dadurch die rein mechanische Zusammenstellung sämtlicher möglichen Begriffskopulationen im voraus (bestimmten Regeln gemäß) hätte sichern können.[11]

Die *Characteristica universalis* strebt demnach zur logischen Kettenbildung sämtlicher Begriffe – die *Encyclopaedia* aber zur Erschließung der systematisierten Begriffe; das heißt, durch die Definierung von zahlenmäßig wenigen Grundbegriffen und durch die Reduzierung der Begriffe auf diese hätten sie ähnlich einer geometrischen Demonstration entfaltet werden sollen. Eine derart umfassende, sämtliche möglichen Zusammenhänge erschließende Zusammenfassung mit einheitlicher Methode weist in sich schon auf eine einheitliche Betrachtung der Wissenschaften hin. Und tatsächlich (beim Entwurf der *Scientia generalis*) gelangte Leibniz zu der Erkenntnis, daß das mathematische Denken letzten Endes nichts anderes sei als eine durch eine bestimmte Kombination von Zeichen durchgeführte Formelbildung, um dann (durch Umstellung der Formeln) in eine andere Formel überzugehen – und zwar durch Substitutionen aufgrund gegebener Regeln. Und diese Denkart zeigt, wie er es darlegte, bei allen Wissenschaften dieselbe Konstruktion. Jede Wissenschaft ist nämlich die Wissenschaft der Verhältnisse (die Aristotelische Logik z.B. der Verhältnisse von Identität und Beinhaltung), wenn auch über die Grundverhältnisse hinaus auch spezifische Verhältnisse den Gegenstand der einzelnen Wissenschaften bilden können, was über den gemeinsamen Algorithmus hinaus selbstverständlich auch spezifische Verfahrensmethoden bedeuten mag.[12]

Dieses mächtige, in seinem Umfang und seiner analytischen Tiefe gleichermaßen überwätigende System, das als alle inneren Zusammenhänge und Verhältnisse ausdrücklicher einheitlicher logischer Rahmen des kompletten Vorrats an Begriffen und Kenntnissen sämtlicher Wissenschaften gedacht war, hätte gemäß der Vorstellung von Leibniz hervorragenden praktischen Zielen dienen sollen; es hätte ein für allemal die Umstände der Debatten noch vor dem als Abschluß dieser Epoche erhofften Sieg des Rationalismus umgestaltet. „Die Menschen würden darin bei ihrem Debatten einen nahezu unbeirrbaren Schiedsrichter finden", schrieb er um das Jahr

11 Vgl. Dienes a.a.O., S. 115 f. und 137 f.; L. Couturat, La logique de Leibniz d'apres des documents inédits, Paris 1901, S. 79 f.

12 Vgl. Dienes, a.a.O., S. 139 f.

1690 dem Prinzen von Hannover.[13] Und später äußerte er, in seinem festen Glauben an den Endsieg der Vernunft und die Allmächtigkeit des mathematischen Denkens sich Illusionen hingebend, die kaum mehr hätten gesteigert werden können, noch utopischer: „Sollten Kontroversen entstehen, bedürfte es nicht mehr der Diskussion zwischen zwei Philosophen, sondern bloß zweier Kalkulatoren. Es würde hinreichen, wenn sie mit dem Griffek in der Hand sich zur Schiefertafel setzen und (wenn es ihnen beliebt, einen Freund als Zeugen herbeigezogen) einander sagen würden: Nun, lasset uns rechnen!"[14]

Dieser grandiose Plan beschäftigte Leibniz bis zu seinem Lebensende. Er war der Meinung, daß sein großartiges, unvergängliches, weltgestaltendes Werk dessen Verwirklichung gewesen wäre.[15] Die ähnlich kühne Ziele verfolgenden Unternehmungen des Zeitalters des Rationalismus (und innerhalb dessen der Ehrgeiz von Leibniz) sind für den Rationalismus sehr charakteristisch. Da gibt es, wie wir sahen, schon einen Punkt, wo der stolze bürgerliche Glaube an die Macht der Vernunft und an die Universalität und Verläßlichkeit der mathematischen Darlegung in die Illusion der Endlichkeit der menschlichen Erkenntnis und des menschlichen Wissens und damit der Endlichkeit der Wissenschaften überhaupt umschlägt. In einem derartigen Traumbild von wissenschaftlicher Entwicklung kann aber die Mechanisierung der Erfindung und die Beschränkung von Diskussionen auf Berechnungen (mit anderen Worten: das Ideal der Vergegenwärtigung der Wissenschaften durch universal anwendbare Formeln, etwa als verbale Mathematik) nur als tautologische Behauptung, als ein immanentes Ergebnis existieren. Im Fall des Urteilsapparates muß der Zusammenstellung der zum wahren Urteil führenden Kombinationen der Subjekte und Prädikate die Programmierung des Apparats, vor allem die Ausmerzung der nicht möglichen (also Fehlurteile ergebenden) Kombinationen vorangehen. Und der nach der Methode des *Calculemus!* zu führenden Diskussion muß die Schaffung einer einheitlichen Sprache – d.h. die Zusammenfassung der Gesamtheit des menschlichen Wissens – vorangehen. Auf diese Weise sind aber Vorbedingungen für die Lösung des Problems gestellt, die in verdeckter Form die Aufhebung des Problems selbst (seine Umwandlung in ein Scheinproblem) in sich bergen. Eine Bedingung jedoch, die die Konsequenz von vornherein in sich trägt – d.h. eine Folgerung analytisch gestaltet, die keine neue Feststellung enthält –, kann gewiß nicht als reell gelten.

13 „Les hommes trouveroient par lá un juge des controverses veritablement infallible." Die philosophischen Schriften . . . a.a.O., Bd. VII, S. 26.

14 „Quo facto, quando orientur controversiae, non magis disputatione opus erit inter duos philosophos, quam inter duos Computistas. Sufficiet enim, calamos in manus sumere, sedereque ad abacos, et sibi mutuo (accito si placet amico) dicere: calculemus." In: G. W. Leibniz, Die scientia universali seu calculo philosophico, in: God. Guil. Leibnitii Opera philosophica qua extant latina gallica germanica omnia, Berlin 1840, S. 84.

15 Vgl. Couturat, a.a.O., S. 119.

3. Die logische Konzeption der Rechtswissenschaft

Die ersten juristischen Aufsätze von Leibniz hatten merkwürdigerweise schon logischen Charakter; sie stellten Probleme dar, die streng durch das Instrument der Beweisführung gelöst wurden. Specimen difficultatis in jure (1664), Specimen certitudinis seu demonstrationum in jure (1665), De casibus perplexis in jure (1666): in diesen und anderen vor seinem 20. Lebensjahr entstandenen Werken erscheint gleichzeitig auch die Aufhebung der Eigenart des Rechts, die Zuweisung der Rechtswissenschaft an die Sphäre der Logik. In seinem Aufsatz De arte combinatoria vergleicht er die Rechtswissenschaft noch mit der Geometrie, weil er die Fälle bei beiden durch Kombination einfacher Elemente löst und die Ordnung der Demonstration zugrundelegt.[16] Vier Jahre später jedoch erklärt er in einem an Conring geschriebenen Brief ausdrücklich, daß die Rechtswissenschaft eine auf moralische Fragen adaptierte Logik sei, so wie z.B. auch eine mathematische, theologische oder gar ärztliche Logik existiere.[17]

In seinen darauf folgenden Werken beginnt Leibniz bald, seine programmatischen Thesen zu entwickeln. In seiner 1665 entstandenen bereits erwähnten Arbeit legt er die auf das Recht adaptierte Theorie der hypothetischen Urteile dar, bei deren Theoremen als Conditio die Hypothese oder die faktische Bedeutung des Rechts, als Conditionatum aber die Rechtsfolge oder das Recht selbst erscheint. In seinem Werk Nova Methodus discendae docendaeque Jurisprudentiae (1667), das unter dem Aspekt des uns beschäftigenden Problems grundlegend ist, versucht er dann die spezifisch rechtliche Adaption der Aristotelischen Logik. In seiner oben erwähnten Arbeit De casibus perplexis in jure machte er zwar einen Versuch zur Lösung der bei der Adaption dieser Logik auf die Grenzfälle entstandenen gesetzlichen Konflikte, verkündet aber gegenüber den rechtlichen Methoden eindeutig den Sieg der logischen Mittel. „Die Kunst der Auflösung der Antinomien besteht darin", schreibt er[18], „daß aufgepaßt werden muß, ob hier ein anderes Subjekt oder Prädikat steht, und wieder ein anderes in dem fraglichen Gesetz oder These, oder diese in beiden identisch sind. Genauso, wie Aristoteles die Identität und die Verschiedenheit erklärt, können auch die Antinomien aufgelöst werden." Vier bis fünf Jahre später gelangte er in einer im Manuskript erhalten gebliebenen und später Definitio justitae universalis benannten und publizierten Arbeit so weit, daß er die Entsprechungen zwischen der Logik und den Kategorien, Urteilstypen und Folgerungsformen des Rechts Punkt für Punkt nachweist. In der logischen Abbildung der rechtlichen Beweisführung mögen zahlreiche, späteren Erkenntnissen vorausgehende Thesen eine bedeutsame Rolle gespielt haben, gemäß denen die rechtlichen Qualifikationen logischen Modalitäten entsprechen:

„Justum, licitum		possibile	
Injustum, illicitum	est quicquid	impossibile	est fieri a viro
Aequm, debitum		necessarium	bono."[19]
Indifferens		contingens	

16 Sämtliche Schriften und Briefe von G. W. Leibniz, Darmstadt 1930 (Berlin 1971), Reihe VI, Bd. 1, S. 189.

17 Die philosophischen Schriften . . ., a.a.O., Bd. I, S. 168.

18 „Ars solvendi antinomias consistit in eo, ut tueamur, aliud subjectum, vel praedicatum esse in hac, aliud in illa lege vel propositione, vel utrumque esse idem. Quibus autem modis probari *Aristoteles* diversitatem et identitatem passe ostendit, tot modis solvi pussunt ostendemus." In: Couturat, a.a.O., S. 562.

19 In: ebenda, S. 565 f.

Wenn die Rechtswissenschaft – wie wir vorhin sahen – als ein Zweig der Logik erscheint, haben gewiß auch ihre Gesetzmäßigkeiten an den allgemeinen Gesetzen der Logik teil. Der Gedanke der Ordnung, der einen Grundpfeiler dieser logischen Konzeption bildet, würde von Leipniz auch auf metaphysischer Ebene formuliert. „In den Dingen ist alles vorausbestimmt", schrieb er 1698 an Malebranche[20], „und zwar entweder durch die quasi geometrischen Gründe der Notwendigkeit, oder durch die quasi moralischen Gründe der größten Vollkommenheit." Die Determiniertheit setzt im Recht u.a. begriffliche Vollständigkeit, die Vollständigkeit wiederum – übrigens in Einklang mit den liberalen Bestrebungen des im Aufstieg befindlichen Bürgertums – einen garantiellen Schutz voraus. Bei der Darlegung der Elementa juris naturalis (1671) wies Leibniz auf ein Element der Vollständigkeit und auf deren logische Parallele hin: Die Berechtigung und die Verpflichtung, die zwischen verschiedenen Subjekten wechselseitig und gleichzeitig bestehen, haben bei ein und demselben Subjekt im allgemeinen ergänzenden Charakter und schließen einander aus, wie die Möglichkeit und die Notwendigkeit – und zwar so, daß sich die Rechtswissenschaft mit der Darlegung der rechtmäßigen Handlung begnügen kann, weil alles übrige zwangsläufig sein wird, oder mit der Darlegung der Verpflichtung, weil das übrige als rechtmäßig oder indifferent betrachtet werden wird.[21] Die Berechtigung und die Verpflichtung sind aber in sich nichts anderes als die beiden Möglichkeiten der positiv gerichteten verpflichtenden oder gestattenden Regelung. Im Zuge des Aufbaus des Systems bedurfte es deshalb zur garantiellen Entfaltung der Vollständigkeit auch dessen, daß das, was positiv nicht geregelt ist, aber auch keine verbietende, die rechtliche Unmöglichkeit ausdrückende negative Regelung hat, als rechtlich indifferent anerkannt werde. Denn „alles, was nicht verboten ist, ist gestattet", und so gesehen gilt jede Handlung als erlaubt – wie diese charakteristisch liberale These 1695 durch Leibniz bei der Exzerpierung von Jean Domat aufgezeichnet wurde, obwohl der A priori - Charakter ihrer Gültigkeit auch heute noch umstritten ist.[22]

Das Recht (und seine Wissenschaft), das, im Geiste des Rationalismus vom Anspruch der Determiniertheit, der Vollständigkeit und der Sicherheit getrieben, die Verwirklichung seiner inneren Möglichkeiten und dadurch seine Selbstvollendung anstrebt, kann nach Ansicht von Leibniz zur Schaffung des Universums der möglichen rechtlichen Kenntnisse kein anderes Mittel anwenden als das, welches ihm durch Leibniz in Form des Urteilsapparates zugeteilt wurde. In seinem oben zitierten Werk De arte combinatoria faßte Leibniz durch Kombinierung einiger allgemeiner Regeln die Vorausbestimmung und die Regelung unendlich vieler Fälle in ihrer Individualität bereits in ein Programm. In einer anderen Schrift erachtete er die Berechnung der Variationen gegebener Tatbestände und Rechtsfolgen und die Auswahl der gewünschten Kombinationen auf dem Weg der Gesetzgebung als notwendig (ähnlich wie die Römer einzelne Verträge von den vielen möglichen Variationen mit Namen versehen haben). In der mehr dialektischen Nova Methodus dehnte er die Variationsberechnung und die Auswahl der nutzbaren Kombinationen auch auf die Interpretation selbst aus.[23] Ein eigenartiger gemeinsamer Zug

20 „Tout est déterminé dans las choses ou par des raisons comme géométriques de la nécessité, ou par des raisons comme morales de la plus grande perfection." In: G. Grua, Jurisprudence universelle . . ., a.a.O., S. 232.

21 Sämtliche Schriften . . ., a.a.O., VI/1, S. 465 ff.

22 G. W. Leibniz, Textes inedits d'après les manuscrits de la Bibliothèque Provinciale de Hanovre, Paris 1948: „Ce qui n'est pas defendu est libre", S. 648, „*Liberum* est quod neque debitum neque illicitum est. Unumquodque praesemitur liberum" (1677 ?), S. 606, und „Quicquid nulli alteri regulae contrarium est, liberum esto" (1680 ?), S. 767.

23 Vgl. Sämtliche Schriften . . ., a.a.O., VI/1, S. 177 u. 189, 328 u. 338; G. W. Leibniz, Textes inédits . . ., a.a.O.. S. 791–797.

dieses Verfahrens ist, daß es kein echtes neues Wissen gibt sondern nur solches, das – zumindest als eine Möglichkeit – dem vorangegangenenen innewohnte. Nichtsdestoweniger mußte es (wenigstens innerhalb eines gegebenen Bereichs) prinzipiell ein vollständiges und manifestiertes Wissen ergeben.[24]

Eine solche Konzeption der Rechtswissenschaft, bei der echte Werte mit utopischen Träumen vermengt sind und diese im Gewand logischer Postulate ihren Ausdruck finden, scheint von der Wirklichkeit sehr weit entfernt zu sein. Die Vollendung des Rechts und seiner Wissenschaft erscheint in ihrer Gesamtheit nur als ein rationalistisches Ideal, als ein auch irrationale Tendenzen andeutender Ausdruck des psychisch begründeten Anspruchs bürgerlichen Sicherheitsgefühls. Diese Betrachtungsweise der Rechtswissenschaft ließ gleichzeitig auch Elemente unberücksichtigt, die unsere weiter oben dargelegten Feststellungen bis zu einem gewissen Grad nicht nur einschränken, sondern auch relativieren. Ein Beispiel dafür ist, daß Leibniz der ideellen Vollkommenheit in erster Linie theoretischen Wert zusprach, ohne an den Niederschlag derselben im Mechanismus der alltäglichen Handlung, an deren praktische Konsquenzen gedacht zu haben. Es scheint so, als ob er hinsichtlich der Praxis des täglichen Lebens realistischere Gedanken hegte – hat er doch in seinem als Kritik des „Essays“ von Locke verfaßten Werk „Nouveaux Essais sur l'entendement humain“ die praktischen Irrelevanzen seiner verabsolutisierenden Betrachtungsweise richtig angedeutet. „Da die Moralität“, schrieb er[25], „bedeutungsvoller ist als die Mathematik, gab Gott den Menschen Instinkte, die unmittelbar und ohne zu denken einen Teil dessen eingeben, was die Vernunft übrig läßt.“ Das andere Beispiel: das relativ beschränkende Element scheint nichts anderes zu sein als das als unverändert und vollständig aufgefaßte System des Naturrechts. Dessen lückenfüllende Bedeutung wurde nämlich von Leibniz als natürliche Gegebenheit anerkannt. Und wenn auch der Anspruch auf Vollständigkeit objektiv auch die prinzipielle oder praktische Rückstellung des Wirkungsbereiches des Naturrechts hätte zur Folge haben können, rechnete Leibniz in allen seinen Schriften – ja, auch in seiner Privatkorrespondenz – mit seiner Gegebenheit.

24 Auf die Idee der Universalität der mathematischen Methode hinweisend lohnt es sich zu bemerken, daß solche speziellen Verwendungsgebiete der Kombinatorik, die aus dem Gesichtspunkt unseres Problems entscheidend dünken, bei Leibniz bloß partikuläre Anwendung der Universalität dieser Methode sind. Von der undifferenziert einheitlichen Denkart Leibniz's spricht der Umstand, daß „er . . . die Anwendung seiner Kombinatorik auf die Mathematik, Arithmetik und Geometrie, auf die Logik, die Syllogismustheorie und Klassifizierungen, auf die alte, jedoch verjüngte Idee der einheitlichen Sprache, auf die Wissenschaft der Chiffrierung und Dechiffrierung, auf die Herausformung eines embryonellen Planes der Rechenmaschine, auf die Musik, auf die Alchimie der Elemente, auf das Recht, die Rechtswissenschaft und Theologie, auf die Politik (auf die theoretische Auffassung der Regierungsformen), auf die Strategie und schließlich auch noch auf die lateinische Prosidie“ M. Serres, Un tricentenaire: Problemes du De Arte combinatoria, in: Akten des internationalen Leibniz-Kongresses (Hannover, 14.–19. November 1966), Studia Leibnitiana Supplementa III, Wiesbaden 1969, S. 115.

25 „Cependant comme la Morale est plus importante que l'Arithmétique, Dieu a donné' à l'homme des instincts qui portent d'abord et sans raisonnement à quelque chose de ce que la raison ordonne. C'est comme nous marchons suivant les loix de la mecanique sans penser à ces loix . . .“ In: G. W. Leibniz, Sämtliche Schriften und Briefe, hrsg. von der Deutschen Akademie der Wissenschaften zu Berlin, Berlin 1962, S. 92.

4. Die geometrische Vision der rechtlichen Systembildung

Der Gedanke der Universalität der mathematischen Methode führte, wie wir sahen, in den verschiedenen Wissenschaften zu einer eigenartigen gemeinsamen Betrachtungsweise. So wurde auch die Rechtswissenschaft der Geometrie ähnlich und formte sich – zumindest nach Ansicht von Leibniz und im Spiegel seiner Zielsetzungen – zu einer angewandten Zweigvariante der Logik um. In dieser Rechtswissenschaft konnte die Untersuchung der Parallelitäten zwischen der Logik und den rechtlichen Kategorien, des logischen Äquivalentes des rechtlichen Vollständigkeitsanspruchs, offensichtlich nur eine propädeutische Rolle spielen. Das Ziel, dem all dies als Mittel diente, konnte nur die Verwirklichung des rationalistischen Ideals, die Herausformung eines in eine axiomatische Ordnung eingegliederten idealen rechtlichen Systems sein.

Die Liebe zum System, die Leibniz als hartnäckige fixe Idee bis zu seinem Lebensende begleitete und schließlich in seinem Oeuvre siegreich wurde[26], erschien in einer sonderbaren ideologischen Form. Er projizierte nämlich seine Ideen in den Mythos eines klassischen römischen Rechts zurück, in ein Recht, das – durch einen Autor verfaßt – rationell, unpersönlich und homogen, d.h. Tribonianus und die justinianische Kodifikation noch nicht verdorben gewesen ist.[27] In diesem Sinne bewundert er die Werke der antiken Rechtswissenschaftler, die (so behauptet er) fast als mathematische Demonstrationen gelesen werden können.[28] So schreibt er folgendermaßen: „Wir können kühn auch noch jenes wohlklingende, jedoch wahre Paradox riskieren, daß es keine anderen Autoren gibt, deren Schreibart dem Stil der Geometer mehr ähnlich wäre, als die alten römischen Rechtsgelehrten, deren Bruchstücke in den Pandekten zu finden sind.“[29] Wir wissen, daß „der durch die römischen Juristen befolgten Methode kaum eine geschichtlich falschere Deutung werden könnte“[30]; die Betonung liegt jedoch nicht auf diesem sondern auf jenem Umstand, daß Leibniz zur theoretischen Unterstützung seiner Bestrebungen eine geeignete ideologische Form fand. Wenn nämlich das Recht einmal schon ideal gewesen ist, dann ist die Aufgabe, nämlich die Schaffung des rationellen Rechts, nichts anderes als eine Rekonstruktion des alten. Und dieser ideologische Ausdruck barg in sich – wie die falschen Bewußtseinsspiegelungen so oft – wieder einmal einen echten Kern, ein wirkliches Problem. Bekanntlich bedeutete die Rezeption, die Akzeptierung und Aufhebung des römischen Rechts in Deutschland die Übernahme der kodifizierten Form desselben, nämlich des Corpus juris mit all seinen Mängeln, Widersprüchen und Zweideutigkeiten. Unter solchen Umständen hatte auch die von Leibniz geplante Reform „a reform of law books rather than a reform

26 „L'amour du système“ und „L'idèe fixe . . ., la manie tenace“. M. Villey, Les fondateurs de l'école du droit naturel moderne au XVIIe siècle: Notes de lecture, in: Archives de Philosophie du Droit, Bd. VI, Paris 1961, S. 100.

27 Vgl. Villey, Les fondateurs . . ., a.a.O., S. 101.

28 Vgl. G. Grua, La justice humaine selon Leibniz, Paris 1965, S. 239.

29 „On peut même avancer hardiment un paradoxe plaisant, mais véritable, qu'il n'y a point d'auteurs dont la maniére d'écrire ressemble d'avantage au style des Geometres que celui des jurisconsultes Romains, dont ces fragmens se trouvent dans les Pandectes.“ In: Leibnitii Opera philosophica . . ., a.a.O., S. 168.

30 „En tout cas, historiquement on ne pouvait faire pire contresens sur la méthode effectivement suivie par les juristes de Rome . . .“ In: Villey, Questions de logique juridique . . ., a.a.O., S. 8.

of law“[31] zum Ziel und war auf die – in einer sittlich-ideologischen Form begründeten – Umformung des rezipierten Rechts gerichtet, das die Rückkehr zu den „für original“ gehaltenen Quellen, „die Trennung der originellen Gesetze von jenen Gesetzen, die bloß Konsequenzen anderer Gesetze oder der natürlichen Vernunft sind“[32], zur Folge gehabt hätte.

Die Umrisse der Kodifikationsidee von Leibniz (und deren Nicht-Beendigung und Nicht-Realisierung) tauchen in seinem im letzten Lebensjahr 1716 an Kestner gerichteten Brief auf, in dem es heißt: „Es wäre wünschenswert zuzugeben, daß die Kraft der vorliegenden sehr alten Gesetze nicht dem Recht, sondern der Vernunft entspringt . . . , und daß der neue Kodex, vor allem aus offensichtlicher Billigkeit, kurz, klar, passend und die allgemeine Autorität befriedigend sein soll, um das Recht, das infolge der großen Zahl, der Unklarheiten, Unvollkommenheiten der Gesetze, infolge der einander widersprechenden Entscheidungen und der Nichtanerkennung der Rechtswissenschaftler unsicher geworden ist, in klares Licht stellen zu können.“[33] Dieser Brief kann bis zu einem gewissen Grad jene Ansicht unterstützen, nach der die Kodifikationsbestrebungen von Leibniz vor allem „die bessere Zugänglichkeit zu Justinian's Werk“ zum Ziele hatten[34] – besteht doch die eine Wirkung der Axiomatisierung eben in der starken strukturellen Vereinfachung. Etwas Neues scheint es aber vor allem im Optimismus seines Verfassers zu geben; darin nämlich, daß er trotz des ein halbes Jahrhundert andauernden Mißerfolges und der immer mehr ins Auge fallenden Unlösbarkeit auch weiterhin glaubt, daß es möglich sei, einen derartigen Kodex zu schaffen und daß er imstande sein wird, diese Aufgabe noch zu lösen.

Hervorstechendster Zug der Kodifikationsidee von Leibniz ist, daß er sowohl das heimische wie das römische Recht (im Rahmen eines axiomatisch aufgefaßten Systems) auf einige sehr allgemeine Prinzipien reduziert, was – die ideologische Basis betrachtet – mit der in der Praxis jener Epoche allgemein üblichen Reduzierung der gesetzten Rechte auf die Prinzipien des Naturrechts in gewissem Zusammenhang stand (wie er in einem 1670 an Hobbes geschriebenen Brief selbst andeutete).[35] Und durch die Reduzierung der Grundprinzipien auf eine geringe Anzahl wären nicht nur die Axiome eines für deduktiv gehaltenen Systems gegeben, sondern es würde gleichzeitig auch die Möglichkeit geschaffen, den von Leibniz so sehr geliebten Urteilsapperat anzuwenden. Die Kombinatorik würde nämlich die Deduktion eines logisch klaren, vollkommenen Systems ermöglichen, die Zusammenstellung einer beliebig großen Zahl der komplizierten Falle aus den einfachen Fällen.[36] Dies

31 H. Maine, Early Law and Custom, S. 362, in: W. Jones, Historial Introduction to the Theory of Law, Oxford 1956, S. 46.

32 „Pour distinguer les loix originales de celles qui ne sont que des suites d'autres loix ou de la raison naturelle.“ In: G. W. Leibniz, Textes inédits . . ., a.a.O., S. 652.

33 „Interea fateor optandum esse, ut veterum legum corpus apud nos habeat vim non legis, sed rationis, et, ut Galli loquuntur, magni Doctoris; et ex illis aliisque, patrii etiam juris monumentis, usuque praesenti, sed imprimis ex evidenti aequitate novus quidam codex brevis, clarus, sufficiens, auctoritate publica concinnetur: quo jus multitudine, obscuritate, imperfectione legum, varietate tribunalium, disceptationibus peritorum obtenebratum et ad miram incertitudinem redactum, in clara tandem luce collocetur.“ In: Couturat, a.a.O., S. 584.

34 „ . . . de vendre plus accessible à leurs contemporains l'oeuvre de Justinien / J. Vanderlinden, Le concept de code en Europe occidentale du XIIIe au XIXe siècle, Bruxelles 1967, S. 33.

35 Vgl. Die philosophischen Schriften . . ., a.a.O., Bd. I, S. 83.

36 Vgl. G. Grua, La justice humaine . . ., a.a.O., S. 259.

bedeutet aber wieder in Richtung der Möglichkeit von Vollständigkeit – könnte doch das Urteilsapparat-Verfahren sämtliche Variationen liefern, aus denen dann die gesetzgeberische Auswahl der gewünschten Variationen zu erfolgen hätte. So konnte Leibniz in seinem Werk De legum interpretatione fordern, daß die Gesetze von vornherein so abgefaßt werden, daß der Richter sie anwenden kann, ohne sie auszulegen, da doch die rationelle Sprache (gleich den Faden im Labyrinth) in allen Fällen eine sichere Stütze wäre.[37] Er konnte sich aber die Schaffung des seit 1678 geplanten Leopold'schen Kodex nur unter der Voraussetzung seiner Ausschließlichkeit vorstellen. [38] Nur das, was dieser Kodex enthält, sollte akzeptiert werden. Dementsprechend hätte jede beliebige Kombination seiner Regeln Gültigkeit gehabt, nicht jedoch die topischen oder ausdehnenden Beweisführungen; ja, die Zweifelsfälle sollten sogar wie einst im justinianischen Recht einer kaiserlichen Entscheidung unterliegen.

Einen effektiven Verlauf der Kodifikation stellte sich Leibniz in der Weise vor, daß das zu kodifizierende Recht – durch Reduzierung der römischen und deutschen Rechtsnormen auf einige allgemeine Regeln und Prinzipien – vorerst auf einigen (höchstens drei) dem Zwölf-Tafel-Gesetz oder gar geographischen Landkarten ähnlichen Rechtstafeln zusammengefaßt werden sollte. Entsprechend der geometrischen Vision von Leibniz würden diese Rechtstafeln die Entscheidung der verschiedensten Fälle unmittelbar – sozusagen aus dem Stehgreif – ermöglichen und in ihrer Gesamtheit eine derartige Einfachheit und Übersicht zur Folge haben wie früher die Bekanntmachungen der Prätoren, die die möglichen Handlungen und deren Ausnahmen beschrieben.[39]

Die in Tafelform verwirklichte logische Reduktion hätte nach Ansicht von Leibniz auch eine logische Rekonstruktion vorausgesetzt, da es doch im Zuge der in logischen Grundelementen komprimierten Zusammenfassung des Rechts seiner Meinung nach notwendig gewesen wäre, die alten, verlorengegangenen und für existent gehaltenen römischen Gesetze als logische Vorbedingung neu abzufassen. Die Herausforderung der Rechtstafeln, des Kerns der Regelungen und der die Komponenten des römischen und des Naturrechts auch gesondert in axiomatische Ordnung gliedernden Elemente sollte gemäß der Vorstellung von Leibniz innerhalb eines Jahres vor sich gehen. Und was besonders interessant ist: Zeugnis seiner geometrischen Vision ist nicht nur die Idee der Tafelform und der Glaube an die Möglichkeit ihrer Verwirklichung, sondern auch jener Umstand, daß er sich die auch ansonsten als euklidisch bezeichneten Elemente tatsächlich als in einer euklidischen Methode aufgebaut dachte.[40] Nach der Bestimmung der Grundbegriffe und der Regeln der Systembildung wäre der nächste Schritt die Abfassung der Axiome gewesen; dem wäre die Deduktion der als deren deduktive Konsequenz anzusehenden Teilregeln (d.h. der Theoreme) gefolgt – unter Beachtung sämtlicher Anforderungen der demonstrativen Methode. Aus einem 1672 an Ferdinand gerichteten Brief geht übrigens hervor, daß Leibniz auch an die Elemente die Hoffnung knüpfte, sie würden jenes Problem, jeden Fall und jede Debatte so leicht und einfach lösen wie z.B. die

37 In: Mittheilungen aus Leibnizens ungedruckten Schriften, Leipzig 1893, S. 14 f., 73–76, 81.
38 Sämtliche Schriften . . ., a.a.O., I/2, S. 347–351.
39 Ebenda, II/1, S. 50–55.
40 So scheint besonders im Spiegel des im Punkt 1 Behandelten charakteristisch, daß Finkey (a.a.O., S. 165) – dem geometrischen Grundcharakter des Leibniz'schen Denkens keine Aufmerksamkeit widmend – den Titel *Juris naturalis elementa demonstativa edita* mit dem Wortlaut „Anschauliche Demonstration der Elemente des natürlichen Rechts" übersetzt hatte.

Analyse ein geometrisches Problem.[41] Ebenfalls hoffte er, diese Arbeiten würden letzten Endes in einem neuen Corpus Iuris – durch Sammlung aller denkbaren Fragen und deren Zusammenfassung in einer demonstrativen Ordnung – in den neuen Pandekten zum Ausdruck kommen, die im Umfang von zwei Foliobänden von dreißig Männern innerhalb dreier Jahre fertiggestellt werden sollten. Auf diese Weise wäre, wie er meinte, die Rechtswissenschaft ein für allemal abgeschlossen, wobei durch systematische Eingliederung von eventuell neu auftauchenden Fällen die Sammlung ständig auf dem laufenden sein könnte.[42]

Es scheint so, als ob das Lebenswerk von Leibniz das unvermeidliche Scheitern der auf dem geometrischen Modell beruhenden rechtlichen Systembildung von Anfang an in sich trägt. Diese in der Jugendzeit von Leibniz entstandene geometrische Vision ist während seines äußerst fruchtbaren, durch ständige Kontemplation und begeisterten Wiederbeginn gekennzeichneten Lebens bis zum Schluß nur ein Plan, eine nicht einmal in der kleinsten Einzelheit gelöste, erträumte Wirklichkeit geblieben. Obwohl der Traum von Leibniz stark und sein Gedanke fest gewesen ist: an einem (wenn auch winzigen) Punkt sah auch er den verdrehten, der Wirklichkeit widersprechenden Charakter seiner Vorstellung. In seiner Schrift De legum interpretatione drückte er sich noch kategorisch aus, als er feststellte, daß das System der Gesetze keine Ausnahmen machen darf[43], da – wie er an einer anderen Stelle bemerkt – die romanischen Zitatensammlungen sehr einengen: „. . . sie überschütten uns durch ihre Ausnahmen mit einer Unzahl der Regeln und sonstiger juristischer Weisheiten . . .“[44]. Als er aber die Grundrisse der „Elemente“ entwarf, mußte er sich eingestehen, daß die Methode auf dem Gebiete des Privatrechts von vornherein nicht anwendbar ist: entweder hätte es einer unendlichen Liste der Teilregeln ohne Ausnahme bedurft – was ein unhandliches Monstrum ergeben hätte – oder aber einer Zusammenstellung der tatsächlich allgemeinen Regeln (aber dann einschließlich ihrer Ausnahmen).[45] Das jedoch wäre, wenn auch nur hinsichtlich einer Teilfrage, nichts anderes gewesen als „ein Zugeständnis jenen Texten, die einem logischen Ideal widersprechen“.[46]

5. Das Scheitern der Leibnizschen Idee und seine Lehre

Bei der Beurteilung der historischen und aktuellen Bedeutung der menschlichen Leistungen muß man offenbar so verfahren, daß man die Aufeinanderprojizierung von Vergangenheit und Gegenwart, ihre Abstimmung aufeinander voraussetzt. Dementsprechend trifft auch für Leibniz zu, daß „wir den Wert seiner Leistung *in unserer* veränderlichen Welt am besten dann betonen, wenn wir ihn in *seiner eigenen Welt* untersuchen und einsehen, daß die beiden Welten, mögen sie sich voneinander

41 Siehe Sämtliche Schriften . . ., a.a.O., VI /1, S. 181.
42 Ebenda, S. 355 f.
43 Mittheilungen . . ., a.a.O., S. 83 f.
44 „. . . quelques Jurisconsultes de la première race (depuis Irnerius jusqu' à Jason) le font trop, car ils nous accablent par le grand nombre de Regles ou brocardiques, qu'ils ramassent outre mesure avec leurs exceptions ou fallences jointes aux amplifications, restrictions, distinctions, pour ne rien dire des replications repliquées.“ G. W. Leibniz, in: *Leibnitii* Opera philosophica . . ., a.a.O., S. 174.
45 Siehe Mittheilungen . . ., a.a.O., S. 107, 121, 126.
46 „Concessions aux textes rebelles à l'idéal logique.“ In: G. Grua, La justice humaine . . ., a.a.O., S. 258.

noch so sehr unterscheiden, gleichzeitig auch eine Einheit bilden".[47] Der kartesianische Rationalismus verkündete den Sieg des menschlichen Geistes, der Vernunft. Dieser Sieg aber – der Sieg der Mathematik, des Symbols, der Ordnung und der Ordnungsschaffung – brachte durch Vereinfachungen notwendigerweise auch negative Wirkungen mit sich. Der Einfluß des Kartesianismus war überall spürbar, also auch seine negative Wirkung. Es ist kein Zufall, daß ein Zeitgenosse von Leibniz, der in der französischen Rechtsentwicklung eine so bedeutende Rolle spielende Kanzler Daguesseau, sowie der Autor des Code civil, Portalis, sich zur Entspannung mit Mathematik befaßten. In dieser Zeit löste nämlich eine solche Form des Zeitvertreibs die Beschäftigung mit der Literatur als Passion bereits ab.[48] Im großen und dauerhaften Einfluß des Kartesianismus zogen aber der Anspruch und die Gewöhnung an Klarheit eine gewisse Trägheit des Geistes nach sich – die nicht exzeptionelle Identifizierung des Einfachen mit dem Wahren, die Ablösung der Dialektik durch eine trockene und schematisch analysierende Methode. Diesbezügliche charakteristische Züge deuteten sich schon im Lebenswerk von Leibniz an.[49]

Im allgemeinen kann festgestellt werden, daß der Mathematisierungsanspruch der zeitgenössischen Wissenschaftlichkeit auf einzelnen Gebieten förderlich war, anderen aber geradezu Schranken setzte. Was die rechtlichen Disziplinen betrifft, scheint es, daß eher die negative Seite der Ambivalenz spürbar wurde; hat man doch „auch Fragen mathematisch behandelt, die dazu ungeeignet waren, was gelegentlich sogar lächerliche Erfolge brachte".[50] Es ist unbedingt richtig, daß „die Anwendung der neuen Logik durch Leibniz im allgemeinen darauf abgerichtet war, das Gebiet der Rechtswissenschaft auf eine Klassifizierung herabzusetzen"[51]; das ist aber nur eine und nicht einmal die bezeichnendste Seite der Deformierung der Rechtswissenschaft. Die Betrachtungsweise von Leibniz zeugt nämlich von einer viel tiefer wirkenden, wesentlicheren Änderung – davon nämlich, daß die Rechtswissenschaft selbst in ihrem Grundcharakter eine Umgestaltung erfährt. Sie wendet sich statt dem Wirklichen immer mehr dem Möglichen zu und ruft dadurch eigengesetzliche Normen- und Gedankensysteme ins Leben, die mit den Tatsachen und Erfahrungen nichts mehr zu tun haben: ihre Existenz, der Sinn und die hypothetische Gültigkeit ihres Daseins werden demnach allein (gleichzeitig aber auch ausreichend) durch einen Vorrat verschiedener Definitionen und Axiome, durch eine Reihe von als reine Geschöpfe der Vernunft erscheinenden, streng rationalen Beweisen gerechtfertigt. Und insoweit wird das Recht der Mathematik ähnlich: Was uns diese Wissenschaft über die Natur und über die Verhältnisse der Zahlen lehrt, schließt eine ewige und sich notwendigerweise ergebende Wahrheit in sich; eine Wahrheit, die auch dann unberührt bliebe, wenn unsere empirische Welt völlig vernichtet würde, wenn niemand mehr da wäre, der rechnen und nichts übrigbliebe, das gezählt und berechnet werden kann.[52] Und wenn bei Pufendorf bereits der Zweifel auftaucht, ob die Grundprinzipien des Naturrechts mitunter auf konkrete Probleme adaptiert werden

47 „The best way to emphasize the value of him in *our* changing world is to see him in *his*, recognizing that the two worlds, though very different, are at the same time a unity." A. Kettle, Introduction, in: Shakespeare in a changing world, a.a.O., S. 10.

48 A.-J. Arnaud, Les origines doctrinales du Code Civil français, Paris 1969, S. 123.

49 H. Lefebvre, Descartes, Paris 1947, Schlußfolgerungen, Punkt III.

50 „. . . even those parts which were not suitable for mathematics tended to be treated mathematically, with somewhat ridiculous results." J. D. Bernal, Science in History, 3rd ed., Vol. 2., Harmondsworth 1969, S. 490.

51 „. . . his use of the new logic had on the whole tended to reduce the scope of legal science to an exercise in classification. „W. Jones, a.a.O., S. 40.

52 E. Cassirer, La philosophie des lumières (1932), Paris 1970, S. 242.

können, so führt von hier aus ein direkter Weg zu Leibniz, der als Endkonsequenz das Recht völlig von der Realität trennt. Die methodologische Vorbedingung seiner geometrischen Betrachtungsweise und gleichzeitig auch deren Folge kommt in der extremen, auch in ihrer Klarheit übertriebenen, als Konklusion abgefaßten Ansicht zum Ausdruck: „Die Doktorin des Rechts gehört zu den Lehren, die nicht aus der Erfahrung, sondern aus Definitionen stammen, die nicht sinnlich, sondern rationelle Beweisführungen sind und von ihnen abhängen, das Recht hat sozusagen nichts mit Tatsachen zu tun."[53]

Unter seinen Zeigenossen stand Leibniz mit dieser methodologischen Bestrebung bestimmt nicht allein; er war aber zweifellos der einzige Mathematiker-Jurist, der dieses Streben nicht nur zum Prinzip seiner theoretischen rechtlichen Tätigkeit machte, sondern auch als deren Ziel setzte. Dadurch wird auch leichter verständlich, daß die Schwächen der axiomatischen Behandlung des Rechts – d.h. der geometrischen Auffassung der Rechtswissenschaft und der Fehlschlag ähnlicher absolutisierender Bestrebungen – im Lebenswerk von Leibniz am meisten ins Auge fallen: in einem Lebenswerk, das von enormem Talent und riesigem Fleiß, jedoch nur nie erlahmende, immer neue Anfänge und ständige Zielstrebigkeit kannte, nie aber das Gefühl der Vollendung,. der Verwirklichung, des Erfolges.

Der Mißerfolg des Leibnizschen Gedankens kann mithin zum Symbol für jene heute zu bemerkenden Formalisierungsversuche werden, bei denen das Recht zeitweise nur eine aus sprachlichen Zeichen geformte, aus einer beliebigen Menge beliebiger Normen bestehende, in beliebiger Art einsetzbare Variable bildet. Die von dem konkreten Inhalt abstrahierenden, durch beliebige Inhalte ersetzbaren logischen, formellen Verfahren spielen nämlich in den mathematischen Wissenschaften tatsächlich eine führende Rolle. Diese Möglichkeit ist aber keine universale und kann somit auch nicht auf allen Gebieten ungestraft geltend gemacht werden. Auf dem Gebiet des Rechts und seiner Wissenschaft können Verfahren solcher Art – wie es scheint – zur Festlegung der natürlichen Grenzen schöpferischer und gestalterischer Vorgänge des Inhalts, zur Bestimmung von einzelnen seiner Punkte herangezogen werden. Dem kann primär die praktische, garantiell gefärbte Anforderung der Kohärenz und der Widerspruchslosigkeit sowie die formale Abwägung der Möglichkeit einer Einfügung der verschiedenen Punkte verschiedener inhaltlicher Vorgänge in ein System, das Ermessen ihrer Konformität entsprechen.

Leibniz verkündete letztlich den durchschlagenden Erfolg der partikulären Möglichkeit eines Instruments, ließ aber die materielle Abhängigkeit der instrumentalen Erscheinungen, ihre Bedingtheit durch das Objekt ihrer Anwendung fast völlig außer Acht. Und um schließlich noch ein (wenn auch nur annähernd treffendes) Beispiel anzuführen – jedes beliebige Raumgitter bedeckt den Raum restlos. Da es aber jeden Raum gleichartig, in identischer Form bedeckt, ist daraus nichts ersichlich, was spezifisch in die Richtung eines gegebenen Raums weist. Es scheint so, als ob die Gesamtheit der rechtlichen Erscheinungen genauso durch beliebige Wege und auf beliebige Art begehbar ist. Die Rechtlichkeit kann aber nicht gespiegelt, das Spezifikum nicht angedeutet werden durch etwas, was ins seiner Gesamtheit den Wesenseigenheiten dieser Totalität gegenüber indifferent ist.

53 „Doctrina Iuris ex earum numero est, que non al experimentis, sed definitionibus, nec a sensuum, sed rationis demonstrationibus pendent, et sunt, ut sic dicam, juris non facti." In: Sämtliche Schriften . . ., a.a.O., Reihe VI, Bd. I., S. 60.

[14]

Law and Its Approach as a System *

Csaba Varga

CONTENTS: 1. *The logical structure of law as a historical product.* – 2. *Tendencies of formal rationalization in legal development.* – 3. *Historical development of the approach to law as a system.* – 4. *Present state of the attempts at a logical reconstruction of law and legal reasoning.* – 5. *Question of the axiomatic conception of law.* – 6. *Heuristic value of the approach to law as a system.*

1. THE LOGICAL STRUCTURE OF LAW AS A HISTORICAL PRODUCT

There is a statement largely widespread in social sciences according to which development, and particularly legal one, since the Revival of Learning has led to the *triumph of logic.* Marxist legal theory, too, although in its investigations it primarily concentrates on questions of social contents, wants to discover «*un processus juridique et formel particulier*» in the universal process of legal development, a process which is even considered as segregating the proper *history* of law from its *prehistory* [1]. Undoubtedly, simultaneously with its objectification as a written rule, with its development to something created, i.e. to statutory, codified law, in the course of its formation law has gradually undergone changes: it has transformed into a logically organized ensemble of rules, into a *system* elaborated in its notional coherence, on the creation of which the ideal of *axiomatism,* and on the application of which the demand for *deductive definedness,* have put their stamp.

All this is, however, not a straight-lined development tending towards infinity, or a self-contained development determined by and for itself. Even Fr. Engels brought the birth of the demand for a formal coherence in law, of the postulate that law is «*ein in sich zusammenhängender* Ausdruck, der sich nicht durch innere Widersprüche selbst ins Gesicht schlägt», decidedly into association with *modern statehood* [2]. What I have here in mind is that

---

Cs. Varga is Senior Research Fellow at Institute for Legal and Administrative Sciences of the Hungarian Academy of Sciences.

* [*Editor's Note*] This article is reprinted from: «Acta Juridica Academiae Scientiarum Hungaricae», Tomus 21 (3-4), 1979, pp. 295-319.

1. SZABÓ I., *Les fondements de la théorie du droit,* Budapest, Akadémiai Kiadó, 1973, p. 109.
2. F. ENGELS *an K. Schmidt, 27 Oktober 1890,* in MARX K.-ENGELS F., *Werke,* XXXVII, Berlin, Dietz, 1967, p. 491.

the 'technological' transformation of law, its manifestation in the form of a relatively autonomous, and also logically organized, system, is a *historical* formation. It is a historical product which came into being and developed in a *given* age for the satisfaction of *given* social and economic needs. Its presence is therefore far from being evident, even if the universal «*Tendenz zur Rationalisierung des Rechts*» [3] might loom up as a natural property of the industrial society so characteristic of our age. Hence notwithstanding its ability to satisfy, *to a certain extent,* the needs of our age, the transformation in question is to be considered but a historical *particularity* whose explanation can be given only by historically unfolding it in its whole social and economic context.

«Wir kennen nur eine Wissenschaft, die Wissenschaft der Geschichte», wrote K. Marx and Fr. Engels in their early polemic work [4], thus indicating the ontological intertwining and multiple interaction of social phenomena among themselves and with the ones of nature. In the following I propose to undertake the unfolding of the formation, as well as of the structure and inner limits, of the demand for organizing law as a logical system and, as ideal, for conceiving of it under the changing, although lasting, influence exerted by the axiomatic-deductive pattern. Obviously the historical particularity of all these define at the same time the historical particularity of ideologies and theoretical images connected with them. As it will be shown, feudal absolutism and free-trade capitalism, by creating the structures of formal rationality, have not only given shape to a system of institutions and ideologies adequate exclusively to their own conditions. By turning these both socially typical and of determining effect, law has helped to power a set of instruments and ideologies which have pointed *beyond* their strictly limited historical condition in order to become the carrier of more *general* practical as well as theoretical tendencies. The fact that structures of formal rationality are being made use of by the social organisation of both monopol-capitalism and socialism as well, does not alter the original conditions once having produced them. It is exactly on the ground of their historical determination that I attempt the critique of the axiomatic-deductive theoretical patterns by demostrating their conceptual as well as historical limitations. At the effect of what factors and in what forms this in its *own* age and under its *own* conditions adequate, classical axiomatic-deductive pattern has been salvaged for our times, has, however, to be made the subject-matter of another study.

2. Tendencies of formal rationalization in legal development

The category of *formal rationality* is the product of *bourgeois* development. In the focal point of formal rationality there is the demand for *calculability,*

3. Rehbinder M., *Entwicklungstendenzen des Rechts in der modernen Gesellschaft,* «Anales de la Catedra 'Francisco Suarez'», XIII (1973), 1, pp. 48 et seq.
4. Marx K.-Engels F., *Die deutsche Ideologie,* in Marx K.-Engels F., *Historisch-kritische Gesamtausgabe,* 1. Abt., Bd. 5, Moskau-Leningrad, Verlagsgenossenschaft, 1933, p. 567.

a demand which in its elementary forms manifested itself in the organization of economy relying on double-entry book-keeping and, later on the rational calculation of capital. It was M. Weber who made it clear that the whole organization of bourgeois society consisted of a set of formally rationalized structures. Beyond economic organization he discovered this type of structures in the administrative, judicial, military, ecclesiastic, and party organizations as well. He revealed that *impersonality* and *determinedness by a system of pre-established rules* prevailing in the functioning of these structures had laid the foundations of bureaucratic rule and created the bureaucratic complexity of bourgeois society [5]. Thus in the light of the Weberian exposition of bureaucratic organization the demand for formal rationality has become the stigmatic sign of capitalist society.

As Gy. Lukács has made it clear with reference to Taylorism, this most characteristic, though extreme, potentiality of the capitalist division of labour, formal rationality is but *the dissolution,* i.e. the cutting up, *of organically united processes,* on the ground of the cognition of the interrelation of their components, *into a series of artificially interconnected part-process* [6].

It is this structure that in *feudal absolutism,* advanced by the interests of the enlightened absolute monarch as backed at the same time by the growing bourgeoisie, had become institutionalized as a consequence of the development of state finances, state army, as well as state bureaucracy created for their uniform operation, even when the structure in question gained its decisive, typical and autonomous existence only in capitalist society.

Hence formal rationality is a *historically defined* phenomenon, on the one hand, however it is by no means void of antecedents, on the other. Formal rationality as a principle tending towards calculability is a characteristic product of bourgeois civilization, although it appears *in its germs* already at an early stage of social development. As far as legal regulation is concerned, formal rationality was the product of the coming into power of the bourgeoisie as brought to fruition by feudal absolutism. In a wider sense, in its elementary manifestations, formal rationality is, however, and indispensable property, *the sine qua non precondition of any conscious, planned, willed and controlled, social influence.*

As it is known there was a first and decisive change in the formal development of law when law broke off from the body of customary laws forming a unity with everyday social practice, and as a written law became *objectified* as something distinct and externalized from customary law. It was then that the *norm-structure* of law, too, developed, i.e. the structure which

5. WEBER M., *Wirtschaft und Gesellschaft,* Tübingen, Mohr, 1922, *passim,* in particular pp. 44 et seq., 467 et seq., and WEBER M., *Staatssoziologie,* 2nd ed., Berlin, Duncker und Humblot, 1966, pp. 99 et seq.
6. LUKÁCS G., *Die Verdinglichung und das Bewusstsein des Proletariats,* in LUKÁCS G., *Geschichte und Klassenbewusstsein,* Berlin, Malik, 1923, pp. 99 et seq.

turned the behaviour originally set as a goal and assigned as instrumental to the result to be achieved, into something independent; abstracted from the result to be achieved it set the behaviour itself as an *autonomous objective* before the addressee. By defining both the behaviour to be observed and the consequences of its observance or non-observance in a formal way segregated from the factualness of social practice, law has given a *mentally pre-constructed normative pattern* to social behaviour.

In order to see what points may have been decisive in the universal development of formal rationality in law, we have to recall some of the most important teachings afforded by legal history as outlined in some of my previous papers. To begin at the beginning we have to note that for Marxism formal-technological *metamorphosis of law,* in like way as any *change in its contents,* is by no means a random-like unmotivated act: both supervene *in dependence on the change of social-economic relations* forming the real context of it.

As regards the first stage I have in mind the *Mesopotamia* of before and subsequent to the second millenium B.C., this historically unique situation when parallel to the transition to the wooden plough and the progress made in metal-working, this favourably sited region of a fair climate embarked on an unprecedented development. The want of prime materials encouraged trade, the construction of a system of irrigation and other public works prompted to wars for territorial conquest and for capture of war prisoners to become the slaves of their conquerors. All this, on the one hand, brought about a proliferating *bureaucracy,* and, on the other, a rapidly spreading empire, where the conscious *establishment* and empire-wide *unification of the laws,* i.e. their putting down in written objectification and so the very chance of their uniform enforcement, had become the precondition of survival. In the ensemble of rules known as the Code of Hammurabi norm-structures appeared in an already mature, almost perfect, form with presenting even their system-like organization in their objective consolidation and, partly, casuistic succession [7].

Be the role of *Roman law* and its consolidation by Justinian in view of subsequent development ever so significant, in the technological formation of law this had primarily a function only in the *conceptualization* of law as well as in its transformation into a phenomenon expressly *established* and *enacted* by the profane, personal and, in principle, arbitrary will of the ruler. Development meant thereby the change-over of rites of law to a craft relying on overtly *practical* rational considerations and manipulations.

Medieval development did not favour either central legislation or its rationalization. The Germanic principalities springing up on the ruins of the Roman Empire took trouble with the primary task of their organization

7. VARGA Cs., *Kodifikációs elöformák az ókori fejlödésben* (Pre-forms of Codification in the Development of Ancient Law), «Állam- és Jogtudomány», 1/1974, in particular pp. 85 et seq.

into an independent statehood and of putting into writing the mostly barbarous primitive law they brought with them. Centuries later dismemberment and the permanent unsettled feuds between ruler and his feoffers threw obstacles into the way of codification, and what anticipated subsequent development passed of in the *towns,* these early workshops of bourgeois civilization. It was there where Roman legal tradition got «denationalized» which, for want of other more applicable norms, meant the *glossation* of the classic surviving texts, i.e. their conceptual systematization by their coherent system-like organization as adapted to the needs of trading relations. This is what at a later stage became associated with the *mathematical, axiomatic, system-centred approach of rationalism,* a development which again gave expression to the calculatory exigencies of the bourgeoisie; then later with *natural law,* an ideological expression of the anti-feudal struggle of the rising bourgeoisie, which in its turn led to the formation of ideal systems of law constructed *artificially* in a quasi-axiomatic way.

Feudal development led of necessity to the transcendence of particularism. *Englightened absolute rulers* got the upperhand of particularism at first, who as the means of their struggle began to take into their own hand the finances, to organize a regular army, to patronize industry and trade, etc. The discharge of such functions called for a *professionally trained bureaucracy* and, in order to canalize its activity in a uniform way, for *an unequivocal, comprehensive set of rules, too, formulated with due regard to its bureaucratic mass use.* At this juncture both the ruler and his bureaucracy demanded an enormous increase of the amount of rules: the *extension* of legal regulation to several new domains and, consequently, in view of the calculatory needs, its *re-establishment* in a form easy to handle. The old method of a *quantitative consolidation* was inadequate for the purpose. It was Frederick the Great who made the first comprehensive attempt to achieve any quasi-axiomatic trans-structuration of law. He meant formal law rationalization, as well as bureaucratic-military organization, for being his personal supports in rising his country to a European great power. Heated by the tyrannic passion of interference in everything and foresight of everything, the Prussian *Landrecht,* however, resulted in a logically coherent yet impracticably redundant and confused series of casuistic rules, rather than in a system of norms of a truly rationalizing effect paving a path forward [8].

The break-through took place with the rise of the bourgeoisie to power, i.e. with the advent of the *French Revolution.* This was a revolution carried out consistently in which, by abolishing the old law, a new one had been institutionalized. The formation of a legal system as embodied by the *Code*

---

8. VARGA Cs., *Kodifikációs megnyilvánulások a feudális abzolutizmus korában* (Manifestations of Codification in the Age of Enlightened Absolutism), «Jogtudományi Közlöny», 2/1976, pp. 70 et seq.

civil, compound of a series of consistent sequences *from more general to ever more less general norms, sub-norms and exceptions* as a formally rationalized optimum hierarchization, took place in one act with the *national unification* and a *new, revolutionary start of law* [9].

Formal rationalization seems to be a companion, in its impact continually growing, of legal development. Albeit a historical product of bourgeois development, formal rationalization as a moment of any actual social influence has a by far more universal role.

Law is the unity, historically at any time concretely defined, of two social functions. As to its main function, it is to regulate social relations while being a tool of, as integrated into, the exercise of power by the ruling classes. Obviously even if law with its *class function* withered away, the *regulatory function* would also insist on rationalization.

Or, to take some examples from history, it is characteristic that even when political structure (in feudal particularism) or legal tradition (in the countries of Common Law) precluded codification, social and economic development could nevertheless enforce a *minimum of formal rationalization* through the forced fulfilment of certain code-substituting functions. A rationalization of that kind was the practical use as sources of law, of both the collections of formulae compiled for didactic purposes, the compilations of regional customs intending to be but mnemonic aids, the rejected codes, and the ones drafted as private law-books in feudal development. Similarly, a rationalization of that kind has been the textbook-writing (arranging case-law as a system of principles) or the codification of a mere persuasive value (e.g. the Restatement of the Law) in Anglo-American development. Moreover such is the role of the official or unofficial collection of customary laws, further of the doctrinal systematization in the Afro-Asiatic territories where there has been a reluctance to the means of codification or where the development (or replacement) of the Islamic or tribal law has simply been sought by roundabout ways [10].

As it is shown by legal development, the tendency of formal rationalization stands for a codificational (or quasi-codificational) solution. Formal rationality comes to fruition in the highest degree when organized as a system. In the realm of law the path of codification is the one which lends itself most adequately for an organization as a system [11].

---

9. VARGA Cs., *A kodifikáció klasszikus típusának születése Franciaországban* ((Birth of the Classical Type of Codification in France), «Állam- és Jogtudomány», 3/1974, pp. 457 et seq.
10. VARGA Cs, *Kodifikációs megnyilvánulások a középkori jogfejlődésben* (Manifestations of Codification in the Development of Medieval Law), «Állam- és Jogtudomány», 1/1975, pp. 135 et seq.; VARGA Cs., *Kodifikáció az angolszász rendszerekben* (Codification in the Systems of Common Law), «Állam- és Jogtudomány», 4/1973, in particular pp. 629 et seq.; and VARGA Cs., *Modernization of Law and its Codificational Trends in the Afro-Asiatic Legal Development,* Budapest, Institute of World Economics of the Hungarian Academy of Sciences, 1976 (Studies on Developing Countries, No. 88), in particular pp. 7 et seq., 13 et seq.
11. VARGA Cs., *Rationality and the Objectification of Law,* «Rivista internazionale di Filosofia del Diritto», 4/1979, forthcoming.

3. Historical development of the approach to law as a system

It stands out clearly from the survey of the most important stages of codificational development that formal rationalization of law was not the product of inner development: it was brought about by *actual* economic exigencies in conformity with *already dominant* ideological and methodological tendencies.

As is known the 17th century was the age of definitive victory of the *scientific concept* of the Universe over scholastic thinking characteristic of the Middle Ages. It was the age which announced the victory of human reason as an intellectual victory of bourgeoisie. By the way, the scientific concept of the Universe appeared as the adequate expression of middle-class economic interests.

The approach from the side of economic components will reveal that the impact of both *rationalism* and the idea of *mathesis universalis* was the organization of partial systems belonging to various structures as the elements of an all-comprehensive coherent system, i.e. the subordination of the elements in question to regulating principles which render their interrelations ones of formal logical necessity, and the response to questions put in respect of any of the elements foreseeable and calculable. «All logic is derived from the pattern of the economic decision or... the economic pattern is the matrix of logic», writes an economist on analysing the ideological projections of capitalist economic development [12], whereas what corresponds to rational economic decision is the system-idea translating philosophic rationalism into the language of logic conditioning an axiomatic-deductive world concept as well. It was therefore not solely the domain of natural sciences where efforts were made for an *axiomatic* exposition. Treatises on politics, ethics, and law (by Hobbes, Spinoza, Grotius, etc.) were equally built up *more geometrico,* in the axiomatic method of Euclidean geometry with its notional coherence and certainty of reasoning, – or at least by having recourse to it as an ideal pattern. From this it followed that *intellectually constructed natural laws,* born as tools in the bourgeois struggle against feudalism but ideologically conceived as the eternal laws of reason equivalent to nature, also took on an axiomatic form. Moreover this triumphant world concept led, in the enthusiastic exposition by Leibniz, to the birth of the idea that in the course of continued development a stage would be reached where social and legal problems would in the safest way be solved by the method of «*calculemus!*» [13].

---

12. Schumpeter J. A., *Capitalism, Socialism, and Democracy,* London, Allen & Unwin, 1943, p. 122.
13. Cf. Cassirer E., *Die Philosophie der Aufklärung,* Tübingen, Mohr, 1932; Röd W., *Geometrischer Geist und Naturrecht,* München, Bayerische Akademie der Wissenschaften, 1970; Varga Cs., *Leibniz és a jogi rendszerképzés kérdése* (Leibniz and the Question of System-creation in Law), «Jogtudományi Közlöny», 11/1973, pp. 600 et seq.

The *idea of system* was which manifested itself, ostensibly on the Justinianian pattern, in a variety of absolutistic legislations of wholly different social media and ideological conditions, before all in the administration and judicature of *Prussia,* characterized by its unrelenting attempt at reducing *ius* to *lex.* In its pure form this meant the limitation of any and all law to the enacted, statutory form; the demand for a system of norms bringing under regulation and foreseeing all, even in its minutest details; a system which apart from the law-giver did not tolerate even its interpretation, and authorized those responsible for its application to make their decisions only within the unconditioned thraldom dependency of a paragraph-automaton like a deductive machine.

Beyond the extremities of the patriarchal-despotic style of englightened absolutistic ruling it was the idea of system which, with a by far more lasting historical validity, made its appearance in the codificational work of the *French Revolution,* giving consolidated expression to the calculatory exigencies of bourgeoisie. As regards its feature, I think of the *specific dialectics* guaranteeing sufficient free action in both directions, dialectics namely embodied *by a system of rules logically rendering it closed while at the same time open.* Sure, the process of codification was not a sudden breakthrough caused by the flood of the Revolution: it was a *mature* product of numerous experimentations reflecting the many waves, political tendencies and phases of the Revolution, advancing its *consolidation.* Although in a manner bringing about a compromise, a chance was thus offered to bring into prominence the *practical feature* of codification without the illusions and excesses innate of necessity in the intrinsic logic of revolutions.

With the *dialectic unity of closedness and openness* codifiers understood to perform the extremely difficult task of objectifying law as a system of higher degree.

The Code could not, however, escape its fate: in the course of its practical implementation it passed through a variety of its most extreme potentialities. As regards the first phase, the Code seemed to be the perfect expression of the needs of liberal economy to an extent that, reinforced by the psychic components of the French *gloire,* it was before long conceived of as an almost sacred text, the sole and exclusive expression of the French civil law. Its appraisal as definitive and completed went together with the quite natural claim to have its provisions applied in their immediateness in judicial practice. In this manner at the beginning of the 19th century its exceptionally high adequacy with prevailing social conditions and the socially defined (yet epistemologically false) consciousness of its exaggerated valuation provided the social-economic foundations of its *exegetic application* which, though in a different manner and under different conditions, still in its structure similarly to the Prussian solution, aimed at confining the judge to a deductive machine within the system of administration of justice. Although the exegetic method corresponded most directly to the *axiomatic ideal* and coincided with the demands of philosophical *positivism* becoming the dominant world-conception of the age, it could obviously satisfy social development *temporarily only,* up to the limits of its inner adequacy. That is to say, the exegetic trend of code-application seemed to embody a possible alternative which in the fight against arbitrariness implied by feudal particularism and feudal privileges, formulated the bourgeois claim for security and law and order in the field of administration of justice. As a matter of fact it served as an *optimum* pattern of law application adequate to *liberal capitalism,* gaining admission throughout Europe [14], however, it was unable at the same time, to meet the exigencies of the inevitable development to monopolization.

To meet the imperatives of the *monopolistic transformation* of economy presupposed a far-reaching loosening of the whole – fixed – framework of law. This was the period of internal crisis characterized by the crying «*la légalité nous tue!*», the period of the torturing dilemma offering the alternative of either *preserving revolutionary achievements* or undertaking their *jettison in order to go on* in the name of further progress. As a matter of course it was economic interest that succeded by initiating, in the name of *free law-finding* (*freie Rechtsfindung, libre recherche scientifique*), to loosen enacted law. From a historical perspective, however, eventually it was not a case of crisis of the rule of law principle itself, but the one of the *adaptation* of the liberal capitalistic law to the conditions of monopolisation, what amounted in Europe to the *temporary* swinging over from the one extreme to the other. In the first decades of our century the ardour of the free law movement slowly subsided, and although the adaptation of the law took place overwhelmingly *by way of judicial re-interpretation instead of codification,* before long *a more solid bourgeois rule of law principle* reborn, a principle somewhat acting a mediating role between the two extremes.

From the viewpoint of the system approach this transformation can be described as the replacement of the exaggerated conception of the *closedness* of code-system (in the case of exegetic law-applying) by the one of its *openness* (in that of free law movement). This process happened to go on until the flashover between the two extremes reached a relative point of rest.

In this connection, however, we are interested in the historically conditioned nature of the system approach rather than in capitalist development. As a matter of fact the system approach, considered in its ideological and methodological foundations, is but the product of the 17th century *rationalism* and of the *classical idea of codification* with its demand for exegetic code-application. Of course, this is by far not to be understood as if after this period law objectification in the framework of a system had

14. See e.g. KRYSTUFEK Z., *Historické základy právniho pozitivismu* (Historical Foundations of Legal Positivism), Prague, Academia, 1967.

been void of any significance or failing to meet more universal needs. It means merely that it was then that the system character of law reached its accomplished form. It was then that the objectification of law within the framework of a system had been established in its purest, most theoretical and even doctrinaire, form.

Still it is an ambivalent, Janus-faced situation we have to render account. Namely the treatment of law as a system was born in an extreme form, following the *axiomatic pattern* of geometry *ad obsurdum,* i.e. in a wholly impracticable way. It was therefore inevitable that subsequent development should repudiate the results so achieved as truly illusory ones. Nevertheless all that had been institutionalized, continued to treat *legal axiomatism as some sort of an ideal.* It conceived of axiomatism as an ideal which, on the one hand, it tried to approximate as much as could be done, although, on the other, it was aware of the fact that law as a *decisively practical system* could not meet the exigencies of such an ideal.

It is the axiomatic ideal which to a by no means negligible degree shapes the physiognomy of the ideology of law application, generally prevailing even today, and conceiving of the processes of motion, characteristic of law, as bipolarized ones: as *processes of two factors* embodying opposite functions. Namely *legislation* which merely *creates* general norms whereas the *application of law relates* them to individual cases.

This pattern of the law-applying processes may in the best way be characterized by the terms which M. Weber originally formulated as postulates of the exegesis adequate with the conditions of the 19th century free-trade capitalism: «(1) dass jede konkrete Rechtsentscheidung 'Anwendung' eines abstrakten Rechtssatzes auf einen konkreten 'Tatbestand' sei, – (2) dass für jeden konkreten Tatbestand mit den Mitteln der Rechtslogik eine Entscheidung aus den geltenden abstrakten Rechtssätzen zu gewinnen sein müsse, – (3) dass also das geltende objektive Recht ein 'lückenloses' System von Rechtssätzen darstellen oder latent in sich enthalten oder doch als ein solches für die Zwecke der Rechtsanwendung behandelt werden müsse, – (4) dass das, was sich juristisch nicht rational 'konstruieren' lasse, auch rechtlich nicht relevant sei, – (5) dass das Gemeinschaftshandeln der Menschen durchweg als 'Anwendung' oder 'Ausführung' von Rechtssätzen oder umgekehrt 'Verstoss' gegen Rechtssätzen gedeutet werden müsse» [15].

This idealized an mostly fictitious concept is of an ambivalent nature owing to the circumstance that *the epistemologically distorted structures are not necessarily ontologically distorted in case of the various objectifications called to life by social development.* As Gy. Lukács said, *the mediating partial complexes* (e.g. language and law) *could discharge their functions the better the more independently they develop their specific particularity within the total*

15. Weber M., *Rechtssoziologie,* Neuwied, Luchterhand, 1960, p. 103.

complex. If such complexes of mediation are formations adequate to their social and economic conditions, even their possible fictitiousness will accurately correspond to the just-so-being of the society where they are to function [16]. Or, it is exactly their total social determinedness which in their apparent self-determinedness may find expression.

4. Present state of the attempts at a logical reconstruction of law and legal reasoning

The system-character of law, as seen before, is embedded in the *non-epistemological, yet decisively practical dialectics of social development.* At the same time, however, no answer has been obtained to the question whether law as *organized* or *treated with a claim to axiomatism* is *in reality* in possession of the properties of axiomatism, or whether it may possess these at all. A reply to such a question may not be attempted unless by a logical reconstruction.

Although in the first third of our century initiatives were taken in jurisprudence for logically exploring the structure of law codes [17] the comprehensive endeavour for a *logical modelling of law and legal processes* had come *from the outside.* Following upon the turn of the century, development in the logical apparatus of mathematics as well as in coming into prominence of formal investigations (as further reinforced by the philosophical current of neopositivism) led to the birth of *deontic logic,* i.e. of formal logic dealing with ought-propositions [18]. This logic was before all of philosophical character and significance. Within a brief span of time it called to life an enormous literature issuing in a variety of schools and formalistic systems [19]. Before long an offshoot to it sprang up, notably its application to the specific problems of law, a development which within a few years resulted in both a proliferating literature and formalistic system-creating experiments [20].

---

16. Lukács Gy., *A társadalmi lét ontológiájáról* (Zur Ontologie des gesellschaftlichen Seins), 11, Budapest, Magvetö, 1976, ch. 11. As to its jurisprudential interpretation, cf. note 44.
17. E.g. Bay J., *Essai sur la structure logique du Code civil français,* Paris, Alcan, 1926.
18. Jørgensen J., *Imperatives and Logic,* «Erkenntnis», VII (1937-1938), pp. 288 et seq.; Ross A., *Imperatives and Logic,* «Theoria», VII (1941), pp. 53 et seq.; Hare R. M., *Imperative Sentences,* «Mind», LVIII (1949), pp. 21 et seq.; Von Wright G. H., *Deontic Logic,* «Mind», LX (1951), pp. 1 et seq.; etc.
19. Hare R. M., *The Language of Morals,* Oxford, Clarendon Press, 1952; Weinberger O., *Die Sollsatzproblematik in der modernen Logik,* Prague, Ceskoslovenské Akademie Ved, 1958; Zinoviev A. A., *The Logic of Normative Sentences,* «Voprosy Filosofiy», 11/1958; Von Wright G. H., *Norm and Action,* London, Routledge, 1963; Rescher N., *The Logic of Commands,* London Routledge, 1966; Ivin A. A., *Some Questions of the Theory of Deontic Modalities,* in *Logičeskaia Semantika i modal'naia logika,* ed. by P. V. Tavanets, Moscow, Nauka, 1967, pp. 162 et seq.; Ruzsa I., *A normák logikája* (The Logic of Norms), «Magyar Filozófiai Szemle» 6/1967, pp. 1018 et seq.; Von Wright G. H., *An Essay in Deontic, Logic and the General Theory of Action,* Amsterdam, North-Holland Publishing Company, 1968; Kalinowski G., *La logique des normes,* Paris, Presses Universitaires de France, 1972; etc.
20. Tammelo I., *Legal Dogmatics and the Mathesis Universalis,* Heidelberg, Scherer, 1948;

This logic seemed to be a truly *legal* logic. In fact it was developed by students of law with a claim to logically reconstructing the processes of both law-making and law-applying.

This expectation, however, proved to be abortive. Notably the extremely complex systems in question, formalized on a very high degree, were almost exclusively *inspired by* tendencies of *formal deontic logic developed independently of law.* These were applied to law more or less *mechanically* instead of *setting out from the peculiarities of law.* Consequently the intellectual performance hidden in their development could in the first place be appraised only from the aspect of logic. Substantially they did not contribute to the deepening of our theoretical reflection of law.

This was at least the formulated cause of and at the same time the conclusion drawn from the other tendency equally directed to logical reconstruction, which as a reaction to the former was born under the auspices of Ch. Perelman, the philosopher of law teaching in Brussels [21]. Perelman's *antiformalism* rejected the formalistic approach described before as something inadequately, *aprioristically* applied to law, and replaced it by *quasi-empiric case-studies*: by concrete analysis of the juristic approach to and solution of legal problems, and then by the attempt at a logical reconstruction built on such analysis [22].

The Perelmanian way of looking at and approaching to the specific structure of law is therefore more settled. His way of putting questions can be characterized as one permeated by juristic sensitivity. His school of Brussels regards before all the questions concerning the changes of law without formal changes in enacted law, i.e. the chance of cases where formal lawfulness may be reached in alternative ways in their contents sharply opposite to each other. To quote a few of his characteristic problems only: why

---

Cossio C., *Las posibilidades de la logica juridica segun la logica de Husserl,* «Revista de la Facultad de Derecho (Buenos Aires», XXIII (1951), pp. 201 et seq.; Klug U., *Juristische Logik,* Berlin, Springer, 1951; Garcia Maynez E., *La logica deóntica de G. H. von Wright y la ontologia formal de derecho,* «Revista de la Facultad de Derecho de México», III (1953), pp. 9 et seq.; Kalinowski G., *Introduction à la logique juridique,* Paris, Librairie Générale de Droit et de Jurisprudence, 1965; Ross A., *Directives and Norms,* London, Routledge, 1968; Gottlieb G., *The Logic of Choice,* London, Alle & Unwin, 1968; Ziemba Z., *Logika deontycznych jako formalizacja rozumowan normatywnych* (Deontic Logic as the Formalization of Normative Sentences), Warsaw, Państwowo Wydawnictwo Naukowe, 1969; Tammelo I., *Outlines of Modern Legal Logic,* Wiesbaden, Steiner, 1969; etc.

21. Perelman Ch.-Olbrechts-Tyteca L., *La nouvelle rhétorique; Traité de l'argumentation,* I-II, Paris, Presses Universitaires de France, 1958; Perelman Ch., *Justice et raison,* Brussels, Presse Universitaires de Bruxelles, 1963; Perelman Ch., *Droit, Morale et Philosophie,* Paris, Librairie Générale de Droit et de Jurisprudence, 1968; Perelman Ch., *Logique juridique: Nouvelle rhétorique,* Paris, Dalloz, 1976.

22. *Essais de logique juridique: A propos de l'usufruit d'une créance,* «Journal des Tribunaux (Brussel)», 1956/4104, pp. 261 et seq.; *Le fait et le droit,* Brussels, Bruylant, 1961; *Les antinomies en droit,* ed. by Ch. Perelman, Brussels, Bruylant, 1968; *La règle de droit,* ed. by Ch. Perelman, Brussels, Bruylant, 1971; *Les présomptions et les fictions en droit,* ed. by Ch. Perelman - P. Foriers, Brussels, Bruylant, 1974; *La motivation des décisions de justice,* ed. by Ch. Perelman - P. Foriers, Brussels, Bruylant, 1978.

and how the French and the Belgian civil codes having a uniform wording could in their life of about a century and a half develop highlly divergent judicial practices covering different solutions and legal realities? What explains and permits that the legally as well as politically highest forum administering justice in the United States of America, i.e. the Supreme Court, passes its decisions relying on the same set of provisions mostly by ratios of 6 to 3, or even 5 to 4?

The *formalism vs. anti-formalism confrontation* for almost a decade takes place on various forums, with a high degree of regularity [23]. It was rather characteristic that on the occasion of the perhaps so far most passionate debate of conflicting opinions, *viz.* at the 1969 Brussels colloquy, G. Kalinowski in defence of *pure deductivism* concluded that there was no legal logic as specific logic at all, because in legal reasoning what was specifically legal in reality did not constitute the organic component of either logic or reasoning. This was the point where Perelman could render visible the inner limits of formalism eventually leading into a *cul-de-sac,* i.e. that *formalism could not preserve its purism unless it sterilized legal processes.* For it is true that in legal reasoning one has to observe formal logic in so far as it proves to be a satisfactory means. On the other hand, however, when it proves to be not, it has to be replaced by *argumentation* which corresponds to the concrete situation of reasoning. This is the case because the *value of argument depends solely on the situation,* since the very same argument can according to the situation be equally *relevant or irrelevant, strong or weak.* It is quite exactly obvious in the case of *gaps in law,* when formal-deductive reasoning fails to reach a conclusion and only argumentation can produce a gap-filling solution. As Perelman said, «whenever you have a rule in formal logic you are always allowed to apply it, whereas when you have a rule in the theory of argumentation, you may apply it, but there may be another rule that gives another result that you may also apply, and this is the reason why you cannot always elaborate a complete system saying in which case you apply this rule and in which case you apply the other rule. Because law has to be applied also to unforeseen situations. You may formalize law when it has to be applied to circumstances where everything has been foreseen, but whenever you come upon an unforeseen situation, you cannot give rules telling you how to tackle them» [24].

Since many years the positions of both formalism and anti-formalism have

---

23. E.g. *La logique du droit,* «Archives de Philosophie du Droit», XI, Paris, Sirey, 1966; *La logique juridique,* «Annales de la Faculté de Droit et des Sciences économiques de Toulouse», 1/1967; *La logique judiciaire,* Paris, Presses Universitaires de France, 1969; *Le raisonnement juridique,* ed. by H. Hubien, Brussels, Bruylant, 1971; *Die juristische Argumentation,* «Archiv für Rechts- und Sozialphilosophie» (1972), Beiheft 7; *Études de logique juridique,* ed. by Ch. Perelman, I-VII, Brussels, Bruylant, 1966-1978 etc.
24. KALINOWSKI G., *Le raisonnement juridique et la logique juridique,* «Logique et Analyse», 1970/49-50, p. 9, and PERELMAN CH, [Discussion], *ibid.,* pp. 27 and 52-53, the quotation on pp. 54-55.

become substantially rigid. Research work focussed on concrete problems is going on in the one or the other of the two main tendencies in order to elaborate and deepen them. It is a striking feature that whereas *one* of the tendencies expressly sets out from the assumption that any legal structure, process, etc. *may be exhaustively described with the formal apparatus of deontic logic* and thus it represents a highly pure axiomatic-deductive pattern, *as ideal this pattern has not been rejected even by the other tendency,* although reckoning in beforehand with its impossibility it concentrates its efforts on showing the *mediating paths* as far as logically this is possible. In this way anti-formalism reaches substantially deeper interrelations. It is capable of achieving them not only by demonstrating the doctrinaire and absolutizing character of formalism, moreover not even by defining the place of argumentation in legal reasoning process, in addition to that of deduction. The point that weighs most is the recognition of *practical determinedness, and directedness to practical goals, of the logical structure of law.* At the same time, however, the expectedly fertile utilization of this recognition has for a certain degree been limited by the want of sociological view in its approach, by its idealism as well as value relativism [25].

As regards the *mutual relations* between formalism and anti-formalism, in the last analysis neither tendency should be promoted by categorically rejecting the other. As has been seen the formalistic standpoint has not wholly been rejected even by anti-formalism which seems to develop by preserving, while terminating, formalism. Now I believe that one of the most timely tasks of *Marxism* is to elaborate a conception which goes beyond even the anti-formalistic approach in order to *unfold logic from the socio-historical dialectics of the subject-matter itself.*

If we cast a glance at the world of facts it will be obvious that *the official input accepted as premisses of decision,* fed into the judge's head as into a black-box, *will not produce the official output.* It means that *the input will fail to define decision in a formal logical way.* In order to describe the real network of the determination of judicial decision, before all we have to establish what kind of legal structure is concretely of social necessity, forming a component part of the just-so-being of the society in which it functions, and what kind of its *practical manipulation* is to discharge functions of social existence.

If we concentrate our investigations on socialist society, we may state that in order to guarantee its centrally directed and controlled social organization, and to ensure law and order, further a high degree of the citizen's acquaintance with law, socialism will in its consolidated phases of development bring about a formally rationalized legal order tending towards and

25. Cf. VARGA Cs., *Les bases sociales du raisonnement juridique,* in *Le raisonnement juridique* (note 23), pp. 172 et seq.

optimum state of codification [26]. Nevertheless, it will be a legal order *practically manipulated* in dependence on the *concrete situation* the court is expected to advance, permit or tolerate, most often in cases where the judge is directed also by the policy-making decisions sanctioned as formally obligatory, issued by the Supreme Court [27].

If the judicial decision is expected to have been standardized by conceptually preestablished patterns of decision, then from the very outset we have to reckon with their only limited guidance as being realized only through *linguistic mediation*. In the field of law to this yet a number of other elements have to be added. Before all, the *premisses of legal reasoning* leading to judgement *are not ready given. These have to be formulated normatively*: they *rely on normative subsumptions*. In the law-applying process the most critical point is the *qualification*, i.e. the *normative subordination of facts*, officially established and then described in an *object*-language, to the classes of qualification, formulated in the *meta*-language offered by the given set of official patterns of decision. Here we have the peculiar situation that the basic unit of normative language, i.e. *legal notion*, possesses an *alternative exclusiveness*. Namely as the result of qualification we have to establish *either the presence or the non-presence of a given case*. There is neither a third, nor an intermediate solution. *Either subordination or its preclusion has* in the last analysis *to be established categorically, unconditionally, without any reservation, alternativity or conceptual dividedness* within the framework of the given set of normative patterns of decision. This is why *legal analogy* authorized for filling gaps in law will remain but a *fictitious* one. Be the case in of a similarity of whatever degree actually, *analogical qualification* will *never* be an *inference* to either dialectic identity or partial similarity: it *will in each case imply* a sharp cutting off as far as the place of the notion, etc. in question within *the system is concerned, – i.e. a complete, formal identification finding expression in the community of legal consequences*, i.e. the drawing of the notion, etc. into *another* class of notions, i.e. its *complete dissolution* [28].

---

26. See SZABÓ I., *Les problèmes de la codification à la lumière des expériences acquises dans les conditions actuelles*, in *Studies in Jurisprudence for the Sixth International Congress of Comparative Law*, Budapest, Akadémiai Kiadó, 1962, pp. 18 et seq.; VARGA Cs., *The Formation of a New, Socialist Type of Codification*, «Acta Juridica Academiae Scientiarum Hungaricae», 1-2/1975, pp. 131 et seq.

27. Cf. PESCHKA V., *Jogforrás és jogalkotás* (Source and Making of the Law), Budapest, Akadémiai Kiadó, 1965, in particular ch. II, paragr. 2, and pp. 485 et seq.; EÖRSI GY., *Richterrecht und Gesetzesrecht in Ungarn*, «Rabels Zeitschrift für ausländisches und internationales Privatrecht», 1/1966, p. 128 et seq.; KNAPP V., *La création du droit par le juge dans les pays socialistes*, in *Ius privatum gentium* (Festschrift für M. Rheinstein), Tübingen, Mohr, 1969, pp. 67 et seq.; KULCSÁR K., *Situation in the Law Application Process*, «Acta Juridica Academiae Scientiarum Hungaricae», 1-2/1970, in particular pp. 233 et seq.; EÖRSI GY., *Comparative Civil Law*, Budapest, Akadémiai Kiadó, 1979, ch. X, Paragr. 3.

28. In more details see VARGA Cs., *On the Socially Determined Nature of Legal Reasoning*, in *Études de logique juridique*, V, Brussels, Bruylant, 1973, in particular pp. 46 et seq.

5. Question of the axiomatic conception of law

Although it seems to be polarized still confronted by the pragmatic, as well as inductive, concept of Common law, the statement which differentiates Continental law as *axiomatically orientated* from the *problem-orientated* nature of Common law, remains a basically true one. This is the approach which forwards the definition according to which «Ein logisch geschlossenes Rechtssystem, an dessen Spitze deduktiv ergiebige Obersätze stehen, haben wir als axiomatisch orientiert bezeichnet» [29].

Now the historically conditioned, institutional-ideological set-up which manifests itself in the formation of *Continental law* as a system, has beyond its peculiarly *historical roots* encountered a *new stimulant* in the 20th century. Namely the development of *cybernetics* and the *general systems-theory* to autonomous branches of science, on the one hand, and the need brought about by modern bureaucratic organization for producing an *enormous mass of provisions* nevertheless, hardly to be wielded anymore, on the other, have made indispensable recourse to using *electronic computers for the storage of legal information* with assuring its optimum retrieval and thus contributing to decision-making process. All these have led to the reinforcement of the *system approach.* While the traditional outlook of the system approach, rooted in rationalism and the struggle of bourgeoisie against feudalism, has been salvaged to our age, the demand for system-creation ensuing from the modern tendencies of *formal logic* has of necessity come into contact with the problem-setting characteristic of *cybernetics,* in order to reinforce each other, i.e. in order to conceive of law in an *axiomatic way* [30], moreover, in order to attempt even the axiomatic treatment of law and legal theory as well [31].

If, however, *axiomatic reconstruction of law* is not to be considered as a mere ideological tendency, but as coherent accomplishment of the total set of faith by Hilbertian optimism, *viz.* «Ich glaube: Alles, was Gegenstand des wissenschaftlichen Denkes überhaupt sein kann, verfällt, sobald es zur Bildung einer Theorie reif ist, der axiomatischen Methode und damit mittelbar der Mathematik. Durch Vordringen zu immer tieferliegender Schichten von Axiomen im vorhin dargelegten Sinne gewinnen wir auch in das Wesen der wissenschaftlichen Denkes selbst immer tiefere Einblicke und werden des Einheit unseres Wissens immer mehr bewusst. In dem Zeichen der axiomatischen Methode erscheint die Mathematik berufen zu

29. Esser, J., *Grundsatz und Norm in der richterlichen Fortbildung des Privatrechts* (1956), 2nd ed., Tübingen, Mohr, 1964, p. 218.
30. Cf. Weinberger O., *Rechtslogik,* Wien-New York, Springer, 1970, p. 362; Tammelo I., *Rechtslogik und materiale Gerechtigkeit,* Frankfurt/Main, Athenäum, 1971, p. 48; etc.
31. Ferrajoli L., *Teoria assiomatizzata del diritto,* Parte generale, Milano, Giuffrè, 1970; Wróblewski J., *Axiomatization of Legal Theory,* «Rivista internazionale di Filosofia del Diritto», 3/1972, pp. 380 et seq.

einer führenden Rolle in der Wissenschaft überhaupt» [32]. – provided that *Wissenschaft* has to include social sciences as well, – relies on an unproved and even unprovable generalization.

As is known the soul, i.e. the *sine qua non condition of any axiomatic systems* is the *deductive sequence* of sentences following from one another, or, more precisely, the *logically unequivocal deduction of all possible sentences* (theorems) *from a given set of basic sentences* (axioms). Or, in the axiomatic system (1) there must be a finite number of *concepts* whose meaning is self-evident, and the meaning of all others must be *definable* by them; and (2) there must be a finite number of *sentences* whose validity is self-evident, and the validity of all others must be *deducible* from them. These are the two conditions embodying the specificity of axiomatic systems, which notwithstanding any reconstruction attempted are of necessity to remain unsatisfied in law.

This is the case, first, because law is before all a *practical system* whose just-so-being in society, as well as practical functioning having a social existence, are of necessity associated with its *permanent motion* and *practical manipulation*. Thus *notwithstanding any theoretical or ideological closedness, law will of necessity incorporate the element of openness.* Secondly, because as a methodological principle, deductivity cannot become a general characteristic of legal enactment. Neither the concepts nor the sentences of the *valid law* engage one with another following a purely logical or formal necessity. Both the concepts and the sentences are tied to one another by *interrelations of contents considerably exceeding the sphere of mere deductibility.* Legal norms are mostly formed following the patterns of behaviours of an instrumental value which are considered to be desirable or non-desirable for the achievement of mostly undefined ends whose further, executively deepened, regulation supposes practical valuation of possible means to given ends rather than a deductive sequence.

Incidentally this is the reason why in social regulation the *instrumental valuations* attached to the ends to be achieved, *if* they are *of legal significance, are normatively defined* by the legislator on every level instead of entrusting them either to legal dogmatics or to the practical process of administration of justice.

Beyond this we may even add that a legal system has *no basic concepts having of a by itself evident meaning.* Moreover, exactly because of its both practical and open nature, the system will *never* contain its own *rules of interpretation* in an exhaustive manner.

Deductivity, in so far as there is any sort of it in the field of law at all, has its legitimate role to play in the administration of justice rather than within

32. HILBERT D., *Axiomatisches Denken,* «Mathematische Annalen», LXXVIII (1918), p. 415.

the sphere of legislation. If nevertheless we tried to organize the total sum of norms as elements of an axiomatic system, we should have to accept almost each norm, or at least their overwhelming majority, as *axioms,* – an act obviously meaningless and producing nothing but a *verbal solution.* According to the very core of any axiomatic system, within an unorganized pile of building blocks there must always be cornerstones a building may be built up of in a given way, i.e. in a *single,* and at any time *reproducible,* form. Relations between the building blocks of any legal system are not of a kind that could of necessity be built up in a single way only. The principle of deductivity is the core of any axiomatism. In its absence only a solution can be imaginable whose realization, even if provided, would not bring us closer to the axiomatics of law. Its acceptance would amount to the explanation of the structure of a building exclusively by stating, as condition, the definability of a definite architectural method and a few cornerstones in a way that each built-in brick would be represented as cornerstone, and each technological momentum of building as basic process [33].

6. Heuristic value of the approach to law as a system

Any attempts in history to organize law within the framework of an axiomatic system have of necessity suffered a defeat. It may be proved easily from history that it was the *goal* set that was *irrealistic,* and not the bare process adopted.

In *absolutistic régimes* aiming at the unconditional enforcement of a despotic will (e.g. in the case of Justinian, Ivan the Terrible, or Frederick the Great); in the extreme demand for *rule of law* in periods of revolutionary law-renewal (e.g. in defence of the French revolutionary legislation against the mere possibility of judicial sabotage by the institutionalization of *référé législatif*); or in the endeavours of a Puritan sectarian community to enforce *Biblical commands* on earth (e.g. of those taking refuge from religious persecution in England to colonial America), – in all these cases attempts may be discovered to administer justice in a rigorously, formally axiomatic-deductive manner on the basis of a given set of norms conceived of as a system. All these attempts, however, led either to an *obvious failure* or to an *impracticable result* in the respective community. The statement that «nothing is more removed from actual events than the closed rational system. Under certain circumstances, nothing contains more irrational drive than a fully self-contained, intellectualistic world-view» reflects experience of a historical generality. It is therefore possible, although the probability of the

33. For a more detailed, although formal, exposition of the problem see Varga Cs., *A kódex mint rendszer: A kódex rendszer-jellege és axiomatikus felfogásának lehetetlensége* (The Code as a System: The System: The System-character of the Code and the Impossibility of Its Axiomatic Conception), «Állam- és Jogtudomány», 2/1973, in particular pp. 282 et seq.

opposite result is greater, that «Chiliastic-ecstatic element will ebb away behind the intellectual façade» [34].

Still in like way as the attempts at building up axiomatically patterned legal systems have been historically conditioned [35], objective factors will be instrumental also in preserving the *axiomatic pattern as an ideal* [36]. The organization of society as backed by planning, enforcement and control, equally central, will of necessity strive for elaborating as well as implementing into practice, *a pattern theoretically preconceived of as a system.* With this striving both structurally and methodologically mostly the *concept of a closed system* will agree. This is the pattern most traditionally rooted in the *Continental* ideology of law and law-applying processes. On the other hand, the strictly deductive concept of a formally hierarchic system of legal provisions, traditional in Europe, has never struck roots in the *Common law* development. The social milieu of *judicial law-making* as accompanied by the *procedural approach to law* as well as by the recognition of *precedents as primary sources of the law,* has created an empiric, and inductive, conception of law focussing on the concrete case with concern of its most concretely given social political, etc. aspects, which seems to justify even the statement that *in the judge's hand law is not law because of whence it has been taken, but because of what is has been made by him, as the basis of his decision producing a further precedent.* As is known, in *Europe* development has brought about a conception of law exactly of the opposite sense, which for its formal application *derives law from its being positively enacted.* To this conception a *deductive method* corresponds, i.e. the method aiming properly at *applying the law,* and *as an ideal basis thereto, a complete, free-of-gaps, axiomatically ordered, system of norms.*

It follows from the pursuit of *completeness* that in point of principle the achievable greatest degree of closedness has been set as a goal, whereas in reality some sort of a *compromise between closedness and openness* (on its turn dependent on concrete social, etc. conditions) can be achieved at most. It is a compromise since, on the one hand, the system will be an *open* one it will of necessity yield, at least through its adaptation by judicial

34. MANNHEIM K., *Ideology and Utopia* (Ideologie und Utopie), London, Routledge, 1954, p. 197.
35. In connection of a peculiar case of such a conditioning, see VARGA Cs., *Utopias of Rationality in the Development of the Idea of Codification,* in *Law and the Future of Society,* «Archiv für Rechts- und Sozialphilosophie» (1979), Beiheft 11, pp. 30 et seq.
36. Cf. e.g. CANARIS C. W., *Systemdenken und Systembegriff in der Jurisprudenz,* Berlin, Duncker & Humblot, 1969; RAZ J., *The Concept of a Legal System,* Oxford, Clarendon Press, 1970; TCHERGANTSEV A. Y., *The System-Character of Legal Norms,* in *Sbornik učen'ikh trudov Sverdlovskogo Iuridičeskgo Instituta XII,* Sverdlovsk, 1970, pp. 63 et seq.; ALCHOURRON C. - BULYGIN E., *Normative Systems,* Wien-New York, Springer, 1971; VON SAVIGNY E., *Zur Rolle der deduktiv-axiomatischen Methode in der Rechtswissenschaft,* in *Rechtstheorie,* ed. by G. Jahr - W. Maihofer, Frankfurt/Main, Klostermann, 1971, pp. 315 et seq.; LUHMANN N., *Rechtssystem und Rechtsdogmatik,* Stuttgart, Kohlhammer, 1971; KERIMOV D. A., *The philosophical problems of law,* Moscow, Mysl, 1972, ch. VI.; etc.

practice, to social and economic imperatives urging a change. On the other hand, it will nevertheless preserve its *closedness* as the ideal pattern will invariably remain a static closed system. And, we may add, *after any external movement the system will in fact close.* For what happens to penetrate into the system after all, will not be a foreign body, but something organized therein *as an integrated element* of it.

Naturally such an ideal pattern can be followed by and large only. Anyhow it is a fact of legal development that legal systems may *integrate* to themselves *new,* moreover *destructive, elements.* While accumulating them, however, the process of change may arrive at a *threshold* whose crossing will inevitably be accompanied by the *disintegration* of the system. Nevertheless, by preserving certain of its basic principles the continual *adaptation* of the system in question can be achievable to a high degree, – a process most clearly demonstrated by the adaptation of the law codes of liberal capitalism to the needs of monopoly capitalism through, overwhelmingly, judicial practice [37].

The compromise of closedness and openness can be reached only through building some peculiar *legislative techniques* into the enacted system of norms. First of all, a considerable space of freedom of action will be itself derive from the *notional expression* in any case to be characterized by a *classifying generality.* The effects derived from it may largely be intensified by further techniques. Such is the *preamble* which, unlike to the *statement of motives* accompanying the presentation of a Bill and having a force convincing from a historical point of view only [38], attaches *normatively enacted evaluation-contents* to the norm-contents of the Act, formally but having the same normative force. Consequently, the *evaluation-contents are expected to be applied on par with norms* [39]. Furthermore such are those *legal propositions formulated on different levels of generality,* which seem to be interrelated, though are not detailed enough to present a by itself sufficient regulation of the given question. Thus as *general clauses, or principles, of law,* they are being *filled with concrete contents while their practical application only.* Finally such is the institutional provision for *filling the law,* which dependent on concrete social conditions may function as the continual *complement,* moreover critical corrective, of the legal system in question [40].

For the novelty of its construction socialist codification deserves special attention. I mean its formulating – besides the formal norm-contents – *the generalized social contents of any relevant behaviour in the terms of a general*

37. Cf. e.g. Lévy-Bruhl H., *Tensions et conflits au sein d'un même système juridique,* «Cahiers internationaux de Sociologie», XXX (1961), pp. 35 et seq.
38. Varga Cs., *Die ministerielle Begründung in rechtsphilosophischer Sicht,* "Rechtstheorie", 1/1981.
39. Varga Cs., *The Preamble: A Question of Jurisprudence,* «Acta Juridica Academiae Scientiarum Hungaricae», 1-2/1971, in particular pp. 110 et seq.
40. Cf. e.g. Peczenik A., *Doctrinal Study of Law and Science,* «Österreichische Zeitschrift für öffentliches Recht», 1-2/1972, in particular pp. 138 et seq.

principle of law. Socialist codification by formulating some general principles constituting the comprehensive social policy-making framework of the whole body of the detailed regulation, offers an opportunity for those responsible for law-application *to set aside any otherwise relevant provision in order to determine the case on the ground of other norm(s).* As a reversal of the bourgeois prohibition of abuse of rights, socialist *civil codes* by declaring the *obligation of proper use of rights* (i.e. by making the exercise of any of the legal rights conditional on its adequacy to the policies, etc. specified in the general principles) have relativized the legal consequences calibrated to the typical by a mobile evaluation gaining concretization in the process of law-application only. Hence, *according to the general principles, all that qualifies as atypical will get classified into a special order achieving solution in an atypical way, i.e. on the ground of the general principle in question.* In criminal codes the segregation of the atypic takes place in a way that, for establishing the existence of crime and/or imposing punishment, the codifier combines the facts at issue, defined by the general as well as the special parts of the code, with the *concrete danger the act constitutes to society.* I the act before the court does not present a relevant danger, again recourse will be had to the atypical solution on the ground of the general principle in question [41].

Irrespective of whether law is actually organized, or is being treated as a system, there is a field where it will nevertheless be considered as a *static closed system – no matter whether or not being backed* by social as well as legal tradition and practice. I have in mind *the approach characteristic of information theory, cybernetics,* etc., i.e. *the par excellence system approach,* which, though being aware of the fact that legal system can be considered neither static nor closed, still for the sake of the coherent observance of its own methodological postulates, is forced to conceive of *law as a series of static closed systems succeeding one the other at given moments of time.* Although this static closedness seems to be accepted between brackets only as a mere postulate, still any informatic-cybernetic operation will have a meaning only on this assumption. Or, what is more, *we have to assume that the inputs fed in will suffice for unequivocally defining the respective output.* E.g. although in their ideological and administration of justice patterns the Common law and the Civil law systems are rooted in opposite traditions, the informatic-cybernetic treatment of both the (inductively utilisable) set of judicial precedents and the (deductively applicable) system of enacted legal provisions do not present any significative difference in the established constructions.

In legal practice the postulates characteristic of the system approach may appear as self-evident, although as for their nature they are strongly dis-

41. See VARGA Cs., *The Function of Law and Codification,* in «Annuario de Filosofia del Derecho (Madrid», 4/1974, pp. 500-501.

puted. I have in mind the *basic exigencies of axiomatics* prevailing also in the field of law. Exigencies such as *consistence* which means that in the system a given behaviour may be qualified only as *X* or *non-X,* i.e. it cannot occur that in the same system the same behaviour should at the same time be qualified as lawful and unlawful; *categoricity* which means that no principles, etc. excluding each other are found in the system; and at last but not least *completeness,* which implies that normative qualification of any behaviour within the system should be deductively inferable from the sentences of the legal system.

Here we have to remember that there are attempts of an axiomatic intend which while going beyond the boundaries of the enacted law, consider it *complete* by the force of nothing but an *a priori* definition. These attempts, however, pay for this consideration with the arbitrary assumption of *artificial theoretical constructions.* On the one hand they allege that be in the case of whatever kind of behaviour, it gets qualified normatively by the norms of the system. On the other they postulate a *general closing norm* which would vest behaviours qualified as neither obligatory, not permissive or prohibited by the norms of the system, with the qualification «normatively indifferent» [42]. The *completeness of the system,* however, can be only one *within the system.* It is the doctrinal analysis of the propositions formulated in the system (*gaps in law* in the *positivistic* sense) and/or the assertion of social demands for the system (*gaps in law* in the *sociological* sense) which may eventually decide what may be qualified as belonging to or existing within the system [43]. Hence *anything that does not belong to the system is not qualified at all by the system*: it stands simply *outside, beyond the sphere* which the system responds within or which the system applies to.

It has to be emphasized once again that these postulates are *not real* in the practical, dynamic, and partly open, system of law. Still in several legal systems they serve as an *ideal.* Moreover in certain branches of law, e.g. in criminal law, where for reasons of guarantee the postulate of formal legality comes to the fore, efforts are being made for the possibly most *coherent enforcement* of them.

As regards *their proper nature* they present many similarities to *general principles of law* which reflect demands partly *realized,* partly merely *to be realized* [44]. These postulates having a primordially methodological signifi-

---

42. Conte A., *Saggio sulla completezza degli ordinamenti giuridici,* Torino, Giappichelli, 1962, pp. 79 et seq.; Wróblewski J., *Systems of Norms and Legal System,* «Rivista internazionale di Filosofia del Diritto», 2/1972, pp. 231 et seq.
43. As to such an inner duality and of, respective differentiation between, juridical concepts, see Varga Cs., *Quelques questions méthodologiques de la formation des concepts en sciences juridiques,* Archives de Philosophie du Droit, XVIII, Paris, Sirey, 1973, in particular pp. 232 et seq.
44. Szabó I., *A szocialista jog* (Socialist Law), Budapest, Közgazdasági és Jogi Kiadó, 1963, pp. 67 et seq.

cance are, however, not enacted in any positive legal form. By consequence it is the *rational interpreter* of law who *has to presume their existence* [45] [46].

45. NOWAK L., *Próba metodologicznej charakterystyki prawoznawstwa* (Fundamentals of the Methodological Characteristics of Legal Sciences), Poznań, 1968.
46. For the further analysis of the problem from a philosophical viewpoint, see VARGA Cs., *Geltung des Rechts - Wirksamkeit des Rechts,* in *Die gesellschaftliche Wirksamkeit des sozialistischen Rechts: Probleme ihrer Begriffsbestimmung und Messung* (Internationales rechtstheoretisches Symposium des Instituts für Theorie des Staates und des Rechts der Akademie der Wissenschaften der DDR vom 29. 11. bis 1. 12. 1977 in Berlin), Berlin, 1978, pp. 138 et seq. and VARGA Cs., *The concept of law in Lukács' Ontology,* «Rechtstheorie», 3/1979, pp. 321 et seq., and, more recently, VARGA Cs., *Towards a Sociological Concept of Law: An Analysis of Lukács' Ontology,* «International Journal of the Sociology of Law», 2/1981.

[15]

Legal Development and Comparative Law
Evolution du Droit et Droit Comparé

CSABA VARGA

LOGIC OF LAW AND JUDICIAL ACTIVITY: A GAP BETWEEN IDEALS, REALITY AND FUTURE PERSPECTIVES

There is some confusion among students of comparative law concerning the notion of Continental Law. Western scholars follow the tradition of making typologies in families of law and thus draw a line of distinction, among others, between Common Law, Continental Law, as well as Socialist Law. Scholars from the socialist countries have, on the other hand, developed a theoretical pattern according to which the only typology appliable to and justifiable in the legal field is the one based on the social types of law. As a matter of fact, however, both kinds of typologies seem to be defective in so far as they are to express particularities definable and explainable on historical grounds at best. And I suspect that no historical explanation can be taken or understood as a substitute for or a supplement to their one-sidedness. Notably, the Western concept of families of law seems to be incoherent as it has a mixed basis of classification, namely, traditions connected with functioning, procedure and form in view of Common Law and Continental Law, and revolutionary endeavours to establish a legal superstructure composed of entirely new contents regarding Socialist Law. In contrast, the socialist concept of the types of law is coherent indeed in classifying the various sorts of legal set-ups in terms of the socio-economic formations to which they belong, i.e. in terms of the social forces in the service of the basic interest of which they are made to function. The only rub here is that types of law can characterize any legal set-up externally at most. As they are but the application, or branching-off, of a general classification scheme characteristic of Marxism, they can point to the role law is expected to fulfill in given class relations but they completely ignore what is specifically legal in the sphere of law.

It goes without saying that setting up types of law classification is indispensable to any scholarly approach of law. But that in itself is insufficient. As it is known, a given range of phenomena may be classified on various grounds and the diverse classification units may in extension cross, and even partially cover, each other. Consequently, what needs to be elaborated is a compound typology in which external characterization will be combined with an internal one, by reducing families of law /as bases of classification for the latter/ to focus purely and exclusively on the traditionally formal - or, I may add, specifically legal - element of law.

Once the idea of a compound typology is accepted, there also arises the question of how to characterize, e.g. Socialist Law. Obviously, on the one hand, Socialist Law seems to be the number one representative, moreover the embodiment, of the socialist type of law. However, on the other hand, there is no doubt that notwithstanding the total renewal aimed at by the socialist revolution, Socialist Law has also inherited definite ideals, methods, techniques, skills and culture, as well as a rather highly developed institutional and conceptual framework of organizing society through the means of law. Depending on the choice socialist revolution made when it gained victory and introduced her law amidst a legal culture characteristic of Continental Law, Chinese Law, or other families of law, there is firm ground to state that Socialist Law, precisely in its quality of being the number one representative of the socialist type of law, has continued functioning on the basis of the traditions of technology and formal organizations developed by Continental, Chinese or other families of law, respectively.

In conclusion, it may be said of the countries of socialism in Europe /including the Soviet Union with all its regional, etc. complexities, because a determinant influence of patterns is exerted by its central authorities, but with the partial exception of Albania that regarding the techniques adopted and the organizational patterns followed they share the traditions of Continental Law that they are expected to shape to their own image. Common traditions seem to prevail in more than one field of law.

In the following, I wish to argue that one of these fields is the process of law-application in general and its legal ideal, theoretical structure, actual course and, partly, ideology in particular, and that, according to some definite signs, the very pattern of the law-application in question is nearing a crisis of identity because of a growing gap between its old ideals, actual reality, and future perspectives as far as they can be outlined at all.

1. Historical background

As Karl Marx and Friedrich Engels already observed, the historical development of the modern states in Europe ran parallel with the development of what has been called modern formal law by Weber who used this observation as a basis of his theory /1/.

Modern formal law was the product of the formation of absolutism in Europe, elaborated by the two major forces of the age: the feudal prince and the rising bourgeoisie. For, at that time, the main concern of the prince was to reinstate central authority by organizing his army as a state army and his finances as state finances, and, in order to be able to accomplish these, by laying the foundations of a wide, well-organized bureaucracy. As bureaucracy simply meant extending the ruler's arm and will, a precondition to any bureaucratic organization is a transformation of the legal system into one suitable for an impersonal application of its norms to an unforeseen mass of cases. In consequence, law was expected to be all-encompassing /to cover the fields of regulation needed/, expressed in an abstract manner in external facts that might constitute a case and organized coherently within the boundaries of a formal system /to ensure uniform decisional patterns and issues even in mass application/. That is to say, law was expected to make bureaucracy function uniformly, in a predictable way. With regard to the relationship with the privileged nobility, the beneficiary of feudal dismemberment, the interests of the middle class temporarily coincided with those of the prince. In point of fact, in order to hasten, and at the same time secure, the expansion of barter relationships, the rising bourgeoisie strove for making the law written, uniform and calculable, offering security. The outcome was the triumph of formal rationality with the euphoria of geometrical thinking as an ideal, and - with the prince or without him, at all events at a time when the break-through of the middle classes took place and resulted in an overall transformation of society- the re-shaping of law as a series of codes within a well--structured, logically organized system /2/.

Since the bourgeois transformation, the code-law pattern, i.e. the attempt to reduce ius to lex, has come into the fore everywhere in Europe. In the 19th century, this process could be seen clearly in the exegetic way of law-application practised first of all in France, a trend of law-application ignoring and even denying any eventual contribution to the administration of justice - as a matter of course, apart from the logical consequences derived from the norm-structures enacted within the system of code-law. Both this trend and the corresponding concepts of "legality" and "law and order" expressed the historical conditions in which they came to life; in the last analysis they did respond in their own way to the challenge of free-competitive capitalism in the presence of a successful, adequate codification. The gradual, then drastic change of the underlying conditions resulted in the negation of the above trend, according to the demands launched by the free-law movement.

It is not without interest to note that socialist revolution gained victory at the time when the free-law movement seemed to win the day both as a herald of a promising future freed from the archaic burden of the past and as one of the betrayal of the clean ideals of bourgeois revolution. As a matter of fact, historically speaking, Marxists had no otner alternative. The legal culture Marx and Engels ever encountered and their affinity to legal problems were wholly rooted in what I have just referred to as modern formal law. Similarly, the ideals that circumscribed Lenin's concept of law were the ones he acquired during his Western emigration, which were, from a legal point of view, directed to glorify bourgeois revolution as a mile-post in social evolution and considered as an almost absolute basis for comparison. In other words, the natural and only context in which problems of law were formulated in Marxism was Continental Law as developed in modern times. In such a way, the classical concept of legality and, additionally but necessarily, the corresponding classical concept of codification have remained the ever-lasting, unscathed core of identity of Continental Law even within the socialist type of law, even if this domination seemed to be threatened by the novel course of the free-law movement for a while /3/.

Thus, it was not by chance that in the first phase of socialist revolution both in Russia and Hungary at the end of the First World War, there immediately began to prevail a repudiation of any formal boundaries in legal processes. This was a result of the radiation of contemporary European legal thinking. At the same time, however, the pronounced manifestation of such a repudiation in a pure form happened to be rather exceptional, although an example is found in one of the theoretical trends in formation during the short-lived Hungarian Republic of Councils /4/. Its manifestation was more common as an inevitably admitted concomitant of the so-called revolutionary legislation including, in general terms, the mutual substitution of law and politics and their merger. For revolutionary legislation practically meant the use of legal enactment as a direct means of political action and propaganda on the one hand, and the introduction of a system of jurisdiction led by political considerations in the name of the judges' sense of revolutionary justice instead of a jurisdiction bound by any definite structure of norms, on the other /5/.

However, after such an intermediary deviation, once consolidated, socialist transformation demanded and accomplished an all-comprehensive re-structuring of the formation and functioning of law, so that it became a true system strictly defined in its hierarchic build-up and logical derivations as well. In the sphere of the formation of law, it purported codification, while in the sphere of functioning, it postulated a uniform rule of law. Thus, step by step, a coherent, relatively complete system of legal norms was established with a gradual restatement of and adherence to the conceptual framework of the legal set-up brought forth by the bourgeois revolution. This conceptual framework was characterized by a strife for legality and, by implication, in a sharp, accentuated distinction between law-making and law-application.

The framers of socialist legal construction probably had to realize the Utopian nature of the old, and inherited revolutionary ideals at latest by the time when they had to cope with implementing the system of legal enactments in practice through the strict observance of, and sole reliance on, their own postulation of legality. Now, the so-called second wave of codification /6/ resulted not only in loosening the very concept of codification from a single yet lasting enactment into a series of Acts following one another, but soon realized the significance of the contribution of judicial practice to the formation of law. The contribution of judicial practice seems to be one of the most remarkable features of the very life of law, which may have existed since the very beginnings even if it was - by paraphrasing Marx's famous statement - practised, although not consciously, as an attribute of social activity: when something is done in one way while meant in another /7/. In this manner, the loosening of the concept of codification has entailed a general withdrawal, or rather a limitation imposed by the nature of things, of the legislator's claim and ability to foresee and plan everything /at least in general features covering the typical manifestations/. We may refer to Engels' concept of liberty which, according to him, is equal to the recognition of necessity. At the same time, however, the mere noticing of the contribution of judicial practice did not question the postulate of a uniform rule of law, or the need for a fundamental distinction between law-making and law-application. What had taken effect was only the plain understanding, then a full recognition of the fact that /a/ the Supreme Court both in the Soviet Union and the people's democracies in Europe functions partially, and, without transgressing any declared principle of socialist legal policy, it should also be permitted to function, as an agent of law-making /8/, that /b/ several instances of the Supreme Court's jurisprudence are to be considered sociologically as sources of law irrespective of the criteria set by positive law or legal theory in judging what is to be meant by law /9/, that /c/ in general, judicial law-making is an actual challenge to Socialist Law requiring every effort at adequately channelling it in a direction that is considered desirable or tolerable, but without the chance of denying or ignoring it any longer /10/ and, last but not least, that /d/ there must be a notion commonly accepted in socialist legal theory to express the medium of the dynamic process in which law, through the mutual effect of law-making and law-application, socially linked and legally superimposed on each other, manifests itself as law and nothing else /11/.

As I am speaking here of actual tendencies influencing practice and not of their theoretical reflection that layed the foundation of a Marxist approach to law-application, I have to conclude that within the framework of a differentiation between law-making and law-application contrasted to each other the proper function of law-application is also to fulfill the continually changing social demands and to utilize the relatively free possibilities inevitably left to its play, that get growingly accentuated by an effort to substantiate the particular responsibilities of law-applying agents. In other words, the more the process of social reproduction within a definite structure develops by articulating its own inner conflicts demanding a democratic solution justifiable in concrete terms instead of a formal settlement backed barely by procedural justice, the more law-application will be considered as a true process of decision-making defined, among others, by its proper sociological context described in concrete terms at any given time. In shaping the outcome of that process, the system of legal norms is performing a function of control rather than simply that of determination.

At the same time, however, I should recall that the basic model of socialist law-application as norm-realization within the framework of an accentuated division of functions, competences, responsibilities, etc. between law-making and law-application has never for a moment been doubted. Awakening and disillusionment from the Utopian concept of legal functioning regarded as pure law-making on the one hand, and pure law-application on the other, has brought about the substantiation of the legal process, i.e. lending it concrete, socially contentful sense and meaning, the relativization of its specific nature. In the final analysis, even the apparent overcoming of Utopian thought has left the core of all legal Utopianism untouched by refusing to question or even doubt the mere existence or possibility of a legal functioning based on the duality of law-making and law-application mutually sustaining but also excluding each other.

2. Ideals

The ideals of the law-application model characteristic of Continental Law were shaped historically, in the fight against feudal privileges and arbitrariness. The remedy for all kinds of distortions the feudal system brought about, seemed to be the proclamation of the demands for a written system of law, making the requirements accessible and known for everybody /codification/; a generality of requirements, accepting but contextually motivating legal exceptions /equality before the law/; as well as the use of judicial power only within legal boundaries /division of powers/. The most telling expression of the latter was, as known, Montesquieu's Utopia about the impersonal actualization of the law as the only function devolving on magistrature /12/ which, though not without antecedents, became fixed in Continental Law as an evergreen ideal, Utopian in nature yet, at all times, timely to be neared.

The ideal of the impersonality of jurisdiction and its conception formulated in the terms of a rather mechanical meting out of the law have manifested themselves in various ways. As to the institutional side, in some classical instances, the lack of independence of law-application was emphasized by prohibiting the interpretation of norm-texts in the name of the legislator's exclusive authority to define what he wanted to mean by his own enactments /13/. As to the notional side, efforts to find a model that would reduce law-application to mere law-actualization has definitely led to a logical conception that narrowed down the whole complexity of the problem of adjudication to a logical subsumption. It is true that on the one hand, such a conception had nothing new in the theoretical field. In point of fact, it followed the tradition of thinking about questions of law <u>more geometrico</u> as a component of a world concept in which methodologically, to come through on the program of modern rationalism, the idea of a <u>mathesis universalis</u> had had the lead /14/. At the same time, however, the development of the logical conception of law-application as an integral part of modern formal law presupposed the transformation of the concept, and contentful complexity, of justice into a formal one satisfied with a casual justification in procedural terms. In such a way, the demand for formal rationality has reached its maximum realization in turning practical calculability to a theoretically conceived and artificially prepared deductivity. As formulated in a rather nice and sharp way by Weber: "The present-day juristic work attaining the highest degree of methodological and logical rationality sets out from the following postulates: <u>1</u>. Any concrete legal decision can be but the 'application' of some abstract provision of the law to a concrete 'issue of facts'. - <u>2</u>. From the abstract provisions of the valid law a decision is to be derived for each concrete issue of facts with the means of legal logic. - <u>3</u>. The positive law in force is expected to be a 'gapless' system of legal provisions; in a latent manner it has to incorporate such a system; or, at least for the sake of its application, it has to be considered as such. - 4. Anything that cannot be 'constructed' rationally in a juristic way, cannot be legally relevant. - 5. And, in general, the social activity of men is to be conceived of, as either the 'application', 'enforcement', or, on the contrary, a 'violation' of the provisions of the law"/15/.

Now what socialism attempts to establish in the organizational field and what legitimates its overall effort to reshape social structure and relations is, first, to transcend the old 'check and balance' principle of organization considered a mere illusion and to introduce a new, not merely formal, but at the same time contentful kind of democracy by building it from above into a unified and centralized power structure. Democracy, i.e. 'the people's rule', is thus believed to be realized and guaranteed on two levels: by popular representation in the organs of the sovereign state power /in Parliament as well as in local councils/ on the one hand, and by democracy within the Party that has a leading role in society, on the other. Secondly, socialism is seen as social system that consciously undertakes to lay down the scientific foundation of social construction. Hence planning and foreseeing in the name of science is the core and legitimate basis of influencing social motion. In other words, the implementation of a real 'social engineering' in actual practice is a fundamental feature, a sine qua non attribute of socialism. As far as the questions connected with the political system are concerned, the only point which concerns me in this connection is the one that leads from the act of planning to its subject, i.e. to the institutional network in which it is being done and carried through. And as to the required institutional network and its far-reaching ideological effects, it has to be ascertained first of all that both the idea of a "centre", the hierarchical set-up, and the need felt for a wide-ranging state administration run by career bureaucracy have ever been linked with the demand that they expressed normatively and also enforced by the law /16/. There has been even such a tough conception that the adequate expression and form of manifestation of planning is nothing but the law /17/.

Ideally, an arrangement of social order and regulation like this may be considered the maximum formal rationality can reach. And I have to add that actual practice also points at this direction. By the time they entered the consolidated phase of their development, the socialist countries in Europe, Asia and elsewhere had established a rigid dichotomy between law-making and law-application with the maximum of institutional orientation toward, and guarantees of realizing, the radiation of central foreseeing and enactments. In the field of law-making the job was done by introducing codification as a basic means of making and developing /modifying, changing, reforming, as well as novelling, arranging, restablishing/ the law; in the field of law-application, by setting down the procurator's competence for a general supervision in order to secure that every legal process should be marshalled towards one direction, namely, the one fixed by the strict observance of a uniform legality /18/. One can realize that however different the content may be, as to its core and technical fundamentals, it is the same old ideal that is taking a new shape here. The basic idea is a clearly marked division of functions and competences in order to operate the central, uniform, all-comprehensive and all-foreseeing projection of central planning in the form of laws and its mere executive enforcement distinctively.

As to the theoretical formulation, the first mark to be noted is the devolution, stalling, then decided rejection, of any view about a possible duality, or even of a theoretical distinction, of law as enacted and law as practised through implementing the former in practice. Not only has the description of a 'living law' as against the one laid down in statutes /19/ turned into a nonsense-trick without any meaning; also the theoretical distinction of "law in books" and "law in action" /20/ has been seen as an attempt to steal back as law what is, in point of fact, as said, no-law, moreover anti-law. Or, what is more, the controversy that emerged decades ago to make scholars take a stand as either formalist or anti-formalist in a polemics searching for an answer to the question of, e.g. whether legal processes can be reconstructed by the means of logic exhaustively, or whether a given case within a given norm system is expected to have one and only one solution admitting that any variant in decision /e.g. dissent in Common Law/ or divergence in practice /e.g. the Civil Code's jurisprudence in France and Belgium/ would be considered wrong /21/, did not influence socialist legal policy at all. The only message the controversy has left seems to be a rather categorical re-affirmation of ideals instead of their reconsideration, although in other respects a barely veiled aversion to any logical, or formal, approach may be said to be almost traditional in socialist legal thinking. Secondly, in the wave of identification of law-application with an executive pattern - as exemplified by the concise text-book definition according to which "law-application is but the effect of the law, its realization, i.e. the carrying out of the rules set by the law" /22/ - even the most profoundly elaborated theoretical conceptions of the highest standard of the age which were to conform ideologically to legal policy, went so far as to discover the essence of law-application in a relationship of unidirectional determination between unequal sides at most. As contrasted with any formal approach, they emphasized that law-application was composed of "a series of diverse primary and secondary syllogisms" which might only be understood within "a context defined by dialectical logic"/23/. This was seen so because law-application, as ascertained, consisted "not simply of applying a legal norm to the individual case, but of concretizing the abstract rule whilst making abstraction of the individual case" and, then, "of confronting with each other these two sides prepared to fit together in such a way" /24/. Third, the unidirectional determination which is going on in the process of law-application is considered more than a simple, casual act of application. "Through the mass and with the help of individual acts of law-application the organs responsible for law-application are to carry into effect the general will the socialist state has expressed in the rules of socialist law" /25/. To formulate the problem in philosophical terms, within the dialectic of the general and the individual, it is not the general that gets realized through the individual only; it is also the individual that makes up, in the series of its various subsequent manifestations, the general /26/. Now the view quoted above does not challenge the one-way nature of legal determination at all. The only consequence it does amount to is the acknowledgement of the compound character of the process of determination. Notably, it established that the general gets realized through the individual in such a way that its basic marks will be seen in every individual act while the totality of marks in the totality of such acts, i.e. in judicial practice.

To sum up, it may be stated that the ideals of the law-application characteristic of Socialist Law have dueal roots. They are to be found partly in the Utopias the bourgeois revolution endeavoured to bring into being, and partly in - as re-formulated by - the early legal and administrative conception of the dictatorship of the proletariat in the Soviet Union, launching a fight for "strict order and strong power" /27/ as its symbol. On the one hand, Socialist Law has qualified itself as the only supporter of the ideal in present-day legal development, according to which "one has succeeded in establishing that the making and the application of the law are separated from each other which, in theory, implies that law-application has got subordinated to law-making " /28/. On the other hand, the pattern of law-application in question is pre-conditioned by the adequate concept of legality, and that by the adequate - norm-oriented - concept of what is to be meant by law. Or, as it was deduced, if a legal theory admits into the realm of the law the issues of judicial practice, legality will become illusory as legislation is the logical premise of legality. Consequently, legality can be established only if law will be identified with what legiferation has issued /29/. In such a way the attitude, socialist thinking has developed in favour of dialectical logic by the attempt to attribute contentful elements to the very concept of legality, has resulted in a practice not too far from the one originated by the same ideals in their first, original shaping.

3. Reality

Once the sociological approach and investigations had taken root as tolerated and even promoted in socialist legal thinking in the late fifties, it was soon concluded that within Marxism there was no place to state that law-application would be defined exclusively and in its full sense by law-making. For a statement like this would have suggested that the realm of law was an exception to overall social determination prevailing in social reality as it pretended that social determination would stop before judicial practice that is, in its turn, was defined by social reality only indirectly, from a historical distance, through the mediation of law-making. Still the effect of social determination could by no means be restricted to law-making. As a matter of fact, in the same way as "human behaviour on a social scale is at least mostly governed by the same factors which engender also the rules of the law" /30/, law-application has to be subjected, too, to the effect social determination is to exert on the various kinds of motion on a social scale. In terms of sociology, this means that there are two channels through which social determination can prevail over the practical life of law, viz. partly indirectly, as mediated by law-making through its historical determination, and partly directly, through the current determination by the concretely given social context in which law-application has taken place.

Hence it follows that rather than a single act taking place in a kind of social vacuum, judicial decision is a social process characterized, and also defined, by the structure, etc. of organization through which it is being made. Or, in other words, there is a sociological situation offering a natural setting for the law-application process at any time, a situation which will filter all the influences that are concretely at play /31/.

Even if we assume that for one reason or another there is no sociological insight into the forces which are in a constant move behind the facade of judicial law-application signed by a clear-cut norm-oriented pattern, only the logical analysis of the structure of legal reasoning is convincing enough to establish that, the basic connections between legal texts and the statements of the facts constituting a case, to be correlated with each other in order to arrive at a normative qualification of the case, are predominantly connexions of contents, flexible to a certain degree, which resist both their being treated as and reduced to merely formal qualities. Secondly, considering the necessary gaps and leaps which occur in any attempt at formal reconstruction, it can also convince us that neither formal analysis in itself, nor the mere combination of legal texts and statements of facts constituting a case is sufficient to justify and substantiate the judgement as the only conclusion which may have theoretically been drawn. In short, formal operation with officially accepted in-put information pieces will never add up to the officially accepted out-put information, the merit of a judgement disposition, in an imaginary black box. What can be done in such a box will be neither sufficient nor of a determining effect in drawing the conclusion needed. Therefore logical analysis has to seek for substantiating backing through the inclusion of the investigation of social context by which inferences themselves seem to be bound /32/.

For describing the real move of judicial process there are many attempts in socialist theory. They mainly come from logical-epistemological /33/ or sociological /34/ investigation. They are to query ideological elements inherent in legal policy by showing the prime movers and also the limits. As ideology is not necessarily synonymous with false, hence socially disadvantageous consciousnes, an epistemologic criticism of ideology can afford arguments as to its falsity but not a word as to its actual social use. This is the reason why in the following I attempt to outline some ontological considerations pointing at the social and historical context within the boundaries of which faces of law-application even in Socialist Law can be defined by throwing light upon the factors contributing to its formation and shaping the social environment which conditions both its actual performance and bounds /35/. Hence the program to come through is almost the same as the one demanded for developing a truly dialectical logic a decade ago, viz. let the phenomenon unfold its own logic with laws prevailing in its milieu as defined by the scope of motion it has as its own /36/.

The history of law has had many different alternatives of development. A common feature is that /1/ they have had a direct social role to play and that /2/ their performance was bound to, and in normal cases expected to be only realized through, the law's own system of fulfilment. That system of fulfilment always had two sets of principles, or rules, concerning partly /a/ the formation and partly /b/ the functioning of the system in question. The common denominator for requirements connected with formation is 'validity', and the one for requirements connected with functioning is 'legality'. Validity has to delimit a sphere by specifying criteria in terms of which any phenomenon entering this sphere, or developed within it, is to be considered law. Legality, on the other hand, is the principle of observing all requirements following from the law, identified in accordance with the principle of validity, during its application and everyday implementation. Now as has been seen, Continental Law has developed into modern formal law transforming these principles of system formation and functioning, too. Validity has changed to formal validity admitting any content brought about from a /formally/ legitimate source through a /formally/ legitimate procedure as law. Legality has, on the other hand, been re-formulated as a demand for subordinating the qualification of the case to the norm-text in a logical manner, raising in such a way the theoretical and practical question of subsumption.

And now it is time to speak about what I term as fallacy of terminology. Well, from the time when socialist normativism /37/ patterned by Vyshinsky triumphed in the late thirties, a kind of homogenization, moreover unification, was accomplished in Soviet legal thinking to subject the discipline of law to the blind service, as an ancilla, of prevailing legal policies by excluding any sociological element from theoretical thinking. The only reason of such distorted measures was the fear, irrational, though rather general at the time, lest the policies should be endangered by terms, or term-statements, not covering ideal goal-settings following from wishful thinking. As a matter of course, however, any measure of the sort is doomed to failure as ideology and theory are distinct forms of consciousness. Ideology is a form of consciousness by reflection of which human activity is being carried out. Whether it is true or false, its only criterium is the efficiency with which it contributes to the act to take place. On the other hand, theory is a coherent, and comprehensive, description of anything as it is, with the only criterium of whether it is true or false. Now ontological reconstruction may also reveal a progressive role of the forms of false consciousness and may even demonstrate that some forms of false consciousness are needed simply for the normal run of specified practices as, e.g. in the case of the legal profession. In such a situation, the only task theory has, is to show precisely the ideological nature of ideologies, i.e., in addition to their veracity of falsity, the function they are to serve and the adequateness they function with. It is to be stated that facts of practice are not functions of their denomination. Human arbitrariness can operate with appearance at will, but behind the façade of ideological terms and term-statements it is also bound as any intervention in a real motion will certainly imply the change of the phenomenon itself, too.

Now it is true for the man in the street as well as for advocates of any social conception free from policy-making considerations characteristic of the legal profession that law is what appears as law in the standing, coercive practice of state bodies. Although this seems to be a pragmatic approach, it also bears some inherent theoretical insight. First, from the point of view of everyday practice as well as from that of ontological reconstruction, the only relevant aspect of any phenomenon is its effect on a social scale. This means that, for instance, considerations concerning the regularity of its make-up are of a secondary importance. Or, in terms of Lukács' Ontology, the ability and actuality of a legal system in promoting a kind of society urged for predominate, and all questions connected to the ways and means of its realization are subordinated to this. Consequently, in defining what law is, it is mediation in a social total complex through law as a social part complex that matters; and the principles of organization and functioning are ones within the part complex to be taken into consideration only if they affect the effectivity of the mediation in question. Two, as to the historical continuity of organizing society with the help of law, the standing characteristic of the legal complex is the impact it exerts on social life: the inner differentiation it has developed within itself is but the outcome of a long development, relative in proportions and changing in faces. Or, even the notional distinction of law-making and law-application is the product of a given phase of a given alternative of development. Therefore, neither their bordering line, nor the boundaries of their extension can be regarded as for ever fixed. The basic features of their organization and functioning, the way and scope of influence and the limit of authority they can exercise over each other, the question of which will gain ascendancy over the other in special cases, all these are functions of conditions concretely given at any time in the motion of the social total complex. As a matter of fact, it is fairly far from purporting that law-making and law-application are in a state of flux in want of any well-established feature. It suggests only that in atypical situations when considerable social forces are at play as against a legal solution, the final outcome is relatively open and it will be decided in a struggle of all the forces which of the conflicting sides is to prevail. Three, as social existence can only be understood as an irreversibly progressing continuity /'progressing' in the sense that existence once built in the process of mutual effect can no more be turned into non-existence/, the existence of a legal complex is precisely the continuity in question within the existence of the total complex. Hence there are no entities which would rise from the flux of continual motion as fixed points of identity; every element of the legal complex, too, is to be considered a continuum in a constant motion of mutual effect with elements of the same complex and of other complexes as well.[62]

However shocking and offensive it may seem, it emerges from these arguments that even in Continental Law and even with respect to Socialist Law, one is forced to conclude that regarding its natural course and action, law is not a logical corollary of the law but something being made repeatedly at all times from, and through the instrumentality of, the law. And I may add that even the point at which reference and with which comparison are made, the law has a social existence exclusively due to its meaning which, in its turn, can manifest itself in a linguistic, as well as social, context. Thus the sphere of law can provide an example to illustrate one of the basic propositions of Lukács' Ontology, the one which gives prominence to socialization as a mark growingly characterizing social development. Notably, the motion of the social total complex is said to become realized through the overall motion of the individual part complexes and their components, composed of an endless series of mutual effects. This process is described by the term 'mediation'. Now socialization as a mark of tendency means that the process of mutual effect is becoming socially conditioned, motivated, and even transmitted to such a degree that processes of a unidirectional, or chain-reaction type will occur no longer: what mediates also becomes mediated. In this way, it is a kind of inner mediation that takes place within the sphere of law. And, as a consequence, it will be the socially actualized meaning of legal norm-objectivation that functions as the continuum through which the social existence of law gets realized.

No meaning exists by itself. It can only exist as social meaning, established and practised during the process of social communication at any time. Now the process of actualizing a meaning is called manipulation. It is being done both during the interpretation of norm-texts and during the establishment of facts constituting a case, by /1/ expressing the facts in ordinary language as object-lanquage and /2/ translating this expression into the meta-language of the law through their qualification. According to Lukács' terminology, 'manipulation' is the practical medium guaranteeing the social existence of norm and, with it, the social existence of the whole legal complex, i.e. its irreversibly progressing continuity. Or, as explained by Lukács, from the very fact that "some teleological projection /the law as enacted/ is expected to engender another teleological projection /the law as applied/", it follows that "dialectics, i.e. the conflict of class interests arising therefrom, will be the ultimate determinant, and logical subsumption is only deposited on it as a phenomenal form" /38/. In such a way, the actual working of law is nothing else but a continuous manipulation of a legal norm-system, which first recasts social conflicts by turning them into conflicts within the law, and then, complying with the formal requirement of legality, refines them into merely illusory conflicts. And, what is more, it is in no way necessary for all this to be spectacular in day-to-day legal routine. In individual cases, it can be overlooked; indeed, it can even be unrecognizable. The components of the process can still add up to significant changes in direction. As Lukács himself noted, "naturally, at certain primitive stages the deviation might be quite minimal, but it is quite certain that the whole of human development depends on such minimal displacements" /39/.

As may be seen from what was set forth earlier, the practical life of law is too far from theoretical activity in general and from patterns running parallel with ideals officially upheld, believed or suggested in particular. Not even a hard case for manipulation has to be specified as the core of the legal process /40/. Notwithstanding in so far as we maintain that legal functioning is one which works through the system of fulfilment proper to law, the requirement of formal norm-conformism presupposes that definition of professional duties, expectations and deontology should be done within the boundaries of an adequate professional ideology. And this is the case even if we realize that such kind of ideology must neither master nor be mixed with the theoretical reconstruction of the process and the laws which are at play to define the outcome behind the ideological façade. In other words, we avoid a fallacy of terminology only if we confine ourselves to influence the actual course of practice by making law function more adequately with the help of, for instance, mobilising social forces, introducing, or reinforcing, social openness, substantiating socialist democracy, instead of exercising a function of spell with the help of a masking terminology distorting even the theoretical description of reality.

4. Future perspectives

The confrontation of ideals and reality has revealed that the two are far apart; a situation that is not accidental, and therefore, not curable by casual adjustment. Is there anything wrong with the ideals? Should they be better adjusted, or brought closer to reality?

As a matter of fact, taking reality into consideration means that we reckon with its historically changing nature. In consequence, what may have been a historically more or less adequate expression and also stimulus at a time when modern formal law, corresponding to modern statehood, came to life and also when it arrived at its rejuvenescence in socialism /41/, is not necessarily adequate to the same extent in contemporary society when the organizational requirements of a coming post-industrial and post-bureaucratic age as well as the search for a new mechanism of economic management and social planning in the systems of socialism seem to come to the fore. In the final analysis, as I guess, the common source of all changes in the respective conditions, expectations and tendencies is attributable to the advancement of socialization /i.e. to the advancement of growing indirectness and inter-mediatedness, as well as social conditionedness and determined-ness, of the mutual effect of social complexes and their elements which add up to overall social motion/ that will also question the adequateness of the forms or organization and regulation developed till now.

The idea and concept of central foreseeing seems to be the core for approaching the whole set of questions involved. I am afraid it is far too complex a problem to be explored here, so I have to confine myself to point to a few topical aspects and tendencies. Well, the most striking feature seems to be the survival of several traits of a pattern, usually denoted by the term <u>aufklärism</u> pejoratively. Now enlightened reliance on reason and intellect in an exaggerated form, surcharged by futile, because simplified, expectations, may have its manifestation in various fields and manners. For instance, the dream about a complete, perfect, therefore extremely simple, legislation codifying in a single book the whole body of the law accompanied the ascending phase of the classical types of revolutionary upheaval, called by revolutions theory as 'honeymoon period'/42/. On the other hand, the main domain where the twisting, moreover perversion, of enlightened intellectualism has taken root only in order to turn it over into its own caricature functioning /or, speaking properly, disfunctioning/ as a barely veiled form of mere political or social voluntarism, is the use /or, rather disuse/ of law as an agent of change. Notably, it is the case of a socially as well as instrumentally unfounded over-reliance on legal regulation as a means the providing and functioning of which is taken as sufficient in itself to reach a solution to whatever problem may it be of an economic, organizational, demographic, or, incidentally, political, character. Notwithstanding it is a sociological evidence backed by Common sense, too, that any such undertaking is most assuredly doomed to failure in the long run. For even if in any event the goal to be attained is to meet rationality as completely as possible, the goal can be neared at the most, as the special features and requirements of both rationality and instrumental rationality proper for law are to be considered regardless of whether it is a case of an otherwise adequate regulation or not /43/. Or, this is nothing else but the re formulation of the thesis, fundamental in regenerating the thinking on the political economy of socialism, according to which no social process, operated by the series of spontaneous feedback of a spontaneous praxis, can be replaced by entirely artificial regulations. Or, what concerns us more closely, the regulatory role spontaneous practice has always played, has recently been recognized again along somewhat analogous lines with realizing - by rediscovering - the role of some primitive, traditionally surviving forms of a legal relevance /e.g. usage, conciliation, arbitration/ can play in assisting and supporting, moreover substituting the law /44/. Yet the criticism of the kind of state interventionism impoverished to mere regulation, is being watched oversensitively as if it would aim at violating some kind of a taboo. Sometimes it is seen even as a conservative, anti-revolutionary attitude striving after restraining, by denouncing, the revolutionary spirit as a mask for ideocracy /45/.

If we are to search for a way out of the dilemma stemming from the conflict of old ideals and changed needs, we have to realize that there are, at least, two paths, not excluding but mutually complementing, moreover presupposing, each other. The common feature that matters in the present context is that both are directed to transcend the set-up of modern formal law including its ideals, structure, as well as principles of organization and functioning. One is the decided, consistent reduction in both quantity and quality of the regulations enacted as law, while the other, the substantiation of, i.e. the addition of some definite social content to, the mere formality of norm-conformism. Or, to phrase it as theses directed to the future, in practice, law cannot function as such for long and with optimum efficiency if it insists on remaining only formal from the very outset and without any inclination to accept some flexible, compromise solutions that might open up vistas for building into the system of the criteria of its formation and functioning a number of contenful, directly social considerations, that is, more accurately, /1/ if, in accordance with the principle of formal validity, it continues to accept anything as its content that has been enacted in a given form due to a given procedure, and /2/ if there evolves no potentiality of, and demand for, transforming its system of fulfilment into a combined one, comprising both formal and non-formal elements.

As to the insufficiency of formal validity as a principle of organization, filtering out what is to be enacted as law, the point is not to question its adequacy but to supplement it with socio-legal postulates for the sake of preserving the dignity of law, in the function of its juridicity. By these postulates I mean that only such regulations should, and might be made and enacted as law, which are enforceable by the law /46/ and are desired to be dealt with in this way. Desirability implies more than simply a subjective category here. Thereby, I propose that the social problem that legal regulation is expected to face should be settled by economic organization and stimulation, etc., in the first place; and law should have to act in addition to, but in no way, instead of them. The violations of postulate one may be multifarious. A case of political measure taken for the sake of appearances is /a/ the one of false regulation, namely when in the teeth of a form of legal regulation, there is no justiciable content at all. This occurs with various kinds of apparent regulation in the preamble of an Act, with Constitutions considered as the embodiment of political programs, as well as with so-called recommandatory, or task-assigning, norms, incidentally largely widespread in recent Socialist Law /47/. Another case is /b/ the use /or, rather, misuse/ of the form of legal regulation to lay down statutorily such contents that are aimed to regulate something else than external conduct in social intercommunication. This occurs with statutes of pure solemnity enacting the memory of historical events, personal activities, etc., as well as with so-called technical norms /48/. Finally, in view of the inclination to be declarative which has often brought attempts at reform to naught in want of focussing on their implementation in everyday practice /49/. There are also signs of /c/ a tendency, not much less harmful socially in the long run, to be confined to legal regulation instead of a real social reform, i.e. to make use of law as a substitute for action /50/.

The situation is not too different with the insufficiency of formal rule-conformism, either. That is to say that the question is not to query its adequacy but to supplement it in such a way that, instead of mere talk about directly social pre-requisites, and, correspondingly, additional postulates of socialist legality, also an action, functional in concrete terms,

should, and also might be required in legal practice.
The problem involved is, however, not restricted solely to Socialist Law. As the herald of a transition felt as needed over the world, it has also got a universal formulation /51/. Still the question is so complex and any alternative of a settlement may have so many effects in so many directions, that in the absence of a monographical treatment, any proposition to meet postulate two would be quite premature and unfounded, thus discrediting, too. Hence if I dare, in conclusion, to word any view at all, it may only be that at least in cases when conflicts involved are beyond a given depth, or tension, an argumentation open to concrete economic, political and social terms should also be required in addition to a formal justification of the decision to be made, however lawful it might seem to be. For the only consideration that matters in the final account is how, and with what rate of efficiency, we have succeeded to turn legal action to be responsive, and, in order to achieve this, also responsible /52/.

NOTES

/1/ E.g. Karl Marx: Aus der Kritik der Hegelschen Rechtsphilosophie. In Marx-Engels Werke, vol. 1. Berlin, Dietz, 1957. p. 234 and Friedrich Engels'letter to K. Schmidt on the 27th October, 1890. In Marx-Engels Werke, vol. 37. Berlin, Dietz, 1974. p. 491, on the one hand, and Max Weber: Rechtssoziologie. Neuwied, Luchterhand, 1960., on the other. In the context of a general survey of the problem, see Csaba Varga: Moderne Staatlichkeit und modernes formales Recht /Gedanken zur Typologie der gegenwärtigen Staates und Rechts/. A paper presented at the international socialist conference organized by the Institute of Theory of State and Law of the Academy of Sciences of the GDR at Neubrandenburg in October, 1981, on the forms of imperialist state, par. 3.

/2/ For a theoretical explanation, see Csaba Varga: Rationality and the objectification of law. Rivista Internazionale di Filosofia del Diritto, LVI /1979/ 4.

/3/ For a historical background, see Csaba Varga: Die Kodifikation und ihr Verfall in der Entwicklungsgeschichte der bürgerlichen Demokratie. In: Die Krise der bürgerlichen Demokratie und der bürgerlichen Demokratielehren in der Gegenwart, vol. II. Berlin, Institut für Theorie des Staates und des Rechts der Akademie der Wissenschaften der DDR, 1978.

/4/ Cf. Csaba Varga: Az elméleti jogi gondolkodás néhány vonása a Magyar Tanácsköztársaságban /Some traits of theoretical legal thinking in the Hungarian Republic of Councils/. Állam- és Jogtudomány, XII /1969/ 2, pp. 328 ff.

/5/ Cf. Csaba Varga: Lénine et la création révolutionnaire du droit. Revue de Droit contemporaine, in press.

/6/ For the meaning of the term, see Imre Szabó:A kodifikáció időszerü általános kérdései /General topical questions connected with codification/. Jogtudományi Közlöny, XXIV /1969/ 10, p. 494.

/7/ Cf., in detail and with respect to the facts of practice and its theoretical reflection as well, Csaba Varga: The formation of a new, socialist type of codification. Acta Juridica Academiae Scientiarum Hungaricae, XVII /1975/ 1-2.

/8/ E.g. Vilmos Peschka: Jogforrás és jogalkotás /Source and Making of the Law/. Budapest, Akadémiai Kiadó, 1965. Ch. II. par. 2 and ch. V, par. 2-3.

/9/ E.g. Gyula Eörsi: Megjegyzések a Legfelsőbb Biróság Polgári Kollégiumának iránymutató döntéseire, 1964-1965. február /Comments on the guiding decisions issued by the Civil Law Chamber of the Supreme Court from 1964 to February, 1965/. Állam- és Jogtudomány, IX /1966/ 2, in particular p. 278 as well as, in a more topical context, Gyula Eörsi: Richterrecht und Gesetzesrecht in Ungarn. Rabels Zeitschrift für ausländisches und internationales Privatrecht, XXX /1966/ 1.

/10/ E.g. Viktor Knapp: La création du droit par le juge dans les pays socialistes. In Ius privatum gentium: Festschrift für Max Rheinstein, vol. I. Tübingen, Mohr, 1969.

/11/ For such an interpretation of the terms "Rechtsschöpfung - Rechtsanwendung - Rechtsbildung" in the light of an analytical survey of the Supreme Courts' jurisprudence in the German

Democratic Republic and Hungary, see Antal Visegrády and Roswitha Svensson: Zum Einfluss der Rechtsanwendung auf die Rechtsbildung /Theoretische-empirische Studie/. A paper presented at the fourth legal theoretical symposium of Berlin organized by the Institute of Theory of State and Law of the Academy of Sciences of the GDR in December, 1981.

/12/ "Les jugements ... ne soient jamais qu'un texte précis de la loi" and, consequently, "les juges de la nation ne sont ... que la bouche qui prononce les paroles de la loi". Montesquieu: De l'esprit des lois /1748/. Book XI, ch. VI.

/13/ As to the référé législatif introduced in support of the French revolutionary legislation in 1790, cf. Yves-Louis Hufteau:Le référé législatif et les puvoirs du juge dans le silence de la loi. Paris, Presses Universitaires de France, 1965. As to a historical context covering also its Byzantine, Russian and Prussian antecedents, cf. Csaba Varga: A kodifiká-ció mint társadalmi-történelmi jelenség /Codification as a Socio-Historical Phenomenon/. Budapest, Akadémiai Kiadó, 1979. pp. 55 ff, 70 ff and p. 98.

/14/ See, e.g. Wolfgang Röd:Geometrischer Geist und Naturrecht. Munich, Verlag der Bayerischen Akademie der Wissenschaften, 1970.

/15/ Weber: Rechtssoziologie, p. 103.

/16/ As to the absolutization of this linkage and its detrimental consequence to the destiny of socialist democracy in Stalinist practice, cf. Csaba Varga: A jog helye Lukács György világképében /Law in George Lukács' World Concept/. Budapest, Magvető, 1981. Ch. V, par. 2.

/17/ This has been the key question for, or against, a reform of the economic management in several socialist countries. In the case of Hungary, the question was formulated many times as follows: "One must doubt whether an economic conception may be called a plan at all provided that it is neither a law, nor a directive". Quoted by Iván T. Berend: Gazdaságirányitási-tervezési mechanizmusunk reformjának első fejezete 1956-57-ben /The first chapter of the reform of our mechanism of economic management and planning in 1956 and 1957/. Valóság, XXIV /1981/ 12, p. 13.

/18/ In this sense see, e.g., S. A. Golunskii and M. S. Strogovich: The theory of the state and law /Moscow, 1940/. In Soviet Legal Philosophy, ed. by Hugh W. Babb, Cambridge, Harvard University Press, 1951. p. 396. In a theoretical approach based on historical comparison, cf. Varga: The formation of a new, socialist type of codification.

/19/ Cf. Eugen Ehrlich: Grundlegung der Soziologie des Rechts.Munich and Leipzig, Duncker und Humblot, 1913. In particular ch. XXI, par. II.

/20/ Cf. Roscoe Pound: Jurisprudence, vol. IV. St. Paul, West, 1959. In particular p. 14.

/21/ For the points of view of the main representatives of the respective schools of Paris and Brussels, Georges Kalinowski and Chaim Perelman, within a critical context, see Csaba Varga: Law and its approach as a system. Acta Juridica Academiae Scientiarum Hungaricae, XXI /1979/ 3-4, in particular par. 4.

/22/ Teoriya gosudarstva i prava /Theory of State and Law/. Moscow, Gosyurizdat, 1949. p. 413.

/23/ Imre Szabó: A szocialista jog /Socialist Law/. Budapest, Közgazdasági és Jogi Könyvkiadó, 1963. pp. 321 and 322.

/24/ Imre Szabó:Jogelmélet /Theory of Law/. Budapest, Közgazdasági és Jogi Könyvkiadó, 1977. p. 254.

/25/ Szabó:A szocialista jog, p. 303.

/26/ See, e.g. V. I. Lenin's Philosophical Notebooks in his Sochineniya /Works/, vol. 38. 4th ed. Moscow, Gospolitizdat, 1958.

/27/ A. Ya. Vishinskiy: Voprosy prava i gosudarstva u Marksa /Questions of Law and State with Marx/. Moscow, Gosyurizdat, 1938.

/28/ Imre Szabó: Les fondements de la théorie du droit. Budapest, Akadémiai Kiadó, 1973. p. 209.

/29/ Anita M. Naschitz: La philosophie existentialiste du droit, philosophie du pseudo-droit et de la liquidation de la légalité. Revue roumaine des Sciences sociales - Série de Sciences juridiques, VII /1963/ 2, p. 254.

/30/ Kálmán Kulcsár: A jog nevelő szerepe a szocialista társadalomban /Educative Function of Law in Socialist Society/. Budapest, Közgazdasági és Jogi Könyvkiadó, 1961. pp. 76-77.

/31/ Cf. Kálmán Kulcsár: Situation in the law-application process. Acta Juridica Academiae Scientiarum Hungaricae, XII /1970/ 3-4.

/32/ Cf. Csaba Varga: On the socially determined nature of legal reasoning. Logique et Analyse, 1973. nos 61-62.

/33/ See, e.g., first of all Jerzy Wroblewski: Sadowe stosowanie prawa /Judicial Law-application/. Warszawa, Panstwowe Sydawnictwo Naukowe, 1972 and the papers collected in his Meaning and Truth in Judicial Decision, ed. by Aulis Aarnio. Helsinki, Juridica, 1979.

/34/ See, e.g., first of all Kálmán Kulcsár: A jogszociológia alapjai /The Foundations of the Sociology of Law/. Budapest, Közgazdasági és Jogi Könyvkiadó, 1976. In particular ch. IV, par. 2-5.

/35/ As philosophical background, the developments as follow will be largely related to Georg Lukács' posthumous work having its complete edition only in Hungarian translation: A társadalmi lét ontológiájáról /Zur Ontologie des gesellschaftlichen Seins/, vol. I-III. Budapest, Magvető, 1976. For its jurisprudentian interpretation and use as a source of inspiration in the author's attempt to outline a new potentiality of Marxist legal conception, see, in diverse contexts though with a comprehensive survey. The concept of law in Lukács' Ontology. Rechtstheorie, X /1979/ 3; Geltung des Rechts - Wirksamkeit des Rechts. In Die gesellschaftliche Wirksamkeit des sozialistischen Rechts,Probleme ihrer Begriffsbestimmung und Messung, ed. by Karl A. Mollnau, Berlin, Institut für Theorie des Staates und des Rechts der Akademie der Wissenschaften der DDR, /1978/; Towards a sociological concept of law, an analysis of Lukács' Ontology. International Journal of the Sociology of Law, IX /1981/ 2; Towards the Ontological Foundation of Law. Some theses on the basis of Lukács' Ontology. A paper prepared to the IVR Xth World Congress on Philosophy of Law and Social Philosophy held in Mexico City in 1981.

/36/ Cf. Vilmos Peschka: Die Besonderheit als Bewegungsraum der juristischen Argumentation; as well as Csaba Varga: Les bases sociales du raisonnement juridique. Both in

Le raisonnement juridique, Actes du Congres mondial de Philosophie du Droit et de Philosophie sociale, ed. by Hubert Hubien. Brussels, Bruylant, 1971.

/37/ For the term, see Imre Szabó: The notion of law. Acta Juridica Academiae Scientiarum Hungaricae, XVIII /1976/ 3-4, par. 6.

/38/ Lukács: A társadalmi lét ontológiájáról, II, p. 220.

/39/ Hans Heinz Holz, Leo Kofler and Wolfgang Abendroth: Conversations with Lukács, ed. by Theo Pinkus, translated by David Fernbach. London, Merlin, 1974. p. 18.

/40/ For various kinds of law-application in which its creative character is most manifestly striking, cf. Csaba Varga: Law-application and its theoretical conception. Archiv für Rechts- urd Sozialphilosophie, in press, ch. III.

/41/ Cf. par. 1.

/42/ Cf., with the examples of the French, American and socialist revolutionary ideals of legislation, Csaba Varga: Utopias of rationality in the development of the idea of codification. In Law and the Future of Society, ed. by F. C. Hutley, Eugene Kamenka and Alice Erh-Soon Tay. Wiesbaden, Steiner, 1979. /Archiv für Rechts- und Sozialphilosophie, Beiheft no 11/.

/43/ For the possible conflict of the diverse kinds and aspects of rationality in such a context, see Kálmán Kulcsár: Social planning and legal regulation. Acta Juridica Academiae Scientiarum Hungaricae, XIX /1977/ 3-4, par. 1-2 and, as reflected to problems Hungarian society is expected to face to-day, Kálmán Kulcsár: Mai magyar társadalom /Hungarian Society To-day/. Budapest, Kossuth, 1980. Part III, ch. I.

/44/ Cf., among others, Gyula Eörsi: Comparative Civil /Private/ Law. Budapest, Akadémiai Kiadó, 1979. Ch. IX. par. 4 and Kálmán Kulcsár: Ethnological research into the law - to-day. In Comparative Law - Droit Comparé, ed. by Zoltán Péteri. Budapest, Akadémiai Kiadó, 1978.

/45/ For the classical exposition of conservative anti-revolutionary attitude, cf. Edmund Burke: Reflections on the Revolution in France. London, 1790 and Heinrich Leo:

Studien und Skizzen zu einer Naturlehre des Staates. Halle, 1833. As to the sensitivity, a propos of a Western trend of thinking, cf., most recently, Mária Ludassy: Szabadság vagy egyenlőség? Változatok a neo-liberalizmusra, 1960-1980 /Liberty or equality? Variations to neo-liberalism, 1960-1980/. Valóság, XXIV /1981/ 7.

/46/ Or, as defined by Hermann Kantorowicz in his posthumous treatise in a more sophisticated manner " and considered justiciable". Cf. his The Definition of Law, ed. by A. H. Campbell. Cambridge, University Press, 1958. p. 79.

/47/ See, e.g. Csaba Varga: A preambulumok problémája és a jogalkotási gyakorlat /The question of preambles and legislatory practice/. Állam- és Jogtudomány, XIII /1970/ 2, ch. II; the papers touching on the legal nature of socialist constitutions in A szocialista alkotmányok fejlődése /Development of Socialist Constitutions/, ed. by István Kovács, Budapest, Közgazdasági és Jogi Könyvkiadó, 1966; as well as, for state recommendations, Antal Ádám: A tanácsi szervek összehangoló tevékenysége /Co-ordinating Activity of Local Councils/. Budapest, MTA Állam- és Jogtudományi Intézete, 1974. Ch. III. par. 3.

/48/ For the latter, see András Tamás:A jogi norma egyes technikai elemeiről /On some technical elements of the legal norm/. Jogtudományi Közlöny, XXXV /1980/ 8 and, reviewing a discussion about it, Antal Visegrády: Vitaülés a technikai normák problematikájáról /A debate on technical norms/. Jogtudományi Közlöny, XXXV /1980/ 5.

/49/ Cf., in the context of the criticism Lukács made on Stalinian practice, Varga:A jog helye Lukács György világképében, ch. V, par. 2.

/50/ The literature covering the topic is mainly non-professional as developed in the editorials of dailies, in weeklies and political, literary or economic monthlies in Hungary.

/51/ As explained by Philippe Nonet and Philip Selznick, within - and according to - the trinity of pre-bureaucractic, bureaucratic and post-bureaucratic types of formal organization there has evolved the trinity of repressive, autonomous and responsive types of law. While the recent type, the bureaucratic-autonommous one, is codified and strictly adhered to formalism and legality, the future one is subordinated to purpose and cognitive competence backing it /Law and Society in Transition, Toward Responsive Law. New York, Harper and Row, 1978/. As to the concurring alternatives of arrangement, according to Richard A. Wasserstrom's 'two-level' logic of legal justification "the legal rule that is to be used to justify the particular decision would be itself, have to be justified on utilitarian grounds" /The Judicial Decision, Toward a Theory of Legal Justification. Stanford, University Press, 1961. p. 122/, while according to Per Olof Bolding's open debate "the procedure starts with an open and unprejudiced debate" and, then, it "should lead to a preliminary decision through which there would be laid down ... a preliminary norm. This norm would then have to be confronted with the 'sources of law'" /Reliance on authorities or open debate? Two models of legal argumentation. In Scandinavian Studies in Law, vol. 13. Stockholm, Almqvist and Wiksell, 1969. pp. 65-66/.

/52/ For a negative example, notably to show how the irradiation of formal norm-conformism and its transformation from a strictly legal pattern into a general, social pattern can contribute to blocking social and economic development even in order to become, as a living alibi for action, one of the main hindrances of the search for a way out, see, first of all, József Bognár: Strukturális váltásunk társadalmi-gazdasági összetevői /Socio-economic components and contradictions of our structural change/ and Kálmán Kulcsár: Gazdasági "kihivás", társadalmi "válasz" /Economic 'challenge', social 'response'/. Both in Az 1970-es évtized a magyar történelemben /The Decade of the Seventies in Hungarian History/. Budapest, MTA KESZ Sokszorosító, 1980.

[16]

KELSEN'S PURE THEORY OF LAW
Yesterday, Today and Tomorrow*

The work became a classic already in its own time, and has since been considered one of the most significant and penetrating ventures of this century in the field of legal theory.

Its contemporaries comment on it or challenge it primarily as if it was the manifestation of a trend. Indeed, the *Pure Theory* has its roots in the activity of the Vienna school, which flourished after the turn of the century and which still exerts an influence on philosophical thinking. At the same time, the *Pure Theory* is a cornerstone document of another Vienna school, namely the Vienna and Brno initiatives that opened up new perspectives for the philosophy of law in the period between the two World Wars.

At that time, Hungary already and still was a partner to such undertakings, whose goal was to critically review and reconsider the basic issue of law. This is the very field where the theoretical foundations of the philosophy and sociology of law have always been sought, and the problem of ridding these foundations from the purely ideological explanations has always been present here as well. Being part of Central Europe, this quest in this region inevitably followed the lead of Kant by formulating its questions and answers along the lines of a neo-Kantian philosophy and methodology. In other words, while there existed a community of philosophical inspirations and intellectual paradigms, no one at the time sought to identify in it the specifics of a particular philosophical tenet or world concept. Instead, this quest was focused on the potentialities which that particular philosophical methodology could offer and which was considered the most advanced and most exacting.

Half a century down the road, this approach is being recognised today by the English-American legal culture as well, which had earlier functioned as a rival by observing traditions different from those of the European continent. Although the philosophical style and reconditeness of the *Pure Theory* remains to be alien to the approach that prevails in the Common Law, the inherence of the interest taken in the *Pure Theory* still gives a sense of independent discovery and even responsibility. This revival has nothing to do any more with the attention the émigré professor who Hans Kelsen was once attracted at his university in California. It is the problem itself and the proposed method of investigation that absorb the attention in this American-English legal culture, which is rather sceptical, which has a preference for empirical concreteness and a bent for pragmatism, but which is still receptive to the speculative problems.

* From the foreword to Hans Kelsen *Tiszta Jogtan* Bibó István fordításában [Reine Rechtslehre, 1934, in a contemporary translation by István Bibó] ed. Cs. Varga (Budapest: Eötvös Loránd Tudományegyetem Bibó István Szakkollégium 1988), pp. IX-XVI [Jogfilozófiák / Philosophiae Iuris].

Meanwhile, in our Central and Eastern European region we are witnessing the raging of the rigidity and misery of the orthodoxies (at least if we recall the memory of the predominant tendencies of the past five decades). During the smileless years of dissociation, when Marxism established itself with us in the guise of Vyshinsky's normativism (with its authoritarian approach to law that extended Stalin's line in politics), the claim of the *Pure Theory of Law* for freedom from ideologies was considered just a trick, a Trojan horse employed by the imperialists. All manifestations of neo-Kantian thinking, along with those who accepted or applied it, were thrown on the junk-heap of an imaginary history that consisted of theoretical incantations. The criticism of Marxism that appeared in Kelsen's works and later also in other independent publications sparked off a counter-offensive. In the relatively more consolidated years that ensued, these works were described as manifestations of a peculiar approach, and were criticised as extremist manifestations of positivism that rebels against the established sociological approach. These attacks never ceased to impose their own intolerance and claim for exclusivity on this thinking, and they described it as if it were the only possible universalistic tenet in universal legal scholarship. From this it follows that criticism has never had its roots in understanding. The Marxian and Socialist critics rejected this approach without ever profiting from it. In other words, they never added the intellectual joy (and self-respect) of theoretical superiority to the pleasure of a knock-out victory. Of course, in a human context, the total relativity of all things and considerations may easily assume fearful dimensions. After all, seen from the angle of excessive stringency, even this approach may qualify as consideration or a suspicious liberal blunder. In those parts of the region where even the fundamental underlying culture was left untouched on the grounds that it was already "too European," it was deemed unnecessary to enter into a textual analysis of the *Pure Theory of Law*. Consequently, it was enough to burn the title itself *in effigy* at the stake. Meanwhile, the work itself remained unknown, and therefore it could not provide incentives for either the conceptual clarification of a legal scholarship which was otherwise considered the most advanced of all, or at least the ideation of the ideal of purity as a merely theoretical requirement.

Although the methodological considerations of philosophy do not tend to lapse, no one seems to be taken today with the neo-Kantian thought, notwithstanding the role it has played in laying the theoretical foundations for the *Pure Theory of Law*. This, despite the fact that, from a historical point of view, this very approach must have been the one which prompted its author to consistently separate the spheres of "is" and "ought," and to avoid all forms of methodical syncretism. Today, these considerations are relevant only in the light of the work itself, which happens to be the product of this very methodological consideration. After all, we must not forget that while Kelsen was working hard to establish distinctions within the conceptual framework of the *Sein* and the *Sollen* (which eternal Marxism has so high-handedly discarded on account of its quintessential Marxist nature), what he eventually created was the frightfully consistent theoretical reconstruction of the law's image of its own structure and operation within our modern formal legal establishment.

Now what is the novelty to which Kelsen's work has provided an answer? It is a peculiar development which occurred during the last few centuries of the five thousand years of law's recorded evolution: namely, it is the emergence of modern formal law and its new institutional structure, which modern statehood created in accordance with its own organisational needs. It was the bureaucracy of the European absolutist states that first enacted comprehensive systems of regulations. Having gradually broken away from the traditional carriers of legal quality that were organically embedded in the general evolution of society (or, more precisely, which were rooted in the "good, old" conventions and customs), these systems of regulations resulted in the positivity of the law. In other words, they defined the law as a discretionary text which relates to a given procedure of a given organ only, but the contents of which is freely transformable.

Consequently, formal validity (i.e., the issuance of the legal text by the appropriate organ and through an appropriate procedure) was declared to be the criterion for legal existence, and formal legality (i.e., the consequence from the legal enactment according to the principles laid down in the law) became the criterion for the construction within the realm of law of a procedure conducted through legal enactment. For this reason, formalisation exerted a dual effect: while on the level of the prevailing creation of law it liberated the legal contents from the bonds of interdependence with the past, it confined the legal processes (which it called the application of law) to a channel reminiscent of that of logic. The result was the emergence of criteria, ideals, skills and professional ideologies which transformed the mass of institutions and their operation (which is peculiar to modern formal law, which subordinates to itself an ever wider scope of the conditions of living) into a system which functions according to its own rules and which permanently reproduces itself in the practices of society.

Starting out from a variety of diverse philosophical considerations, several schools have attempted over the past two and a half centuries to attach explanations to this phenomenon which, as if it were Moloch himself, operates according to its own laws and makes society to follow suit. Although these intra- and extra-legal attempts fell into the categories of positivism and sociologism at a fairly early stage, none of them succeeded in reconstructing the law's image of its own internal structure and operation. They could not have done that anyway, since even the positivistic trends were in search of a self-consistent and self-supporting theoretical explanation, which inevitably led them into inconsistencies, and also into a quest for a compromise among exclusive, although equally realistic, considerations. We would be hard put to establish whether it was a historical accident or a necessity resulting from Kant's theory that it was Kelsen's thought (and eventually his *Pure Theory of Law*) which finally fulfilled the two compulsory requirements for the encounter of the need to separate *Sollen* (i.e., of "ought" as opposed to "is"), and of the simultaneous demand for methodological purity. This, eventually, set the stage for this undertaking. The *Pure Theory of Law* was a theoretical experiment into the possibility of providing a coherent description of the meanings of the law's conjectures about itself and their effects on the structure and operation of the legal system. At the same time, this theoretical experiment also aimed to define the attitudinal and conceptual scope of our legal discourses if our objective is to develop and operate law in practice while remaining true to the law's own criteria, ideals, and professional ideologies. *Honi soit qui mal y pense*, says the Britons' Order of the Garter. Obviously, those who wish to transfer their own questions into those of the others pass a judgement onto themselves, and the same applies to those who wish to identify in Kelsen's intentions anything else but the serious consideration of the very particularities of given particular social phenomena and the evaluation of these phenomena according to their own intrinsic values.

Modern formal law is a rather belated development in the history of law, and yet it has an unparalleled ability to point out a few such aspects which have always been integral parts of what is known to be the concept of law. Specifically, I have in mind the social nature of law, that is that while the law is part of our social reality, its association with the physical parts of this reality provides no ground for us to describe it adequately, or to determine its criteria. In the wake of a series of earlier initiatives, we now have several systematic approaches, macro-sociological concepts and various dialectical, rhetorical and argumentative schools that call our attention to the fact that what we normally identify as social processes can best be described as communicative processes (simultaneously as a medium and a product). Underlying these processes is the exchange of meanings, and through their references to normative expectations, they themselves also mediate normative expectations. In other words, law is a medium and also a product of social processes which at the same time depend on the facts of the communicative practice, in which each member of the society is participant (on equal or different levels, and to differing extents).

(Another way of putting this would be to say that it is this very participation of the individuals in the communicative practice which creates society through increasing institutionalisation.) The law's actual dependence on the facts of practice explains the elements of uncertainty that apply to the possibilities of its definition and prediction, and the law's process-like character explains the perpetual selection in the course of the exchange of meanings, and the ceaseless recapitulation of the strengthening and weakening developments, that is, the eternal imperfection. Simultaneously, this also means that everything is in perpetual motion, that is that in each moment of time, society is not only the result but also the resultant of its own self.

It is only through these and other similar considerations that we can expect to understand how the distinctively legal can emerge from the merely physical context. An act becomes "valid law," "legal relationship," or "legal act" through its endowment with a peculiar meaning in the process of social communication. In other words, the act must become the subject of a specific discourse. The questions of where does this meaning originate from; where does the discourse start; where are its boundaries; and along what lines does the conceptual process emerge which we have earlier likened to the processes of logic, are attempted to be answered and explained by the *Pure Theory of Law*. Although this work has often received the label of "normativism," it is not true even though it considers the role of the norms crucial. After all, its aim is not to explain the social phenomena and practical manifestations of the law from the point of view of the norms, but instead it strives to outline the formal contexture of that very formal context which, in the name of the law, is projected on the various aspects of the life of society through a series of specific (i.e., formalised) interpretations and references. These aspects of society it considers "relevant," and therefore it applies abstract-formal conclusions to them. In other words, what the *Pure Theory* describes is not reality but the fictitious world of norms, as if the norms, through their mere existence and validity, could put processes in motion and could become determinative in themselves, the way their mere conjecture (and often their textual presentation as well) obviously postulates for every possible reconstruction attempt.

Our present knowledge requires that to an extent we exceed this reliance on the norms. More precisely, today we already consider the norms, as *in se* defunct objectivisms, parts of the communication process. At the same time, this realisation makes manifest the perpetual self-organising power of the normative process. Beyond the appearance of hierarchic deduction and claim for ideology, this new realisation enables us to see the circular feed-backing regeneration of the references that provide the foundations for the legal arguments, and also the self-generating power of the mutual references in legal practice and the recapitulation of the referred meanings as applied to the prevailing expectations. Finally, amidst the fray of behaviours, gestures and acts of linguistic communication, it does not limit its quest for the legal to the formalised manifestations originating from formal positions. Instead, it makes us aware of the different — although equally important — contribution of the various levels to the common social undertaking of the law. In a concept like this, which already strives to lend dynamism to a phenomenon which was earlier described as immobile and static, the law is no more considered the logical synonym or mere consequence (i.e., *per se* immobile and concluded aspect) of the norm, but instead it is the common effort of society amidst the perpetual redefinition of the practical purpose and scope of the law. For social practice generates itself in the perpetual flux of social continuum by condensing itself into phenomena, a part of which will later be recognised more or less and in one or another sense as legal, through the constant move of components which either enter or leave the field of what is considered legal. After all, practice as a rule redefines the law (together with its continuity and renewal), and it also regenerates the gauges and criteria that are needed for its evaluation, channelling and containment. However, since normativity manifests itself in linguistic objectivations, the fluctuation in question is not limitless. Its boundaries are determined by the structure of the reference practice that manifests itself in the legal arguments, the recognition of the definitive role of the norm, and the postulation of a logical conclusion. At this point, one is left wondering whether ours is a world of "as if" phenomena. What kind of world is the law's: real, possible or fictitious at best even in its postulated form? Irrespective of how we describe the facts of the law, we cannot neglect to originate the normative coherence from the norms themselves, which constitute the only possible foundation of everything we know of. And it was Kelsen's work that raised the very question of how all these considerations originate from the structure which we identify as modern formal law.

The *Pure Theory of Law* has been narrowed down from an independent scholarly work into a tenet, in order to make it able to answer the question of "what is the law and what is it like?" as clearly as possible, i.e., without confusing the non-legal aspects with the legal ones. In its self-assumed realm, this work has succeeded in providing near-perfect answers. This leads us to conclude that the progress of time may increase our knowledge of the whole legal system (as a macro-institution of society), and we may also make headway on the issues of philosophical characterisation and ontological reconstruction. Regarding the description of the peculiar characteristics of the law — i.e., the paradigmatic clarification of the legal paradigms, or the conceptual reconstruction of the general legal undertaking according to the very games of this undertaking —, we simply cannot expect to progress without Hans Kelsen's theoretical vision.

[17]

THE NATURE OF THE JUDICIAL APPLICATION OF NORMS

(Science- and language-philosophical considerations)

1. PRESUPPOSITIONS. **2.** THE CONTEXT OF THE APPLICATION OF NORMS. **2.1** Actualisation in concrete meaning. **2.2** Linguistic undefinedness. **2.3** Lack of logical consequence in the normative sphere.

1. *PRESUPPOSITIONS*

If we apply the presuppositions of modern formal law concerning its own operation[1] to the actual process of legal reasoning, we reach the following conclusions: *(1)* in judicial decision-making, norms — similarly to facts — constitute a given element. Both the facts and the norms are at the judge's disposal as given: the former from outside the laws, the latter from inside. Consequently, the judge has no other task but to *(2)* establish the facts of the case, and then to apply the norms at his disposal to the facts. It logically follows from the nature of this process that all this is *(3)* predominantly theoretical an activity. Accordingly, no significant role is played in this process (at least in average situations) by the judge's personality, his individual choice, his practical status or his commitment to values. The judge's job is essentially cognitive as far as the facts are concerned, and logical as far as the norms are concerned. All these factors guarantee and predict not only the objectivity and relative impersonality of the judicial process, but at the same time also *(4)* render the conclusion necessary and inevitable. After all, the cognitive procedure aimed at establishing the facts can have no other end result but the truth itself. And similarly: in the case of due procedure, the logical application of the norms to the facts cannot result in anything but proper conclusions.

In the judicial process, these presuppositions are enframed by our natural inclination to describe the processes at issue as a deductive syllogism. In this process, the personality who passes the judgement becomes a replaceable automate, or "verdict machine." His personality through which he participates in the process is hardly anything more or different than a context

[1] Cf. Csaba Varga 'The Fact and Its Approach in Philosophy and in Law' in *Law and Semiotics* 3, ed. Roberta Kevelson (New York & London: Plenum Press 1989), pp. 357-382, in particular para 1.

in which a given case is linked to a similarly given proposition of law,[2] this linkup inevitably leading to and producing a statutorily determined result. Consequently, the intellectual developments within the personality (or *any* individual) who passes the judgement are completely independent from *his* personality. This is nothing but sheer logic, which, according to these presuppositions, is known to assert itself in all circumstances.[3]

The degradation of the "legal event" into sheer syllogistic application postulates such a naive realistic epistemology, which considers man's conceptual world to be a reflection of external reality, the complexity of these concepts to be a reflection of the structure of the reflected reality, and the internal conceptual distinctions he makes to be the mirroring of the discrete entities of reality. From this it follows that this approach considers language to be the vehicle of this reflection.

Moreover, this approach views the meaning of language as a reflection of the very linguistic expression which it employs in the mirroring process. Accordingly, it is hold to have been organised in such a way that it takes pattern from the reality which it mirrors. In other words, naive realism seeks in social reality the imprints of a tough, unchanging and unchangeable message, just as the factors of natural existence are alleged to leave (or mediate through their notional representations) such imprints on natural reality.[4] This renders complete the evolution of law into an independent factor. As a result of these processes, law becomes a medium created by man, but which still remains independent of him. In law, the rule of the general is enforced and becomes reality. At the same time, law — which is hoped to get distributed among people in a blind, unbiased and egalitarian way — brings the general to perfection in the individual in an impersonal way.[5]

I must note that what we are talking about here is not only that modern statehood — alongside with modern formal law that has been established in conjunction with it[6] — have formed a peculiar complexity, complete with rules, institutions, positions peculiar to the social division of labour, specific practices, special skills, fundamental sets of values, and last but not least with professional training, mediating traditions, all these within the framework of a professional ideology.[7] Also, it is not just that the process of institutionalisation conceptually postulates —

[2] "The judges of the country [...] are but mouths that utter the words of the law; [they are] inanimate creatures [...]" Montesquieu *De l'esprit des lois* [1748], book XI, chapter VI.

[3] "Die konkrete Rechtsfolge ergibt sich [...] syllogistisch aus dem Rechtssatz und dem konkreten Tatbestand nach der ersten aristotelischen Figur Modus I." [The given legal consequence results syllogistically from the norm-proposition and the facts constituting the case according to Modus I of Aristotle's First Form.] Lorenz Brütt *Die Kunst der Rechtsanwendung* Zugleich ein Beitrag zur Methodenlehre der Geisteswissenschaften (Berlin: Gutterlag 1903) p. 39, quoted by Jerzy Wróblewski 'Legal Syllogism and Rationality of Judicial Decision' *Rechtstheorie* 3 (1974) 1, pp. 33-46 at 39.

[4] Cf., e.g., George Lakoff *Cognitive Science And The Law* [a paper presented at Yale Law School, Legal Theory Workshop, on 27 April 1989] [manuscript] 49 p.

[5] Although indirectly, this concept can be traced back to those utopias which consider the world the result of a unifactorial operation and, at the same time, the product of a single unrestrained operating agent. In these utopias, a fetishistically unified and homogeneous aggregate of rules manifests itself as the radiation of a single thought, and appears within a single order. In these utopias, mankind's innocence as projected into a dreamed Golden Age of yore manifests itself as a yearning for a similarly undifferentiated and automatically tendered symphony (because it shrinks back even from the need to overcome disharmony). Cf. Csaba Varga [1979] *Codification as a Socio-historical Phenomenon* (Budapest: Akadémiai Kiadó 1991) viii + 391 p. at chapter VIII, point 3.

[6] Cf. Csaba Varga 'Moderne Staatlichkeit und modernes formales Rechts' *Acta Juridica Academiae Scientiarum Hungaricae* 26 (1984) 1-2, pp. 235-241.

[7] This ideology is not just a kind of false consciousness, but also an ingredient of ontological nature and significance as an existentially functioning element of the given social complex. Cf. Csaba Varga *The Place of Law in Lukács' World Concept* (Budapest: Akadémiai Kiadó 1985) 193 p.

and, through a subsequent institutional differentiation, demands to realise — that the making of the law (*law-making*) become separated from its concretisation in individual cases (*law-application*). And, as a result of this, the forms of activity covered by law-making differ from those covered by law-application.[8] From a theoretical point of view, this may well be considered the product of mere wishful thinking.

What we are talking about here is more like the circumstance — crucial in the present context — that once theory slavishly subscribes to the ideological presuppositions outlined above, it promotes law itself to be a unifactorial phenomenon. In other words, it renders law to be completely immobile and static a manifestation. By doing so, it ultimately reduces law into a kind of product that offers to be defined by its static and permanent state, and which therefore assumes a quasi-material substance.

What I have in mind here is not so much the inclination of the policy-making legal positivism to generate seemingly tautological simplifications. I do not refer here to the principle of "*das Recht ist das Recht*," according to which the ultimate criterion of "the law" cannot be laid down independently of "the law" itself. In this context, I think more of the fundamental tenet of the ideological legal positivism, which ultimately eliminates the freedom and alternativity of scholarly thought. This approach is suitable for presenting the most diverse wishes as if they were facts. For this end, it employs conceptualisation in a theoretical disguise.

For example, one such tenet of ideological legal positivism declares that the *ius* is but a mass of such enacts which have been promulgated as *lex*. Accordingly, law is but the cover for anything which specific organs through specific procedures have produced as laws. This, of course, is one possible definition for law. However, if we accept this as a starting point in theory, we are bound to also accept that the creation and emergence of laws cannot be separated (no matter how exactly) and cannot differ from the normative definition of law. Now if we agree that the law is but the mass of such phenomena which become associated with the law through their specific genesis, we cannot indeed conceive law as anything else but a static, factual and even material substance, which does no motion by itself, but can be made to move from the outside only. This means that law is made to be a unitary phenomenon, identical with itself, and also unchanged and unchangeable from the very beginning. In this interpretation, law is but an instrument, which gets applied in various situations to various situations.

The underlying problem as formulated by Kelsen[9] is especially intriguing because if we describe the law as unchanged and unchangeable — in which all forms of dynamism are bound to be illusory only and can only be considered the mere reprojections of applications extraneous to the law —, well, in such a case the ideological image inherent in the problem (whose paradoxes and contradictions we have to gradually identify) is bound to evolve into the methodologically consequential conclusion according to which the law — contrary to what was said above — is incomplete, and is theoretically as well as practically impossible to complete. After all, at this stage law itself becomes the product of a kind of intellectual reconstruction. It looks as if it were seen from the perspective of the consequential processes, built up from the retrospective view of further construction. In other, and perhaps simpler, words: the perception of law as an immanent system, in which the logical connections of the legal enactments define themselves as law, leads us to a conception according to which the law itself is process-like (that is, built from the separate phases of the endless flow of consecutive legal acts). According to this concept, the last actual procedural step marks out the boundaries of the law and, simultaneously, it also determines the probable coherence and internal structure of the laws.

[8] Cf. Peter Sack 'Law and the Social Sciences' *The Academy Law Review* 11 (1987), pp. 133-147, in particular at 138-141.

[9] Cf. Csaba Varga 'Hans Kelsens Rechtsanwendungslehre: Entwicklung, Mehrdeutigkeiten, offene Probleme, Perspektiven' *Archiv für Rechts- und Sozialphilosophie* LXXVI (1990), pp. 348-366.

Let me refer here to a statement, which qualifies as a basic tenet of modern legal positivism: "Codified law [...] is meant to provide a basis for judgement, but it is not meant to be judged. There is nothing superior to law [...] and nothing can be more rational or just than the rationality and justness of the law."[10] In fact, the belief that the lex is exclusive and that it is vested with the characteristics of the ius, has been challenged by a number of schools since the late 19th century. (The schools in question included theoretical and practical ones alike. Suffice it to recall Magnaud's distinction of "le bon juge," the free-law movement, the post-World War Two revival of the doctrine of natural law, or the contemporary German or American interpretations of the Constitution.) At the same time, it was only two to three decades ago when the first theoretical refutations appeared of the preconception that law has only the officially recognised enactments as its ingredients, and that the enacted norm-statements can themselves lead to conclusions on their application. Of course, here I left out of considerations the few scattered precursors to these refutations (such as the early realisation of the contestability of the decisive role of the judicial logic,[11] or Carl Schmitt's criticism of democracy based on the concept of "concrete order"[12].)

Of these refutations, Chaïm Perelman's so-called "new rhetoric's"[13] was the most far-reaching. Having followed a methodologically well-mapped path, Perelman managed to prove that *(a)* those inferences which are essential in the decision-making process are in fact not logical, and by virtue of a formal necessity they are not reconstructible either; and that *(b)* those inferences which are essential — i.e., the premises of the decision that can be reconstrued from reasoning — cannot be described as rules of a universal application, since they are always tied to concrete situations in the judicial process. And these situations, as we know, can never be separated from the auditorium that participates in the process.

Perelman has broken new ground with his theory. His works have fertilised all the thinkers who succeeded him. Remarkably, Perelman has never abandoned the relatively narrow path of his initial interest, namely the methodological reconstruction of the judge's reasoning process. In fact, he was not in search of any comprehensive socio-theoretical explanation, and he also avoided other recent methodological traditions (hermeneutics, semantics, semiotics). The climax of his oeuvre has thus occurred in the synthesis of that very methodologically renewed and high-level approach whose denial had once served as his own starting point. This synthesis is known as *Legal Logic*.[14]

What we have identified as ideological legal positivism manifested itself most markedly in the continental European schools of our age. It is therefore no accident that the need for a breakthrough was the strongest there. The Common Law traditions were perhaps not different theoretically, but they were definitely more flexible. For example, they were averse to all

[10] Mourlon *Répétitions écrites sur le Code civil* contenant l'exposé des principes généraux, leurs motifs et la solution des questions théoriques, 1-2 (Paris: A. Marescq 1864) viii + 903, viii + 901 p., as quoted by Léon Husson *Nouvelles études sur la pensée juridique* (Paris: Dalloz 1974) 521 p. [Collection "Philosophie du Droit" 14] at p. 183.

[11] M. Polydore Fabreguettes *La logique judiciaire* et l'art du juger (Paris: Librairie Générale de Droit et de Jurisprudence 1914) 570 p. at 482 — quoted by Wróblewski (1974), 36 — believes that the reference to judicial syllogism is but a subsequent rationalisation.

[12] Carl Schmitt's basic tenet — *Über die drei Arten des rechtswissenschaftlichen Denkens* (Hamburg: Hanseatische Verl. Anst. 1934) 67 p. [Schriften der Akademie für Deutsches Recht] — holds that "concrete order" is the only realistic concept. But because it is concrete, it can be the product only and exclusively of men, and not of the supremacy of the law.

[13] Ch[aïm] Perelman & L[ucie] Olbrechts-Tyteca *La nouvelle rhétorique* Traité de l'argumentation, I-II (Paris: Presses Universitaires de France 1958) 734 p.

[14] Ch[aïm] Perelman *Logique juridique* Nouvelle rhétorique (Paris: Dalloz 1976) 193 p. [Méthodes du Droit].

doctrinaire solutions, and promoted the stronger presence of pragmatic approach, common sense and practicalness in law. And their pattern of thought, which was far removed from the axiomatic rigor of deductive legal syllogism, and which reckoned on the existence of conflicting alternatives in judicial solutions, could also call for a theoretical renewal only in ways different from Continental traditions.

In the Common Law world, the breakthrough came with the question "*Is law a system of rules?*"[15] However, as the still continuing debates reveal, the radical criticism inherent in Dworkin's approach aimed to surpass positivism primarily from within. Accordingly, while in the light of the theoretical reconstruction of judicial reasoning he pointed to the internal contradictions in the traditions of the English-typed rule-positivism (from Austin to Hart) and to its ensuing inadequacies, he nevertheless failed to touch the very spirit of these traditions. And although the contemporary upshots of these traditions go far beyond the original points of controversy, and point toward the emergence of a new type of argumentative theory and reasoning practice and tradition (along with other kinds of theoretical experience), they do not affect those very problems which concern us in the present study. After all, their aim is not to reconstruct actual processes and then to reconsider the nature of law on that ground. Instead, upon the acceptance in a given social context of certain social values as fundamental values, they want to table proposals concerning the conditions of a rational discourse.

And yet, in perhaps the most paradoxical development (which also gives evidence of the embeddedness of the presuppositions above in our legal culture), the validity of the presuppositions at issue was confirmed (albeit indirectly) precisely by that trend which (although from legal-political considerations) was the loudest in demanding the surpassing of these presuppositions. The trend I have in mind is the *social policy* one of American legal sociology. This trend strives to surpass the legal arrangements that enforce themselves in the present through a clear-cut change of legal formations — by depicting past, present and future in historical typologies (in which ideology and the underlying institutional frames serve the typological set-up in an inseparable unity)[16] — and, simultaneously, they implicitly reveal that the ideological goals at issue are realistic, i.e., they are backed by reality. They do not even ponder over the fact that the functioning of any system is as a matter of course the function of the system's components. In other words, if we change any of these, the system itself is also bound to change.

Let me remind the reader here that all the previous shakings of or attempts to shake the modern formal legal establishment (the emerging ethos of "le bon juge," the free-law movement, the dilution of the formal system of law with so-called general clauses, administration of justice with reference to the "nature of the thing," or the stealing back into the legal system of natural law reasoning as a source of law) equally had their roots in the criticism or rejection of the ideological presuppositions of law. Only the temporary substitution of these could lead to the acceptance of such ethoses of the administration of justice, or of such situations, which held out the promise of some kind of alternatives.

[15] Ronald M. Dworkin 'Is Law a System of Rules?' [reprinted from 'The Model of Rules' University of Chicago Law Review 35 (1967) 14] in *The Philosophy of Law* ed. R. M. Dworkin (Oxford: Oxford University Press 1974), pp. 38-65 [Oxford Readings in Philosophy].

[16] Cf., e.g., Roberto Mangabeira Unger *Law in Modern Society* Toward a Criticism of Social Theory (New York: The Free Press 1977) ix + 309 p. at chapter II and Philippe Nonet & Philip Selznick *Law and Society in Transition* Toward Responsive Law (New York, &c.: Harper & Row 1978) vi + 122 p. In theoretical review, see Csaba Varga 'Átalakulóban a jog? [Law in Transformation?]' *Állam- és Jogtudomány* XXIII (1980) 4, pp. 670-680.

2. *THE CONTEXT OF THE APPLICATION OF NORMS*

The ideal functioning of the law as described above postulates the raising of further presuppositions regarding the nature of both law itself and the activities that can be performed through it. More specifically, law is usually seen as a system with definite make-up and clear-cut structure which, because of its orderly or systemic nature, lends itself to be applied any time and to any case. In other words, law is organised in a way which provides propositions for both simple and complex situations in life. Through its conceptual structure, law enables its users to apply it to any kind of situation. It provides a basis for such conclusions to be drawn through logical inference which the legal profession (sanctioned by society) believes it contains. Through this, law guarantees with a conceptual directness and internal necessity that the result is objective, impersonal and last but not least foreseeable.

Theoretical research, however, does not substantiate the veracity of the presuppositions of this kind.

2.1 *Actualisation in concrete meaning*

How do we define law when we approach it as a subject of cognition? What is our definition for law when we comment on an argument that law provides a basis and at the same time sets the limits? After all, it seems self-evident that we cannot take law in our hands as if it were an object in our natural environment, and we cannot observe it as we do, say, the blue skies. If we gaze on our variegated world, we find that law is not possible to create out of its elements even through such an analysis which we use to detect the presence of oxygen in the atmosphere. The more questions we ask, the closer we get to the perplexing realisation that law should not be sought there, that we should not expect law to be simply a part of our environment. Law somehow exists in me, in us. In other words, the law originates from and from within me, from and from within us, it has eventually been alienated from within all of us, despite the fact that we believe it to be extraneous and alien to us.

"Every law or rule (taken with the largest signification which can be given to the term properly) is a *command*."[17] Well, at first glance, this quasi-classical statement may appear fully acceptable. But once the above doubts take effect on us, we are bound to ask the question: how should we construe "command" and the act of commanding, and what meaning should we attach to the statement that its result appears as a "rule"? Should we identify "command" and "rule" with whatever we objectify in or through them? Should we identify them in the way they are delivered, or perhaps in the way they appear in context? Or should we perhaps consider "command" or "rule" simply an aggregate of symbols?

The more questions we ask, the more obvious it becomes that there is no potential *definiens* that could properly define or explain the *definiendum* in an unambiguous way. We cannot attach a definition to law without including in it our personal and collective relationship to it. What does that mean if, for example, I give this answer: the only consideration that specifies any of the potential definitions of "command" and "rule" is that they are characteristically normative? But let's ask further questions: is law a text? If yes, is this text characteristically normative? What differentiates it from other texts? Is this normativity a result of the condition that, say, the law is promulgated first in a serial that has the words "Official Gazette" or "Journal officiel" as its title?

The rejection of the above arguments amounts to the admission that we have become bogged. However, if we subscribe to these arguments, we find ourselves confronted with yet another

[17] John Austin *Lectures on Jurisprudence* Or the Philosophy of Positive Law (London: Murray 1861), p. 88.

question: how does this difference become manifest (if it becomes manifest at all) if the text is not promulgated under such a heading for the first time? What difference does it make for the text if I make a copy of it first, and then rely on it as a law? What happens to the differences if I subsequently promulgate a differing text and describe it as a replacement for the original?

Normativity, as well as the peculiar quality that it creates, are thus associated with our relationship to them, with the role they play in the practices of society, and with the purposes they serve. "The essence of the norm is not that it is a rule for judgement, but that it must be such a rule for judgement which is conceived as an approving or disapproving verdict during the rendition of a judgement," Kelsen said in his first major work.[18] Consequently, whatever our approach may be to the criterion — we can identify it either with the act of derivative commanding (this is the so-called expressivist concept) or with its conceptual manifestation (this is the so-called hyletic concept)[19] —, we are bound to find that law differs from all the other (for us mute) phenomena and can thus address us, because the law is addressed to us, and has a meaning and message which we accept.

In other words, what we have identified as a norm and defined as the framework of legal reasoning is in itself but an abstract concept. It cannot provide a foundation for more detailed analyses. On the level of abstraction where law is identified as a norm, in a non-metaphoric usage or sense we cannot even say that we "apply" the "norm." After all, abstract concepts cannot be "applied," or more specifically, an abstract concept has no applicable element. The declaration of a general-abstract norm can at most be treated as one of the elements of a rather general logical action. Accordingly, I can use it, say, as a starting point in my quest for individual norms. And of course there is nothing to prevent me from using it as an argument in any kind of reasoning. But what I believe to be its "application" — i.e., the attempt to establish its message as reflected to any concrete individual situation — is prevented by its very general nature.

At the same time, recent research appears to prove that meaning cannot be identified as a self-contained, satisfactory and clear field of reference, just as concept is not a closed field with clear-cut boundaries. Only naive realism can postulate a conceptual world which would directly correspond to a kind of external reality, which could directly reflect the movements, articulations and formations that occur in external reality, or which would in itself lead us to logically inevitable conclusions. Similarly, the remnants of naive realism manifest themselves in all those conceptual representations and logically treated conceptions of the world, according to which the meaning they offer may appear within the framework of a previously defined set of unambiguous contents and scope.

Meaning, as we know, is concrete by definition. Even if we conceive it as generic, we can only do that through the generalisation of the individual characteristic of a concrete manifestation. Other research has proved that answers to the questions of what becomes typical for us and what can represent the conceptually created generic in a specific and concrete way, are conditional primarily on human experience. For this reason, it changes by historical period, social circumstances and our preferences of cultural values. Consequently, we do not need to answer the questions of whether the difference would be manifest in the conceptually circumscribable contents and scope, and if so, what would this difference be like — well, irrespective of the answers the word 'chair' would still have different connotations in a modern European society, and in a traditional neighbourhood in Africa. Similarly, the connotations of the words 'colour' and 'white' would be different in an equatorial area than in an Arctic community. "A term like 'religion' gets its meaning through being applied to certain 'paradigm' cases like Roman

[18] Hans Kelsen *Hauptprobleme der Staatsrechtslehre* entwickelt aus der Lehre vom Rechtssatze (Tübingen: Mohr 1911) xxvii + 709 p. at 17.

[19] E[ugenio] Bulygin 'Norms and Logic (Kelsen and Weinberger on the Ontology of Norms)' *Law and Philosophy* 4 (1985) 2.

Catholicism; it is then extended to other cases that do not differ from the paradigm in too many respects. But it is impossible to say exactly how many respects are too many."[20]

Furthermore, and also following from what has been said above, meaning is not a kind of substance that is peculiar to the aggregate of signs itself, or which is inherent in the written text or in any other vehicle for the sign. The meaning which we eventually gain can only be the product of a communication process. In other words, it is the result of our efforts to decipher a message communicated to us by someone else. "[T]he meaning of a text or utterance is inferring what a writer or speaker *was or is doing* with language and not what some linguistic object essentially was or is."[21] Consequently, meaning is socially conditioned. Furthermore, it is also dependent on linguistic and communicative coherence. And finally, it is also determined by our value-choices.

The development and formation — or, more specifically, determination — of meaning can be construed only and exclusively within the context of social communication, as an element of the historical process of communication. Meaning is process-like by definition. And within this process, meaning appears as a kind of "continuant with changing states or contents."[22] All those factors which can potentially appear as elements of meaning are but the products of earlier processes. And all those elements of meaning which are subjective or contingent in any concrete situation are themselves the results of previous subjective or contingent choices. "[The] contexts, while they are productive of interpretation, are also the products of interpretation."[23]

Accordingly, the process of the determination of meaning is in every respect rooted in the past, in the retention in human memory of the experiences of the past, and in the continuous and permanent application of these memories to present situations.

Let me give an example: categorisation and ideation — even though they may seem to be the end-results of cognition, i.e., the products of a highly developed and abstract intellectual activity — may on a given level become exclusive and determinative themselves. Consequently, they function as switch-levers even in the seemingly elementary act of cognition. "What can be seen will be a function of the categories of vision that already inform perception, and those categories will be social and conventional[...]. [N]eutral vocabulary [...] in terms of angles, movements, tendons and joints [...] would itself be possible only under a *theory* of movement, ligatures, etc., and therefore would be descriptive only of what the theory (that is, the interpretation) prestipulates as available for description."[24]

Those various models — primarily metaphors and metonyms — which enable man to construct diverse linguistic and conceptual schemes, appear as cognitive (and quasi-cognitive) models through their interaction with reality. These cognitive models are idealised.[25] Quite often they appear as cultural phenomena which mould social experience into normative forms.[26] (For

[20] William P. Alston *Philosophy of Language* (Englewood Cliffs, New Jersey: Prentice-Hall 1964) xiii + 113 p. [Prentice-Hall Foundations of Philosophy Series] at 89.

[21] Gerald Graff '"Keep off the Grass," "Drop Dead," and Other Indeterminacies: A Response to Sanford' *Texas Law Review* 60 (1982) 3, pp. 405-413 at 400.

[22] L. Jonathan Cohen *The Diversity of Meaning* (London: Methuen 1962) xi + 340 p. at 268.

[23] Stanley Fish *Doing What Comes Naturally* Change, Rhetoric & the Practice of Theory in Literary and Legal Studies (Durham, N.C. and London: Duke University Press 1989) x + 613 p. [Post-contemporary Interventions] at 53.

[24] Ibid., p. 82.

[25] "[Idealized cognitive models] are like [...] 'folk theories' by which humans in a given culture organize the diverse inputs of daily life into meaningful Gestalts that relate that which is 'relevant' and ignore that which is not." Steven L. Winter 'The Cognitive Dimension of the Agon Between Legal Power and Narrative Meaning' in [*Michigan Law School Symposium on Story-Telling* 1988, manuscript] 70 p. at 11.

example, if I utter the word 'mother,' the semantic space is filled not only with the biological and social functions of the conception of the foetus as a reproduced human being, its birth, nursing and raising. As a function of all these, and through their context, all those backgrounds, divisions of work and roles, and biological and later purely socially enabled surpluses appear simultaneously, which our culture and intellectual development have created. Accordingly, the word also carries the notions of patriarchy that replaced matriarchy, grand motherhood, legal motherhood, adoptive motherhood, substitute and hired motherhood, genetic motherhood, and so on.)

All these, however, do not render language a mere requisite. As a result, language will not become the repository or mere residuum of bygone facts and inherited situations only. After all, every single element, reference and association of language is tied to concrete situations, that is, it is situational. Through this, language is always and fully shaped by the present. All those historical memories or experiences of the past which language retains in the collective or individual memory, can assume a role only through selection and revival by the present, only through the filter of the present, and only in a present context.

Consequently, there is an inextricable interrelationship between what has been and what will emerge. "[The] line between the making and the made is never clear."[27] Each and every element of language is created, defined, adopted as linguistic element or identified as the building block of some configuration in the course of speech or writing, i.e., while the act of communication.[28] From this it follows that language is not a self-contained entity. Through theoretical terms, language can hardly be described as "an abstract formal system which, in John Searle's words, is only used incidentally for purposes of human communication."[29] This is why we cannot speak about language in general terms, and we cannot treat it as independent of its actual use. We cannot ignore the past or present facts of the use of language, and we cannot disregard either the events and memories associated with it, the possibility of repetition, &c.[30]

If our aim is to compile a comprehensive theoretical description, and within that a so-called analytic deconstruction, we cannot but establish that there is no kind of external limitation for us to refer to, which we could refer as an obstacle to human practices. On the level of society and in the last analysis, human practices can be delimited by human practices only. In absence of any

[26] Cf., primarily, George Lakoff *Women, Fire, and Dangerous Things* What Categories Reveal about the Mind (Chicago and London: The University of Chicago Press 1987) xvii + 614 p., as well as Winter, pp. 54-55.

[27] James Boyd White 'Thinking About Our Language' *The Yale Law Journal* 96 (1987), pp. 1960-1983 at 1964.

[28] To confer a meaning? "Indeed, 'confer' is exactly the wrong word because it implies a two-stage procedure in which a reader or hearer first scrutinizes an utterance and then gives it a meaning. [...] [O]ne hears an utterance within, and not as preliminary to determining, a knowledge of its purposes and concerns, and [...] to so hear it is already to have assigned it a shape and given it a meaning. In other words, the problem of how meaning is determined is only a problem if there is a point at which its determination has not yet been made, and I am saying that there is no such point." Stanley Fish *Is There a Text in This Class?* The Authority of Interpretive Communities (Cambridge, Mass. and London: Harvard University Press 1980), p. 310.

[29] Fish (1980), p. 106; similarly James Boyd White 'Law and Literature: No Manifesto' *Mercer Law Review* 39 (1988), pp. 739 et seq., in particular at 750-751.

[30] The concreteness of being is only an ontological statement here. It is therefore not a question of transcendental logical presuppositions, like, e.g., the neo-Kantian methodological question that queries the qualities the objects must exhibit in order to make their scientific analysis possible. The simultaneous parallelism of the statements at Saussure and Kelsen are analysed by Peter Goodrich 'Law and Language: An Historical and Critical Introduction' *Journal of Law & Society* (II 1984) 2, pp. 173-206 at 179-180.

kind of external compelling authority, only we ourselves can discipline, influence or control our own practices.

2.2 *Linguistic undefinedness*

The realisation that the qualities which are identified as linguistic elements exist only in an actualised form in the concrete use of language, and that at best they can be but the products of abstract generalisations based on the observation of the coherence in the use of language, obviously makes itself manifest also in our ability to use language as a vehicle for definitions. More specifically, if meaning is but a kind of continuum and at the same time one of the concrete-specific aspects of the actual use of language, then linguistic definition has to remain relative. It will be hardly more or other than definition by means of the undefined.

What specifically is the problem here? Our dilemma is rooted in our inability to determine whether certain denotations or objects are included in, or excluded from, the coverage of linguistic meaning.[31] In other words, there are situations in which language does not give us clues to decide whether a linguistic term is applicable or not.[32] This means that linguistic definition is by definition characterised by a permanent field of undefinedness [*Unbestimmheitszone*].[33] In order for us to see clearly on this point, it must be emphasised that our main question here is not whether there could be, or are, deficiencies or obstacles in language. After all, we must be aware of the fact that the breakthrough of modern linguistic philosophy, which has shaken the philosophy of science and the sciences at the beginning of our age, occurred with the realisation that the puzzling facts in question — i.e., that the definitions in our everyday life are but definitions by way of the undefined — are not the results of occasional deficiencies or the improper use of language, but fundamental elements of linguistic mediation, prime characteristics of linguistic definition.

According to a definition which has become classical by now, "[A] proposition is vague when there are possible states of things concerning which it is intrinsically uncertain whether, had they been contemplated by the speaker, he would have regarded them as excluded or allowed by the proposition."[34] The point is that there are extreme cases, and that it is not possible to choose from them.[35] That a concept is not congruent with anything else but itself has been known practically since the dawn of linguistic philosophy, as the basic philosophy of science tenet of the limited (i.e., culture-mediated) cognizability and describability of reality. Of course, this means only that describability is limited theoretically. At the same time, however, it also means the blurring to a certain extent of the dividing line between the exclusive duality of truth and falseness, and

[31] Willard Van Orman Quine *Word and Object* (Harvard: The Technology Press of The Massachusetts Institute of Technology; New York & London: Wiley 1960) xv + 294 p. at 126.

[32] Paul Edwards *The Logic of Moral Discourse* (Glencoe, Ill.: The Free Press 1955) 248 p. at 150-151; William P. Alston *Philosophy of Language* (Englewood Cliffs, New Jersey: Prentice-Hall 1964) xiii + 113 p. [Prentice-Hall Foundations of Philosophy Series] at 84.

[33] Cf. Richard Von Mises *Kleines Lehrbuch des Positivismus* Einführung in die empiristische Wissenschaftsauffassung (The Hague: H. P. Van Stockum and Zoon 1939) xii + 967 p. [Library of Unified Science, vol. 1] at 23-25.

[34] C. S. Peirce 'Vague' in Baldwin's *Dictionary of Philosophy and Psychology* 2 (London: Macmillan 1902), p. 748, quoted by Max Black *Language and Philosophy* Studies in Method (Ithaca, London: Cornell University Press 1949), p. 30 and Claudio Luzzati 'Discretion and "Indeterminacy" in Kelsen's Theory of Legal Interpretation' in *Hans Kelsen's Legal Theory* A Diachronic Point of View, ed. Letizia Gianformaggio (Torino: G. Giappichelli Editore 1990), pp. 123-137 [Analisi e Diritto 2] at 126.

[35] Black, p. 30.

thereby the relativity of this division.[36] And as we know, each concept has a measure of indefiniteness in it. This sometimes applies to mathematical concepts as well.[37]

Furthermore, indefiniteness and undefinedness do not only exist perforce, but they are also theoretically impossible to eliminate. In other words, both indefiniteness and undefinedness are fundamental structural characteristics of the language. These characteristics manifest themselves in the general effect of the way language functions, and simultaneously also in each element, aspect and relationship in linguistic usage. This is why "by removing the first, we have made visible other vaguenesses that were there all along — even if we could decide just which combination of conditions was necessary and sufficient for the application of the term [...], the terms in which these conditions are stated are themselves more or less vague — the removal of all vagueness from a given term is an unrealistic goal; the most we can hope to do is to approach it asymptotically."[38]

From all this it follows that the categories (as well as the internal structures) of perception and meaning enable us, as a matter of course, to define our relationship to them only gradually. This means that the veracity of any such statement that contains categorisation can (at best) be gradual only.[39]

Underlying all this is our age-old dilemma concerning the basic understanding (emergence, criteria, role, and function) of the concepts. The school, which we have identified above as naive realism, considered the concepts the intellectual representation of the discrete — i.e., separately and individually existing — elements of reality. According to it, the concepts are patterned on the structure of reality and, as a result of this, their criteria are clear and unambiguous. Since they correspond to reality, they also represent a context which enables them to objectively describe reality.

However, the expectation that the concepts themselves should be discrete and objectively separated entities with clear-cut dividing lines and unambiguous boundaries, and that in their capacity as representation of reality they should simultaneously be neutral to the values, objective and also realistic — well, such an expectation can result only and exclusively from the presupposition outlined above. Now the problem is that none of these traditions is supported either by formal-logical reconstruction completed within the sphere of modern philosophy of science, or by the numerous linguistic, psychological, sociological or historical analyses made by linguistic philosophers, experts of cognitive sciences, the sociology of knowledge and other relevant branches of the humanities.[40] On the other hand, those aspects which have been re-asserted by today's scholarship do not run counter to such a conclusion. In other words, what we have here is not a manifestation of subjectivism. It is not discretion or arbitrariness. It is not the

[36] Bertrand Russell 'Vagueness' *Australasian Journal of Philosophy* 1 (1923), pp. 84-85.

[37] Charles Sanders Peirce *Collected Papers* I: Principles of Philosophy, ed. Charles Hartshorne & Paul Weiss (Cambridge: Harvard University Press 1931) xvi + 393 p. at 6.496; quoted by L. Jonathan Cohen *The Diversity of Meaning* (London: Methuen 1962) xi + 340 p. at 266.

[38] Alston, p. 91. From a purely semantic point of view, this is the same as what Friedrich Waismann 'Verifiability' in *Essays on Logic and Language* ed. Antony Flew (Oxford: Blackwell 1951), pp. 117-144, in his pragmatic approach, established as the paradox of the open texture. Cf. Varga (1992), pp. 100 and 166. Consequently, continuing with the original reasoning, "when we form a concept, we only have certain kinds of situations in mind; as a result, the concept is armed only against certain contingencies. [...] There will always be an indefinite number of other conceivable cases with respect to which the concept is still not delimited." Alston, p. 94.

[39] Eleanor Rosch Heider *On the Internal Structure of Perceptual and Semantic Categories* [manuscript] (Berkeley: University of California, Department of Psychology 1971), quoted by George Lakoff 'Hedges: A Study in Meaning Criteria and the Logic of Fuzzy Concepts' *Journal of Philosophical Logic* 2 (1973), pp. 458-508 at 491.

[40] Cf. Lakoff (1989), PP. 2-4.

acceptance of a kind of solipsism that eventually disowns cognition and the ability to cognize. Instead, it is an intermediate stance, which simultaneously rejects both extremes. It is thanks to such a realism that it can make cognition conditional on social practices (i.e., human practices, orientations towards needs, social contextures, cultural presuppositions), as, at the same time, also embedded in the same practices.

Seen from this angle, it is a crucial realisation that uses of the language — and also the formation of concepts — have their roots in human necessities, that is, in the ideation of these necessities and in the efforts aimed at satisfying these necessities. The evolution of the use of language, and of the individual choices made, can be explained only in this very context.[41] At the same time, the reality to which it refers is itself impossible to gaplessly conceptualise. For reality is such a totality of endless relationships that theoretically precludes all forms of conceptually separated and clear-cut structures to fully describe them in depth. Furthermore, it also precludes all such exclusive or gradual processes which are marked by conceptual conclusions on the succession of the stages of its process-like being. In other words, the unlimitable complexity of both its references and potential configurations in any given situation prevents us from realistically reflecting anything in our conceptual world (except, of course, temporary and single aspects of it). All that we can do is to simplify our approaches to our finite goals.[42]

This is why linguistic philosophy draws a clear-cut distinction between linguistic undefinedness as discussed above, conceptual generalisations, as well as conceptual ambiguities. From a language philosophy point of view, conceptual ambiguity belongs to the realm of phonetics. Here the question is whether the same form (sign, expression, &c.) can or does convey alternative meanings, or cover or stand for more than one concept. Conceptual generalisation, on the other hand, concerns the scope or volume of the concept. And the same applies to linguistic undefinedness as well. But while conceptual generalisation refers to one potential feature of the scope of the concept (i.e., its general state), linguistic undefinedness signifies a structural aspect of the scope of the concept (i.e., the undefined and undefinable nature of its boundaries).[43]

The duality described above — i.e., the conditionality on man's interests and the relative undefinedness — accounts for the fact that there is no such conceptualisation which, when confronted with reality, could assume a kind of exclusive position. When confronted with reality, concept and the act of conceptualisation become powerless. From all this it follows that however logically correct or otherwise convincing a formula may be, we cannot accept it as the only one probable or verifiable. And all that has been said so far equally applies to the individual

[41] Cohen, p. 268; Black, p. 31. "Every common noun, every concept is essentially merely an affective grouping. In a plurality of objects, differing from the point of view of perception even very widely from one another, we discover the same capacity to satisfy some given affectivity, some given need or desire of ours, and through this capacity we reduce this very plurality to a unity." Eugenio Rigano *Psychology of Reasoning* (New York 1923), p. 109, quoted by Black, ibidem. Approaching the issue differently: if we ignore the peculiar human interests associated with the objects, we have to reach a paradoxical conclusion, like for example that — to quote Wittgenstein — in games there is nothing in common except for the fact that the games are all games. In other words: in principle there is no need for two members of the same family to have similar qualities in order to belong to the same family and to exhibit similar facial features. Renford Bambrough 'Universals and Family Resemblances' in *Proceedings of the Aristotelian Society* New Series, vol. LXI (London: Harrison 1961), pp. 207-222 at 208-218.

[42] "The inexhaustible concreteness of particulars is just as much part of the indefinite changeability of concepts, and the non-existence of any single norm-setting or ideal language, as is the open texture of descriptive terms." Cohen, p. 275.

[43] Black, p. 29.

components of the conceptual world, and to the operations carried out with them. There is therefore no such point where our given formula could become simultaneously necessary and exclusive.[44]

It remains a fact beyond dispute that in real life each human step can only be temporary, transitional and experimental, and can become or seen as definitive, final and perfect only through — and because of — man's faith, determination and vocation. Through this and to an extent involuntarily, we also elevate the routine gesture of acceptance from the eternal temporary level which beautifies and confirms human qualities, into the autonomous world of absolute perfection.[45] In short, the mere fact that our activities are inevitably imperfect does not necessarily render us unpractical. Although in principle all our conclusions are right concerning the limited nature of truth, the openness of contextures and the impossibility of their closure, we still have to admit that language — seen as it is practised and considering the aim for which we use it — is reliable in its entirety.

This in turn means that from a practical point of view, our reservations outlined above do not make much sense. Or more precisely, they either make sense in their entirety, or they do not make sense in their entirety. After all, the elements discussed above tend to crop up anywhere, and at any moment — and so they may as well accompany our attempt at a formal reconstruction. They may also come up in practical contexts, though only exceptionally, like for example when the question concerns an extreme situation. Since these extreme situations are mostly typical from a social point of view, and notwithstanding that in theory it is not possible to preclude the element of obscurity, the theoretical uncertainties can in most cases be traced back to practical certainties. The very same pattern applies to truth as well. After all, in the last analysis, the criteria for the concept of truth used for qualifying the descriptive statements are determined by the very same practice. Consequently, the standard of truth applicable to human practice (primarily in average cases) is generally reliable (notwithstanding the fact that man's potential to establish truth remains limited and conditional on his prevailing social presuppositions).[46]

Indicative of the decisive extent to which language is determined by practice and to which it serves to satisfy human needs is the fact that all questions and criteria relevant to the language make sense and have justification only and exclusively within their own circle — that is, in the light of linguistic conventionality. In other words, while all those doubts and limitations inherent in language which are laid down by linguistic philosophy are in principle valid to all forms of linguistic usage, they appear in practice only in those specific — in particular, scientific (mathematical, logical, &c.) — languages and usage which aim for the utmost accuracy and which take pattern from the ideal language of formal symbols. These doubts and limitations are normally not raised whilst the routine, everyday use of language. After all, a claim for distinct conceptual boundaries there would indeed be artificial, transcending practical expectations. We, players of everyday life games, are all aware that the everyday formation of concepts and their

[44] "Under no circumstances can we be compelled to choose from among the competing systems of the genuine classification of various objects in the sense that any of them — and for whatever purpose — should be accepted as the only chance for classification. The potential classifications of objects are limitless." Bambrough, p. 221.

[45] We are now about to prove how weak this ideological manifestation is — contrary to the expectations generated by itself and suggested through ideologies. After all, "while we struggle for coherence in our expression, this coherence will always be tentative, always incomplete, for all that we say, all that we are, is in part a function of the context in which we live, always imperfectly perceived and always changing." White (1987), p. 1981.

[46] Cohen, pp. 271-273. "The description is judged by the relevant standards of completeness operative at the time, not by some metaphysical standard of absolute completeness that would make all finitely long descriptions incomplete and thus put complete descriptions beyond the reach of mortal beings." Ibid., p. 274.

application to average situations are adjusted to average acts of communication, and "indeed the demand to perform this operation is felt to be inappropriate *in principle*."[47]

2.3 *The lack of consequence in the normative sphere*

A foundational concern of logic has since long been to define its own boundaries. Done imperfectly, the job still awaits for adequate solution.

In this regard it is by no means a new recognition that a growing motivation has for centuries been at work in the European culture for that human reflection relies on conceptual explanation and justification either excessively or exclusively. This is the result of the rationalising ethos of Western intellectual development, its inclination to formalise, as well as of the axiomatic ideal which has permeated its world-concept. The roots can be traced back to the beginnings of modern European legal culture. Some of its features can already be seen in the late Roman-Byzantine imperial codification, the formulation of the stand of theology in the philosophy of Thomas Aquinas, the contractual foundation of social order instead of its getting deduced from the teaching of God, as well as the early formulation of a world-concept patterned by natural science. All this served as a motive power for that various social and human concerns would equally be traced back to logic. Thereby also the humane answer has been subjected to the internal workings of logic, to its paths and laws. Step by step, logic became the model of both mastering and controlling human thought processes. Subsequently, the order prevailing in thought got deduced from the order manifested in conceptual expression. The justification of all kinds of airy wishes and practical choices was searched for in their conceptual deductibility. Everything that seemed to be a normal and desired alternative within this order was finally regarded as a result originating by the force of logical necessity from some prevailing necessity.

There is no need even to mention that this paradigmatically closed world-concept was based on presuppositions which, on their turn, were the issues of considerations of philosophy of history, on the one hand, and of the axiomatic model of how to control human activity mentally, on the other. The first was defined by the belief in the so-called laws, linearity, as well as inevitability of development, the second set the claim for logical connection and systemic nature of formal inference. As a result of their ideological character, this idealised world-concept integrated desires which were unfillable in a number of points. In many regards it was backed by sheer wishful thinking and supported not exceptionally by fallacy traps of thought. As a result, it became a world-concept made up mostly of notional projection and extrapolation.

As far as the stand of logic is concerned, it has to be made clear at the very beginning that conceptual inclusion and entailment are not a logical relation in and by themselves. The problem of reflecting the intension and extension of any concept to another cannot be interpreted logically in itself. If, for example, I am wondering within the range of the classic syllogistic formula of "Man is mortal / Caius is a man / Caius is mortal" whether Caius is a man or not, my answer will not be determined by logic. According to one of the possibilities, reasoning can set out of the presupposition asserting that "Caius is a man." In such a case, I have only to ascertain that the thesis is true. (For if I state the thesis of "Caius is a man" as the premise of a syllogism, the whole proposition will be a sheer tautology in logic.) Or I can propose formulating the thesis asserting that "Caius is a man." No doubt that I may have a number of arguments to support this. I can compare these arguments with all counter-arguments contradicting the thesis. This type of argumentation will, however, by far not differ from any other argumentation having the only common feature in none of them having anything to do with logic.

[47] Black, p. 32.

Conceptual "identification [...] is not something one finds, but something one establishes, and one establishes it for a reason."[48] In consequence, not even conceptual classification is made by a logical necessity. Classificatory qualification is not taken from within. It is not done without practical connection and consideration either. Albeit the connection classification will reveal can also be of a theoretical character, logic is not hidden in classification itself. It can only be searched for in the inevitable consequences of the classification made.

Furthermore, logic is not some kind of end result. Logical relevance is made up by logical connection. Such a connection can be characteristic of a statement. For instance, if I assert (or deny) two differing theses in the same context at the same time, my assertion (or denial) shall feature up some necessary logical connection. This is called 'implication'. All this holds independently of whether I have considered it or not, I have been aware of it or not.

Secondly, not any unspecified kind of conceptual expression whatsoever can be made the subject of logic. In a classical sense, only statements do have logical properties. For logical quality can only be sought for in descriptive sentences. Descriptive are the sentences that do assert that something is (or is not) the case. These are propositions that have to be qualified necessarily as either true or false. "Each sentence has a meaning [...], but not every sentence is an assertion; only those sentences are assertions, which carry either true or false content. A prayer is for example a sentence — having no true or false content."[49]

By a metaphoric use of language, we may characterise logic as something externally added to something else like a complement, which can be used or discarded at wish. This is the case when we speak of "genuine," "proper," or "limited" "use" of logic, or "determination" of the law by logic. This usage is deeply ideological in character. It can be made meaningful within the frame of the metaphoric expression only. In a non-metaphoric context it would only testify the complete misunderstanding of the very nature of logic. For logic is one of the particular aspects of the internal formal connection that can be revealed to be the case between two or more assertions made in the same context at the same time. Properly speaking, logic offers a mere frame to refer to it. Ontologically, such a connection can be said to have existed or be the case. This is to mean that the sheer existence of the connection in question is totally independent of any human intent at establishing it, or of the human act of taking cognisance of it. As opposed to the metaphoric use of language, we can only conclude that there is nothing in logic that could offer to either "use" or "application". What is more, the only thing we can do with the connection in question is to either take cognisance of it or ignore it. And this choice reveals that what we are eventually doing is, on the final account, hardly anything more than expressing and pressing our own practical interests in a variety of verbal forms. We are free to take or refrain to taking an action for or against something as much as we are free to make ideologies about the issue. The connection itself, however, keeps on remaining independent of our presence, our intentions and eventual intervention. Its being the case or being not the case cannot by any means be changed or challenged.

I can make any statement at wish. However, any statement made will necessarily presuppose and conclude in some kind of formal corollary. Logic is the form of how and in which to express any such kind of corollary connection.[50] It is the filtering medium of particular relationships (consistencies and inconsistencies) which have to be referred to when I state something which

[48] Fish (1989), P. 95.

[49] Aristotle *de Interpretatione*, 17a 1.

[50] O. C. Jensen *The Nature of Legal Arguments* (Oxford: Blackwell 1957) xv + 166 p. at 9.

is going to be taken as a premise, and/or I state something else which is going to be taken as a conclusion in a syllogistic inference.[51]

Logic can reveal the possibility of drawing into connection (or, strictly speaking, recognising a prevailing connection to be the case) only at points which have been previously selected by the partners in mental operation. In other words, logic has no kind of skill, means, potential or "intention" at its own disposal to limit the actors of speech, to inhibit in the progression of their reasoning process or to make any mentally mediated determination. From a logical point of view, each and every selection partners can make is completely free. Also the choice of any direction or procedure to follow is free. The only bound lies in the fact that each and every contexture of situation they may select for will evoke (by corresponding to) a given set of connections. Logic is only instrumental in describing the related set of connections.[52]

Connection is a relationship taken and conceptualised in abstract generality. At the same time, connection is the form of actualisation of an in itself neutral necessity. The contexture manifesting itself in a given situation does originate from assertions. Strictly speaking, contexture can only be derived from the connection of the given assertions. This equals to saying that logic is entirely faceless, impartial, value-neutral and indifferent a medium. Otherwise speaking, we can also say that "there are no morals in logic."[53]

The ideal objective set by science and scholarship is to describe objects through their "objective" characteristics, to model them mentally by drawing their clear-cut boundaries while rejecting, as much as possible, any alternativity or ambiguity. According to this ideal, any such description will have a bivalent character. For it will be either true or false, with any third possibility excluded. It is to be noted that falsity is not the simple lack of truth here. It stands for the opposite point in the line of epistemological values. Albeit, as we know, bivalence as categorically asserted is uncommon in the realm of everyday life and practical action. Man is practice-oriented. Ontological (and anthropological) priority of practice prevails in everyday life.

Practice is by far not patterned by the cognitive ideal. On the final account, practice will necessarily "exclude not only the purely cognitive character of the different sorts of deductive founding, but at the same time also other cognitive methods at the foundation of a practical thesis."[54]

Normativity is a particular aspect of human practice. It has some similarity to science and scholarship in so far as its reference is ideological and its form of manifestation is mental.

[51] Cf. C. G. Hall 'On the Logic of the "Internal Logic" of Law' *Cambrian Law Review* 15 (1984), pp. 31-39 at 34.

[52] Cf. Georges Kalinowski *Introduction à la logique juridique* Éléments de sémiotique, logique des normes et logique juridique (Paris: Librairie Générale de Droit et de Jurisprudence) vi + 188 [Bibliothèque de Philosophie du Droit 3].

[53] "In der Logik gibt es keine Moral." Rudolf Carnap [1934] *Logische Syntax der Sprache* 2nd ed. (Vienna & New York: Springer 1968) xi + 274 p. at 45, quoted by Ota Weinberger 'Objectivity and Rationality in Lawyer's Reasoning' in *Theory of Legal Science* ed. Aleksander Peczenik & al. (Dordrecht: Reidel 1984), pp. 217-234 at 223.

[54] "Der Non-Kognitivismus schließt also nicht nur deduktive Begründen rein kognitiven Art aus, sondern auch alle anderen rein kognitiven Wege des Begründens praktischer Sätze." Ota Weinberger 'Analytisch-dialektische Gerechtigkeits theorie: Skizze einer handlungstheoretischen und non-kognitivistischen Gerechtigkeitslehre' in *Zum Fortschritt von Theorie und Technik in Recht und Ethik* ed. Ilmar Tammelo & Aulis Aarnio (Berlin: Duncker & Humblot 1981), pp. 307-330 [Rechtstheorie, Beiheft 3] at 317. Cf. also p. 316 and Weinberger (1984), p. 230.

Similarity between ideologies of operation, however, does not necessarily involve any touch upon actual functioning.[55]

Dysanthropomorphization is a hopeless venture in science, nevertheless it is still both necessary and feasible as a tendency. This holds notwithstanding the fact that science and scholarship (as parts of human practice) are basically anthropomorphic in respect of both roots and boundaries. However, the only chance for science and scholarship to take shape is their dysanthropomorphization from the beginning, for this alone can afford them relative homogeneity. Dysanthropomorphous are the criteria which science and scholarship set conventionally for themselves to delineate their own boundaries in the given culture.[56]

Ideological formulations are motivated by practical considerations on the field of normativity too. The role they play is functional. Especially in cultures with *ius* reduced to the *lex*, dysanthropomorphizing homogenisation is one of the most powerful factors to achieve that formal validity will be recognised as the law's sine qua non property. Legal formalism is the key element in both the law's hierarchical structuration and validation and its distinctive operation and functioning. Legal distinctiveness is responsible for reification (*in* the structure and *of* the operation) of the law as a side effect,[57] which is brought about in formal legal cultures unescapingly.

Science and scholarship are built on the experience (and also the felt need) that propositions and also the connections they presuppose can incessantly be tested in social practice, so that human cognition will finally develop. Therefore the development of science and scholarship is a function of the growing mastering of the ways of how to raise questions and adjust temporary answers to the issues reformulated recurrently.

As is known, the field of practice represented by law is built upon normative expectation. Law is constructed in a way that aspects of reality are controlled by legal instruments that qualify them through ascribing normatively established consequences to them. From the ways of approaching to and processing legal norm-materials, i.e., zetetics and dogmatics (with the latter standing for doctrinal study), only the first can have a claim to set cognitive objective.[58]

In sum, the normative field is made up of volitive expressions formulated in ought-sentences, and not of assertions with bivalent qualities, true or false.[59] In contrast to the cognitive orientation of science and scholarship, the field in question is fully practice-centred notwithstanding the fact

[55] Cf. Csaba Varga 'The Judicial Establishment of Facts and Its Procedurality' in *Sprache, Performanz und Ontologie des Rechts* Festgabe für Kazimierz Opalek zum 75. ed. Werner Krawietz & Jerzy Wróblewski (Berlin: Duncker & Humblot 1993) and Csaba Varga 'On Judicial Ascertainment of Facts' *Ratio Juris* 4 (1991) 1, pp. 61-71.

[56] "The scientific method of reflecting reality dysanthropomorphizes both the object and the subject of cognition. The object is dysanthropomorphized by clearing its substance to the extent of what is possible from anything added by anthropomorphism; and the subject, by controlling continuously its own view, way of perceiving and conceptual construction through the attitude the subject has developed toward reality, with the view of being able to assess where and in which manner the anthropomorphizing deformation of objectivity has actually interfered with the cognitive processing of the object." György Lukács *Az esztétikum sajátossága* I-II [Die Eigenart des Ästhethischen] transl. István Eörsi (Budapest: Akadémiai Kiadó 1965) 790 + 826 p. at I, 133.

[57] Cf. Varga (1980).

[58] Cf. Theodor Viehweg 'Some Considerations Concerning Legal Reasoning' in *Law, Reason, and Justice* Essays in Legal Philosophy, ed. Graham Hughes (New York: New York University Press; London: University of London Press 1969), pp. 257-269 at 261.

[59] This is the message of the Latin-American debate on the character of norms. Accordingly, in order to understand their nature, norm has to be either reduced to a manifestation of human will (*expressivist* conception) or identified by the deontic operator which defines the way it is formulated (*hyletic* conception). Cf. Bulygin.

that its ideological coverage may be of a dysanthropomorphized character. Normativity is volitive and intentional, meant for the actor to act by and with. As is known, the logic of propositional syllogism points to aspects of reality by assuring us that providing that propositions are true, the conclusion drawn therefrom is also true. That is, the result is guaranteed with no human involvement.[60] The case is just opposite on the normative field. Neither norm-proposition, nor its reflection to fact-proposition can lead to kinds of conclusion by the force of which validity could be transmitted without human involvement.

What is the connection, characteristic of the normative sphere, like? What is the connection, non-characteristic of the normative sphere, like?

Perelman tells us the parabola of the Talmud as follows: Rabbi Abba bequeathed the story about Rabbi Samuel who had been annoyed for the two schools the interpretation of The Scriptures had had developed, the one of Hillel and the other of Shamai, which contradicted mutually. By having lost his temper he finally turned to the Heaven asking which of them told the truth. However, the heavenly voice replied unexpectedly that both of them had preached the Word of God.[61]

In order to clarify the situation, let us exemplify by another setting of logic and connection, raising the question of contradiction.[62]

Well, as related to the nature, contradiction does not occur there evidently. Nature is simply present with us and around all us. The case is that nature is present here and there. It exists. In consequence, making contradictory statements related to nature can only mean that either one of those statements is false or both of them are failed to be formulated precisely. The same holds also if my reason goes on as follows: providing that the statements "metal is a conductor of electricity" and "copper is a metal" are true, I can conclude by stating that "copper is a conductor of electricity" even without knowing what "metal," "copper," and "electricity" are. It is the realisation according to which the issue is not brought about by logic that matters here. For only the connection has anything to do with logic. Accordingly, if such and such connection is the case, such and such conclusion offers itself to be drawn from it in terms of logic.

How can I construe a situation when, on one occasion, I call someone honest and, on another, a liar? For a situation as this may happen easily. As a matter of fact, I can be justified doing so if I have a reason for doing it. For instance, it may be the case that my experience has in the meantime changed. It may also occur that my opinion has changed in the meantime. My intention of why doing this or that may also have changed. All in all, I can make differing statements on different occasions. For I can have a reason of doing so and why doing so. After all, I am a human being and not the mere vehicle of a theoretical statement. And humanely I do exist for having actions.

Does it make a difference if, on one occasion, I label something to do as prohibited and, on another, as permitted? It seems that I can do so, too, providing that I have a reason for doing it. For it may be the case that either my experience, or opinion, intention, or language usage has changed in the meantime. Any of them can be a reason of why choosing for any of those options. The only thing that matters here is that I may have a reason for opting in both ways. The only

[60] Alida Wilson 'The Nature of Legal Reasoning: A Commentary with Special Reference to Professor MacCormick's Theory' *Legal Studies* 2 (1982), pp. 269-285 at 272.

[61] Seder Moed 2, Erubin 13B in *The Babylonian Talmud* transl. I. Epstein (London: The Soncino Press 1935-48), cited by Chaïm Perelman 'What the Philosopher May Learn from the Study of Law' [Natural Law Forum 1966] in Chaïm Perelman *Justice, Law, and Argument* Essays on Moral and Legal Reasoning (Dordrecht, Boston, London: Reidel 1980), pp. 163-164 [Synthese Library, Volume 142] at 165, and Perelman (1976), P. 45.

[62] The following explanation is drawn from the debate I had with Professor Joseph Raz (Oxford, Balliol College) while walks and talks at Yale Law School (New Haven, Conn.) in November 1988.

preoccupation in life is to live it and use of what is available for it, with communication included. Communication is a gapless process of interpretation with results differing and non-differing, dependent mostly upon the selection of the theory of interpretation. In communication, former opinions are also reconsidered, rejected and overcome. In cases of expressing myself differently, it can occur that at previous time I had not expressed myself adequately. This can even be due to the imperfectness of language. It can occur that my points have been difficult to express unambiguously or changed function in the meantime.

In everyday life all I have to do is to act reasonably so that communication will ensue from intention. For one of our great expectations in logic is to ensure that what is linguistically expressed can be reconstructed in a formal way.

For that matter, encountering contradiction in events of communication does not necessarily involve anything more than what we see in nature when encountering contradiction there. The only message it holds is that that what we have expressed conceptually has in fact been formulated in a way that it leads to contradiction in logical reconstruction.

After all, may I say that something is prohibited and permitted at the same time? For instance, may I state that the house is inalienable and the larder is a part of the house? Of course, I may. May I add notwithstanding that it does not conclude from it necessarily that the larder is also inalienable? Moreover, may it be concluded therefrom flatly that the larder is alienable? The answer is still 'yes.'

An example taken from another field can reveal the nature of the connection. In making a statement on the conduction of electricity, the only anthropomorphous element in it is my act of communication about it. The connection itself, i.e., its logical aspect, is independent of any human involvement. Proposition of a norm is just another case. No element can be independent here from the act of normative postulation, creative of social reality. This is to say that proposition of a norm is a human artefact. No element of it can prevail — in and by itself — by the force of logical connection. (Only the reifying institutional assertion of the reifying self-definition of the normative order can manifest itself as an "objective" description.)

By returning to the example above, if I propose the apparently syllogistic normative statements according to which "the house is inalienable" and "the larder is a part of the house" and then I hold that the larder is alienable notwithstanding, the validity of the former does not necessarily invalidate the latter. Something else can also be concluded from it. For instance, it may be the case that for some reason I have not communicated all the arguments decisive of the conclusion of the syllogism. It may also be the case that I have been inconsistent in practice. If anything important in practice urges me, I can give the exhaustive justification of why both these norm-propositions and the statement on the alienability of the larder are equally included in the normative order as its consistent components. What is more, I can even find a reason for the latter's harmonising with the former without amending it a bit.

Misleading is the world-concept that conceives of the domain of practical reason as if it were a deformed and simplified version of theoretical reflection. For practical reason is shaped by everyday life and, for obvious reasons, Hillel cannot have an exclusive control of it. Hillel cannot even share control with Shamai exclusively. Norm-proposition(s) can be formulated in the same normative order at wish, independently of the conclusion drawn from either Hillel or Shamai. Any reason entering the field may compete with them and can on the final account even invalidate them irrespectively to the social backing they may have.

In contrast to the basic tenets of legal positivism, there is no norm the validity of which would be sufficient in itself to ground the validity of another norm. The constitutive role of "transmitting" validity to another norm cannot be substituted to by the exclusion of contradiction in the normative order (as classical logic does) either. For thereby we could only achieve the substitution of open reasoning to a formal one, relying upon normative reference exclusively.

In logic, there is nothing new in these developments. All this is hardly anything more than the transposition into the language of law of what deontic logic revealed half a century ago.[63] Accordingly, we can establish that there is no logical connection in the normative sphere. In consequence, we can also establish that there is no logical conclusion in the normative sphere, either.

[63] J. Jörgensen 'Imperatives and Logic' *Erkenntnis* (1937-1938) 7, pp. 288-296; Karel Englis *Die Lehre von der Denkordnung* [Malá logika: Vêda myslenkovém rádu, Prague: Melantrich 1947, 511 p.] (Vienna 1961); Karel Englis 'Die Norm ist kein Urteil' *Archiv für Rechts- und Sozialphilosophie* L (1964), pp. 305-316; Hans Kelsen *Allgemeine Theorie der Normen* hrsg. Kurt Ringhofer & Robert Walter (Vienna: Manz 1979) xii + 362 p.. Cf. Ota Weinberger 'Logic and the Pure Theory of Law' in *Essays on Kelsen* ed. Richard Tur & William Twining (Oxford: Clarendon Press 1986), pp. 187-199 at 191 et seq.

LAW AS EXPERIENCE

[18]

ON THE SOCIALLY DETERMINED NATURE OF LEGAL REASONING

Csaba VARGA

1. *Interrelation of the creation and application of law*

A number of facts, events and processes have cooperated in the creation of law in society. In the course of its development through many thousand years the law itself was in the service of a number of ends. The position occupied by law in the processes of social motion, its function and importance from the point of view of social development are determined by several concrete functions of the law, before all by a basic function dominating these functions. When now the time of the historical appearance of law and the various aspects of its institutionalization are considered, this underlying fundamental function will in the last resort appear "as a definite settlement of conflicts suiting particular classes, strata or groups of society, together with it the safeguarding of an order doing justice to dominant interests, first, through the settlement of the conflicts, then with the aid of a gradually developing system of standards providing the foundations for such a settlement and partly taking its shape from the conflict-resolving decisions, finally through the organization of society as a whole, or certain phenomena of it by means of legal norms." ([1])

This notion of the basic function guarantees an extremely momentous position for the application of law (it defines the *raison d'être* of law almost wholly centred in the law-applying), still at the same time it offers a rather differentiated picture of the part of the creation of law, which manifests itself in the marshalling of conflict-resolving practice into a definite channel, in its entirety in a moulding of social life which equally incorporates the will of the State directed to the shaping of social relations as well as the formal establishment of means applicable or to be applied in the interest of the enforcement of this will. Actually, as is known, the creation of law has come in the forefront of the interest of society mainly because modern political life by aiming at the expansion of conscious social engineering and as a precondition of it at the ensuring of uniformity, has of necessity laid stress more and more on law-making. However, a vigorous concentration on legislation can be justified only within given limits. As a matter of fact the statement suggests itself that whatever ideas may encircle the activities of the legislator, whatever true or hoped-for significance may be attributed to the part played by him, it will be manifest that "the legislator translates only his immediate object into reality, whereas he will have to assign the realization of any subsequent object to others.» (2) And these «others» stand for the plurality of functions, or more precisely the plurality of persons discharging these functions and embodying the roles corresponding to them. In the sphere of these persons in the first place the judge deserves mention, i.e. the person in charge of the application of law called for the resolution of conflicts of a variety of types.

The relationship of the application of law to the making of law, i.e. of the conflict-resolving decision to positive law, the determinedness of the law-applying processes by a given, pre-existent and formally defined system of norms, the extent and manner of this determinedness, and in particular their theoretical notion, present a historically varied picture. In definite areas and periods, where and when there was a strong central power vested with adequate will and means, and having fair chances for the central guidance of society on a uniform line of policy, vigorous efforts were made for an extremely close delimination of the different elements and likely results of law-applying activity, and the deprivation of those responsible for the administration of justice of any possibility of appraisal or judicial discretion. This servile subordination of the application of law, its deprivation of any chances of an autonomous production of effects, or at least conscious tendencies drifting in this direction, manifest themselves already in the beginnings of the growth of law. A replica of these, their historically modified variant, or even traces of them, may be discovered in phases of development of almost all historical periods.

Now as regards the restriction of application of law to a mere recital of statutes and simultaneously the detachment of the mental pictures called to reflect reality from reality and its actual potentialities, we believe we had better quote the almost Europe-wide general practice of the century preceding the French Revolution as the most characteristic and in theoretical lessons rich example, i.e. the practice of a period when parallel to the growing vigour of the central power and the rise of a new social class, a natural tendency could be experienced to squeeze law-applying activites into rigorous rules. It should be noted that this age was at the same time the age of the conquest of rationalism and the birth of the theoretical preliminary forms of modern legal positivism. Both the conquest of rationalism and the birth of positivism could manifest themselves as an intellectual expression of the claim advanced and intensified by the economic interests and political tendencies of the bourgeoisie made good in a similar form for a short time even after the Revolution.

This was the age when Descartes in his *Règles pour la direction de l'esprit II* formulated the thesis laying the foundations of Cartesian rationalisme viz. «Toutes les fois que deux hommes portent sur la même chose un jugement contraire, il est certain que l'un des deux se trompe. Il y a plus, aucun d'eux ne possède la vérité; car s'il en avait un claire et nette, il pourrait l'exposer à son adversaire de telle sorte qu'elle finirait par forcer sa conviction.» [3] And this was the age when Leibniz in his *Nova Methodus discendae docendaeque jurisprudentiae* made attempts at reducing jurisprudence to a system of axioms, and at building up law itself in a corresponding mathematical form of a set of definitions, theorems and axioms. And finally this was the age when in the service of centralizing and unifying tendencies the identification of legislation and law-interpretation received its ideological expression. As may be read in a standard work written about three centuries ago, «Comme il n'y a que le Prince qui ait l'autorité d'établir des Loix, il n'y a aussi que lui qui ait le pouvoir d'interpréter celles qui sont établies, parce que l'interprétation de la Loy sert la Loy et elle en a l'autorité.» (4) As a matter of fact the institution of the *référé législatif*, which on the pattern of the *ordonnance* of 1667 following the Justinian example was established in 1790, i.e. during the Revolution, could prohibit the interpretation of law and endow with it the legislator only because in the notion of the age legal practice became for its content identified with legislation, i.e. legislation could so to say be substituted for legal practice. The concern felt for the law-applying process lest the interpretation of law should interfere with it, did not merely hint at a practical source of hazards or a chance of abuses, but at the same time declared an extreme theoretical potentiality of an administration of justice void of all elements of independence and restricted to the recital of the law, to be politically attested ideal, moreover an ideal to be translated into reality. The illusory character of this ideal could be unveiled only by the shortly supervening failure, which at the same time was the impetus that gave birth to a judicial practice in a modern sense and became the foundation of the modern system of superior courts with their function tending towards a unification of the interpretation of law. (5)

This notion of the relationship between legislator and those administering the law, a notion which as has been seen served not merely for the speculative delimitation of a historically given idea, but at the same time for the theoretical support of a practical solution (at least of one intended to be translated into practice) manifests itself in reality as the carrier and consequence of by far deeper tendencies of a theoretical value. As a matter of fact the theoretical tendency behind this notion in conjunction with the characteristically modern idea of the *mos geometricus* contained the allegation of the potentiality of a completely formal deduction and demonstration, of an exhaustive deductive definability by a system of norms, which essentially is but the projection of the fundamental idea of Cartesian rationalism onto the law, its adaptation to the peculiarities of the law. In the world of law, however, a similar position would qualify as extremely formal. In fact it necessarily contains a theoretical confirmation of the thesis that in law-applying processes the law to be applied manifests itself merely and exclusively as a set of sentences derived only and exclusively from positive law by means of strictly deductive logical processes and that the law applied as a set of sentences will be defined only and exclusively by the positive law as a system of norms. Obviously this approach may only offer an explanation for the condemnation of the law-interpretation as legislation of necessity, further for the formulation of the shaping of a process of law-application eliminating, and even denying the need of the interpretation of law as a goal. This picture of processes incorporating the administration of law, the certitude affecting the judicial decision and the provableness in a theoretical sense would on the other hand lead to a very abstract conclusion extremely alien to genuine social processes embracing the law and the entire mechanism of the administration of justice. As a matter of fact in the light of what has been set forth earlier then "In substance, given a well-drafted law and a certain fact, it is supposed that any judge, young or old, conservative or progressive, educated or ignorant, in any part of the globe, now or a hundred years ago, should arrive at the same conclusion" ([6]), what is already at the first glance an obvious absurdity, equally conflicting with reason and the actual conditions.

However, all this means but one extreme, one of the extremist points of view or potentialities. As is known the idea of a "legislation without judges" is opposed as the other pair of the antithesis by the idea of an "administration of justice without legislation". ([7]) A few of the theoretical and practical projections of this idea will be dealt with later on. At present we would merely remark that not even this idea exists merely as logical potentiality. In the course of history several attempts were made to establish this one in practice more or less completely, and are still being made in certain specific fields. However, as may be stated with a claim to generality, in most of the instances reality does not settle down at the extreme points. It takes a position in the intermediary field between the extremes, where the different components, sides and potentialitis operate on one another in the best possible may.

Hence as equally expressed by authors of different times, or professing divergent opinions, the judge "is not a person enforcing the law, like e.g. the bailiff enforcing the judgement». [8] He is vested with autonomous functions discharged and only dischargeable by him. In connection with the definition of this function Continental theory mostly emphasizes the moment of complexity, of dual restriction. As a French author puts it «Le juge est soumis ... à deux devoirs également impératifs: il doit 'rendre la justice', c'est-à-dire apporter au litige qui lui est soumis la solution qui lui paraît la plus équitable. Mais, en même temps, il est lié par le texte de la règle de droit qui doit servir de base à sa décision.» [9] A theoretically more precise, and at the same time more intensely polarized exposition of the Continental doctrine of the dual restriction of the process of judicial decision-making is before all part and parcel of the Scandinavian theory of legal realism. As a matter of fact this theory is to some extent allied to American realism, still at the same time as the ideological reflection of one of the particular members of the family of Continental legal systems conceives the legal rule as a precondition of judicial decision whose effect can be made to prevail only in conjunction with other factors, concurrently with, and defeating, them, and as a potential opponent of these other factors. The postulate of a procedure according to rules, the formal conformity with the provisions of law will accordingly manifest itself in a form necessarily dissolved in categories of more comprehensive contents. As a prominent representative of the movement of Scandinavian realism writes, "The judge is not an automaton which mechanically converts paper rules plus facts into decisions. He is a human being who will carefully attend to his social task by making decisions which he feels to be 'right' in the spirit of the legal and cultural tradition. His respect for the statute is not absolute, obedience to the law not his only motive. In his eyes the statute is not a magic formula, but a manifestation of the ideals, attitudes, standards or evaluations which we have called cultural tradition. Under the name of material legal consciousness this tradition is alive in the mind of the judge and creates a motive that might come into conflict with the demand of the formal legal consciousness for obedience to the law." ([10])

The socialist concept of the relationship between legislator and those applying the law also emphasizes complexity. However, at the same time it points at the different manifestation of divergent elements. As a matter of fact according to the point of view accepted as dominant "in a most general way the application of law is the enforcement of a provision of law, as a generally binding rule of conduct in individual cases and for individual cases within a process which does not merely mean the reciprocal projection of the general to the individual and vice versa, but also the necessity of the creation of the concrete unity of the individual interest and the general one.» ([11]) However, in the light of this notion the socialist state may guarantee the representation of the general interest not only through its legislative policy, but also through its general policy and policy of the enforcement of law. This justifies the exposition of the thesis in the form of a principle that "the law-enforcing agencies by way of individual acts of the application of law and the shaping their general practice of administering the law, and in conformity with the general policy of the socialist state and its law-enforcing policy, make socialist legality prevail", by this method guaranteeing that the law-enforcing agencies proceed "on the ground of socialist law, in conformity with the policy of the party and the state." ([12])

If we are now intent exploring the theoretical roots of this relationship between legislator and judge, before all we shall have to point out that as is known the processes of motion basically characteristic of the law proceed from the social relations to the legal norms, and then again the other way round to the social relations. However, this motion setting out from the social relations and through the mediation of the legal norms again returning to the social relations does not appear as a process closed down in its non-recurrency, or as a unidirectional process, but as a continually renewed and never ceasing process of motion which at several points even incorporates a moment of feedback. ([13]) The two extreme points of this specifically social and legal motion are formed by the social relations on the one part, and the legal norms specifically reflecting these and occupying the different levels of generality, on the other. The social relation constituting the basis of the processes of legal motion, their starting point and terminal, obviously embody the totality of a number of concrete empirical signs, i.e. a concrete individuality. However, this concrete individuality at the same time contains the moment of substantial generality hidden in the totality in question. As regards the legal norms it has been ascertained that "neither the category of individuality, nor that of generality is capable of grasping the individual phenomena and substantial peculiarities of the social relation to be brought under regulation simultaneously in a way that by terminating and at the same time preserving both moments it would permit the reference of the legal provision to the concrete individual case so as to bring about a connection not only to the concrete individual form of phenomena of the social relation in question, but through this connection and together with it through influencing and deciding the concrete individual case in harmony with the general expressed in the content of the legal norm, at the same time to establish the transition to the substance and generality of the social relation." Under such circumstances as the outcome "not of fortuitous or autotelic arbitrariness, but as a socially much too definite necessity", "in the process of law-making the motion proceeding from the individual forms of phenomena of the social relation to be brought under regulation to the substantial generality and vice versa, concentrates in the particularity as the content of the legal norm," since "the dialectic unity and interrelation of the individual forms of phenomena of the social relation to be brought under regulation and its substantial generality find expression in the logical category of particularity." ([14])

Touching on the relationship of the general, particular and individual we have to emphasize that the substantially general hidden in the social relations as a totality of a number of concrete individual phenomena will come to sight as general only in the process of human, scientific cognition and that only this cognition will lead to the creation of a system of norms which would permit the establishment of relations between the essentially general and the concrete individuality on the level of the particular, by stabilizing the typical elements of a concrete totality formed of individual phenomena. Hence the motion embodying the life of the law, as shown by the diagram in Fig. 1, fundamentally sets out from social relations in order

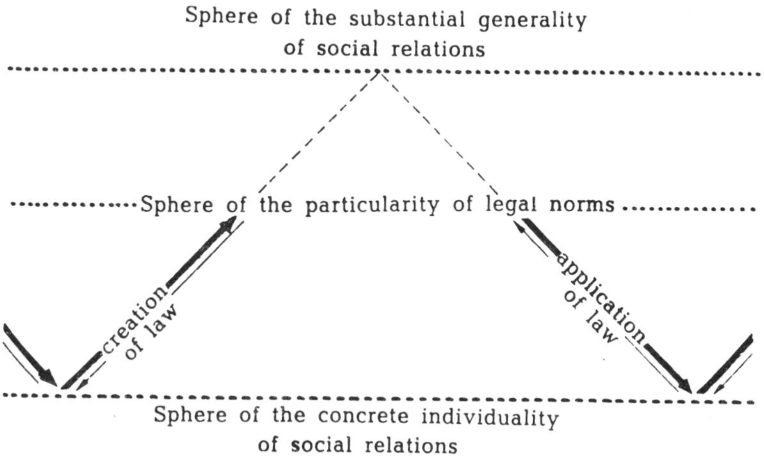

to achieve through the mediation of law-making and in the knowledge of substantial generality explored in the process of scientific cognition the stabilization of the typical traits on the level of the particularity, only in order that the application of law might turn this particular again to the social relations and by this process again to bring about the cross-reference of the general and the individual. In the relationship of the general, particular and individual it is evident that the bulk of the processes of motion leading from the social relations to the norms is carried by the specific legal activity finding expression in legislation. Still the mutual influencing of social relations and norms may as a matter of course apart from creation and application of the law in the strict sense manifest itself also through other channels, so before all through the non-legislative creation of norms and their effect on social conditions exercised through a medium other than the application of law. The potentiality of uninterrupted motion passing off in formal and non-formal manners between the individual and the general and vice versa, will therefore in all appearance be guaranteed by the organization as the intermediary medium of the particularity, and this organization will at the same time become the ground on which the delimitation of the place and function of the creation and application of law, and of the determinedness of their sphere of motion may rely.

From what has been set forth so far the conclusion may be drawn that motion between the general, the particular and the individual and vice versa is put together of a number of non-stop processes of transitions from the one to the other and that accordingly in this process of motion without a point of rest the segregation of the various components will, surveyed from the point of view of the totality of the processes of social motion, become a relative one. It is exactly the goal of the processes earlier described as processes of social-legal motions to bring about renewedly the transition of one to another, of the general, particular and individual, and vice versa. Law-making sets out from the social relations, whereas the application of law has the social relations as its terminal point. However, the creation of law is not the strictly taken starting point of this social and legal motion, nor is the application of law the terminus of it, inasmuch as the road covered from the social relations to the norms and thence back to the social relations appears merely as an artificially segregated section of this motion. In conformity with the diagram in Fig. 2 this continuously recurring process of motion, rebuilding itself in a continuously modified form, relies on social relations which exactly as a result of the processes of motion manifest themselves in a moulded form. The underlying theoretical ground of

Fig. 2

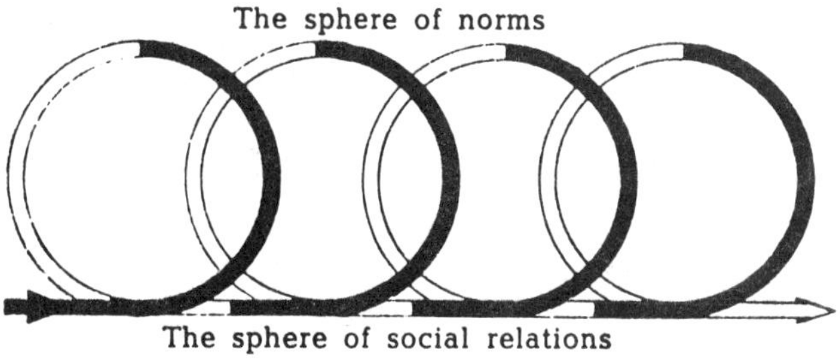

1 = processes of the creation /formation/ of law
2 = processes of the application /realization/ of law

the character of feedback of the fundamental processes of social and legal motion and of its description as a continuously progressing circular motion are guaranteed by the circumstance that the legal norm, as one of the intermediary points of the determining processes springing forth from the social relations, then reflecting them and in the last resort setting out from the relations of material production receives its shape as a formation defined by these processes. Sociology formulates this relation by bringing forward the statement that the two extreme points of the processes of motion here analyzed, i.e. human conduct finding expression in the social relations and the norm giving expression to the social relations in general present a determinedness by the same or similar factors, ([16]) and that this state of facts appears to be suitable for a repeated emphasis of the functional intertwining of the creation and application of law, their joint determinedness and their reciprocal conditionality in the process of motion characteristic of the life of law. As a matter of fact the making of law and its application are equally called with the knowledge of substantial generality, with the intention to grasp this generality, to interconnect the individual and the particular in a specifically legal manner possessing normativity. This common trait of the law-making and law-applying processes will on the level of the totality of legal phenomena as social phenomena create a functional community even when it is known that the trend of the establishment of relations brought about by the creation and application of law between the individual and the particular will of necessity remain an antagonistic one. Beyond this we have to remember that as has already been made clear the making of law is not the only and exclusive potentiality of the motion setting out from, nor the application of law the only potentiality of the motion received at, the individual. Thus both the effect directly exercised by the application of law on the formation and moulding of norms, and the realization of norms not postulating application, will on their own part point at the moment of the functional community manifesting itself between the creation and application of the law. Hence in this way determinedness by identical factors and a certain dialectical uniformity of potentialities and effects seem to suggest that from the point of view of the totality of the processes of social motions and in particular of that of the fundamental, basic function of the law, making and applying the law must, at least in a single respect, viz. on the plane of the generality of the above-mentioned determinednesses and of the totality of legal phenomena as social phenomena carrying segregating, specific traits, be considered consubstantial. This con-substantiality does by no means prevent the antithetical directedness of the motions fundamentally characteristic of law-making and law-applying within the framework of this totality and fundamentally determining the specific substance of law-making and law-applying processes. On the other hand this consubstantiality at the same time reminds of an extremely significant circumstance namely that from the point of view of the totality of the processes of social motions and the fundamental functions regarding the law, law-making and law-applying must be qualified as two basic, equally indispensable means mutually dependent on each other, of any social arrangement carried through by means of the law. As a matter of fact creation and application of the law present themselves as consubstantial not only in that by the side of their fundamentally antagonistic direction of motion the two, viz. creation and application, in the face of the antagonism of their specific substance carry from the point of view of the delimitation of their generic substance common determinedness, but also in the sense that the specific substance, and so the *raison d'être* of both creation and application of the law exists not by itself, but in the other, or more precisely in a functional interconnection with the other. Strictly speaking the goal of the creation of law is not merely and simply the formation of norms, but the exercise of influence on the development of social relations transmitted in the course of enforcement and realization of the law by this formation of norms. Nor is the goal of the application of law merely and simply the unidirectional and in its individuality completed influencing of social relations, but a shaping of these relations of a truly creative character and organizing effect serving the development of social conditions. In this way at the same time the application of law may simultaneously with the development of social conditions become the basis of a new legislation and by this the guarantee of a process of a recirculating motion progressing in a continually modified form, of a process of preserving by terminating and of a feedback specific and desirable also in the life of the law.

If we now speak of the determinednesses jointly affecting creation and application of the law, i.e. of the circumstance that fundamentally and viewed from a given level of generality the same factors determine, and at the most critical points the same traits characterize, creation and application, then in this statement we shall have to take up that in both creation and application of the law these factors and traits will equally manifest themselves in a redoubled form, viz. partly transmitted by the other side of the social and legal process of motion, and partly in a manner independent of this, in an autonomous and direct form. This means that in creation of law beyond the direct social determinedness in general we shall discover the traces of the determindnesses and traits of earlier processes of applying the law, and vice versa, in a manner finding expression as a fundamental, formal postulate, explained by the application character and the specific substance of the administration of law, beyond the direct social determinedness we shall discover in it in all circumstances the traces of the determinednesses and traits of earlier legislation. Hence the social and political character of influencing and determining the application of law will find expression necessarily in a redoubled form. As a matter of fact this is what as regards the intrinsic determinednesses of the norm to be applied the creation of law from the very outset transmits, on the one hand, and at the same time on the other, it is this which in the external determinednesses of the law-applying process as a social process becomes visible.

In the survey of the relationship between creation and application of law we have pointed at the community of the generic substance appearing on the level of totality of the law and also at the arrangement of these two fundamental sides of the processes of social and legal motion side by side. However, at the same time we have to call forth attention to a few peculiarities affecting the relation between creation and application of law in deeper regions, peculiarities manifesting themselves on the level of the specific substance moving in antagonistic direction and carrying into effect the fundamental differentiation within the sphere of totality of the law. As regards the relation between creation and application of law we may advance the statement that surveyed from the point of view of the institutionalized form of modern law at least in the Continental sense, its positive system of norms, its mechanism and structure of functioning, creation of law occupies the position of the factor dominating the various processes of legal motion, inasmuch as at least in the law in conformity with the traditional principle of the formally also stabilized system of the sources of law the set or the available store of patterns developed in the law-making processes determine, for the contents and formally equally, the application and so the realization of the law. Although from the sociological point of view we may accept the fact of feedback, i.e. the influence of earlier application of law on the creation of law as obvious, still this determinedness will never appear, and cannot even, projected as a formal postulate. On the other hand and simultaneously with it in another relation the application of law may have also to be recognized as a factor possessing a certain relative priority, inasmuch as it is the application of law as the carrier of the basic function and *raison d'être* of law which in its immediateness achieves the direct goal of the law, the appropriate resolution of social conflicts, and inasmuch as compared to this function the elaboration of the set of patterns in the law-making process will in fact appear rather as an instrumental function. This appreciation of the application of law seems to be sponsored also by the circumstance that there are examples which bear testimony to the more or less permanent or exceptional missing of legislation understood in a formal sense and performed by specialized agencies, in a given period ([16]) or in a given area ([17]). Similarly there are instances known testifying to the fact that given social interests proving sufficient strong will even in the presence of legislation proper may insist on the shaping of a pattern departing from the pattern of decision elaborated in the process of law-creation, which will be considered as valid only for a single case, or which in legal practice will, owing to continuous repetition and reinforcement, gradually take on the institutional form of a general validity. ([18])

The circumstance that as has been pointed out the determinednesses characteristic of both the creation and application of law manifest themselves in a double form again refer to a further peculiarity. The source of this peculiarity is hidden in the fact that the determinednesses influencing the two analyzed sides of the fundamental processes of social and legal motion in a direct and an indirect way, i.e. through the invention of the other side, are not always unidirectional: they do not always reinforce one another, they may be at cross-purposes or running counter one another, and so weaken or even annihilate one another. In the process of legislation the intersecting encounter of this bilateral determinedness will throw out no problems of principle at all. Obviously it is the external, direct social determinedness which will primarily, in a critical situation often exclusively, prevail. In this case the side of indirect determinedness will manifest itself as a negative feedback. On the other hand as far as the application of law is concerned the situation is by far not so clear-cut, for a problem of this type could be resolved in a reversed form, in its practical effects in an extremely doubtful manner, at least in the form of a compromise only. If determinedness transmitted by the creation of law ran counter the actual, direct and concrete determinedness of the application of law, i.e. if the complex determinedness of the application of law manifested itself in a self-contradictory form, then the solution would from the point of view of formal postulates take shape by satisfying and recognizing the priority of, the indirect determinednesses, and from that of postulates of content by satisfying and recognizing the priority of, the direct determinednesses. At the same time, however, in reality again the dilemma of Scandinavian legal realism referred to earlier would emerge with its full weight, which could be overcome only in a form dependent on the concrete potentialities of the given situation, in most of the cases and likeliest in the form of a compromise.

Finally mention should be made also of the possibility of situations when the basic function of the law will appear in a subordinated form, thrust to the background, or even dissolved in other functions, so that the relation of creation and application of the law not even turn up in its original form. A situation of this type will present itself before all, when the law in its contents and functions anyhow carrying political moments will prove to be an immediate tool of politics and will so fail to serve the resolution of conflicts at all or at least not in a specifically legal manner, ([19]) or when general guidance and organization of society, though in the guise of law, supersedes the specific function of the resolution of conflicts in a manner not even postulating the emergence of legal disputes or their marshalling into given channels, because the use of a legal form is justified only by a notion shaped partly or primarily of a specific administrative idea, specific role, or specific interests.

2. *The socially determined nature of the application of law*

The determinedness of the application of law by the creation of law at least in point of principle appears to be in general beyond dispute. On the other hand beyond the creation of law and the factors transmitted by the creation of law, the restrictions directly affecting the application of law, or having an effect on it, or moulding it directly, manifest themselves in a less obvious manner for a theoretical study. Normativist or positivist approaches appearing in a variety of forms, if only in order to preserve their methodological purity, in the majority of cases deny, or at least ignore the non-legal determinedness of the law-applying process. Therefore it is easy to see that the element of this external determinedness turning up outside the strictly circumscribable sphere of the making of law cannot serve even as the component of a formal logical approach purposing the full demonstration of the possibility of deducing the one side of the legal processes of motion from the other, and the axiomatization of these processes.

The recognition of the direct social nature of the application of law and its restrictions independent of earlier legislation in the first place and in general finds expression when man suddenly realizes the worldliness, the personal and individual qualities of those responsible for the application of law. "Judges are men", writes Anatole FRANCE pithily in his *Les opinions de Jérôme Coignard.* By this he already points at something essential, namely that the judge too "has his notion of society, an ideology; he professes and detests something, he may be enthusiastic for something, find his salvation in something, and mentally he may take a stand against the antithesis of his Ego" ([21]), i.e. he too has a nature clinging to his individuality, more or less characteristic only of him.

However, the discovery of the physiognomy of the judge in connection with the external restrictions of the administration of justice in the last resort means but the postulation of the application of law, notwithstanding the intrinsic restriction and determinedness by legislation, as a personal performance of specific value, as the work of an individual. The recognition of the role of psychic factors hidden in the law-applying process operates though in the direction of the exploration of the moment of social character, on the other hand at the same time this recognition does not permit the unfolding of this social character in its complete reality. In particular among legal realists there are approaches which in a by far more clear-cut manner permit an insight into the social character of the everyday environment of judicial decision-making. However, these doctrines still define this environment and its social character from the aspect of the judge, as its personal environment. According to the Scandinavian representative of this legal realism "the administration of justice is the resultant in a parallelogram of forces in which the dominant vectors are the formal and the material legal consciousness." ([22]) This idea has been formulated by the well-known Australian jurist in a similar manner. "The judgement is a complex purposive unit of discourse symbolically apprehending certain factual situations, as well as prior judicial discourses selected by reference to the socio-emotive purpose of the judge in the context of the instant case as he sees it." ([23])

As a matter of fact the application of law together with all of its conditions and factors, with the persons applying the law and their personal traits manifests itself in society as part and parcel of the socio-political processes of motion passing off together with the person administering the law and through his agency. Thus even if the rather palpable expression that "the courts are the catalysts of the legal order" ([24]) throws a light on the function of the law-applying agencies and their activities, the expression itself is nevertheless somehow distorted and so misleading. In fact as is known the catalysts do not take part in the processes elicited and triggered by them, whereas the courts of law through the resolution of conflicts constitute not only the initiators of certain definite processes, but thanks to their potential effects at the same time they constitute the various objects and passive subjects of effects coming from the outer world, the scene of significant political and legal events and the point of precipitation of conflicts. This immediateness of the social character of the application of law thus following from the nature of things objectifies this social character in the product of the law-applying, i.e. in the act of application itself. Consequently the judicial decision will even for the American theoretical approach appear as "a product of social determinants and an index of social consequences." ([25])

The social determinedness of the law-applying process is for the Marxist doctrine a straightforward fact the more because the doctrine advanced by the classics of Marxism of the law and the general determinedness of the social phenomena and processes have operated in the direction of the emphasis of this determinedness from the very outset. ([26])

Moreover if we recall the fundamental function of the law directed to the resolution of social conflicts and also the circumstance that "the legal norm may define the reconciliation of general and individual interests and the manner of doing it only in an abstract-general form. It devolves on the judicial practice to consider, appraise and so to say classify the conflicting interests", ([27]) then we shall again come to the assertion of a determinedness of the law-applying processes going beyond the determinedness transmitted by the law-making and to some extent independent of it, i.e. to the assertion whose best founded exposition is part of Marxist sociology. As a matter of fact within Marxist sociology in connection with concrete empirical researches the conclusion has been reached that the tendencies in the law-applying processes may be influenced from the point of view of law-making secondary social factors in a significant or even decisive manner. ([28]) As for their immediate effects these factors precipitate in legal consciousness and prevail in the law-applying process through the mediation of this consciousness, and thus even if we have to accept Vishinskiy's statement as one influenced by concrete historical conditions, still for its merit we have to recognize it as true. Accordingly "the understanding of the particular 'circumstances' of the case, yet rather of its 'totality' and its appraisal is in direct relation to the ideas, political and moral opinions inveterate in the consciousness of the judges, to all what is called legal consciousness and what exercises a profound influence on the practical juristic activities of the judges, prosecutors, the agents conducting investigation, as members of 'their society', as members of the one or the other class of society at every step." ([29])

Apparently from what has been set forth above we are permitted to draw the conclusion that the social factors which permeating through the filter of legal consciousness turn up in the law-applying process, operate not only as *ad hoc* factors effective exclusively in the given case, but also as sets of elements defining the social nature of the application of law and bearing also the marks of generality, however, in the guise of the principles of the policy of law-applying activity, may manifest themselves as postulates for the subsequent application of the law, too. Approximated from the other side this means that the dual determinedness of the application of law will be embodied not only and not exclusively by the sociological facts and reality of the law-applying process conceived as a social process, but at the same time also by the hierarchically and functionally limited character of the law-applying agencies, often stabilized in a more or less open form. It follows "from the ultimate unity of the sovereign power that notwithstanding the organizational autonomy the application of law will be influenced by manifestations of state organs and by manifestations of party guiding these organs which give expression to the appraisal of the given socio-historical situation either as a general political line, or as a narrower guiding principle of legal policy." ([30])

The functions of these factors constituting the social environment of the law-applying process consist before all in their promotion of the mediation between the individuality of the case calling for a decision and the particularity of the norm serving as a possible and appropriate pattern, further of the mutual reference of the general moments hidden in the individual to the norm and of the individual moments potentially included in the particular to the concrete case. I.e. these factors have as their function repeatedly to define the tendencies, framework and contents of this operation, viz. its potentiality and purposiveness, and by this to turn the application of law in its character of application to creation. Although there are opinions which emphatically insist that "juridical valuation is immanent in the law and not something transcendental toward which the law would tend as toward its purpose. The law does not seek or tend to realize justice because the law itself already is positive justice." ([31]) However, at the same time in the light of a sociological approach pointing beyond the dogmatic point of view the thesis, which would by way of conclusion suggest the mediatedness and determinedness of all qualities of the law conceived in its practical realization exclusively by legislation, could hardly hold its own when it comes to verify it. As a matter of fact as for its contents the law receives its formal determination through the creation of law. However, this determination by contents, exactly because it manifests itself as a formal determination, may become at several points mediated by formal categories, and in this manner more or less of necessity become formal in its entirety. On the other hand simultaneously with this the independent determinedness of the law-applying process will manifest itself in a manner not obligatory and not formalized, and so equally relieved of its stabilization and mediation by formal categories. Compared to the former this determinedness is secondary only, however, as an accessory factor it has a determining importance guaranteeing the immediateness of the social character of the law-applying process.

3. *The socially determined nature of legal reasoning*

In the application of law legal reasoning will turn up as a part of the process of reasoning which includes the definition and qualification of the facts of the case calling for decision, the selection and interpretation of the norm(s) which may come into consideration as a pattern of decision, further as the outcome of all this the projection of the norm(s) to be applied to the case in question. Thus obviously legal reasoning will qualify as a complex process, and if the components of it are examined on logical grounds then it will appear to be even more emphatic. As a matter of fact according to the testimony of logic applied to juridical activity, within the sphere of the different forms of cogitation as delimited by legal reasoning in point of principle a line may be drawn between the operations of formal logic as logic of intellectual constraint and the operations of rhetoric logic as logic of persuasion on the one hand and the extra-logical, purely legal processes relying exclusively on presumptions, fictions and other provisions formed with the aid of law-making, on the other. ([32]) Now the rhetoric logical and extra-logical processes equally qualify as modalities of argumentation and in some of their components legal reasoning may appear in anyone of these three forms.

Owing to the specific nature and function of the law legal reasoning and the processes of reasoning will in many respects carry specific traits. E.g. in the light of a general methodological study "law-suits are just a special kind of rational dispute, for which the procedures and rules of argument have hardened into institutions", ([33]) so that for a logic conceived in a non-formal sense law-suits will manifest themselves as extremely favourable models of analysis. ([34])

In the socialist theory one sometimes encounters the formulation of the position which reduces legal reasoning to operations which may be performed within the framework of formal logic, and which consequently as regards the possibly mutually contradictory legal conclusions, of necessity establishes the in a strict epistemological sense conceived falsity of one of the conclusions. ([35]) However, this approach manifests itself rather by way of exception and mostly entails vigorous, almost unanimous criticisms. E.g. concerning the criminal law-applying process the thesis has been brought forward that of the application of norms formal correctness and expediency must be characteristic simultaneously. ([36]) In a methodological discussion it has also been set forth that formal logic may bring under regulation legal reasoning only on the grounds, in the manner and within the framework defined by dialectic logic. ([37])

Substantially and eventually the question is whether or not "the logical belongs to the reasoning side of juridical thinking and not to its juridical side", and whether or not the specific of the forms, of reasoning characteristic of the law-applying processes finds an expression in another, by far more specific trait, so e.g. in what formerly Hungarian bourgeois theory of private law for want of a better term defined as the contents of the power of discernment (*iudicium*), rather than the logically controlled nature appearing as an indispensable precondition in all types of practical activity. ([38]) This historically and ideologically equally restricted expression of the fundamental problem will with its psychologizing tendency easily lead astray the answer. Still at the same time this way of expressing the problem makes it clear in a palpable manner that the specific of legal reasoning must be sought for in a factor directly and concretely adhering to the peculiarities of the law, manifesting itself in its individuality and in this way defying formalization, rather than in a general, formal precondition.

Reference to an aspect of the specific is made by an opinion characteristic of the Brussels circle, according to which "les problèmes spécifiques à la logique juridique ne sont pas ceux de la déduction formellement correcte, à partir des prémisses, mais ceux relatifs à l'argumentation permettant de fonder les prémisses du raisonnement." ([39]) As a matter of fact in the sphere of common forms of law and practical activity in the manner of approach specific of the Brussels theorists, as formulated by a leading personality of French philosophy of law in connection with the exposition of his point of view, "On n'y part point d'axiomes certains ni d'évidences cartésiennes, mais plus humblement *d'opinions* socialement admises, et comme disait le moyen âge, *d'autorités*: que cela plaise ou non à Descartes, il en est ainsi, parce que nous n'avons pas d'évidences, et que la connaissance du concret n'est point œuvre à quoi puisse suffire une intelligence isolée, mais œuvre sociale, collective. Et la recherche ... se fait à plusieurs, polyphoniquement, par la controverse, le dialogue, par la dialectique." ([40])

Hence in conformity with the Brussels doctrine the proper foundation of the logic of legal reasoning is provided only and exclusively by argumentation, the controversy of the parties, the decision made by considering the arguments and the counter-arguments and its substantiation rather than by any possibility of formal demonstration. [41] And a logic conceived in this manner will in every respect qualify as peculiar, departing specifically from any non-argumentative process, for in point of fact the characteristic of particular means of reasoning is the circumstance that "Un argument n'est pas correct et contraignant ou incorrect et sans valeur, mais est relevant ou irrelevant, fort ou faible, en fonction de raisons justifiant son emploi en l'occurrence." [42] In the scope of this anti-formalistic approach it has been voiced as a significant argument that collective decision-making agencies pass their resolutions mostly by a majority of votes rather than unanimously, and that an explanation of this phenomenon may be given only by the fact that practical reasoning presuming value disputes relies on rhetorical dialectical argumentation guaranteeing the interaction of experiences, convictions and notions of partly indefinite content, which cannot be expressed in the categories of strictly interpreted epistemological truth. [43] The nature of legal reasoning void of the possibility of formal demonstration thus manifests itself as an obvious fact which even if the final ends or values are generally accepted is confirmed by the authoritative methods of making the choice between alternatives presenting themselves for concrete practical realization. And in the sphere of law, as the final conclusion puts it, this turning the choice into an authoritative one obtains an expressly institutionalized form. As a matter of fact the legislative act with the weight of legal effect, the law-applying act with that of legal force, for want of rational conviction in a clear-cut manner preclude the contesting of the choice, and so the evidence of a formal demonstration is relieved by the force of power and authority. [44]

The correctness of the notion presented as the characterization of the specific of legal reasoning, it appears, has at least in the generality of its moments received the support of many a known and extensively approved opinion. As regards e.g. the actual function of the legal force of juridical decision in particular manifesting itself in extraordinary cases, with a certain scepticism it has been pointed out already earlier that "in the judicial application of law often several judicial forums deciding the same case may have to have their choice of several equally legitimate possibilities and for want of an absolute measure what the highest forum will pronounce will only on the principle of legal force be the best possible choice." ([45]) As regards the question of concrete individuality implied in the decision, and so of a certain personal character referring to the need of conviction, in socialist jurisprudence in the light of the position to be considered general too "it is obvious that the impressions observed during the trial, notwithstanding the fact that the effects were the same and impacted on the members of the court at the same time, will not elicit the same effects from the members of the court". In this manner the end of the collectivity in decision-making will be formulated expressly as the possible reconciliation of personal traits and other intrinsic conditions and the guarantee of many-sided argumentation. ([46]) Socialist literature for its part in all appearance emphasizes partly a certain instrumentality of the intrinsic condition of the subject in making the decision, ([47]) partly the need for the projection of the intrinsic, subjective conviction on to other subjects, i.e. the inter-subjectivity of conviction. It defines the reasonableness of the conviction by declaring that this "has developed on the ground of proofs and arguments interconnecting them tested and cross-checked in the course of procedure conducted in conformity with the rules of procedural cognition and evidence, i.e. on the ground of proofs, arguments and certainty which are already independent of man, in the first place of the personality of the judge and which will elicit in everybody the same conviction, the same certainty, the same general convincing effect." ([48])

Thus the specific of legal reasoning could perhaps most generally be formulated in a way that the specific manifests itself in the shaping of the premisses constituting the preconditions of the deduction implied in reasoning, that is in the non-formal, concrete, individual manner of the shaping of the premisses participating of the personal traits of the subject, thus demanding personal conviction and persuasion, rather than in the process of legal reasoning itself. As has been seen this statement has been accepted in its entirety and in a direct form by the Brussels circle marked as anti-formalistic. However, at the same time the statement is not alien to the Marxist position quoted earlier. As a matter of fact socialist jurisprudence, when in its application and effects subordinates formal logic equally to dialectic logic and beyond its formal correctness recognizes the desirableness of the emphasis of a number of other considerations, such as e.g. expediency, essentially it transposes the problem strictly speaking into the truly dialectic phase of a non-formal content, opening a wide scope to the influence of concrete individual factors of the process of legal reasoning.

However, this community appearing on the plane of general conclusions does not at the same time stand for a complete uniformity of opinions. In the following we shall briefly touch on the problem of the concrete relationship of Marxist theory to the antiformalistic concept of the Brussels circle. Here we would merely note that although the concept of dialectics developed by the doctrine of argumentation represents Aristotelian dialectics and not dialectics in the Marxist meaning of the term, the recognition of the proper function of subjective factors will not necessarily produce manifestations of subjectivism, and that the settlement of conflict of opinions in an authoritative manner is not absolutely concomitant of a certain type of agnosticism. On the other hand the two approaches of the specific of legal reasoning will as a consequence appear as if it presented a genuine, absolute community in a single respect only, namely in the effort directed to the delimitation of the potentialities of formal logic and its subordination to other factors.

However, even beyond this in our opinion there is yet a point where a specific trait of legal reasoning and a certain community of ideas cannot escape notice. Already in 1967, in the Paris colloquy devoted to the problem of judicial logic one of the lecturers noticed a certain dichotomy in the law-applying decision, when he said that "dès que le juge a posé les prémisses, il ne peut qu'en tirer rigoureusement les conclusions. Le jugement ... revêt ainsi un caractère qu'on pourrait dire manichéen. Tout aménagement par le juge de la situation qui lui est soumise lui est interdit: ou bien l'acte argué de nullité sera déclaré nul et ne produira aucun effet, ou bien il sera déclaré valable et il produira tous les effets que la loi ou la convention en fait découler." ([49]) This dichotomy does not merely mean that the formulation of the premisses of decision in a given (and in no other) way will entail definite, predictable conclusions previously laid down in the wording of the provision of law, but substantially and before all that the formulation of the premisse itself can take place only in a given way and in a given form, so that in the last resort there are two cases, two potentialities only for the formulation of premisses or the qualification of facts.

In philosophy the uninterrupted, non-stop process of the continuous motion of things, their changing over to other things, and their mutual transformation to one another are generally known phenomena. In like way it is generally recognized that the concepts are artificial, since of necessity they stand for artificial classification and systematization in this process of transformation. For practical purposes any process of cogitation and reasoning will qualify as one of conceptual character. However, in most of the cases this does not preclude these processes from reckoning with the continuous motion of things and at least by way of approximation, from grasping the things in their moving. And in fact from under the flexibility and multi-directional dialectic potentialities of conceptual reflection there is substantially a single exception only, notably the one which has been established for the law and for dogmatic systems similar to the law, such as the theological theories, the system of the rules of games, and some other kinds of what are called "künstliche menschliche Konstruktionen". ([50]) This may be explained by the fact that in a logically closed system every question has its own proper answer, i.e. in the terms of the law (interpreted in a definite manner) a given case must be either subordinated, or not subordinated to the one or the other of the patterns of decision fixed by the law in question. As a matter of fact qualification takes place in the vigorously polarized terms of this system.

Qualification and reasoning by analogy will thus bring about a consciously artificial identification, and finally the structure of legal reasoning will conjure up a structure of Manichean dichotomy, and in its positivist form prefer a structure, which in the last resort will accept definite replies only in the categoric terms of "Yes" and "No".

In this manner the Manichean character of legal reasoning is on the one hand explained by the existence of a system of norms tending in a natural way towards closedness and axiomatization. In this system a given number and quality of factual situations, further the set of consequences assigned to them in a normative manner will receive their definition. At the same time the judicial decision, which on the other hand interprets the Manichean character from another aspect, will function as an act of decision rather than an act of cognition. The element of decision will naturally be given expression in the process of reasoning itself. As a matter of fact reasoning whatever non-formal, argumentative contents and dialectic moments it would carry, may hardly lead to uncertain results constituting a transition between different solutions, or bridging over them, or resolving strictly circumscribed general concepts into type concepts. ([51]) And in this way qualification will of necessity stand for the realization of alternative exclusiveness and thus the manifestation of the creation of dichotomy. This is the case because the subordination of facts to a definite concept, or several of them, and the corresponding drawing the legal consequences defined within a more or less narrow sphere in an automatic way may take place unconditionally, in their entirety and exclusively only. So this subordination and drawing of conclusions may not imply the alternativity, dividedness, splitting into parts or the drawing of legal conclusions looking at another (possible and likely) qualification(s). And with this tendency towards complete closedness we shall in a particularly clear-cut form discover the specifically fictitious character of legal analogy. As a matter of fact in reality whatever may be the degree of similarity, analogical qualification will never imply conclusions to dialectic (partial) identity or similarity, but in all cases to a definite intersection concerning the place of the object in the system, to a complete, formal identification finding expression in the community of consequences and so to drawing of the object into another class of object.

For that matter, it should be noted, the decision-making character of the reference of the facts to the legal system will as consequence entail the appearance of specific signs which on gnoseological considerations can qualify only as artificial, alien elements, as elements which more or less stand in opposition to the authentic and genuine cognition of the phenomenon in question. As a matter of fact the specifically Manichean character of legal reasoning may lead to the adulteration of reality, i.e. to a state where reasoning itself will dispose of "anti-gnoseological" significance in order that law might in the service of the influence by the various factors of social determinedness discharge its function as means of standardization and as standardized mediator.

However, the exposition of the peculiarities, dialectic traits, directedness towards decision-making, and non-formal determinednesses of legal reasoning, we believe, cannot at the same time be responsible for the neglect of the actual significance of the role of traditional logical reasoning played through syllogisms in legal reasoning.

Theory unanimously acknowledges the presence of the conclusion drawn from the premisses of decision constituting the acme of the law-applying process and expressing the result of the interpretation of norms and the qualification of facts, as a syllogistic conclusion coming within the sphere of formal logic. The drawing of a conclusion of this category is an essential precondition of all application of law, as in fact "The norm syllogism — the application of the general command to the special or quite concrete case — is ... the only possible form of rationality in our moral and legal life." ([52]) However, beyond the generally accepted opinion according to which from the point of view of scientific analysis syllogistic reasoning appears as a formal, significant, indispensable, still by itself insufficient momentum of a process leading to a genuine and substantial result, the theory of judicial decision-making relying on syllogisms has been made subject to limitations by recent investigations also from another aspect. So before all it has been suggested that the application of law itself, in association with the valuation of facts and the drawing of legal conclusions and so of the sanctions, may be split up into "a series of different basic and accessory syllogisms", a process which from the very outset lends a certain vagueness to the classical theory of syllogism originally relying on a single syllogism. [53] In addition it has also been explained that in the application of law the case is by far not one of a pure, single syllogism, but of one including in its premisses the establishment and qualification of facts, duplicated syllogism, since "en réalité, la mineure qui se présente sous la forme, qui paraît unitaire: tel fait est (ou n'est pas) *P*, doit se décomposer en deux parties entièrement distinctes: 1. Tel fait est (ou n'est pas) établi, 2. Le fait ainsi établi ... est *P*." [54] And finally the system of syllogisms having a place in the law-applying process appears in a specific way also for the very reason because in them the projection of premisses is to a certain extent shaped by one another. This is the case, because in the formulation of the decision implied in the judgement as a process of reasoning the fact-establishing and law-interpreting acts are intertwined and continuously and mutually presuppose one another. [55] Thus in case of the application of law, as suggested by the simultaneous multiplication and intertwining of the premisses of decision and also their relative segregation and coalescence, we have to speak of a genuinely composite, dialectical process of reasoning.

All these problems will stand out even more distinctly, if we try to plot the logical model of the process of reasoning in question. The fact that the structure of legal reasoning in reality is built up of a real system of syllogistic conclusions, will cause no serious difficulties by itself. As a matter of fact each particular conclusion may be traced back to either one of the now discussed basic conclusions, or another syllogistic form known from its Aristotelian exposition. Now reasoning typical for the application of law conforms to the classical syllogistic formula: "All men are mortal — Caius is a man —

Caius is mortal". Here Caius is the subject (*S*), as predicate (*P*) stands the statement of mortality, and as mediating medium (*M*) the notion of man. The logical formula of this form of reasoning as may be seen in Fig. 3 is an extremely simple

Fig. 3

$$\frac{\begin{array}{c} M = P \\ S = M \end{array}}{S = P}$$

one, the more because its premisses will in their established form manifest themselves as given. On the other hand in legal reasoning the premisses of decision will in all cases appear as still to be formulated. To begin with we would remark that for the judge in principle the legal system in its entirety including norms of a number (*l — n*) is given. In this system with the facts (*M*) of a number (*l — n*) in principle legal consequences (*P*) of a number (*l — n*) are associated. Among these the judge will by exploring the facts of the case, further by way of the intertwining and mutually transient operations of qualification and interpretation establish the identity between the case (*S*) and a definite, selected legal fact (M_x), which identity may then become the basis of the reference of the legal consequence (P_x) pertaining to the fact at issue in question to the actual case. However, at the same time the exploration of the facts of the case will also become a composite process. As a matter of fact in the first place the judge will in object-language, i.e. by setting aside any valuation and without the use of legal terms have to establish the facts (*a*, *b*, *c*, etc.) of the case. Then he will have to qualify, valuate and express by legal terms the facts so established as properly interpreted statutory facts. This will already permit the following more or less mechanical or perhaps creative drawing of the legal consequences. As regards propositions it is of frequent occurrence that a conclusion of similar structure may be derived from the useless form which through segregated theses gives the impression of the existence of a difference, which, however, will melt away in the thing itself. ([56]) Still in legal reasoning this is not the case. As a matter of fact, on the one part, the legal consequence becomes attached to the statutory fact and the case to be determined not by describing (=), but by prescribing (⇒) realization of something as target, and on the other, the qualification of the facts of the case is not merely the unfolding of the intrinsic determinednesses hidden in the facts, but subordination (→) of the description (=) in object-language to the conceptual system of the system of norms reflecting a peculiar valuation. This again throws out the problem of the reciprocal reference of reality and its normative reflection to each other.

However, the logical formula of legal reasoning as given in Fig. 4 at the same time points out merely the direction of

Fig. 4

$$M_{1-n} \Rightarrow P_{1-n}$$
$$S = a, b, c, \text{etc.}$$
$$a, b, c, \text{etc.} \rightarrow M_x$$
$$\overline{}$$
$$S \rightarrow M_x$$
$$\overline{}$$
$$S \Rightarrow P_x$$

the basic operations to be performed, whereas their content relations remain to a large extent obscured. If on the one hand we accept as true that in the scope of law the specifically legal processes of motion between the individual and general are mediated by law-making and law-applying, ([57]) we may on the other hand admit as true that law-making will reach the terminus of these processes in the stabilization on the level of the particular, of the general determinedness implied in the individual, whereas law-applying will attain its goal in the translation of the particular into the individual, in the realization on the level of the unique, of the general determinednesses stabilized on the level of the particular. Now the concrete individual case will always appear as concrete totality, as the concrete set of an infinite number of signs, so that both the description in object-language and the qualification of it in the conceptual system of the system of norms will of necessity produce an extremely energetic narrowing down and impoverishment. The qualification of the traits of the individual case in the mirror of the general and the interpretation of the general norm content projected on to the individual equally insist on the ceaseless transition and mutual overlapping of these two sides of legal reasoning, and this process will, having terminated by preserving the original form and determinednesses of both the norm content projected to the individual and the case-totality subordinated to the general be renewed and reborn. In this sense and in this mental framework the statement "General propositions do not decide concrete cases" ([58]) will in its symbolic meaning become in fact true, for in the application of law a formal, complete identity of the general and the individual will never come into being. Although the individual will partly contain the different particular and general determinednesses, and vice versa, the individual will appear as incorporated partly in the general and the particular, nevertheless this will produce dialectical identities only, there being no direct, mutual and complete correspondence between a given number of the individual and the particular and general. Thanks to its dialectical character the application of law will so always appear as a creative operation where the possibility of the establishment of a connection between the case to be determined and the norm serving as the pattern of decision, will as may be seen in Fig. 5 depend on whether the common determinednesses retrievable in the case and in the norm will appear in this respect and in a satisfactory manner as substantial determinednesses providing the

Fig. 5
identity of the
general particular, and individual

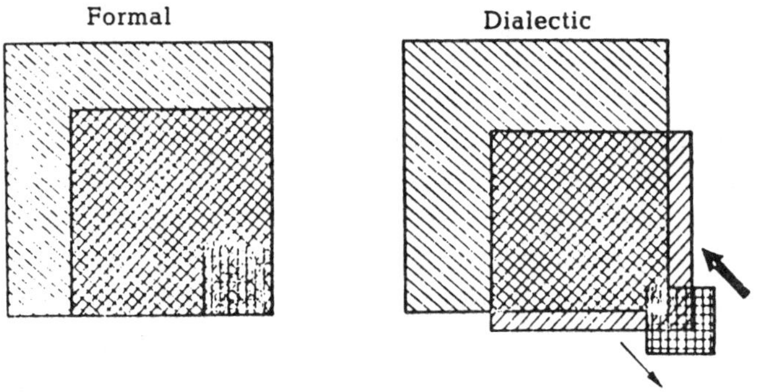

possibility of mutual reference and subordination of the one to the other.

The question of the community, i.e. identity or similarity of substantial determinednesses will normally emerge in a particularly keen form when there may be doubts as to the mutual referableness of case and norm, i.e. when the judge will have to decide whether by having recourse to an *argumentum e contrario* he will preclude the application of the norm in question, or by resorting to an *argumentum a simile* decree the application of the norm not embracing the case directly, in a manner justified by a possible analogy. Choice between these two solutions will primarily depend on what should be considered a gap in the law ([59]), or in the case of the establishment of a gap what should be accepted as a substantial community of the elements of the facts at issue. ([60]) As a matter of fact the conditions of relevant similarity opening the road to an analogical application of law have so far not been defined either by statutory law or jurisprudence. If this were the case, i.e. if these conditions were defined, then the question would be one of the application of a statutory or jurisprudential definition rather than one of that of analogy. ([61]) Consequently in cases when the choice between two possible mutually exclusive solutions is not influenced unequivocally by the linguistic expression of the norm in question, e.g. by the what is called intensive or still better reciprocal form "... only and exclusively when ..." (62) of the implicative relation between the normative precondition and the normative consequence, or by any other logically significant factor, the judge will "undoubtedly take a position weighing the question in every respect and springing up from the soil of moral considerations or such of expediency rather than perform a logical function". (63) He will make a decision in a teleological manner, (64) inasmuch as eventually analogy consists in drawing the case not into the sphere of similarity of another case, but into the sphere of another case itself, a process which from the point of view of formal logic will in point of principle and in all cases qualify as arbitrary. (65) Yet in this way it will seem that "the genuine analogical inference ... does not in fact constitute a logical mode of argument but rather an heuristic procedure based on the practical directive: whenever there is no law applying explicitly to a given case, try to find a valid generalization of some existing law so as to make it applicable to the case." (66)

Hence as has been seen logic understood in its formal sense has an indispensable function in the process of legal reasoning. However, at least for an analytical investigation this function may appear not only as formal, but as one exposed to other factors. The limitations of the logical determinedness of legal reasoning will manifest themselves mostly in border-line cases, so e.g. in the logical irresolvability of the not too frequent, still not even wholly exceptional dilemma of the *argumentum e contrario* and the *argumentum a simile.* Logic as conceived in the formal sense will appear in the structure of legal reasoning everywhere, and as has been seen, this structure will in fact become organized in a manner describable by formal logic. Still the function of this logic will have to be designated as the possible control of legal reasoning rather determination will be attended to by factors outside the law than as its determination. As a matter of fact the function of and its intrinsic logical relations, transmitted by the social environment of the law and its application, and exercising a decisive influence on the law and its logically controlled nature as well. The chances of a genuine effectiveness of logic are from the very outset objectively delimited by the nature of the factors of legal reasoning and its components, and this delimitation may even be reinforced by the at any time given social conditioning of legal reasoning. To the theoretical delineation of the fundamental problems will not altogether unjustifiably often set out from the statement that "une solution économiquement et socialement souhaitable doit être juridiquement possible ... Le technicien du droit doit pouvoir fournir les outils nécessaires, les moyens propres à réaliser une règle souhaitée," ([67]) and this refers to a qualitatively specific independent function of logic. This function has already been formulated by a Scandinavian author quoted before: "Any trained lawyer ... must know how technically to justify by interpretative arguments the legal solution he finds 'just' or desirable. But it would be a mistake to accept the technical arguments as true reasons. The true reasons must be sought in the legal consciousness of the judge or the interests defended by the counsel. The function of the methods of interpretation is to set up boundaries to the freedom of the judge in the administration of justice — they determine the area of justifiable solutions." ([68])

Under such conditions, even when we consider this exposition from the aspect of a given legal policy in a critical manner, logic in the formal sense will manifest itself only as one of the elements of decision-making, as an element which may serve for controlling or justifying other elements, as the case may be, but can in no circumstances act instead of them or as their genuine determinant. Hence we shall have to interpret in this sense the statement declaring that "To treat the results of logical deduction from existing premisses as a substitute for the assessment of all aspects of the given situation and notably for its ethical and sociological aspects is essentially an abuse of logic, leading to legal anomalies and distortions." ([69]) As a matter of fact as is known, "at decision-making the judge will not take into consideration the elements of fact and law emerged in the lawsuit only, but beyond these also the expectable effect of the judgement relying on these, and make a decision only whose predictable results will suit his will." (70) The social contents of legal reasoning will define the trend and results of reasoning in its entirety, and within this process each factor and element, i.e. both the qualification of facts associated with the case demanding a decision and the interpretation of norms serving as possible patterns of decision, will receive their place, function, significance and specific validity equally from these social contents. Marxist sociology defines this type of social contents as the social situation and environment of the application of law, and is making definite attempts at the detailed elaboration of the sociological relations and the politically conditioned nature of this situation. In the process of a delineation of the perspectives of research in any event it has been established that "one of the most important elements of the situation of the application of law is the legal provision to be applied, which at the very outset already introduces the political element into the law-applying process and which in a general manner even provides factors and influences. However, the interpretation of law will often affect subsequent political relations and consequently further political factors will find an expression in this interpretation. As a matter of fact the legal provision gives a positive form to the policy formulated on a more general level for the given case and ultimately stands for an ancillary activity, i.e. an activity serving also certain political ideas ... The judge is in the position to 'perceive' the meaning of the legal provision which suits best the end to be served by interpretation and to have recourse to the method by means of which he may explore this meaning." (71)

The goal to the achievement of which the interpretation and together with it the application of law as a whole tend, may expressed in a most general manner, be of a stabilized historical meaning, in all cases identical with itself, attributed to the maker of the law, and together with it the repeated enforcement of a stabilized legal order, in all cases identical with itself, preserving itself in an unchanged form; or the establishment of a non-stabilized actual meaning, existing in the social environment of the law-applying process, capable of change and together with it the renewed enforcement of a non-stabilized legal order, capable of change, adapting itself in an incessantly modifying form to the development of the conditions of life. It is implied in this dichotomy of goals that in the scope of guiding principles relating to the interpretation of law a distinction may be made between static and dynamic theories of interpretation. (72) Naturally these theories have come into being in order to satisfy divergent ends and are in the service of divergent practical purposes. Now in all appearance the forms of expression of the law extend equally extraordinarily vigorous assistance to the possible rigidity or, on the contrary, to the creative autonomy of interpretation.

As far as the meaning of the legal terms is concerned, earlier it has been made clear that a "proper," "genuine" or "true" meaning, i.e. one unalterably referred to a linguistic sign with a claim to exclusiveness is out of the question, inasmuch as "The meaning of the norm (like the meaning of any other linguistic expression) is relative to the directives used to fix its meaning." (73) On the ground of the analysis of Anglo-Saxon legal practice the statement has been advanced that the concrete meaning of each word is delimited by its syntactic position in the sentence, the contextual environment of the sentence, the outcome of the legal case in question and the social situation where the problem of meaning itself has emerged. However, even so the case must not necessarily have a single meaning only. (74) According to a figurative expression the terms occurring in the wording of the law are like chameleons whose colour changes with the background. (75) And, as has been indicated earlier, one of the reasons of this possible change is the extraordinarily high level of the *"bruits de fond"* characteristic of the legal concepts. (76)

An interesting research of the Brussels circle of logicians of law was launched with the goal to establish how legal concepts behaved and what properties they were carrying in the light of the interpretation and qualification of a case which in conformity with the wordings of the law could be solved with alternatives mutually contradicting one another. Now as an outcome the conclusion was reached that legal concepts in all cases carried certain elements of ambiguity, indefinableness and vagueness. In fact to circumscribe their scope of application in a *ne variatur* manner proves abortive, and so the interpretation of these concepts will be practically defined, at least in the scope delimited by the factors of uncertainty, by the consequences forthcoming from the concepts in question. ([77])

In other words this means that the legal concepts and the legal norms formulated by establishing definite relations between the concepts in question may serve merely as the ideal types of certain contents existing in reality. ([78]) As a matter of fact the concept as the expression of the general and particular is in an extremely close relation, quantitative as well as qualitative, to the individual: the concept grows out of the individual, it obtains its definition on the ground of the individual, however, the concept once formulated does not merely refer to the individual, it might as well dissociate itself from it and embody an autonomous quality. Thus it will become the carrier of a content where the individual may appear indirectly, having a remodelled form, in certain of its moments and elements only. Hence the relation between concrete individual phenomena and the concepts representing them on the level of the general will stand for a relation between different, in many respects autonomous properties. The elements of this relation cannot be identified with one another, nor can the one take the place of the other. The segregation of the phenomena and concepts from one another will as a matter of course manifest itself as antagonism conditionally only, as the moment of dialectic contradiction describing the things in their development. As a matter of fact the self-movement of phenomena and concepts may turn up also in the sphere of segregation, in itself not yet presupposing antagonism or finding expression as antagonism. This is the sphere of segregation where the properness and the qualitative independence of the phenomenon and the concept, and the undeterminedness of the one by the other find expression. Thus this is the sphere which by the side of mutual implication, determinedness and referableness equally embraces the elements of non-implication, non-determinedness and non-referableness. Thus in the sphere of legal concepts in this field will manifest themselves the uncertainties which increasingly convert interpretation into an operation having a primordial social character and significance, and which may in reality justify the statement that in the last resort "The meaning of the statute consists in the system of social consequences to which it leads or of the solutions of all the possible social questions that can arise under it." ([79])

When now the practical consequences are considered this factor of uncertainties touching on the meaning of legal concepts will indicate on the one hand that the meaning cannot be conceived or established in a formal manner or with a logical necessity, and so already in the exploration of the meaning, in the selection and use of the directives applicable to that exploration an external factor, the social contents of legal reasoning embodied in the social environment of law-applying, will invade this process, and on the other, that a formally interpreted definition of the meaning which disregards signs of content, will of necessity produce distortions in all cases. E.g. in an actual case it was stated in this sense that "As long as the matter to be considered is debated in artificial terms there is a danger of being led by a technical definition to apply a certain name, and then to deduce consequences which have no relation to the grounds on which the name was applied." ([80]) And so this case is not remote from the problems which in each instance are thrown out by the selection and definition of the legal concepts in the course of law-making. E.g. only to quote an atypical, yet for our purpose highly instructive problem of legislation, let us refer to a decision of the Supreme Court of the State of California, where the court held that an enactment according to which "no licence may be issued authorizing the marriage of a white person with a Negro, mulatto, Mongolian, or member of the Malay race ..." was unconstitutional among others for the reason that the exact meaning of these terms was unidentifiable ([81]), and also to the reported fact that in the Republic of South Africa, where racism had been raised to a principle of legislation, already in 1957 the congestion of more than 100,000 borderline cases defying unambiguous classification yet awaiting settlement had been established. It was found that those responsible for a regulation attempted "to define the indefinable" in vain, for according to the common course of events they were unable to provide this legislation with an adequately elaborated, solid foundation which could be transplanted also into the law. ([82])

However, to all appearance the moment of this relative logical undeterminedness implied in the law and with it the moment of direct social determinedness have been accentuated equally by the peculiarities of the legal concepts and norms. As a matter of fact as is known from a study of Continental law-making, for the solution of cases hardly comprehensible by statutory regulation and appearing as atypical to legislative appraisal, the legislator will in his codification often be compelled to the formulation of rules, principles or clauses of a general content to the extent offering an opportunity for the judge to set aside an otherwise relevant provision and determine the case on the ground of other norms. ([83]) Rules of such a general nature for practical purposes occur in all branches of the law, even in criminal law, and their function is not merely to build up a comprehensive policy-making framework for the regulation in question, but at the same time to guarantee the equally satisfactory linking up of the postulates of both sides of the general and individual in the application of law, and the effectiveness of the influence of various external social factors directly impacting on one another in an increased degree. These general rules, principles or clauses carry a legal content up to one half only, whereas their other half is made up of a content of direct social significance, ([84]) viz. a content whose exploration and definition projected to the concrete case will in each case depend on a social valuation, i.e. a creative operation to a lesser degree defined than the usual application of law. ([85])

In the application of the general rules and principles of law the element of the social character will prevail in an even more direct, and as regards the establishment of a connection between the extraordinary general content and the concrete individual problem in a yet more decisive manner. As a matter of fact the giving a positive form to this generality of content, its regeneration and realization in a concrete individual form, presupposes enforcement of a creative nature, which cannot be expressed in the notional sphere of logical necessity. It is the element of this social character which an author by giving it the name of positive natural law defined as the expression of tendencies in a latent form inherent in collective consciousness and transmitted by the judge as citizen and a moral being. ([86]) Still in point of fact here too, as has been demonstrated by Marxist sociology, we have the case of the influence and defining function of the social environment of the law-applying process. In the application of the different clauses, or, in the lawsuit itself, in the admission of evidence and the shaping of conviction, or by no means in the last resort, in the discretionary procedure ([87]), "the idea of 'the person's own' is in fact a social one, because the idea of the judge of its own function, the facts which he observes and the provisions of law which he has to apply, and so also the assessment of expediency and correctness ... are defined by social factors. In the process of the socialization of the judge these social factors will as a matter of course mostly become internal ones to an extent that in the law-applying activity they will act as internal and not as external factors." ([88])

Finally in a form more complete and more direct than any earlier form, almost with a claim to exclusiveness, the social character from time to time appearing in the guise of equity will enter the process of legal reasoning, i.e. the social character which in the possible conflict of considerations of legality and justness will as the limiting factor of the former and the supporter of the latter serve the ends of "a social critique of a certain degree of the positive law", "the mitigation of the crudeness of the enforcement of the legal order." ([89]) As a matter of fact equity as a principle discharging mediating functions in the conflict between legality and justness, a principle of relative contents and limited independence, and carrying the correction of positive law, will appear in a form socially directly defined, dependent on social development. [90] Its significance we shall be able to appraise only when we remember that in the last resort equity "performs a function for the individual case overruling the law and creating an exception", and in this way "providing opportunity for considering certain situations of facts at issue with respect to the too broad generality of the law, in a constant manner." [91]

Naturally there are many possible mediating channels and ideological expressions of the direct influencing function of the social character and other extra-legal factors. E.g. an extremely peculiar variant of these factors, appearing almost in the guise of natural law, however, on theoretical considerations highly distorted, is the one which may be termed as "principes généraux du droit applicables même en l'absence de textes", to which the Conseil d'Etat in its decision of October 26, 1945 referred as "lois fondamentales même non écrites du régime républicain de France." [92] As a matter of fact in the overwhelming majority of instances, and in particular in the socialist society we may rather encounter the even theoretically precise ideological expression of this direct effect. As a characteristic example of this expression we may quote the policy-making declaration according to which in the first phase of the interpretation of Soviet law the political line of the Communist Party of the Soviet Union, the general principles of the Soviet legal system and its branches, the humanitarianism of Soviet law and finally the direct and final purpose of the promulgation of the law in question will have to be considered in all circumstances. [93] In this connection even the thesis formulated in a characteristic manner according to which each element of the law-applying decision, exactly because of its appartenance to the decision will eventually appear as having a legal quality, may gain significance. [94] This is the case because it implies the emphasis on the need for the formation of a picture genuinely reflecting the decision-making process, and of the survey of the actual effect of non-legal factors instrumental in this process.

In general it cannot be doubted that the law constitutes the partial expression of a finalizing human idea, the formal stabilization of the methods of realizing expressly undefined ends, [95] and that the legislator cannot expose these ends and their motives in his act for the very reason lest by a possible motivation of the ends and formulation of the means of their achievement in an equally normative manner, and by an in this case indispensable comparison and discussion of the motivation and the means he should jeopardize the unfolding of the normative significance of the provisions. [96] The formulation of the reason and the general motivation of the regulation will, however, appear in the law occasionally, and the preamble, the typical carrier of these formulations, will in the process of legal reasoning gain a normative significance corresponding to its evaluating social contents, to the practical usefulness of its content elements. [97] In this connection we have to remark that for the purpose of the direct social influencing of legal reasoning the rules of a general content and the typical contents of preambles may point at divergent directions. In point of fact the former substantially throw open the path to the influence of the social reality continuously in process of formation and itself in a continuously modifying form regenerating, whereas the preambles lay down the ends and social components at the moment of the creation of law given and make them the subject-matter of legal reasoning.

However, on this understanding we have nevertheless to qualify the opinion according to which "he in whose hands is the application of law, has in his hands the interpretation of law and he in whose hands is the interpretation of law has the law itself in his hands" [98] as misleading. In fact the exposition of the fundamental problem we have attempted has by far not served for the establishment of the arbitrariness of the judge, but for the presentation of a peculiar case of social determinedness and for the explanation of the fact that legal practice manifests itself as an in its entirety socially determined activity adapting itself to the social situation and contents of law-applying, by referring, on definite level of generality, the regulation to the individual, and by lending a positive form to this regulation filling gaps in the individual not only of extent, but also such as are called gaps of depth [99], as an activity of a creative and, at least within this sphere, of a really forming character.

In legal reasoning, as we have tried to present, the social character expressing the effect of economic, political and other factors in a concentrated form, will prevail through different channels, equally directly and indirectly, and gain a defining influence. The moment of social character will be embodied already by the norm to be applied. However, this social character reflects conditions and potentialities as they existed at the time of norm-making, so that in the process of application the norm will, dependent on the social contents of legal reasoning and the social environment of law-applying, be concretized by leaving the social determinedness of the norm intact, or made subject to correction which goes beyond the social determinedness itself of the norm in question. In this way the moment of actual social determinedness will in a direct form find expression in legal reasoning itself, and according as whether or not this moment agrees with the one of the historical social determinedness of the norm, it will operate towards the reinforcement of this social determinedness, or even exceed this determinedness to a lesser or greater degree. As a possible channel of direct social influencing before all the selection of the norm to be applied and the establishment of its meaning will appear. Secondly, there will follow the selection and definition of the facts of the case in question, the admission of evidence in the course of hearing the case, the qualification of the facts associated with the interpretation of the norm, and finally the shaping of conviction. As conclusion in the course of drawing the legal consequences the concrete specification of the provision included in the norm closes the process. Here we may encounter certain law-applying situations mostly presenting themselves as problems in the process of legal reasoning which provide particularly appropriate opportunities for direct social influencing, which therefore deserve special mention. These are before all the possible need for making a choice between the *argumentum a simile* and the *argumentum e contrario*, the establishment of the meaning of general legal concepts and the application of general rules, principles or clauses, the use of the evaluating contents of preambles in legal reasoning, the so-called free estimation of evidence, and the cases of discretionary power and equity.

If given knowledge of the direct methods and potentialities of social influencing we proceed to studying legal reasoning from the formal aspect of logical necessity and its possible expression in an exact mathematical form, then we shall infallibly come to a negative conclusion. As a matter of fact as components of legal reasoning in all cases there will loom up the problem of the definition of meaning and the problem of valuation, further the circumstance that in the logical structure of the process of reasoning deductiveness will in most cases provide a general framework only. This is the case because pieces of information derived from the relevant facts of the case and the contents of the norm as officially recognized input elements by themselves do not define the specification contained in the decision as output in an unambiguous form. To this we shall have to add the element of formal indeterminedness implied in the process of filling gaps and that of what is called rational non-deductive and non-evident argumentation. This argumentation will have a considerable function primarily at the concretization of the general principles and at so-called free deliberation. ([100]) By summing up all that has been said of the logical and social aspects of legal reasoning we may now advance the statement that in the process of reasoning logic acts as factor of control and not as one of determination. In fact as has already been made clear on a theoretical plane in the last resort "Le caractère particulier du raisonnement juridique résulte de ce qu'il est possible d'induire, à partir d'un même ensemble de lois, plusieurs systèmes juridiques, chacun permettant d'interpréter autrement les mêmes textes." ([101]) Also the social conditioning of legal reasoning, i.e. the social contents of law-applying, will perform the function of determining not only in the direction of the components of the process of reasoning, not controlled or controllable by logic, but in the last resort even in the direction of the practical potentialities, depth and effectiveness of logical control itself.

4. *The question of perspectives*

In association with the analysis of the structure and mechanism of legal reasoning substantially two methods of approach, two lines of ersearch may be distinguished in the logic of law, viz. the formalistic trend of investigation and the anti-formalistic one. These two trends are not mutually exclusive, still they discover the central problem in different factors. Earlier we have already touched on a number of traits of the formalistic approach and the anti-formalistic one, so that for the sake of a delimitation we would merely remark that the anti-formalistic trend manifests itself as a trend exceeding the formalistic one. Anti-formalism enters the scene with the claim to the formation of a dialectic logic concentrating on moments of content, and by making an attempt at giving a by itself satisfactory reply to the basic questions of legal reasoning.

So far the anti-formalistic approach has been embodied in the doctrine of argumentation whose foundations have been laid by the logicians of law of the Brussels circle already mentioned on several occasions. This doctrine may be considered the only properly elaborated line which at the same time leads to profitable and novel results. The Brussels circle of the logicians of law has substantially made an attempt at developing the logic of practical reasoning manifesting itself in several forms of practical activity. Here as central category the element of subjective conviction of a new, in the Aristotelian sense dialectic logic based on argumentation figures, and not the element of demonstration of traditional formal logic. Both the dialectic logic in the Marxist sense, so far elaborated in a few basic questions of theory only, and the approach by the present paper will qualify as particularly anti-formalistic. However, this anti-formalism has in common with the doctrine of argumentation before all the elaboration of the limitations of formal logic and the exploitation of the results of the doctrine of argumentation as partial components of instrumental value of a more comprehensive theoretical framework.

As regards the position taken by Marxist theory to this word of the Brussels circle, not long before criticism was advanced which objected to the directedness of the argumentative approach to the concrete individual case, the applicability of the formulae of argumentation claimed "mit mathematischer Gewissheit" allied to the formulae of formal logic, in general to the presumed pretention of the doctrine of argumentation to setting up categories, formulae or laws "auf jeden konkreten Einzelfall ausnahmlos und gänzlich wahr und gültig". ([102]) However, the directedness of the investigation to concrete individual cases appears to be relied on methodological presumptions, on the rejection of any kind of *a priorism*, consciously approved by the Brussels logicians of law, and also on the definite tendency to attempt the formulation of conclusions lending themselves for exploitation and possibly also for generalization, in the light of case studies, instead of outlining some sort of a general philosophy of decision. For our part the main point of the doctrine of argumentation which methodologically may appear as problematic, is the one where the Brussels logicians of law seem to have set out from a peculiar subjectivist philosophical standpoint in many respects related to axiological relativism and gnoseological agnosticism. So the doctrine has not been given the programme of exploring social antagonisms and within them real conflicts of interests and not focused full attention on the social character of the law and legal reasoning itself. ([103]) Under such circumstances when argumentation moves in the sphere of ideas void of real social interests, and among beings burdened with longings and convictions of a rather subjective character and value, argumentation itself and its means will obtain a rather one-sided representation and so fail to offer an in itself satisfactory reply to the basic question. On the other hand unlike the formalist approaches ignoring personal factors and tending towards truly objective certainty we believe that the subjective determinedness of the direct effect of the applied forms of argumentation and of the practical methodology of argumentation follow from the substance of the doctrine of argumentation. We should remember that as for its function the doctrine of argumentation constitutes the logic of personal conviction and not that of impersonal demonstration. In the last resort this means that as has been made clear by he first representative of the doctrine of argumentation though this doctrine may formulate rules, nevertheless the validity and the scope of application of these rules will in each case, partially at least, remain dependent on subjective factors. ([104])

In the course of legal reasoning subjective determinedness can change over an objective determinedness obviously only through the mediation of the social character. The criticism of the point of view of formal logic brought forward by the doctrine of argumentation will of course be fully approved by Marxist theory. Still at the same the Marxism will accept also the logic of argumentation with some limitations. A logical analysis of the methods of argumentation as methods applied beyond the ones of formal logic, their validity and scope is therefore also from the point of view of Marxist theory in every respect justified and necessary. This will not however guarantee a fully satisfactory exploration of the substance of legal reasoning by itself. As a matter of fact surpassing this approach in the direction of a logic of law truly of substance will in the Marxist sense come to naught unless a dialectic logic of objects has been elaborated whose subject-matter would be the peculiar totality of social-legal phenomena given in the law-applying process and which would bring to the surface the categories and regularities disposing of the sphere of validity characteristic of the social tendencies from the concrete subject itself, and so would attempt their generalization. ([105])

The actual content and structure of legal reasoning which a logic unfortunately not yet elaborated even in its outline and rather existing as a demand, ought to explore, primarily depend on the preconditions, concrete contents and structure of the conflict-resolving processes. Now on the level of generality literature draws a line between two possible forms of decision, viz. a procedural form relying on models of decision, rules or precedents in a formal manner previously established, and another one relying on concrete equity, justness or the socially useful solution of the case to be settled independently of the before mentioned rules or precedents. [106] As regards the principal line of the historical evolution of law, there are authors who implied in the treatment of law as a rule in the "modern" in a clear-cut manner distinguish the element of deductivity natural law and positivist doctrines from the "classical" notion attributed to Roman Law, where in a controversial procedure the rules were not yet applied as premisses of decision, but so to say as stepping-stones in the invention of the law which served for the indication of the concrete solution sought for in the particular cases rather than for that of the rules. [107] In comparative studies of legal systems bearing testimony to the exploitation of different principles of settlement a number of authors are inclined to draw a distinction between "Christian", "Western", or "European" way of doing justice, i.e. administration of justice relying on the authority of the majority position on the one hand, and the Confucian way of doing justice of the Far East, [108] or the traditional one of Equatorial Africa, in particular the one designated as Bantu, [109] on the other hand. As a matter of fact the latter by their traditional force are primarily directed to the achievement of appeasement, harmony, the satisfaction of all without any formal procedure, coercion or holding out sanctions, to the replacement of *"l'esprit de géométrie"* by *"l'esprit de finesse"*, [110] to the guarantee of the enforceability of individual determinednesses void of barriers.

Obviously considerable differences will present themselves in the sphere of settlements relying on a pattern of decision predetermined in a formal way according as the case is one of a judicial precedent as pattern of decision approximating the individual at several points, or one of a legislative regulation appearing on a given level of particularity. Still within the sphere of procedures relying on patterns of these kinds deductivity will more or less prevail as if of necessity, and so the model of legal reasoning as outlined in this paper will be applied more or less. The differences concealed in the generality of the patterns of decision may manifest themselves as fundamental differences producing divergent qualities. However, on the other hand as opposed to the other kind of patterns of decision these differences constitute a relatively uniform characteristic. Now in practice irrespective of the level of generality of this pattern there are tendencies which have made the consolidation of the two potential methods outlined earlier and their combination terminating in a compromise, the subject of their experimentations. As regards American law it was suggested to make use of the principle of restricted utilitariansm in a two-level process of justification, ([111]) when the judicial decision would receive its justification partly on the ground of referableness to a previously established rule, and partly on the ground of the expediency of the rule in question to be justified in each case separately. In Scandinavian law an author compared the "model of adjudication" to the more desirable "model of open debate", ([112]) where an optimal variant of the decision would in the first be shaped on the ground of arguments reflecting certain open, sociological facts, the trends in public opinion and its likely response, and then the final decision would be come to in the process of confrontation of this variant with the provisions of positive law, and historical and other valuating materials. In Japan, perhaps under the influence of still living and effective traditions of Confucian origin embodied in the peculiar Japanese legal conception it has been established as living fact that the judge equally called to the application of the law in force and to a settlement satisfying the parties, has the power to subvert the presumption of the rationalism of the law and to substitute for it another ground of decision in the light of the case in question more convincing and more rational, and justified with the aid of appropriate interpretation. ([113])

The picture given of these models of the processes of decision-making, of such and similar ideas would modify the structural outlines and relations we have drawn of legal reasoning substantially. However, most of the ideas in question made their appearance, or are still present, as historically delimited phenomena, for the discharge of historically delimited functions, and could therefore hardly be subservient to the enrichment of socialist theory. ([114]) As a matter of fact the position of socialist theory based on the social necessity of the primacy of law-making, at least in point of principle, demands that the application of law should in fact manifest itself as the translation of the law developed in the course of law-making into reality. [115] Referred to the sphere of problems analyzed in this paper this gives expression to the postulate of legal policy that the actual social character and determinedness directly prevailing in the law-applying process, manifesting itself in the social conditioning of legal reasoning and in the social contents and environment of the application of law should operate towards the reinforcement of the historical social character and determinedness indirectly effective by the mediation of the norm applicable and to be applied to the case in question, and that the directly effective actual social character discharging the function of determination should in conformity with the formal aspect of legality advance the full discharge of another function, the function of logical control, and beyond the potential sphere of logical control, in conformity with the content aspect of legality serve the reconciliation of conflicting interests and the satisfaction of the postulates of social development to the highest degree.

Institute for Legal and Administrative Sciences of the Hungarian Academy of Sciences, Budapest I Csaba VARGA

NOTES

(1) KULCSÁR, Kálmán: A jogalkalmazás funkcionális elemzésének problémái (Problems of the functional analysis of the application of law), *Állam- és Jogtudomány* XII (1969) N°. 4, p. 605.

(2) PESCHKA, Vilmos: Célszerüség a munkafolyamatban és a jogi normában (Expedience in the working process and in the legal norm), *Állam- és Jogtudomány* XI (1968) N°. 2, p. 216.

(3) Œuvres de DESCARTES, trad. par V. Cousin, vol. XI, Paris, 1826, pp. 205-206, quoted by PERELMAN, Chaim: Raisonnement juridique et logique juridique, *Archives de Philosophie du Droit* XI (1966), pp. 2-3.

(4) FERRIÈRE, Claude de: *La Jurisprudence du Code de Justinien conférée avec les ordonnances royaux*, Paris, 1684, p. 124.

([5]) For the history of the problem and for some of its theoretical lessons see HUFTEAU, Yves-Louis: *Le référé législatif et les pouvoirs du juge dans le silence de la loi,* Paris, 1965.

([6]) MENEGHELLO Bruno: Il formalismo nello interpretazione giuridica, *Jus* (1964) p. 228, quoted by CAPPELLETTI Mauro- MERRYMAN John Henry- PERILLO, Joseph M.: *The Italian Legal System*: An Introduction, Stanford, 1967, p. 248.

([7]) Cf. PERELMAN, Chaim: *Justice et raison,* Brussels, 1963, pp. 252-255.

([8]) BAUMGARTEN, Izidor: *A biró* (The judge), Budapest 1911, p. 15.

([9]) LÉVY-BRUHL, Henri: *La sociologie du droit,* Paris, 1961, p. 34.

([10]) ROSS, Alf: *On Law and Justice* London, 1958, p. 138.

([11]) SZABÓ, Imre: *A szocialista jog* (Socialist law), Budapest, 1963, pp. 300 and 305.

([12]) *Ibid.*, pp. 306-307 and by the same author: Jogalkalmazás és szocialista törvényesség (The application of law and socialist legality), *Magyar Jog* III (1956), N°. 5, p. 129.

([13]) For the definition and diagrammatic representation of the directions of multiple feedback characteristic of the fundamental processes of motion in the law see VARGA, Csaba: A «Jogforrás és jogalkotás» problematikájához (To the problem of the work "The source of law and law-making"), *Jogtudományi Közlöny* XXV (1970) N⁰ 9, (4.1), p. 506.

([14]) PESCHKA, Vilmos: *Jogforrás és jogalkotás* (The source of law and law-making), Budapest, 1965, pp. 324-325 and 327.

([15]) Cf. KULCSÁR, Kálmán: *A jog nevelö szerepe a szocialista társadalomban* (Educative function of the law in socialist society), Budapest, 1961, pp. 76-77.

([16]) In the evolution of socialist law see the example of the judicial practice resting on rules and principles of extremely vague contents of the October Socialist Revolution of 1917 [VARGA, Csaba: (Lenin and the revolutionary legislation), in *V. I. Lenin o sotsialistitscheskom gossudarstve i prave* (V. I. Lenin on the socialist state and law), Moscow, 1969, pp. 271 et seq.] and of the Hungarian Republic of Councils of 1919 [VARGA, Csaba: Sarlós: A Tanácsköztársaság jogrendszerének kialakulása (Sarlós: Genesis of the legal system of the Republic of Councils), *Állam és Jogtudomány* XII (1969) N°. 2, pp. 362-363].

([17]) Only from the sphere of socialist law we would mention economic arbitration as example, which on theoretical consideration is but "administration of justice without any application of law, or the 'application' of a vague legal framework where actual decision depends on economic considerations or such of economic policy more than was usual in the course of traditional decision-making by the Judiciary». KULCSÁR: *op. cit.* in note 1, p. 616.

([18]) See in general PESCHKA: *op. cit.* in note 14, chapter II, paragraph 2. For socialist law see in particular: WLODYKA, Stanisław: Prawotwórcza działalność Sądu Najwyższego (Law-making activity of the Supreme Court), *Prace prawnicze*: Zeszyty naukowe Uniwersytetu Jagiellońskiego, Kraków

(1967) CLX zeszyt 31, pp. 158-187 and KNAPP, Viktor: La création du droit par le juge dans les pays socialistes, in *Ius Privatum Gentium:* Festschrift für Max Rheinstein, Band I, Tübingen, 1969, pp. 67-84.

(19) Among others see the example of a large portion of revolutionary Soviet legislation of 1917, when exclusively and directly on political considerations documents for political use only were promulgated in a legal form [KULCSÁR, Kálmán: A politika és a jog viszonya Lenin müveiben (Relations of law and politics in Lenin's works), *Állam- és Jogtudomány* XIII (1970) N°. 1, p. 19]. Or see the practice of the supreme courts of a number of countries regarding the scrutiny of legislation on grounds of constitutionality, where by the side of purely political play-acting the resolution of conflicts may serve as a pretexte only or as a policy-making potentiality.

(20) FRANCE Anatole: *Les opinions de Jérôme Coignard.*

(21) BAUMGARTEN, *op. cit.* in note 8, p. 14.

(22) Ross: *op. cit.* in note 10, p. 139.

(23) STONE, Julius: *Law and the Social Sciences in the Second Half-Century,* Minneapolis, 1966, p. 63.

(24) TROLLER, Alois: *The Law and Order:* An Introduction to Thinking about the Nature of Law, Leyden, 1969, p. 89.

(25) COHEN, Felix S.: *The Legal Conscience,* New Haven, 1960, p. 70.

(26) ENGELS, Friedrich: Die Lage der arbeitenden Klasse in England, in MARX, Karl — ENGELS, Friedrich: *Historisch-kritische Gesamtausgabe,* Erste Abt., Band 4, Moscow-Leningrad, 1933, pp. 266-267; MARX, Karl — ENGELS, Friedrich: Die deutsche Ideologie, in *ibid.*, Band 5, Berlin, 1932, p. 321; MARX, Karl: *Capital:* A Critique of Political Economy, vol. I, New York, 1967, p. 248; *ibid.*, vol. III, pp. 89-91.

(27) SZABÓ, Imre: *Társadalom és jog* (Society and law), Budapest, 1964, p. 115.

(28) Cf. e.g. KULCSÁR, Kálmán: A politikai elem a birói és az államigazgatási jogalkalmazásban (The political element in judicial and administrative application of law), in *Jubileumi tanulmányok* (Jubilee studies), vol. II, Pécs, 1967, pp. 204 and seq.; KULCSÁR, Kálmán — HOÓZ, István: A büntetéskiszabásról (On the Imposition of Punishment), *Jogtudományi Közlöny* XXIII (1968) N°. 10, p. 491.

(29) VISHINSKY, A. Y.: *Teoriya sudebnykh dokazatelst v sovetskom prave* (Theory of evidence in the lawsuit in Soviet law), Moscow, 1950, pp. 157-158.

(30) KULCSÁR, Kálmán: A szituáció jelentősége a jogalkalmazás folyamatában (Significance of the situation in the process of application of law), *Állam- és Jogtudomány* XI (1968) N°. 4, p. 563.

(31) COSSIO, Carlos: Phenomenology of the Decision, in *Latin-American Legal Philosophy*, Cambridge (Mass.), 1948, pp. 375-476.

(32) Cf. e.g. KALINOWSKI, Georges: *Introduction à la logique juridique,* Paris, 1965, pp. 141-142.

(33) TOULMIN, Stephen Edelston: *The Uses of Argument*, Cambridge, 1964, pp. 7-8.

(34) Among others see WRÓBLEWSKI, Jerzy: Legal Reasoning in Legal Interpretation, in *Études de logique juridique*, vol. III, Brussels, 1969, pp. 3 seq., in particular p. 31.

(35) Cf. e.g. NEDBAYLO, P. E.: *Primenenie sovetskikh pravovykh norm* (Application of the soviet legal norms), Moscow, 1960, p. 419.

(36) Cf. KUDRYAVTSEV, V. N.: *Teoretitcheskie osnovy kvalifikatsiy prestupleniy* (Theoretical foundations of the qualification of criminal offences), Moscow, 1963, p. 149.

(37) KAZIMIRTCHUK, V. P.: *Pravo i metody ego izutecheniya* (The law and the methods of its research), Moscow, 1965, p. 63.

(38) See SZABÓ, József: A jogászi gondolkodás bölcselete (Philosophy of judicial thinking), *Acta Universitatis Szegediensis*: Sectio Juridica-Politica (1941), pp. 41, 67, etc.

(39) PERELMAN, Chaim: Problèmes de logique juridique, *Journal des Tribunaux* (April 22, 1956) N⁰. 4104, p. 272, quoted by HOROVITZ, Joseph: Exposé et critique d'une illustration du caractère prétendu non-formel de la logique juridique, *Archives de Philosophie du Droit* XI (1966), p. 198.

(40) VILLEY, Michel: Chaim Perelman: Justice et raison, *Archives de Philosophie du Droit* X (1965), p. 369.

(41) PERELMAN: *op. cit.* in note 7, pp. 194 and 208-209.

(42) *Ibid.*, pp. 220-221.

(43) PERELMAN, Chaim: *Droit, morale et philosophie*, Paris, 1968, p. 62.

(44) *Ibid.*, pp. 75 and 85-93.

(45) MARKÓ, Jenő: A jogalkalmazás tudományának alapjai (Foundations of the theory of the application of law), Budapest, 1936, p. 127.

(46) NAGY, Lajos: A büntetőbirósági tanács döntésének kialakulása (Genesis of the decision of the criminal court), *Jogtudományi Közlöny* XXV (1970) N°. 10, p. 525.

(47) Cf. NAGY, Lajos: A büntetőbirói döntés pszichológiájának néhány kérdése (Certain questions of the psychology of the decisions of the criminal court), *Állam- és Jogtudomány* XIII (1970) N°. 3, p. 463.

(48) *Ibid.*, p. 478.

(49) SOULEAU, Philippe: La logique du juge, in *La Logique judiciaire: 5ᵉ* Colloque des Instituts d'Etudes Judiciaires, Paris, 1969, p. 56.

(50) For the use of this term, see KLAUS, Georg: *Einführung in die formale Logik*, Berlin, 1958, p. 72.

(51) For the use of these notions, see JØRGENSEN, Stig: *Law and Society*, Aarhus, 1971, pp. 10-11.

(52) CASTBERG, Frede: *Problems of Legal Philosophy*, Oslo-London, 1957, p. 55.

(53) SZABÓ: *op. cit.* in note 11, p. 321.

(54) PERELMAN, Chaim: La distinction du fait et du droit: Le point de vue du logicien, in *Le fait et le droit:* Études de logique juridique, Brussels, 1961, p. 271.

(55) Cf. in Hungarian literature among others Moór, Gyula: *A logikum a jogban* (The logical in law), Budapest, 1928, p. 34; Nagy, Lajos: A bűnösséget megállapító ítélet indokolása (Motivation of the sentence establishing guiltiness), *Állam- és Jogtudomány* IX (1966) N°. 4, pp. 625-659; Szabó: *op. cit.* in note 11, pp. 320-321, etc.

(56) «Man wird sogleich von Langeweile befallen, wenn man einen solchen Schluss hereinziehen hört; — dies rührt von jener unnützen Form her, die einen Schein von Verschiedenheit durch die abgesonderten Sätze gibt, der sich in der Sache selbst sogleich auslöst.» Hegel, Georg Wilhelm Friedrich: *Wissenschaft der Logik,* Zweiter Teil, 3. Auflage, Stuttgart, 1949, p. 125.

(57) Cf. in particular Peschka, Vilmos: Die Besonderheit als Bewegungsraum der juristischen Argumentation, in *Le raisonnement juridique,* Brussels, 1971, pp. 122-124.

(58) Justice Holmes, Oliver Wendell, in Lochner v. New York (1905), 198 U.S. 78.

(59) Cf. Varga, Csaba: A jogtudományi fogalomképzés néhány módszertani kérdése (Some methodological problems of the formation of concepts in jurisprudence), *Állam- és Jogtudomány* XIII (1970) N°. 3, (4.4), pp. 602-603.

(60) Cf. Szabó, Imre: *A jogszabályok értelmezése* (The interpretation of law), Budapest, 1960, pp. 390 et seq.

(61) Sawyer, Geoffrey: *Law in Society,* Oxford, 1965, pp. 9-11.

(62) Klug, Ulrich: Observations sur le problème des lacunes en droit, in *Le problème des lacunes en droit,* Brussels, 1968, pp. 101-102.

(63) Moór: *op. cit.* in note 55, p. 36.

(64) Klug, Ulrich: *Juristische Logik,* Zweite Auflage, Berlin-Heidelberg-New York, 1958, pp. 128 and 134.

(65) Cf. Horovitz, Joseph: Ulrich Klug's Legal Logic: A Critical Account, in *Études de logique juridique,* vol. I, Brussels, 1966, pp. 104 et seq.

(66) *Ibid.,* p. 115.

(67) Dekkers, René: Reflexions sur un outil, *Journal des Tribunaux* (April 22, 1956) N°. 4104, p. 271, quoted by Horovitz: *op. cit.* in note 39, pp. 196-197.

(68) Ross: *op. cit.* in note 10, p. 153.

(69) Stone: *op. cit.* in note 23, p. 140.

(70) Markó: *op. cit.* in note 45, p. 97 and similarly, yet in a by far more pronounced form, Baumgarten: *op. cit.* in note 8, p. 3.

(71) Kulcsár: *op. cit.* in note 28, pp. 223-224.

(72) Cf. Wróblewski, Jerzy: *Zagadnienia teorii wykladni prawa ludowego* (Outlines of the theory of interpretation of the people's law), Warsaw, 1959, pp. 151 et seq.

(73) Wróblewski, Jerzy: The Problem of the Meaning of the Legal Norm, *Österreichische Zeitschrift für öffentliches Recht* XIV (1964) N°s. 3-4, p. 264.

(74) Stone: *op. cit.* in note 23, p. 64.

(75) Cf. Reichel, Hans: *Gesetz und Richterspruch,* p. 65.

(76) Cf. Parain-Vial, J.: La nature du concept juridique et la logique, *Archives de Philosophie du Droit* XI (1966), pp. 49 et seq.

(77) Motte, Marie Therèse — Foriers, Paul — Dekkers, René — Perelman, Chaim: Essais de logique juridique: A propos de l'usufruit d'une créance, *Journal des Tribunaux* (April 22, 1956), N°. 4104, pp. 261-274, quoted by Bayart, A.: Le centre national belge de recherches de logique, *Archives de Philosophie du Droit* XI (1966), pp. 172-173.

(78) Cf. Husson, L.: Les apories de la logique juridique, *Annales de la Faculté de Droit et des Sciences Economiques de Toulouse* XV (1967) N°. 1, pp. 38 et seq.

(79) Cohen, Morris R.: *Law and the Social Order:* Essays in Legal Philosophy, New York, 1933, p. 130.

(80) Justice Holmes in Guy v. Donald (1906), 203 U.S. 399, 406.

(81) Perez v. Sharp (1948), 32 Cal. 2d 711.

(82) Suzman: Race Classification and Definition in the Legislation of the Union of South Africa: 1910-1960, *Acta Iuridica* (Cape Town) (1960), pp. 339, 355 and 367.

(83) Cf. Varga: *op. cit.* in note 13, p. 507.

(84) Cf. David, René: *Traité élémentaire de droit civil comparé:* Introduction à l'étude des droits étrangers et à la méthode comparative, Paris, 1950, p. 17.

(85) Cf. Renauld, Jean G.: La systématisation dans le raisonnement juridique, *Logique et Analyse* I (1958) N°s 3-4, p. 176.

(86) Foriers, Paul: Le juriste et le droit naturel: Essai de définition d'un droit naturel positif, *Revue Internationale de Philosophie* (1963) N°. 3, pp. 1-18, quoted by Bayart: *op. cit.* in note 77, pp. 178-180.

(87) Cf. e.g. in connection with public administrative practice Nagy, Endre: Diszkréció és bürokrácia (Discretion and Bureaucracy), *Állam és Igazgatás* XXII (1972) N° 3, pp. 220 et seq.

(88) Kulcsár: *op. cit.* in note 28, p. 221.

(89) Szabó, Imre: Méltányosság a szocialista jogban (Equity in socialist law), *Jogtudományi Közlöny* XXV (1970) N°s 4-5, pp. 145 and 149-150.

(90) Cf. Szabó, Imre: *Le traitement de l'équité dans les divers systèmes juridiques* (Rapport général présenté au VIII° Congrès international de Droit comparé), Budapest, 1970, pp. 12-13.

(91) Szabó: *op. cit.* in note 89, pp. 148 and 149.

(92) Buch, Henri: La nature des principes généraux du droit, in *Rapports belges au VI° Congrès international de Droit Comparé,* Brussels, 1962, p. 67.

(93) *Obshchaya teoriya sovetskogo prava* (General theory of Soviet Law), ed. by Bratus, S. N., — Samoshchenko, I. S., Moscow, 1966, pp. 239-240.

(94) Cf. e. g. Noda, Yosiyuki: *Introduction au droit japonais,* Paris, 1966. p. 233.

(95) David, Aurel: La Cybernétique et le Droit, *Annales de la Faculté de Droit et des Sciences économiques de Toulouse* XV (1967) N°. 1, p. 160.

(96) Cf. Battifol, Henri: *La philosophie du droit,* Paris, 1962, p. 21.

(97) Cf. Varga, Csaba: The Preamble: A Question of Jurisprudence, *Acta Juridica Academiae Scientiarum Hungaricae* XIII (1971) N°• 1-2, in particular pp. 106-121.

(98) Baumgarten: *op. cit.* in note 8, p. 11.

(99) For this formulation of the problem of gaps see Naschitz, Anita M. — Fodor, Inna: *Rorul practici judiciare in formarea si perfectionarea normelor dreptului socialist* (The function of judicial practice in the formation and perfection of the norms of socialist law), Bucharest, 1961, pp. 194-212.

(100) Cf. Weinberger, Ota: Methodology of Juridical Argumentation and Legal Cybernetics, *Kybernetika a právo* (Prague) I (1967) N°. 1.

(101) Perelman: *op. cit.* in note 39, p. 274, quoted by Horovitz: *op. cit.* in note 39, p. 200.

(102) Peschka: *op. cit.* in note 57, p. 125.

(103) Cf. Varga, Csaba: Les bases sociales du raisonnement juridique, in *Le raisonnement juridique,* Brussels, 1971, pp. 172-175.

(104) Perelman, Chaim: (Discussion), in *Etudes de logique juridique,* vol. IV, Brussels, 1970, pp. 54-55.

(105) Cf. Peschka: *op. cit.* in note 57, p. 125.

(106) Cf. e.g. Wasserstrom, Richard A.: *The Judicial Decision*: Toward a Theory of Legal Justification, Stanford, 1961, pp. 90-91.

(107) Before all see e.g. Villey, Michel: *Cours d'histoire de la philosophie du droit,* fasc. IV, Paris, 1965, pp. 402-404 and by the same author: Questions de logique juridique dans l'histoire de la philosophie du droit, in *Etudes de logique juridique,* vol. II, Brussels, 1967, pp. 3-22.

(108) David, René: Deux conceptions de l'ordre social, in *Ius Privatum Gentium:* Festschrift für Max Rheinstein, Band I, Tübingen, 1969, pp. 53-66.

(109) Dekkers, René: Justice bantou, *Revue Roumaine des Sciences sociales:* Série de Sciences juridiques XII (1968) N°. 1, pp. 57-62.

(110) Cf. Dekkers, René: Les sources du droit chinois contemporain, in *Zbornik radova o stranom i uporednom pravu* (Collection of papers from the field of foreign and comparative law), vol. IV, Belgrade, 1966, p. 75.

(111) Wasserstrom: *op. cit.* in note 106, pp. 122-136.

(112) Bolding, Per Olof: Reliance on Authorities or Open Debate? Two Models of Legal Argumentation, *Scandinavian Studies in Law* XIII (1969), pp. 63 et seq.

(113) Noda: *op. cit.* in note 94, p. 236.

(114) Cf. Szabó, Imre: *Szocialista jogelmélet — népi demokratikus jog* (Socialist theory of law — people's democratic law), Budapest, 1967, p. 109.

(115) *Ibid.*, p. 103.

[19]

Towards the ontological foundation of law.
Some theses on the basis of Lukács' Ontology (*)

di Csaba Varga (**)

1. The present theses are but working hypotheses. Although they are based on theoretical generalization, they are only to serve further investigation as motives to be doubted corrected asserted at any time and not as bases for deductive inference substituting a concrete analysis of reality.

On the basis of the methodological considerations, categories and analyses to be found in Lukács' Ontology involving the legal

---

(*) Georg Lukács' last work, *Toward the Ontology of Social Being*, has only been published in Hungarian translation (*A társadalmi lét ontológiájáról* I-III Budapest: Magvetö 1976). The German MS, *Zur antologie der gesellschaftlichen Seins*, is available for research at the Lukács Archives and Library, Belgrád rakpart 2, Budapest 1056. For some chapters published in English, see *Hegel's False and Genuine Ontology* and *Marx's Basic Ontological Principles* London: Merlin 1978 (book I chapters 3 and 4), and 'Labour as a model of social practice' *New Hungarian Quarterly* XIII (Autumn 1972) No. 47 (book II chapter 1, section 2). As to the Ontology in general and the author's former attempts at a jurisprudential interpretation of the Lukácsian text and concept in particular, cf. 'La question de la rationalité formelle en droit: Essai d'interprétation de l'Ontologie de l'être social de Lukács' in *Archives de Philosophie du Droit* 23 Paris: Sirey 1978; 'The concept of law in Lukács' Ontology' in *Rechtstheorie* X (1979) 3; 'Chose juridique et réification en droit: Contribution à la théorie marxiste sur la base de l'Ontologie de Lukács' in *Archives de Philosophie du Droit* 25 Paris: Sirey 1980; 'Towards a sociological concept of law: An analysis of Lukács' Ontology' in *International Journal of the Sociology of Law* IX (May 1981) 2. For the problems of law in Lukács' oeuvre and the reconstruction of the Ontology's legal conception, cf. Cs. Varga, *A jog helye Lukács György világképében* (The place of law in Georg Lukács' world concept) Budapest: Magvetö 1981, in preparation for a revised and enlarged English edition.

(**) Institute for Legal and Administrative Sciences, Hungarian Academy of Sciences, Budapest.

phenomenon, theses are aimed at outlining a conceptual framework which makes possible the explanation of the various manifestations, social and historical aspects of the prenomenon 'law' in a way which is notionally uniform, developed from the ontology of social being, and, for this very reason, is open to past and future as well. Like any theoretical achievement, Georg Lukács' work does not preclude the possibility of different interpretations either. The present theses do not pretend to offer an exclusive, or in itself authentic, interpretation. For their aim is to make use of Lukács' theoretical work in the explanation of legal phenomenon instead of formulating a mere variant of given theses by relating then to the sphere of law.

2. Law has no separate ontology, independent of the ontology of social being. All that develops peculiarly in law and lays the foundations of its relative autonomy, can only untold within the whole as one of its components at any time; all these can owe both their existence and raison d'être to the whole in question.

3. Law is a social phenomenon. A phenomenon is social if its existence is manifested in exerciting an influence on a social scale.

3.1. Lukács' Ontology analyses society as a complex of complexes. The individual complexes are exerting a continual, mutual effect on each other. Social existence is just the total sum of such mutual effects, i.e. the expression of their state at any given time. Consequently, the total complex consists of the mutual effect of the part complexes. In the same way, also the part complexes (as relative, i.e. never closed, totalities) are the product of the mutual effect of the (part) part complexes concretely makings haping them.

In such a way social existence is an unbroken, irreversible process. In this process all that comes about will leave its mark. That is to say, as a new component it will be built in the system of conditions in which the mutual effect (and also the self-reproduction) of the individual complexes will take place.

3.2. As an irreversible process, social existence is at the same time a historical existence. The historical character of social processes may be grasped in socialization in the most striking manner.

In the narrow sense of the word, socialization is a process in the course of which connections are getting more and more indirect. As social motion gets realized through the mutual effect of individual complexes in the course of which their self-reproduction will also take place, the indirect nature of connections manifests itself above all in the mechanism of mutual effect and self-reproduction. This means that in the construction and functioning of this mechanism the purely nature-given conditions and components are playing a continuously diminishing role as more and more purely social elements of mediation get inserted in the mechanism of mutual effect and self-reproduction. The social nature of the whole process comes increasingly to the fore, i.e. its determination by conditions and components which are rooted in and produced by the processes of mutual effect and self-reproduction.

By the progress of socialization the role and importance of mediation will also increase. According to its widest definition, mediation is the social medium in which the mutual effect of complexes is getting realized. Mediation is not simply a characteristic of social motion or one of the functions of social complexes. By the progress of socialization it grows into such a comprehensive category that all kinds of motion will also be qualified as mediation. The complexity of the forms it takes will exclude the possibility of its being exclusively the agent or the subject of mediation. All that is to mediate in certain direction (s) will be mediated in other one (s).

At a relatively early phase of development the compound mechanism of mediation has called to life complexes whose only fuction is to mediate. Such a complex is, e.g., language in the field of social communication, or law in the field of regulation. In its turn, socialization develops their relative autonomy and peculiarity step by step, too.

3.3. Viewed from the point of view of human activity and actual social functioning, social existence is nothing else but an interrelation of teleological projection and causality, mutually conditioning each other.

Based on the cognition of elements and their connections in causal processes, teleological projection is their re-arrangement in new contexts. Consequently, teleological projection is nothing more than what is inherent, as to their inner potentialities, in causal processes. Yet owing to the circumstance that they have only been inherent as potentialities in causal processes without being able to evolve in these processes in a spontaneous way, the act of teleological projection is just what is needed for man to shape and socialize his environment by creating things which would not have been provided ready-made by nature.

From the very first elementary act of labour onwards, every form of human activity is being built of the connection between teleological projection and causality. However, it only circumscribes and does not define what will have been taken shape as human history. This circumstance has a dual explanation. On the one hand, every teleological projection presupposes alternatives in decision. On the other, causal processes are going on in a composite environment and influenced by various factors to such a degree that in all probability one cannot foresee the actual result correctly. In the final analysis it will be more or less, or simply different from, what was aimed at by the original projection.

The transformation of connections and interrelations into more indirect and mediated ones will be sensed in teleological projection, too. By the progress of the forms of the division of labour, social regulation, etc., more and more acts of teleological projection of a purely mediating character will be wedged in between the original teleological projection and its realization. And the outcome is that the process which is to realize the original teleological projection will, more and more markedly, turn to be a process of many factors and chances.

3.4. Object-character is the very manifestation and basic quality of natural existence. It transforms into objectification when man realizescreates it by putting it into his own service as the subject of his teleological projection.

As the product of socialization, more and more complex systems of objectification come into being. Their working and its reflection in mind will increasingly be characterized by the appearance of as if it would be the case — representing a kind of second nature — of forces working by the laws of purely natural objects. This is the phenomenon of reification, the necessary and self-reproducing consequence of socialization, which does not by itself involve any distortion.

It turns only into a source of social problems if its coincidence with some other conditions gives rise to the objective fact and subpective experience of alienation. Such a situation arises when social existence comes into conflict with human substance. By the progress of socialization the possibility of alienation grows, yet there is no inner necessity of its actual realization. That is to say that alienation is a function of several tendencies prevailing in the total development of the total complex.

3.5. It is the investigation of interrelations, starting from the whole, given at any time, and delimiting their place and importance within the whole, that is called totality approach by Lukács' Ontology.

According to the totality approach, also ideology — i.e. the kind of consciousness with the help of which human beings and their groups fight their conflicts through — is considered as one of the components and shaping factors of social existence. Consequently, the decisive question is not to know whether its content is epistomologically verifiable or not, but to define the role and the efficacity it accomphishes while influencing given processes of motion in a given situation.

Therefrom it follows that the epistemological approach, too, is subordinated to the ontological one. It goes without saying that the veracity or falsity of cognition is by for not indifferent as far as the planning of teleological projection and of causal series, the understanding of the nature and components of conflicts, i.e., in the final account, the whole progress of social existence is concerned. Yet ontology has to reckon with the real interconnections of the real motion. Accordingly, ontology has also to reckon with the fact that to define which kind of cognition in which manner exerts an influence on social motion in a given context, is a function of a number of factors pointing beyond the sphere of epistemology.

3.6. In such a way social existence is equal to social total motion. It is the state of the unbroken mutual effect of individual complexes as given at any time. All that comes about in this irreversibly progressing process, will, owing to its exerting an influence, be indestructibly fed back to and built in the subsequent processes as one of the elements of their conditioning environment.

This is the reason why the priority in time does not mean an ontologic priority. For the total process is getting realized in a complex network of mutual determinations where neither exlusively determining factors, nor exclusively determined components are given; there are but mutual determinations.

Notwithstanding, to answer at sufficient depth the question of which are the detreminations in the system of mutual determinations that prove to be the predominant ones by defining the direction of the total process, and how to explain the way in which the unequality of determinations can lead to a determination in the last resort (e.g. economy vs. other spheres), is less the job of a philosophical generalization than the one of empirical research directed to reveal the channels and the mechanism through which indirectnesses, and also inequalities, can materialize and prevail.

4. Law is a mediating complex. As such, it does not hold its raison d'être in itself. Yet in order to fulfill its function of mediation, it is expected to have relative autonomy.

4.1. Historically, law as law has been differentiated and transformed into the holder of a specific mediation when, defined by conflicts of interests, society has developed stratification in several directions, in which one by classes has distinguished itself as the basic organizing factor.

In societies cut into antagonistic layers in line with the conflicts of interests, law has been called to life in order to overcome every part order and thereby to exert an influence unifying society in the last resort. In such a way law has a natural connection to the state which fulfills the role of the final unifying force in the sphere of the politically organized social power.

4.2. The task of law is to settle the basic conflicts of interests in society. Law is to guarantee social order by binding the settlement of conflicts to given patterns.

4.3. The connection of the law and the state is twofold.

Law and state are the subject of common social determination. Regarded as instruments influenced by the prevailing class situation at any time, both of them express and realize social targets in a way coloured by class targets. The question in which manner and with what kind of exclusivity will the representation of class targets be carried out in by them, is the function of social arrangement and of the relation of forces.

By the construction of its hierarchically built up, territorially divided system of organization, the state is taking steps for gradually monopolizing law, i.e. for acquiring the exclusive rule over law. This is advanced by the historical process resulting in law's peculiar objectification, then in its being considered as exclusively embodying the law just in this objectified form. The étatization of law will be more emphasized and thoroughly completed in systems where the making and application of the law is to be separated both notionally and institutionally, getting on a formal importance.

This process shows in the direction of mutual conditionedness which in extreme cases can even lead to the mutual embodying of each other's contents. As a matter of principle, in such cases every state activity appears at the same time as a legal one, and every legal activity appears as a state one.

4.4. At early times the objectification form of law was attached to the choice of certain elements of the actual practice as a pattern to be followed. Later on these patterns developed into those of conduct and decision, considered as normative. The created and written norm structures have been established in order to influence (i.e. to complete, modify, unify), then to succeed these patterns.

In the various phases of historical development the created and written norm structures have been striving for the exclusive embodiment of law. This is the attempt at a reduction of the ius to the lex, a recurring phenomenon in legal development. In any of its forms it is an attempt at acquiring an exclusive rule over law, although its concrete motives and manifestations can be differing (as in the case of the Roman domination, the law based on revelation, the law of Byzantium, the enlightened despotism, or the legislation of the French revolution).

5. Norm is a teleological projection. Based on the cognition of causal connections of the processes of reality, it sets targets and makes the choice of the instrumental behaviour(s) considered the most favourable in view of reaching the given target.

5.1. Legal norm is a teleological projection which fails to formulate the target that is socially desired to reach. In order to guarantee its unequivocality as a rule of conduct and decision, excluding even the mere questionableness of its content, it does formulate the instrumental behaviour defined by the legislator as the target to be reached.

It is also the exclusion of questionableness that is aimed at by the formalism of the shaping of norm content. This formalism manifests itself in attaching the description of both the instrumental behaviour and the situation in which the behaviour in question is to be followed to externally recognizable signs of the facts that constitute a case.

5.2. The circumstance and tendency of development that, owing to the growth of the need of regulation and the state's striving for an absolute monopoly over law, legal objectification appears as a created and written norm structure more and more accentuatedly and in a more and more exclusive way, makes the law a peculiarly separate sphere also from a formal aspect.

At early times the quality of law was expressed by the assertion of some content as a pattern to be followed. That is to say, legal validity was attached to the practice recognizing the pattern as a normative one. It presupposed a content, adequate to the targets and interests involved in the concrete situation, on the one hand, and a medium spontaneously carrying it as a legal one, on the other. Consequently, traditionalism and attachment to patterns, sacred or of proved value, had a considerable role to play in the continuity of law.

In order to strengthen the dynamism of law, the formal surrounding of the quality of law has come gradually to the fore. This has presupposed the detachment of law from its traditional holders above all. It has resulted in a change of the basis of the validity of law. Namely, by this time validity — in the meaning of belonging to and being within the law — has been attached to the form of objectification, to its enactment in a given way, independent of any concrete content.

The formalism of legal validity has a dual consequence. On the one hand — from a social point of view —, traditionalism will wither away in favour of formal qualities. Legal systems based on custom will retire; they survive only as folkways (i.e. as substitutes, complements, remnants) at the most. On the other hand — from a legal point of view —, the transformation of law into a purely formal system will be completed inasmuch as the way in which the form of objectification is to be enacted in order to acquire validity, will also be defined by legal enactment.

5.3. By the decline of traditionalism, institutionalization will prevail as the factor guaranteeing legal continuity.

In the most comprehensive manner, institutionalization has become the characteristic of state organization when the building up of the differentiated organizational and institutional system of modern statehood has been accomplished. It involves both the concentration of power and the formation of its system, divided territorially and according to specialization. It results in the rise of an autonomous branch of the division of labour, namely administration, as a profession based on qualification and organizing itself into a separate body.

The institutional set-up of modern formal law is also established as a part of modern statehood, laying the foundations of the latter, and at the same time as a branching off pointing beyond administration. The institutional set-up of modern formal law includes both the system of valid legal enactments, formally separated and laid down in books, and the legal profession as a separate body based on qualification, destinated to function support reproduce the system of enactments. In its turn, the presence of legal profession draws the traditions, connected with lawyers' training, skill, and working ideology, needed for fulfilling their specific role, also into the conceptual sphere of the institutional set-up.

5.4. As to the construction and functioning of the law, this development has some definite consequences.

The entire legal sphere is becoming dominated by the spirit of central enactment, foreseeing everything. The teleological component grows into one of unprecedented strictness and dimensions. Law just strives to plan every social occurrence in conformity with the abstract definitions of goals and instruments as previously decided from above, as well as to display and treat in practice actual occurrences as a « realization » of these definitions.

A form of objectification corresponds to the spirit in question in which law is considered as the total sum of enactments, logically arranged, coherent, based on an almost axiomatic ideal of hierarchy and deduction, and organized into a system conveived of as complete and closed in by itself.

In the whole of the legal complex, the moment of enactment, i.e. projection of law, will be more and more accentuated. As one of its consequences, projection and its practical implementation will thoroughly be separated from each other. In such a way, the differentiation between law-making and law-application will be considered not simply as derived from the heterogeneity of tasks, in other words, from a distinction made within the division of labour, but as one resulting in the breaking off of the process-like unity, the relative balance of law-making and law-application. Law-making grows to become the framer of the legal sphere, while law-application is degraded to a mere executive role. Law-making is lifted to a space to be filled exclusively by the free will of mankind, and this curcumstance also lifts law-application to a space where the only factor of determination permitted to get on seems to be determination by legal enactments.

Thereby the function proper to the administration of justice and also its pathos will be vanished. By its original sense, administration of justice is the operation of the law reckoning with the facts of the case and taking only into consideration norm structures as possible patterns in the search for a satisfactory solution all through the resolution of conflict. This is the reason why it could give way to the determination of the facts of the case and it could aim at reaching material justice. As opposed to it, the settlement of conflict embodied by the model of law-application is a more or less mechanical realization of legal enactments. Figuratively speaking, it is the arm of law-maker, lengthened to cover concrete cases, but missing real autonomy as well as any specific role which would be markedly its own. Consequently, justice turns to be a formal rule-conformism, reducible even to mere lawfulness.

Even if the ideal of law-application, characteristic of formal law, seldom shows itself in an extreme form, its direction is indicated by the various utopian ideas born in diverse social movements of two thousand years on the codes foreseeing and regulating everything, on the prohibition of law-interpretation, on the legislator having but one book of the law in the name of simplicity, or on the substitution of professional lawyers by lay judges or even machines meting out the law.

It is this specific being, delimited formally in a peculiar way, growing into a formally operated system and having the tendency of autonomous development, that is described from within by Hans Kelsen's pure theory of law. This is a theory of logics which explains the construction and functioning of law by a gradual breakdown starting out from an extreme point (i.e. from a hypothetical basic norm or the real international legal order). As to the construction of law, it is built of steps within which the norm (legal source) that qualifies as of a lower grade at any time derives its validity from the norm (legal source) of a higher grade. As to its functioning, it is such that only its two extreme points can qualify purely as law-making or law-application; the points in between qualify as law-application when viewed from the aspect of the higher norm and law-making when viewed from the aspect of the lower norm.

To sum up, the guiding principle of the construction is formal validity; that of the functioning is formal legality.

From this arrangement follows the lawyers' world concept. In the light of this concept, law is seen as a formation, sufficient in/by itself, that moves according to its own laws, sufficient in/by itself, too. For in compliance with the principles of construction and functioning, declared by the system itself, validity is a question of how to enact (i.e. by whom, where, and in what manner), and legality is a question of the logical subordination of the case to the norm.

6. Both the appearance of the autonomy of the law and its ideology are a function of the relative autonomy of the norm. In its turn, it is a contradiction, characteristic of mediating complexes in general that is reflected in the norm.

6.1. Law is expected to mediate in such a way that social determinations involved in law should be asserted through the peculiar autonomy of the law. For law has its goal beyond itself, embodied in the mediated complexes. At the same time it has its own system of fulfilment, i.e. it is expected to realize social targets, transformed into legal ones, by fulfilling its own system of requirements. That is to say, in the functioning of law the formal rationality, carried by the organizing principles of validity and legality, has to realize material rationality in a socially concrete way.

Due to such a contradiction, law is a manipulated mediation at all times. For neither validity, nor legality is a definition prevailing in the field of the total complex; as principles of construction and functioning within the legal complex, they are but postulates with a restricted sphere of operation only. If the motion of legal complex comes into conflict with other complexes, only their relation will decide whether the social total motion will go on as influenced by the tendencies of motion of the legal complex temporarily, or the superiority of strength of the other complexes ends by subduing the legal one.

Nevertheless, dramatic moments are not of common occurrence in the life of law. Still, manipulation seems to be its everyday form of existence. For as a socially existing phenomenon, law itself is process-like; its practice is equal to its continuous formation. This unbroken formation manifests itself in actualizing a meaning of the legal norm, which is — within the given process — a function of diverse social and legal factors concretely given at any time. Since circumscription, i.e. definition, in language can be approximate at best, there always remains a certain scope for motion. And therein every displacement and shift of emphasis, maybe indiscernible in itself, can add up to substantial changes in the long run.

6.2. The reality and ideology of law co-exist in a contradictory unity. The ontological description of legal functioning may cast light on the basis of manipulation at any time: on the social forces channelling legal mediation through the total process in a given way, independent of the kind of formal surrounding and logical ideal law-application has. This reality conflicts with the lawyers' ideology about the autonomy of law and its logical application. The ideology in question is based on false consciousness, yet from an ontological point of view it has a real task; namely, as a kind of professional ideology, it is expected to transmit and help implement in practice the rules of game, i.e. the declared principles of operation, of a given profession. Or, in other formulation, it is expected to force the lawyer to seek the service of society through the satisfaction of the system of fulfilment proper to law, i.e. to maintain the functioning in the name of law as a functioning within the framework of the law.

Hence it follous that Janus-facedness, i.e. the practice of double talk, is a necessary corollary of lawyers' activity. They are to talk of law whilst they are to transfigure real social conflicts of interests into conflicts within the law, then to refine even these into conflicts of a mere appearance. In other words, they are settling real conflicts while they seem but to operate with legal enactments in a logical way.

6.3. At the same time the process in question conceals that, in spite of everything the realization of law is a social realization after all, enforcing the development tendencies of the total complex, i.e. the forces otherwise prevailing in the total complex.

For, on the one hand, what appears as observance of the law, on a social scale and in most instances is no more than the outcome of impulses originated from social norm-systems, which run parallel to law, although the two are not identical. Incidentally, the problem of natural law may deserve special attention above all as an ideological force stimulating or hindering the practical realization of law. On the other hand, law can not be devoid of the joint effect of other norm-systems and some further factors of shaping social behaviour, if only because coercion is a peculiar, yet exceptional, feature of law. For law can only continue to exist as long as the threat by coercion is behing it as a last resort, although there is no need to employ it in common matters en masse as a rule.

7. Law is a practical category. Like any activity concerned with making, using, and reproducing human means, legal activity is also based on the cognition of reality. It takes its matter from reality in order to set it in a new context as a component of new relations. The shaping of these relationships is aimed at exerting an influence on reality, and not reflecting it. That is to say, the framing and fulfilling its instrumental role is of primary concern; and other considerations will be subordinate to that.

7.1. The inevitable existence of a discrepancy between norm and reality will be particularly stressed in the case of legal norm structures.

A legal norm structure is qualified by itself as an artificial human construction with formal definitions, with a structure composed of hypothesis, disposition and sanction, and with an inner duality according to which it is to serve one circle of addressees as a rule of conduct and another circle of addressees as a rule of decision for judging the actual conduct of the former addressees and also for imputing to them its legal consequences.

At the same time, legal norms are organized into a system, therefore they are shaped and formulated within, and with respect of, a given system from the very beginning. And the legal system is in itself a complex whole, composed of branches of different solutions and traditions of regulation. In their turn, individual branches of the law are also composed of institutions of different solutions and traditions of regulation, and so on. Well, this variety issued from the diverse traditions of the selection of means will manifest itself not only within the individual systems of the law, but in their various groups, families, and types, too. In such a way each norm is reflecting an instrumental response to a concrete social challenge, embedded in the instrumental traditions of its closer and further normative environment.

7.2. It is this instrumental formulation that will be manipulated in the process of norm-application. The selection of relevant facts and norms, as well as their interpretation and qualification will imply a responsible social decision, based on an assessment of conflicting interests under a logical facade. However, logic is but a form of expression, and not a ruling medium of the decision. Logic can even be a form of expression only since it fulfills a controlling role in the process of decision-making.

The form of expression of any legal process is a conceptual one. At the same time the specific conceptual system of law is directed to other aims than mere cognition. Its only aim is to classify the most diverse occurrences in reality by pigeonholing them into a given, finite number of cases. The qualification according to which a given case is considered the case of a construable combination of given norms, will be achieved completely, and without exception, in every process of norm-application in respect of its consequences. Legal analogy is but one of its extreme cases, with its pretention of stating the full identity of things in legal adjudication, which are only similar in given respect(s) at the most. As a matter of fact, the extreme character of legal analogy makes only more pointed, but does not weaken the truth by which any reflection of reality in legal concepts qualifies as a normative classification that even in the case of an adequate legal functioning can cover arbitrary operations from epistemological and logical points of view alike.

7.3. The construction and functioning of a legal complex is composite, and mastered by inner mediations to such a degree that there is scarcely any possibility of establishing a direct, necessary correlation between the social change and the legal one. For the relative autonomy of the legal complex also implies that outside effects can not force their way through it directly. That is to say, on the one hand law is open to any effect. But on the other, the answer to the question in what manner these effects are formed and in what manner they assert themselves, is a function of the construction and mutual effect of the components composing the law as a whole, i.e. of the peculiar, concrete conditions of motion whithin the law. It may happen that a given social challenge will be responded in an adequate way only by the modification of either the construction or the functioning. The answer to the question in which part field(s) will this modification be expressed, to what extent will it become formally graspable, to what point will it be radiated through the entire complex, and, finally, to what degree will it shape the influencing effect of the legal complex or will it be isolated from exerting any influence, all this is also a function of the concrete laws, and of the traditions within it, of the legal arrangement.

8. The expression 'law' is multisense both in the literature and in the context of the present paper. At the same time, its seemingly conceptual uncertainty is only illusory. It follows not at all from the weakness of the definition, but from the composite nature of the phenomenon itself. Or, more precisely, it follows from the fact that in the course of historical development ever more and ever newer indirectnesses and mediatednesses have been built into the system of legal mediation, and sometimes these have been pushed — relatively, with more or less firmness in permanence — to the fore by the dialectics of development. The theoretical explanation of the law as a complex is just aimed at giving an idea of this varying appearance.

8.1. The system of norm objectivations, the system of institutions established in conformity with norm objectivations and responsible for the functioning and reproducing of the law, and the body of professional lawyers making use of norm objectivations within the institutional framework in question, have a continuously growing share, ever more marked and exclusive even in a formally expressed way. As a consequence, it is not only the mere existence and concrete activity of the legal profession, but also its traditions in training, skill, and ideology as well, that are acquiring an ontological significance as components of the legal complex.

8.2. Both present and past are components of the legal complex insomuch as their being gets expressed in that they do exert an influence. And in point of fact the ever more complex process of the functioning and reproducing of the law with all of its branching off will, at all times, be built into the system of conditions of legal motion; indeed, this process is effective in determining all further motion.

The continuous transformation of the past into the present seems to raise the question whether this in itself complex and varying medium of the functioning and reproducing of the law does or does not make it possible and justified to elaborate a typology more definitely characterizing the legal phenomenon from this very aspect. As to the kinds of classification elaborated so far, the families of law are characterizing by starting out from the traditional roots of the legal set-up, while the types of law do the same from the class-content delimited and defined by the whole of the socio-economic formation. Is there anything to express the change nearly altering the character that has, whithin the same family and type of the law, taken place in the incessant vegetation of the mass of norms, in the continued growing of their formal qualities, in the proliferating extremities of institutionalization, and in the development tendency of the role of lawyers, gaining an ever more essential, because ever more increased, independence?

8.3. Every typology is to characterize actual reality. For this very reason it is open to question whether the complex of modern formal law has not outgrown its own boundaries, converting its basic idea from a legal pattern into a social ideal, namely the idea of the merely rule-conformable, because norm-oriented, behaviour? Is it not the concrete achievement that ought to channel its way through the mechanism of legal mediation in view of attaining eventually that the entire complex should become of a real social existence, adequate to the requirements of our age? In other words, would not the responsibility for concrete achievement have to appear in each new mediation brought about by the progress of socialization and also in its own system of fulfilment, to have socialization deepen humanization instead of running the risk of frustrating it?

9. The self-justification of law in the same way as the manner of how to make the conditions needed for its valid construction and legal functioning, is an inner question of the sphere of law. To serve the total complex, law has but one job to complete and that is mediation in order to support, through the accomplishment of its own system of fulfilment, the direction of motion, regarded as essential, of the total motion.

[20]

IS LAW A SYSTEM OF ENACTMENTS ?

Csaba Varga

Law has two models: an ideological one and an actual one. The former represents the professional ideology characteristic of modern formal law. Notwithstanding, according to the latter, formal enactment can only get social meaning through its social context in a semantic sense (termed as system of law) and social existence through its social context in a socio-ontological sense (termed as legal system). Dworkin's theoretical field is characterized by a jurisprudential approach. The socio-ontological approach offers the promise of deeper theoretical perspectives. Notably, it suggests that law is 1) a historical continuum, 2) an open system, 3) a complex phenomenon shapable by either its description or its contexts alternatively, and 4) an irreversible process. All in all, law is more than a set of rules and even more than a set of enactments: by its very definition it is just at the borderline where legal research and social science are expected to meet.

1. WORKING MODELS OF LAW

According to its ideological model, law is the product of competent state institutions observing established rules of procedure. Consequently, only and exclusively what is enacted by given institutions in given ways is to be considered law, independently of its actual contents, formal coherence, foreseeable realizability, factual realization,etc. This model has some definite shortcomings. First, both the qualification of any institution as competent and the establishment of any rule of procedure are the function of legal enactment. It means that law gets defined by the law itself or, in other words, that the very definiton of the preconditions of the existence of any law is offered by its own self-qualification. Secondly, the model in question has solely a view of the law in books, without having any regard to its conceivable or completed action(1). Thirdly, this model is not the image of any reality. It is the outcome of a definite type of wishful thinking: it is a projection of normative requirements. Notwithstanding, in the legal cultures of the western world in general and in their professional practice in particular(2) the ideologically working model has a primary role in identifying what ought to be regarded in theory and treated in practice as distinctively legal(3), the model as such holds as reasserted even if it proves to be imbued with clearly utopian elements.

According to the actual model of law, the meeting of these normative requirements will result, in practice, in an outcome which will necessarily be either more or less than what the ideological model has suggested, and which will differ in one or another feature from it. As outlined elsewhere(4), it is the self-qualification of law as the law that seems in any case to remain the final criterium even if no rigid distinction between the spheres "within the law" and "outside the law" is accepted any longer, even if law is taken and treated as a continuum in an unbroken motion, or even if the self-qualification of law will only be understood within the boundaries of its actual social acceptance. Consequently, it is formal enactment (FE) that will serve as an abutment stone and also as a series of corner-stones in delimiting what is considered and what is to be considered law. In the same way, it is formal enactment that offers itself to be used and commands its own solely decisive use as a starting point and also as a series of turning points in any argumentation within a genuinely legal process. However, formal enactment is not sufficient in itself at all for delimiting the realm of law or for channelling legal argumentation process. In other words, formal enactment is not in a position to circumscribe the province of what is considered and what is to be considered distinctively legal or to characterize the law's general trend, goal-orientation, value-commitment, etc., i.e. to define in an operative manner - sharply and unambiguously - the formal and doctrinal qualities (e.g. conceptual system, logical coherence) of the law or its social potentialities and realities without taking into account its social context.

2. SENSES OF CONTEXTUALITY IN LAW

In connection with law, contextuality has two main fields of action.

According to contextuality in a semantic sense, a system of law(SL) conceived of as a definite set of norms(5) is formed by that part of formal enactments which can be socially relevant and by the social context(SCI) in which the formal enactments are embedded. It is the social context in question that defines the paradigms of the formal enactments by giving their text a truly social existence. By social context in a semantic sense I mean here the sumtotal of presuppositions, preconceptions, value choices, non-formal propositions and enactments, etc. which have a major influence in a given society and, consequently, are instrumental in making formal enactments meaningful in a socially concrete way and, thereby, interpretable and applicable in practice. Hence,

SL = FE + SCI.

According to contextuality in a socio-ontological sense, no bare factuality or a pure declaration or verbal reassertion thereof can stand for the totality (i.e. the inner potentialities, henceforth, the real significance) of any phenomenon. For instance, in the last resort both power and law are backed by coercion, by the potentiality of making use of force, by the guaranteed alternative to resort to "men with peaked helmets" as Max Weber specified it symbolically(6). However, it is neither the factual presence nor the concrete actuality of coercion that is needed in ordinary cases. It is rather the continuously renewed threat of coercion that matters. It is the immanent possibility of resorting to it (a possibility which is imminent at any time as backed by a whole normative, institutional and ideological apparatus) that will be good enough to achieve a general law-observance in average cases. Or, to come back again to law: the question of whether there is any legal possibility to turn anything ideal into real or not, is a function of the system of law concerned, i.e. of the socially accepted meaning of the law's formal enactments. Yet the question of what and how much of this possibility is to be and gets eventually transformed into and implemented in social reality, and also the question of with what result and by-effect and in what manner will all this be done, are a function of the law's social context(SC2) turning the system of law into a socially functioning complex mediating among social complexes. By social context in a socio-ontological sense I mean here the total sum of social considerations, political forces, power conditions, etc. which have a major influence in a given society and, consequently, are instrumental in making the expediency(inevitability of the practical implementation of formal enactments socially evident) tolerated. These, then, act as the driving force of and the responsible agent for the actual functioning of the system of law in question. It is this actual functioning that is termed as legal system(LS) conceived of as the sumtotal of activities carried out in name and socially accepted/tolerated as being within the boundaries of what is called distinctively legal. Hence,

LS = SL + SC2.

3. JURISPRUDENTIAL APPROACH AND SOCIO-ONTOLOGICAL APPROACH

It is very well known how much the seemingly self-evident question Professor Dworkin raised two decades ago, 'Is Law a System of Rules?'(7), has been of a liberating effect to the western legal thinking in general and how much it has become one of the most challenging and promising theoretical reformulations of our time. Though the assertion it has formulated is seemingly just a simple one: law is more than a set of rules (other linguistic expressions of normative contents are to be considered, too), in order to fill the gap between the rules as enacted and the judicial decisions as reached. My question is not a reconsideration of Dworkin's which, in the wave of the repeatedly re-started discussions, seems to gain more and more strength and a reassertion of its foundations. I think that my question is rather a continuation thereof, a continuation, but with a change of underlying assumptions. For Dworkin's question is fairly a jurisprudential one conforming to the basic assumptions of the ideal type of modern formal law as shaped in various ways by Common Law and Continental Law development. By jurisprudential approach I mean here the one which starts from/arrives at the following assumptions: (1) law is something identical with itself, consequently it is something defined/definable in and by itself; hence (2) it has some definite bordering lines making a clearly-cut distinction between the spheres "within the law" and "outside the law"; therefore (3) the only question to be answered is how to enlarge the very notion and/or the texts of the law in order to be able to bridge the gap between the officially fed in-put and the practically realized out-put of a legal process. As added to this and also confronted, but at another level, I argue for a socio-ontological approach which reveals the purely postulated nature of the basic assumptions of the ideal type of modern formal law and, while treating them as components of the jurist's professional ideology having a real function in this law's proper existence, tries at the same time to reconstruct the whole societal context they are embedded in and which makes them function. Should some issues and tendencies of my earlier investigations(8) be confirmed, a socio-ontological approach has the following statements as conclusions: 1) law is but a historical continuum defined through its actual social practice; hence 2) in want of any a priori given demarcation line only an a posteriori description of interactions (e.g. "differentiation" and "unification", "core" and "marginalia") among the diverse homogeneous and heterogeneous impulses is possible; therefore 3) the claim of any control through logical demonstration is replaced by a socio-ontological reconstruction of all the factors which have had a role to play, not negating but constraining the one played by logical control.

Having in mind the many-sided social conditionedness of law, i.e. the very fact that both its objectification (system of law) and its use, as a practical means, of (legal system) can acquire social meaning only in their concrete social context in a way that you can state with transforming the former definitions that

$$LS = (FE + SC1) + SC2,$$

it goes without the need of further explanations that only and exclusively a socio-ontological approach can be instrumental in coping with dilemmas that have remained unsoluble, untouched, or simply ungrounded within the framework of a jurisprudential analysis. To take but a few instances: how to explain la jurisprudence with its well implemented structures and institutions if it has been made up by a consequential judicial practice on the sole basis of some general clauses and principles of the law? (ad 4.1.) how to reconstruct the past development in the formative era of the European law if fairly diverging national systems of laws have grown up through the alleged reception of the same body of classical and post-classical Roman law? (ad 4.2.) how to assess the contradictory claims and trends of the human rights movement today? Notably, how to qualify cases when legal regulation seems to be perfected but meets no appreciable fulfilment, and how to qualify cases when no declaration is made in the law but practice proves to be as fulfilling as possible? (ad 4.3.) or, how to draw the limits of a change in the law imposing even on the power and arbitrariness of the law-maker with the effect that the formal change he enacts cannot touch upon past achievements? (ad 4.4.)

4. CONCLUSIONS

In the final analysis from all that has been said at least four conclusions are to be drawn.

4.1. Law as historical continuum

Law is a historical continuum in an unbroken process of formation. Because it has no social existence of its own without the context making it interpretable (SC1) and setting it in function (SC2), it changes - or may change - its social contents and impact ceaselessly even if there is no change in its formal enactment.

4.2. Law as open system

Consequently, law is an open system. It can only be treated as closed for the sake of its historical reconstruction. For the aim of such a reconstruction is just to reveal which sort of laws "within the books" and "outside the books" may have been in play so as to make the reality of that law in action "deducible" therefrom or "reduced" thereto in the most consistent way.

4.3. Law as complex phenomenon with alternative strategy

Law as a bipartite phenomenon organized together from two distinct sources raises the question of the character and composite nature of its instrumentality. Namely, if law as a working system is composed of formal enactment and its social contexts making it interpretable (SCI) and setting it in function (SC2) and if a change of any of its components may cause a change of the law as a working whole, there is offered a perspective for an alternative strategy. I mean thereby that a struggle for the law can be fought through a struggle for confirming/reforming/revoking its formal enactment and through a struggle for strengthening/reshaping/loosening its social contexts as well, and that any of these alternatives can eventually lead to the same goal as set.

4.4. Law as an irreversible process

The social existence of law is to be seen as an irreversibly progressing process. It is irreversible because any enactment may be revoked with ease, but formal enactment is so thoroughly combined with and filtered through its social contexts that something from the latter will be left irresistibly. Or, to put it another way, law cannot be manipulated in all its components to the same depth.

4.5. The genuinely societal character of law

All these conclusions seem to suggest that law is something more than a set of rules and it is even more than a set of enactments. By its very definition law is just at the borderline where legal research and social science are expected to meet.

NOTES

(1) For the distinction between 'law in books' and 'law in action', see Pound, R.: 'Law in Books and Law in Action', American Law Review, 44(1910)1.

(2) For the theoretical analysis of some common characteristics from a historico-comparative point of view, cf. Varga, Cs.: 'Moderne Staatlichkeit und modernes formales Recht', Acta Juridica Academiae Scientiarum Hungaricae, 25 (1983) in press and Varga, Cs.: 'Logic of Law and Judicial Activity: A Gap between Ideals, Reality, and Future Perspectives', in Z.Péteri and V.Lamm (ed.), Legal Development and Comparative Law - Evolution du droit et droit comparé, Akadémiai

Kiadó, Budapest, 1982.

(3) For the first use of the term, see Selznick, Ph.: 'The Sociology of Law', in D.L.Sills (ed.), International Encyclopedia of the Social Sciences, vol.9, MacMillan and The Free Press, New York etc., 1968, pp. 51 et seq.

(4) Varga, Cs.: Macrosociological Theories of Law - From the "Lawyer's World Concept" to a Social Science Conception of Law, IVR Helsinki 1983 World Congress Working Group VI Session 4 opening speech, in press, ch.1, or, in more details, Varga, Cs.: Domaine "externe" et domaine "interne" en droit, paper presented at the Serbian Academy of Sciences and Arts in Belgrade, October 1983, in press.

(5) For the differentiation between 'system of law' and 'legal system', see Kulcsár, K.: 'Historical Development of the Law-Applying Functions - Social Conditions and Legal Evolution', in Z.Péteri (ed.), Droit hongrois - Droit comparé, Akadémiai Kiadó, Budapest, 1970.

(6) Weber, M.: Gesammelte Aufsätze zur Wissenschaftslehre, Mohr, Tübingen, 1922, p.403, etc.

(7) Dworkin, R.: 'The Model of Rules', 35, U.Chi.L.R. 14 (1967), as reprinted in R.M.Dworkin (ed.), The Philosophy of Law, University Press, Oxford, 1977. For the whole range of problems concerned see Dworkin, R.: Taking Rights Seriously, Duckworth, London, 1977.

(8) Varga, Cs.: The Place of Law in Georg Lukács' World Concept, Akadémiai Kiadó, Budapest, 1984, part 11, and, for the first concise formulations, cf. Varga, Cs.: 'The Concept of Law in Lukács' Ontology', Rechtstheorie, 10 (1979) 3; Varga, Cs.: 'Towards a Sociological Concept of Law - An Analysis of Lukács' Ontology', International Journal of the Sociology of Law, 9 (1981) 3; Varga, Cs.: 'Towards the Ontological Foundation of Law - Some Theses on the Basis of Lukács' Ontology', Rivista Internazionale di Filosofia del Diritto, 60 (1983) 1.

[21]

EUROPEAN INTEGRATION AND THE UNIQUENESS OF NATIONAL LEGAL CULTURES

Csaba Varga

1. The Philosophical Framework

For long periods of time, *law* was *associated with enactments*, i.e. special kinds of textual representation having the stamp of state agencies to issue them under the aegis and with the authority of the law, especially on the European continent. Now, when the age of *legal positivism* seems to be finally over, the genuine extension of law, its overall composition and individual constituents have also enjoyed fresh reconsideration. [1]

1. After the dramatic adventure of *National Socialism* in Germany was over and World War II had reached its tragic end, the most rigid form of legal positivism -- called the *positivism of law* [*Gesetzespositivismus*], which was generally held to be responsible ideologically for the fact that, after the completion of *Machtergreifung* in 1933, all legal professions (one of the best trained in the world of the day, including practitioners and professors of law) had turned out to be inclined to surrender unconditionally and unscrupulously to the emerging power structure and political doctrine of Nazism -- was also bound to fall, and thereby to have been left behind for ever. This changeover of doctrines was strikingly exemplified by a total reversal of the philosophical stand and its background paradigms developed in his *Rechtsphilosophien* by Gustav Radbruch -- a philosophy of law professor, one of the brightest legal minds of the epoch, himself morally deeply committed on Protestant religious grounds, and surviving the Hitlerite regime only by having resigned and withdrawn in internal exile -- between their pre-1933 first edition and post-1945 thoroughly revised and re-drafted variant from 1944 on, rejecting all kinds of *iuspositivismus* in favour of replacing it by the axiological stand of a newly considered version of basic *iusnaturalismus*. Gustav Radbruch *Grundzüge der Rechtsphilosophie* (Leipzig: Quelle und Meyer 1914) and Gustav Radbruch *Rechtsphilosophie* 5. Aufl. (Stuttgart: Koehler 1950). For the intellectual history, cf. Arthur Kaufmann *Gustav Radbruch* Rechtsdenker, Philosoph, Sozialdemokrat (Munich: Piper 1987). The fruit of the *rebirth of natural law* in the theoretical explanation of the foundations of law was expressed not only by the jurisprudence of the Nuremberg trial, but also in a series of new institutions which were developed step-by-step by judicial reasoning, as well as constitutional and civil practices, initiated by German courts and jurists. These were, among others, the legislative formulation of *general clauses* in the law codes, invented by the wish to offer free scope of action to, and thereby also fermenting, judicial practice; the introduction of judicial argumentation based upon the doctrine of the *nature of things*, offering a framework for the reasoning which could then coherently lead to a reconsideration, even a total reversal, of what had originally been stated and statued.
Needless to say, however, that it would be quite ungrounded to conclude from these events that any such shift, or replacement, of emphases on particular fields of either theory or practice can instigate substantial and thorough changes at the very foundation →

Accordingly, we do learn step-by-step that, *first*, law is not simply a normative texture which can be reduced to a set of formally defined enactments.[2] What is more, *secondly*, law cannot even be defined by any of its components, which the law itself formally assigns to be its primary, or self-identifying, component.[3] Instead, *thirdly*, law seems to have always been a field with no fixed boundaries. Accordingly, its functioning and the unity of the latter, including the continuity of its practice, are, in the final analysis, only guaranteed by self-reference to the same functioning and practice.[4]

1. →
   of a legal establishment, characterized by family resemblances at its principal direction and background ideology, namely at the fact that it is, according to the Civil Law pattern it is rooted in, based on legislative enactments and logically formulated conclusions drawn from them.
   At the same time, it is to be noted that even well-substantiated rule-scepticism, as English and American experience shows, can initiate debates resulting in *sui generis* kinds of re-considered rule-positivism. Cf. Robert T. Moles *Definition and Rule in Legal Theory* A Reassessment of H.L.A. Hart and the Positivist Tradition (Oxford: Basil Blackwell 1987).
   On the other hand, it is worth mentioning that after A. Ia. Vyshinsky's theory had triumphed in the Soviet Union by 1939, adapting the prevailing legal concept to Stalin's mercilessly hierarchical, authoritarian view on power, force, party, state, and society, that what became later termed as "*socialist normativism*" had been put on the agenda as the official doctrine of law in the whole satellite empire controlled by the Soviets. Cf. Imre Szabó 'The Notion of Law' *Acta Juridica Academiae Scientiarum Hungaricae* XVIII (1976) 3-4, pp. 263-272. For the theoretical connections and self-annihilating side-effects of this imposed change of doctrines, cf. Csaba Varga 'Liberty, Equality and the Conceptual Minimum of Legal Mediation' in *Enlightenment, Rights and Revolution* Essays in Legal and Social Philosophy, ed. Neil MacCormick and Zenon Bankowski (Aberdeen, Aberdeen University Press 1989) ch. 11, pp. 229-251.
2. Cf., first at all, Ronald Dworkin 'Is Law A System of Rules?' in *The Philosophy of Law* ed. R. M. Dworkin (Oxford: Oxford University Press 1977) pp. 38-65 [Oxford Readings in Philosophy] [originally from 'The Model of Rules' *University of Chicago Law Review* 35 (1967), pp. 14 and seq.], and, as a reconsideration within a philosophy of the Civil Law context, Csaba Varga 'Is Law A System of Enactments?' in *Theory of Legal Science* ed. Aleksander Peczenik et alia (Dordrecht: Reidel 1984) pp. 175-182 and *Acta Juridica Academiae Scientiarum Hungaricae* 26 (1984) 3-4, pp. 413-416.
3. Cf. Csaba Varga 'Anthropological Jurisprudence? Leopold Pospísil and the Comparative Study of Legal Cultures' in *Law in East and West* On the Occasion of the 30th Anniversary of the Institute of Comparative Law, Waseda University, ed. Institute of Comparative Law, Waseda University (Tokyo: Waseda University Press 1988) pp. 265-285.
4. This is the basic message offered by the autopoietic theory developed within the range of the macrosociological theories of law in Germany. Cf. Niklas Luhmann 'Die Einheit
   →

THE UNIQUENESS OF NATIONAL LEGAL CULTURES

Notwithstanding the outcome of all theoretical doubts which contemporary currants have formulated, the correct view is not a conceptualisation of law and legal setup lost in wilderness. As a matter of fact, law and legal specificity are thereby far from being dissolved and menaced. And, by the end of the thought process in theoretical reconstruction, that which has been called *"the distinctively legal"* [5] will have preserved its *particular "otherness"*. The only thing that has been modified is to be found in the theoretical explanation which identifies the factors and defines the moves by which the law, in its social production, gets generated, or, properly speaking, by which the law, in its social reproduction, continuously regenerates continuously itself. [6]

In any case, in accordance with new theoretical findings, law is usually conceptualised as a *complex cultural entity* composed of ways of thinking and proceeding in both legal theory and the law's practice. Law is an *institutional system* made up of working skills and referential terminology, serving its self-functioning and self-reproduction. [7] In another formulation, it is a *particular*

4. →
des Rechtssystems' *Rechtstheorie* 14 (1983), pp. 129 et seq.; Niklas Luhmann 'The Self-reproduction of Law and its Limits' in *Dilemmas of Law in the Welfare State* ed. Gunther Teubner (Berlin and New York: de Gruyter 1986), pp. 111-127; Niklas Luhmann 'Die Codierung des Rechtssystems' *Rechtstheorie* 17 (1986), pp. 171 et seq.; *Autopoietic Law* A New Approach to Law and Society, ed. Gunther Teubner (Berlin and New York: de Gruyter 1988) [European University Institute, Series A/8]; Gunther Teubner *Recht als autopoietisches System* (Frankfurt am Main: Suhrkamp 1989).
5. Paul Bohannan 'Law and Legal Institutions' in *International Encyclopedia of the Social Sciences* 9th ed. David L. Sills, 9 (New York: Macmillan and The Free Press 1968) pp. 73-78.
6. Cf. the attempts at theoretical reconstruction, inspired by Hans Kelsen's ideas related to the judicial application of law, on the one hand, and Niklas Luhmann's adaptation of Humberto R. Maturana's and Francisco J. Varela's methodological principle of the autopoiesis of the reproduction of living cell to the macrosociological concept of system, on the other, by the present author: 'Hans Kelsens Rechtsanwendungslehre: Entwicklung, Mehrdeutigkeiten, offene Probleme, Perspektiven' *Archiv für Rechts- und Sozialphilosophie* LXXVI (1990) 3, pp. 348-366; 'Judicial Reproduction of the Law in an Autopoietical System?' in *Technischer Imperativ und Legitimationskrise des Rechts* ed. Werner Krawietz, Antonio A. Martino, Kenneth I. Winston (Berlin: Duncker und Humblot, 1991) pp. 305-313 [Rechtstheorie, Beiheft 12] and *Acta Juridica Academiae Scientiarum Hungaricae* XXXII (1990) 1-2, pp. 144-151; 'On Judicial Ascertainment of Facts' *Ratio Juris* 4 (1991) 1, pp. 61-71.
7. Cf., as a partial contribution touching upon the depth, Neil MacCormick and Ota Weinberger *An Institutional Theory of Law* New Approach to Legal Positivism (Dordrecht, &c.: Reidel 1986) [Law and Philosophy Library].

human activity, presupposing a well-defined series of symbols and references as continuously re-asserted and self-asserted landmarks and touch-stones,[8] without, however, ever having had procedurally marked enactments (or any other kind of formally selected elements) *as* its exclusive embodiment or privileged, albeit manifestation.

According to this theoretical picture, the legislative output (or any other normatively worded self-expression of the law) is nothing else but the tip of an iceberg, even if it is the most (or the most easily) visible part of it. And the point is that *normative enactment* (or normative self-definition) is definitely not *that* particular part which is in the position to determine the structure and composition of the law as a whole, as well as the temporary location, situation and position of the structure by the force of which *that* particular part becomes visible. As a matter of fact, it is the *whole structure* that will, *in the course of its motion through the interaction between all its part components*, define which part of it will finally become visible.

The result gained by such theorising about law is a series of apparently new theses on law, which are at least twofold in their respective messages.

At the level of *basic, elementary conceptualisation*, the statement can be forwarded according to which

(1) law has *no clear-cut boundaries*, set once and for all. Instead, its boundaries are *in constant flux*, which can, at most, be reconstructed in a reasonable way only *a posteriori*, while having in view nothing but pragmatic conventional purposes. This is the same as saying that

(2) law is *not an entity identical with itself*, but a *process*, the component parts of which are in gapless motion, *competing to become, respectively to cease to be, legal*. In consequence, law is an entity *in continuous motion* with parts which can, at any given time, be only described as, at the most, *more or less legal*. That is to say that;

(3) law is the outcome, at any given time, of an *interaction* that takes place incessantly *between elements that compete to overrule the other components for*

8. Cf. Csaba Varga *The Place of Law in Lukács' World Concept* (Budapest: Akadémiai Kiadó 1985) ch. 5, pp. 101-156.

THE UNIQUENESS OF NATIONAL LEGAL CULTURES

becoming the markedly predominant and, to a certain extent, and within the range of the self-assertion of the law, also privileged, element of the whole prevailing legal complex. [9; 10]

At the same time, however, on the level of *basic, elementary imagination* of which aspects of life and facets of human activity are added together so that we can at all have law (which is made and built up in a way that it is able to function as a working unit), there are even some further consequences given, which we have also to consider in order that we can assess that factor what accords the law continuity and historicity, generality and individuality, as well as commonness with other forms of manifestation of human activity and singularness particular to nothing but law. Accordingly, we have to end by concluding that

(4) law is one of the prime embodiments of *human culture*, organising a huge bulk of *tradition* into a kind of instrument of which it makes use and, at the same time, of which it is an expression.

2. *Law As Tradition*

According to certain well-argued and justified opinions, law, or, properly speaking, our conception of law as widely shared, on the European continent made conventional, and also built into the very philosophical and methodologi-

9. As developed from the criticism directed to some of the theses defining the law, forwarded by Leopold Pospísil in his *Anthropology of Law* A Comparative Theory [1971] (New Haven: HRAF Press 1974), my paper, referred to in note 3, has concluded that the elements common in the Western legal culture, that is, *first*, law identified *as* enacted under the aegis of the law (*legislation*), *secondly*, law identified *as* judicially enforced under the aegis of the law (*jurisprudence*), and, *thirdly*, law identified *as* spontaneously complied with under the aegis of the law (*popular ways and understandings of the law*), are - at least in general - in more or less overt competition to rule and dominate *the* law in the legal cultures characteristic of the European development.
10. All this means that the law may cover (or, properly speaking, in most cases it does actually cover) normative fields which themselves are by far not qualifiable by the dichotomy of either law (infra-legal) or non-law (extra-legal) but are to be qualified necessarily -- depending whether one of the three components enlisted in the note 9, or two or three of them, are supporting the normative fields in question -- as *more-or-less legal* and, from the point of view of the dynamic of the process, as *becoming or ceasing to be legal*.

cal structure, any legal set-up, has been the captive of *legal voluntarism.*[11] According to those opinions, the formation of legal voluntarism as an established doctrine established may be pointed to root far back in the beginnings of the modern era in Europe. As a matter of fact the intellectual tradition which nurtured it might have had its formative era in the classical antiquity at a time when the *ius* was reduced to the *lex* (and the law was bound to notional representations) in Rome by about the transition from the Republican to the Imperial period.[12]

As a paradigmatic consequence, since we usually trace back both *legal continuity and legal development* to the only manifestation of law, which is purposefully made out of it as a human artifact, that is, to *legislative enactments.* Albeit we are long accustomed to have to learn from the accumulated series of field research in legal history and co-related case studies[13] that there is no piece of law or the law that has ever been *created* in the proper sense of the word. Law or the law is *not manufactured* from nothing. Actually, in most cases, law and the law are rather *transplanted*, i.e. inspired and borrowed, *from somewhere else*, i.e. from an external and previous pattern, and as such, are re-adapted and re-adjusted to the actually felt local, timely needs.

Formulated in a paradoxical way, we may venture the statement according to which *that what makes the law is not where it has been taken from but what is going to be made from it.* That is to say, instead of any pre-structured skeleton (which, like its positive wording, may be the most visible part of it notwithstanding), it is the *"know-how" of its structuring* that makes law alive and gives it individuality. Formulating in a rather symbolic language, this "know-how" is nothing else than the spirit, the Cartesian soul, consisting of *ways and paths of thought, a stock of terms and references, professional skills and styles, operations and procedures*, as well as the *conventions of all them*

11. Cf. Michel Villey 'Essor et déclin du volontarisme juridique' [1954] in his *Leçons d'histoire de la philosophie du droit* nouvelle éd. (Paris: Dalloz 1965) pp. 271-283.
12. Cf. Michel Villey *La formation de la pensée juridique moderne* (Paris: Editions Montchrestien 1968).
13. Cf. Alan Watson *Legal Transplants* An Approach to Comparative Law (Edinburgh: Scottish Academic Press; Charlottesville, VA: University Press of Virginia 1974); Alan Watson *The Evolution of Law* (London: Basil Blackwell 1985); Alan Watson *The Failures of Legal Imagination* (University of Pennsylvania Press 1988); Alan Watson *Legal Origins and Legal Change* (London and Ronceverte: The Hambledon Press 1991).

THE UNIQUENESS OF NATIONAL LEGAL CULTURES

and their conditions of re-conventionalisation, that is embodied, by tradition in one functioning unit, by *tradition.* [14]

Viewed from closer quarters, we see that mere reason and sheer abstraction is complemented in law by tradition. [15] And only this complexity is able to make law a genuinely historical phenomenon. [16]

Certainly, the foundations of law in tradition are not limited only to *what the law formally enacts in regulation.* As shown by legal history, it may even reveal kinds of solution that are *similar or parallel* in nature, albeit grounded exclusively by *coincidental factors*. The genuinely fermenting field of tradition is formed by the *ways in which elements of regulation can at all be, and become finally, organised in order to meet the actual needs of regulation.* The similarities that can be found in structures, ordering or arrangement (either of a merely terminological nature or expressed institutionally as well), may crop up in amazing sequences and reiterated configurations in history. Most frequently, however, they testify to nothing more than *superficiality* as the prime effect, which is exerted by influences via transplants in history. Superficiality in the context in question means *instrumentality*. And instrumentality expresses the basically *pragmatic nature of law*, preferring justifiable compromises to any cut and dried, sheerly logic-generated, abstractly conceived solution.

Alternatively, there is some ground to believe that also *l'esprit des lois*, that is, the essence which may be characteristic of the individuality of differing legal cultures, i.e. the feature that gives them their core elements and unique flavour, lies just in *this* very component of legal tradition. [17]

14. Cf. Martin Krygier 'Law As Tradition' *Law and Philosophy* 5 (1986), pp. 237-262.
15. Cf., from a historical point of view, Peter Stein 'Logic and Experience in Roman and Common Law' *Boston University Law Review* 59 (1979), pp. 437-451 and, as a theoretical statement, L. J. Muñoz 'The Rationality of Tradition' *Archiv für Rechts- und Sozialphilosophie* LXVII (1981).
16. Cf. Csaba Varga 'Law As History?' in *Philosophy of Law in the History of Human Thought*, ed. Stavros Panou, Georg Bozonis, Demetrios Georgas, Paul Trappe (Stuttgart: Steiner 1988) pp. 191-198 [Archiv für Rechts- und Sozialphilosophie, Supplementa 2].
17. It is by not chance that only the long period spanning from Montesquieu's famous investigation into *L'Esprit des Lois* of civilized nations to the historical schools of jurisprudence, which were conceived under the umbrella of German romanticism, i.e. schools flourishing before the final triumph of legal positivism in modern Europe, could imagine and fully realize in theory how much more formative and determinative the →

It is certainly not by chance that the study of *comparative legal cultures* is usually differentiated from the study of *comparative law.* The line dividing them lies in what research within the framework of cultural anthropology, directed to the ways in which a given culture organises the community's survival, concentration of human energy, and optimum satisfaction of needs, differs from the description of the normative texts the community uses as one of its technical instruments. The difference is not altered by the study of positive law even if it is directed at a historical or comparative research. For that matter, from the point of view of the study of positive law, *texts are given as both symbols and embodiments of the legal culture* in question. On the other hand, from the point of view of comparative legal cultures, the prime question urging an answer is just to learn *why texts exist at all* in the storeroom of instruments of the law, why and in which way some of their selected items will be referred to in a given case before the court, and how, for this purpose, they are now construed and applied to the case in a way that the court, in the name of the law, can finally meet the law's textually set normative requirements (i.e. the law's own internal system of fulfilment) and, at the same time, meet also actually felt social needs that may have been in conflict to necessitate a genuinely legal solution. [18]

It is, again, not by chance again that one of the most promising fields of comparative investigation into the core elements and *genius, specific of various legal cultures,* is the study of *comparative judicial method.* In our respective legal cultures, rooted equally in the classical heritage of Roman law, the

17. →
judicial know-how has once been in identifying what the law is and also in pre-determining its output in the legal cultures of the European continent. Cf., e.g., Julien Bonnecase *La pensée juridique française* de 1804 à l'heure présente, I-II (Bordeaux: Delmas 1933). In contrast to the development of ideas in countries of the Civil Law, characterized by doctrinaire exclusivity pushing to and switching over the extremes, tradition in countries of the Common Law could develop with balanced and pragmatic continuity, in our case, e.g., with historical jurisprudence rejuvenated repeatedly, i.e. in continuation from Sir Henry Maine via Sir Paul Vinogradoff to Professor Peter Stein of Cambridge. Cf., e.g., Peter Stein 'The Tasks of Historical Jurisprudence' in *The Legal Mind* Essays for Tony Honoré, ed. Neil MacCormick and Peter Birks (Oxford: Clarendon Press 1986), pp. 293-305, as well as Peter Stein *The Character and Influence of the Roman Civil Law* Historical Essays (London and Ronceverte: The Hambledon Press 1988).
18. Cf. *Comparative Legal Cultures* ed. Csaba Varga (Aldershot, Hong Kong, Singapore, Sydney: Dartmouth; New York: New York University Press Reference Collection 1992) Introduction, pp. xv-xxiv [International Library of Essays in Law and Legal Theory: Fields 1].

judicial event has since long been found to be the *cornerstone of law* seen in action, that is, the mystic body (called "black box" in cybernetics), in which all transformations that are both characteristic and determinative of the law, do actually take place.[19] This gives an explanation why comparative judicial methods are usually seen as elements of a core, touching upon the paradigms and also the basic presuppositions, both methodological and formative, of the underlying legal and juristic concept, which are of a fundamental importance in order to identify the individuality of various national legal orders.[20]

3. *European Integration and the Preservation of the Uniqueness of National Legal Orders*

That which makes the national legal orders individual in character withstands unification. Only *instruments* are eligible for unification. Suffice it to say that any kind of *human manifestation* or *man-made artifact* can be transformed into an instrument. Notwithstanding, it is to be noted that any such instrument is open to unification only provided that it has previously been *formalised* in a sense that, *from its unexhausted internal variety and richness, exclusively*

19. In the tradition of the countries of Civil Law, any such statement was for long considered antagonistic to, and thus criticized and rejected by, the emerging current of legal positivism which became predominant.
In the Common Law tradition of England, the paradigmatic assumption of the same statement, evolved continuously in parallel with and as a part of the English legal establishment, has never been put in serious doubt since. On the other hand, in the United States, from the time of Oliver Wendell Holmes' classic *Jurisprudence* (Cambridge, Mass.: Wilson and London: Macmillan 1882) on, teaching over decades as reasserted by an almost gapless series of further treatments -- including the masterly reconsideration by Karl N. Llewellyn in his *Jurisprudence* Realism in Theory and Practice (Chicago: The University of Chicago Press 1962) --, the idea was turned from a paradigmatic assumption into the predominant and, for long, unchallenged school of what was later termed as American legal realism. Strikingly enough, when the days of this realism were over, the same basic idea has found its way somewhat back in order to turn up again as a basic legal anthropological, as well as legal philosophical, statement. Cf. note 9 and Edgar Bodenheimer *Jurisprudence* (Cambridge, Mass.: Harvard University Press 1974).
20. Cf., among others, A. M. Honoré 'Legal Reasoning in Rome and Today' *Cambrian Law Review*, 1973, pp. 58-67, Chaïm Perelman 'Legal Ontology and Legal Reasoning' *Israel Law Review* 16 (1981) 3, pp. 356-367, Bernard Ruden 'Courts and Codes in England, France and Soviet Russia' *Tulane Law Review* 48 (1974) 4, pp. 1010-1028, as well as Wael B. Hallaq 'Legal Reasoning in Islamic Law and the Common Law: Logic and Method' *Cleveland State Law Review* 34 (1985-86), pp. 79-96 in the part IV of *Comparative Legal Cultures*, referred to in note 18, on Comparative Legal Methods.

externally recognisable formal signs of what constitutes a case of relevance will be considered. [21] For instance, texts as aggregates of formal symbols or representations, institutions as marked and delimited by formal levels of identification, ways of action as procedurally defined sets in a game with steps in cumulation, all these are open to be treated as formal marks in a system or set of conventions [22] and, thereby, they are all subject to the possibility.

The aim of integration is, *first*, *to achieve some input in common*, and, *secondly*, to implement it and to build in guarantees *so, that similar inputs will result in comparable outputs*. The internal workings of the black box mechanisms issuing outputs upon receiving inputs cannot, for whatever reason it be, any longer be guaranteed.

In terms of law, all this means that *only the components of legal culture have to be unified which are of a sine qua non, instrumental character in respect to the fundamental targets the realisation of which has, by all means, to be guaranteed.* That is, the prime target is the *similarity of outputs stemming from the similar inputs.* In order to achieve this, no thorough reforms transforming national legal orders into one homogenised transnational order are needed. Instead, *first*, *only enactments*, or statutory instruments, *or normatively worded textual representations, have to be unified, upon the basis and with reference to which both popular compliance with and judicial decision in realisation of the law lead to the envisaged end result. Secondly, a consolidated legal framework is to be set up and made to function, in which legal functioning usually and reliably leads to enforcing that kind of legal foresight in practice which has previously been normatively posited to be the law in theory.*

No other components of the law can be forced to be unified; no further components of the law shall at all be homogenised.

The *richness of Europe*, as all we know, is the richness of *relatively autonomous component parts* (in the philosophical understanding of the expression).

21. This is the Weberian definition of the formality, as contrasted to the materiality, of the approach to, and criterion of a case. Cf. Max Weber *Rechtssoziologie* hrsg. Johannes Winckelmann (Neuwied: Luchterhand 1960) para. 5, pp. 217-223 [Soziologische Texte].

22. Cf., in respect of the various philosophical and socio-historical meanings of rationality, including its types both rational and irrational, formal and substantive, Csaba Varga *Codification As A Socio-historical Phenomenon* (Budapest: Akadémiai Kiadó 1991) ch. X para. 1-2, pp. 273-295.

THE UNIQUENESS OF NATIONAL LEGAL CULTURES

These parts are both intellectual and institutional in nature, either made expressed or only tacitly used, having nothing more ambitious than being themselves of a paradigmatic significance. For they consist primarily of nothing but differing answers to the questions like *how*, *why*, *in which way to reach*, *by what consideration of the pros and cons to substantiate*, *with which arguments to justify*, *the decision which is going to be finally taken*, by referring to and building up the *intellectual world* we are used to denominate as "religious order", "moral order", "legal order", "customary order", which is coherent, well-organised, and extended to sufficient depth to be called a *culture*, properly speaking, religious, moral, legal, respectively popular, culture. I guess that these cultures, even in a given field, e.g. law, are neither hierarchically nor deductively arranged. What is more, their arrangement is not even of a purely formal or logical character. They simply co-exist in parallel to, and complement, one another, in interaction of and, one another, and, in some cases, ending by being accumulated one supra-positing and overlapping, re-uniting and branching off from, or becoming transparent or variant of, one another. [23]; [24]

23. The variety of the kinds of approach to and understanding of facts, both in everyday life experience and in some of the more homogenized spheres of social activity like the law, offers itself to be a good case-study to explore in how far diverse cultures, with different levels and criteria of purpose, sensitivity, selection, relevancy, treatment, and so on, can live and survive in the most amalgamate forms, asserting themselves in their otherness sometimes even without taking cognizance of, or competing with, each other. Cf. George H. Kendal *Facts* (Toronto: Butterworths 1980), as well as Csaba Varga *A Theory of the Judicial Process* The Nature of the Judicial Establishment of Facts (Dordrecht: Kluwer in preparation] and some chapters of it already separately published: 'The Fact and Its Approach in Philosophy and in Law' in *Law and Semiotics* 3, ed. Roberta Kevelson (New York and London: Plenum Press 1989) pp. 357-382, 'The Unity of Fact and Law in Inferences in Law' in *Proceedings of the 14th World Congress of the International Association for Philosophy of Law and Social Philosophy* ed. Werner Krawietz and Neil MacCormick (Berlin: Duncker und Humblot in preparation) [Archiv für Rechts- und Sozialphilosophie Beiheft], 'The Non-cognitive Character of the Judicial Establishment of Facts' *Acta Juridica Academiae Scientiarum Hungaricae* XXXI (1990) 1-2, in press, 'The Mental Transformation of Facts into a Case' *Archiv für Rechts- und Sozialphilosophie* LXXVII (1991) 1, pp. 59-68, as well as 'The Judicial Establishment of Facts and Its Procedurality' in *Sprache, Performanz und Ontologie des Rechts* Festschrift für Professor Kazimierz Opalek, ed. Werner Krawietz und Ota Weinberger (Berlin: Duncker und Humblot 1991) in press.
24. Institutions, even if they are superstructures built upon facts designed apparently to delimit those facts by formal marks of identification, show the same amalgamate form of co-existing parallelism of developments. Cf. Csaba Varga 'Institutions as Systems: An →

By the same process of reasoning we have concluded in theory that, *first*, *law is not reducible to some of its representations* and that, consequently, *secondly*, the whole variety of *underlying beliefs, methodological assumptions, interim and final conclusions* (paradigmatic to the legal concept, and forming part of the legal *weltanschauung* which organises various kinds of skills, routine, leeway, style, terminology, rhetoric, in one meaningful and socially reasonably working functioning unit) can only be analytically *taken as from within the extension, and the conceptual unity, of the law*, we have thereby assumed, too, that *that which comes out of the actual workings of the law is the concerted outcome of all the components which have taken part in the game called "law" and "legal process"*. [25]

In consequence, all components of law and legal culture, which are free from being formalised and unified, that is, *individual features characteristic of national legal orders, may finally be wholly preserved in their particular otherness*. They are not any longer to be seen as mere burdens upon an artificial human construct which is designed (and is to be designed) to the last detail and is bound (and it is to be bound) to rationalisation to its entire depth.

24. →
Essay on the Closed Nature, Open Vistas of Development, as well as the Transparency of the Institutions and Their Conceptual Representations' in *Finnish and Hungarian Papers on Legal Theory* ed. Aulis Aarnio and Csaba Varga (Berlin: Duncker & Humblot 1991) in preparation [Rechtstheorie, Beiheft].
25. This is one of the implied meanings of recent theories of the circularity of law and legal processes. Cf., in respect to the methodological duality of the understanding of concepts and their respective meanings in law, Csaba Varga 'Quelques questions méthodologiques de la formation des concepts en sciences juridiques' in *Archives de Philosophie du Droit* XVIII (Paris: Sirey 1973) pp. 205-241; as related to the relativity of law-making and law-applying, Torstein Eckhoff och Nils Kr Sundby *Rettsystemer* (Oslo 1976) and the former in *Current Legal Problems* (London: Butterworths 1976); Werner Krawietz *Rechts als Regelsystem* (Wiesbaden: Steiner 1984); Csaba Varga 'Logic of Law and Judicial Activity: A Gap between Ideals, Reality, and Future Perspectives' in *Legal Development and Comparative Law* ed. Zoltán Péteri and Vanda Lamm (Budapest: Akadémiai Kiadó 1981) pp. 45-76; François Ost and Michel van de Kerchove 'Creation and Application of Law: A Circular Structure?' in *The Structure of Law* ed. Åke Frändberg and Mark van Hoecke (Uppsala: Iustus Förlag 1987) pp. 179-187.
At the same time, this is also one of the basic messages of the autopoietic theory of the judicial process, at least of that trend of it (referred to in note 6), which has grown out of the black box explanation of the actual processes proceeding on of law, leading finally to a judgment. Cf. Csaba Varga 'On the Socially Determined Nature of Legal Reasoning' *Logique et Analyse* (1973) Nos. 61-62, pp. 21-78 and in *Etudes de logique juridique* V, publ. Ch. Perelman (Brussels: Bruylant 1973) pp. 21-78.

On the contrary, *they are to be treated as sine qua non composing parts of any legal arrangement, which serve as the natural reserve, and also the in-built guarantee, so that the law can develop its internal capacity of re-adjusting and re-adapting itself in its response to new and new challenges.*

[22]

Acta Juridica Hungarica
1991 33 № 3–4, pp. 167–178

Akadémiai Kiadó,
Budapest

Csaba VARGA

Institutions as Systems

Notes on the Closed Sets, Open Vistas of Development, and Transcendency of Institutions and their Conceptual Representations[1]

I. A Logic of Systems

1. Both institutions and their components are conceptually represented as organized into some sorts of systems. This is the obvious outcome of the *classificatory* nature of the use of concepts and conceptual representations.

At the same time, human practice often abuses with conceptualization. Namely, it often overgeneralizes the reason of the choice taken in order to oversubstantiate the claim made. For reaching oversubstantiation, it puts the claims into a context more general than actually justified.

Systems in practical operation by and through which we live and practise our social practices are *contingent* and *casual* in their basic character. Of course, this is not to say that the selection of their elements and the way of their organization is a gratuitous

1 The draft version of the paper was presented as an invited commentary on Fabio Konder Comparato's working paper on "The Institution System of Liberalism and the New Function of the Modern State" at the Latin American Regional Institute of the American Council of Learned Societies' Comparative Constitutionalism Project, held at Punta del Este between October 31 and November 4, 1988. It is based upon earlier methodological papers by the author, including his "Quelques questions méthodologiques de la formation des concepts en sciences juridiques", Archives de Philosophie du Droit XVIII (Paris: Sirey 1973); "La séparation des pouvoirs: idéologie et utopie dans la pensée politique", Acta Juridica Academiae Scientiarum Hungaricae XXVII (1985); The Place of Law in Lukács' World Concept (Budapest: Akadémiai Kiadó 1985); [with József Szájer] "Presumption and Fiction: Means of Legal Technique", Archiv für Rechts- und Sozialphilosophie LXXVII (1980); "Law as History? in: Philosophy of Law in the History of Human Thought, ed. Stavros Panou et al., II (Stuttgart: Steiner 1988) [Archiv für Rechts- und Sozialphilosophie Supplementa 2].

action within an empty space, only to be filled by the wish and might of the day. For instance, there is some connection between their taking a shape, on the one hand, and the factors that have been instrumental in shaping them, on the other—although the presence of these factors, as well as their actual impact, may be quite incidental from the point of view of the existence, moreover, of the emergence of those systems as systems.

The constitutional system of liberalism as historically established is, for instance, *one* of the several possible materializations it could have had. It is one of the possible outcomes of human efforts through centuries to overcome contemporary misery by setting new framework for human action in its relationship to the law and the state.

At all steps, there is a close interconnection between the *shaping of ideas*, on the one hand, and the *available store of instruments and their reconsideration at any time*, on the other. Even the contents, directions and limits of human imagination are a function of such an interaction either. For in social total process, each step and contributing component has a variety of meanings, faces and links and developmental alternatives, and only later events and connections effectuated will decide which of them is to actualize. Or, the case is of a multi-faced and multi-directioned process with several competitive chances; something that could only be broken down by a finalist reductionism in order to be traced back to a single, straightforward line of development.

In any case, to state that there has been some necessity in the course of actions to take a shape and to reach at a conclusion made is by far not to state that there has been a preexisting universal idea that has to have materialized in that way. Even the ontological reconstruction of the factors in play in the social conditioning of the course of events is a reconstruction of the road run by, and the links bridging, the individual chains of that course of events, and not a statement about the universal idea as having been necessarily materialized in the historically concrete realization we have.

3. To be more precise: when we are speaking of systems of institutions and of their conceptual representations, we do have in mind at least four types, or levels, of those systems. Notably, *first*, the *actually existing concrete system*, which is a unit functioning as it is (e.g. the constitutional system of liberalism as practised in a given area in a given time, e.g. in the United States nowadays) (type 1); *second*, the *historically* developed, *concrete system* which is a unit functioning as it has been (e.g. the constitutional system of liberalism as practised in a given area in a given period, e.g. in the United States since the time it was developed) (type 2); *third*, the *generalization of the historically concrete systems as developed in our civilization* (e.g. the constitutional system of liberalism as known and practised in our civilization) (type 3); and *fourth*, the *core idea (l) of the functioning underlying to all kinds of generalization* (e.g. the abstract universal formulation of the last principles of operation of which the constitutional system of liberalism is but one of the theoretically possible forms of realization) (type 4). As to the origins of such an abstract-universal formulation, it may be either gained by theoretical reconstruction or formulated as a preconceived idea, in order to offer a basis to deduce therefrom justification for the historical realization(s).

As it can be seen, types 3 and 4 are not units functioning as they are or have been. Type 4 is an idea(l) in which "laws" (i.e. effects, interconnections) of functioning may be observed in abstract generality on ideal conditions. Type 3 is one of the former's applications to, or materialization in, historically particular conditions.

4. All systems ideas and realizations form an endless continuum. Types 1 to 4 are nothing but meaningfully definable stages of this continuum, and by far not its limiting points. This is the reason why almost all of them may display almost all the properties that can at all characterize them.

abstractness

internal coherency and consequentiality

ideal

ideal type

ideal of functioning
[type 4]

historical types

historically particular formulation of the
ideal of functioning
[type 3]

empirical types

historically particular
generalization of the
developmentally defined
sets of concrete actual
functioning
[type 2]

concrete actual
functioning
[type 1]

real

concreteness

contingency

Abstractness, internal coherency and consequentiality, as well as ideality are decreasingly, whilst concreteness and contingency, as well as reality, are increasingly all present in the line between the ideal and the actual functioning.

At the same time and to a decreasing degree, types 1, 2 and 3 are all historical ones; and types 1 and 2, at the same time also empirical ones. Obviously, it goes without saying that there would be no sense in projecting any ideal of functioning into a vacuum with no empirical background whatever. Consequently, at the same time, even empirical types may be used as ideal ones. And, obviously again, neither abstractness nor concreteness has end-point. For the question of whether I can define types more abstract or more concrete than they are is one of expediency in the determination of the levels of analysis.

5. Historically only types 1, 2 and 3 are existing, representing historically characteristic typical configurations. They are at the same time needed for theoretical description as they hold the name of what is to be conceptualized as existing. Ontologically, the existence of each and all of them can be established. Albeit type 4 claims to be over and beyond history, the social existence of the ideal representation it embodies can also be delimited historically.

6. Human action is teleological by definition. *Thelos* as a model is at all times working in it in order to direct it. However, it does not turn practice into mere implementation. The ideal remains ideal, the practical practical. Both the motive force and the criterium of practice are what is considered *practical.* Of course, consideration of what is practical may also set the implementation of something ideal as target. But motive force and criterium remain unchangedly the one what is considered practical. Attributes of ideal, no matter what kind and weigh they are, can only exert an influence as filtered through the consideration of what is practical.

II. Ideal Types and Historically Concrete Manifestations

7. A notional distinction among the *levels* of systems ideas and formulations is a methodological requirement. Since differing levels and corresponding concepts are often designated by the same *name*, it is not exceptional that they are treated in an undifferentiatedly unifying way, which is a common cause of confusion.

For instance, as to the doctrine of the division of powers, the only realistic references are those historical manifestations which are commonly characterized as realizations more or less distorted or imperfect (type 1). Those imperfect realizations are seen as variations on a historical descriptive type (type 2) which, on its turn, is the implementation of a historical ideal type (type 3). In such a way, all practical measures taken in a historically concrete situation get in the final analysis traced back to a broad, well-defined sociohistorical context which, in this case, includes huge a many things, from the fight for constitutionalism in England, via the way in which Montesquieu was to overcome absolutism in France by (mis)interpreting English constitutionalism, to the achievement of the fathers founding the Constitution in the United States, including the way in which they (mis)understood both England, Montesquieu and their own perspectives, and also including the (mis)understanding, by all historical actors, of the richness of the store of means available in principle. But is it really so that the idea(l) of functioning underlying to the doctrine of the division of powers gets reduced to it? Obviously, without universalizing what is actually particular, I cannot say "yes" to this question in theory. If I still do so, which occurs too often in practice, it involves that I have opted also for some methodological consequences. Let us see just three of them.

7.1. *Universalization* can only be done through assuming *notion dichotomies* between complementary concepts, *C* and non-*C*, which, albeit antagonistic to one another, are covering wholly the field. Thereby I erect an artificially rigid two-poled scheme to the exclusion of dialectics and historical sensitiveness.

For instance, it is a rather general pattern for contemporary political philosophies to regard the "Third Road" typed searches of a way out from continued crises in East Central Europe as by-products themselves of the same crises, fallen into irrationality. Well, this critique is an assumption of capitalism and socialism being, as historically developed, the only potentialities of capitalism/socialism and, thereby, also exclusive alternatives. Consequently, the universalistic assumption in work here excludes questions like "Is it this and only this that is capitalism/socialism?" "Is there indeed no choice in-between these poor kinds of representation?" "And no choice beyond them, either?"

7.2. As to the second consequence, my approach will be prejudiced from the very beginning if I can only count with the individual features of a *concrete historical manifestation* (type 1) as distortions of some underlying principle(s). If it is the case, it assumes the existence of something which they are nothing but the individual realization of. Well, this is also an assumption justifiable only by a finalist approach.

7.3. Finally, universalization of the particular dispenses with the search for identifying *last principles* (type 4). If there are no last principles, what remains is to reflect historical types one to another, which has very limited profit, not transcending even the level of historiography. In contrast to it, theory starts with reconstructing the basic function (type 4), which makes it already possible to approach to the historically particular formulation (type 3) as intermediary concretization.

For instance, the classical doctrine of the division of powers is not an empirical theory of development. Montesquieu did never say that power came at any place or time to being as divisioned in a tripartite way. He simply contrasted a positive utopia to the negative one he had already had. Notwithstanding, his positive utopia is usually treated as final formulation touching upon the topic. If it is so, no theory based on the concentration of powers should ever be reconcilable with his doctrine of the division of powers.

Well, the bolshevik theory of the state has as a matter of fact since long professed to be antagonistic to western democratic traditions. But ideological claims, e.g. for complete disrupt and discontinuity, are not to be taken as a substitute to theoretical analysis. In order to assess what is the whole dispute about, even a historical reference may be revealing. In fact, bolshevik theory was launched on as a revolutionary program of why and how to seize power, and bolshevik critique of Montesquieu theorized about power at the time when it was at the threshold of actually seizing it. In response to that confrontation, it too misinterpreted Montesquieu, not to recognize anything from his teaching but an antirevolutionary program of resigning, once for all, of the seizure of power.

Or, in sum, it means that both disciples and critics have instrumentalized Montesquieu's positive utopia, by transforming his statements into ideology. Western tradition has developed universalized terms which are, however, valid in their proper context only, in contradistinction to the Russian revolutionaries who have narrowed them down only to mean the negation of their dreams.

The genuine problem is that, in fact, none of them has realized that what they actually did was to intermingle different levels of analysis, and that is the reason why they had to become mutually antagonistic. To be sure, none of them stated something different on the same subject, but differing statements on differing subjects.

At the same time, it is to be noted that a doctrine of a "division of labour" in power machinery was finally developed by the bolsheviks, pushed to offer (no matter how much imperfect, but, after all, a king of) an alternative to the western conception of the division of powers. Presumably, this principle of the unity of powers with only a mild and light "division of labour" within it will remain in force so long as the one-party's rule can impose itself upon society. On the other hand, even a system of "division of labour" in power machinery can develop working with some further—even if rather limited—potentialities.

As to the relationship of these conflicting approaches, mutual exculpation qualifies itself as bare ideology. Theoretically both are levelled at type 3.

III. Ideal Type as a Normative Ideology

8. All the systems, conceptual representations and operations we have surveyed by now are of a descriptive character and function, called into being as instruments to grasp conceptually what does institutionally exist. In short, they qualify as theoretical representations.

As is known, theoretical activity is a specific domain of homogenizing human activities, distinguished from both other domains of a homogenizing effect (e.g. custom, convention, such as speech, law, politics), on the one hand, and the huge field of the heterogeneity of everyday life, on the other. Still, it does not involve that the various forms of objectification of one area could not be made use of on other areas as well. Ontological investigation suggests that all kinds of ideal representation and objectification, no matter whether they are of a theoretical or practical character, can turn into *ideology*. All this can be done by putting them into another context and making their specific use.

That is to say that, 8.1, everything theoretical can be made a factor of practical action by putting it into a *practical* context; and, 8.2, everything in a *given homogeneous field* can be taken out from it and either lifted in *another homogeneous field* (e.g. the linguistic, semantic, or rhetorical aspects of law, or the law's political use) or merged into the *heterogeneity of everyday life* (e.g. the uses of social convention, language, law, or politics in a way annihilating their particularities)—well, in both cases with prior determinations suspended in order to let them act as adapted to their new environment.

9. Being adapted to new environment is a change of memberships of the systems. In case of conceptual representations, a positive value-judgement and/or a deontic operator attached to them can effectuate this change. For a theoretical statement becoming a standard for practical action is already an ideological use. It involves its transformation into *normative ideology*.

10. Systems may be used as normative patterns in three situations: 10.1, in case of conflict with the systems idea in question, to *modify* the underlying system in the given direction; 10.2, in case of an internal contradiction within the underlying system, to *resolve* it in the given direction; and 10.3, with no external or internal conflict provided, to *prescribe* it the change as needed or to *define* the direction and substance of its further development when needed.

11. One of the fields for normative ideologies to provoke change by defining who is to act, when, on what, why, and how, is the so-called *filling of gaps*. As is known, "gap" is a normative concept, being the function of a normative framework a) to qualify any establishment within the system as a gap, in order b) to fill it, c) in a given way, d) with a substance taken from within the system by the effect that, e) at least ideologically, the filling of the gaps does not implement any genuine modification in the system, albeit it strengthens its individual position within, as a member of the system, as made to be more conform to the system.

Filling the gaps is one of the most important factors of the practicability of the systems, as it makes it possible to them to preserve their identity while to make them keep in pace with time. Or, there have ever been two basic means of sublated innovation in institutions: *transplantation* (i.e. injecting something not known in the system which is said to have been known within the underlying system), and *fiction* (i.e. claiming that what is in point of fact new in the system is nothing else but the implicit extension as made in the system).

(In the field of law, it seems to be a common place that, in addition to fiction proper as the earliest and most common and lasting instrument to provoke and, at the same time, veil change, almost nineteen twentieth of the four thousands years of legal history was dominated by innovative legislation, veiled as bare restitution of what the "old, good custom" of the country had been, in usage already in Hammurabi's Prologue to his Law Book and surviving till the enacting clauses by the last French king.)

And the reason for its success is easy to see: it has been a conveniently flexible means, suited to meet two basic requirements contradicting one another, i.e. to *effectuate change* as needed (i.e. to function as readapted to the changing needs) and to *preserve the system's identity* (i.e. to reproduce its basic continuity over all the series of actual discontinuities) within an apparent harmony.

12. In principle, each and every one of types 1 to 4 can be used as normative ideology if reflected to each and every other one of the same types. Even the conceptual

representation of the concrete actual functioning (type 1) can be made a normative ideology by reflecting it to the conceptual representation of its posterior functioning.

(Taking into consideration the *open texture of concepts* and the *inherent fuzziness of argumentation*, we have to realize that there is a large room for transcendency both among the concepts undifferentiated we use and among the systems undifferentiated we refer to. To avoid transcendency is a question of the formulation of premises, an operation that has nothing to do with reflection of one concept to another in their normative usage.)

13. The normative use of ideal systems and conceptual representations is the explanation of the fact way and how these systems and representations can be of use, or turn to be of use, or turn to be a *deciding factor* in social processes *even if* for long a period they only could at best be qualified as *empty classes*. For as they are normative, expectations towards them do not disqualify them even if not met with success. Or, what is more, even dead systems and representations can finally exert a decisive influence to overcome the inertia and to push forwards, or turn back, a process.

For instance in Hungary, the wish for implementing the Soviet-patterned Constitution of 1949 into practice seemed for long years an idea aborted from the very beginning. A decade ago, the ever growing gap between words and facts induced some constitutionalists to demand realism instead of illusionism, i.e. the adaptation of its wording to prevailing practice, to the hard fact of one-party rule. Happily enough, this proposal failed by the fear that thereby the only thing remained, the bare possibility of fighting for more or truer parliamentarism through referring to a text enacted by the communists, would also be lost.

IV. Objectivity and Contingency of Systems

14. For a given historical actor in a concrete situation, a huge amount of social objectivations, conventions, institutions, etc. are given. They form to him what we call *tradition*. All the components of tradition serve to him as an objectively given framework in respect to which he may have the only alternative of either contacting it or escaping from it, but in any case he will not be in a position to freely disposing with it.

Escaping from social bounds contradicts to the very notion of social activity; moreover, paradoxically, in modern society even the first attempt at escaping is itself only conceivable through conventionalized social practices. In short, *socialization*, i.e. a very specific learning process, is the only available pattern for the individual in his relationship to social totality in modern society.

At the same time, the individual is certainly not an isolation but a component part of social totality. What seems to be objectively given to him in individual situations has in fact no existence of its own, independently of the total set of individual social practices in the same totality. What a social tradition is, in the last analysis, a function of the total sum of social practices, reproducing the tradition through practising it. Consequently, reproduction of a tradition is a continued learning process, in which taking its cognizance will amount to readapting it, and its interpretation to reinterpreting it, as part of social practices. In other words, each and every human act establishing what we call the *homogeneous* can only be performed within the boundaries (and upon the basis and for the sake) of (and, in the final resort, as subordinated to) what we call the *heterogeneous*. In the same way: each every human consideration to what we call *epistemic* can only take place within the boundaries (on the basis and for the sake) of (and, in the final resort, as subordinated to) what we call *ontic*.

15. In the light of an ontological description, the search for a practical solution is *volens, nolens* a *model patterned reaction* to a given situation—independently of the agent's subjective intention. At the same time, also independently of any intention, that what is to come objectively out of this will be something *more or less*, in any case *else*, than what the original intention was. It will necessarily be a *practical answer to a practical challenge* as it was sensed and interpreted by the agent acting. Thus, it will necessarily be an *imprint of all the moments*, which have been present in the situation; contingent from the point of view of the social totality.

There is a particular dialectics in play here. For the reaction, no matter to which extent and how intentionally it is model-patterned, will be the issue of *practical considerations in a practical context.* Even what is manifested as non-practical is made so by practical consideration. And this applies to everything. Anything claimed to be eternal is a function of practical interest to project it as fetishized. It is ideology that is in word both here and in cases of interests overgeneralized.

To qualify a statement as *ideology* is an ontological statement upon actual use, and not a judgement upon foundation or value. As is known, ideology is a form of consciousness called into being to influence practical human (re)action. As contrasted to it, *theory* is a form of consciousness called into being to reconstruct the interconnections of any process, including its ideology.

16. The theoretical reconstruction I have in mind can be nothing but *ontological.* For the result *epistemological* reconstruction can arrive at, may at most be a negative one, demonstrating, e.g. the false conclusion, reached by false inference, from false premises—i.e. its own incompetency for through reconstruction. It is only ontological reconstruction that can answer why the relevancy of epistemology is limited, why it is that forms of false consciousness can be instrumental, even sometimes socially needed.

It is ontological reconstruction that can only offer an explanation to the paradox of interpretation amounting to reinterpretation or misinterpretation, and of reproduction amounting to production or misproduction.

17. Systems are located in a *continuum* of a constant motion and change. It is a continuum for both their hierarchical structuralization and their self-reproduction in a continued process in social totality.

To be more precise, to exist as being placed in a continuum may have two senses. *Ontologically,* it is a form of existence through constant self-reproduction in an endless series of reinterpretation. (Reinterpretation here is an ontic sequence of purposeful practical reactions, and not a critical attitude, which is epistemic.) *Epistemologically,* it denotes an ideal existence through having necessarily fuzzy conceptual boundaries.

These features are common to objects of social ontology. Nevertheless, I wish to emphasize to what considerable an extent the links are epistemologically loose among sequences in both the systems' lines of development and their hierarchic structures. The systems in question are historically developed sets in which all may have had alternatives to those actually established (albeit they do not). It is most plausible to realize it in limiting cases at both micro- (type 1) and macro- (type 4) level.

As, for instance, to the micro-level, each concrete, actually functioning system of constitutional liberalism bears the imprint of the place and time of its formation, i.e. characteristics that are only explainable in the context of their actual shaping. As to the macro-level, the connection of ideality and actuality is only explainable exclusively by their development. Let us assume that I should have to invent the constitutional system of liberalism now. As a matter of fact, I can by far not take it for granted that I would lay its foundations by the same philosophical, anthropological, etc. assumptions as it was done several centuries ago. And the same holds true vice versa too. I cannot be sure that any concrete system of constitutional liberalism that has ever existed could be inferred from or justified by the assumptions suggested by human inventiveness now. And I must to add that theoretical variations are, in contrast to actual occurrences, practically endless.

The same loose contracts can be characteristic of actually operating systems too. Theoretical reflection often groups together systems of autochthonous development (e.g. ones in England or in the United States), whose past may count more in centuries that others that, due to recent transplantation of imposition (e.g. in the Federal Republic of Germany or Japan), may count in decades.

It is due to these features precisely that they turn to be genuinely *historical* phenomena, both marking and made by history. For otherwise, if they were units unchangedly identical with themselves, their history could only be quasi-history at most, with mere alternation of blocks in a mechanical world, made up of discrete moves of discrete elements. To put it another way: the *continuum* the systems embody is the outcome of their dialectic character. Their dialectics is one of sublation, that is, of unceasing preservation and change.

18. It is also their existence as a continuum that makes it possible to understand why their historical nature is so important from the point of view of practical action as well. For their being a continuum in a constant motion and change is also a function of their *environment, in the interaction with which they are shaped.* Or, the way they transcend themselves and by which their reproduction through their continued reinterpretation is done is not only a function of them but of the general culture and field cultures (political, legal, etc. ones) as well, and it is so to such an extent that even the fight for them may have *alternative actions* to take. Namely, an action directed to them may aim at their shaping in a *direct* way (as, in the case of law, directed to its enacted text), as well as in an *indirect* way, through the cultural context in the interaction with which they

are shaped (as, in the case of law, with the mediation of legal policies and legal culture, made to be strong enough to be able to have genuine role to play).

V. Limits and Bonds, Consequentiality and Practicability of a System

19. The question of what are the properties, features and traits a system may develop or take over by transplantation from another system is quite open, having no restriction from the point of view of social totality. It is not even a system-related question; it can only be raised as a question of the limits of law, politics, etc. in a final resort by ontology: what can be practicable, i.e. fulfilling a genuine function, in a social system?

On the level of abstract generality, the answer is rather vague. For, in point of principle, there is no limit predetermining what can turn to be instrumental or practicable in a social context as everything whatsoever can.

It means that the possibility of *systems* coming into being as *mixed* is so to speak endless. One could even state that only mixed systems are practicable in practice, or that non-mixed systems are, without exception, issues of a theoretical reduction.

20. Is there any precondition for systems being identifiable as such just because they have some definite elements as organized into a system The question is directed to their own *determination from inside.* That is, is there any limit set up by the systems, defining their own identity by *minimum contents* as necessary and sufficient conditions for their existence? Or is there any self-imposing limit of the system which might of course be ignored, but only with the consequence of placing itself out of the system?

This is a topical issue, with enriching debates in the western hemisphere centering upon them. Only to mention but few: nationalization versus privatization; planning versus invisible hand; leftism versus rightism in the same system, etc. This is a key issue for the contemporary crises of actually existing socialisms as well. Only to name but few: economic reform and petrified Stalinist superstructure; bankruptcies of sham liberalization; wish of one-party self-legitimation with no offering for being legitimated, etc. The case of Hungary is a renewed proof of the hard bonds of a system. For economists claimed years ago that partial reform, softened and extended in time with no breakthrough in the political field was a planning for failure taking granted; and again, they were right. The dilemma now is hardened: is the tabooing of party-rule by one-party simply setting framework for a reform, or is it a touchstone of the left for aspiring even the cosmetic surgery, too much well-deserved?

21. To learn that, defying human imagination, systems human kind have established are only storehouses of contradictions and they still function well—this realization is shocking an experience for human mind to accept. But to expect systems with maximum *cohesion, consequentiality* and *freedom from contradictions* is a mere theoretical requirement, reflecting more of the subject than of the object, who, due to the *logical ideal of thinking,* is limited in imagination. And theory reflects, in addition to external world, its own homogenizing principles, too.

In fact, systems do function according to their *own homogeneities*, which are far off from the ideal of logic. As *practical* systems, they are to cope with practical problems resulting in *compromise solutions* to the detriment of the principles of cohesion, consequentiality and uncontradictoriness, that is, to the detriment of logic.

At the same time, *contradictoriness* with tensions in functioning is a basic fact of ontology. It stands not for temporariness and deficienciness of anything human after the first sin was committed and its authors ousted. It stands for a character everywhere and everywhen present, which may grow to be a burden but, in most cases of balanced development, serves rather as one of the most powerful *reserves for the internal renewal of the system*. Internal renewal is a way of making maximum optimum use of the systems's own potentialities, in order to make it possible for it to keep pace (through its continuous *readaptation* by continued *readjustments*) with overall development. This is the reason why systems process outer conflicts into inner ones by forwarding competitive arguments to solve them. This is the reason why systems develop conflicts through series of temporary solutions, with stillstand being just a name for the theoretical dividing line between situations of conflicts in succession of one another.

LAW AS HISTORY

[23]

TIDSKRIFT FÖR RÄTTSSOCIOLOGI VOL 2 1985 NR 1

*From Legal Customs To Legal Folkways**

Cs. Varga
Universitetet i Budapest

Is the inclination to neophyte exaggerations a symptom of our century or merely inevitable teething problems, characteristic of an epoch carving out new scientific approaches? The phenomena called "modern statehood" by Marx and "modern formal law" by scholars striving for a reformation of Kantianism are of fundamental importance in Marxian legal thought. These phenomena are not only central subjects of investigation, they also fill an organizing role which can determine both the direction of jurisprudential thought and its internal logic. Perhaps it is not necessary to prove in detail that the institutional development of several millennia has culminated in modern statehood which is seen as integrating and organizing society at the highest possible level. Nor is it perhaps necessary to prove that legal development has advanced to modern formal law which in its turn assures functions to ensure that integration and organisation of society happens uniformly and according to plan.[1]

All this seems quite well and acceptable, but can we draw the conclusion that modern statehood and modern formal law, which are merely the products of a few centuries of European development, are together of such significance that everything that did not pave the way for them should be considered as devoid of interest? It is also possible to question the assumption that the relation between state and law is the relationship between correlative entities. Does not this assumption of the relationship between state and law allow itself to automatically

* An earlier version of this paper was published in Acta Juridica Academiae Scientiarum Hangaricae, 25, 1983 ss 454–459.

function as a criterium for defining in absolute terms the scope of jurisprudential research?

In order to reconstruct the basic path of legal development, the points mentioned above are undoubtedly of selecting significance. Nevertheless, their contribution may not become so exclusive as to block interest in phenomena outside the main direction of development or to impede the exploration of the legal complex, by eliminating the phenomena in question to the scope of jurisprudential investigation. Comprehending the past through its development to the present (i.e. the idea formulated by Marx, according to which the anatomy of man is a key to the anatomy of monkeys) has tended towards revealing the "historical perspective" and not towards reducing history merely to a restatement of it.

In Hungary, historical and theoretical research within legal science have not met each other in a way that the Marxian Utopia of history conceived of as a single science, could be realized. Historical approaches to law still wrestle with tasks before setting up theory: that is, legal theorizing strives to base itself firmly within a Marxian theoretical framework by borrowing notions and views from philosophy and then applying them, instead of starting from development, the very past of the law. The concepts of assessment and restitution, customary factors in legitimating state power and legal machinery; customary law used as compass, framework and basis of reference for legislation; adherence to all that is traditional, that is deducible from the "good, old law" as a primary source of legal validity: the ordering role all these items might have played for more than thirty centuries seem to shrink to mere ideological references as compared with the emphasis on the recent past centuries which contain the organization of modern statehood and its formal law.

Where does the problem lie? Influenced by precedents such as the historical school of law in Germany, legal anthropological discoveries of primitive law influenced by practical considerations of post-colonial powers, and the revelation of a "living people's law" which existed unaffected by the official law in remote areas of Central-Eastern Europe, a movement began to develop in Hungary at the turn of the century gaining strength during the 1930's and 1940's. This movement aimed at cataloguing rural customs within a framework which allowed for the exploration of modes, customs, folkways etc, of the Hungarian people. The subject and purpose of this exploration was not merely to discover an informal law living a life beside the official legal system. The researchers were in fact inspired by ideas, which proved to be romantic insofar as they saw in the ensemble of norms collected by them the historically authentic set of relationships characteristic of the Hungarian nation. That is the researchers worked with the theoretical possibility that by discovering a basis of innate norms and translating the basis of such laws to state legislation, would lead to a social reform renewing the whole society. The idealistic nature of all these ideas was demonstrated nearly three decades ago by a cultural team of researchers working along side the Central Committee of the Hungarian Socialist Workers' Party. The team demonstrated the weakness of these romantic ideas by showing their susceptibility to, for example, German racial thoughts. Romantic ideas about "people's law" could easily have been exploited in that the ruling policy during this time had in fact attempted to manipulate and also to integrate the whole movement to its own aim and system.[3] At the same time, a purge was performed of theoretical legal thinking and both the legal character of the non-official law and the admissibility of respective investigations connected with legal policy considerations were denied.[4]

Although the mission of "ideological criticism" might have been suitably fulfilled by analyses of Kuscar,[5] I have to note that ideological criticism does not aim at elucidating a particular event's specific qualities: it aims at criticism of presuppositions which, in a given social context, made the conception of the event in question a weapon in the continuation of class struggles. Consequently, a theoretical answer to the place of the living law cannot be substituted by ideological criticism of the development of formal law.

During the past two decades, no theoretical advance concerning the relationship between living law and formal law has been made. Both ethnography and jurisprudence have done their own job, that is, continuing their own investigations without striving for a inter-disciplinary approach. Ethnography has continued to mapp customs and order of the peasant society, sociology of law has continued to take interest in, among other things, the traditional forms of shaping social behaviour, preserved as a historical heritage,[6] even though the sociology of law's attention is now focused on the disfunctional effect of the exclusive or overemphasized reliance on the law and not on the separation of legal phenomena from other spheres.

A Hungarian scholar, E Tárkány Szücs, devoted nearly 50 years of his life to legal ethnographical research. After several books[7] and a number of studies he has now enriched the literature of legal ethnology with an imposing, masterly syntheses, *Magyar jogi népszokások* (*Hungarian Legal Folkways*, Budapest: Gondolat 1981, 903 p.) The monograph is an attempt to offer both a systematic survey and at the same time a historical, ethnological and legal analysis of legal folkways in Hungary 1700–1945. The ordering principle the author adapted is based on a logically developed system. Entries include for example, *person*, including the person and society in terms of birth, death, personality and rights; *marriage*, in general choosing the partner for life, engagement, marriage service; *family*, in general, relationship and affinity; *ownership*, in general original acquisition, labour, sale of goods, estate succession; *control; conflict;* and *coercion*. All aspects of Hungarian life are classified and compromised according to the author's own knowledge and what has been gleaned from the entire research of Hungarian ethnography, printed as well as unprinted original documents and vast number of fieldwork notes which are the results of work carried out by himself and others.

As for the "people's legal traditions" in general, Tárkány Szücs emphasizes their nature embedded in practical life, their historical character and adaptability as the main features of his analysis (p. 30). According to his definition,

> by legal folkway a rule influencing human conduct is meant, which is being established and enforced neither by the state, the church or any other national organization, nor by a person exercising power, but which has been developed, maintained and traditionalized from inside as a result of actual practice; it expresses the conviction of the majority of different, more or less comprehensive communities of the society on the basis of their supposedly or actually existing autonomy; it serves for the harmonization of the interest asserting themselves in social relations concerning especially persons, material culture and public affairs, it formulates interdiction, permission or command and is being enforced socially by traditional means. The conditions of the realization of this rule are, first, its experimental character, secondly, the common conviction of its justness, and, thirdly, its lasting preservation in the interaction betwen the individuals, the community and the authority. (p 41)

The "genus proximum" (the rule-character) and the "differentia specifica" (the legal nature) which are circumscribed here will be defined in yet another way. In connection with qualifying phenomena as legal folkways, he writes: as to the human conducts deducible from various oral traditions, description and documents,

> their regular repeatedness, the shaping and the increasing frequency of the cases, as well as their customary character are defined depending on to what extent they have been socially recognized as components of a rule; their legal nature depends on whether the relation of life in question has been the subject of legislation either by contemporary positive law or by states in their history". (p 28)

Therefore one of the criteria legal ethnology adopts will be the law, namely the law issued by the state. It is precisely this criterium that formed the backbone of one of Tárkány Szücs's earlier definitions: it is

> human behavior... which is accepted and applied customarily by any socially defined community, even if it is with the aid of fiction it enters the field of law.[8]

This is what appears also in Gy Bonis definition. His definition is as follows:

> legal custom: custom of legal contents or significance, valid in a small community.[9]

Eventually Szücs admits that it is in fact "quasi-legal character and significance" which are the main features of the subject of legal ethnology. And so in connection with a correction in defining his subject as *legal* "folkways" he explains that the point in question is not some separate legal entity but one of defining the *constitutants*, or aspects, or elements of organic and coherent folkways. only isolated by the researcher:

> legal folkway is not differentiated from other folkways; people cannot make any difference between folkways in general and legal folkways.[10]

Thus one can conclude that it is not the present-day conditions of law that should be projected back to past conditions to gain an understanding of law, but law itself should be conceived of as the product of continuous development. That is, if we start from the social functions to be traced behind a given event in order to understand it, I think we will obtain conceptually more certain puncture of the law's societal development:

□ The "etatisation" of the law, that is the law manifests itself as the law of the state, expresses a universal tendency in historical development. For now the quality of the law as being "law" is merely the result of a self-qualification directed to state activity, law is defined as what appears as such in the actual practice of state organs. "Customary law" then is a variant of law defined in this way as a) a historical antecedent, then b) a framework and finally c) a supplement of enacted written law which is conceived of as representing a higher phase of development.

□ □ Because "legal custom" or "legal folkways" have other qualities they cannot be equated with customary law. Notwithstanding, the legal complex as a partially social complex is not considered exclusively from the point of view of another partial complex, the state, but from a social totality, if one starts with the basic functions the state and law have been established to fulfill, there will be a relevance in view of the legal complex.

Notably, legal custom fulfills basically the same functions of law in societies and in developmental phases of society in which, due to the logic of the historical process and/or to other special reasons, (a) there is no proper state and law organization, (b) law does not reach large number of social groups because of a low-level of organization or because of indifference; or (c) law fails in its actual practical implementation. The first two cases (taking into consideration the ancient and present-day forms of primitive law as the subject of legal anthropology and ethnology) seem to signify a *sui generis* culture which is conceptually disparate. Consequently, even a legal custom which arose from a failure of the organization of state and law (i e the third case) becomes part of a subculture only if it ceases to be a historical relative disparate phenomenon, by becoming integrated into the state and law organization as instead a variation of law, asserting itself through its practical realization.

□ □ □ A legal custom is transformed into a "legal folkway" as the state and law organization assume and fulfill functional concerns in their entirety. A legal custom continues to exist only within a functional framework as one of the surviving folkways, as a flavorable supplement to the state and law organization, having perhaps merely symbolic significance.

The very subject of qualifying behavior as legal custom or law or of establishing firm criteria for the process of separating the behavior is difficult. The boundaries for the sphere of the *law* are drawn by the *practice of its being recognized as such by the state*. It means that within the scope of the enforceability of state power, the whole process is in point of principle arbitrary, and is in point of fact a function of expediency and of other such considerations which have a part in the exercise of power. On the other hand boundaries for the sphere of *legal custom* are being traced out *by the customary practice of the community recognizing it as traditional.* Here is also room for manipulation for the actual boundaries are always only given in the spontaneous attitudes of the community.

Customary law and *legal custom* are phenomena in a continuous historical formation. However, it seems to be verifiable now that in their historical genesis they have been derived from the same roots, consequently, they are separate formations and not subdivisions of each other. At the same time, it is to be noted, however, that their relative independence is only transitional, even if it spans several millennia.

In contrast to the merely spontaneous practice of community, *the law*, is characterized by externality and reification, due to its state organization, and, as a surplus effect of its force, its state organization will put an end, sooner or later, necessarily, to the parallel paths and ways of customary law. Integration is the final victory of the law, transforming all that has substance in common into a division of itself.

Independent of the interpretations of the connections between *law* (i.e., customary law and the written enacted law), *legal custom* and *legal folkway* and also their historical change, one thing may be taken for granted: none of them can be seen as a monolithic mass with clearly demarcated boundaries. Once they have obtained parallel existence, law and legal custom become differentiated from one another as to their respective scope of territory, persons and subject though at the same time they remain norm systems complemented to and even to some extent correlated to, each other. And owing to the circumstance that their recognition as a specific quality is a function of different criteria, *viz.* the recognizing practice of the state resp. of the community, they may have common domains along their borders. In point of principle this commonness is always transitional, although it can last for long periods. Correspondingly, the connection between legal custom and legal folkway can be similarly characterized.

As to the present and the future of legal folkways, some conclusion can be drawn from Kulcsár's statement. Namely, provided that "what are called legal customs are in their great majority connected with traditional social ties, particularly family ties in the traditional sense, or else with the society of village as a traditional community" ("Ethnological research...", p. 23), their mere survival even as a lag is a function of to what extent the decay of traditional communities of traditionality as a social ordering principle will be irreversibly perfected by social integration.

By way of an epilogue, in his *Magyar jogi népszokások* Szűcs refers to situations which he consider the germs of legal folkways, taking shape now on a larger social scale. He sees excessive rents and tipping as a distortion which covers also a trend to re-feudalization of the present-day Hungarian socialist development. The expansion and devastating effect of these have become headstrong due to the inconsequence and powerlessness of institutional solutions which are aimed at making the economy functional and efficient. This is the reason why the law cannot impede the development of legal folkways. As the most it moderates but at the same time legitimates them, although both *excessive rents and quasi-obligatory tipping* are based upon taking advantage of unequal situations in a unilateral way and, as suggested by the historical analogy with acrid irony, "in their more dangerous formal structure these remind us of one of the most odious institutions of the feudal era, *viz*, the so-called 'dry toll' of the landowners", when, as a matter of fact, there was no more services establishing the title of toll (p. 827). Tárkány Szűcs does not give case studies here, but indications only. But in any case if we wish to sketch a line of development according to the logic of legal folkways, this can foreshadow a frightful prospect.

It is open to question, however, how one of the elements of the law can come to the fore. The element I have in mind is generally not a point of the usual definitions of law, though its existence is testified by history as it grows a decisive moment in critical situations. I mean the *legitimacy of the law*, i.e., the minimum consensus in the law as the main agent of social ordering issuing in law and order. Historically, the law was first legitimated by its customary nature, later by the lawgiver's charisma supplementing it. This charisma in its only rational content has lately become laicized in so far as being transformed by being built, into the expediency of legislation. As is known, the legitimacy of modern formal law is reduced to its formation according to the law's formal requirements and that is to say that the mere possibility of taking into consideration the content of that legitimacy is eliminated by a reference to the peculiarly sovereign (absolutistic, then democratic) constitution of the state. However, not even a relatively settled practice legitimates, if the cases is a naked fact of taking unilateral advantage of a power situation. Nevertheless, if it becomes established institutionally by being integrated in a legal system, it will also be covered by the legitimacy of the entire system. An appeal to natural law (reminiscent of Antigone's gesture) can however make an attempt to illegitimate it. The question is, however, not merely the ideological background of acts but also the reified functioning of a reified system. That is why the "objectified" quality of its "legal" character cannot be altered by a contradictory ideological judgement.

On the other hand, in the case of legal folkways there is a possibility of making this quality unattainable or of destroying it. I mean the distinction G. Lukács considered important enough to emphasize both in 1920 and 1923 in his *Legality and illegality*,[11] as still insoluble and not even present in the masses' consciousness in making use of a revolutionary situation. This distinction is made between the prevailing law and order regarded as *the only authentic and legal law* and as a *mere factor of power*. In the latter case,

> the law and its calculable consequences are of no greater (if also no smaller) importance than any other external fact of life with which it is necessary to reckon when deciding upon any definite course of action. The risk of breaking the law should not be regarded any differently than the risk of missing a train connection when on an important journey.

The historical example of "dry toll" is peculiar in so far as it is not socially mobile but instead steady. And permanently assigned roles were concerned, which could obtain the surface or the semlance of legitimacy due (1) to resignation, (2) to accepting it as something derived from the very structure of the system, and also (3) to the ancient wisdom according to which even if it is such, *this* is the power. Distortion of socialism in Hungary arises from basically unsolved but not in point of principle unsolvable problems. Consequently, I would like to believe that there is an opportunity of choosing between accepting the practice as a normative standard and viewing it as a mere environmental component which has to be taken into consideration on rational grounds of expediency for the time being. At the same time, it is obvious that such a distinction in itself would not cure reality; at best - if approvable - it can promote the restoration of it on the level of and simultaneously for theory.

Notes

1. Cf. Varga, Cs "Moderne Staatlichkeit und modernes formales Recht" in *Acta Juridica* (in press, sect 1).
2. Should the case be that latter, historical science would be similar to political ideology only taking in respect those who, in order to support the gained victory, are being considered as ancestors or allies. It should be noted, however, that the role of political ideology is nonrecurrent and, consequently it cannot be repeatedly used, as George Orwell nicely formulated it, to foresee the past.
3. Kortárs, II (1958 p. 9.
4. Kulcsár, K. "Anépi jog és nemzeti jog" (Peoples Law and National Law).
5. Kulcsár, K. *Allam-és Jugtudományi Intézet Ertesitöje, IV* (1961) 1–2, ch. III–IV.
6. Kulcsár, K. "Ethological Research into the Law - Today" in *Comparative Law - Droit comparé 1978* ed. Szabó, I & Péteri, Z (Budapest: Akadémiai Kiadó 1978, pp 23 et seg.)
7. *Márély népi jogélete* (People's Legal Life in Mártély) Kolozsvár 1944; *Vásárghelyi Testamentumok* (Testaments From Vásárhely) Budapest 1961.
8. Tárkány Szücs, E. "Results and Tasks of Legal Ethnology in Europe" in *Ethnologica Europea* I (1967) 3 p. 215.
9. *Magyar Néprajzi Lexikon* (Hungarian Encyclopedia of Ethnography) II, ed. Ortutay, Gy. Budapest 1979 p. 685.
10. Mártély Népi Jogélete, p. 43.
11. Lukács, G. "Legality and Illegality" in *History and Class Consciousness* (transl., R. Livingstone) London: Merlin Press 1971 p. 266, 263.

[24]

Anthropological Jurisprudence? Leopold Pospíšil and the Comparative Study of Legal Cultures

CSABA VARGA*

The problem of evolutionism in anthropology is by no means restricted to the problem of the observer's participation. It is a matter of basic dilemmas in attitude and methodology, which, in the legal domain, are differently reacted by legal anthropologists, according to their world concept and conceptions of the law, Western cultural conditioning and other preconditions.

The first such question is connected with the presence of *law in stateless (pre-state) societies*. The anthropological answers range over a wide scale. Their variants can be characterized by their extremities. One of them insists on the absoluteness of facticity in the prevalence of the customary, which by nature rules out anything legal, i.e. the assertion of any normativity and procedurality involved in it. No less powerful are the extreme views on the other side that—through endeavouring at nothing but heuristic conceptualization—formulate a concept of law which is almost synonym with that of social control. This is the attitude tracing law in the various forms of social influencing and, thereby, approaching pan-jurism, as represented by POSPÍŠIL (1971). Or, the whole problem of conceptualization concerning historical formations is involved in this question, just as the problem of losing historicity when applying concepts that are much too restricted or that of depriving actual developments of their contents when swinging to the other extreme by an overwidening of concepts.

The other question concerns the approach to the quality 'legal'. Authors

* Senior Fellow, Institute for Legal and Administrative Sciences of the Hungarian Academy of Sciences, Budapest.

differentiate between two types of approach, the one focussing on law and the other on order and dispute (ROBERTS 1979, Ch. 11). The law-centred approach is based on a legal concept that theoretically comprises both the ancient (or primitive) and the modern manifestations of law. As it is claimed by its critiques, this entails necessarily transposal of Western institutions to the past and, consequently, a biassed approach to the subject. On the other hand, the approach centred on order and dispute is endeavouring at the factual description of the given culture by grasping series of actual events as factual processes in the description of situations and contexts, held to be legally relevant.

I believe that all these debates put a direct challenge to legal thinking in general. They supply an incentive and also empirical data for a reconsideration and reconstruction of the foundations of any theory and sociology of law, as well as a mine of experience that may be made use of in the theoretical exploration of the components, potentialities and limitations of the modernization processes. In the present paper prepared by a student of law, comparative law and their philosophies, I attempt a critical rethinking focussing on some of the basic issues of a synthesis of theoretical pretensions written by Professor Leopold J. POSPÍŠIL (1971, hereafter cited only by page number), head of the Department of Anthropology at Yale University and leading curator of the University's Peabody Museum. Relying on data derived from nearly a hundred cultures, the work in question summarizes the lessons and problems that might be involved in a standard contemporary anthropological approach, pretending to develope and, at the same time, be backed by, a comparative study of legal cultures.

1. Rule, Fact and Principle in the Concept of Law

The anthropologist of law shares the conclusion drawn by sociologists: law is nothing but institutionalized social control. In determining the way of formulating a definition, he is left to his own devices. He is well aware of the fact that the description of processes he is interested in in their own cultural context and conceptual framework can only be the first step: it has to be transplanted into a more universal conceptual system. Nor does he overlook the fact that the concepts of this more universal system are only of a *heuristic* value. From among the actually existing unique phenomena are selected the ones that constitute a reasonably separable group by virtue of their specific connections. The phenomena of reality are, however, much too complex to manifest such a clear differentiation within themselves. When conceptualizing, it must be kept in mind that one may and must think in terms of transitional zones instead of sharp dividing lines, i.e. in terms of points of condensation of a kind of continuum instead of qualitative clusters with gaps between them (pp. 16–17 and 19).

Nevertheless, the question arises: which is the feature of institutionalized social control that could serve as a starting point for our inquiry? Or, should law be conceived of as a set of rules or as a principle instead? And if as a principle, should we infer it from the facts of life or from abstracts drawn from them?

a) *Abstract rules.* The obvious possibility in Civil Law tradition of regarding law as a set of abstract rules is called Europe's "folk category of law" (p. 20). According to Pospišil, the evolution of Roman law cannot be characterized as the one of a set of abstract rules. From the time of the Law of the Twelve Tables until the end of the republican era, *Roman law was casuistic*: written law was adjusted to the specific problems arising from actual disputes, in accordance with the opinions forwarded by the jurisconsults and the praetor. It is only the political requirements of the coming Roman Empire and the influence of Stoic philosophy that made it possible for Roman law to evolve into a codified system of abstract rules. As a result of the fiction of continuity, it was inherited by her successor states and—due to the consistent, conceptually well-developed systematic treatment in it of the law—it served as a model of Law and also as a subsidiary law for the European continent, restated through the interpretations of the Glossators and Commentators of the Middle Ages, as well as of the humanists and Pandectists of modern times (pp. 20–21).

However surprising an argument it may seem, it is historically correct to say that the *legalistic* conception of law as a set of abstract rules is a phenomenon unique to and characteristic of the Western civilization to the extent that there is but one non-European parallel of it in the history of mankind: It appeared for few decades in China during the rule of the Ch'in Dynasty in the 2nd century BC (pp. 23–26).

Taking all this into consideration, Pospišil arrives at the conclusion that the conception of law as a set of abstract rules fails to answer both the question of rules not living in practice and that of the impossibility of deducing a right decision from rules in the administration of justice, as well as the problem of law playing a role when rules are only known for a few.

b) *Abstracts from actual behaviour.* There are views according to which law lies in human behaviour, i.e. in its facts and the conclusions that can be drawn from them. Such is the concept of "living law" (*lebendes Recht*), playing a primordial role in the foundation of the classical sociology of law by the law that "dominates life itself even though it has not been posited in legal propositions" (EHRLICH, p. 493). Or, one of the classics of legal anthropology refers also to a law that does not "consist in any independent institutions" (MALINOWSKI 1959, p. 59).

Said all this Pospíšil is obviously justified in concluding that the concept of law as a separate entity—identified with actual behaviour—becomes meaningless (p. 30). And, as a consequence, we are left with no criteria for the analysis of practice, e.g. for that of the Kapauku Papuans who steal whenever an opportunity presents itself, although none of them will question the validity of the ideal rule, *oma peu, ome daa* ("theft is bad, theft is prohibited") (pp. 30–31).

c) *Principles upheld by legal decisions.* In the pragmatic instrumentalist legal thought in America the principle of decision is denoted as the most universal conceptual characteristic of law. In legal anthropology, Llewellyn and Hoebel concentrated on cases of conflict from the outset, in an attempt at grasping "the legal" in those components of social control that come into operation in critical situations and are actually asserted in practice as principles of decision. They are undoubtedly right in claiming that primitive law is rarely "clothed in rules" and that "not only the making of new law and the effect of old, but the hold and the thrust of all other vital aspects of the culture, shine clear in the crucible of conflict" (LLEWELLYN and HOEBEL, p. 29).

Pospíšil assumes therefrom that 1) law is a universal phenomenon, i.e. it can be detected in any society; 2) familiarity with law can be taken for granted; 3) the problem of "dead rules" can be eliminated; 4) the contradiction between legal principle and legal practice, i.e. the dilemmas of adjudication can be dissolved; and 5) social dynamism can be reinitiated in law since adjudication will be identical with the process of its change (pp. 34–35). In his argumentation he repeatedly refers to Roman law where *ius* meant an abstract principle that could only be specified in a situation demanding the law's decision, i.e. in the process of the authority's decision (*iuris dictio*). It is only *lex* (codified in the procedure of *legis latio*), or a former decision of authority, that could be recoursed to as a norm (p. 342), and sometimes decision was even made on the exclusive basis of the authority's own innovation (POSPÍŠIL 1976, p. 403)

It is a still more interesting tradition that in Greek legal culture justice as manifested in individual cases was called *dikaion*, and it is this that became the basis of the concept of *ius* in Rome (VILLEY, p. 11). On the ground of such a tradition, the change from the jurisconsult's and the praetor's role in shaping, to the codification of, case-law during Justinian's rule was radical indeed. But it is even more significant that from the teachings of Christianity, after its having become a state religion, it was only in the West that (under the influence of the Evangelists' parable-like writings and St. Augustine's brooding *Confessions*) a Thomasian *Summa Theologica* could evolve, that is, an ideal of the establishment of a system of thought of an axiomatic character, which *more geometrico* made an attempt at providing social thought with scientific foundations, with the pretension of consequentiality deriving from an abstract internal necessity and/or the own logic of the system, as it is apparent in Grotius, Hobbes, Spinoza, or Leibniz (VARGA 1979, para. 3).

Judaism in the form of Talmudism, *Orthodox Christianity* in the form of theological development (though, as a matter of fact, Byzantium inherited its legal concept as a set of dogmas through Justinian's casuistic codification), *Islam* in the form of rites marking off from one another in accordance with differing interpretations—all these cultures followed a pattern both in religious and legal thinking that was striving for generalization but did not attempt at deductively establishing its system. Norm-statements in them are embedded in inductive contexts: they are made to guide and not to conclude any reasoning process. The ever-surviving binding force of such a tradition may be illustrated by the legal set-up of *China*. Not even by the time of socialist revolution there did she cease wavering between ancient tradition and the European way of thinking, only breaking off with tradition for the period when, depending on Soviet-Chinese relationships, the adoption of foreign patterns predominated internal development (VARGA 1975, pp. 129–132).

"Abstract rules" enacted as law can only be conceived of as the characteristically Western "folk category of law" in the context of *modern formal law*, since it is only at this stage that *modern statehood* lays the foundations of a system of legal institutions built up and operated bureaucratically: as regards the formation of legal phenomena, the criterion of *formal validity* (that is, the criterion of validity attached to definite procedures of definite state bodies instead of the previous criteria of contents) and, as regards the functioning of legal phenomena, the criterion of *formal legality* (that is, the attachment of legality to the outcome of definite procedures following definite rules of definite state bodies instead of the previous legality of contents or *hic et nunc* justness of the case). This is the context in which, in the spirit of formal rationalization, formalization is carried to the extreme in respect of both the reduction of law to rules and of its functioning, and, as a security and as an ideology of the professional practising of law, the juristic world concept that postulates the principles of formal validity and legality to become determinant social factors in the law's real life, is also institutionalized. In a legal system like this, the *own system of fulfilment*—the postulated requirement to the effect that social goals are to be attained through the execution of legal enactments—necessarily develops its own *incongruencies* (that is, the disparities between the requirements of the system and its realization in practice) and *dysfunctions* (the presence of effects counteracting and even spoiling the value of the expected social effects), too. However, modern statehood and the system of modern formal law are so strong that they are capable of feedback and thus—contrary to Pospíšil's opinion—all these incongruencies and dysfunctions may and will only be significant within the boundaries of the system (VARGA 1983; 1984a).

It is obviously unjustified and ahistorical to call upon foreign cultures to account for a given (legal) ideal, it being a definite product of a definite socio-historical development.

This is, however, no excuse for another polarization; in our case, for a polarized question whether the principle called law should be derived from "actual behaviour" or "legal decision". It is agreed upon that the set of actual behaviours is to be considered a sheer facticity, not law. But if legal decisions are but manifestations of power without *is* and *ought* being contrasted in them, they are matters of sheer facticity, too, that can only arbitrarily be called legal decisions.

Thus, the question arises: *what is normativity involved in?* If we are to grasp the essence of normativity either in social evaluation or in its influence exerted with a certain regularity on practice, we can only rely on facts as the exclusive subjects of investigation. For we may endow either the formal distinguishing features of actions or of institutions with the quality "legal", in any case it results in a theoretical reduction which does not arrive at an answer to the point in return for postponing the problem. Any solution chosen, we are to rely on facts so that we shall be able to infer an evaluation or to reveal a regularity that allows for formal institutionalization or plays the part of an institutional system or, at least, is capable of playing it, without itself being formalized and institutionalized.

In my opinion, in the case of communities identifying law with rules, an *ideological concept of law* (Fig. 1) can be put forward which conceives of the boundaries of law as those covered by legal regulation, and of the areas covered by actual behaviours and authority decisions in "realization" of the law as domains within itself. As it is a matter of the ideology of an institutional system as well as of a profession called to its functioning, an ideal is reflected in it. Theoretically, the realization of that ideal is not impossible but in practice, due to the complex definitions prevailing in life, mostly its approx-

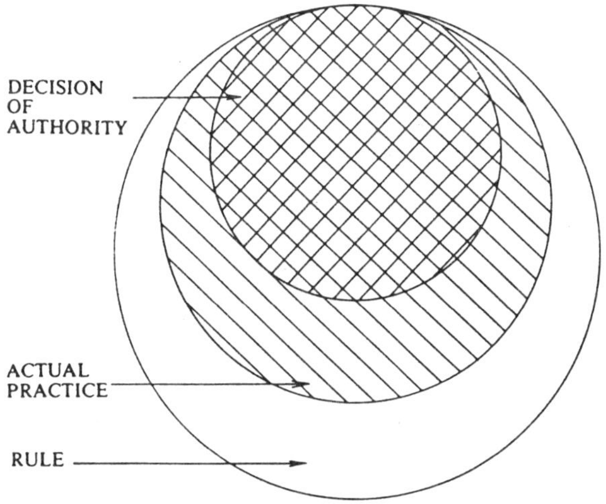

Fig. 1 The ideological concept of law

imations are to materialize. Thus, in communities identifying law with rules, norms established and fixed in a given way are the preponderate media and mediators of legal normativity.

It must be said "preponderate" because there is really no society with factors of "regulation" not being complemented with the factors of "situational adjustment" (POSPÍŠIL 1980, p. 236). And not only Western jurisdiction with its principle of *summum ius, summa iniuria*, but also Melanesian practice demonstrates the fact that in making a decision not only the legally relevant aspects of the case are considered, but its possible social consequences and effect on the preservation of group solidarity as well (POSPÍŠIL 1978, p. 652).

The solution of conflicts is of crucial importance in the existence of law. Not simply because it stirs all the forces of society but because it is a test of practice that might or might not prove the normativity of the media and mediator of normativity.

But what happens when there is no conflict in the area covered by the law, if the conflict evades legal decision, or if the decision taken departs from the rules identified with the law? According to Pospíšil, all such cases should be excluded from the domain of law. However, it is not altogether unlikely that a practice departing from the rule is nevertheless regarded as legal by the community; it may even occur that the authority makes a decision concerning such practice and the decision, although refuting actual practice, will be arbitrary, not following from the rule.

Thus, *as regards its ontological existence*, law is a complex phenomenon

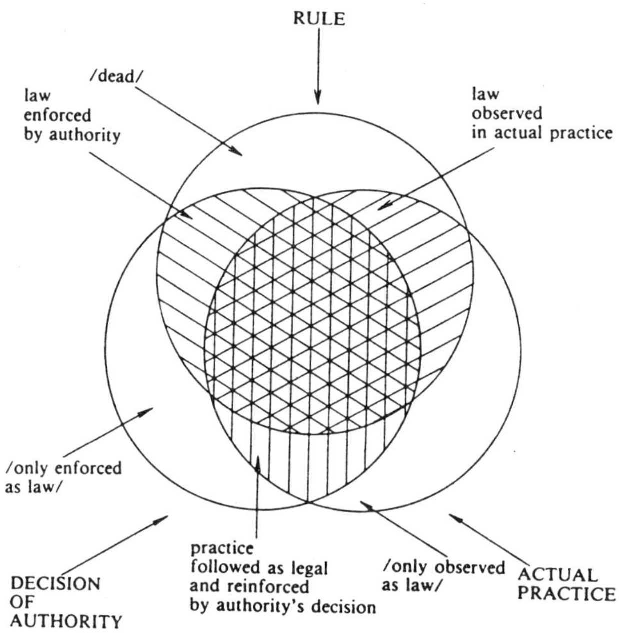

Fig. 2 The ontological concept of law

comprising the interaction, interpenetration and temporary separation (Fig. 2), i.e. the complex motion of at least three factors, namely, *rule, authority's decision* and *actual behaviour*. Anyway, law is *not a phenomenon homogeneously or statically identical with itself.* Its quality of law may be *reinforced or weakened*, rendered *more or less legal* by the intertwining and/or separation of its components, since ontologically a phenomenon supported not only by its enacted nature but also by a state practice of coercive measures taken in the name of the law and made accepted as such by society by and large is obviously "more legal". That is, the more completely it comprises its three components, the more completely it will display the features of law. At the same time, law is a dynamic factor of reality; its components respond to external challenge in an ever renewing manner and this brings about internal shifts of emphasis. Here is the reason why law is not and cannot be identical with itself. It is in a ceaseless and endless motion of internal change oscillating between the qualities of more legal and less legal between the extreme points of *becoming legal* and *ceasing to be legal*. This approach, on the one hand, avoids the danger of replacing one simplification with another: the reduction to rules with the reduction to conflict. On the other hand, it tries to make it clear that rule is not simply an incidental element of law. Not so much its presence as its part played in the whole complex is liable to change.

Since the famous question, "Is law a system of rules?" (DWORKIN), was put, it has become an axiom in Western legal thought that rules will only conduce to decision with an allowance for the *general principles of law*. Dworkin's way of putting the question was, however, typical of a jurist, as he studied norms and principles within the framework of enacted law in order to find their role in decision-making within the boundaries of the same law. At the same time, there have been efforts made at conceiving *system of law* in unity with *legal system* as a functioning mechanism (KULCSÁR 1970, p. 115), that brings us nearer to an ontological approach. In its germ, such an approach was reflected in the first Soviet criticism of Vishinsky's normativism in which the bringing to actual life, i.e. the realization, of legal relations was added to the rule governing the same relations, as the conceptual criterion of law (STALGEVITCH). Anyway, the law's enactment as decisive determinant had to be changed by other components in the sociological description of legal processes. It was in this spirit that there arose the differentiation between "law in books" and "law in action" (POUND). The ontological reconstruction of legal process—that, instead of taking the law objectivated as its starting point, departs from the law's actual functioning in social totality and, within that, from the heterogeneity of the complex serving as law in society—has led to the conclusion that it is a matter of a functioning whole, of whose features one is its being acknowledged as legal by society as supported by and fed back to a given institutional mechanism (VARGA, 1985).

The ontological reconstruction is not meant to restrict the mediating nature of the rule but to point to the series of potentialities while its social realization. Even in a community identifying law with rule, the more law is manifested (and fed back positively) in the standing practice of both law-applying authorities and society, the greater its actuality manifested in its impact on social existence will be.

2. Attributes of Law

In the anthropology of law, any empirical investigation takes some legal conception for its starting point; correspondingly, there are a number of concepts current in literature.

Without resorting to his contemporary's, Leo Petrazicky's imperative-attributive concept of law (HAMNETT, p. 7, note), *Malinowski* also based his own concept on reciprocity. According to him, law is "a body of binding obligations regarded as right by one party and acknowledged as the duty by the other, kept in force by the specific mechanism of reciprocity and publicity inherent in the structure of...society'' (MALINOWSKI 1961, p. 58).

Hoebel's attitude is characterized by the fact that although he was the first to formulate the dilemma of rule, authority's decision and actual behaviour, he never tried to consider any of them to be the only viable alternative. Moreover, it was he who emphasized the functional interdependecnce of those three aspects and the impossibility of understanding any of them without the consideration of the rest (LLEWELLYN and HOEBEL, p. 21). Later on he wrote: ''unless a dispute arises to test the principles of law in the crucible of litigation, there can be no certainty as to the precise rule of law for a particular situation, no matter what is said as to what will or should be done'' (HOEBEL 1946, p. 847). Hoebel's attempt at a definition reads as follows: ''a social norm is legal if its neglect or infraction is regularly met, in threat or in fact, by the application of physical force by an individual, or group possessing the socially recognized privilege of so acting'' (HOEBEL 1954, p. 28). According to classifiction by POSPÍŠIL 1973, pp. 543–547, on the basis of HOEBEL 1963, p. 781, the first element of law is (*a*) its *regularity*, involving accomplishment and future intention as well. The next element is (*b*) *official authority*, being the coexistence of the following features: *ba*) *must*-element, i.e. it must be an enforceable imperative issued to the members of the group; *bb*) *supremacy* element, i.e. the law must prevail if appealed to in a conflict; *bc*) *system* element, i.e. the whole legal material makes part of a going order; and, finally, *bd*) the element of *officialdom*, i.e. this law should be recognized as representing the order of the group. The last element is (*c*) *sanction*, ''the application of physical force'' (HOEBEL 1963, P. 781).

a) *Authority*. ''A decision, to be legally relevant, or in other words, to effect social control, must either be accepted as a solution by the parties to a dispute or, if they resist, be forced upon them'' (p. 44). The authority can apply both persuasion and compulsion. Authority can also be informal (''*headmen*'') or formal (''*chiefs*'') (p. 61); further, it can be limited or absolute; it can either be that of leadership or of a pure authority type (pp. 58–60). There is but one thing it cannot be, namely ineffective, since thereby it would immediately cease to be a case of leadership at all (pp. 56 and 58).

b) *Intention of universal application*. Whereas it is authority that separates law from the sphere of custom, it is the intention of universal application to separate it from the sphere of political decision. The intention to apply decisions ''to all similar or 'identical' situations in the future'' may be manifested in unprecedented decisions, in the ritual declaration of conformity with decisions, as well as in grammatical forms (pp. 79–80). In the *Kapauku Tonowi's* phrase *kou dani te tija* ("one does not act like that"), the suffix *-ja* not only expresses the ideal "ought" of the expected behaviour, but also the customary nature of the action (p. 80).

c) *Obligatio.* The term refers to the two-sided structure of the relation. As a matter of fact, in the opposition of two parties rights and duties which are represented by them are opposed. Representation can be expected from living individuals only. Therefore the dead or the supernatural may not participate in legal relations unless they are represented by living persons.

Obligatio has a normative character in regard of both its source and content. Pospíšil infers its normativity from the factual outcome of legal decisions. "What counts in a legal decision is not what objectively existed but what is said in the decision to have existed, because this leads directly to the solution of the problem being adjudicated" (p. 84).

d) *Sanction.* As it was seen with Hoebel, physical sanction might be of a conceptual significance. Or, an investigation which has revealed physically devastating sanctions among the *Eskimos*, has nevertheless denied the presence of law there because they have not met Hoebel's criterion as, directly, the sanction has appeared as psychological (STEENHOVEN, p. 112).

The pressure on the individual by an existence at the mercy of the community is indicated by the fact that, in primitive legal systems, humiliation is the most severe sanction. At the same time, even sanctions which are otherwise the most brutal may be altered to voluntary exile unilaterally by the convict. Thus in respect of its severity, humiliation can only be compared to capital punishment and exclusion from the community (pp. 89–95).

Pospišil's formulation here is subtle and careful indeed: legal sanction can be defined "either as a negative device in withdrawing rewards or favours that otherwise...would have been granted, or as a positive measure in inflicting some painful experience, physical or psychological" (p. 92). In consequence, "the effectiveness of social control is the only important qualification of a legal sanction, not the form it assumes" (p. 89).

The bare fact of the variety of anthropological attempts at defining law is rather instructive, and the one proposed by *Malinowski*, convincing. Albeit aimed at covering the field of primitive law, it is rather a definition of custom as considered in its later phases of development. As a matter of fact, this proposition has been criticized along these lines, saying that that custom can only become law through a double institutionalization the criteria of which Malinowski has failed to indicate (BOHANNAN, p. 75). It may be quite another case with *Hoebel*, author of ideas flexible and sensitive to complexity. His criteria—prevailing if appealed to in a conflict; making part of a going order; and, officialdom warranted by social legitimation—apply to both ancient and modern law. They are *sine qua non* features indeed, this trinity being characteristic exclusively of law.

Then what does Pospíšil's novelty lie in? First of all, he emphasizes his analytical efforts to separate law from the spheres of custom and politics. However, with his intention to create a universal conceptual system rendering the comparative study of all legal cultures possible taken seriously, it turns out to be a more or less sterile game. He has accomplished the conceptual separation of law indeed, but from a custom and politics characteristic of primitive societies only, for in his concept of *custom* assuming the lack of authoritativity and decision-making process, the spontaneous force of sheer facticity prevails. Custom, however, differs from the statistical average of sheer facticity in its being based on evaluation having a normative nature and being manifested in sanctional probability. Custom and law are rather evolutionally related in their institutionalization as "the customary and the legal orders are historically, not logically related" (DIAMOND, Stanley, p. 117). There is a similar case with politics. Is it an incidental factor which has never been placed in the double constraint of *obligatio*? Of course, one might assume a primitive stage of politics with no touch with such kind of institutionalization. But it is known that since its early appearance as distinctively political, it has ever involved authority, universality, two-directional nature and sanction. There is no novelty in it, and Pospíšil must also be well aware of this fact. It is only to turn out later on that he does so only in order that he be able, according to his conception of law as group-norm, to take political norms, too, as law.

The analytical pretensions of Pospíšil's definition of law have been based on some distinguishing criteria. The reduction of *legal decision*, however, provides no answer to the question: if there is no litigation, is there no law at all? And, if an authority decision is made, but in any of the other fields of community life another practice prevails which may or may not be in accordance with the established rule, this practice can by definition not be regarded as law at all? Pospíšil answers the first question in the negative, and the second, in the affirmative. Or, he changes emphases here as in the second case the *law's* reduction to the authority's decision, instead of its *connection to a group within society*, is in the focus. the practice in question may as well be *law*, albeit *another* law, belonging to another group.

As to the concept of *authority*, it turns out to be functionless in providing a criterion. Should actual power be manifested at any place in any way, its possessor can become an authority establishing law, in case other conditions are fulfilled. That it is still presented as a criterion is accounted again for a conception of law as group-phenomenon.

The *intention of universal application* is a well-conceived formulation. However, Pospíšil is not convincing in claiming that rather than Hoebel's system-criterion making the legal phenomenon "part of the going order" (LLEWELLYN and HOEBEL, p. 284), it may serve as a distinctive feature of law. For Hoebel is referring to objective tendencies: what is referred to must be in some way or another assimilated into, as the part of, a going complex. Of course, this assimilation may be contradictory, nevertheless in the final analysis it must be coherent and consequential, ending in a harmonization, accepted as such at a societal level, with the system. Or, the intention proposed by Pospíšil as a criterion is subjective, moreover, it may even be of a purely ideological nature. After all, nothing more than a requirement for the rule or principle that it be formulated in general terms is implied in it. Anyway, both in cases of single action and multiple ones, one can freely formulate with pretension of universal application. Language and logic are, in this sense, faceless devices as they render everything possible, everything being a matter of mere formulation.

Nor is, in the least, *obligatio* an independent requirement as it is nothing more than the logical aspect of any system of rules. Should anything be controlled by rule, sanction presupposes an agent who is the holder of right and/or duty contrasted to the sanctioned duty and/or right.

As it turns out, *sanction* remains the only really satisfactory attribute of law. However, its definition is not without ambiguities. For once Pospíšil—rightly—contradicts the view according to which "enforcement" renders law "operative" (MOORE, p. 79) because, he claims, law is "created" by "enforcement" (POSPÍŠIL 1980, p. 237). In another context, however, he declares that "sanction as a legal criterion appears as a statement in the decision of the legal authority; it is certainly not the execution of it" (p. 92). Certainly such a stand may be argued for, but how to assess the situation when decision-making by the authority becomes a theatrical scene when, due to traditionalism or but to a merely formal conformity with rules, sanction is established but not executed, and everybody knows about it? What is if sanction turns to be a symbolic action, indicating nothing but purely formal adherence to traditions and the nearest change for other days? There are phases of development when legal practices of entire communities became symbolical. In *Talmudic law* of the Jewish Diaspora symbolic practice accompanied Hillel's interpretation releasing people from the strict observance of rules with a reference to changed conditions. By the adoption of symbolic ceremonies they excluded the possibility for the genuine conditions of any strict observance of rules to get fulfilled and for the consequence of the violation of rule to have the effect of sanction (VARGA 1981, p. 115). One may be inclined to think that all this can be a reaction upon authority declining or falling. But what if all this takes place in concert with the authority? How to assess the case reported by the Babylonian Talmud on Hillel having been opposed to Shamari's school and rabbi Samuel appealing to Heaven to learn the Truth only in order to get finally the message of the celestial voice telling him that by the opinions of both schools the word of God had manifested itself (PERELMAN, pp. 105-106)? By Pospíšil's reservation, even sanction may turn to be meaningless. It cannot provide even the final existential criterion to which normativism has attached to reasonability of speaking about anything legal, namely that anything may be termed legal so long as it belongs to a more or less efficacious legal order (KELSEN, pp. 266-269).

The cultural relativity implied by the two basic patterns of law, *resolution of conflict* and *settlement of conflict* (DAVID), are based upon differing ideals. While forms of the settlement of conflict presuppose and activate rule, as well as procedure through which rule gets applied, forms of the resolution of conflict will not necessarily follow external patterns, and rule may serve at the most as a guiding principle. Or, in want of anything formal, other factors may take the place of substantial and/or procedural definitions (ROBERTS, pp. 135-136).

3. Law and Its Social Functional Definition

Anthropology of law reproaches the discipline of law for attributing absolute value to formality and institutionalization. According to the basic recognition of anthropological functionalism, tribal authority, devoid of formalities and relying mostly on personal persuasion, in its own context plays the same part as law, exercised by formal institutionalized offices, does in other societies (POSPÍŠIL 1978, p. 650). Or, it may be stated that "Both states *and* chiefdoms have the most necessary ingredient of law, a central authority that can create rules of behavior, enforce them, and judge the breaches of them" (SERVICE, p. 90).

It might, however, be counter-argued that identification of the non-identifiable can only lead to sham historicity, since it does not reckon with the proper product of several thousand years' civilizational development (KULCSÁR 1976, p. 143). The relative identity of non-identities was already formulated by Engels with reference to Bachofen's "Mother Right": "I retain this term for the sake of brevity. It is, however, an unhappy choice, for at this social stage, there is as yet no such thing as right in the legal sense (*Recht in juristischen Sinne*)" (ENGELS, p. 476).

"Any human society...does not possess a single consistent legal system, but as many such systems as there are functioning subgroups. Conversely, every functioning subgroups of a society regulates the relations of its members by its own legal system, which is of necessity different, at least in some respects, from those of the other subgroups" (pp. 98-99). Pospíšil reaches the same conclusion (pp. 102-106) while interpreting Hoebel's observation—"The total picture of law-stuff in any society includes, along with the Great Law-stuff of the Whole, the sublaw-stuff or bylaw-stuff of the lesser working units" (LLEWELLYN and HOEBEL, p. 28)—albeit conceptually, by rejecting simplifying tendencies, reducing law to formalities, Hoebel denies just what Pospíšil wants to prove.

On the basis of the comparative study of legal cultures and allowing for purely social considerations, I propose concluding:

(1) *Law is a global phenomenon embracing society as a whole.* Accordingly, criminal gangs (mafia, Cosa Nostra), economic associations (guilds), secret societies (religious and/or political as early Christians, Garibaldists), as well as other club- and party-like organizations fall outside the domain of law in so far as society is *territorially* organized and those groups are closed, involving only so-called members. If social organization is still *personal*, the ground of separation between law and non-law is whether the given organization is exclusive and, if so, it theoretically involves all in compliance with its personal categories. The next consideration I propose is:

(2) *Law is a phenomenon able to settle conflicts of interests which emerge in social practice as fundamental.* In society law is supposed to be the prime check and control performing this function. Law is to regulate relations sufficiently fundamental so that is can create society (by drawing structure and boundaries). In European urban development, some guilds settled conflicts of interests fundamental to society as a whole. If conflict-settlement is restricted to partial relations (e.g. life within the guild, order of external relationship relevant to guild activity), it can at the most be regarded as a set of rules integrated into the law or parallel with it, but in any case as one of a different kind. Or, in situations of transition (e.g. in times of the dissolution of state-organized power machinery) political parties can assume a role amounting to function as the main controlling factor of society, filling in the vacuum that has arisen. Lastly, in religious communities having sect-like claims of exclusiveness and aiming at the assertion of their own commands in all fields of common life it may occur that, organizing themselves as self-supporting communities, they make use of their own set of rules as a legal

system. This was attempted, for example, by Quaker communities withdrawing from civilization (18-19th century British emigrants) or separating within civilization (19-20th century settlers in America). Finally:

(3) *Law is a phenomenon prevailing as the supreme controlling factor in society.* Should several systems of norms assert themselves in society, the law's set-up is the one whose procedure can, in a situation of conflict, be successfully resorted to in order to implement and enforce ultimate solution.

It is to be noted, however, that procedural efficacy never asserts itself in pure form. For instance, is the legal character of Estonian or Texas law to be derived from a further source when Soviet or American law has been superimposed on them, respectively? How is the supremacy of the own procedure to be interpreted if there is a direct recourse to international legal authorities in minority or human rights affairs? How to assess if criminal gangs, secret societies, political or religious organizations attempt to win acceptance for their claims by coercively preventing (through assassinations, etc.) their conflicts from being presented to external authorities?

These social considerations are conceived of as mutually reinforcing each other within a cluster. The more completely they are manifested, the more probably one may talk about the presence of law in a sociological-anthropological sense.

Marginal cases are, however, to be found not only among phenomena of the past (VARGA 1983); they have also emerged more recently. How shall we interpret Ehrlich's experience at the turn of the century of the customary laws of Galician *ethnic groups* that, reinforced by century-old traditions, reproduced themselves as the community's *comprehensive, fundamental and supreme* controlling system, since, due to the sovereign power's lack of strength or interest, when they became politically subdued, their life remained intact from reorganization based on the law of the sovereign power? Consequently, the fact that in Czernowitz Ehrlich could see the Austrian courts and the General Civil Code applied to questions brought before them was, apart from one or two urban centres, insufficient for him to discard the traditional arrangement as their legal system controlling communities of several hundred thousand people.—How shall we think about a sovereign power exercising sham rule with activities confined to issuing *laws of phantasy*? For instance in Ethiopia, there are stone age tribes still untouched by state-organized power. On the other hand and due to the primitiveness of the state, illiteracy of the population, as well as religious and ethnic divisions, even the legal reform of the last emperor has only proved effectual in the capital. Has the promulgation of their Civil Code abolished the legal character of the tribal rules having predominated for thousands of years? Or, adversely, can the survival of these customary laws prevent the Civil Code from growing into a law in Addis Ababa?—How shall we think of *gypsies* who regard themselves as members of their own society, ignore state law and refuse to be considered subject to that, since they have their own magistrate in the person of the voivode, and the community has further authorities that inflict punishment and provide for the prevalence of justice? On the grounds of state law, it is impossible even to put the question whether or not such a thing as gypsy law exists. Still, sometimes (and I bear in mind the situation in South-Eastern Central Europe after the World War II was just over, when gypsies, rare survivors of the holocaust too, but without publicity, international organizations and support on behalf of domestic and international legal authorities behind them, were, for years and in vain, trying to create their own national state within, but independently of, actually existing state boundaries), there is even more than that at issue, that is, such a degree of conscious separatism that they are not simply endeavouring to evade state law, but they take cognizance of it as a merely incidental environmental phenomenon which threatens and may even bring pressure on them to bear—precisely like other environmental conditions that they must understand in order to be able to live their lives, but with no more personal identification than, say, the fundamental laws of physics?—The problem of military occupation may provide us with further case history. How are we to qualify the results when an occupation successful in terms of operation is met by, or produces as countereffect, the activity of a powerful *guerilla community* that exerts a pressure on the population so that they, in their abhorrence of collaboration, will not even in their affairs of the most civilian nature rely on the authorities of the occupying or cooperating state-machinery?

The anthropological conception of law approaches its subject openly, counting with the law's dynamics and actual functioning. Openness is manifested in each organization being treated as having the chance of entering the competition for creating an own society and achieving a supremacy for an own controlling system within it. Openness certainly does not exclude that, within this legal phenomenal domain, what Engels called juristic, presupposing a degree of formalization and institutionalization, is separated.

On the other hand, the striving to conceptual consistency at all costs may lead distortion. Take, for instance, the analysis of law as a group phenomenon, exemplified by family as a centre of authority in early Chinese communities (pp. 112-117). In China, as is known, the proper field of law was at state and province level. The former embodied the supreme unity and the latter the territorial divergences in the form of *fa*. They were to provide an ultimate guarantee instead of governing the practice of local conflict settlement.

The family, the clan and the village could possess *li* for resolving the conflicts arisen. Consequently, *fa* came to sanction in cases only when a conflict remained unresolved on the level of and by *li*. As a matter of fact, law itself required that conflicts were resolved without having recourse to the *fa*'s formal means. Or, Pospíšil considers all this legal without further differentiation, and thereby he deprives the Confucian system of its very peculiarity and makes meaningless the common feature of Chinese, Korean and Japanese tradition, namely, that people are not well-disposed towards law in these societies. This feature means nothing more than repudiation of the formalistic legal ideal in favour of a more organic and more substantial ordering force, i.e. of a morally conceived, personalized image of society, with no forbearance towards formalized abstract categorizations. It is why the concept of strict *obligatio* could not arise and the notion of subjective *right* had to be invented in the last decades of the 19th century when European civil codes were translated there. The constancy of mentality is indicated by the fact that, a century after Europeanization, the formalistic legal ideal has still remained an alien body. There is no enthusiasm about it even in large cities, and law is usually neglected in these societies because of the preference given for traditional solutions.

4. Conclusion

Now, if as a recapitulation we conclude that both the written normative text bearing the seal of "juridicity", the results of the authority's adjudication performed in the name of law with certain permanence, and also the community practice considered and coerced as legal, are to qualify as viable forms of the appearance of law, we arrive at a concept of law that rests on the interaction among several sides and presuppose uninterrupted dynamism. Or, having this in mind, the law's distinctive feature is not in rigid definitions where the character 'legal' is sought for; nor are such definitions divided by a zone of transition drawn by a similar rigidity. *The character 'legal' is from the very outset considered a substitute for interactions, i.e. a complex process in which it is always from the mutually reinforcing/weakening interactions of the more legal and of the less legal—and, at the same time, of 'the legal' as viewed from the various standpoints—that a core develops that can in a given society at a given time be identified as the most legal, or as the par excellence legal.*

From a theoretical point of view, such an insight may have a series of consequences. At the same time, some conclusions may be formulated for legal policy as well. If, for instance, the use of law as an instrument for social change is at issue, it is by no means negligible whether it is to be considered a choiceless process with the clue of change in the *legislator*'s hands with all further factors playing a subordinate role in it, or there is a possibility of an *alternative strategy* with several ways that can equally be chosen. That is to say that it is also possible to *initiate or stimulate social change through the means of the change of law by reshaping the authority's adjudication practice and/or the community practice considered and coerced as legal.*

The possibility of an alternative strategy has already been revealed by the ontological researches that have attempted to analyze law as text in a context, i.e. in the linguistic and socio-political setting of its interpretation. Obviously, the recognition of the law's complexity enhances the potentialities of making use of it. Or, in the process of endless social motion, developing within the framework of the total complex the part-complexes with their increasing particularities and mutually more and more presupposing interactions, it is those projections of the teleological activity of man, consciously preparing for transformation, that can most probably and most influentially integrate into these processes which are especially well adapted to their specificities at any given time and to the actual movement of components participating in this interaction at any given time, that is, those processes which are the most organically adapted to the process of complex mutual social determination the result of which is social existence at any given time and of which we are both the authors and vehicles (VARGA 1985a, Ch. V).

BIBLIOGRAPHY

BOHANNAN, Paul

1968 "Law and Legal Institutions" in *International Encyclopedia of the Social Sciences* 9, ed. David L. Sills (New York: Macmillan and The Free Press)

DAVID, René

1969 "Deux conceptions de l'ordre social" in *Ius privatum gentium*, Festschrift für Max Rheinstein I (Tübingen: Mohr)

DIAMOND, A.S.

1971 *Primitive Law, Past and Present* (London: Methuen)

DIAMOND, Stanley

1981 "The Rule of Law versus the Order of Custom" in *The Rule of Law* ed. Robert Paul Wolff (New York: Simon and Schuster)

DWORKIN, Ronald

1967 "The Model of rules" in *University of Chicago Law Review* 35

EHRLICH, Eugen

1913 *Fundamental Principles of the Sociology of Law*, transl. Walter E. Hell (Cambridge (Mass): Harvard University Press 1936)

ENGELS, Friedrich

1884 "The Origin of the Family, Private Property and the State" in MARX, Karl and

CSABA VARGA

ENGELS, Frederick, *Selected Works* (London: Lawrence and Wishart 1968)

HAMNETT, Ian
1977 "Introduction" in *Social Anthropology and Law*, ed. Ian Hamnett (London, New York, San Francisco: Academic Press) (A.S.A. Monograph No. 14)

HOEBEL, E. Adamson
1946 "Law and Anthropology" in *Virginia Law Review* 32
1954 *The Law of Primitive Man* (Cambridge (Mass.): Harvard University Press)
1963 "Law (Primitive)" *Encyclopedia Britannica 13.*

KULCSÁR, Kálmán
1970 "Historical Development of the Law-applying Functions" in *Hungarian Law-Comparative Law*, ed. Zoltán Péteri (Budapest: Akadémiai Kiadó)
1976 *A jogszociológia alapjai* (Fundaments of the Sociology of Law) (Budapest: Közgazdasági és Jogi Könyvkiadó)

KELSEN, Hans
1941 "The Pure Theory of Law and Analytical Jurisprudence" in his *What is Justice*? Justice, Law and Politics in the Mirror of Science (Berkeley, Los Angeles: University of California Press)

LLEWELLYN, Karl N. and HOEBEL, E. Adamson
1941 *The Cheyenne Way* Conflict and Case Law in Primitive Jurisprudence (Norman: University of Oklahoma Press)

MALINOWSKI, Bronislaw
1926 *Crime and Custom in Savage Society* (Paterson (New Jersey): Littlefield Adams 1959; London: Routledge 1961)

MOORE, Sally Falk
1978 *Law as Process* An Anthroplogical Approach (London, Boston: Henley and Routredge and Kegan Paul)

PERELMAN, Chaïm
1968 *Droit, morale et philosophie* (Paris: Librairie Générale de Droit et de Jurisprudence)

POSPÍŠIL, Leopold
1971 *Anthropology of Law* A Comparative Theory (New York: Harper and Row)
1973 "E. Adamson Hoebel and the Anthropology of Law" in *Law and Society Review*, 7 (Summer) No. 4
1976 "E. Bodenheimer: Power, Law and Society", *American Anthropologist*, 78 (June) No. 2
1978 "A.L. Epstein (ed): Contention and Dispute" in *Economic Development and Cultural Change*, 26 (April) No. 3
1980 "A Dynamic View of Law: S.F. Moore: Law as Process" in *Reviews in Anthropology* (Spring)

POUND, Roscoe
1910 "Law in Books and Law in Action" in *American Law Review*, 44 No. 1

ROBERTS, Simon
1979 *Order and Dispute* An Introduction to Legal Anthropology (New York: St Martin's Press)

SERVICE, Elman R.
1975 *Origins of the State and Civilization* The Process of Cultural Evolution (New York: Nortom)

STEENHOVEN, Beert Van den

1962 *Leadership and Law among the Eskimos of Keewation District* Northwest Territories (The Hague: Uitgeverji Excelsior)

STALGEVITCH, A.K.

1948 "K voprosi a ponyatii prava (A Contribution to the Question of the Concept of Law)" in *Sovetskoe gosudarstvo i pravo*, No. 7

VARGA, Csaba

1975 "The Formation of a New, Socialist Type of Codification" in *Acta Juridica Academiae Scientiarum Hungaricae*, XVII No. 1-2

1979 "Law and its Approach as a System" in *Acta Juridica Academiae Scientiarum Hungaricae*, XXI No. 3-4

1981 "Egy élet a századelön (A Life at the Beginning of the Century)" in *Valóság*, XXIV No. 3

1983 "Towards the Ontological Foundation of Law" in *Rivista Internazionale di Filosofia del Diritto*, LX No. 1

1983a "From Legal Customs to Legal Folkways" in *Acta Juridica Academiae Scientiarum Hungaricae*, XXV No. 3-4

1984 "Is Law A System of Enactments?" in *Theory of Legal Science*, ed. Alexander Peczenik et al. (Dordrecht: Reidel)

1984a "Moderne Staatlichkeit und modernes formales Recht" in *Acta Juridica Academiae Scientiarum Hungaricae*, XXVI No. 1-2

1985 "Domaine 'externe' et domaine 'interne' en droit" in *Revue interdisciplinaire d'Etudes juridiques*, No. 14

1985a *The Place of Law in Lukács's World Concept* (Budapest: Akadémiai Kiadó)

1988 *Codification as a Social and Historical Phenomenon* (Budapest: Akadémiai Kiadó)

VILLEY, Michel

1967 "Questions de logique juridique dans l'histoire de la philosophie du droit" in *Etudes de logique juridique* ,V (Brussel: Bruylant)

[25]

LAW AS A SOCIAL ISSUE*

CSABA VARGA
Budapest

I. The social prestige of law. II. The social nature of law. III. Law and language in the service of social mediation. 1. Passive mediation and active intervention, 2. The dilemma of the mediation of values.

I

In Hungary, it is a commonplace-like saying that we were a nation of lawyers. To make it concrete let's illustrate it with the accomplishments of the late 19th century: the legal profession promoted the process of bourgeois development with exemplarily successful codifications and contributed to the establishment of a professionally high level system of legislation and the administration of justice. And the period between the two world wars was not alone characterized by the class motivated bias in the administration of justice in political affairs by Géza Töreky presiding at the High Court of Justice. There was, for example, the Administrative Court, which even after the German military occupation

*Through his versatile scientific work, Professor Zygmunt Ziembiński has greatly contributed to the evolvement of a general theory describing the social contexture, as well as the formal and logical aspects of the legal phenomenon. An attempt at synthesis of this kind has for years stimulated my experiment with outlining the ontological bases of law, facilitating the framing of social and historical, as well as specifically legal aspects of the legal phenomenon (*The Place of Law in Lukács' World Concept*, Budapest, 1985; and, as a follow-up attempt at synthesis, *Towards the Ontological Foundation of Law*, "Rivista internazionale di filosofia del diritto", LX (1983) 1, as well as *Is law a system of enactments?*, [in:] A. Peczenik et al (eds.), *Theory of Legal Science*, Dordrecht, 1984). From the distinctively legal, I then tried to take a look in the direction of the more distinctively social *Macrosociological theories of law: from the "lawyer's world concept" to a social science conception of law* (IVR 1983 Helsinki World Congress Working Group VI Session 4 opening speech). "Rechtstheorie", Beiheft, 1985 in press; *Domaine "externe" et domaine "interne" en droit*, "Revue interdisciplinaire d'Etudes juridiques", 1985 in press; *Anthropological Jurisprudence? Leopold Pospíšil and the Comparative Study of Legal Cultures* (working and the taking of power by Hungary's own home-grown nazis, the arrow--cross, attempted — as long as it could meet at all — to repeal administrative measures involving the deprivation of civil rights in racial and other affairs. Or there was the bench of professors, representing the peak of the profession, from civilist Károly Szladits to Zoltán Magyary, who redrafted the technocratic ideals ot the American public administration. And there were prominent figures like István Bibó who — in the tragically few years of the coalition period after the Second World War—developed from a philosopher of law into a classic of Hungarian political thinking and — among the less known — István Weis who — although in a discreet way protected by the authorities — wrote his sociography *Contemporary Hungarian Society* (*A mai magyar társadalom*, 1930) with so much uncompromising firmness that it also provided an example for our latest Marxist syntheses. There were also personalities who became (or who were rather made) political failures — although, in some other area — made their mark as scholars. And there were many more among those made anonymous who, with a European horizon and education, worked in ministerial offices or legislative bodies, and the death of the last survivors among them appears to be a merely private affair: their lot is viewed with complete indifference by today's generation of jurists as if the latter had amnesia. It follows that such people were engaged in the narrowest fields of legal thinking, including the philosophy of law, who were treated as equal partners by the international authorities of the century (e.g. Julius Moór), or whose rejuvenating impact on Hungarian social scientific thinking as a whole was only recently discovered — unfortunately, but in a characteristic way, by non-jurists (e.g. Barna Horváth). The century-long boom in the traditions of the jurist's attitudes does not simply mean that the area of social thinking and action was dominated by the jurists as a separate stratum. Rather, it means that, in the past, the jurist's basic education had a determining influence.

However, the significance of that boom can truly be assessed only if it

---

paper in the series *Underdevelopment and Modernisation*), Budapest, Institute of Sociology of the Hungarian Academy of Sciences, 1985. In the current years, in connection with the assessment of the crises of social reality and the search for identifying the theoretical potentialities of the law, this was followed by the realization that legal science by itself was helpless unless its own responsibility was understood, and it was able to define the ethos of its own instrumental participation and to make society accept its actual and desirable significance as well as the role it plays. Within this, I was interested in the identification of the dangers inherent in the use of the law without scruples, in a purely pragmatic way (*Reflections on law and on its inner morality*, "Rivista internazionale di filosofia del diritto", LXII (1985 in press), as well as in the exploration of the roots, consequences and the theoretical unjustifiability of extensive social indifference to the law and its science.

is confronted with the period of the fifties. The fate of the law was predetermined by the debate over the superstructure dominating the ideological thinking of the era. In the course of that debate, it was stated that, in its birth and development, the law was the reflex of the economic basis, and the only objective of its existence was to serve that basis. Therefore, the specialist of the law had no creative role of any kind. He only carried (i.e. transformed) to the sphere of the law what had already been given in the economic sphere as its objective regularity. Naturally, all this was „valid" only ideologically. In practice, the voluntarism of a single centre of decision asserted itself, and the role of theory was limited to providing an ideological justification and it was thereby subjected.

Consequently, the speciality, dignity and prestige of the legal profession declined, and the practicing of the profession became pragmatic: the social decision-maker personally responsible (because he used to work in an open atmosphere of reasoning and justification through alternatives) was replaced by the dutiful, and even self-conscious executant. Therefore, the ethos of the goal-oriented attitude survived only in ideology whereas in practice the norm-oriented attitude (penetrating from the area of the law into ever wider scopes of social activity controlled by the political sphere) acquired an exclusive role. As a result of all this, the jurist became a specialist who, because of his qualifications, understood and was able to apply the requirements formally defined in the legal regulations, and due to his conviction or oath, had the vocation to meet the requirements and the expectations behind them (often expressed through political channels). In this way, regarding its content, the legal profession — similarly to other political professions — became similar to an executive specialist working with specific means. The introspection of its instrumental role resulted in what socialist theory (in the interest of breaking with the past) tried to disassociate the legal profession from: juristic work was reduced to rule-dogmatism.

The legal books and journals also became tools of the realization of the political will. However, they could only be useful and consumable for the jurist if they really proved to be a working tool: that is, if it was only confined to the interpretation of legal enactments and the providing of guidance in decision-making. So what could a jurist draw from? Mainly from the political and philosophical publications regarded to be normative at that time (as compulsory practice). Of the general theoretical works of legal science, he could only draw from those that were suitable to fulfil the ideological function discussed above. Therefore, the outcome was almost inevitable and one which retained it validity up till now: for the bulk of the legal profession, writers, works and general legal journals

242

that profoundly shaped our legal thinking were and remained completely unknown. Regarding the possible sources, the basic works and the series containing them are therefore now unavailable in either office or public educational libraries in several counties. At the same time, disinterest and indifference over the years petrified into some sort of prejudice. The narrow practicality of interest is even characteristic of strata of jurists well-versed in other fields. Moreover, legal thinking has become estranged from general education and the scope of social scientific thinking: the philosophers, sociologists and historians tend to regard it as an esoteric and suspicious area that should rather be disregarded. In addition to a lack of creative meeting between the law and other disciplines, the latter do not even seem to notice that lack.

The theoretical heritage that has to be exceeded is also highly contradictory. Using the wording of *The Communist Manifesto* — „your law is but the will of your class made into a law for all" — in legal science it has, for example, become common to grasp and analyze law as will. And this has led to scholastic and captious conceptual differentiations and to sterile debates — and at a time when the law was the least characterized by the real social will that was behind it. Vyshinsky, who defined the socialist approach to the law almost half a century ago, referred do Marx and Engels — but primarily strived to formulate the requirements following from the Stalinist interpretation of consolidation in the Soviet Union — when he tried to describe law as social phenomenon. At the same time, to protect the unimpaired authority of central decisions, he attributed absolute significance to the formal enactment of the law, which separated it from other phenomena. In this way, he deprived the legal science of the possibility of dissociating itself from the subject of its speculation and describing the law as an outsider. As a matter of fact, it did the very opposite: it subjected theoretical speculation about law to the postulates the law had created of itself, and it excluded the raising of questions that did not fit into this scope from the legal science as *ab ovo* harmful and pestilent.

The descent to hell of sociology in that period was too well known, for, how was the law viewed at that time? As can be seen, the whole activity of Vyshinsky served the political requirement to lay the foundation for the non-violebility of the law, and its implementation under any and every condition. Legal sociology also remained a captive and even servant of the same view. For legal sociology was called into life (or tolerated) by socialism not to question the bases and practically required omnipotence of the law; its task was merely to prepare the ground for fuller implementation, to neutralize the opposing factors and pinpoint the possible obstacles.

Current problems have piled up. The burning economic problems refer to the inadequate nature of the management system and interest, namely to the disorders of the political mechanism and the representation of interests. The line could indefinitely be continued, and in the chain of cause and effect the law also has a significant place. If I were to define the task naming the law by a single term, I would say it was to increase its prestige. Not in the sense of reinstituting some old state of affairs, but in a sense corresponding to contemporary requirements. The restoration of the prestige of law is connected with the issue of the social theoretical foundation. Only in this way can the politician be convinced that he should not view the law as a panacea, the only means of social change — substituting genuine reform itself. Only in this way is a practicing jurist able to see clearly the limits of the law, set by its nature as a means. Within those limits, however, he should aim at a degree of efficiency, which would make him a worthy partner of the politician already in the preparatory phase of decision-making.

II

There is nothing new in the observation that law is social in nature. It has never been questioned even by the most extremist tendencies who viewed law as an object of doctrinal text-analysis or of formal logical reconstruction, or as a self-sufficient system of ought-propositions projected into the future. At most, they rejected dealing with it, or transferred that job to other fields of knowledge. It is a different question that these purist demands have by now become unacceptable exaggerations already at the level of partial analysis. The theoretical and methodological foundations of the doctrinal study of law (due to the work of Aleksander Peczenik and Leszek Nowak, for example), showed that without the tacit acceptance of certain social and technical assumptions — which are obvious in the given community and therefore the legislator does not even formulate them — one would be unable to interpret the legal provisions. And as far as the logical reconstruction of the processes of legal reasoning is concerned, the formalist tendency (crowned with the work of Georges Kalinowski) has suffered a defeat, or at least, it has been confined to the partial analyses. Because the anti-formalism (of the *New Rhetorics* by Chaim Perelman) successfully proved that the decisive moment in legal reasoning is not some formally unambiguous deductive subsumption or syllogistic consequence, but the formulation of premises which make the stipulations of the law and the facts of the case, serving as the basis of these operations, adequately concrete and actualized. And these can be formulated only in the process of judicial reasoning, which is

244

defined, among others, by the concrete — sociological — situation of law--application. Finally, Hans Kelsen, who had put the methodological purity on a pedestal, was also compelled to make compromises in his *The Pure Theory of Law*. Not only did the legislator subject validity to efficacy, but he also had to derive validity from somewhere. That required that he would either accept the priority of international law reflected in the recognition of domestic legal orders or postulate a hypothetic basic norm (which does not exist in reality), which would legitimize the national legal orders one by one.

That is to say that Marxism can bring a new element into legal thinking not through the mere assertion of the social nature of law, but through its success to describe the life of the law in the social context. Obviously, every socialist theoretical endeavour set such a socially founded approach as its objective. However, as soon as it was satisfied with identifying that social nature at the birth of the law alone, and as soon as the law was established, it attributed autonomous force of determination to its inner norms and officially declared principles of operation, and the social component became a mere point of reference in the theoretical explanation. This is why the launching of the programme of legal sociology by Kálmán Kulcsár represented a new development in Hungary in the early 1960s. Due to this it became obvious in socialist theory that the same factors affected its birth as did its actual life, i.e. the fulfilment of its organizing role accompanied by success or failure. The sociological approach was able to prove that the law was a function of the given social environment which determined both its existence and limits.

The only remaining question to be clarified was: what is law? Should its existence be linked to certain forms of its historical appearance, or should its actual functioning be taken as the starting point? And what is the role of the state in all this: is the state the only possible agent to issue any law, or is it rather a basic factor of social integration after whose historical appearance and functioning it would be difficult to speak about law without it? And prior to all these questions: is it possible at all to clearly define law, or should we rather think of a more or less broad area with zones of transition in which — depending on the given state of power relations and of the forces of settlement — transformation into the law and branching off from the law are an endless process? Well, if the answer links the existence of any law to definite forms, state activity and clearly-cut criteria — and Marxist sociology of law has so far pointed in this direction —, then the requirements of both legal policy and sharp definition are met. From the point of view of theoretical explanation, however, the result will be of no use, because solutions by different cultures at different times do not fit into the same conceptual frame, and it cannot be answered either why the criteria of the quality „legal", formulated by the legislator, should unquestionably be accepted as starting points for a theory. On the other hand, if one starts out from the function, then what phenomena mark the boundaries of law in order to be able to decide when we can a l r e a d y or s t i l l speak of law? They are disquieting questions, and I think we have to pursue a more difficult way to find out an answer. Naturally, one cannot disregard that feature of the law which in its formalized system of rules formulates also the criteria by which it qualifies itself as law. At the same time, however, one also has to allow theory the possibility to view the benevolent efforts of Münchhausen lifting himself by the hair with some scepticism, and on the basis of actual social presence and functioning, to try and conclude whether the operation was successful or not. Obviously, the legal phenomenon which theory defines in this way can be both narrower and wider than the official law. However, some difference can almost always be detected, and the reasons are very instructive and worthy of theoretical study.

An attempt was made to moderate the transparency of the dividing line between the legal and the non-legal by the Hungarian civilist, Gyula Eörsi, based on a system approach. He introduced the terms "outside the law" and "inside the law". The sphere termed as "outside the law" is the social environment which continuously challenges the law. It is the system of law regarded as self-controlling and self-sufficient ("inside the law") that processes them and then, as a legal output brought to life in response to the social input, it again projects it onto society. Unfortunately this approach — however much it helps to formulate certain questions (for example, the special nature of "transcription" into the law) — is unsatisfactory as a whole. It suggests the idea as if the "legal" could be separated, or at least differentiated, from the "social", as if the "legal" were not part of the "social" from the very start. Naturally, if the social and the legal were from the beginning treated as more or less comprehensive totalities, then this separation of concepts would provide very characteristic information concerning the relationship between the two spheres. However, as soon as one places oneself on the basis of the totality concept developed by Nikolai Hartman, and then by György Lukács, the false nature of the system approach formulated in the terms of "inside the law" and "outside the law" immediately becomes apparent. It is so because, (1) if the whole is not constituted by the individual definition of its elements, but is a unity of definitions under which the elements themselves can only be understood by starting out from it and the definitions of elements can develop and assume a meaning only in this context, and (2) if this whole is made up of total notions of totalities and each of them is issued from the notions of partial totalities, then no matter how deep one digs into the law one is unable to find an elementary component, which is solely and exclusively legal. Consequently, law does not have separate existence, nor a notion of its own. As a matter of fact, the building of its elements upon each other and their functioning are socially organized in every respect. Even if, for the sake of demonstration, one refers to an element of the law as to one „inside the law'', one has to be aware of the fact that this consists in all of its aspects of the interaction of „inside the law'' and „outside the law''.

III

The totality concept stimulates one to explain reality as a unity. At the same time, this unity consists of the endless process of interaction by partial totalities. In his posthumous *Towards the Ontology of Social Being*, Lukács described these totalities as complexes, and although he did not elaborate on it, from his characterization it became clear that, in his view, some of these complexes (for example, economy, policy, science and art), carry value by themselves and have a function of their own as well whereas others have an intermediary place. The meaning and task of the latter do not lie in themselves: their role is to mediate between some other complexes. Lukács mentioned two examples: the language and the law. At the same time both are suitable to characterize the complex nature of the process of social reproduction. Unfortunately, he did not carry that line of thought to the end, nor did he feel it his task to characterize the law in a comprehensive manner. Therefore, it may be instructive to study some characteristics of the language and the law simultaneously.

Lukács mentioned two points where language and law, as complexes of mediation, reflected a community.

First, neither language nor law created a value of its own. In consequence, they do not have a function of their own either, and their *raison d'être* lies somewhere else, namely in the mediated complexes. Well, even if this statement is true at a certain level of generalization, it cannot be made absolute for this does not exclusively apply to the mediating complexes of being. Actually, it is the characterization of social existence as a complex consisting of complexes that reveals that: social existence is being formed through endless interactions, this providing the medium wherefrom its values are created and its functions develop. In other words, value creation and fulfilment of functions, characteristic of the individual complexes, are not independent. In interaction with and serving as a means for each other, i.e. in full interdependence they create what characterizes none of them separately, but only social existence in its totality.

Second, both language and law work between the theoretically conceivable and also practically attempted extremes, striving for some sort of optimum. Well, in the case of language, one can observe indeed the contradictory endeavour to achieve, on the one hand, a maximum degree of exactitude and unambiguouity, also by making use of mathematical formalization, while on the other, the medium of language resists any such attempt. What is achieved is in fact the continuous reproduction of tension between the desire for a concrete expression and its practical impossibility. As a matter of fact, as Lukács noted, that was the drainless resource of the life and continuous rebirth of language. As far as law is concerned, the two sides of the contradiction lie in the attempt to reach the completeness of the regulation (envisaging every life condition, and giving unambiguous pattern of conduct and decision to all of them) and the inevitable practical failure of the attempt. Therefore, it can also be said of law that the tension between the attempt at certainty and uncertainty in practice was the guarantee of its continuous development and successful adjustment to changing conditions. Nevertheless, one should have some reservations as to the treatment of these features as criteria. Because a search for an optimum between the extremes has been a characteristic of all practical activities and as the principle of the operation of self-regulatory systems it is also a basic component ot the general systems theory.

Third, over and above the ones already discussed, language and law have another common feature, which Lukács did not consider — and that is their conventional character. That is, both are based on an agreement-like social practice. Naturally, the phrase „agreement" should not be taken literally, because no social activity can take place between completely isolated individuals. For example, socialisation, which results in an outsider adjusting himself to a social order, is inconceivable without mastering a mass of conventions. Undoubtedly, language and law are actually maintained by living social practice, and this factor becomes a decisive criterion in the case of both. As far as language is concerned, it is well known that it cannot be created artificially, it can only be born amidst collective practice. The relationship between the sign and its meaning is in principle arbitrary, it becomes accepted — conventional — for the community only through its everyday use. What the student reconstructs as language (*langue*) is merely the total of the actual and possible linguistic practice (*parole*) of the users of the language concerned. The same could be said of the law

248

only with regard to its early forms for customary law growing organically out of the community practice was very fast replaced by artificially established and articulated written law aiming at regulatory exclusiveness. This change was of major importance; at the same time it could not alter the fact that the validity of law under its own qualification continued to become a social reality only in the practice of community. What is more, the adjustment of law to the new facts of practice could only rely on collective practice. At the same time the definition of what in the long term, in a given period of time, proved to be the law depended on the practice the state authorities carried out in the name and with the social acceptance of law, as t h e law. In other words, in the final analysis, the living practice of the law decided on what was to be regarded as law. That is to say that in the formation of legal practice two factors have a decisive role. One is the enforcement apparatus of the state, which operates in the name of and by referring to law. However, on the other side, there are those who are subject to legal coercion, and who — through their identification with, submission to, or suffering of the coercion as legal — in the final analysis make this practice possible. And this side could not be disregarded, because the people that carry out the collective practice, and within that the gesture of conventionalization, could not be replaced, or hopefully, eliminated. This duality and the inherent dialectics in abstract generalization can be expressed by the following statement: legal coercion can only be effective if, in theory, it threatens everybody violating the norms with sanctions, and at the same time, in practice, it is an exceptional necessity to apply it actually. In other words, law cannot be asserted in either a social vacuum, or against massive resistance. In the former case, it could lose its meaning, whereas the latter case amounts to revolution which also sweeps away law.

In addition to common features, law and language also show significant differences which only throw special light on the relative autonomy of law, the increased responsibility of the legal profession, and at the same time, the social dependence of the whole legal complex.

1. The first question regards the object, task, social creative nature and undertaking of responsibility of language and law. It will reveal the differences between their respective disciplines.

Linguistics is the science of language signs. It endeavours to describe the components, interrelationship and development logic of the language sings in their given state (synchrony) and in their comparison with the past (diachrony). It means that linguistics tries to give a retrospective description. It cannot directly interfere with the life of language; it can only make a cautious proposal regarding the unification or development of the practice of language. Therefore, from the point of view of social movements, its attitude is largely passive; its undertaking of responsibility is also confined to scientific correctness alone. For language is not a value carrier, but a universal means of mediation. It is absolutely immaterial what purpose the language is used for, and what content it is made to mediate. It can be the covering up of barbarism, and the mendacious presentation of despotism as freedom. Everything is possible, because everything fits into the rules and potentialities of language (*langue*). Whatever way it is utilized, it is only treated as an individual case of a certain use of the language (*parole*). Nevertheless, linguistics is a social science, its development is interrelated with that of other social sciences. At the same time, its direct issues have little if any effect from a social and political point of view. They usually come to the centre of social attention, only if they provide reasons — based on the facts of the use of language and of the logic of the development of language — for example, for the kinship between ethnic groups, and the clarification of their origin or roots.

Well, if one concludes that the approach of linguistics is that of an outside observer, then that of the science of law is much more complex and sensitive, and it also identifies itself with its object from the inside. For legal science does not only observe from the outside, it also makes its object. And it does not only mean that whereas language developed in a spontaneous way in the living practice of community and it could hardly be influenced by outside factors, law was every bit an artificially established and maintained phenomenon. Rather, it means that legal science is responsible for its object, and in most cases there is no other science which it could even only partially shift this responsibility onto. Naturally, one could list several attractive examples when "outside" sciences (medicine, sociology or ethics) compelled law to take a stand (for example, on the criminal assessment of homosexuality or pornography, or the application of death penalty). However, these examples immediately lose their impact when it turns out that whereas the standpoint of science is unanimous in that it defines lessons that may be common for whole civilizations (for example, in that homosexuality is not some sort of moral deviation but a medical state which is difficult to reverse; that pornography under limitations can be suitable to vent aggressive instincts and, in this way, to reduce sexual misery and violence; that the capital punishment rather involves an element of revenge and its effectiveness as a means of deterrence does not justify its existence), the practical conclusions of law and of its specialists differ from country to country. This apparent contradiction may have two reasons. One is that the social applications of the achievements of the social and natural sciences are far from being as exact as to be directly asserted in law. The

250

other is that there is always a filter built in the practical implementation of any scientific achievement. As far as the field of law is concerned, it is legal policy that takes into consideration the traditions of legal settlement too and confronts them with the political decision — making a selection among the differring alternatives of regulation. Naturally, the majority of the tasks to be solved through law, although within the general framework of the challenge of the processes of social and political motion, are still defined by the science of law. Whether it be the establishment of institutions guaranteeing a mutual check and balance within the organizational system of the state, or the reforming of the system of economic management, the basic question to be solved — although it is seemingly political, economic or organizational in nature — can only be articulated by taking into consideration the possible legal solutions, and alongside the clarification of the sectoral scientific aspects of the question, the raising of the problem as a whole increasingly becomes purely legal. So from the very moment of society becoming legally organized — and with the advance of legal organization the more so — the seemingly merely political, economic and organizational questions also become affected legally; they can only be articulated and answered by relying on the solutions, traditions and experiences of law. Or, in other words, the direct setting of tasks in law from the outside is rather rare, what is more, it has a distorting effect. As has been disclosed by the analyses of Kálmán Kulcsár in connection with the negative phenomena of our recent past, the enforcement of alien ways of thinking, values and means upon law in most cases also makes the very raising ot the question as well as the giving of the answer "alegal". This happens when law is forced to undertake a seemingly direct service as a means, while at the same time — by disregarding its very specificities — it is deprived of the possibility to function effectively "in a legal manner", by utilizing its abilities as a means in an expedient way. In Hungary, development along forced paths in the 50s provided a sad example to this effect. This is an inevitable consequence in every case when social (political, and economic) action takes the form of an administrative measure, and the latter identifies itself with law. At the same time, the process can take a reverse course. For example, behind the false mask of social reform, one can only meet the substitute of legal declaration. Or the same happens when an attempt is made to solve the complex demographic problem of population growth through a penal ban on the active forms of birth control, the economic organization of public supply through administrative compulsion (i.e. through the criminal punishment of all forms of production, working relations and command over produce that are different from the ones laid down in legal rules).

Returning to the basic question — the difference beween linguistics and the science of law, and within this, the social dependence of the legal complex as a whole — I regard it as expedient to elucidate through examples the correlation between the social and the political considerations in the case of questions raised in areas that are far apart, whereas their solution is only possible in one way: by the insertion of legal means. For example, if there emerges the pluralization of the election system, or at least selection from among several candidates; or in connection with the issuing of passports, the foundation of a newspaper or the establishment of social organizations, the accurate description of the non--definable and therefore uncontrollable criteria of permission, approval and/or registration by the authorities, as well as the disputing of it before an independent forum, e.g. the court; or the constitutional limitation of the authorities and their procedures permitted to undertake international obligations in matters concerning the country's sovereignity, natural resources, the navigability of its waters, and its overall security, as well as the responsibility of the representative system for such an undertaking; or in general: the necessity of a referendum on issues affecting the lot of the whole nation and the obligatory acknowledgement of its outcome — well, one can take any example from any field, it has to be seen that the social relations and institutions, in whose framework these questions emerge, are legal regarding their essential definition, and by disassociating them from these, they get into a vacuum. All this is theoretically explained by the category of socialization that was introduced by Lukács in his pothumous work to indicate how indirectness and mediatedness gain the upper hand in social existence. Socialization in this context means that social complexes, and naturally their interactions and interrelations develop to the extent that neither the complexes, nor the related theoretical and practical questions can be separated from each other in a sensible manner. As Lukács noted, with the development of the particularities and relative autonomy of the individual spheres, mutual interaction, interrelation and interdependence also necessarily increase. Consequently, there is a continuous growth in the scope of social relations that can only be grasped through their legal mediatedness; and within this, of those in whose case already the founding question itself can only be formulated in the terms and context of law. Indirectness and mediatedness that manifest themselves in socialization are always mutual. In this sense social existence is becoming "legalized", while law is increasingly "socialized". It becomes competent as a factor to be taken into consideration in ever more questions, at the same time, its own raising of questions and its answers are also increasingly affected by socially-oriented and responsible thinking.

252

That helps us to understand the wish that law and its science become partners in politics, in the process of identification and realization of social and economic objectives, and do not remain a faceless supplier of means and technique in the implementation of goals set by others. And that justifies the desire that law and its science have a certain degree of autonomy which, at the same time, also substantiates its consideration and responsibility as a social factor. That autonomy, for example, can be substantiated by the conclusive strength of history. The jurist, for example, can even support, or dress up in adequate legal forms the political wish of power concentration, which intends to allow only a uni-directional hierarchic movement excluding any element of control and feedback — however, on the basis of the centuries of lessons of practice and its doctrine, it is also necessary to tell the truth about the consequences. Namely, that realization can only lead to its own failure, and some form of manifestation of tyranny. Of course, law and its science can achieve relative autonomy in some other way, too, not only through the mediation of past experiences. They also have to be open towards the unpredictable future. As is known, many of the questions emerging as new ones fall into the system of already known, and legally also acknowledged values, and they can be answered through integrating them with these systems. One should think here of dilemmas of contemporary development, including the authorization of special military service in place of armed military service on the grounds of conscientiouness, or questions of medical ethics raised by the significant extension of the possibilities of medical intervention (e.g., euthanasia, transplantation, sterilization, and the "renting" of the womb, etc.). Obviously, the novelty here lies not in the value to be safeguarded, but in the unprecedentedly sharp clash of different values that are by themselves recognized as positive.

2. The second question concerns the concrete use of language and law, the values and social contents mediated by them, and their function to be fulfilled. This question naturally follows from what was said above. Nevertheless, the answer can only be uncertain, exploratory and one seeking ways and means because the possibilities cover extreme alternatives, such as the value denying existence and the value asserting non-existence.

Well, for language, "true" and "false" are merely two completely different angles. They are only a logical alternative which is quite insignificant from the point of view of a language fulfilling its function. Language is the technique of communication, a means of the mediation of meanings. Therefore, its criterion lies not not in the content made to be its subject, but in the success of the mediation of meanings, carrying the arbitrary content of communication. We have already seen that the relationship of the linguist to his subject is always posterior and occasional. Therefore, the actual content of the use of language is outside his sphere of interest. However, the question immediately arises: does the same apply if the language gets into a situation when it only serves as a lie; if it no longer carries a message in inter-personal communication, but it only conceals, by disguising, tyranny through the manifestations of supremacy? Does the same apply if insincerety manifest in the use of language reaches the low point that the ancient saying — "what if, from tomorrow onwards, everybody told the truth..." — becomes a threat to the whole social and political regime? In my view, the linguist as a scientist and moral being can do a lot. He can draw conclusions from the state of the language regarding the pathological development of the society. He can define as "good" or "bad" such language on the basis of outside criteria. However, he cannot do one thing: he cannot question its nature, or even its success to fulfil its function because its active involvement in the maintenance of the regime is the proof of its success in communication.

And what is the situation with law? The validity of the analogy with language is disturbing. Accordingly, law is a technique of regulation, and a means of social influencing. Its prime criterion (from the point of view of its own formal organization) is that its formation should be regular and (from the point of view of its social existence) it should be successful in socially influencing the anticipated behaviour. Consequently, its concept does not cover what, why and how should be made the object of regulation. And what happens if law is merely the adornment of tyranny? If it is only the regulator of making human beings exposed to supremacy, deprived of their human qualities, or possibly led to destruction? If law is merely the means of delusion on a mass scale, a bunch of words in the sea of words? Obviously, the jurist can do the same as the linguist. He can deduce from the state of law, and he can make judgements on the basis of outside criteria. However, he is also unable to do one thing: he cannot question the legal nature of his subject or its success at fulfilling its function. Nevertheless, his position is different from that of the linguist, because his subject — law — is an artificial formation. The legal specialist is the master of, and the agent responsible for, its establishment and operation. It involves technical elements which the jurist is an expert of, and whose disregard necessarily leads to the weakening of the legal influencing, and ultimately its becoming inffective. Finally, compared to language, law incorporates values and their hierarchical system in our civilization, whose merit — and presence — cannot be disputed. Thereby, the jurist, similarly to

254

the linguist, has the possibility to prove the general loss of value through relying on outside (m e t a) criteria, but also attacking (denying or eliminating) the ideological bases of law. In technical terms of his profession, he can pinpoint the harmuful and, in extreme cases, the devastating gaining ground of non-legal influences, and in this way, the alienation of law from its very core and spirit, the narrowing down of its potentialities as a means, and the inevitable failure of its social support as well. And finally, compared to language, law can also argue, by referring to its own declared values and thereby remaining within its own system, against the acceptability of certain solutions through revealing their incompatibility with declared principles.

It is certainly not incidental that, for example, the early criticism, from both the inside and the outside, of fascism and inhumanity — where it was expressed — with the help of its most convincing arguments, concerned the "legal character" or "civilized nature" of the whole legal set-up, and, in contemporary literature, it was a significant factor of the overall criticism (exposure, and discrediting) of the regime. Against this, the analysis of the accompanying linguistic phenomena mostly appears posterior — as a professional addition, or only within the framework of a synthesis aiming at completion.

Therefore, the most general conclusion to be drawn is that: language is a supra-superstructure — a most common mediator, which, also in respect of any other forms of mediation (e.g., law itself), is the general carrier and medium of mediation. That explains its indifference to values and its quality as a mere mediator. At the same time, these characteristics constitute its strength, because it guarantees its universal application by facilitating human communication. Against that, law is a genuine superstructure: it is far from being indifferent to the conflicts of values and interests of society. Therefore, its formation and use are directly linked to power elements, and this also makes its social acceptance and conventionality strongly influenced and oriented. At the same time, it is special in the sense that its use has specific limits — following from its nature as a means. This definitely limits the optimum scope of its use. It is also special in the sense that in its historical development it carries significant social values. And certain values are so much identified with the legal arrangement of a civilization that the degree of identification already defines the content of the use of law — at least in the sense that it cannot undertake to openly break with legal principles regarded as basic (e.g. people's sovereignity, civil rights and liberties, the constitutionally defined guarantees of the functioning of the state and law). The power interest related to the domination over law and, at the same time, the uncertainties of defining the limits of law which follow from its nature as a means and value, explain that law can both be used and abused. And this happens if, for example, in the sphere of policy there are powerful reasons to do so, while the counter-force is negligible.

Concluding, I think that the prime assignment of the legal specialist is to safeguard the optimum use and values of law. And its theory can truly become a social theory only if it reveals and brings home the possibilities of law and its specialist under the dual conditions of the mediating role and the relative autonomy, as well as the tasks of the practice and its science that are far from being socially indifferent.

[26]

Czaba Varga

LAW AS HISTORY?*

1. Understandings of the term "law"

In every culture that is familiar with law, one meets with a certain dualism in its conceptual grasping.

Regarding the outstanding role that law plays in the solution of social conflicts, the settlement of basic relations and, in this way, the safeguarding of the final integrity of society, every law has a characteristic form of appearance, which facilitates its recognition and identification, and thus, its use as a basis of reference or justification in processes relying on the law. This appearance can take multifarious forms, but it is mostly connected with certain peculiarities of the customary course of social practice, certain peculiarities of the decisions made by authorities acting in the name of the law, or a certain way and form of the enactment by the bodies competent to pass laws. In contemporary Western culture, following from the ideal of modern formal law, the law is generally regarded as an enacted normative text, an institutional system formally fixed in it, in other words, a mere instrument.

At the same time, it is beyond any doubt that this concept is not intended to replace the description of the legal phenomenon. It is merely used – through specific formal indications and consciously undertaken simplifications – to make the finding of the path, leading to the legal phenomenon, easier and safer. Therefore, it does not limit the validity of the truth that the appearance of the legal phenomenon and the instrumental character can be socially displayed only in their exerting an influence. And the conceptual grasping of the law as a functioning entity also involves the traditions and the training of the legal profession, public and professional attitude to the law, the established methods of utilizing the law, and – last but not least – the real significance and role the legal complex has in the life of society, as components of the concept "law". Viewed in this way, law is also an integral and, in extreme cases, dominant factor of the culture of society. What is more, it also conveys culture, because it is a resultant of the general behavioural, communication and, in the first place, political culture of society; at the same time, as a relatively autonomous component of social culture, it shapes the culture of society as a whole.

The complexity of law is defined by its nature. In the social being, as a complex of complexes, law plays a mediating role. It is differentiated from other mediating complexes in that it filters all social goals and movements through its own system of requirements by transforming them into specifically legal objectives and motions. And its own system of fulfilment makes it independent and distinct from the purely social, and through entrenching this by an increasing number of formal symbols, it expresses this in explicit forms. At the same time, its heterogeneity in the social total complex is only relative, and illusive in the final analysis. Because in its entirety the social process is merely the complex of the interactions given at any one time. In other words, in the social totality, every component has only as much significance as is its real role. Only its concrete functioning shows what and to what extent is real in the claim of the law to autonomy.

To summarize: law is being shaped in interaction with the given social totality. This facilitates the development of its autonomy but, at the same time, makes its interaction relative and illusive as well.

2. Law and History

Differentiation between the two possible concepts of law assumes decisive importance when the relationship between law and social change, law and history are examined. The law, interpreted as an instrument and in its form as an instrument, shows completely different relationships than the law, interpreted as a set-up in its practical functioning and social effect, which is regarded as an integral component of the life and culture of society.

In the development of the law as a mere instrument, the specificity of the legal sphere plays an almost dominant role. Socio-historical factors have little if any direct influence on the shaping of this mere instrument. In other words, motives which are purely incidental-possible from the point of view of the historical process and of the concrete social challenge, can have an influence determining the fact that the instrument of the law will react with what and how, transformed into what and developing what. In philosophical terms, the growing tendency of socialisation in social development explains this illusive autonomy. Socialisation means the gaining ground of mediatedness in social relations, and of indrectness in the inter-actions. It also means that in seemingly simple teleological processes, there is no longer directness, no undirectionality. There are but interim mediations. The process itself becomes increasingly multi-dimensional with several opportunities and, at the same time, purely socially conditioned to an increasing extent. Because, the social complexes participating in this complex movement also display their relative autonomy and specificity in an increasingly pure and definite manner. It is but the viewpoint of sober realism, compared to the inspiring belief in universal evolution. It is the recognition that instrumental continuity is the main component in the development of the law as an instrument. It means that new answers to increasingly new challenges are usually given not through the development of new instruments, but – due to the power of intellectual economy, imitation and inertia – through the re-interpretation, re-combination or transplantation of the already existing one. All this naturally involves a host of sources of error, as well as the decisive influence of conditions completely alien to the essence of the issue. In this way, for example, it can assume a decisive importance of what old or foreign legal solutions were available or known at the given place and in the given time.

To give an example: let us consider how the rule of responsibility for the goring ox causing a man to die was inherited by the cultures of Mesopotamia for centuries – from the Laws of Eshnunna, through the Code of Hammurabi to the Exodus in the Old Testament. Not only the identical (but different from any other) substantive and procedural solutions were inherited, but so was the incidental extra regulation linking responsibility to a precondition: that the owner had to be notified about his ox's inclination to goring, officially and in advance. Or, let us consider Scots law, that developed alongside English law, which took the decisive step along the road to modernity in a few decades in the mid-17th century, when its conceptual system covering fields of private law suddenly departed from the contemporary English tradition, and was finally organized on the classical model inherited from the Justinian. The explanation for the change lies in a few treatises of law, which in the late 16th and mid-17th centuries, relied on English sources and traditions in their practical material, but turned for assistance in their treatment and systematisation to concepts and conceptual distinctions known after the Justinian.

Therefore, our conclusion can only be that the law as an instrument has a relatively free stope of movement in history. And our starting point here can only be that there is no equivalence between means and ends. Different means can serve the same social end with equal efficiency – depending on the established traditions, habits and stimulations. At the same time, the means constitute only a single component – flexibility defining the general framework for action – of influence. Because, by itself as a norm-text, the law is merely an abstract, which can only become concrete through the concrete practice of its interpretation and social application. Consequently, it is futile to attempt to recontruct human history by starting out from the law, or to draw clear-cut conclusions for the law from the development of history. Naturally, parallelism undoubtedly exists. For example, "legal archaeology" is as much (and in contrast to certain excessive opinions, I believe is n more) relevant to, and it has the same value from the viewpoint of, exploring the why and the wherefore of the historical processes of the past, as is and as has the archaeology of working tools or settlement and ritual habits.

To use concrete examples: It can hardly be explained through economic of political conditions what might be the determining factor of Western legal development in its splitting up – despite the common Roman traditions – into Civil Law and Common Law patterns. Equally, it is impossible to deduce from social development and its challanges, why and how the free contractual forms became institutionalized in areas in one system, while in another the yet unrivalled and extremely adjustable legal construction of trust became institutionalized. On the other hand, however, if the legal regulation is taken as a starting point, then the future researcher of the – by then – long forgotten culture, could hardly gather the changing reality of history from the Soviet Constitution adopted in 1936. Because it is known to have served as the normative basic charter for the building of Soviet society from the Stalinist period, through the transitional years of heritage and the efforts of the 20th to the 22nd Congress under Khrushchev, up to the Brzehnev era. Or, how one could allude to the hardships of Hungarian history after the Second World War, for example, from the early open and definite constitutional declaration of the right of combination and public assembly, which since then, and especially at present, seems to be severed through circumstantial regulation although we, the witnesses of history, alone can know that all this simply reflects the replacement of mere verbality by living practice.

The dilemma remains basically the same if the law as an instrument is interpreted, not as a concrete solution, but as a form of the enunciation, or normative definition, of such solutions in a norm-text. Well, let it be either customary law, judicial law, official law-making (legislation and codification), or the forms of arrangement of legislation (revision and consolidation) – in most cases, it is possible to pinpoint a well definable series of historical events, which give the concerned procedure or form its typical characteristics, and thereby provides its ideal type. In this way, at first approach, customary law can be identified with the Middle Ages in Europe, precedent-law with English legal development, code with the work of Justinian, and codification with the civil law issue of the French Revolution. However, taking a closer look, it immediately turns out that this is but absolutism, the projection of certain achievements of Western civilisation as universal, which is inadmissible, because it would mean that the individual products of cultural development are identified with "folk-concepts", characteristic of individual carriers of culture. In other words, that the historically particular is extended into being universal. In any way, whichever variations of a procedure or form manifested in the history of the development of civilisation are explored, it immediately becomes clear that: under different conditions, any of them can successfully serve the fulfilment of any social function that the law has ever been able to serve. Therefore, the functional typology of codification is identical with the typology of the law itself. Equally, it can be said that the precedent-law as it appears in the British, American, South African, Israeli or in the so-called mixed legal systems, can successfully serve social and legal preservation, and change everywhere. And in a similar way, it can be continued with the fact that customary law, developed in Europe in the Middle Ages, had a different role in the modern history of Hungary, divided into several parts by foreign conquerers, where it served as an effective means of preserving national unity, and within that, legal unity. And obviously, even farther away is the role that so-called primaitive customary law can play in its own, apparently formless systems.

However, the moment the law is viewed in its social reality, that is in its functioning and with the preconditions and accidents of this functioning, we are to come to a different conclusion. Then the law is seen as a part of general social culture, as something embedded in this (historically determined and, at the same time, history-shaping) culture. It is due to these cultural roots, and connections with folk-concepts, attitudes and mentality, that it can sometimes display surprisingly strong continuity, and also even resistance in face of the storms of history compelling the most drastic changes. The fate of the law as a mere instrument is a simple question of actual might and will; it is only able to turn into powerful component in history through growing into tradition. On the other hand, the law, conceived of as a part of general culture, is a complex phenomenon which shapes history from the outset. Naturally, it is clear for any historical or socio-ontological reconstruction that, in the first place, this involves not a unifactor definition, but the giving of form, that is a filtering role, and through this filter, also selection, shaping, and turning into specificity. It means that the legal complex (in a way similar to any social complex which has developed its relative autonomy and peculiarity), reacts to the challenges of its environment in its own way. It reacts to the most heterogeneous inputs with its homogenizing outputs, which are quite external and alien to the inputs arrived from its environment. In this way it will eventually shape the practical implementation and effect of the outside changes, as its relative autonomy and developing specificity enable it to build these changes into its own system, that is to adjust them too its own structure and trend of movement. And such a well-developed (though relative) independence of action and reaction can in extreme cases determine the nature, and even the outcome of the events.

Let us consider how the Confucian tradition – invariably, but with extreme adaptability – has for thousands of years been shaping the concept and the entire fate of the legal phenomenon in China and Japan. Because the Western pattern of behaviour regulation, embodied in the guaranteeing of individual rights, codified in all its details in advance, and therefore ready for application, often continues to fight for its recognition only from the periphery of living practice, although the modernisation programme of (bourgeois, then – and partly – socialist) social transformation aimed at promoting the mastering of the Western pattern and mentality has for almost a century set as its objective the replacement of this very legal ideal. Or, let us consider the lasting effect left by the mixing of the Byzantine and Mongolian heritage on the development of the genuinely Eastern region of Europe – and primarily in respect of the exclusiveness, undividedness and charismatic rooted legitimacy of power, the identification of the law as a state activity, and (due to the primitivity and lack of ethos of any specific autonomy) the want of development of legal constructions (I bear in mind, e.g., the idea of the social contract) serving to ideologically differentiate between society and the state. Or, let us consider how the sanguinary fundamental freedoms, which the European absolutisms had subdued, one after the other, and made dependent on royal might and grant, remained intact in British legal development, and became the basis of a legal culture firmly fenced in with legal guarantees, and thereby, a striking characteristic of the Anglo-American legal mentality. And hopefully I am correct when I also attribute a role to this, in that this legal culture is the one that has so far successfully avoided the threatening perspective of having the carrying of values degraded into mere instrumentality, in other words, the tragedy of the self-destructive defencelessness of legal positivism to power, and of the legal machinery directly controllable through political impulse.

3. Law as History

All this leads to a double conclusion: if the law is viewed in its entirety, and not in being stripped to instrumentality, it turns out to have its own history as well, and through this, it also acts as a shaping factor of the history of mankind.

It is remarkable that the programme manifestation of historicity was formulated in contrast to the emptiness and unproductiveness of scientific positivisms in the middle of the past century: "Wir wissen nur eine Wissenschaft, die Wissenschaft der Geschichte." However, it would be incorrect to arrive from this at a mystified history – one which is complete by itself, in which every development and achievement is simply a derivative. I believe that this manifestation establishes the priority of the logic of history, embodied by evolvement and formation, compared to any immanent logic; at the same time, in contrast to the unidirectional casual determinism, it also carries the forewarning of the complexity of historical self-determination. By now, we are already aware, that existence consists of inter-action actually taking place, and it is also the concrete result of the total motion emerging from them at any one time that in a given interrelationship which side proves to be stronger, "over-riding", in other words, determiining regarding the direction and outcome of the motion, resulting from the interaction. And we also know that: with the progress of socialisation, an increase in the number of complexes participating in the social movement and the evolvement of their specific independent ways of reaction, it is hardly possible to envisage or programme with certainty how and what will exercise the final influence in the given process. And this necessarily leads to the conclusion that the totality approach provides the only theoretical framework for the successful reconstruction of what is actually taking place in social processes. The totality approach starts out of the emerging whole to establish which factors have successfully participated in the process leading to it. And it also starts out from this, when it a posteriori assesses where the overriding factors were realized: how, in which direction and to what extent they were shifted in the process of becoming mutually defined.

For example, it would be worth analyzing, how the overriding role, generally attributed to the economic sphere, is differentiated, how it actually departs from being economic in the case of the divided countries and of regions implementing a socialist transformation after the Second World War. Because, the economy, as a partial element of the social set-up, becomes directly conditioned by politics, whereas politics become conditioned by external power relations: this accounts for the basic switchings at the first partings (determining the direction) and plays a role in the successive switchings as well. And all this involves not the replacement of a one-factor-determination of a given kind by one of another kind, but a complex determination-process, in which even the overriding factors can have a role only in some circumstances, whereas in other circumstances they give way to movement possibly in an opposite direction, contradicting the former one. (The example is all the more valid, because this co-ordinating role of policy can be observed not only in the case of the general progress of these societies, but also in their drifting into conflict, the handling of their crises, and the development of their way of reaction and ability of adaptation as well.)

The second conclusion follows from what has been said about the law as a component of culture. At the same time, it is also directly connected with the relativity of the autonomy of the law. How do I understand this? If, with the progress of socialisation, we have to count with increasingly more complex processes of determination in which the place of the law can increasingly less be defined through conscious planning, and other factors can easily and (at least, measured by a human scale) lastingly come to the forefront to have an overriding role, then we can only fight for the protection and development of the values of civilisation, embodied by the law, through deepening the roots of the law, as a component of culture. It means that fighting for law and order is not only an instrumental task to be considered within the context of social challenge and legal response. For the fight of such a kind involves a strive for establishing tradition, and founding culture. This explains why peremptory decision cannot call it into life. It can only be the issue of consistent work by generations for making political and legal culture everyday practice, imbued, and also identified, with the basic cultural values of society. Therefore, any struggle for law and order is at the same time a struggle for establishing well-rooted legal traditions, which prepare for the future by the evolvement of their specific values, and thereby contribute to ensure an optimum defence against the possible storms of any future.

In our age – and this phenomenon is not connected with any given political regime – several states struggle with the lack of adequate, socially and politically desirable traditions. The survival of old mentalities and ways of behaviour are also most often explained by the lack of traditions. However, as soon as there is a possibility for some development, it turns out while drawing upon the national past, that it by no means involves a lack of antecedents, a start from the level of tabula rasa. Merely, that the tradition concerned did not prove to be strong enough, integrated into the general social culture, that is able to self-sustain and renew, so that in times unfavourable for it, it could not be carried away by currents of a different direction, and reduced to a small fragment retained in past memory. In the central European region, there is also much talk about the lack of democractic traditions. Well, in a paradoxical manner, the acknowledgement of the lack is the real reflection of the lack: it is the expression of a discontinuity, which in fact is merely the cutting off of the threads that – maybe in an invisible way, but in fact – lead from the past to the present, the clean sweep of existing traditions from memory, and in this manner are an encouragement forthe further reduction of their really meagre resources. If, for example, in Hungary it has not yet become a natural course of things to subject laws to the control of a constitutional court, and adminstrative decisions to the control of an administrative court, and thereby making the rules of the game observed as a public affair, while at the same time, and in an indirect way, re-legitimizing them – well, all this cannot obliterate the fact that before the power-political change, marking a caesura in the survival of traditions, there could be a considerable rural self-government, a multi-party system, a tolerance which also applied to the opposition forces provided that they too did observe certain rules of game, a flourishing life of associations and societies, and what is more, in addition to election jurisdiction, a kind of administrative jurisdiction; and all this, alongside the ideas and achievements of the national independence struggles, the lessons of parliamentary battles during several remarkable decades of legislation, embodies democratic tradition and stimulation. However, these mosaic-like moments speak of one condition more eloquently than anything else. That in their totality, they were fragmented, stunted, and inadequately integrated into community practice and value. Therefore, as traditions, they failed to have roots deep enough to withsatand the winds blowing in the opposite direction, and to filter them through their own medium. On the other side of the paradox, their extinguishment is proof that they did not have enough strength to survive, in other words, to exercise an effective influence against the overriding factors.

Repeating the basic question: law as history? An unblased study teaches us that the ethos of theoretical and practical work on the law can only be born when the jurist realizes both the significance of his power to shape society, and the actual message of the maxim according to which, as an engineer of the formal mechanism of influencing and mediating within society, he, by working at the present, labours for the future. As a specialist of the law, as one of culture, he can then sense indeed that the object, and also the issue of his work, is history.

NOTE

* As to its methodological and conceptual background, the present essay has been inspired by Georg Lukács' posthumous Towards the Ontology of Social Being. For its jurisprudential interpretation, see by the author, 'Towards a Sociological Concept of Law: An Analysis of Lukács' Ontology' International Journal of the Sociology of Law 9 (1981); The Place of Law in Lukács' World Concept, Budapest, Akadémiai Kiadó, 1985; 'Is Law a System of Enactments?' in A. Peczenik et al. (eds.), Theory of Legal Science, Dordrecht, Reidel, 1984; 'Law as a Social Issue' in Festschrift Zygmunt Ziembinski, Poznan, in preparation. As to the historical examples, they have mainly been taken from A. Watson, Legal Transplants, Edin-

198

burgh, Scottish Academic Press, 1974; Cs. Varga, Codification as a Socio-Historical Phenomenon, Budapest, Akadémiai Kiadó, forthcoming; as well as from K. Kulcsár, 'Politics and Law-Making in Central-East-Europe' in Z. Péteri (ed.), Legal Teory and Comparative Law: Studies in Honour of Professor Imre Szabó, Budapest, Akadémiai Kiadó, 1984. And finally, as the quotation in German by Karl Marx and Friedrich Engels from their early The German Ideology (1844), it has actually been intended to be also a declaration of breach with the juristic philosophies of history by G. F. Puchta and C. F. von Savigny, prevailing in Germany at that time.

[27]

RECHTSKULTUR – DENKKULTUR
EINFÜHRUNG ZUM THEMA

Csaba Varga

Eines der eigenartigsten Produkte der westlichen gesellschaftlichen Entwicklung, das durch die moderne Staatlichkeit ins Leben gerufene *moderne formale Recht* verkörperte bereits in der Mitte des vergangenen Jahrhunderts eine fühlbar doppelte Entwicklung. Einerseits setzte es durch die Formalisierung der Kriterien der Schaffung und Funktion des Rechts – d.h. des Prinzips der *Geltung* und Gesetzlichkeit – den Akzent auf die *Erscheinung* des Rechts in *Textform*, seine Verkörperung im Text. Dadurch wurde im Recht die Erfüllung der formellen Anforderungen in den Vordergrund gestellt und die Verwirklichung seines Garantiecharakters gefördert Aber die Verlagerung des Akzents auf diesen Text zeitigte auch eine eigenartige Verschiebung, eine Verzerrung in der Betrachtung und Anschauung des Rechts. Die lebendige Praxis des Rechts, das *wirkliche* gesellschaftliche Gewicht, der Charakter, die Wirkung der im Namen des Rechts durchgeführten gesellschaftlichen Handlung ist nicht mehr im Vordergrund des Interesses gestanden, und an ihre Stelle geriet der zum Demiurg avancierte Text. Und zwar offenbar ohne Konsequenzen, wenn die textliche Verarbeitung eines Textes – die Rechtsdogmatik – zur führenden Disziplin der Rechtswissenschaft wird. Insbesondere: man begann, das gesamte Leben des Rechts immer mehr nur als eine mechanische Konsequenz eines mit entsprechendem Formalismus erlassenen Texts zu betrachten, während die eigentliche gesellschaftliche Anwesenheit, Wirkung des Institutionensystems des Rechts theoretisch uninteressant geworden ist. Eine strenge, zu formalisierende Praxis konnte dennoch entstehen; von seiner gesellschaftlichen Sphäre getrennt ist aber das gesamte Recht zunehmend wehrlos geworden: in zunehmendem Maße unfähig dazu, auf die wechselnden Herausforderungen entsprechend reagieren zu können.

Das Recht hat ja bedrohliche Herausforderungen erlebt, und zwar nicht nur aus einer Richtung. In Deutschland zwischen den beiden Weltkriegen hat zum Beispiel der Anspruch auf Totalität der nationalsozialistischen Machtübernahme die Unterordnung auch der Justiz die Frage der Quellen der Geltung der Stützen des Rechts aufgeworfen. Kann das Recht einen beliebigen Inhalt haben? Kann der Befehl des Rechts wie auch immer sein, kann es an seiner verbindlichen Kraft, an unserer Abhängigkeit nichts ändern? Die deutsche Justiz hat sich schließlich den Veränderungen des Rechts ergeben. In seiner Selbstaufgabe hatte – so wissen wir heute – auch die Ideologie des Gesetzespositivismus, also die vorbehaltlose Befolgung der gesetzlichen Form als Recht eine Rolle gespielt.

Dramatische Fragen wurden laut, wenn auch nicht in ähnlicher Konzentration der Unmenschlichkeit sonst und anderswo. Und sie blieben nach wie vor weitgehend unbeantwortet. Zu diesen gehört zum Beispiel vor allem das Dilemma der auf die Aufholung in der Entwicklung abzielenden, sich mit dem Problem der Modernisierung konfrontierenden, Reformprogramme übernehmenden Gesellschaften. Solle es eine noch so große Last für die Gesellschaften bedeuten, befinden sich in ihnen teilweise ererbte Anlage, ferner ein tiefes Mißtrauen gegenüber spontanen gesellschaftlichen Bewegungen, die sie gleichfalls dazu bewegen, die Wende auf *künstlichem* Wege, hierarchisch von oben nach unten ausstrahlend, mit dem Einsatz der zwingenden Kraft des Staatsapparates, durch die Erlassung einer rechtlichen Verordnung zu institutionalisieren. Unabhängig von jeder subjektiven Absicht ist gleichzeitig auch das harte Faktum der Dialektik der Gesellschaftsentwicklung gegeben, die – langfristig – jegliche Rechtsreform, die nicht schon erfolgte, oder errungene *gesellschaftliche* Reform sanktionieren (oder sonst wünschenswerte Alternativen mit der Institutionalisierung unterstützen) würde, sondern selbst – als Recht mit der reinen Tatsache der Proklamierung – eine gesellschaftliche Reform zeitigen möchte. Es ist ein allgemeines, mir besonders gut bekanntes Dilemma der mit der Modernisierung ringenden Regionen, das sich in besonders akuter Form auf weiten Gebieten Ost-Mitteleuropas meldet und das bisher in keiner adäquaten Weise beantwortet wurde. Das Pathologische besteht in diesen Regionen darin, daß das Erbe des im Gewande der Revolution seine Vorurteile und sozialen Utopien zur Geltung bringenden Voluntarismus sowie die zunehmende Unbehandelbarkeit der sich durch die Konzentration der disfunktionellen Wirkungen der unorganischen Einmischungen anhäufenden Probleme gleichfalls zu solchen Lösungen anregen, in denen die eigentliche gesellschaftliche Reform in wachsendem Maße – und natürlich von wachsender Unwirksamkeit und sinkender Glaubwürdigkeit begleitet – durch die reine Erlassung der Reform*texte* ersetzt wird. Das Ergebnis ist in einem solchen Fall ganz gewiß ein Mißerfolg: die unwiderrufliche Devaluation sowohl des Mittels als auch der das Mittel bewegenden Idee. Und dieses Problem steht gar nicht allein, vereinzelt da. Denn – gleichzeitig damit – droht dem Recht auch eine ähnliche Herausforderung durch die Tradition einer revolutionären Rechtsnihilisierung aus der Vergangenheit sowie durch die Erstarrung zur stabilisierten politischen Praxis. Kurz gefaßt denke ich an die extreme *Instrumentalisierung* des Rechts In unserer gesellschaftlichen Praxis meldet sich die schädliche Wirkung der Instrumentalisierung auf doppelter Ebene. Vor allem und in erster Linie darin, daß das *Recht eindimensional* wird. Darin, daß auf der Basis der Rechtsanschauung des *Kommunistischen Manifests* – die Macht nur die *machtpolitische* Bedeutung der Beherrschung des Rechts, also die Möglichkeit wahrzunehmen bereit ist, die für die Geltendmachung ihrer Willkür in der Beherrschung des Rechts steckt, d.h. sie kann das Recht nach Belieben frei formen und in seiner Funktion manipulieren. Die Idee der *rechtlichen Vermittlung*, also die Einsicht, daß das Recht nicht einfach der verbrämte Ausdruck des Willens der Obrigkeit ist, sondern Bindungen bestimmt, die jeden Teilnehmer *verpflichten*, jeden Interessierten zum Mitgestalter und Beteiligten des *gemeinsamen Unternehmens* des Rechts *weiht*, hat sich in ihm noch nicht entfaltet. Noch weniger bildet sich die Bereitschaft in ihm aus das Recht zur Geltung kommen zu lassen, insofern es ein – zum politischen deklariertes Interesse – staatliches oder als solches hingestelltes persönliches Prestige beschränken würde. Die Instrumentalisierung erscheint gleichzeitig auch in der *inhaltlichen Entleerung des Rechts*, darin, daß das Recht jede Tradition, jede Konsequenz aus der Vergangenheit, die Verwandtschaft mit den erlebten Erfahrungen und die Kontinuität ablehnend, zum einfachen Synonym für die Willkür der Mächtigen wird. Die Praxis hingegen neigt bis heute stark dazu – wieder unter Anwendung der Rechtsanschauung des *Kommunistischen Manifests* –, das Recht im Besitz der Macht und im Interesse ihrer Ziele zu einem beliebig formenden und anwendbaren Mittel zu reduzieren und zu vergessen, daß man mit einem Federstrich nur Texte proklamieren und damit hierarchische Organisationen bewegen kann, aber keine rechtliche *Kultur* und noch weniger aus den relativen Autonomien und der Würde der rechtlichen Vermittlung entstammende *zusätzliche* Vorteile – den eigentlichen Sinn und Zivilisationswert der Rechtsordnung – gewinnen kann.

Da ‚Rechtskultur" keine Worthülse ist und auch die Kritik rechtlicher Zustände einschließt, können sich in unseren gegenwärtigen Rechtssystemen die nackte Tatsache der Erlassung positivrechtlicher Texte und die Frage, wie weit dies eine Rechtskultur bildet (wie weit das Recht einen Filter einbaut, der zu einer nicht nur im Namen und Interesse der herrschenden Macht berufenen und erzwungenen, sondern zu einer wahrhaft gesellschaftlichen Institution aufsteigend den Rahmen bestimmt, Maßstäbe setzt und vermittelt) weitgehend voneinander scheiden. Die „Rechtskultur" umfaßt gleichzeitig nicht nur praktische Faktoren, die soziologischen Elemente des Rechts, sondern – als eine eigene Kultur eines spezifischen Teilgebietes – verweist auch unmittelbar auf eine allgemeine politische (usw.) Kultur der Gesellschaft. Es ist sehr wichtig, sich vor Augen zu halten, daß „Rechtskultur" an und für sich aus dem Text des positiven Rechts *nicht* folgt. Sie *kann* sich darauf stützen, *muß* sich mit ihm in einer Argumentationsbeziehung entwikkeln: aber der Text allein ist nur eine *Objektivation*: ein nicht zulänglicher Grund, höchstens die Voraussetzung der Kultur eines eigenen Bereichs. Wie wir bereits gesehen haben, setzt das Weltbild des modernen formalen Rechts das geltende Recht als Text in den Mittelpunkt und sieht in allem anderen nur ein davon ausgehendes Derivat, es macht das Recht selbst wehrlos. Wehrlos steht es nicht nur der menschenverachtenden inhaltlichen Entartung des Rechts, sondern – wegen des übertriebenen Vertrauens in den Text – auch der inhaltlichen Entleerung, der Anpreisung als Wundermittel, der Auffassung als ein beliebig formbares Mittel – gegenüber.

Wir wissen schon heute (unsere rechtssoziologische und rechtstheoretische Literatur mußte es wiederholt formulieren), daß das Recht – kurzfristig – wirklich mit beliebigem Inhalt, zu beliebigen Zielen verwendbar ist; aber die Konsequenzen werden nicht mehr beliebige sein. Die Konsequenzen dieses Mißbrauchs treten namentlich früher oder später – langfristig – auf manchen Rechtsgebieten ein. Sie werden zu einem Verfall des Rechts, des juristischen Berufs und der rechtlichen Kultur führen. Der gesamte Aufbau des Rechts wird zu einem Spielball der Machthaber; eine moralische Nihilisierung, ein absoluter gesellschaftlicher Mißkredit, der sich auf Vergangenheit, Gegenwart und Zukunft erstreckt, wird sich einstellen. In der Fachliteratur wird dies also formuliert: *Das heutige Recht hat hic et nunc einen gesellschaftlich optimalen Inhalt und eine ebensolche Anwendung* (von unserem Blickwinkel aus ist es gleichgültig, ob wir es als ein Naturrecht, eine innere Moralität oder einfach als eine technische Grundregel des praktischen Rechtsgebrauchs beschreiben); die *Rechtskultur* ist nichts anderes als gerade *jene aktive Sphäre, in der die Ausgestaltung und Verwendung dieses Inhalts im Rahmen der Optimalität erfolgt.*

Es ist also höchste Zeit, daß – nach vielversprechenden Initiativen – die Forschung, die die Rechtskultur in den Mittelpunkt stellt, auch in Ungarn eingeleitet wird. Im Falle eines erfolgreichen und konsequenten Überdenkens der Problematik könnte unser gesamtes Denken über das Recht in vielen Punkten in Frage gestellt und sogar auf neue Wege geführt werden. Betrachten wir die wirkliche Fundierung, so übt die allgemeine *politische und Alltagskultur* der Gesellschaft gewiß auf die Gestaltung der Rechtskultur den bedeutendsten äußeren Einfluß aus. Gerade diese Kulturen – in der sich voneinander trennenden Entwicklung Österreichs und Ungarns nach dem Ersten und Zweiten Weltkrieg – weichen am markantesten voneinander ab; dies vor allem wegen der unterschiedlichen Geltung des geopolitisch gegebenen Kraftfeldes, weil im jeweiligen Kraftfeld die Rollen unterschiedlich verteilt wurden. Eine gemeinsame Forschungsarbeit in dieser Richtung wäre sehr wünschenswert, ihr Ergebnis würde vor allem unser politisches und rechtssoziologisches Wissen bereichern. Wenn wir im Bereich der Rechts- und Gesellschaftsphilosophie bleiben, können wir vielleicht gerade von der im Einvernehmen mit Professor Ota Weinberger und den anderen beteiligten österreichischen und ungarischen Kollegen beschlossenen Thematik, der Untersuchung der *Rechtskultur und der Denkkultur* in ihrem komplexen System, den größten Profit erwarten. Auf diesem Gebiet ist auch der Gegenstand abstrakter; gleichzeitig bieten die in den beiden Ländern vorhandenen Gemeinsamkeiten, der politische, rechtliche und kulturelle Einfluß, vorzügliche Themen für eine Analyse. Das Ziel der Veranstaltungen der Internationalen Vereinigung für Rechts- und Sozialphilosophie war natürlich nicht die Vorbereitung einer kollektiven Monographie, eine prinzipielle oder methodologische Nivellierung der unterschiedlichen Annäherungsweisen der einzelnen Denker, sondern gerade die Anregung und Konfrontation unterschiedlicher Gedanken, Problemstellungen, individueller Fragen und Antworten sowie aus ihrer Besprechung die Gewinnung komplexer, nuancierter Problemwahrnehmungen und Lösungsvorschläge.

Gegenwärtig erlebt der Gedanke der Reinen Rechtslehre von Hans Kelsen und allgemein die *Bestrebung, die auf die gedanklich-logische Rekonstruktion der Ideologie des modernen formalen Rechts und seiner institutionellen Einrichtung abzielt*, eine Renaissance; dies ist gewiß kein Zufall. In den anglo-amerikanischen Rechtssystemen, in den Ländern Westeuropas und sogar in den als sozialistisch bezeichneten Rechtssystemen ist teilweise aus den gleichen Gründen, teilweise aus unterschiedlichen Gründen das Dilemma der Überwindung, konzeptionellen Modifizierung oder umgekehrt der konservierenden Weiterentwicklung der modernen formalrechtlichen Tradition zur Frage der Fragen geworden. Gemeinsame Gründe hiefür sind das Regelungsbedürfnis, das aufgrund der jüngsten industriellen Revolution entstanden ist, und die Disfunktion einer überregulierenden Einmischung auf manchen Gebieten. Ein anderer Grund liegt in Osteuropa in dem Bedürfnis, sich von den Zwängen zu befreien, die auf das stalinistische Modell und auf die Wischinskische Formulierung zurückzuführen sind. So bedarf es vor allem einer Klärung der Grundlagen und der Ausgangspunkte. Das attraktivste und fruchtbarste Produkt der Rechtswissenschaft des letzten Jahrhunderts (die Rechtssoziologie, Rechtsanthropologie, rechtliche Axiologie) wirkt aber gerade dieser Tradition entgegen. Es bedient sich einer Annäherungsweise, die das als Recht bezeichnete System der Regeln höchstens einen Untersuchungsgegenstand unter anderen, undifferenzierbar ähnlichen Regelsystemen bildet, die aber bei weitem nicht kritisch ist Obwohl Theorien auch in diesen Forschungsrichtungen entstanden sind, war das Ergebnis letzten Endes doch die *Spaltung der Rechtswissenschaften.*

Das Überdenken der Grundfragen des Rechts in begrifflichen Zusammenhängen und aus dem Blickpunkt der rechtlichen Kultur kann nach meiner Meinung zur Schaffung einer neuen Einheit, einer gedanklichen Synthese beitragen. Das Recht wird so ab ovo als ein *gemeinsames gesellschaftliches Unternehmen* formuliert, in dem man von der konkreten zweckdienlichen Funktion nicht mehr abstrahieren kann, während dessen die formale – das Anforderungssystem befriedigende – *Methode* nach wie vor ein unverzichtbarer begrifflicher Faktor ist. Die rechtliche Kultur hat auf diese Weise gewisse Chancen, organisierender Grundbegriff der tief fundierten modernen Bestrebungen zu sein, die im Recht – als systemtheoretische Annäherung oder partielle Erklärung – die selbstorganisierende Wirkung, den Prozeßcharakter, die gesellschaftliche Entfaltung als argumentativer Diskurs, die kommunikative Selbstverstärkung, den Fortschritt und die Reproduktion, d.h. den Charakter des *Rechts, eine als Ergebnis einer eigenen Prozeduralität spezifisch objektivierte gesellschaftliche Handlung zu sein*, betont wird.

CURRICULUM VITAE

Born in Pécs on 25 May 1941.
Married (in 1965 with Ágnes Liptai), with two children (Koppány, born in 1968, Réka, born in 1977).

Dr. iur. et pol., University of Pécs Faculty of Law, 1965.
Diplom, Faculté internationale pour l'Enseignement du Droit Comparé, session de printemps, Strasbourg, 1968, sessions d'été, Amsterdam, 1969, Perugia, 1970.

Academy "candidate" (1976) and "doctor" (1991) of legal sciences.

Scientific adviser, *Institute for Legal Studies of the Hungarian Academy of Sciences* [H-1250 Budapest, P. O. Box 25, Budapest I, Országház utca 30, 2nd floor. Phone & Fax: (361) 156 69 67], 1991-. Scientific assistant, 1965-67, associate fellow, 1967-1968, fellow, 1968-77, senior fellow, 1977-91.

Professor, *Eötvös Loránd University Faculty of Law*, 1992-. Adjunct Professor, 1982-86, Associate Professor, 1986-91. Professor, ELTE István Bibó Law College, 1984-89; ELTE English-language Faculty of Law, 1990-91. **Foundational Professor, *European Academy of Legal Theory* (Brussels),** 1991-.

University commission: chairman, ELTE Faculty of Law TEMPUS-Committee (1990); member, ELTE Faculty of Law Foreign Affairs Committee (1990-93). **Budapest head of project, *ELTE Faculty of Law TEMPUS/Maastricht "Bridges" / "Comparative Legal Cultures" Common European Project* [H-1364 Budapest, Egyetem-tér 1-3. Phone & Fax: (361) 267 58 61, phone: (361) 267 27 30],** 1990-93.

Scientific association membership: secretary, Hungarian National Branch, *International Association for Philosophy of Law and Social Philosophy* [IVR], 1975-; *Legal Theory Committee of the Hungarian Lawyers' Association*, 1971-90, 1990-. Foundational chairman, *Hungarian Association of Legal Semiotics*, 1989-.

Editor: *Philosophiae Iuris* (Budapest: ELTE István Bibó Law College / TEMPUS Maastricht/ Budapest Common European Project on "Comparative Legal Cultures" / Budapest: Századvég).

Executive / Advisory / Organisation committees membership: *Current Legal Theory* (Leuven), 1984-; *Ratio Juris* (Bologna/Oxford), 1986-; *International Review of the Semiotics of Law* (Liverpool), 1988-; *Current Legal Sociology* (Oñati), 1991-; *Legal Theory* (Cambridge) 1994-; IVR 13. Weltkongreß Kobe 1987 Verhandlungen, 1987-91; *Magyar Szemle* [Hungarian Review, monthly], 1992- [foundational], as well as *European Association for the Teaching of Legal Theory* (Brussels), 1990-.

Lecturer: ELTE Institute for Advanced Legal Studies (occasional); ELTE Center for Advanced Philosophical Studies (occasional); ELTE Institute for Advanced Studies in Political Philosophy (1993); Technological University István Bibó Club (Miskolc) (occasional).

Expertise: [before 1990] Secretary of the Council of Ministers; Codification Department of the Ministry of Justice; Department of the Philosophical Sciences, as well as of Economic and Legal Sciences, of the Hungarian

Academy of Sciences; Library of Parliament; [after 1990] Hungarian Democratic Forum, Presidium, Legal & Foreign Committees, as well as parliamentary fraction.

Political Adviser to, titulary senior councillor of the *Cabinet Office of, The Prime Minister of the Republic of Hungary* [H-1357 Budapest, P. O. Box 2, Budapest V, Kossuth Lajos tér 1-3, half-floor 70. Phone: (361) 268 47 15, Fax: (361) 268 47 19], 1992-; Senior Adviser of the Government, member of the *Advisory Board to The Prime Minister of the Republic of Hungary*, 1991-1992.

Committee membership: Committe for the Investigation of Unlawful Benefits, appointed by The Prime Minister, 1990-91; Hungarian Democratic Forum, Legal, 1990-91, as well as Foreign Affairs, 1990-91, Committees; Governing Board member: Hungarian United Nations Association, 1992-, Hungarian Windsor Club, 1993- [foundational]; vice-chairman: Hungarian League for Human Rights, 1991-; vice-chairman: The Atlantic Council of Hungary, 1992- [foundational]; presidium member: Lajos Batthyány Foundation, 1991- [foundational].

Guest professorship: invited professor, University of Lund Department of Sociology, April-May 1977; invited research fellow, Australian National University, Research School of Social Sciences, History of Ideas Unit, January-April 1987; invited professor, Waseda University Faculty of Law, Comparative Law Institute (Tokyo), September 1987; American Council of Learned Societies research fellow, Yale Law School, September 1988 - May 1989; distinguished fellow, Edinburgh University, Institute for Advanced Studies in the Humanities, August-September 1989; TEMPUS-scholar, Trento University Faculty of Law, July-August 1991, July-August 1992; guest professor, Münster University Faculty of Law, February-April 1992; TEMPUS-scholar, Trier University Faculty of Law, August 1993.

BIBLIOGRAPHY*

BOOKS

AUTHORED

A felsőfokú jogi oktatás főbb mai rendszerei [The main systems of higher legal education today] (Budapest: Magyar Tudományos Akadémia Állam- és Jogtudományi Intézete 1967) 210 p.

reviewed István Molnár JK, XXIII (1968) 1, p. 65-6; Ferenc Mádl JK, XXIII (1968) 4, pp. 206-9; Imre Berczik Felsőoktatási Szemle [Review of higher education], XVII (1968) 11, pp. 698-9; Luby Stefan PO, LI (1968) 8, pp. 732-3; F[erenc] Mádl AJurid., X (1968) 1-2, pp. 156-62; László Sólyom Das Hochschulwesen [Berlin/East], 17 (1969) 5, pp. 364-6

A kodifikáció mint társadalmi-történelmi jelenség [Codification as a socio-historical phenomenon] (Budapest: Akadémiai Kiadó 1979) 351 p.

reviewed JK, XXXII (1977) 4, pp. 233-40; Péter Malonyai MN, XXXVI (1980) 199, p. 4; Antal Visegrády ÁJ, XXIII (1980) 3, pp. 534-9; F[erenc] Majoros RIDC, 32 (1980) 4, pp. 873-6; J[ózsef] Szabó ÖZfÖR, 32 (1981) 1, pp. 123-8; L[eonard] Bianchi PO, 64 (1981) 1, pp. 60-3; Stefan Sipos Universitate Babes-Bolyai - Iurisprudentia [Cluj-Napoca], 26 (1981) 1, pp. 76-8; RefZ'hu, 1981/4, pp. 26-9; György Bónis Századok [Centuries], CXV (1981) 6,

* ABBREVIATIONS: AJurid. Acta Juridica Academiae Scientiarum Hungaricae, respectively, from 1991, Acta Juridica Hungarica [Budapest]; APhD Archives de Philosophie du Droit [Paris]; ÁI Állam és Igazgatás [State and administration, Budapest]; ÁJ Állam- és Jogtudomány [Legal and administrative sciences, Budapest]; BMDC Boletino Mexicano de Derecho Comparado [Mexico]; BUKSZ Budapesti Könyvszemle [Budapest review of books, Budapest]; CULT Current Legal Theory [Leuven]; DL Deutsche Literaturzeitung [Dresden]; DS Droit et Société [Paris]; JK Jogtudományi Közlöny [Review of legal science, Budapest]; GJ Gazdaság- és Jogtudomány [Economic and legal sciences, Budapest]; Látóh. Látóhatár [Horizont, Budapest]; LA Logique et Analyse [Louvain & Paris]; MFSz Magyar Filozófiai Szemle [Hungarian philosophical review, Budapest]; MH Magyar Hírlap [daily in Budapest]; MJ Magyar Jog [The Hungarian law, Budapest]; MN Magyar Nemzet [daily in Budapest]; ÖJZ Österreichische Juristen-Zeitung [Vienna]; ÖZfÖR Österreichische Zeitschrift für Öffentliches Recht [Vienna]; PH Pesti Hírlap [daily in Budapest]; PO Pravny Obzor [Legal review, Bratislava]; Rabels Rabels Zeitschrift für ausländisches Privatrecht [Hamburg]; RefZ'hu Referativnii Z'hurnal za Rubez'hom: Obsh'tshestvennoe Nauki: Seriia 4: Gossudarstvo i Pravo [Foreign abstracts in state and law, Moscow]; RIDC Revue Internationale de Droit Comparé [Paris]; RIFD Rivista Internazionale di Filosofia del Diritto [Rome]; RT Rechtstheorie [Berlin]; StSpr Státni správa [State administration, Prague]; StrPZ Stráni pravni zivot [Foreign life of law abstracts: Belgrade]; Szociol. Szociológia [Sociology, Budapest]; SGP Sovetskoe Gossudarstvo i Pravo [Soviet state and law, Moscow]; TS Tidskrift för Rätssociologi [Lund]; TSz Társadalmi Szemle [Social review, Budapest]; ÚM Új Magyarország [daily in Budapest]; Val. Valóság [Reality, Budapest]; Vil. Világosság [Light, Budapest]

pp. 1325-7; Endre Nagy ÁI, XXXII (1982) 6, pp. 506-14; Vera Bolgár The American Journal of Comparative Law, 30 (1982), pp. 698-703; Georg Brunner Rabels, 46 (1982) 3, pp. 579-80; Imre Szabó MJ, (1983) 7 and in Imre Szabó Ember és jog Jogelméleti tanulmányok [Man and law: studies in legal theory] (Budapest: Akadémiai Kiadó 1987), pp. 94-106

'La codification en tant que phénomène historico-sociale' [abstract] AJurid., 23 (1981) 1-2, pp. 219-24

Codification as a Socio-historical Phenomenon (Budapest: Akadémiai Kiadó 1991) viii + 391 p. [abridged; preface enlarged]

reviewed Denis Tallon RIDC, 44 (1992) 3, pp. 740-1; Norman S. Marsh International and Comparative Law Quarterly 42 (July 1993), pp. 747-8; Paolo Cappellini Quaderni Fiorentini per la Storia del Pensiero Giuridico Moderno, pp. 595-9

A jog helye Lukács György világképében [The place of law in Georg Lukács' world concept] (Budapest: Magvető 1981) 287 p. [Gyorsuló Idő]

reviewed János Demeter A Hét [The week, Cluj-Napoca], XII (1981) 40, p. 8; László Perecz ViI. XXII (1981) 12, pp. 788-9; András Karácsony MFSz, XXVI (1982) 4, pp. 575-80; Jozef Karpat PO, 66 (1983) 2, pp. 164-6; András Bragyova The New Hungarian Quarterly, XXV (1984) No. 93, pp. 157-60; Tibor Várady Létünk [Our Existence, Novi Sad], XV (1985) 6, pp. 961-4

'La place du droit dans la conception du monde de George Lukács' [abstract] AJurid., XXV (1983) 1-2, pp. 234-9

The Place of Law in Lukács' World Concept (Budapest: Akadémiai Kiadó 1985) 193 p. [preface enlarged; w/appendix]

reviewed Christian Atias RIDC, XXXVIII (1986) 3, pp. 996-7; V. Olgiati Rivista della Sociologia del Diritto [Mailand], XIV (1987) 1, pp. 175-6; Rüdiger Dannemann ARSP, LXXIII (1987) 2, pp. 286-8; Frank Benseler Zeitschrift für Rechtssoziologie, [Berlin], 8 (1987) 2, pp. 302-4; J[erzy] Wróblewski Pañstwo i Prawo [State and law, Warsaw], XLII (1987) 4, pp. 117-8; Werner Grahn & Irena Lewtschkenko DL, 109 (1988) 1-2, pp. 89-92; DS, (1986) No. 4, pp. 474-5; Alessandra Dragone RIFD, LXIII (1986) 2, pp. 304-6; Paul Browne Science and Society, p. 383; RefZ'hu, 1986; Eugene Kamenka Bulletin of the Australian Society of Legal Philosophy [Sydney], 10 (December 1986) Nos. 38-39, pp. 255-263 and RT, 18 (1987), pp. 516-23, reprinted in Marxian Legal Theory ed. and introduction Csaba Varga (Aldershot, Hong Kong, Singapore & Sydney: Dartmouth 1993), pp. 201-8 [The International Library of Essays in Law & Legal Theory, series ed. Tom D. Campbell, Schools 9]; Bo Carlsson TR, 4 (1987) 1, pp. 72-5; CULT, VI (1988) 1-2, p. 292

Politikum és logikum a jogban: A jog társadalomelmélete felé [Politics and logics in law: towards a social science theory of law] (Budapest: Magvető 1987) 502 p. [Elvek és Utak] [a collection of papers]

reviewed László Perecz ViI. XXIX (1988) 3, pp. 189-90; Miklós Hári MJ, XXXV (1988) 7-8, pp. 707-9; M. Tamás Horváth BUKSZ, I (1989) 1, pp. 123-5

A bírói ténymegállapítási folyamat természete [The nature of the process of the judicial establishment of facts] (Budapest: Akadémiai Kiadó 1992) 269 p.

A bírói ténymegállapítási folyamat természete [The nature of the process of the judicial establishment of facts] [abstract] (Budapest: no publisher 1990) 17 p. [Doktori munka tézisei]

A Theory of the Judicial Process: The Establishment of Facts (Budapest: Akadémiai Kiadó) in press

Fakten und Normen (Berlin: Duncker & Humblot) in preparation [Schriften zur Rechtstheorie]

A jogi gondolkodás paradigmái *Tudományfilozófiai és nyelvfilozófiai bevezetés* [Paradigms of legal thinking: philosophy of science and philosophy of language considerations] (Budapest: Századvég) cca. 200 p., in preparation [Jogfilozófiák, ed. Csaba Varga]
Paradigms of Legal Thinking *Philosophy of Science and Philosophy of Language Considerations* (Budapest: Eötvös Loránd University "Comparative Legal Cultures" Project) in preparation [Philosophiae Iuris, ed. Csaba Varga]

Transition to Rule of Law *Hungary from Communism to Democracy* (Budapest: Eötvös Loránd University "Comparative Legal Cultures" Project) cca. 100 p., in preparation [Philosophiae Iuris, ed. Csaba Varga]

EDITED

Modern polgári jogelméleti tanulmányok [Studies in contemporary western theory of law] (Budapest: Magyar Tudományos Akadémia Állam- és Jogtudományi Intézete 1977) 145 p. [texts by Hans Kelsen, Rudolf Stammler, Felix Somló, Eugen Ehrlich, Jerome Frank, Axel Hägerström, A. Vilhelm Lundstedt & Gustav Radbruch]

Jog és filozófia *Antológia a század első felének polgári jogelméleti irodalma köréből* [Law and philosophy: an anthology from the literature of western theory of law from the first half of the century] (Budapest: Akadémiai Kiadó 1981) 383 p. [texts by Rudolf Stammler, Eugen Ehrlich, Hermann Kantorowicz, Leon Petrazycki, Max Weber, Felix Somló, François Gény, Giorgio del Vecchio, Gustav Radbruch, Hans Kelsen, Benjamin N. Cardozo, Roscoe Pound, Jerome Frank & Karl Olivecrona]

reviewed MN, 29 September 1981; András Karácsony Val. XXIV (1981) 9, pp. 109-11; Albert Takács JK, XXXVII (1982) 2, pp. 132-7; József Szabó ÖZfÖR, 32 (1982) 2-4, pp. 363-6

Tradition und Fortschritt in der modernen Rechtskulturen Proceedings of the 11th World Congress in Philosophy of Law and Social Philosophy in Helsinki, 1983, ed. Stig Jörgensen, Yuha Pöyhönen & Csaba Varga (Stuttgart: Franz Steiner Verlag Wiesbaden 1985) 258 p. [Archiv für Rechts- und Sozialphilosophie, Beiheft 23]

Rechtsgeltung Ergebnisse des Ungarisch-österreichischen Symposiums der Internationalen Vereinigung für Rechts- und Sozialphilosophie 1985, ed. Csaba Varga & Ota Weinberger (Stuttgart: Franz Steiner Verlag Wiesbaden 1986) 136 p. [Archiv für Rechts- und Sozialphilosophie, Beiheft 27]

reviewed Péter Paczolay & Antal Visegrády ÁJ, XXIX (1986) 2, pp. 338-; Lothar Lotze DL, 108 (1987) 10-11, pp. 841-3; Otto Pfersmann ÖJZ, (1988) 24

Hans Kelsen Tiszta jogtan [**Reine Rechtslehre,** 1934] *Bibó István fordításában* [1937] [Hans Kelsen's Pure Theory of Law in a contemporary translation by István Bibó], ed. and foreword Csaba Varga, with the text-edition of Leonóra Erdélyi (Budapest: Eötvös Loránd Tudományegyetem Bibó István Szakkollégium 1988) XXII + 106 p. [Jogfilozófiák / Philosophiae Iuris, ed. Csaba Varga]

reviewed Albert Takács JK, XLIV (1989) 10, pp. 551-3; Albert Takács BUKSZ, II (1990) 4, pp. 452-5

Rechtskultur - Denkkultur Ergebnisse des Ungarisch-österreichischen Symposiums der Internationalen Vereinigung für Rechts- und Sozialphilosophie 1987, ed. Erhard Mock & Csaba Varga (Stuttgart: Franz Steiner Verlag Wiesbaden 1989) 175 p. [Archiv für Rechts- und Sozialphilosophie, Beiheft 35]

reviewed Rudolf Machacek ÖJZ, (1991) 13

Biotechnologie, Ethik und Recht im wissenschaftlichen Zeitalter Proceedings of the World Congress in Philosophy of Law and Social Philosophy in Kobe, 1987, ed. Tom D. Campbell, Robert C. L. Moffat, Setsuko Sato & Csaba Varga; preface Werner Krawietz (Stuttgart: Franz Steiner Verlag Wiesbaden 1991) 180 p. [Archiv für Rechts- und Sozialphilosophie, Beiheft 39]

A világ főbb jogrendszerei Jogcsoportok [The main legal systems of the world: families of law] ed. Gábor Hamza, Pál Horváth, Gábor Bánfalvi, Katalin Szegvári Nagy, Mihály T. Révész & Csaba Varga (Budapest: Eötvös Loránd Tudományegyetem 1991) 369 p. [Összehasonlító Jogtörténeti Tanulmányok]

Theoretische Grundlagen der Rechtspolitik Ungarisch-österreichisches Symposium der Internationalen Vereinigung für Rechts- und Sozialphilosophie 1990, ed. Peter Koller, Csaba Varga & Ota Weinberger (Stuttgart: Franz Steiner Verlag Wiesbaden 1992) 185 p. [Archiv für Rechts- und Sozialphilosophie, Beiheft 54]

Comparative Legal Cultures ed. and introduction Csaba Varga (Aldershot, Hong Kong, Singapore & Sydney: Dartmouth 1992) xxiv + 614 p. [The International Library of Essays in Law & Legal Theory, Series ed. Tom D. Campbell, Legal Cultures 1] [texts by J. C. Smith, Donald R. Kelley, Albert Kiralfy, A. G. Chloros, Hessel E. Yntema, Vera Bolgar, Shael Herman, Max Gluckman, Stanley Diamond, Luke T. Lee & Whalen W. Lai, Dai-Kwon Choi, Chin Kim & Craig M. Lawson, Martin Shapiro, Peter Stein, A. M. Honoré, Chaïm Perelman, Bernard Rudden, Takeyoshi Kawashima, Wael B. Hallaq, Lawrence Rosen, G. C. J. J. van den Bergh, Upendra Baxi, Robert B. Seidman, Csaba Varga, W. J. Wagner, Norman S. Marsh & Keith S. Rosenn]

Marxian Legal Theory ed. and introduction Csaba Varga (Aldershot, Hong Kong, Singapore & Sydney: Dartmouth 1993) xxvii + 530 p. [The International Library of Essays in Law & Legal Theory, Series ed. Tom D. Campbell, Schools 9] [texts by L. S. Mamut, Peter Schöttler, William Leon McBride, Zdravko Grebo, Kálmán Kulcsár, Eugene Kamenka, R. Warrington, Michael Jaworskyj, Richard Kinsey, Imre Szabó, Wieslaw Lang, Jerzy Wróblewski, Csaba Varga, Li Changdao, Steven Spitzer, Peter Fitzpatrick, Alan Hunt & Alan Stone]

Carl Schmitt *Politikai teológia* [Politische Theologie] transl. and preface Péter Paczolay, ed. Csaba Varga (Budapest: ELTE Állam- és Jogtudományi Kar TEMPUS "Összehasonlító Jogi Kultúrák" 1992) xx + 41 p. [Jogfilozófiák / Philosophiae Iuris, ed. Csaba Varga]

Igazságtétel jogállamban *Német dokumentumok* [Facing with the past under rule of law: German documents] ed. and introduction Csaba Varga (Budapest: Windsor Klub 1994) in preparation [Hungarian Windsor Club Papers]

European Legal Cultures ed. Volkmar Gessner, Armin Höland & Csaba Varga (Aldershot, Hong Kong, Singapore & Sydney: Dartmouth 1994) cca. 500 p., in preparation [European Law Textbook Series]

Összehasonlító jogi kultúrák [Comparative legal cultures] ed. and introduction Csaba Varga (Budapest: Századvég) in preparation [Jogfilozófiák, ed. Csaba Varga]

Jogi antropológia [Anthropology of law] ed. and preface Csaba Varga (Budapest: Századvég) in preparation [Jogfilozófiák, ed. Csaba Varga] [texts by Paul Bohannan, Max Gluckman, E. Adamson Hoebel, Laura Nadel, Leopold Pospìsil, Peter Sack, Judith Starr & Francis G. Snyder]

Oxfordi analitikus jogelmélet [The Oxford analytical theory of law] ed. and preface Csaba Varga (Budapest: Századvég) in preparation [Jogfilozófiák, ed. Csaba Varga] [texts by H. L. A. Hart, Joseph Raz, John Finnis & Ronald Dworkin]

A jog mint szöveg *Hermeneutika, Szemantika, Szemiotika, Jog és irodalom* [Law as text: hermeneutics, semantics, semiotics, law and literature] ed. and preface Csaba Varga (Budapest: Századvég) in preparation [Jogfilozófiák, ed. Csaba Varga] [texts by Stanley Fish, Peter Goodrich, Bernard S. Jackson, George Lakoff, Roberta Kevelson, James Boyd White & C. M. Yablon]

István Losonczy Grundriß einer realistischen Rechtsphilosophie / Egy realista jogfilozófia alapvonalai [The foundations of a realistic jurisprudence] [1948] ed. Csaba Varga, text ed. Csaba Varga & Ágnes Zsidai (Budapest: Századvég) in preparation [Philosophiae Iuris / Jogfilozófiák, ed. Csaba Varga]

Barna Horváth Of Law in General / A jogról általában [1948] (Budapest: Századvég) in preparation [Philosophiae Iuris / Jogfilozófiák, ed. Csaba Varga]

[Finnish and Hungarian Papers on Legal Theory] ed. Aulis Aarnio & Csaba Varga (Berlin: Duncker & Humblot 1994) in press?

Ungarische Rechtsphilosophie ed. Werner Krawietz & Csaba Varga (Berlin: Duncker & Humblot) in preparation [Schriften zur Rechtstheorie]

Gyula Moór: Jogfilozófia [Legal philosophy] [1942] ed. and preface Csaba Varga (Budapest: Püski) in preparation

Jog és filozófia *Írások a második világháború utáni polgári jogelméleti gondolkodás köréből* [Law and philosophy: western legal theory after World War Two] (Budapest: Akadémiai Kiadó) in preparation [texts by Lon L. Fuller, Wolfgang Friedmann, René David, Norberto Bobbio, Carlos Cossio, Hans Welzel, Erich Fechner, Werner Maihofer, Alexandro P. D'Entrèves, Sergio Cotta, H. L. A. Hart, Alfred Verdross, René Marčič, Arthur Kaufmann, Jerome Hall, Alf Ross, Erik Wolf, Theodor Viehweg, Georges Kalinowski, Chaïm Perelman, Michel Villey & Ronald Dworkin]

PAPERS

Henry Lévy-Bruhl és a jogszociológia [Henry Lévy-Bruhl and the sociology of law] ÁJ, IX (1966) 1, pp. 151-8

Quelques problèmes de la définition du droit dans la théorie socialiste du droit APhD, XII (Paris: Sirey 1967), pp. 189-205

A jogmeghatározás néhány kérdése a szocialista jogelméletben [Some questions related to the definition of law in socialist legal theory] ÁJ, X (1967) 1, pp. 143-56

A jogi képzés formái a Szovjetúnióban [Forms of legal education in the Soviet Union] ÁJ, X (1967) 4, pp. 538-52

A jogelméleti oktatás helye a jogászképzés főbb rendszereiben [The place of the teaching of legal theory in the main systems of legal education] ÁJ, XI (1968) 3, pp. 484-95

[without title in an arbitrarily abridged and falsified version] in V. I. Lenin o sotsialistitsheskom gossudarstve i prave, ed. V. M. Tshikvadze & B. I. Topornin (Moscow: Nauka 1969), pp. 271-80
Lenin és a forradalmi jogalkotás [Lenin and the revolutionary law-making] ÁJ, XIII (1970) 1, pp. 45-57 [w/abstracts in French & Russian]
Lénine et la création révolutionnaire du droit Revue internationale de Droit contemporaine [Brussels], 1982/1, pp. 53-65
Lenin and revolutionary law-making International Review of Contemporary Law [Brussels], 1982/1, pp. 47-59, reprinted in Comparative Legal Cultures, ed. and introduction Csaba Varga (Aldershot, Hong Kong, Singapore & Sydney: Dartmouth 1992), pp. 515-27 [The International Library of Essays in Law & Legal Theory, Series ed. Tom D. Campbell, Legal Cultures 1]

Az elméleti jogi gondolkodás néhány vonása a Magyar Tanácsköztársaságban [Some traits of the theoretical legal thought in the Hungarian Soviet Republic] ÁJ, XII (1969) 2, pp. 324-34
Die Entwicklung des rechtstheoretischen Denkens in der Ungarischen Räterepublik in Der Kampf der politisch-rechtlichen Auffassungen in der Geschichte und Gegenwart Materialen des multilateralen Symposiums vom 16. bis 18. September 1986 (Berlin/East: Institut für die Theorie des Staates und des Rechts 1988), pp. 122-36 [Konferenz-Materialen 8]

A Tanácsköztársaság jogrendszerének kialakulása [The formation of the legal system of the Hungarian Soviet Republic] ÁJ, XII (1969) 2, pp. 358-64

A felsőfokú jogi képzés csehszlovákiai rendszeréről [On the Czechoslovakian system of higher legal education] ÁJ, XII (1969) 3, pp. 531-9

Kodifikáció - joghézag - analógia [Codification — gap in law — analogy] ÁJ, XII (1969) 3, pp. 566-72

*A **Jogforrás és jogalkotás** problematikájához* [On the problems of Vilmos Peschka's **Source of Law and Law-making**] JK, XXIV (1970) 9, pp. 502-9

A preambulumok problémája és a jogalkotási gyakorlat [The problem of preambles and the practice of legislation] ÁJ, XIV (1970) 2, pp. 249-307 [w/abstracts in French & Russian]
The preamble: a question of jurisprudence AJurid., XII (1971) 1-2, pp. 101-28 [w/abstracts in French & German] [abridged]
reviewed StrPZ, (1971) No. 73, p. 22; D. Popescu Stiinte Juridice [Bukarest], 9 (1972), pp. 56-65

Preambule - otázka právní vedy StSpr, 1978/4, pp. 69-93 [further abridged]

A jogtudományi fogalomképzés néhány módszertani kérdése [Some methodological questions related to the formation of concepts in legal science] ÁJ, XIII (1970) 3, pp. 589-613
Quelques questions méthodologiques de la formation des concepts en sciences juridiques in APhD, XVIII (Paris: Sirey 1973), pp. 215-41
Algunas cuestiones metodológicas de la formación de los conceptos en ciencias jurídicas (Maracaibo: Instituto de Filosofia del Derecho LUZ 1982) 38 p. [Cuaderno de trabajo 32]

Les bases sociales du raisonnement juridique LA, (1971) Nos. 53-54, pp. 171-6 and in Le raisonnement juridique ed. Hubert Hubien (Brussels: Etablissements Emile Bruylant 1971), pp. 171-6

A jogi okfejtés társadalmi meghatározottságáról [On the socially determined nature of legal reasoning] ÁJ, XIV (1971) 2, pp. 249-85
reviewed StrPZ, (1972) No. 77, p. 27
On the socially determined nature of legal reasoning LA, (1973) Nos. 61-62, pp. 21-78 and in Etudes de logique juridique V, ed. Ch. Perelman (Brussels: Etablissements Emile Bruylant 1973), pp. 21-78

A törvényhozó közbenső döntése és a hézagproblematika megoldása a francia jogfejlődés tükrében [The interim decision of the legislator and the solving of the problem of gaps in law in the light of French legal development] JK, XXV (1971) 5, pp. 42-5

A joglogika vizsgálódási lehetőségei az újabb megközelítések tükrében [The analytical potentialities of legal logic in the light of recent approaches] ÁJ, XIV (1971) 4, pp. 713-29

A jog és a társadalom néhány kérdése — skandináv megvilágításban [Some questions of law and society in the light of a Scandinavian approach] ÁJ, XV (1972) 1, pp. 178-87

A kodifikációs kísérletek alakulása az Egyesült Államokban [The development of attemps at codification in the United States] ÁJ, XV (1972) 2, pp. 305-29 [w/abstracts in French & Russian]

The function of law and codification in Anuario de Filosofia del Derecho 7 (Madrid: Instituto Nacional de Estudios Jurídicos 1973-1974), pp. 493-501 and AJurid., 16 (1974) 1-2, pp. 269-75
A jog funkciója és a kodifikáció [The function of law and codification] JK, XXVII (1973) 1, pp. 673-5
Izmenenie obshtshestva i prava i voprossi kodifikatsii (Warsaw: Polska Akademia Nauk Instytut Pañstwa i Prawa 1974) 20 p. [multiplication]
Rozwój prawa a jego kodyfikacja [The function of law and codification] in Prawotwórstwo socjalistyczne [Socialist law-making] (Warsaw: Polska Akademia Nauk Instytut Pañstwa i Prawa 1979), pp. 349-60

A kódex mint rendszer (A kódex rendszer-jellege és rendszerkénti felfogásának lehetetlensége) [The code as a system: its systemic nature and the impossibility of its interpretation as a system] ÁJ, XVI (1973) 2, pp. 268-99 [w/abstracts in French & Russian]

Kodifikáció az angolszász rendszerekben [Codification in the Common Law systems] ÁJ, XVI (1973) 4, pp. 611-34 [w/abstract in Russian]

Leibniz és a jogi rendszerképzés kérdése [Leibniz and the question of the formation of systems in law] JK, XXVIII (1973) 11, pp. 600-8
Leibnitz und die Frage der rechtlichen Systembildung (Budapest: Institut für Staats- und Rechtswissenschaften der Ungarischen Akademie der Wissenschaften 1986) 20 p. [multiplication]
Leibniz und die Frage der rechtlichen Systembildung in Materialismus und Idealismus im Rechtsdenken Geschichte und Gegenwart, ed. Karl A. Mollnau (Stuttgart: Franz Steiner Verlag Wiesbaden 1987), pp. 114-27 [ARSP, Beiheft 31]

Kodifikációs előformák az ókori jogfejlődésben [Preforms of codification in the ancient development of law] ÁJ, XVII (1974) 1, pp. 83-100 [w/abstracts in French & Russian]

A jog és tudata jogelméleti vizsgálata (Nemzetközi szocialista munkaértekezlet a Magyar Tudományos Akadémián) [The jurisprudential study of law and legal consciousness: an international socialist symposium at the Hungarian Academy of Sciences] ÁJ, XVII (1974) 1, pp. 127-31

A kodifikáció klasszikus típusának kialakulása Franciaországban [The formation of the classical type of codification in France] ÁJ, XVII (1974) 3, pp. 457-79 [w/abstracts in French & Russian]

A szocialista kodifikáció születése a Szovjetunióban [The birth of socialist codification in the Soviet Union] JK, XXIX (1974) 10, pp. 559-67 [w/abstracts in Russian, German, French & English]
A szocialista kodifikáció kiteljesedése [The extension of socialist codification] JK, XXX (1975) 1, pp. 11-20 [w/abstracts in Russian, German, French & English]
The formation of a new, socialist type of codification AJurid., 17 (1975) 1-2, pp. 111-38 [w/abstracts in French & Russian]

A jogmodernizáció és kodifikációs útjai az afro-ázsiai rendszerekben [Modernisation of law and its codificational ways in the Afro-Asiatic systems] GJ,1974/3-4, pp. 419-57
Modernization of Law and Its Codificational Trends in the Afro-Asiatic Legal Development (Budapest: Institute for World Economics of the Hungarian Academy of Sciences 1976) 45 p. [Studies on Developing Countries 88]
reviewed Gérard Conac RIDC, 29 (1977) 4, pp. 861-2; Braun-Otto Bryde Rabels, 42 (1978) 3, pp. 587-8; Karl Eckhart Heinz ARSP, LXV (1979) 1, pp. 146-8; M. A. Supataev SGP, 1978/12, p. 148

A jog és rendszerszemléletű megközelítése [Law and its systemic approach] in Jogi problémák vizsgálata és megoldása kibernetikai módszerekkel [The investigation and solving of legal problems by cybernetic methods] ed. Péter Bárdos (Budapest: Eötvös Loránd Tudományegyetem Jogi Továbbképző Intézete 1975), pp. 83-120 and MFSz, XX (1976) 2, pp. 157-75 [w/abstracts in English & Russian]
Law and its approach as a system AJurid., 21 (1979) 3-4, pp. 295-319 [w/abstracts in German & Russian], reprinted Informatica e Diritto, VII (1981) 2-3, pp. 177-99 [w/abstracts in Italian, French & English]
Law and the historicity of its formal relatedness: historicity in law and its objectification and approach as a system in Estudios de Filosofía del Derecho en Memoria de Legaz y Lacambra II (Madrid: Facultad de Derecho de la Universidad Complutense, Centro de Estudios Constitucionales 1985), pp. 809-34

Kodifikációs megnyilvánulások a középkori jogfejlődésben [Codification manifestations in medieval legal development] ÁJ, XVIII (1975) 1, pp. 135-58 [w/abstracts in French & Russian]

Racionalitás és jogkodifikáció [Rationality and the codification of law] Szociol., 1975/3, pp. 359-78 [w/abstracts in Russian & English]

reviewed in An Overview of Sociological Research in Hungary ed. Tamás Szentes (Budapest: Akadémiai Kiadó 1978), p. 86

Rationality and the objectification of law RIFD, LVI (1979) 4, pp. 676-701, reprinted in Marxian Legal Theory ed. and introduction Csaba Varga (Aldershot, Hong Kong, Singapore & Sydney: Dartmouth 1993), pp. 331-8 [International Library of Essays in Law & Legal Theory, Series ed. Tom D. Campbell, Schools 9]

Rationalitet och rättens objektifiering: Rationaliteten och dess plats i den sociala och den juridiska utvecklingen [Rationality and the objectification of law: rationalities and their place in social and legal development] in Rationalitet i rättssystemet ed. Ulla Bondeson (Stockholm: LiberFörlag 1979), pp. 84-103 and 221-3

Kodifikáció-fogalom s a kodifikációs jelenség történetisége [The notion of codification and the historical character of codification phenomenon] ÁJ, XVIII (1975) 3, pp. 436-63 [w/abstracts in French & Russian]

Zásadní otázky vyvoje a soucasnosti kodifikace právních institutu in Rozvoj teorií o státu a právu a soucasnost ed. J. Blahoz & V. S. Nersesjanc (Prague: Academia 1988), part I, ch. IV, pp. 68-84 [w/abstracts in Russian, p. 290. & German, p. 304]

Kodifikációs típusok a kodifikációs fejlődésben [Types of codification in codification development] ÁJ, XIX (1976) 1, pp. 26-54 [w/abstracts in French & Russian]

reviewed StrPZ, (1978) No. 99, pp. 38-40

Types of codification in codificational development AJurid., 19 (1977) 1-2, pp. 31-54 [w/abstracts in French & Russian]

reviewed María del Refugio González BMDC, XII (1979) No. 34, pp. 300-2

Kodifikációs tendenciák a felvilágosult abszolutizmus korában [Codification tendencies at the age of enlightened absolutism] JK, XXXI (1976) 2, pp. 70-80 [w/abstracts in Russian, German, French & English]

Illúziók a kodifikációs gondolat fejlődésében [Illusions in the development of the idea of codification] JK, XXXI (1976) 8, pp. 434-41 [w/abstracts in Russian, German, French & English]

reviewed StrPZ, (1978) No. 98, pp. 26-8

Utopias of rationality in the development of the idea of codification RIFD, LV (1978) 1, pp. 21-38

reviewed Fausto E. Rodríguez BMDC, XII (1979) No. 35, pp. 672-3

and in Law and the Future of Society ed. F. C. Hutley, Eugene Kamenka & Alice Erh-Soon Tay (Wiesbaden: Franz Steiner Verlag 1979), pp. 27-41 [ARSP, Beiheft 11] [w/abstracts in English, French & German]

Utopi og Kodifikation Retfaerd [Aarhus], (1978) No. 8, pp. 72-85

debated Jörgen Dalberg-Larsen Retfaerd, (1978) No. 8, pp. 86-93

The relative autonomy of formal rational structures in law: an essay in the Marxist theory of law Eastern Africa Law Review A Journal of Law and Development [Dar Es Salaam], 8 (1976) 3, pp. 245-60

A törvényhozás és felelős tudatossága [Legislation and the conscious responsibility for it] ÁJ, XX (1977) 1, pp. 68-99 [w/abstracts in French and Russian]

reviewed Béla Pokol ÁJ, XXVIII (1978) 4, pp. 376-8

Ministerské oduvodnéní a jeho úloha ve zprostredkování právních hodnot StSpr, 1978/3, pp. 84-103 [abridged]
Die ministerielle Begründung in rechtsphilosophischer Sicht RT, 12 (1981) 1, pp. 95-115 [abridged]

A kodifikációs jelenség: történeti lényege és aktuális jelentése [Codification phenomenon: its historical essence and timely meaning] ÁJ, XX (1977) 4, pp. 568-74 [w/abstracts in French and Russian]
Historisches Wesen und aktuelle Bedeutung der Kodifikation AJurid., 21 (1979) 1-2, pp. 184-90

A polgári átalakulás kései kódexei és kodifikációs problematikája [The late codes and codificational problems of the bourgeois transformation] JK, XXXII (1977) 6, pp. 320-9 [w/abstracts in Russian, German & English]

***Legal Positivism and Natural Law**, and codification: a reply to the paper of Professor Stig Jörgensen* in Sociology of Law and Legal Sciences ed. Kálmán Kulcsár (Budapest: Institute of Sociology of the Hungarian Academy of Sciences 1977), pp. 71-72

Formal Rationality of Law in the Light of Lukács' ***Ontology*** (no place: no publisher 1977) 22 p. [multiplication]
The concept of law in Lukács' ***Ontology*** RT, 10 (1979) 2, pp. 321-37
reviewed StrPZ, (1980) No. 108, pp. 53-5
A jog helye Lukács ***Ontológiájában*** [The place of law in Lukács' Ontology] Val., XXII (1979) 8, pp. 39-50
reviewed Antal Visegrády JK, XXXIV (1979) 10, pp. 691-4; TSz, XXXIV (1979) 10, pp. 117-8
Lukács's posthumous ***Ontology*** *as reviewed from a legal point of view* AJurid., 22 (1980) 3-4, pp. 439-47
Pojam prava u Lukatshevoj ontologiji [The concept of law in the light of Lukács' ontology] Marksistitshka Missao [The marxist thought, Belgrade], 1983/3, pp. 189-209

"Dolog" és eldologiasodás a jogban ["Thing" and reification in law] ÁJ, XXI (1978) 1, pp. 61-81 [w/abstracts in French and Russian]
*Chose juridique et réification en droit: contribution à la théorie marxiste sur la base de l'****Ontologie*** *de Lukács* in: APhD, 25 (Paris: Sirey 1980), pp. 385-411
Tárgyiasulás, eldologiasodás, elidegenedés és a jogi problematika: Fogalmi tisztázás kísérlete Lukács ***Ontológiája*** *alapján* [Objectivation, reification, alienation and the problems of law: an attempt at conceptual clarification upon the basis of Lukács' **Ontology**] MFSz, XIX (1985) 1-2, 196-222. o. [w/abstract in English] [abridged]

Geltung des Rechts - Wirksamkeit des Rechts in Die gesellschaftliche Wirksamkeit des sozialistischen Rechts Probleme ihrer Begriffsbestimmung und Messung, ed. Karl A. Mollnau (Berlin/East: Institut für Theorie des Staates und des Rechts der Akademie der Wissenschaften der DDR 1978), pp. 138-45
A jog érvényessége és hatékonysága (Fogalmi megközelítés Lukács ***Ontológiája*** *alapján)* [Validity and efficacity of law: conceptual approach on the basis of Lukács' **Ontology**] JK, XXXIII (1978) 3, pp. 151-3

A kodifikáció és határai [Codification and its limits] ÁI, XXVIII (1978) 8-9, pp. 702-18

A kodifikáció és hanyatlása a burzsoá demokráciafejlődéstörténetében [Codification and its fall in the developmental history of bourgeois democracy] JK, XXXIII (1978) 9, pp. 531-6
Die Kodifikation und ihr Verfall in der Entwicklungsgeschichte der bürgerlichen Demokratie in Die Krise der bürgerlichen Demokratie und der bürgerlichen Demokratielehren in der Gegenwart 2 (Berlin/East: Institut für Theorie des Staates und des Rechts der Akademie der Wissenschaften der DDR 1978), pp. 104-11 [abridged]

A jogalkalmazás elméleti felfogásának alapjai [The foundations of the theoretical understanding of law-application] ÁJ, XXI (1978) 3, pp. 339-66 [w/abstracts in French and Russian]
Jogalkalmazás [Law-application] in Állam- és Jogtudományi Enciklopédia [Encyclopedy of State and Law I, ed. Imre Szabó (Budapest: Akadémiai Kiadó 1980), pp. 795-811
Law-application and its theoretical conception ARSP, LXVII (1981) 4, pp. 462-79 [w/abstracts in French and German]
Die grundlegende Gesellschaftlichkeit der Rechtsanwendung: Rechtsschöpfung und Rechtsanwendung im gesellschaftlichen Komplex in Einflüsse des Wirkens des Rechts und seiner gesellschaftlichen Wirksamkeit auf den sozialistischen Rechtsbildungsprozess Materialen des IV. Berliner rechtstheoretischen Symposiums, ed. Karl A. Mollnau (Berlin/East: Institut für Theorie des Staates und des Rechts der Akademie der Wissenschaften der DDR 1982), pp. 288-302 [abridged]

*La question de la rationalité formelle en droit: essai d'interprétation de l'**Ontologie de l'être social** de Lukács* in APhD, 23 (Paris: Sirey 1978), pp. 213-6
A formális racionalitás kérdése a jogban [The question of formal rationality in law] MFSz, XXII (1978) 4, pp. 489-504 [w/abstracts in English and Russian]

A jogalkotás elméleti alapkérdései [The basic theoretical questions of law-making] ÁJ, XXII (1979) 1, pp. 65-91 [w/abstracts in French and Russian]
Jogalkotás [Law-making] in Állam- és Jogtudományi Enciklopédia [Encyclopedy of State and Law] I, ed. Imre Szabó (Budapest: Akadémiai Kiadó 1980), pp. 811-25
Rechtssetzung als Objektivationsprozesses in Filosofia del Derecho y Problemas de Filosofia Social IV (México: Universidad Nacional Autónoma de México 1984), pp. 91-103 [Instituto de Investigaciones Juridicas, Serie G: Estudios doctrinales Núm. 57] [abridged]

A jog és rendszere [The law and its system] JK, XXXIV (1979) 5, pp. 245-54
Jogrendszer [Legal system] in Állam- és Jogtudományi Enciklopédia [Encyclopedy of State and Law] I, ed. Imre Szabó (Budapest: Akadémiai Kiadó 1980), pp. 927-34
Der Systemcharacter des Rechts [The systemic character of law] in Struktur- und Systemgestaltung des sozialistischen Rechts und ihr Einfluß auf dessen Effektivität Materialen des V. Berliner Rechtstheoretischen Symposiums, ed. Karl A. Mollnau (Berlin/East: Institut für Theorie des Staates und des Rechts der Akademie der Wissenschaften der DDR 1984), pp. 372-83 [abridged]

A jogmeghatározás kérdése a '60-as évek szocialista elméleti irodalmában [The question of the definition of law in the light of the socialist theoretical literature of the 60's] ÁJ, XXII (1979) 3, pp. 475-88 [w/abstracts in French and Russian]

*Egy posztumusz mű és jogelméleti tanulságai (Adalékok a marxista jogelmélethez Lukács **Ontológiája** alapján)* [A posthumous work and its teaching in legal theory: a contribution to Marxist legal theory on the basis of Lukács' Ontology] GJ, XIII (1979) 3-4, pp. 367-426
Law as teleology: fundamentals of a theory of legislation in a social ontological context in

Rationalisierung der Gesetgebung Jürgen Rödig Gedächtnissymposion, ed. Heinz Schäffer & Otto Triffterer (Baden-Baden & Vienna: Nomos & Manz 1984), pp. 374-90 [one chapter]
Rechts und Rechtsverwirklichung: "Juristischer Weltbild", Subsumption und Manipulation ARSP, LXX (1984) 2, pp. 173-89 [w/abstracts in French and English] [another chapter]
Heterogeneität und Geltung des Rechts Ontologische Überlegungen zu ihrer Begründung (Budapest: Institut für Staats- und Rechtswissenschaften der Ungarischen Akademie der Wissenschaften 1985) 10 + 2 p. [w/abstract in English] [multiplication] [a part chapter]
Concepts as fictions in the law
[abstract] in Summaries (Bologna 1984), pp. 113-4
in La ragione nel diritto / Reason in Law Proceedings of the Conference held in Bologna, 12-15 December, 1984, II, ed. Carla Faralli & Enrico Pattaro (Mailand: Editore Giuffrè 1988), pp. 351-9 [Legal Philosophical Library: Seminario Giuridico della Università di Bologna, Miscellanae 6,2] [another part chapter]

A finn jogelmélet újjászületése [The rebirth of Finnish legal theory] ÁJ, XXIII (1980) 1, pp. 127-39

Jogátültetés, avagy a kölcsönzés mint egyetemes jogfejlesztő tényező [Transplants of law, or borrowing as the universal factor of legal development] ÁJ, XXIII (1980) 2, pp. 286-98

Somló Bódog esete a pécsi jogakadémiával [Felix Somló's encounter with the Pécs Academy of Law] JK, XXXV (1980) 8, pp. 543-6

Átalakulóban a jog? [Is law in a transition?] ÁJ, XXIII (1980) 4, pp. 670-80

Towards a sociological concept of law: an analysis of Lukács' ***Ontology*** International Journal of the Sociology of Law, 9 (1981) 2, pp. 157-76 and reprinted in Marxian Legal Theory, ed. and introduction Csaba Varga (Aldershot, Hong Kong, Singapore & Sydney: Dartmouth 1993), pp. 361-78 [International Library of Essays in Law & Legal Theory, Series ed. Tom D. Campbell, Schools 9]
The Place of Law in Lukács's ***Ontology*** in Hungarian Studies on György Lukács II, ed. László Illés, Farkas József, Miklós Szabolcsi, István Szerdahelyi (Budapest: Akadémiai Kiadó 1993), pp. 563-77 [Institute for Literary Studies of the Hungarian Academy of Sciences]

Az ifjú Lukács és a jog [The young Lukács and the law] Vil., XX (1979) 11, pp. 664-71
Beiträge zu den Beziehungen zwischen Gustav Radbruch und Georg Lukács ARSP, LXVII (1981) 2, pp. 253-9 and AJurid., 24 (1982) 1-2, pp. 222-6 [one part]

Egy élet a századelőn [A life at the beginning of the century: on Artúr Linksz's recollections] Val., XXIV (1981) 3, pp. 114-6

Népi jogszokástól a jogi népszokásig [From popular legal customs to legal folkway] JK, XXXVI (1981) 10, pp. 880-6
From Legal Customs to Legal Folkways AJurid., 25 (1983) 3-4, pp. 454-9
reviewed CULT, III (1985) 1-2, pp. 244-6
and TR, 2 (1985) 1, pp. 39-48

Somló Bódog jegyzetei ***Arisztotelész Állambölcseletéről*** [Felix Somló's posthumous notes on **Aristotle's Philosophy of the State**, critical edition w/introduction] MFSz, XXV (1981) 6, pp. 816-35

A bírói tevékenység és logikája: ellentmondás az eszmények, a valóság s a távlatok között [Judicial activity and its logic: contradiction amongst ideals, reality and perspectives] ÁJ, XXV (1982) 3, pp. 464-85 [w/abstracts in French and Russian]
Logic of law and judicial activity: a gap between ideals, reality, and future perspectives in Legal Development and Comparative Law ed. Zoltán Péteri & Vanda Lamm (Budapest: Akadémiai Kiadó 1981), pp. 45-76
reviewed CULT, II (1984) 1-2, pp. 186-7

Modern államiság és modern formális jog [Modern statehood and the modern formal law] ÁI, XXXII (1982) 5, pp. 418-24
Moderne Staatlichkeit und modernes formales Rechts AJurid., 26 (1984) 1-2, pp. 235-41

The past and trends of development of the theory of law in Hungary AJurid., 24 (1982) 3-4, pp. 413-7
reviewed CULT, II (1984) 1-2, pp. 185-6
Current legal theory in Hungary CULT, IV (1986) 1, pp. 15-21 [redrafted, w/bibliography]

*Lukács' **History and Class Consciousness** and its dramatized conception of law: a contribution to the development of Marxist legal thinking* in Conceptions contemporaines du droit ed. Paul Trappe (Stuttgart: Franz Steiner Verlag Wiesbaden 1982), pp. 531-47 [ARSP, Supplementa vol. I, part 2]
*A **Történelem és osztálytudat** dramatizált jogfelfogása* [The dramatised conception of law of **History and Class Consciousness**] Szociol., 1979/4, pp. 383-97 [w/abstracts in English & Russian]

Összehasonlítás s az összehasonlító világkongresszusok [Comparison and the world congresses of comparative law] JK, XXXVIII (1983) 1, pp. 53-6
La comparaison et les congrès internationaux de droit comparé: En marge de la publication du recueil des rapports généraux du Congrès international à Budapest AJurid., pp. 385-9

Makroszociológiai jogelméletek: a jogászi világképtől a jog társadalomelmélete felé [Macrosociological theories of law: from the "lawyer's world concept" to a social science conception of law] Szociol., 1983/1-2, pp. 53-78 [w/abstracts in English & Russian]
Macrosociological theories of law: from the "lawyer's world concept" to a social science conception of law in Soziologische Jurisprudenz und realistische Theorien des Rechts ed. Eugene Kamenka, Robert S. Summers & William Twining (Berlin: Duncker & Humblot 1986), pp. 197-215 [RT, Beiheft 9] [w/introductory chapter, abridged]
Macrosociological theories of law: a survey and appraisal TR, III (1986) 3-4, pp. 165-98
Teorías macrosociológicas del derecho: Panorama y valoración in Anuario de Filosofia del Derecho Nueva Epoca V (Madrid 1988), pp. 23-53

"Külső" és "belső" a jogban ["External" and "internal" in law] JK, XXXVIII (1983) 11, pp. 683-8 [w/abstracts in Russian, German & English]
Domaine "externe" et domaine "interne" en droit in La méthodologie du droit I (Belgrade: Académie serbe des Sciences et des Arts 1985), pp. 29-41 [Conférences scientifiques, tome XXVII, Classe des Sciences sociales, tome 5]
Domaine "externe" et domaine "interne" en droit Revue Interdisciplinaire d'Etudes Juridiques, (1985) No. 14, pp. 25-43 [another translation]
debated François Ost & André-Jean Arnaud DS, (1986) No. 2, pp. 137-9 and 139-41

*A jog ontológiai megalapozása felé (Tételek Lukács György **Ontológiája** alapján)* [Towards the ontological foundation of law: theses on the basis of Georg Lukács' Ontology] MFSz, XXVII (1983) 5, pp. 767-76 [w/abstract in English]
*Towards the ontological foundation of law (Some theses on the basis of Lukács' **Ontology**)* RIFD, LX (1983) 1, pp. 127-42 and in Filosofia del Derecho y Problemas de Filosofia Social X, coord. José Luis Curiel B. (México: Universidad Nacional Autónoma de México 1984) pp. 203-16 [Instituto de Investigaciones Jurídicas, Serie G, Estudios doctrinales, Núm. 81]

Is law a system of enactments? in Theory of Legal Science ed. Aleksander Peczenik, Lars Lindahl & Bert van Roermund (Dordrecht, Boston & Lancaster: Reidel 1984), pp. 175-82 [Synthese Library 176] and AJurid., 26 (1984) 3-4, pp. 413-6
reviewed CULT, III (1985) 1-2, pp. 243-4
Tételezések rendszeréből áll-e a jog? JK, XXXIX (1984) 9, pp. 483-6

A jog belső erkölcsisége [The internal morality of law] Val., XXVII (1984) 6, pp. 1-8
reviewed (józsa) MN, 22 June 1984, p. 7; [Katalin] Szamel RefZ'hu, 1988/4, pp. 19-21
Reflections on law and on its inner morality RIFD, LXII (1985) 3, pp. 439-51
Reflexiones arcerca del Derecho y sua Moralidad Interna in "H. L. Hart y el Concepto de Derecho" ed. Agustín Squella in Revista de Ciencias Sociales [Valparaiso] 1986, pp. 473-89
La moralité intérieure du droit (Budapest: Institut des Sciences juridiques et politiques de l'Académie des Sciences de Hongrie 1985) 13 p. [multiplication] and in La méthodologie du droit II (Budapest: Magyar Tudományos Akadémia Állam- és Jogtudományi Intézete 1988), pp. 1-25 [multiplication]
The inner morality of law AJurid., 29 (1987) 1-2, pp. 240-5

Az államhatalmak szétválasztása: ideológia és utópia a politikai gondolkodásban [Division of powers: ideology and utopy in political thought] ÁI, XXXIV (1984) 1, pp. 83-90 and Jogász Szövetségi Értekezések [Proceedings of the Lawyers' Association] 1984, pp. 149-53
La séparation des pouvoirs: idéologie et utopie dans la pensée politique AJurid., 27 (1985) 1-2, pp. 243-50
[in an arbitrarily falsified version] *Die Gewaltenteilung: Ideologie und Utopie im politischen Denken* in Die bürgerliche Gewaltenteilung Theorie, Gesetzgebung und Praxis, ed. Karl-Heinz Röder (Berlin/East: Institut für Theorie des Staates und des Rechts der Akademie der Wissenschaften der DDR 1985), pp. 143-9
in "El Concepto de Derecho de Norberto Bobbio", ed. Agustín Squella in Revista de Ciencias Sociales [in preparation]

Gondolkodói választás a forradalom dilemmájában: Szalay László és a magyar reformkor [A thinker's choice in the dilemma of revolution: Ladislas Szalay and the Hungarian reform period] in Jogász Szövetségi Értekezések [Proceedings of the Lawyers' Association] 1984, pp. 149-53 and ÁJ, XXVII (1984) 2, pp. 338-41, as well as reprinted Látóh., October 1985, pp. 220-3 [abridged]
A philosopher in the dilemma of revolution: Ladislas Szalay and the Hungarian Reform Period AJurid., XXVIII (1986) 1-2, pp. 207-10

Improvizáció a háború forgatagában, avagy az emberség lehetőségei (Délvidék, 1941: Bácsföldvári interregnum egy kényszerleszállást szenvedő repülő visszaemlékezései tükrében) [Improvisation in the whirlpool of the war, or the chances of humanness: a Southern Hungary 1941 interregnum at Bácsföldvár (in Voivodina) in the light of the recollections of a pilote who was bound to have a forced landing] Életünk [Our Life, Szombathely], XXI (1984) 3, pp. 219-25

Über die Rechtsanwendung: Ontologische Überlegungen in Die eigenverantwortlich-schöpferische Komponente in der Rechtsanwendung und ihr Einfluß auf die gesellschaftliche Wirksamkeit des sozialistischen Rechts Materialien des VI. Berliner Rechtstheoretischen Symposium, hrsg. Karl A. Mollnau (Berlin/East: Institut für Theorie des Staates und des Rechts der Akademie der Wissenschaften der DDR 1986), pp. 376-383 [Konferenz-Materialien, Protokolle, Informationen 1]

A jog és korlátai *Antony Allott a hatékony jogi cselekvés határairól* [Law and its limits: Antony Allott on the barriers of an efficient legal action] (Budapest: Magyar Tudományos Akadémia Szociológiai Intézete 1985) 34 p. [Elmaradottság és modernizáció: Műhelytanulmányok] [multiplication] and ÁJ, XXVIII (1985) 4, pp. 796-810
The law and its limits AJurid., 36 (1994), in press

Somló Bódog végső summázata: az ismeretlen ***Állambölcseleti jegyzetek*** [Felix Somló's last synthesis: his unknown **Notes on the Philosophy of the State**] [critical ed. w/introduction] ÁJ, XXVIII (1985) 2, pp. 359-73

Antropológiai jogelmélet? Leopold Pospísil és a jogfejlődés összehasonlító tanulmányozása [Anthropological jurisprudence? Leopold Pospísil and the comparative study of legal development] ÁJ, XXVIII (1985) 3, pp. 528-55
Anthropological jurisprudence? *Leopold Pospísil and the Comparative Study of Legal Development* (Budapest: Institut of Sociology [of the] Hungarian Academy of Sciences 1986) 34 p. [Underdevelopment and Modernization: Working Papers] [multiplication] [abridged]
Anthropological jurisprudence? Leopold Pospísil and the comparative study of legal cultures in Law in East and West On the Occasion of the 30th Anniversary of the Institute of Comparative Law, Waseda University, ed. Institute of Comparative Law, Waseda University (Tokyo: Waseda University Press 1988), pp. 265-85

A jogpolitika önállóságáért [For the autonomy of legal policy] Társadalomkutatás [Social science research], 1985/3, pp. 5-10
Für die Selbstständigkeit der Rechtspolitik in Die rechtstheoretischen Probleme von der wissenschaftlichen Grundlegung der Rechtspolitik ed. Mihály Samu (Budapest: Igazságügyi Minisztérium Tudományos és Tájékoztatási Főosztály 1986), pp. 283-94

Filozófia és a jogtudományok Magyarországon [Philosophy and juridical sciences in Hungary] JK, XL (1985) 6, pp. 353-6

Somló Bódog jegyzetei Augustinus állambölcseletéről [Felix Somló's posthumous notes on Augustin's philosophy of the state] ÁJ, XXVIII (1985) 4, pp. 777-83

Jogfilozófia Magyarországon: Lukács György és a jog [Bálint V. Éva interjúja] [Philosophy of law in Hungary: Georg Lukács and the law, an interview by Éva V. Bálint] MH, 18 (1985) 233, p. 8

Lukács és az európai jogi kultúra [Lukács and the European legal culture] ÁJ, XXIX (1986) 1, pp. 120-5

A jog mint felépítmény: Adalékok az alap-felépítmény kategóriapár történetéhez [Law as superstructure: a contribution to the history of the categories basis / superstructure] MFSz, XXX (1986) 1-2, pp. 35-75 [w/abstract in English]

Kelsen jogalkalmazástana (fejlődés, többértelműségek, megoldatlanságok) [Kelsen on the judicial application of norms: development, ambiguities, unsolved questions] ÁJ, XXIX (1986) 4, pp. 569-91 [w/abstracts in French and Russian]
Hans Kelsens Rechtsanwendungslehre: Entwicklung, Mehrdeutigkeiten, offene Probleme, Perspektiven ARSP, LXXVI (1990) 3, pp. 348-66 [abridged]
Wechselverhältnis von prozessualen und materiellrechtlichen Regelungen im Recht - eine marxistische Revision von Hans Kelsen in Die Wechselwirkung zwischen verfahrens- und materiellrechtlichen Regelungen des Effektivitätskomponente des sozialistischen Rechts Materialen des VII. BRS - Band II, ed. Karl A. Mollnau (Berlin/East 1988), pp. 204-10 [Institut für Theorie des Staates und des Rechts der Akademie der Wissenschaften der DDR, Konferenzmaterialien II] [radically abridged]

Vorwort in Rechtsgeltung ed. Csaba Varga & Ota Weinberger (Stuttgart: Franz Steiner Verlag Wiesbaden 1986), pp. 10-4 [ARSP, Beiheft 27]

Heterogeneity and validity of law: outlines of an ontological reconstruction in Rechtsgeltung ed. Csaba Varga & Ota Weinberger (Stuttgart: Franz Steiner Verlag Wiesbaden 1986), pp. 88-100 [ARSP, Beiheft 27] [w/abstracts in English, German & French]
A jog és érvényessége [Law and its validity] JK, XLI (1986) 1, pp. 1-6

Law as history? in Philosophy of Law in the History of Human Thought ed. Stavros Panou, Georg Bozonis, Demetrios Georgas & Paul Trappe (Stuttgart: Franz Steiner Verlag Wiesbaden 1988), pp. 191-8 [ARSP, Supplementa 2]
reviewed V. A. T'etvjomin RefZ'hu, 1987/1, pp. 28-30
Le droit en tant que l'histoire? in La méthodologie du droit II, ed. Zoltán Péteri (Budapest: Institut des Sciences juridiques et politiques de l'Académie des Sciences de Hongrie 1987), pp. 1-18
Le droit en tant qu'histoire in La modernisation du droit ed. Radomir Lukic (Belgrade 1990), pp. 13-24 [Académie serbe des Sciences et des Arts: Colloques scientifiques, vol. LII, Classe des Sciences sociales, No. 11] [enlarged]
A jog mint történelem [Law as history] Vil., XXVII (1986) 1, pp. 1-6 and Jogtörténelmi Szemle [Journal of legal history], 1987/2, pp. 65-73 [enlarged]
Pravo kak istorija AJurid., XXX (1988) 1-2, pp. 240-247

A jog mint társadalmi kérdés [Law as a social issue] Val., XXVIII (1985) 2, pp. 8-19
reviewed RefZ'hu, 1987
and reprinted Látóh., June 1985, pp. 177-82 [abridged]
Law as a social issue in Szkice z teorii prawa i szczególowych nauk prawnych Professorowi Zygmuntowi Ziembinskiemu [Outlines of theory of law and legal sciences to the honour of Professor Zygmunt Ziembinski], ed. Slawomira Wronkowska & Maciej Zielinski (Poznan: Wydawnictwo Naukowe Uniwersytetu im. Adama Mickiewicza w Poznaniu 1990), pp. 239-55 [w/abstract in English] [Uniwersytet im. Adama Mickiewicza w Poznaniu: Seria Prawo nr 129] [abridged]

Judicial reproduction of the law in an autopoietical system?
[abstract] in Law, Culture, Science and Technology In Furtherance of Cross-cultural Understanding (Kobe 1987), pp. 200-2
in Technischer Imperativ und Legitimationskrise des Rechts ed. Werner Krawietz, Antonio A. Martino & Kenneth I. Winston, preface Eugene Kamenka (Berlin: Duncker & Humblot 1991), pp. 305-13 [RT, Beiheft 11] and AJurid., XXXII (1990) 1-2, pp. 144-51

Autopoiesis és a jog jogalkalmazói-gyakorlati újratermelése [Autopoiesis and the judicial reproduction of the law] JK, XLIII (1988) 5, pp. 264-8

Szerencsés társadalom? [Lucky society? an intellectual report on Australia] I-II Új Tükör [The new mirror], XXV (1988) 29, p. 42 & 30, p. 42

Rechtskultur - Denkkultur: Einführung zum Thema in Rechtskultur - Denkkultur ed. Erhard Mock & Csaba Varga (Stuttgart: Franz Steiner Verlag Wiesbaden 1989), pp. 9-13 [ARSP, Beiheft 35]
A modern formális jog és kultúrája: kihívások, buktatók [Modern formal law: challenges and traps] JK, XLIII (1988) 1, pp. 53-5 [abridged]

Documents de Kelsen en Hongrie: Hans Kelsen et Julius Moór DS, (1987) No. 7, pp. 337-52

[w/József Szájer] *Presumption and fiction: means of legal technique* ARSP, LXXIV (1988) 2, pp. 168-84
reviewed CULT, VI (1988) 1-2, p. 293
[w/József Szájer] *Fiction*, as well as *Présomption*, both in Dictionnaire encyclopédique de Théorie et de Sociologie du Droit sous la dir. André-Jean Arnaud (Paris: Librairie Générale de Droit et de Jurisprudence & Brussels: E. Story-Scientia 1988), pp. 157-60 & 313-5, as well as 2nd revised & enlarged ed. (Paris: Librairie Générale de Droit et de Jurisprudence 1993), pp. 259-61 & 470-2 [radically abridged]
Vélelem és fikció mint a jogtechnika eszközei [Presumption and fiction as means of legal technique] in A budapesti Eötvös Loránd Tudományegyetem Állam- és Jogtudományi Karának évkönyve [Yearbook of Eötvös Loránd University Faculty of Law in Budapest] (Budapest 1993) in press

[w/József Szájer] *Legal technique* in Rechtskultur - Denkkultur Ergebnisse des ungarisch-österreichischen Symposiums der Internationale Vereinigung für Rechts- und Sozialphilosophie 1987, ed. Erhard Mock & Csaba Varga (Stuttgart: Franz Steiner Verlag Wiesbaden 1989), pp. 136-47 [ARSP, Beiheft 35]
[w/József Szájer] *Technique juridique* in Dictionnaire encyclopédique de Théorie et de Sociologie du Droit sous la dir. André-Jean Arnaud (Paris: Librairie Générale du Droit et de Jurisprudence & Brussels: E. Story-Scientia 1988), pp. 412-4, as well as 2nd revised & enlarged ed. (Paris: Librairie Générale de Droit et de Jurisprudence 1993), pp. 605-7 [radically abridged]
[w/József Szájer] *A jogi technika* [Legal technique] MJ, 39 (1992) 2, pp. 65-71

Bevezetés [Introduction] in Hans Kelsen Tiszta Jogtan [Reine Rechtslehre] ed. Csaba Varga (Budapest: Eötvös Loránd Tudományegyetem Bibó István Szakkollégium 1988), pp. IX-XVI [Jogfilozófiák / Philosophiae Iuris]
*Kelsen **Tiszta jogtana** tegnap, ma és holnap* [Kelsen's Pure Theory of Law yesterday, today and tomorrow] JK, XLIV (1989) 1, pp. 22-5, reprinted ÁJ, XXXI (1989) 1, pp. 133-8 [abridged]
*Hans Kelsens' **Reine Rechtslehre** - gestern, heute, morgen* AJurid. in press [abridged]

Liberty, equality, and the conceptual minimum of legal mediation in Enlightenment, Rights and Revolution Essays in Legal and Social Philosophy, ed. Neil MacCormick & Zenon Bankowski (Aberdeen, Aberdeen University Press 1989) ch. 11, pp. 229-51, reprinted in *Marxian Legal Theory* ed. and introduction Csaba Varga (Aldershot, Hong Kong, Singapore & Sydney: Dartmouth 1993), pp. 501-23 [International Library of Essays in Law & Legal Theory, series ed. Tom D. Campbell, Schools 9]

in: [Festshcrift for Professor Ton-Kak Suh] [in Korean] [Seoul 1994] in preparation
Mi kell a joghoz? [What is needed to have law?] Val., XXXII (1989) 3, pp. 1-7
Sloboda, jednakost i pojmovni minimum pravne komunikacije [transl. Istvan Boconi & Marta Benka into Serbian] in Zbornik Matice srpske za drustvene nauke [Matica Srpska social science review] [Novi Sad], 88/1990, pp. 59-78

Institutions as systems: an essay on the closed nature, open vistas of development, as well as the transparency of the institutions and their conceptual representations [1988] in [Finnish and Hungarian Papers on Legal Theory] ed. Aulis Aarnio & Csaba Varga (Berlin: Duncker & Humblot 1992) in preparation [RT, Beiheft] and *Institutions as Systems: Notes on the Closed Sets, Open Vistas of Development, and Transcendency of Institutions and their Conceptual Representations* AJurid. 33 (1991) 3-4, pp. 167-178
Az intézmény mint rendszer: Jegyzetek az intézmények és fogalmi reprezentációik zárt halmazairól, nyitott fejlődési perspektíváiról, valamint átalakulási lehetőségeiről [Institution as system: notes on the closed sets, open vistas of development, as well as potentialities for transformation, of institutions and their conceptual representations] ÁJ, XXXIII (1991) 1-2, pp. 32-49 [w/abstract in English] and *Az intézmények mint rendszerek: Fogalmi kifejlődés, zártság és nyitottság, átalakulási lehetőségek* [Institutions as systems: conceptual development, closedness and openness, potentialities for transformation] Val., XXXV (1992) 6, pp. 1-10

[w/Aulis Aarnio] *Preface* in [Finnish and Hungarian Papers on Legal Theory] ed. Aulis Aarnio & Csaba Varga (Berlin: Duncker & Humblot 1994) in preparation [RT, Beiheft]

Tény és proceduralitás a bírói ténymegállapításban [Fact and procedurality in the judicial establishment of facts] ÁJ, XXXI (1989) 2, pp. 496-543 [w/abstracts in French & Russian]

The fact and its approach in philosophy and in law in Law and Semiotics 3, ed. Roberta Kevelson (New York & London: Plenum Press 1989), pp. 357-82
[abstract] in Third Annual International Round Table on Law and Semiotics (Penn State: 1989)

The judicial establishment of facts and its procedurality in Sprache, Performanz und Ontologie des Rechts Festgabe für Kazimierz Opalek zum 75. Geburtstag, ed. Werner Krawietz & Jerzy Wróblewski (Berlin: Duncker & Humblot 1993), pp. 245-58

A bírói ténymegállapítási folyamat természete [The nature of the process of the judicial establishment of facts] JK, XLIV (1989) 4, pp. 191-7
On judicial ascertainment of facts Ratio Juris, 4 (1991) 1, pp. 61-71, as well as in [Hungarian and Yugoslave Methodological Papers in Legal Philosophy] ed. Zoltán Péteri (Budapest: Institute for Legal and Administrative Sciences of the Hungarian Academy of Sciences) in preparation

A bírói ténymegállapítás imputatív jellege [The imputative character of the judicial establishment of facts] ÁJ, XXXI (1989) 3, pp. 30-93 [w/abstracts in French & English]
The non-cognitive character of the judicial establishment of facts [3 chapters] AJurid., 32 (1990) 3-4, pp. 247-61 [w/abstracts in German & French]
The unity of fact and law in inferences in law [3 further chapters]
[abstract] in Legal Semiotics Papers (Edinburgh 1989), p. 42
in [Proceedings of the 14th World Congress of the International Association for Philosophy of Law and Social Philosophy] ed. Werner Krawietz & Neil MacCormick (Berlin: Duncker & Humblot 1992) in press [ARSP Beiheft]

The mental transformation of facts into a case [3 further chapters]
[abstract] in Abstracts Englightenment, Rights and Revolutions in Legal and Social Thought [The 14th World Congress in Philosophy of Law and Social Philosophy] (Edinburgh 1989) and Bulletin of the International Association for the Semiotics of Law, No 5 (August 1989), p. 6
ARSP, LXXVII (1991) 1, pp. 59-68

Descriptivity, normativity, and ascriptivity: a contribution to the subsumption/subordination debate [3 further chapters] in Theoretische Grundlagen der Rechtspolitik Ungarisch-österreichisches Symposium der Internationalen Vereinigung für Rechts- und Sozialphilosophie 1990, ed. Peter Koller, Csaba Varga & Ota Weinberger (Stuttgart: Franz Steiner Verlag Wiesbaden GmbH 1992), pp. 162-72 [ARSP Beiheft 54]

[intervention and response w/no title] in Visszamenő igazságszolgáltatás új rezsimekben [Retroactive justice in new regimes], ed. György Bence, Ágnes Chambre & János Kelemen [published as a manuscript] (Budapest: ELTE BTK Társadalomfilozófia és Etika Tanszék 1990), pp. 20-4 & 48-9 [FIL 2 Gyorsszimpózium]
A "politikai igazságszolgáltatás" nem jog ['Political justice' is not a legal category] Vil., XXXI (1990) 8-9, pp. 670-3

A jogalkalmazás kutatásának szemléleti kerete - ma [The methodological frame of the investigation into the nature of judicial process - today] MJ, 38 (1991) 2, pp. 65-71 & JK, 47 (1992) 9, pp. 389-94 [w/abstract in German]

[w/Péter Hack, Gábor Jobbágyi, Zoltán Rockenbauer & Emil Tallós] *Nem állampolgári engedetlenség; Közkegyelmi törvény kell* [Not a case of civil disobedience; A bill on general pardon is needed] A Reggeli Pesti Hírlap nyilvános vitaülése [Enyedi Nagy Mihály vitavezetésével] a fuvarosblokád jogi megítéléséről [a public debate conducted by Mihály Enyedi Nagy on the legal qualification of the cab drivers' blocade], I-II Reggeli PH, I (12 & 13 November 1990) 179 & 180, pp. 8 & 8

Törékeny jogállamiságunk [Our fragile constitutional state] MN, LIII (13 November 1990) 266, p. 4 [abridged] and Hitel [Credit], III (26 December 1990) 26, pp. 37-40

"A jog funkciói körüli szerepzavar"-ról [On 'the trouble as to the role and functions of the law'] MN, LIV (19 January 1991) 16, p. 14

Oszthatatlan jog és jogállamiság [Undivisible law and Rule of Law] MH (13 May 1991), p. 7;
Jog és jogállam [Law and Rule of Law] MN, (3 June 1991), p. 7
Undivisibles Recht und Rechtsstaatlichkeit PO, 76 (1993) in preparation

Polgári engedetlenség: jogfilozófiai megfontolások s amerikai tanulságok a jog peremvidékéről [Civil disobedience: philosophy of law considerations and American experience at the borderlines of law] in A polgári engedetlenség helye az alkotmányos demokráciákban [The status of civil disobedience in constitutional democracies] A Bibó István Szakkollégium 1991. március 9-10-i konferenciájának előadásai és vitája, ed. Tamás Csapody & Júlia Lenkei (Budapest: T-Twins Kiadói és Tipográfiai Kft. 1991) pp. 158-63 [Twins Konferencia-füzetek 2]

Introduction [w/bibliography] in Comparative Legal Cultures ed. Csaba Varga (Aldershot, Hong Kong, Singapore & Sydney: Dartmouth 1992), pp. xv-xxiv [The International Library of Essays in Law & Legal Theory, series ed. Tom D. Campbell, Legal Cultures 1]

European integration and the uniqueness of national legal cultures in The common law of Europe and the future of legal education / Le droit commun de l'Europe et l'avenir de l'enseignement juridique ed. Bruno De Witte & Caroline Forder (Deventer: Kluwer Law and Taxation Publishers 1992), pp. 721-33 [METRO]
Európai integráció és a nemzeti jogi kultúrák egyedisége [European integration and the uniqueness of national legal cultures] JK, 47 (1992) 10, pp. 442-7 [w/abstracts in English & German]

Introduction [w/bibliography] in Marxian Legal Theory ed. Csaba Varga (Aldershot, Hong Kong, Singapore & Sydney: Dartmouth 1993) pp. xiii-xxvii [The International Library of Essays in Law & Legal Theory, series ed. Tom D. Campbell, Schools 9]
A marxista jogelméletről [On the marxist theory of law] ÁJ, 35 (1993) 1-2 in press

"A hír szent, a vélemény szabad" ['The news are untouchable, the opinion is free'] ÚM, I (Monday, 7 October 1991) 139, p. 16

A bírósági gyakorlat jogforrási alapjai (Esettanulmány): Összefoglaló értékelés a pécsi járásbírósághoz 1962-ben érkezett polgári ügyek jogforrástani problematikájú felméréséről [The sources of judicial practice: a case study; survey of civil cases in Pécs in 1962] ÁJ, 34 (1992) 1-4, pp. 245-64

Szabad-e ítélnünk a múltról? Jogfilozófiai megfontolások [Do we have the right to judge the past? Philosophy of law considerations] Reggeli PH, II (4 November 1991) 258, p. 8 [abridged] and JK, 47 (1992) 1, p. 10-4, as well as TSz, XLVII (1992) 1, pp. 85-90 and in Visszamenőleges igazságszolgáltatás [Ex post facto justice] ed. Vanda Lamm & András Bragyova (Budapest: MTA Állam- és Jogtudományi Intézete 1992), pp. 59-68 [MTA ÁJI Közlemények 1]
Do we have the right to judge the past? Philosophy of law considerations for a period of transition RT, 23 (1993) 3, pp. 396-404

[w/Imre Békés, Mihály Bihari, Tibor Király, István Schlett & Lajos Vékás] *Szakvélemény [Az 1949 és 1990 között elkövetett, a társadalmi igazságérzetet sértő magatartások, illetve előnyök megítélésének, a felelősség megállapításának elveiről és jogi feltételeiről]* [Expert opinion on the principles and conditions of the judgement about, as well as the establishment of responsibility for, conducts and privileges between 1949 and 1990 in infringement of the social sense of justice] MJ, 38 (1991) 11, pp. 641-5 & TSz, XLVII (1992) 1, pp. 70-6

A tábornokok megkegyelmeztek maguknak: Egyoldalú meghívások [The generals granted themselves a pardon: unilateral invitations] [an interview by Péter Hardi] ÚM, I (21 December 1991) 203, p. 4

A jogérvényesítés dilemmája [The dilemma of enforcing the law]; *Miről szól az elévülési vita?* [What is the point in debating statutory limitations?] ÚM, II (23 January 1992) 19, p. 9
The dilemma of enforcing the law in Rechtsnorm und Rechtswirklichkeit Festschrift für Werner Krawietz zum 60. Geburtstag, ed. Aulis Aarnio, Stanley Paulson, Ota Weinberger, Georg Henrik von Wright & Dieter Wyduckel (Berlin: Duncker & Humblot 1993), pp. 427-35

A kezdő jogállam botladozásai [The trumbling steps of a new constitutional state]; *Hétköznapi alkotmányozás* [Everyday constitutionalism] & *Jogi hagyományunk kérdőjelei* [Questions marks of legal tradition] MN, LV (27 April 1992) 99, p. 6 & LV (9 June 1992) 135, p. 6

Transformation to Rule of Law from No-Law: Societal contexture of the democratic transition in Central and Eastern Europe The Connecticut Journal of International Law, 8 (Spring 1993) 2, pp. 487-505
The building up of a Rule of Law structure on the ruins of a regime based upon the denial of law in Central Europe in Law at the Turn of the Twentieth Century ed. L. Kotsiris (Thessaloniki 1994) in preparation
Transformation to Rule of Law from no-law: The sui generis nature of the challenge in Central & Eastern Europe in Law, Justice and the State comp. Eyja Margét Brynjarsdóttir (Reykjavík: University of Iceland 1993) p. 98 [16th World Congress on Philosophy of Law and Social Philosophy] [abstract of the first chapter]

A hadseregek alkotmányos helyzete európai kitekintésű összehasonlító elemzésben [The constitutional status of armed forces in the perspective of a European comparative analysis] in A fegyveres erők és a társadalom [Armed forces and society] [a special issue of] Akadémiai Közlemények [Military Academy proceedings] and Rendészeti tanulmányok [Police studies] [Zrínyi Miklós Katonai Akadémia], 1/1992, pp. 45-8

[intervention w/no title] in *Zwischen Integration und nationaler Eigenständigkeit wie findet Europa zusammen?* 96. Bergedorfer Gesprächkreis am 30. und 31. Mai 1992 im Schwarzhäupterhaus in Tallinn (Hamburg: Körber-Stiftung 1992) pp. 40 and 83-4 [bergedorfer gesprächskreis zu Fragen der freien industriellen Gesellschaft, Protokoll - Nr. 96]

A jogi normaalkalmazás természete (Tudomány- és nyelvfilozófiai megfontolások) [The nature of the judicial application of norms: considerations from the points of view of philosophy of science and language] ÁJ, 33 (1992) 1-4, pp. 55-92 [w/abstract in English]
Law and logic: Societal contexture mediated in legal reasoning in Law, Justice and the State comp. Eyja Margét Brynjarsdóttir (Reykjavík: University of Iceland 1993) p. 99 [16th World Congress on Philosophy of Law and Social Philosophy] [3rd para.]
Law, language and logic: Ontology and formal representation in legal reasoning in Towards a Global Expert System in Law ed. Mario G. Losano (Florence 1993) [multiplication]

Context of the judicial application of norms in Prescriptive Formality and Normative Rationality Festschrift Robert S. Summers, ed. Werner Krawietz et al. (Berlin: Duncker & Humblot) in preparation

A jogállamiság és joga [Rule of Law and its law] Magyar Tudomány [Science in Hungary], XXXVIII (August 1993) 8, pp. 941-50

A jogalkalmazás kutatása [An investigation into the nature of judicial process] JK, (1994) in preparation

Index

Index of Normative Materials

Index of Names